胡适文集 ⑧

欧阳哲生 编

国语文学史
白话文学史
序跋集

北京大学出版社

1938年胡适初任驻美大使时所摄及自题诗句。

重返北大任教时的胡适。

上左:1927年4月《国语文学史》由北平文化书社印行。
上右:1928年6月《白话文学史》(上卷)由上海新月书店出版。
下:1938年10月4日,胡适就任驻美大使,初到美国华盛顿。

上：胡适在中国驻美大使馆举行招待会，在场的有罗斯福夫人（胡适右一）、著名作家赛珍珠（胡适右二）、李承晚（后排右四）等。

下：胡适任驻美大使期间向美国总统罗斯福解释中美友好万人签名簿。

梵志翻著襪，人皆道是錯。乍可刺你眼，不可隱我腳。

胡適　王梵志的詩

胡适手书王梵志诗。

第八册说明

本册收入胡适的《国语文学史》、《白话文学史》上卷和《序跋集》。

《国语文学史》为胡适1921年11至12月在教育部第三届国语讲习所讲国语文学史的讲义。1922年3月,胡适去南开学校讲演,对原稿做了修改。1922年暑假胡适在南开大学讲课,采用的是3月份的修改稿,当时有油印本。同年12月,胡适在教育部第四届国语讲习所又讲了一次,用南开油印本作底子,另印一种油印本。1927年4月北京文化学社出版的《国语文学史》即以南开油印本作底本,封面有钱玄同题签,由黎锦熙代序。书后有附录《五十年来的中国之文学》,现删除。新增附录《国语运动的历史》、《国语运动与文学》和《〈国语文学史〉大要》三篇。《国语文学史》一书排印错字甚多,现将书中引文核对订正,不另加注。

《白话文学史》上卷,是胡适在《国语文学史》的基础上,根据新的材料修改、扩充而成,1928年6月由新月书店出版,至1931年已印五版。现依台北胡适纪念馆1969年4月出版《白话文学史》(胡适自校本)收入本集。

《序跋集》为编者所编,收入胡适为各类出版物所写序跋和类似体裁的文章,上起1918年,下迄1961年。所收文章大致分类后按时间顺序排列。胡适所写序跋作品,下列三种情形未收入本集:①已收入《胡适文存》、《胡适论学近著》和胡适自撰的各种单行本著作的序跋不予收录。②胡适研究《水经注》和为之所作的序跋,因数量较多,限于篇幅,不予收录。③1949年以后,胡适所写政治色彩较浓的几篇序文未收录。在本集之前,1966年6月台北文星书店所出《胡适选集》和 1970 年 8 月台北传记文学出版社所出《胡适选集》,均有序言分册;1987 年 10 月湖南岳麓书社出版《胡适书评序跋集》(黄保定、季维龙选编);1994 年安徽黄山书社出版《胡适遗稿及秘藏书信》(耿云志主编),其中第 12 册收录胡适的部分序跋;本集编辑时均酌加参考,在此谨表谢意。

目录

国语文学史

代序　致张陈卿、李时、张希贤等书　黎锦熙/3
第一编　汉魏六朝的平民文学/17
第一章　古文是何时死的/17
第二章　汉朝的平民文学/21
第三章　魏晋南北朝的平民文学/28
第二编　唐代文学的白话化/35
第一章　盛唐/35
第二章　中唐的白话诗/39
第三章　中唐的白话散文/44
第四章　晚唐的白话文学/49
第五章　晚唐五代的词/55
第三编　两宋的白话文学/65
第一章　绪论/65
第二章　北宋诗/68
第三章　南宋的白话诗/76
第四章　北宋的词/84
第五章　南宋的白话词/94
第六章　两宋白话语录/106
第七章　南宋以后国语文学的概论/112
附录一　国语运动的历史/116
附录二　国语运动与文学/118
附录三　《国语文学史》大要/121

白话文学史

自序/129

引子/137

第一编　唐以前/141

　第一章　古文是何时死的/141

　第二章　白话文学的背景/145

　第三章　汉朝的民歌/147

　第四章　汉朝的散文/154

　第五章　汉末魏晋的文学/162

　第六章　故事诗的起来/172

　第七章　南北新民族的文学/186

　第八章　唐以前三百年中的文学趋势/193

　第九章　佛教的翻译文学（上）/209

　第十章　佛教的翻译文学（下）/223

第二编　唐朝/236

　第十一章　唐初的白话诗/236

　第十二章　八世纪的乐府新词/252

　第十三章　歌唱自然的诗人/271

　第十四章　杜甫/277

　第十五章　大历长庆间的诗人/300

　第十六章　元稹　白居易/326

序跋集

序曾琦君的《国体与青年》/355

《欧战全史》序/358

汤尔和译《到田间去》的序/361

《清季外交史料》序/365

公共卫生与东西文明（陈方之编《卫生学与卫生行政》序）/367

《行己有耻与悔过自新》序/371

《人与医学》的中译本序/372
《中华民族的人格》序/377
《日本的幽默》序/380

《白话诗的三大条件》答/383
《短篇小说第一集》序/384
《英文现代读物》序例/386
《胡思永的遗诗》序/388
跋张为骐论《孔雀东南飞》/393
《绣余草》序/395
《短篇小说第二集》序/398
郭绍虞《中国文学批评史》序/399
《缀白裘》序/402
为陶冷月的画所写的跋语/408
《绝句一百首》后记/409
《句余土音》跋/410
《豆棚闲话》笔记/411

《脂砚斋评本石头记》题记（三则）/414
影印乾隆甲戌《脂砚斋重评石头记》的缘起/415
胡天猎先生影印《乾隆壬子年活字版百廿回〈红楼梦〉》短序/418
跋《红楼梦书录》/420
跋子水藏的有正书局石印的戚蓼生序本《红楼梦》的小字本/423
跋乾隆甲戌《脂砚斋重评石头记》影印本/425
题刘铨福家的《竹楼藏书图》/444
《乔答摩底死》序/445
《上海小志》序/447
跋《知非集》钞本/449
跋《销释真空宝卷》/455
《新锲孔圣宗师出身全传》跋/460

《西洋现代史》序/461

跋余炳文先生的《官礼今辨》/463

跋北平图书馆藏《王韬手稿》七册/464

《汤晋遗著》序/466

《两千年中西日历对照表》跋/468

北京大学新印程廷祚《青溪全集》序/469

《敦煌石室写经题记》与《敦煌杂录》序/472

《汪龙庄晚年手札》跋语/476

跋定远方氏所藏《岳忠武奏草卷子》/478

跋《于文襄手札》影印本/481

跋《四明卢氏抱经楼书目》/492

跋《李木斋旧藏抱经楼书目》/494

六十年前洞庭山里一个故事(《林屋山民送米图卷子》序)/496

《傅孟真先生遗著》序/498

《明清名贤百家书札真迹》序/501

跋《清代学人书札诗笺》十二册/503

跋中央研究院历史语言研究所藏的《毅军函札》中的袁克定给
　　冯国璋的手札/507

手批《碛砂藏经》序/510

陈伯庄《卅年存稿》序/511

跋金门新发现《皇明监国鲁王圹志》/514

跋《宝林传》残本七卷/518

跋裴休的《唐故圭峰定慧禅师传法碑》/528

附:跋裴休的《唐故圭峰定慧禅师传法碑》(再改稿)/539

《赫尔回忆录》序/553

《师门五年记》序/560

附:《师门五年记》后记/561

介绍一本最值得读的自传(《克难苦学记》序)/563

《中年自述》序/571

《梁任公先生年谱长编初稿》序/577
《施植之先生早年回忆录》序/581
《清末民初洋学学生题名录初辑》序/585
《詹天佑先生年谱》序/588

国语文学史

代序
致张陈卿、李时、张希贤等书
黎锦熙

陈卿诸兄：

　　前回您来谈及您和好几十位同学打算集资把胡适之先生前几年所编的《国语文学史》讲义排印出来，恰巧有文化学社邵砚田先生愿意承印；也好！可惜我补编的那些材料，因为事隔数年，再也找不出来了；仅仅找出来一些校订的原讲义，其中也略有几处增补的，已经交给邵先生去了。

　　他这部讲义从汉、魏、六朝编到南宋为止，没有头尾，只是文学史的中段。他的初稿是民国十年（1921）给教育部第三届国语讲习所编的。他写到"天下之文章无有出《水浒》右者，天下之格物君子无出施耐庵先生右者！"（页二一一）正当十二月三十一日的夜半，这一年就与金圣叹的这两句话同时完了，他还在讲义稿上作了一个纪念。国语讲习所是两个月毕业的；过了年，不久就举行毕业式，不但他的讲义编不完，就是我的《国语文法》、《国语教学法》，还有钱玄同先生连编带写石印的《声韵沿革》，也都是戛然中止的。这已是五六年前的事了！假使那时候的部章把国语讲习所定为四个月，我想他这部书的工作一定完成了。

　　次年（1922）四月，我在天津的直隶国语讲习所讲演，胡先生也来到，他在旅馆里把这讲义的章节次序移动了一些。那年十二月，教育部办第四届国语讲习所，他又把它删改了几处——这就是现在付印之本。那年的国语讲习所已成强弩之末了：各省派来的学员大不如前三届之盛了，在京投考的也不多了，教育部也渐渐的闹穷了，从前的石印讲义也改为油印了,现在你们付印的就是这种很不清楚的油印改订本。自然,那时大家都没有兴致把各种讲义继续编完;这第四届也就是教育部最末届的国语讲习所了。

自此以后,我在北京师范等处有时也讲讲国语文学史,就把他的改订本再改订增补了一些,印作临时的讲义,也始终没有弄成一部首尾完备的书。我屡次向他提及,希望他自己破点儿工夫编成,但他的计划改变了,打算编一部完全的中国文学史,不限于国语一方面。前年(1925)夏天,我在中央公园看见他,问他《胡适文存二集》中,连那些《努力》的"这一周"无关轻重的短评都收进去了,何以不在《国语文学史》中间挑选几章精当的收进去? 他才恍然,说当时可没有想到这一点。可见这部讲义并非他称心得意之作,所以自己不大注意;而我给弥缝补苴的那些材料,更不过为一时教授上的便利计,尤其不值得注意,所以到现在也就并无存稿。

但民国十二年(1923)商务馆也出了一部凌独见先生的《新著国语文学史》,凌先生就是第三届国语讲习所毕业的,他曾写信叫我作了一篇序(用注音字母写的);序中说"他搜集材料很不少,很足表示他读书的勤快。"他自序也说他编这书的目的是在勉励自己读书;这不过是一部"读书录"罢了。我倒赞成他这句话。所以,学校里要教《国语文学史》的,想得到胡先生原来的讲义的还很多,虽然是首尾不完之本。只因没有得到著作者的许可,书坊里不敢出版;此次你们印作自己的参考讲义,我想没有什么问题(似乎北大和师大都曾经油印过的),不过正式出版,作为定本,那就要等胡先生回国之后再说。

现在我索性把我对于国语文学史的见解和对于这部讲义增删参校的经过分作六条,写在下面:

(一)秦以前(纪元前200以前) 这讲义不从秦以前编起,却把汉、魏、六朝标作第一篇,当时沈兼士先生在《晨报副刊》上曾经提出抗议;后来凌先生的《新著国语文学史自序》中也要说,他和胡先生的意见大不相同,他是主张从唐虞编起的;我教这书的时候,也曾经补编了好几段秦以前的材料,大约就是《诗经》、《楚辞》之类和先秦诸子中杂有方言的一些词句。现在一想,《国语文学史》断自秦、汉,在胡先生确有相当的理由。他开场几句话就说明了:"我们研究古代文字,可以推知当战国时候中国的文体已不能与语体一致了。"因为语文分歧,愈歧愈远,所谓中国文学史者,只让"文"的一方面独占了二千多年,"语"的一方面的文学,简直无人齿及,所以有特编《国"语"文学史》之必要;所以《国语文学史》要托始于语文初分歧之时代——战国、秦、汉间——而语文未分歧以前和既合一以后就不一定划入范围;所以他第一篇第一章的标题是"古文是何时死的?"古文未死,便是国语;古文已死而秘不发表,叫国语退匿民间,不得承袭"文统",乃特编《国语文学史》,以发潜德之幽光。并且这是"文学革命"之历史的根据,或者也含有一点儿"托古改制"的意味。

战国、秦、汉之际,语文分歧,古文死了;那么战国以前,语文果然合一,古文果然是活着的吗?鄙见以为不然。战国以前,语文不但够不上说合一,而且够不上说分歧;后之所谓古文,在当时当然不以为"古",但也说不上"活"——不是已"死",乃是并不曾"活"。这种推定,完全是一种"唯物史观",很容易明白的。第一,书契初兴,只是一种极简单的符号,其备忘表意的作用,比以前"结绳"的办法不过略胜一筹,岂能把整套的语言曲曲传出?说到语言,虽在太古,决不会像这路符号的简括;初民从习用的语言中,早已直接产生了文学,就是歌谣。但只能在口头耳畔相欣赏,到后来才传到竹帛上去,有些自然是伪造的,其不伪的,也一定失了本来语言的真面目;何况汉字这种符号,始终脱不了"结绳性",是不能活泼泼地拼切古语,保留旧音的!即如《吴越春秋》(卷五)所载太古孝子作弹守尸的歌:"断竹,续竹;飞土,逐宍(肉)。"据刘勰说,这歌起于黄帝之世(要是靠得住,可算歌谣之最古者,向来选录古逸的也多把它冠首),是最早的一首"二言诗";但现在调查各地歌谣,全首都是两个字一句的实在不经见,并且唱起来的音节也不合式,所以明黄生批评刘氏"此言未知诗体",以为"必四言成句,语脉紧,声情始切;若读作二言,其声啴缓而不激扬,恐非歌旨。"(见《义府》卷下)我想二言诗虽不是口里所有的，却是纸上能有的。现有一个比例：我们家乡湘潭地方，乡间道路多未修，满是黏土，民间为之谣曰，"落雨一锅糟；天晴一把刀"。清光绪中，王闿运先生仿《汉书》重修《湘潭县志》，在"八志"中的《地理志》内引了这首歌谣，他老先生却把它改为"雨糟；晴刀"两句二言诗了！但湘潭人谁都知道是绝对的五言。近人所以要如此者，是求句法的简古；前人所以要如彼者，也是求符号的简省：原因固然不同，其求"简"而不能密合语言则一，何况汉字这种符号，始终脱不了"结绳性"，比无论何种文字都要繁难，记载时的求简，更是人情之常了（《诗经》的《国风》虽是采自民间，可以入乐的，我疑心有些不好念的四言篇章，也曾经受了当时诗人的斧削）。第二，上古时的"文房四宝"又是何等艰贵而笨拙啊！纸，最初用竹片儿和木板，"简"、"策"、"簿"、"籍"字都从"竹"，"札"、"椠"字从"木"，"牍"、"牒"字从"片"，至今物换而字未改；直到春秋、战国间，才用缣帛（"竹帛"二字连书，始见《墨子·明鬼》篇和《韩非子·安危》篇）；至于"用树肤麻头及敝布鱼网"创制的"蔡侯纸"，是纪元后105年才得到政府的褒奖的（见《后汉书·蔡伦传》）。笔呢，当初用刀（但据王国维先生的考证，刀是削牍的，不是刻字的），"兔毛笔"相传是秦蒙恬才创造的（见晋张华《博物志》）；墨是用的真"天然墨"——漆，后又发明一种石汁，到魏晋时才知道把漆烟松煤造成"墨丸"，在"凹心砚"上磨而贮之（见宋赵希鹄《洞天清禄集》——《四库书目》作《洞天清录》）。总之，从春秋到战国，"百家争鸣"，那些著述家却都是伏在极矮极矮的杌子上，拿一枝没有兔毛嘴的小竹管儿，点着漆，在那贵重的缣帛上（或刨得很平滑的竹片儿或木板上）一笔一笔的使劲写，现在想来，真费钱！岂但费钱，且不免如金圣叹批《续西厢》的话，"费手，费饭，费寿"呢。那么，省一句是一句，省一字算一字；改复词为单词，化散文成韵语，其动机不必在文学上，实是在经济上。试想在这种情况之下，那还能委婉曲折的写出语文合一的东西来？"文房四宝"进化了，才够得上有写语体文的资格；后来印刷术也发明了，所以唐、宋以后，文愈繁，书愈多；元、明以来，可以产生那么博大的长篇白话小说；近来铅印石印的机器输入了，所以每天能出四五大张几万份的报。语文合一,到此也就没有物质上经济上的障碍了。然而这几年语体文虽通行,却还没有打白话电报的(不费钱的骈文官电不在此例),可见语言和文学上的唯物史观是不会错的,而秦以前的语文不能合一与竹帛上不能有纯粹的活文学也是无可疑的。

不得已而求其比较的接近活语言,又足以表达出一般平民的悲欢哀怨的,来补充这个长时代的国语文学史,《风诗》,自然是很可宝贵,应该首当其选的了,这是北部和中部的民间文学;南部的就是《楚辞》,如九歌之类,也可入选。至于先秦诸子的学术文,和《左传》《战国策》等记事文,虽不是纯文艺,但多富于文学的趣味;文体虽不能与当时语言密合,但确是当时流行的一种普通文体,绝非秦、汉以后勉强保持强迫摹仿的死文学可比,而且所用的词头也大都是从当时语言中直接采取的;把它们算作近语的散文,实无不可。再往上推,《尚书》中的《盘庚》、《大诰》之类,也可说为上古的语体散文。这都可以补选作秦以前之材料的。

(二)汉魏六朝(第一编约当纪元前 200 至后 600 约八百年间)

中国实行"国字统一"的政策,在筹备"国语统一"之前二千二百年,主持者是秦始皇和李斯(证见页二);中国实行"文体复古"的政策,也在提倡"文学革命"之前二千一百年,主持者是汉武帝和公孙弘(证见页四——五)。这都是历史上值得大书特书的事!秦皇、汉武的这种功业,实在比那些并吞六国,置南海、桂林、象郡,通西南夷,通西域等等,还要雄伟;而近几年来这种运动,也实在比"五四运动","打倒帝国主义"等等,其关系还要重大。本编第一章特述秦皇、汉武这两件事,可谓史眼如炬。

自从汉武帝用通艺补官的制度,推行"古体散文"用作全国统一的应用文体,同时提倡一种最时新的美术文——从《楚辞》变化出来的"赋",此后二千余年间,庙堂上都依着这个例演化许多贵族文学;所谓"国语文学"者,其源头大都起自民间,大都是各时代从民间涌现出来的"反庙堂"的文学潮流,即如当汉初提倡"古体散文"和"词赋"的时候,民间的"歌谣"和"五言诗"也在那儿蓬蓬勃勃的盛行,这是绝不受庙堂体制之拘束的。最可怪者,它们的势力很大:"赵代秦楚之讴",汉武帝也不能不爱,甚至于特设一条采访编制演习的衙门,叫做"乐府",后来衙门的名称竟化为这种民间文艺的名称了;五言的《古诗十九首》以至《孔雀东南飞》等,大约都是民间之"讴"而经过当时好事的诗人之斧削的,斧削它,为的就是爱它,其动机和后来施耐庵(?)斧削罗贯中的《水浒传》而成今本《水浒传》,罗贯中斧削《三国平话》(日本内阁文库所藏元建安虞氏至治新刊《全相平话》五种之一,最近有影印本)而成《按鉴演义三国英雄志传》,毛宗岗又斧削罗书而成今本《三国演义》一样。尤可怪者,它们的势力更进一步居然可夺庙堂文学之席:五言诗到了汉末,进而至于六朝,遂成文人学士最典重最流行的诗体;唐人的拟乐府,也不复视为民间之"讴"了。到此,五言诗和乐府的命运也就告终,民间又涌现别种体裁的文学潮流,轰腾澎湃的侵入庙堂了。这些关系和变迁,须合三四千年来绘成一图,便能一目了然;这图便算国语文学史的一个提纲挈要的引论,也算一个系统分明的目录(在最近的过去,我曾制有一个《国语四千年来变化潮流图》,内有一栏是表明文学潮流的,可参考)。

  这讲义的第一编第二章,就是讲"汉朝的平民文学"(纪元前100—后200,约三四百年间),所引的例不多;末了引的《孔雀东南飞》,我教学生时,曾把全文分段补入(《罗敷行》本不长,原文也未全引,我也补足了)。第三章讲"魏晋南北朝的平民文学"(200—600,约四百年间),这章比第二章编得有章法些,他把南朝的儿女文学和北朝的英雄文学分别得确有证据。《乐府诗集》里所收梁《鼓角横吹曲》六十五首和《木兰诗》二首(第二十五卷,《横吹曲辞》五),实在都是北方的民间文学,此外也还可以分析一些出来;因为史家多把南朝当正统,所以那时一切都是以南统北的。这种南北不同的情趣和风格,直到最近的长篇小说还是如此:北派爱说英雄侠义,南派爱说才子佳人(可参考胡先生的《五十年来中国之文学》第九章和拙制《潮流图》十九世纪栏)。这章中原文对于《木兰诗》也是节引,我也补足了。现在初级中学的国语科,《孔雀东南飞》和《木兰诗》大都是教过的(《木兰诗》已有乐谱,高小学生都能唱),这讲义中引入全文,也有多少方便之处。

（三）隋、唐、五代（第二篇约当纪元600—960，大约四百年间） 隋朝和秦朝一样，年代太短，附作南北朝的收尾也可，提作唐朝的开篇也无不可。唐朝可算中国文学史的黄金时代了。单就民间文艺的影响看来，其势力也特别的大：初期的七言绝句（五言不便唱，所以不如七言的流行），晚唐的词，其潮流从民间侵入庙堂，简直和汉、魏的五言诗与乐府演了同样的公式；印度佛教潮流从魏晋间起，一天一天的涌进来，晚唐禅宗的白话语录，渐流行而为讲学家书札讲义等应用文；民间歌谣和传说故事等，经有名的文人修饰润色而成为竹枝词和短篇小说之类，后来竟收入他们专集的，也不在少数（从敦煌石室中发现的唐写本民间文艺，还是未经文人修饰的，有一部分印在罗振玉先生的《敦煌零拾》和刘半农先生的《敦煌掇琐》上辑中）。就说到"起八代之衰"的韩文公，他的"古文"也实在是"托古改制"；当时所谓为古文者，因为要和庙堂的骈体文为敌，故不得不再古一点，拿《六经》《语》《策》《史》《汉》之文来作高压式的对抗，其实韩、柳等人之文又何尝真做得和《六经》《语》《策》《史》《汉》等一样呢？虚字的运用，语句的结构，多少受了些当时人们通用的语言的影响，这也不能不算民间的势力了。到了五代十国，那些"皇帝词人"，竟完全服从平民了（可参考拙制《潮流图》第七世纪至第十世纪栏）。

这讲义第二篇的章法比前篇更好，他把向来批评唐诗的初，盛，中，晚四个时期由盛而衰的旧说完全翻案；就文学的原理和上文所说民间势力的公式看来，确是颠扑不破的。第一章论"盛唐"，带叙初唐。（开国至武后时为初唐，620—700，约八十年间；开元、天宝时代为盛唐，700—750，约五十年间。）第二章论"中唐的白话诗"，白居易和刘禹锡自然是强有力的证人。第三章论"中唐的白话散文"，其中有一个韵文散文五条支路的变迁表，最宜注意；禅宗语录就是在这个时候发达的。（大约肃，代，德，宪，穆，武诸朝为中唐，750—850，一百年间。）第四章论"晚唐的白话文学"（宣宗以后至唐亡，850—906，约五十年间）。第五章论"晚唐五代的词"（五代从906算至975宋灭南唐止，约七十年间）。在五代的词内，我教的时候，曾经删去他所引的荆南孙光宪的《浣溪沙》一首，南唐张泌的《江城子》一首，因为其中有过露的艳句，用在讲堂上有时不大相宜，若给那些所谓"教育家"看见了，尤其觉得碍眼，只得割爱。仔细想来，前编第三章所引的《子夜歌》、《读曲歌》等，其中如"可怜乌臼鸟，强言知天曙，无故三更啼，欢子冒暗去"，这种艳体，为何不删？再进一步说，若补选几篇《诗经》如《召南》中的"舒而脱脱兮！无感我帨兮！无使尨也吠！"读经的子弟们早已能脱口而出，为什么二千年来的教育家都不觉得碍眼呢？呜呼噫嘻！我知之矣！这完全是由于古今语之不同：五代词中用语和现代语快相近了，前乎五代五六百年的"欢子"已经作古，便不如五代的"娇姐姐"、"好哥哥"那么"下流"，那么碍眼；至于前乎南北朝一千年的《诗经》，其词句非训诂便不可晓，不管他讲的是些什么"下流话"，总不会碍眼的。总而言之，这叫做"掩耳盗铃"罢了！然后叹二千五百年前的郑子皮在国君和外宾宴会的席上高唱这《野有死麇》的末章真不可及；古今人度量之相去一何远哉！

（四）两宋、金、元（第三编当纪元960—1370，约四百年间）　当五代时，中国四分五裂，战乱相寻，但在中国的文化史，学术思想史和文学史上是一个绝大绝大的关键；这并不是说那些"皇帝词人"有这么大的关系，乃是印刷术在那个时代由发明而推广，便把那个时代划为古今学的一条大鸿沟。近代古学大师，常说他唐以后书不读；就读了，也并不据为典要。例如清朝的杭世骏要给汉朝扬雄的《方言》作续编，这当然要续到他自己的时代才是，但他的《续方言》中所搜的材料只到唐朝，因为唐代的典籍还可证古，宋以后便不古了；马建忠仿"泰西葛郎玛"撰《文通》，举例也止于唐。这种风气，实在就起于宋朝；宋人一切学术思想和文学，其风尚，其旨趣，已和唐人大大的不同了。唐人虽尊古，却不一定主张复古（除韩、柳"古文"的旗号外），著述也不重考古，他们事事都具有时代性。宋人便以复古考古为风尚：明明是印度化的"道学"，却要推本于唐尧、虞舜"十六字之心传"（？）；唐颜元孙的《干禄字书》把正体，通体，俗体三种并列，宋张有便非"复古"不可；魏张揖的《广雅》是续《尔雅》的，宋陆佃的《埤雅》却不敢说"续"《尔雅》而要"辅翼"《尔雅》了(但他还采了一些当时俗语,后来古学家却大不谓然,到了明朝的《骈雅》,清朝的《别雅》等,更是专以考古为归,全不具当时的时代性了):似此例证,不可胜举。总之,由五代至北宋,是古学今学的大鸿沟;这个原因,我又要把"唯物史观"来妄作解释,常言道得好,"物以少为贵",写本的书不易成,不易得,不易多,不易传,到了宋朝印刷术普及了,汗牛充栋之势渐成,才觉得从前残篇断简之可贵,尊古卑今是古非今的心理,就此逐渐酿成了。然而在文学方面,民间的势力却始终没有受这种复古风气的影响,且因书籍易得,教育较易普及之故,民间文学的内容和程度实在比从前高。讲历史故事的"平话"出来了,渐渐演成几十百卷的长篇小说,竟作了平民教育的重要工具。词到两宋,作家蜂起,虽因古典盛行而渐老死,但在北方又变出新花样来,这便是"曲":金朝董解元的《弦索西厢》,就是现今大鼓书的嚆矢;"小令"、"套数"的低唱高吟还不够那时"平民的贵族"(如蒙古王公之类)的欣赏,便扩充为连唱带做,一本四幕的"杂剧",后来更演化而为好几十出雄伟繁缛的"传奇"了。金元时代的国语文学,是最能表现平民与文士合作的精神的。这实在也是受了印刷术发达,使文化易于下逮并易于交换的影响(可参考拙制《潮流图》第十一至十四世纪栏)。

可惜这讲义的第三编只把两宋的诗、词、语录三种白话作品编次出来,这些都还是唐五代的潮流,有的涛势方张,有的余波未已;至于平话和金元的曲,还未述及,这讲义便终止了。可是这第三编的分量,竟占了全部讲义的二分之一。第一章《绪论》,略述宋初的庙堂文学和古文运动;第二章《北宋诗》,他对于"江西诗派"也是一种翻案的批评;第三章《南宋的白话诗》,陆游等四大家实在比北宋的邵雍辈更趋重自然,真做到"做诗如说话了";第四章《北宋的词》,第五章《南宋的白话词》,他对于词家正宗的姜夔,吴文英辈,也下了翻案的批评。这五章都是他自己的改订本,其中所引诗词的例,比他的原本少些,我教的时候,因为材料已经不少,就没有按原本补上。至于第六章《两宋的白话语录》,这次付排的油印改订本中并没有,是我按照第一次石印原本割截凑合的,因为这章所引北宋禅师克勤和宗呆两家的语录,固是绝妙的白话说理文,而南宋朱、陆两儒家的语录,也是国语文学史中不可不举例的。第七章《南宋以后国语文学概论》,是原本的第十三讲,在他的改订本中已被删去,我觉得这一讲恰好可作这部未完的讲义的结论,所以题作第七章,附于本编之末。于是《国语文学史》告终。

平话小说,小曲,戏剧,这讲义中虽付阙如,但这第七章的起首一段,说这三门都是北方的出产品,有很精约的论断。我再简单的介绍几部书作研究参考的材料:平话有《新编五代史平话》(武进董氏影刊本,这是后来历史演义的起原),《京本通俗小说》(上海蟫隐庐《烟画东堂小品》本,共七卷,这是后来不贯串的章回体故事小说的起原),《三藏取经诗话》(罗振玉氏影印日本本,这是《西游记》的蓝本),《大宋宣和遗事》(《士礼居丛书》本,这是《水浒传》的蓝本),这四种确是宋代的"话本",除《宣和遗事》有商务印书馆排印本外,原本都不易得,但近来商务馆却都排印了新式标点的单行本了;鲁迅先生的《中国小说史略》第十二、十三两篇是叙述宋元话本的,郑振铎先生的《文学大纲》第十六章《中国小说第一期》,都可参考。小令和套数有《朝野新声太平乐府》(商务馆《四部丛刊》影元刊本)和《阳春白雪》(南陵徐氏《随庵丛书》本),前种较易得。杂剧有《元曲选》(商务馆影印本,共一百种)。王国维先生的《宋元戏曲史》和《文学大纲》第十五章《中国戏曲的第一期》都是重要的参考品。——我用这讲义时所补选的材料都不见了,记得每种都选了一些,例如《三藏诗话》选了"人参果"一段,便把《西游记》的第二十四节附于后;《宣和遗事》选了"生辰纲"一段,也把《水浒》所记的节附于后。参考品如《宋元戏曲史》,便选了《元剧之文章》一章。现行坊本国语教科书中知道选这路材料的还很少,只有商务馆《新学制国语教科书》第六册选了元睢景臣《汉高祖还乡》的"套数"一篇,又《高中古白话文选》第二册选了王实甫《西厢记》"杂剧"三出;"小令"中许多绝唱,竟还没有选的。

(五)明清迄于民九(纪元1370—1920,约五百五十年间) 讲义没有了,我也恕不多谈了。这一期的民间文艺,却真渐渐的形成现代的国语文学了。最要注意的是那几部脍炙人口的长篇章回体白话小说;这讲义第三编第七章,也把明清六百年间小说的演进论了一个大概。胡先生对于那些有名的小说,其中十二部都有精心结撰的考证,序,传,年谱等。我今略依时代胪列于左(下),以便参检:

(1)吴承恩的《西游记》(十六世纪) 有详细的考证,附录董作宾先生的《读西游记考证》,又胡先生的《后记》两则(就印在亚东图书馆分段标点本的卷首;以下各篇都准此。本篇并收入《胡适文存二集》卷四)。

(2)施耐庵(?)的《水浒传》(即七十回本,约十六世纪) 有详细的《考证》和《后考》(并收入《文存》卷三)。

(3)征四寇(即一百十五回本《水浒传》的第六十六回以后,约十七世纪)。

(4)陈忱的《水浒后传》(十七世纪) 这两书,亚东本印在一起,题为《水浒续集两种》,他有一篇《序》(并收入《文存二集》卷四)。

(5)毛宗岗的《三国演义》(十七世纪) 有《序》(并收入《文存二集》卷四),还有钱玄同先生的一篇序。

(6)曹霑的《红楼梦》(十八世纪) 有详细的《考证》(并收入《文存》卷三),附录蔡子民先生的《石头记索隐第六版自序》,又胡先生的《跋红楼梦考证》两篇(并收入《文存二集》卷四)。

(7)吴敬梓的《儒林外史》(十八世纪) 有《传》(并收入《文存》卷四)和《年谱》(并收入《文存二集》卷四)。

(8)李汝珍的《镜花缘》(十九世纪) 有详明的《引论》(并收入《文存二集》卷四)。

(9)文康的《儿女英雄传》(十九世纪) 有《序》。

(10)石玉昆的《三侠五义》(十九世纪) 有《序》。

(11)韩邦庆的《海上花列传》(十九世纪) 有《序》。

(12)刘鹗的《老残游记》(二十世纪) 有《序》。

他这种考证的工作和成绩,称得起"前无古人";我们把这些文章依次看完,尽够国语文学史中近代小说专史大部分的资料了。再把《中国小说史略》第十四篇以下作为参考,则除上列十二种以外之各类小说,都可得其来源去路。至于戏剧,从明初的"五大传奇"经"昆曲"而变化到"京调",材料可真不少;但还没有较好的戏剧史,姑且参考参考《文学大纲》罢(明以来的戏曲总集和专集等,《文学大纲》每章后都附有书目,重要的都有,我这里不介绍了)。小说戏剧之外,这一期再没有特别生色的国语文学了;诗,词,小曲,散文等,虽也间有使用国语,接近平民的,但都不及小说戏剧的清新和伟大,可以不必多谈了。——中学教科〔书〕的现行国语文选本中,选到《水浒》,《三国》,《西游》,《红楼》,《儒林外史》,《镜花缘》,以及《老残游记》,《文明小史》的,只有中华书局的《初级国语读本》,商务馆的《新学制国语教科书》和《高中古白话文选》三种。但选生存人白话作品的便多了。这是因为时代较古的白话词头没有相当的词书可查,注释讲解,都不容易,所以不敢多选。又《新学制国语教科书》第六册,选了明施绍莘《花影集》中一篇《吟雪》的套数,高明《琵琶记》的"吃糠"一段,《六十种曲》中《牧羊记》的"望乡"一段,王世贞《鸣凤记》的"写本"一段,在坊本中,算较为特别的。

明清两代到民九(1920)的五百五十年间,这讲义都付阙如,但那最后的五十年,却有一篇最适当的文章可以补入,就是胡先生的《五十年来中国之文学》(见《申报五十年纪念册》,并收入《胡适文存》二集卷二),这是疑古玄同先生提醒我的,我今就献计给你们罢。他这篇是民十一(1922)做的,从"桐城派"的"中兴大将"曾国藩去世的那一年(1872)叙述起。其中第九章评论北方的评话小说如《儿女英雄传》,《七侠五义》等,和南方的讽刺小说如李宝嘉的《官场现形记》,《文明小史》,吴沃尧的《二十年目睹之怪现状》,《九命奇冤》,刘鹗的《老残游记》等,可与《中国小说史略》第二十七八两篇参看。原文于李宝嘉、吴沃尧的事迹不详,《小说史略》稍详;我偶尔得到一篇合传,也一并送给你们作他俩事迹的参考。第十章叙说民六(1917)以后的文学革命运动和国语文学的成功,是很要紧的一段历史,不可不补入这讲义的。

(六)民九(1920)以后　为什么要在民九这一年作一截断呢?

因为这一年是四千年来历史上一个大转捩的关键。这一年中国政府竟重演了秦皇、汉武的故事。(见上第二期)。第一件,教育部正式公布《国音字典》,这和历代颁行韵书著为功令的意味大不相同,这是远承二千二百年前秦皇、李斯"国字统一"的政策进而谋"国语统一"的,二千二百年来历代政府对于"国语统一"一事绝不曾这样严重的干过一次。第二件,教育部以明令废止全国小学的古体文而改用语体文,正其名曰"国语",这也和历代功令规定取士文体的旨趣大不相同,这是把那从二千一百年前汉武、公孙弘辈直到现在的"文体复古"的政策打倒,而实行"文学革命"的,二千一百年来历代政府对于文体从不敢有这样彻底的改革,从不敢把语文分歧的两条道路合并为一。自此以后,民众文艺便得到相当的地位,文人学士也不须阳为拒绝,暗地里却跟着走,像从前那样的摆臭架子、戴假面具了;古典文学也得到相当的地位,文人学士更不须再像从前要受那种严酷的限制,可以自由发展,自由创作了。国语文学史说到这里,才算入了正轨:第一,有全国统一的标准语,不与方言发生轇轕,而方言文学的发展也能不违乎自然;第二,音标文字创造出来了,有委婉曲折以表现语言之美的可能,而汉字所范成的过去文学,仍自保存其优美的特点;第三,文学有社会化的趋势,民众国语的程度可以提高,欣赏文学的能力自然加大,于是文学不复为少数文人学士所垄断,而少数文人学士仍得发展其天才与学力而成希有的作家。这三点都是民九以前的国语文学史中绝对不能有的,所以民九这年要算是开一新纪元了。

民九到现在,不过六七年工夫,国语文学界种种进行的事实,都在眼前,不用举证,我的意见也就写到这里为止了(若要得到最近的一个概观,也可参考拙制《潮流图》的二十世纪一栏)。

我想这讲义的原稿既是很不清楚的油印本,我的校订本也写得一塌糊涂,印刷局的校对先生们又大都不免"低能",恐怕要错得不可究诘;末校还是由您自己担任为妥,否则勘误表是很要紧的。

听说胡先生在欧洲行踪无定,不久便要赴美,我写给他的信也就可以不发了。好在本年上半年他是要回国的,见面时再替你们报告也行。所印份数不可太多,让文化学社能收回纸张印刷费就得。春祺!

黎锦熙二月十六(元宵节),十六年(1927)

第一编　汉魏六朝的平民文学

第一章　古文是何时死的

我们研究古代文字,可以推知当战国的时候中国的文体已不能与语体一致了。战国时,各地的方言已很不统一。孟轲说:

> 有楚大夫于此,欲其子之齐语也,则使齐人傅诸?使楚人傅诸?
>
> 曰,使齐人傅之。
>
> 曰,一齐人傅之,众楚人咻之,虽日挞而求其齐也,不可得矣。引而置之庄岳之间数年,虽日挞而求其楚,亦不可得矣。

《孟子》书中又提及"南蛮鴂舌之人",也是指楚人。

又《韩非子》"郑人谓玉未理者璞,周人谓鼠未腊者璞"。可见当时的各地方言已很不同。方言不同而当时文字上的交通甚繁甚密,可见文字与语言已不能不分开了。

战国时文体与语体已分开,故秦始皇统一中国时,有"同文书"的必要。《史记》记始皇事,屡提及"同书文字"(《琅琊石刻》),"同文书"(《李斯传》),"车同轨,书同文字"(《始皇本纪》)。后人往往以为秦同文书不过是字体上的改变。但我们看当时的时势,看李斯的政治思想,可以知道当日"书同文"必不止于字体上的改变,必是想用一种文字作为统一的文字;因为要做到这一步,故字体的变简也是一种必要。

《史记》描写人物时,往往保留一两句方言,例如汉高祖与陈涉的乡人所说。《史记》引用古文,也往往改作当时的文字。当时疆域日广,方言自然也更多。我们翻开扬雄的《方言》,便可想见当日方言的差异。例如《方言》的第三节云：

> 娥，嬿，好也。秦曰娥，宋、魏之间谓之嬿；秦、晋之间，凡好而轻者，谓之娥。自关而东，河济之间谓之媌，或谓之姣。赵、魏、燕、代之间曰姝，或曰妦。自关而西，秦、晋之故都曰妍。好，其通语也。

"通语"二字屡见于《方言》全书中。通语即是当时比较最普通的话。最可注意的是第十二节：

> 敦，丰，庞，夲，幠，般，嘏，奕，戎，京，奘，将，大也。凡物之大貌曰丰。庞，深之大也。东齐、海、岱之间曰夲，或曰幠。宋、鲁、陈、卫之间谓之嘏，或曰戎。秦、晋之间，凡人之大谓之奘，或谓之壮。燕之北鄙，齐、楚之郊，或曰京，或曰将。皆古今语也，初别国不相往来之言也。今或同，而旧书雅记故俗，语不失其方，而后人不知，故为之作释也。

此可见一统之后，有许多方言上的怪僻之点渐渐被淘汰了，故曰"今或同"。但这种语言上的统一，究竟只限于一小部分，故扬雄当汉成帝时常常拿着一管笔，四尺布，去寻"天下上计孝廉，及内郡卫卒会者"，访问他们各地的异语，做成十五卷《方言》。

当时的方言既如此不统一，"国语统一"自然是做不到的。故当时的政府只能用"文言"来做全国交通的媒介。汉武帝时，公孙弘做丞相，奏曰：

> ……臣谨案诏书律令下者，明天人分际，通古今之谊，文章尔雅，训辞深厚，恩施甚美。小吏浅闻，弗能究宣，无以明布谕下。治礼次治掌故，以文学礼义为官，迁留滞。请选择其秩比二百石以上，及吏百石通一艺以上，补左右内史、大行卒史；比百石已下，补郡太守卒史：皆各二人，边郡一人。先用诵多者，若不足，乃择掌故以补中二千石属，文学掌故补郡属，备员。请著功令。（《史记》、《汉书·儒林传》参用）

这可见当时不但小百姓看不懂那"文章尔雅"的诏书律令，就是那班小官也不懂得。这可见古文在那个时候已成了一种死文字了。因此，政府不得不想出一种政策，叫各郡县挑选可以造就的少年人，送到京师,读书一年,毕业之后,补"文学掌故"缺(也见《儒林传》)。又把这些"文学掌故"放到外任去做郡国的"卒史"与"属"。当时太学,武帝时只有博士弟子五十人,昭帝加至百人,宣帝加至二百人,元帝加至千人,成帝加至三千人。凡能通一经的,都可免去徭役,又可做官。做官资格是"先用诵多者"。这样的提倡,自然把古文的智识传播到各地了。从此以后,政府都只消照样提倡,各地方的人若想做官,自然是不能不读古书,自然不能不做那"文章尔雅"的古文。

这个方法——后来叫作科举,——真是保存古文的绝妙方法。皇帝只消下一个命令,定一种科举的标准,四方的人自然会开学堂,自然会把子弟送去读古书,做科举的文章。政府可以不费一个钱的学校经费,就可以使全国少年人的心思精力都归到这一条路上去,汉武帝到现在,足足的二千年,古体文的势力也就保存了足足的二千年。元朝把科举停了近八十年,白话的文学就蓬蓬勃勃的兴起来了;科举回来了,古文的势力也回来了,直到现在,科举废了十几年了,国语文学的运动方才起来。科举若不废止,国语的运动决不能这样容易胜利。这是我从二千年的历史里得来的一个保存古文的秘诀。

科举的政策把古文保存了二千年。这固然是国语文学的大不幸。但我们平心而论,这件事也未尝没有绝大好处。中国的民族自从秦、汉以来,土地渐渐扩大,吸收了无数的民族。中国的文明在北方征服了匈奴、鲜卑、拓跋、羌人、契丹、女真、蒙古、满州,在南方征服了无数小民族,从江浙直到湖广,从湖广直到云贵。这个开化的事业,不但遍于中国本部,还推广到高丽、日本、安南等国。这个极伟大开化事业,足足费了两千年。在这两千年之中,中国民族拿来开化这些民族的材料,只是中国的古文明。而传播这个古文明的工具,在当日不能不靠古文。故我们可以说,古文不但作了二千年中国民族教育自己子孙的工具,还做了二千年中国民族教育无数亚洲民族的工具。

这件事业的伟大,在世界史上没有别的比例。只有希腊罗马的古文化,靠着拉丁文做教育的工具,费了一千年的工夫,开化北欧的无数野蛮民族;只有这一件事可以说是有同等的伟大。这两件事,——中国古文明开化亚东,与欧洲古文明开化欧洲,——是世界史上两件无比的大事。但是有一个大不同之点。欧洲各民族从中古时代爬出来的时候,虽然还用拉丁文做公用的文字,但是不久意大利就有国语的文学了,不久法国、英国、西班牙、德国也有国语的文学了,不久北欧、东欧各国也都有国语的文学了。拉丁文从此"作古"了。何以中国古文的势力能支持二千年之久?何以中国的国语文学到今日方才成为有意的运动呢?

我想,这个问题有两个答案。第一,欧洲各种新民族从那开化时代爬出来的时候,那神圣罗马帝国早已支不住了,早已无有能力统一全欧了,故欧洲分为许多独立小国,故各国的国语文学能自由发展。但中国自从汉以后,分裂的时间很短,统一的时间极长,故没有一种方言能有采用作国语的机会。第二,欧洲人不曾发明科举的政策,况且没有统一的帝国,统一的科举政策也不能实行。拉丁文没有科举的维持,故死的早。中国的古文有科举的维持,故能保存二千年的权威。

中国自元朝统一南北之后,六百多年,不再分裂;况且科举的制度自明太祖以来,五百多年,不曾停止。在这个绝对的权威之下,应该不会有国语文学发生了。做白话文学的人,不但不能拿白话文来应考求功名,有时还不敢叫人知道他曾做过白话的作品。故《水浒》、《西游》等书的作者至今无人知道。白话文学既不能求实利,又不能得虚名,而那无数的白话文学作家只因为实在忍不住那文学的冲动,只因为实在瞧不起那不中用的古文,宁可牺牲功名富贵,宁可牺牲一时的荣誉,勤勤恳恳的替中国创作了许多的国语文学作品。政府的权力,科第的引诱,文人的毁誉,都压不住这一点国语文学的冲动。这不是国语文学史上最纯洁,最光荣的一段历史吗?

还有一层,中国的统一帝国与科举制度维持了二千年的古文势力,使国语的文学迟至今日方才能正式成立,这件事于国语本身的进化也有一种间接的好影响。因为国语经过二千年的自由进化,不曾受文人学者的干涉,不曾受太早熟的写定与规定,故国语的文法越变越简易,越变越方便,就成了一种全世界最简单最有理的文法。古人说,"大器晚成"。我不能不拿这四个字来恭贺我们的国语了!

第二章　汉朝的平民文学

因为中国政府用科举来推行古文是汉武帝时方才严格规定的,故我们就从这个时代讲起。中国的古体文学到汉武帝时方才可以说是规模大定。司马迁的《史记》为后代散文的正宗;司马相如等的辞赋,上承《楚辞》,下开无数赋家,枚乘、李陵、苏武等的诗歌,上承《三百篇》,下开无数诗家。故我们可以说古体文学的规模从此大定。

但司马迁、司马相如、枚乘一班人规定的只是那庙堂的文学与贵族的文学。庙堂的文学之外,还有田野的文学,贵族文学之外,还有平民的文学,我且引司马迁的外孙杨恽的话一段来说明当日这种民间文学的存在:

　　……田家作苦,岁时伏腊,烹羊炰羔,斗酒自劳。家本秦也,能为秦声。妇,赵女也,雅善鼓瑟。奴婢歌者数人。酒后耳热,仰天拊缶而呼乌乌。其歌曰:
　　田彼南山,芜秽不治。
　　种一顷豆,落而为萁。
　　人生行乐耳!须富贵何时!
　　是日也,拂衣而喜,奋袖低卬,顿足起舞。

这里面写的环境,是和那庙堂文学不相宜的。这种环境里产生的文学自然是民间的白话文学。那无数的小百姓的喜怒悲欢,决不是那《子虚》、《上林》的文体达得出的。他们到了"酒后耳热,仰天拊缶,拂衣而喜,顿足起舞"的时候,自然会有白话文学出来。还有痴男怨女的欢肠热泪,征夫弃妇的生离死别,刀兵苛政的痛苦煎熬,都是产生平民文学的爷娘。庙堂的文学可以取功名富贵,但达不出小百姓的悲欢哀怨;不但不能引出小百姓的一滴眼泪,竟不能引起普通人的开口一笑。因此,庙堂的文学尽管时髦,尽管胜利,终究没有"生气",终究没有"人的意味"。二千年的文学史上,所以能有一点生气。所以能有一点人味,全靠有那无数小百姓和那无数小百姓的代表平民文学在那里打一点底子。

和杨恽同时的,有一个王褒,是司马相如的同乡。王褒是宣帝时做庙堂文学的好手。但是他要想做一点带着人味的文学,就不能不做白话了。他有一篇《僮约》(最好是用《续古文苑》本),是一篇很滑稽的文字。我摘抄如下:

> 蜀郡王子渊以事到湔,止寡妇杨惠舍。惠有夫时奴,名便了。子渊倩奴行酤酒,便了拽大杖上夫冢巅曰,"大夫买便了时,但要守家,不要为他人男子酤酒。"子渊大怒曰,"奴宁欲卖耶?"惠曰:"奴大忤人,人无欲者。"子渊即决买券云云。奴复曰,"欲使皆上券;不上券,便了不能为也。"子渊曰:"诺"。

这是这篇文章的题目。这个题目便不能用王褒《圣主得贤臣颂》的文体来做了。券文如下:

> 神爵三年(西历前59)正月十五日,资中男子王子渊从成都安志里女子杨惠买亡夫时户下髯奴便了,决贾万五千。奴当从百役使,不得有二言:晨起早扫,食了洗涤;居当穿白缚帚,裁盂凿斗;……织履作粗,粘雀张乌,结网捕鱼,缴雁弹凫,登山射鹿,入水捕龟。……舍中有客,提壶行酤,汲水作哺,涤杯整案,园中拔蒜,断苏切脯。……已而盖藏,关门塞窦;喂猪纵犬,勿与邻里争斗。奴但当饭豆饮水,不得嗜酒。欲饮美酒,唯得染唇渍口,不得倾盂覆斗。不得辰出夜入,交关伴偶。舍后有树,当裁作船,上至江州下到湔;……往来都洛,当为妇女求脂泽,贩于小市,归都担枲,转出旁蹉,牵犬贩鹅,武都买茶,杨氏担荷(杨氏,池名,出荷)。……持斧入山,断辂裁辕;若有余残,当作俎几木屐彘盘。……日暮欲归,当送干薪两三束。……奴老力索,种莞织席;事讫休息,当春一石;夜半无事,浣衣当白。……奴不得有奸私,事事当关白。奴不听教,当答一百。

> 读券文适讫,词穷诈索,仡仡叩头,两手自搏,目泪下落,鼻涕长一尺。"审如王大夫言,不如早归黄土陌,丘蚓钻额。早知当尔,为王大夫酤酒,真不敢作恶。"

这篇文章所以能使人开口一笑,全靠他把庙堂文学的架子完全收了,故能做出"目泪下落,鼻涕长一尺"的平民文学。

但是汉朝的白话文学的最重要部分还是那些无名诗人的诗歌（参看丁福保编印的《全汉诗》卷三卷四）。我们的时间有限，不能多举例，只能举一些最有文学价值的作品。我先引一首：

　　上山采蘼芜，下山逢故夫。长跪问故夫，"新人复何如？""新人虽言好，未若故人姝。颜色类相似，手爪不相如。新人从门入，故人从阁去。新人工织缣，故人工织素；织缣日一匹，织素五丈余。将缣来比素，新人不如故。"

这一首诗，用八十个字写出一家夫妇三口的情形；写的是那弃妇从山上下来碰着他的故夫几分钟的谈话，但是那一家三个人的性情与历史都写出了。这真正是绝妙的文学手腕。我再举一首诗，也是无名的：

　　十五从军征，八十始得归。道逢乡里人，"家中有阿谁？""遥看是君家，松柏冢累累；兔从狗窦入，雉从梁上飞。中庭生旅谷，井上生旅葵。"——烹谷持作饭，采葵持作羹。羹饭一时熟，不知贻阿谁。出门东向望，泪落沾我衣。

这真是感人的平民文学。

汉朝的"乐府"里，有许多绝好的白话文学。有许多长短句的歌行，更能感人。我且引《孤儿行》作一个代表：

　　孤儿生，孤子遇生，命独当苦。父母在时，乘坚车，驾驷马。父母已去，兄嫂令我行贾。南到九江，东到齐与鲁。腊月来归，不敢自言苦。头多虮虱，面目多尘。大兄言办饭，大嫂言视马。上高堂，行取殿下堂，孤儿泪下如雨。使我朝行汲，暮得水来归，手为错，足下无菲。怆怆履霜，中多蒺藜。拔断蒺藜肠肉中，怆欲悲。泪下渫渫，清涕累累。冬无复襦，夏无单衣。居生不乐，不如早去，下从地下黄泉。春气动，草萌芽，三月蚕桑，六月收瓜。将是瓜车，来到还家。瓜车反覆，助我者少，啖瓜者多。"愿还我蒂！兄与嫂严，独且急归，当兴校计。"

　　乱曰：里中一何譊譊！愿欲寄尺书，将与地下父母：兄嫂难与久居。

这种悲哀的文学，虽是非常朴素，但因为非常真实，故是田野文学中的无上上品。

还有《陌上桑》一首，也是汉朝民间文学中的佳作。后来有许多诗人做此题，极力模仿，总没有一首比得上原作的。这首诗的前一段写罗敷出去采桑，接着写罗敷的美丽：

> 日出东南隅，照我秦氏楼。秦氏有好女，自名为罗敷。罗敷喜蚕桑，采桑城南隅。青丝为笼系，桂枝为笼钩。头上倭堕髻，耳中明月珠；缃绮为下裙，紫绮为上襦。行者见罗敷，下担捋髭须。少年见罗敷，脱帽著帩头。耕者忘其犁，锄者忘其锄。来归相怨怒，但坐观罗敷。

这种天真烂缦的写法，决不是曹植一班人所能模仿的。下文写一位过路的官人要调戏罗敷，他作谢绝的回答：

> 使君从南来，五马立踟蹰。使君遣吏往，问是谁家姝？"秦氏有好女，自名为罗敷。""罗敷年几何？""二十尚不足，十五颇有余。"使君谢罗敷："宁可共载不？"罗敷前致辞："使君一何愚！使君自有妇，罗敷自有夫。"

底下段完全描写他的丈夫：

> 东方千余骑，夫婿居上头。何用识夫婿？白马从骊驹；青丝系马尾，黄金络马头；腰中鹿卢剑，可值千万余。十五府小吏，二十朝大夫，三十侍中郎，四十专城居。为人洁白晰，鬑鬑颇有须。盈盈公府步，冉冉府中趋。坐中数千人，皆言夫婿殊。

这也是天真烂缦的写法，并不是尊重名教的理学先生的写法。

汉朝民间文学的最大杰作自然是《孔雀东南飞》一篇。这一篇写的是汉末庐江小吏焦仲卿夫妻的悲剧，凡三百五十三句，一千七百六十五个字，乃是中国文学史上一首最伟大的诗。原文虽长，不能不全引分段作例。

前一段写婆媳不能相安，婆婆要赶去媳妇：

> 孔雀东南飞，五里一徘徊。——十三能织素，十四学裁衣，十五弹箜篌，十六诵诗书。十七为君妇，心中常苦悲。君既为府吏，守节情不移。贱妾留空房，相见常日稀。鸡鸣入机织，夜夜不得息。三日断五匹，大人故嫌迟。非为织作迟，君家妇难为。

妾不堪驱使，徒留无所施。便可白公姥，及时相遣归。

次写儿子来说情，婆婆不答应：

府吏得闻之，堂上启阿母："儿已薄禄相，幸复得此妇。结发同枕席，黄泉共为友。共事二三年，始尔未为久。女行无偏斜，何意致不厚？"阿母谓府吏："何乃太区区！此妇无礼节，举动自专由。吾意久怀忿，汝岂得自由。东家有贤女，自名秦罗敷。可怜体无比，阿母为汝求。便可速遣之，遣去慎莫留。"

府吏长跪告，伏惟启阿母："今若遣此妇，终老不复娶。"阿母得闻之，槌床便大怒："小子无所畏，何敢助妇语！吾已失恩义，会不相从许！"——

这种描写法很好，到今日仍可适用。次写两口子作商量：

府吏默无声，再拜还入户。举言谓新妇，哽咽不能语："我自不驱卿，逼迫有阿母。卿但暂还家；吾今且报府。不久当归还，还必相迎取。以此下心意，慎勿违我语！"

新妇谓府吏："勿复重纷纭！往昔初阳岁，谢家来贵门。奉事循公姥，进止敢自专？昼夜勤作息，伶俜萦苦辛。谓言无罪过，供养卒大恩。仍更被驱遣，何言复来还！妾有绣腰襦，葳蕤自生光。红罗复斗帐，四角垂香囊；箱帘六七十，绿碧青丝绳。物物各自异，种种在其中。人贱物亦鄙，不足迎后人。留待作遗施，于今无会因。时时为安慰，久久莫相忘。"

次写兰芝和她婆婆告别：

鸡鸣外欲曙，新妇起严妆。著我绣夹裙，事事四五通。足下蹑丝履，头上玳瑁光。腰若流纨素，耳著明月珰。指如削葱根，口如含珠丹。纤纤作细步，精妙世无双。上堂拜阿母，母听去不止。"昔作女儿时，生小出野里，本自无教训，兼愧贵家子。受母钱帛多，不堪母驱使。今日还家去，念母劳家里。"却与小姑别，泪落连珠子。"新妇初来时，小姑始扶床；今日被驱遣，小姑如我长。勤心养公姥，好自相扶将。初七及下九，嬉戏莫相忘。"出门登车去，涕落百余行。

次写两口子互相告别：

府吏马在前,新妇车在后,隐隐何甸甸,俱会大道口。下马入车中,低头共耳语:"誓不相隔卿!且暂还家去,吾今且赴府。不久当还归,誓天不相负。"新妇谓府吏:"感君区区怀。君既若见录,不久望君来。君当作磐石,妾当作蒲苇;蒲苇纫如丝,磐石无转移。我有亲父兄,性行暴如雷,恐不任我意,逆以煎我怀。"举手长劳劳,二情同依依。

次写兰芝回到母家:

　　入门上家堂,进退无颜仪。阿母大拊掌:"不图子自归!十三教汝织,十四能裁衣,十五弹箜篌,十六知礼仪,十七遣汝嫁,谓言无誓违。汝今无罪过,不迎而自归?""兰芝惭阿母,儿实无罪过。"阿母大悲摧。

次写县令家来说媒:

　　还家十余日,县令遣媒来。云有第三郎,窈窕世无双。年始十八九,便言多令才。阿母谓阿女:"汝可去应之。"阿女含泪答:"兰芝初还时,府吏见叮咛,结誓不别离。今日违情义,恐此事非奇。自可断来信,徐徐更谓之。"阿母白媒人:"贫贱有此女,始适还家门,不堪吏人妇,岂合令郎君?幸可广问讯,不得便相许。"

次写郡太守遣丞来说媒,阿兄贪图富贵,逼着兰芝答应了:

　　媒人去数日,寻遣丞请还,说有兰家女,承籍有宦官。云有第五郎,娇逸未有婚。遣丞为媒人,主簿通语言。"直说太守家,有此令郎君,既欲结大义,故遣来贵门。"阿母谢媒人:"女子先有誓,老姥岂敢言。"

　　阿兄得闻之,怅然心中烦,举言谓阿妹:"作计何不量!先嫁得府吏,后嫁得郎君,否泰如天地,足以荣汝身。不嫁义郎体,其往欲何云!"兰芝仰头答:"理实如兄言。谢家事夫婿,中道还兄门,处分适兄意,那得自任专。虽与府吏要,渠会永无缘。登即相许和,便可作婚姻。"

次写媒人去后一段情形,甚有趣:

　　媒人下床去,诺诺复尔尔。还部白府君:"下官奉使命,言谈大有缘。"府君得闻之,心中大欢喜。视历复开书,便利此月内,六合正相应,良吉三十日。"今已二十七,卿可去成婚。"
　　　　交语速装束,络绎如浮云。青雀白鹄舫,四角龙子幡,婀娜随风转。金车玉作轮,踯躅青骢马,流苏金镂鞍。赍钱三百万,皆用青丝穿。杂彩三百匹,交广市鲑珍。从人四五百,郁郁登郡门。

这一段写得非常热闹,底下便是悲剧了。先写兰芝的悲哀:
　　　　阿母谓阿女:"适得府君书,明日来迎汝,何不作衣裳?莫令事不举。"阿女默无声,手巾掩口啼,泪落便如泻。移我琉璃榻,出置前窗下。左手持刀尺,右手持绫罗;朝成绣夹裙,晚成单罗衫。晻晻日欲暝,愁思出门啼。

次写仲卿途中相会,"生人作死别":
　　　　府吏闻此变,因求假暂归。未至二三里,摧藏马悲哀。新妇识马声,蹑履相逢迎。怅然遥相望,知是故人来。举手拍马鞍,嗟叹使心伤。"自君别我后,人事不可量。果不如先愿,又非君所详。我有亲父母,逼迫兼弟兄。以我应他人,君还何所望!"府吏谓新妇:"贺卿得高迁!磐石方且厚,可以卒千年;蒲苇一时纫,便作旦夕间;卿当日胜贵,吾独向黄泉。"新妇谓府吏:"何意出此言!同是被逼迫,君尔妾亦然。黄泉下相见,勿违今日言。"执手分道去,各各还家门,生人作死别,恨恨那可论。念与世间辞,千万不复全。

次写仲卿和他母亲作死别:
　　　　府吏还家去,上堂拜阿母:"今日大风寒,寒风摧树木,严霜结庭兰。儿今日冥冥,令母在后单。故作不良计,勿复怨鬼神!命如南山石,四体康且直。"阿母得闻之,零泪应声落:"汝是大家子,仕宦于台阁。慎勿为妇死,贵贱情何薄!东家有贤女,窈窕艳城郭。阿母为汝求,便复在旦夕。"

次写兰芝成礼之夜投水死了,仲卿也在树上吊死了:
　　　　府吏再拜还,长叹空房中,作计乃尔立。转头向户里,渐见愁煎迫。其日牛马嘶,新妇入青庐。奄奄黄昏后,寂寂人定初。

"我命绝今日,魂去尸长留。"揽裙脱丝履,举身赴青池。府吏闻此事,心知长别离,徘徊庭树下,自挂东南枝。

末段说:

> 两家求合葬,合葬华山傍。东西植松柏,左右种梧桐。枝枝相覆盖,叶叶相交通。中有双飞鸟,自名为鸳鸯,仰头相向鸣,夜夜达五更。行人驻足听,寡妇起彷徨。多谢后世人,戒之慎勿忘。

我想有些人看了我选的这些材料,一定要说:"这些诗都是《古诗源》、《古诗录》里收入的,可不是古文的文学吗?为什么你用他们来做白话文学的例呢?"对于这些人,我也没有闲工夫去同他们辩论,我且引一两首真正古文文学给他们看看:

> 后皇嘉坛,立玄黄服。物发冀州,兆蒙祉福。沈沈四塞,假狄合处。经营万亿,咸遂厥宇。(汉《郊祀歌》)

> 天地并况,惟予有慕。爰熙紫坛,思求厥路。恭承禋祀,缊豫为纷。黼绣周张,承神至尊。(同上)

认清了这种"地道"的庙堂文学,便自然会承认《孤儿行》、《孔雀东南飞》一类的诗是白话的平民文学了。

参考

古诗十九首　　　　《陇西行》
《箜篌引》　　　　　《东门行》
《江南可采莲》　　　《妇病行》
《艳歌行》　　　　　《相逢行》

桓帝时童谣("小麦青青大麦枯",又"城上乌,尾毕逋")

王充《论衡·自记》篇说他曾作《讥俗节义》十二篇,"冀俗人观书而自觉,故直露其文,集以俗言。"他这书是用白话做的第一部了。可惜此书不传于后。

第三章　魏晋南北朝的平民文学

汉朝统一了四百年,到第三世纪就分裂成三国。魏在北方,算是古文明的继产人。蜀在西方,开化了西部西南部的蛮族,在文化史上也占一个地位。最重要的,吴在南方,是楚亡以后,江南、江东第一次成独立的国家;吴国疆土的开拓,文化的提高与传播,都极重要;因为吴国的发展就是替后来东晋、宋、齐、梁、陈预备下了一个退步的地方,就是替中国文化预备下了一块避难的所在。

司马氏统一中国,不到二三十年,北中国便发生大乱了。北方杂居的各种新民族——匈奴、鲜卑、羯、氐、羌——一时并起,割据北中国,是为五胡十六国的时代。中国文化幸亏有东南一角作退步,中原大族多南迁,勉强保存一线的文明,不致被这一次大扰乱完全废去。

北方大乱了一百多年,后来鲜卑民族中的拓跋氏起来,逐渐打平了北方诸国,北方才渐渐的有点治安。是为北魏,又称北朝。南方东晋以后虽有朝代的变更,但始终不曾有种族上与文化的大变动。东晋以后直到隋朝平陈,是为南朝。

这个南北分立的时期,有二百年之久;加上以前的五胡十六国时代,加上三国分立的时代,足足有四百年的分裂。这个分裂的时期,是中国文化史上一个最重要的时期。这是中国文明的第一座难关。中国文明虽遭一次大挫折,久而久之,居然能得最后的胜利。东南一角的保存,自不消说了。北方的新民族后来也渐渐的受不住中国文明的魔力,都被同化了。北魏一代,后来完全采用中国的文化,不但禁胡语,废胡服,改汉姓,娶汉女,还要立学校,正礼乐,行古礼。到了拓跋氏的末年,苏绰一流人得势,竟处处用《周礼》,模仿三代以上的文体,竟比南朝的中国文化更带着古董色彩了。中国文化已经征服了北方的新民族,故到第六世纪北方的隋朝统一南北时,不但有了政治的统一,文化上也容易统一了。

这个南北分裂时代的民间文学,自然是南北新民族的文学。江南新民族本有的吴语文学,向来无人注意,到此时代,方才渐渐出现。这一派文学的特别色彩是恋爱,是缠绵宛转的恋爱。北方的新民族多带着尚武好勇的性质,故北方的民间文学自然也带着这种气概。不幸北方新民族的平民文学传下来的太少了,真是可惜。有些明明是北朝文学,又被后人误编入南朝文学里去了;例如《企喻歌》、《慕容垂歌》、《陇头歌》、《折杨柳歌》、《木兰》,皆有人名或地名可以证明是北方文学,现在多被收入"梁《横吹曲辞》"里去了。我们现在把他们提出来,便容易看出北方的平民文学的特别色彩是英雄,是慷慨洒落的英雄。

我们先看南方的儿女文学。"乐府"里的各种《子夜歌》,大概是吴中的平民文学。我们只能选出几首:

> 宿昔不梳头,丝发被两肩。婉伸郎膝上,何处不可怜?
> 自从别欢来,奁器了不开。头乱不敢理,粉拂生黄衣。
> 朝思出前门,暮思还后渚。语笑向谁道,腹中阴忆汝。
> 揽枕北窗卧,郎来就侬嬉。喜时多唐突,相怜能几时!
> 揽裙未结带,约眉出前窗。罗裳易飘扬,小开骂春风。
> 夜长不得眠,转侧听更鼓。无故欢相逢,使侬肝肠苦。(以上《子夜歌》)

各种《子夜歌》近两百首,多是这一类的儿女文学。

> 歌谣数百种,《子夜》最可怜。慷慨吐清音,明转出自然。

这首诗可算是《子夜歌》的总评,也可算是南方儿女文学的总评。此外如:

> 新衫绣两裆,迮着罗裙里。微步动轻尘,罗裙随风起。(《上声歌》)
>
> 黄葛生烂熳,谁能断葛根?宁断娇儿乳,不断郎殷勤。(《前溪歌》)
>
> 团扇复团扇,持许自遮面。憔悴无复理,羞与郎相见。(《团扇歌》)

这都是很有情趣的儿女文学。有些是比较的深沉一点的。如:

> 懊恼奈何许,夜闻家中论,不得侬与汝。(《懊侬歌》)

这首诗后来改了一句,为《华山畿》二十五首之一:

> 未敢便相许!夜闻侬家论,不持侬与汝。

这里面很有悲剧的意味了。《华山畿》中有几首悲剧的诗。如:

> 奈何许,天下人何限,慊慊只为汝!
> 啼著曙,泪落枕将浮,身沉被流去。
> 懊恼不堪止,上床解腰绳,自经屏风里。

南朝文学里,这一类的悲剧很少。《华山畿》的第一首,另写一件事,也是悲剧的下场:

> 华山畿,君既为侬死,独生为谁施!欢若见怜时,棺木为侬开。

但南朝文学里最擅长的是离别的诗:

> 不能久长离。中夜忆欢时,抱被空中啼。
> 相送劳劳渚。长江不应满,是侬泪成许。(《华山畿》)
> 忆欢不能食。徘徊三路间,因风觅消息。
> 自从别郎后,卧宿头不举。飞龙落药店,
> 骨出只为汝。(以上《读曲歌》)

有几首很艳的:

> 可怜乌白乌,强言知天曙,无故三更啼,欢子冒暗去。(《乌夜啼》)
> 打杀长鸣鸡,弹去乌白乌。愿得连冥不复曙,一年都一晓。(《读曲歌》)
> 怜欢敢唤名,念欢不唤字。连唤欢复欢,两誓不相弃。(《读曲歌》)

这一首的怜、念、连、欢、唤、欢、唤、唤、欢、欢等字用的最妙。

我想以上举的例,可以代表南朝的儿女文学了。现在且看北方民族的英雄文学。我们所有的材料之中,最可以代表真正北方文学的是鲜卑民族的《敕勒歌》。这歌本是鲜卑语译成汉文的。歌辞是:

> 敕勒川,阴山下,
> 天似穹庐,笼盖四野。
> 天苍苍,野茫茫,
> 风吹草低见牛羊。

"风吹草低见牛羊"七个字,真是神来之笔,何等朴素!何等真实!《乐府广题》说,北齐高欢攻宇文泰,兵士死去十分之四五,高欢愤怒发病。宇文泰下令道:"高欢鼠子,亲犯玉壁。剑弩一发,元凶自毙。"高欢知道了,只好扶病起坐。他把部下诸贵人都招集拢来,叫斛律金唱《敕勒》,高欢自和之,以安人心。我们读这故事,可以想见

这篇歌在当日真可代表鲜卑民族的生活。

我们再举《企喻歌》来做例：

> 男儿欲作健，结伴不须多。鹞子经天飞，群雀两向波。
> 放马大泽中，草好马著膘。牌子铁裲裆，鉒鍒鹦尾条。
> 前行后看行，齐著铁裲裆。前头看后头，齐著铁鉒鍒。

这是北方尚武民族的军歌了。再看《琅琊王歌》：

> 新买五尺刀，悬著中梁柱。一日三摩娑，剧于十五女。

又看《折杨柳歌辞》，

> 遥看孟津河，杨柳郁婆娑。我是虏家儿，不解汉儿歌。
> 健儿须快马，快马须健儿。跸跋黄尘下，然后别雄雌。

这种雄壮的歌调，与南朝的儿女文学比较起来，自然天地悬隔，怪不得北方新民族要说"我是虏家儿，不解汉儿歌"了！

北方新民族写痛苦的心境，也只有悲壮，没有愁苦。如《陇头歌》：

> 陇头流水，流离山下。念吾一身，飘然旷野。
> 朝发欣城，暮宿陇头。寒不能语，舌卷入喉。
> 陇头流水，鸣声幽咽。遥望秦川，心肠断绝。

北方平民文学写儿女的心事，也有一种朴实爽快的神气，不像江南女儿那样扭扭捏捏的。我们看《折杨柳枝歌》：

> 门前一株枣，岁岁不知老。阿婆不嫁女，那得孙儿抱？
> 敕敕何力力，女子临窗织。不闻机杼声，唯闻女叹息。
> 问女何所思，问女何所忆。阿婆许嫁女，今年无消息。

这种天真烂缦的神气，确是鲜卑民族文学的特色。

北方平民文学的最大杰作，自然是《木兰诗》。《木兰诗》是人人都知道的，头两段是：

> 唧唧复唧唧，木兰当户织。不闻机杼声，唯闻女叹息。问女何所思？问女何所忆？"女亦无所思，女亦无所忆。昨夜见军帖，可汗大点兵。军书十二卷，卷卷有爷名。阿爷无大儿，木兰无长兄。愿为市鞍马，从此替爷征。"
> 东市买骏马，西市买鞍鞯，南市买辔头，北市买长鞭。旦辞

爷娘去,暮宿黄河边,不闻爷娘唤女声,但闻黄河流水鸣溅溅。旦辞黄河去,暮宿黑山头。不闻爷娘唤女声,但闻燕山胡骑鸣啾啾。

　　万里赴戎机,关山度若飞。朔气传金柝,寒光照铁衣。将军百战死,壮士十年归。

　　归来见天子,天子坐明堂,策勋十二转,赏赐百千强。可汗问所欲,"木兰不用尚书郎。愿借明驼千里足,送儿还故乡。"

我要请大家注意此诗起首"唧唧复唧唧,木兰当户织,不闻机杼声,唯闻女叹息。问女何所思,问女何所忆"六句,与《折杨柳枝歌》中间六句相同,可见此诗是平民文学演化出来的。中间虽很像有文人修改的痕迹,但前用"可汗",后用"天子",后又用"可汗",可见修改的地方大概不过中间"万里赴戎机"以下几句。至于后面写木兰归来一大段,决不是文人能做的:文人做不出这样天然神妙的平民文学。这一段更不可不注意:

　　爷娘闻女来,出郭相扶将。阿姊闻妹来,当户理红妆。小弟闻姊来,磨刀霍霍向猪羊。开我东阁门,坐我西阁床。脱我战时袍,着我旧时裳。当窗理云鬓,对镜贴花黄。出门看火伴,火伴始惊惶:"同行十二年,不知木兰是女郎。"雄兔脚扑朔,雌兔眼迷离。双兔傍地走,安能辨我是雄雌?

北方文学之中,只有一篇贵族文学可以算是白话文学。这一篇是北魏胡太后为他的情人杨华做的《杨白花》。胡太后爱上了杨华,逼迫他做了他的情人,杨华怕祸,逃归南朝。太后想念他,作了这歌,使宫人连臂蹋足同唱。歌辞是:

　　阳春二三月,杨柳齐作花。春风一夜入闺闼,杨花飘荡落南家。含情出户脚无力,拾得杨花泪沾臆。秋去春还双燕子,愿衔杨花入窠里。

这已是北方民族被中国文明软化后的文学了。

参考:

　　丁福保辑的《全晋诗》卷八。

又　　　　《全宋诗》卷五。

又　　　　《全齐诗》卷四,页八至十。

又　　　　《全梁诗》卷十四。

　　这个时代有一个诗人——陶潜——的诗,也有许多可以算是国语文学的作品。读者可以参看他的诗集,我不能多引了。

　　《文选》卷四十有梁朝任昉《奏弹刘整》文一篇,首尾是古体文;中间引刘寅妻范氏的诉状及奴海蛤等的供状,都是白话。此文可见当时古文与白话的差别,读者应该参看。

第二编　唐代文学的白话化

第一章　盛唐

中国分裂了四百年,隋朝统一南北;不到三十年,大乱又起,中国又分裂了十余年;直到唐太宗平定了各地割据的小国,中国方才又得统一。唐朝前后三百年间,虽有小乱,都不长久;统一的日子长久,故文化也有从容发展的机会。唐朝的文学因为有统一国家的科举政策的提倡,故也很发达。最重要的是散文与诗两项:韩愈、柳宗元的散文规定了后来一千多年的"古文"的正宗体裁;开元、天宝的几个诗人也范围了一千多年的诗家。此外,还有唐朝晚年的"词"也替后来的韵文打开了一个新世界。因为有这三项——诗,"古文",词——故在古体文学史上,唐朝一代的文学就很像高不可及了。

但唐朝三百多年虽是古体文学史上一个黄金时代,却也是白话文学的一个发达时期。这个时期,我们可以说是白话侵入古体文学的时期,又可以说是文学的"白话化"的时期。汉、魏、六朝的平民文学,到了隋、唐时代,很受文学家的崇拜。唐人极力模仿古乐府,后来竟独立作新乐府。古乐府里有价值的部分全是平民文学;故模仿古乐府的人自然逃不了平民文学的影响。这是"白话化"的一个原因。乐府中的小品,如《子夜歌》之类,本是民间平常歌唱的东西;后来唐人的五言二韵与七言二韵的"绝句",即是从这种小品乐府里演化出来的。我们看唐朝诗人"旗亭画壁"的故事,用歌妓所歌的多少来定诗人的优劣(此事见《集异记》),而所歌的都是这种绝句;因此可见这种诗与民间歌曲的关系。这种简短的小品来自民间,行在民间,是不适宜于贵族文体的,是不能不用白话的。所以唐人的绝句,十分之八九是白话的,这是"白话化"的又一个原因。

唐朝一代的民间文学不幸都不传了。但是这也不足为奇。唐朝最重诗人,有许多明是民间的无名作品,后来都归到几个有名的诗人身上去了。如李白集子里的《襄阳曲》,便是一例。又有许多民间文学,被诗人拿去修饰一番,就成了诗人的作品了;如刘禹锡的《竹枝》,便是最明显的例。故我们可以说,唐朝的民间文学虽然不传,但民间文学的精采都已被吸收在许多诗人的作品里。唐朝韵文的最有价值的部分乃是"平民"与"白话化"了的文学。

向来论唐诗的,有一种四分法,把唐朝分作初、盛、中、晚,四个时期:

初唐,约西历620—700。

盛唐,约西历700—750。

中唐,约西历750—850。

晚唐,约西历850以后,直到五代。

他们极力推崇盛唐,以为初唐不过是个盛唐的结胎时期,中唐是衰落时期,晚唐更衰了。

但是我们从国语文学史上看起来,我们的结论恰和他们相反,这四个时期正可以代表唐朝国语文学发达史上的四个时期。

初唐,贵族文学的时期。平民文学不占势力。

盛唐,文学开始白话化的时期。

中唐,白话文学风行的时期。

晚唐至五代,白话文学大盛的时期。

这几句话未免骇人听闻,让我慢慢的解释出来。

隋朝用文学考试士子,而当时帝王大臣提倡的文学乃是南北朝的贵族文学。唐初仍旧是这种贵族文学盛行的时期,仍旧是沈约、徐陵、庾信一班人的文学的余波。我们看当时所谓"上官体"与"初唐四杰"的文学(参看谢无量《中国大文学史》卷六,第一至第三章)。可以看出这个时代的文学的贵族性与庙堂性(谢君误把寒山、拾得归入初唐,乃是承旧说之误。寒山、拾得决不会产生在这个时代。考见下)。

但是第二个时代的文学,便大不同了。这时代的大诗人如王维、孟浩然都是能赏识自然界的真美的;如李白、杜甫都是能赏识平民的文学的。自然的美是不能用庙堂文体来描写的;故王、孟的诗,凡是好的,都是白话的。如王维的《鹿柴》:

　　空山不见人,但闻人语响。返景入深林,复照青苔上。

又如他的《终南别业》:

　　中岁颇好道,晚家南山陲。兴来每独往,胜事空自知。行到水穷处,坐看云起时。偶然值林叟,谈笑无还期。

王、孟的五言律诗的好处,正因为他们能用白话来描写天然的情景。李白的诗里,用白话的更多了。他最得力于南北朝民间的乐府,故他的乐府简直是平民文学。如他的《横江词》:

　　人道横江好,侬道横江恶。一风三日吹倒山,白浪高于瓦官阁。

　　海潮南去过浔阳,牛渚由来险马当。横江欲渡风波恶,一水牵愁万里长。

又如他的《白鼻騧》:

　　银鞍白鼻騧,绿地障泥锦。细雨春风花落时,挥鞭直就胡姬饮。

又如他的《长干行》:

　　妾发初覆额,折花门前剧。郎骑竹马来,绕床弄青梅。同居长干里,两小无嫌猜,十四为君妇,羞颜未尝开,低头向暗壁,千唤不一回。十五始展眉,愿同尘与灰。……十六君远行,瞿塘滟滪堆。五月不可触,猿声天上哀。门前旧行迹,一一生绿苔。苔深不能扫,落叶秋风早。八月蝴蝶来,双飞西园草。感此伤妾心,坐愁红颜老。早晚下三巴,预将书报家。相迎不道远,直至长风沙。

又如他的《长相思》:

　　美人在时花满堂,美人去后余空床。床中绣被卷不寝,至今三载犹闻香。香亦竟不灭,人亦竟不来!相思黄叶落,白露点青苔。

这种意境与技术,都和平民文学很接近。

杜甫是唐朝的第一个大诗人,这是我们都可以承认的。但杜甫的好处,都在那些白话化了的诗里,这也是无可疑的。杜甫是一个平民的诗人,因为他最能描写平民的生活与痛苦。但平民的生活与痛苦也不是贵族文学写得出的,故杜甫的诗不能不用白话。我们看他的《新安吏》:

> 客行新安道,喧呼闻点兵。借问新安吏,县小更无丁。府帖昨夜下,次选中男行。中男绝短小,何以守王城?肥男有母送,瘦男独伶俜。白水暮东流,青山犹哭声。莫自使眼枯,收汝泪纵横。眼枯即见骨,天地终无情。

这种情景,只须老老实实的写去,自然成白话文学了。同这首诗同类的,如《潼关吏》、《石壕吏》、《新婚别》、《垂老别》、《羌村》,我不用多引了。他的《自京赴奉先〔县〕咏怀》一篇,中间骂皇帝"彤庭所分帛,本自寒女出;鞭挞其夫家,聚敛贡城阙";又骂贵族"朱门酒肉臭,路有冻死骨";最后写他自己的境遇:

> ……老妻寄异县,十口隔风雪。谁能久不顾,庶往共饥渴。入门闻号眺,幼子饥已卒。吾宁舍一哀?里巷亦呜咽。所愧为人父,无食致夭折。

这种写法,虽然朴素,但何等动人!又如他的《茅屋为秋风所破歌》:

> 八月秋高风怒号,卷我屋上三重茅。茅飞度江洒江郊:高者挂罥长林梢,下者飘转沉塘坳。南村群童欺我老无力,忍能对面为盗贼。公然抱茅入竹去,唇焦口燥呼不得,归来倚杖自叹息。俄顷风定云墨色,秋天漠漠向昏黑。布衾多年冷似铁,娇儿恶卧踏里裂。床头屋漏无干处,雨脚如麻未断绝。自经丧乱少睡眠,长夜沾湿何由彻?

这种平民文学只有经过这种平民生活的诗人能描写的清楚亲切。杜甫很有一点滑稽风味,如这首诗便是一个例;因为哭声里藏着一双含泪的笑眼,故是诗人的诗,不是贫儿诉苦。此外如《逼仄行》、《醉时歌》都有这种意味。

杜甫的白话诗太多了,我不能多引,现在再引几首绝句罢。

二月六夜春水生，门前小滩浑欲平。鸬鹚鸂鶒莫漫喜，吾与汝曹俱眼明。
　　一夜水高二尺强，数日不可更禁当。南市津头有船卖，无钱即买系篱旁。（《春水生》二绝）
　　手种桃李非无主，野老墙低还似家。恰似春风相欺得，夜来吹折数枝花。
　　熟知茅斋绝低小，江上燕子故来频；衔泥点污琴书内，更接飞虫打着人。
　　二月已破三月来，渐老逢春能几回？莫思身外无穷事，且尽生前有限杯。
　　肠断江春欲尽头，杖藜徐步立芳洲。颠狂柳絮随风舞，轻薄桃花逐水流。
　　糁径杨花铺白毡，点溪荷叶叠青钱。竹根雉子无人见，沙上凫雏傍母眠。（《绝句漫兴》九之五）
　　黄四娘家花满蹊，千朵万朵压枝低。留连戏蝶时时舞，自在娇莺恰恰啼。（《江畔独步寻花》七之六）

这种纯朴的美，真是白话的上品。我再引一首极有趣的小诗：

　　漫道春来好，狂风大放颠，吹花随水去，翻却钓鱼船。

他不说大风把船翻了，偏要说那些花朵被风吹去把船撞翻了。这是绝妙的风趣。

　　以上说盛唐的诗是白话化了的诗。不但王、孟、李、杜可以举来作例，其实盛唐的诗人如郑虔、元结、韦应物之类，都可引来作证。可惜我们现在不能多举例了。

第二章　中唐的白话诗

　　我们现在要说中唐是白话文学风行的时期。这个时代的诗人如柳宗元、张籍、孟郊、贾岛的诗，都有很多近于白话的。但我们要想寻那代表时代精神的诗人，自然只好举白居易、元稹、刘禹锡了。白居易是有意做白话诗的，故他的《与元稹书》叙他作诗的历史，极力推崇杜甫的《新安吏》、《石壕吏》诸篇；又他的《新乐府·自序》说：

>　　其辞质而径,欲见之者易喻也;其言直而切,欲闻之者深诫也;其事核而实,使采之者传信也;其体顺而肆,可以播于乐章歌曲也。

要想做到这几个条件,自然非白话诗不可。所以有人说他每作诗,先教一个老婆子读了,问他懂得吗;若老婆子懂得了,此诗便可抄存;若他不懂得,此诗便须重改过(见《墨客挥犀》)。这话自然未必可以全信,因为每首诗如此试验是做不到的事;但我们可以认定白居易是有意做通俗诗的。到了他晚年时,他的白话更纯粹了,更自然了,几乎没有文言诗了。

白居易也是一个平民诗人。他少年中年时代的诗很多,是讨论社会问题的。如《宿紫阁山北村》:

>　　晨游紫阁峰,暮宿山下村。村老见余喜,为余开一尊。举杯未及饮,暴卒来入门,紫衣挟刀斧,草草十余人。夺我席上酒,掣我盘中飧。主人退后立,敛手反如宾。中庭有奇树,种来三十春。……主人慎勿语,中尉正承恩。

又如《秦中吟》十首,都是讨论社会问题的。十首中的《重赋》说:

>　　……岁暮天地闭,阴风生破村。夜深烟火尽,霰雪白纷纷。幼者形不蔽,老者体无温;悲喘与寒气,并入鼻中辛。昨日输残税,因窥官库门;缯帛如山积,丝絮如云屯。号为羡余物,随月献至尊。夺我身上暖,买尔眼前恩。进入琼林库,岁久化为尘!

其余九首,我不引了。最重要的问题诗,自然要算《新乐府》五十篇。五十篇之中,《上阳人》、《新丰折臂翁》、《道州民》、《卖炭翁》等篇最有文学价值。我们且引《折臂翁》一篇做一个例:

>　　新丰老翁八十八,头鬓眉须皆似雪;玄孙扶向店前行,左臂凭肩右臂折。问翁臂折来几年?兼问致折何因缘?翁云贯属新丰县,生逢圣代无征战;惯听梨园歌管声,不识旗枪与弓箭。无何天宝大征兵,户有三丁点一丁。点得驱将何处去?五月万里云南行。闻道云南有泸水,椒花落时瘴烟起;大军徒涉水如汤,未过十人二三死。村南村北哭声哀,儿别爷娘夫别妻。皆云前后征蛮者,千万人行无一回。是时翁年二十四,兵部牒中有名

字,夜深不敢使人知,偷将大石捶折臂。张弓簸旗俱不堪,从兹始免征云南。骨碎筋伤非不苦,且图拣退归乡土。此臂折来六十年,一肢虽废一身全。至今风雨阴寒夜,直到天明痛不眠。痛不眠,终不悔,且喜老身今独在。不然当时泸水头,身死魂孤骨不收。应作云南望乡鬼,万人冢上哭呦呦。……

这首诗写兵役之苦能使人情愿捶折自己的手臂;这种事实在现在国家主义风行的国里也还免不了,何况一千多年前的帝国时代呢?我们因此可以推想白居易说的折臂老翁定然是写实的问题诗。白居易的天才不及杜甫、张籍,他的乐府里往往议论太多,诗趣反因此减去不少。但这种问题诗也往往有很好的句子,如《上阳人》中的"今日宫中年最老,大家遥赐尚书号。小头鞋履窄衣裳,青黛点眉眉细长;外人不见见应笑,天宝末年时世妆。"这仍不愧为诗人的诗。

白居易自己把他的诗分作"讽谕"、"闲适"两大部分。讽谕即是上文引的那一类问题诗。他中年以后,便不作这一类的诗了。他的"闲适"一类诗多是从陶潜、韦应物得来的,故也多是白话的或近于白话的。我们也可以选几首:

花枝缺处青楼开,艳歌一曲酒一杯,美人劝我急行乐:自古朱颜不再来。君不见,长安道,一回来,一回老。(《长安道》)

霜草苍苍虫切切,村南村北行人绝。独出前门望野田,月明荞麦花如雪。(《村夜》)

劝君一杯君莫辞,劝君两杯君莫疑,劝君三杯君始知:面上今日老昨日,心中醉时胜醒时。天地迢迢自长久,白兔赤乌相趁走。身后堆金挂北斗,不如生前一樽酒。君不见,春明门外天欲明,喧喧歌哭半死生,游人驻马出不得,白舆紫车争路行。归去来,头已白:典钱收用买酒吃。(《劝酒》)

他晚年的诗更多这种很豁达的白话诗:

前日君家饭,昨日王家宴,今日过我庐,三日三会面。当歌聊自放,对酒交相劝。为我尽一杯,与君发三愿:一愿世清平,二愿身强健,三愿临老头,数与君相见!(《赠梦得》)

达哉达哉白乐天!……二年忘却问家事,门庭多草厨少烟;

> 庖童朝告盐米尽,侍婢暮诉衣裳穿;妻孥不悦甥侄问,而我醉卧方陶然!起来与尔画生计,薄产处置有后先:先卖南坊十亩园,次卖东都五顷田,然后兼卖所居宅,仿佛获缗二三千。半与尔充衣食费,半与吾供酒肉钱。(《达哉乐天行》)

元稹、刘禹锡同白居易是极好的朋友,当时称为元、白,后来元稹死了,又称刘、白。他们都可说是当时的白话诗人。元稹的诗才更不如白居易了,但他也有好诗,例如他的悼亡诗:

> 昔日戏言身后意,今朝都到眼前来。衣裳已施行看尽,针线犹存未忍开。尚想旧情怜婢仆,也曾因梦送钱财。诚知此恨人人有,贫贱夫妻百事哀。(《三遣悲怀》)①

如他纪念朋友的诗:

> 忆君无计写君诗,写尽千行说向谁?题在阆州东寺壁,几时知是见君时?(《阆州开元寺壁题乐天诗》)②

> 远信入门先有泪,妻惊女哭问何如:寻常不省曾如此,应是江州司马书(《得乐天书》)

> 君应怪我留连久,我欲与君辞别难。白头徒侣渐稀少,明日恐君无此欢。

> 自识君来三度别,这回白尽老髭须。恋君不去君应会,知得后回相见无?(《过东都别乐天》二首)③

他的乐府,如《连昌宫词》,如《忆远曲》,《织妇词》,《田家词》,《古筑城曲》,都可举来作例;但我们的篇幅有限,只好不引了。

刘禹锡的白话诗可选的更多了。他在连州作刺史时曾作《插田歌》④,描写本地的风物:

> 冈头花草齐,燕子东西飞。田塍望如线,白水光参差。农妇白纻裙,农父绿蓑衣。(此两句似不很真实)齐唱田中歌,婴伫

---

① 编者注:原作《遣悲怀》,现改。
② 编者注:原作《开元寺题乐天诗》,现改。
③ 编者注:原作《别乐天》,现改。
④ 编者注:原作《偃歌》,现改。

如竹枝。但闻怨响音,不辨俚语词。时时一大笑,此必相嘲哳。……路旁谁家郎,乌帽衫袖长,自言上计吏,年幼离帝乡。田夫语计吏,君家侬定谙;一来长安道,眼大不相参。计吏笑致辞;"长安真大处! 省门高轲峨,侬入无度数。昨来补卫士,唯用筒竹布。君看二三年,我作官人去。"

此诗写乡下人说朝廷事务,大有《儒林外史》的风味。刘禹锡爱作这种描写地方风俗的乐府,如《淮阴行》云:

船头大铜环,摩挲光阵阵;早晚便风来,沙头一眼认。
何物令侬羡? 羡郎船尾燕,衔泥趁樯竿,宿食长相见。

他做朗州司马时,作《竹枝词》十几篇,历史上说"武陵溪洞间悉歌之。"我们选几首作例:

山桃红花满上头,蜀江春水拍山流。花红易衰似郎意,水流无限似侬愁。

江上朱楼新雨晴,瀼西春水縠纹生。桥东桥西好杨柳,人来人去唱歌行。

城西门前滟滪堆,年年波浪不能摧。懊恼人心不如石,少时东去复西来。

杨柳青青江水平,闻郎江上唱歌声。东边日出西边雨,道是无晴还有晴。

他这种诗,写的虽是一种民间生活,却也有一种牢骚感慨寄在里面。他被贬逐出去,十年后方才召回,对于时局很有感慨,曾有作一首看花的诗:

紫陌红尘拂面来,无人不道看花回。玄都观里桃千树,尽是刘郎去后栽。

当时当局的人说他这诗是讥刺时政,又把他贬逐出去;过了十四年,政局变了,他又被召回,因作一首《再游玄都观》:

百亩庭中半是苔,桃花净尽菜花开。种桃道士归何处? 前度刘郎今独来。

此外刘禹锡的白话诗还很多,如《金陵》五首等,我不能多引了。

这三个人——白居易、元稹、刘禹锡——可以代表中唐的诗了。

他们的诗,因为是白话诗,所以风行一世。白居易《与元稹书》说:

>……再来长安,又闻有军使高霞寓者,欲聘倡妓,妓大夸曰:"我诵得白学士《长恨歌》,岂同他妓哉?"由是增价。……又昨过汉南日,适遇主人集众乐,娱他宾。诸妓见仆来,指而相顾曰"此是《秦中吟》、《长恨歌》主耳。"自长安抵江西,三四千里,凡乡校、佛寺、逆旅、行舟之中,往往有题仆诗者。士庶、僧徒、孀妇、处女之口,每有咏仆诗者。

又元稹《白氏长庆集序》说:

>……巴蜀江楚间洎长安中少年,递相仿效,竞作新词,自谓为"元和诗"。……二十年间,禁省、观寺、邮候墙壁之上无不书,王公妾妇、牛童马走之口无不道。至于缮写模勒,炫卖于市井,或持之以交酒茗者,处处皆是。(原注:"扬、越间多作书模勒乐天及予杂诗,卖于市肆之中也")。其甚者,有至于盗窃名姓,苟求自售,杂乱间厕,无可奈何。予于平水市中(原注:"镜湖傍草市名")见村校诸童竞习诗,召而问之,皆对曰:"先生教我乐天、微之诗。"固亦不知予之为微之也。……自篇章以来,未有如是流传之广者。

这虽是他们自己说的话,但很可相信,因为这种自夸,若不根据于事实,是很容易破案的。况且他们的诗的通行,还有旁证,如杜牧作《李戡墓志》,述李戡的话道:

>……自元和以来,有元、白诗者,纤艳不逞,非庄士雅人,多为其破坏。流于民间,疏于屏壁;子父女母,交口教授,淫言媟语,冬寒夏热,入人肌骨,不可除去。(引见谢著《中国大文学史》卷七,页四十)

这是反对党说的话,更可相信了。这些话还不够证明我们上文说的"中唐是白话文学风行的时期"吗?

第三章　中唐的白话散文

这个时代又是"古文"体中兴的时代。韩愈、柳宗元的"古文"自然是一千多年以来的一件很有势力的东西。但我们从历史上看起来，古文体的改革，虽然不是改成白话，却也是和白话诗同一个趋向的。这话自然有人不承认。但我们细看古文的历史，就可以知道我这话不是瞎说的了。

从汉到唐，文学分做两条路。韵文是一路，散文是一路。韵文是贵族与小百姓公用的，故韵文的进化又分作两条支路。贵族的文人——从司马相如直到王勃、杨炯——尽管做他们的贵族诗赋；一个做《拟古》，第二个做《拟拟古》，第三个又做《拟拟拟古》：这是支路甲，就是我的朋友钱玄同说的"选学妖孽"走的路。但是民间的无名诗人却在这一千年中开辟出一条韵文的大路，这就是我们前说的汉、魏、六朝的平民文学，这就是支路乙。这条支路乙开辟的很早，因为无量数的无名诗人的眼泪、笑声、欢喜、悲哀，全都靠这条路发泄出去；这条路一塞，就没有生命了；就有生命，也没有生趣了。因此，自从《三百篇》以来，大中华的小百姓始终不肯把这条支路乙塞住。因为小百姓中无名诗人牢牢守住了这条路，不曾断绝，故白话韵文发达的早，故支路甲上的诗人到了后来也不得不挂白旗了，不得不白话化了。这是白话诗所以能早日成立的历史。

但是散文的一条路，因为教育上的需要，因为科举的势力，因为政治的重要，就被贵族的文人牢牢的霸住。小百姓只顾得那一条韵文的支路乙，也就没有能力来同贵族文人争这条散文的路。小百姓在这一千年中，只能不知不觉的把语言逐渐改变了；在文字一方面，他们这时候还不能同贵族文人竞争。故散文的白话化，比那韵文的白话化，自然慢的多了。因为小百姓的势力还不能影响到散文，故散文的进化不能不限于文人阶级里面。

但是文人阶级的散文在这一千年中，也分了两条支路。一条是那骈俪对偶的魔道，在汉朝已有起点了，到六朝更十分发达，一切庙堂文字大概都用这种体裁。这条骈偶支路，我们叫他做支路丙。第二条是周秦诸子和《史记》、《汉书》以来那种文从字顺，略近语言的自然的"古文"。在六朝时代，这条支路虽然没有多人行走，但那少数经师史家却不能不走这条支路。这条路，我们叫他做支路丁。到了唐朝，经学也发达了，史学也发达了，故这条古文的支路上，走的人也多起来了(参看《唐文粹》里选的初唐、盛唐诸人的古文)。到了盛唐、中唐时代,元结、陆贽、独孤及等都是走古文的路的。到了韩愈、柳宗元的古文出来,这条支路丁就成为散文的正路。从此以后,支路丙虽然也还有人走,但远比不上支路丁了。

但是在文人阶级与平民阶级之间,这时代还有一个特殊阶级,——和尚阶级。这个阶级的生活方面,和平民阶级很接近;在他里面的智识阶级的思想学问一方面,又和文人阶级很接近。这时代最风行的一个宗派,叫做"禅宗"的,更有这个特殊性质。他们是一个哲学宗派,有很高超的理想,不容易用古典文学表达出来。况且他们是一个革命的学派,主张打破一切"文字障",故和那古典文学,根本上也不相容。因此,禅宗的大师讲学与说法都采用平常的白话。他们的"语录"遂成为白话散文的老祖宗。——这条路到中唐方才大发达,到晚唐更发达了。我们可叫他做支路戊。

我们可画一个表,写出这五条支路的变迁:

（韵文表）	支路甲	（选体遗孽）
	（贵族的韵文）	唐的韵文
	（平民的韵文）	
	支路乙	（白话化）

（散文表）	支路丙（骈偶文）	（选体遗孽）
	支路丁（古文）（非白话的,但比骈文更近白话了。中唐、晚唐的白话散文）	中唐的古文
	支路戊（平民的白话）	

我们看了这表,便可以知道韩、柳的古文乃是一大进化。我们又可以知道"古文"乃是散文白话化以前的一个必不少的过渡时期。平民的韵文早就发生了,故唐朝的韵文不知不觉的就白话化了。平民的散文此时还不曾发达,故散文不能不经过这一个过渡时代。比起那禅宗的白话来,韩、柳的古文自然不能不算是保守的文派。但是比起那骈俪对偶的"选体"文来,韩、柳的古文运动真是"起八代之衰"的一种革命了。

最可注意的是韩、柳一班人和白居易、元稹、刘禹锡一班人,不但同时,并且是同志。元、白都是做古文的能手。元稹管制诰时,把一切诏旨文章都改为散体,不用向来承用的骈体(看《元氏长庆集》)这是一大变化(可惜后来的制诰诏策仍是骈体胜利)。白居易的古文在当时也有重名。他的散文中,竟有用白话的,如他的《祭弟文》(《白氏长庆集》卷六十):

　　　　……呜呼,自尔去来,再周星岁。前事后事,两不相知。今因奠设之时,粗表一二。……合家除苏苏外,并是通健。龟儿颇有文性,吾每自教诗书;三二年间,必堪应举。阿罗日渐成长,亦胜小时。……荼郎、叔母已下,并在郑、滑,职事依前。蕲蕲、卿娘、卢八等同寄苏州,免至饥冻。遥怜在符离庄上,亦未取归。宅相得彭泽场官,各知平善。骨兜、石竹、香钿等三人久经驱使,昨大祥斋日,各放从良,寻收膳娘新妇看养。下邳杨琳庄今年买了,并造堂院已成。往日亦曾商量,他时身后,甚要新昌西宅,今亦买讫。尔前后所著文章,吾自检寻编次,勒成二十卷,题为《白郎中集》。呜呼,词意书迹无不宛然,唯是魂神不知去处。每开一卷,刀搅肺肠。

我们看了这种文章,再去读韩愈《祭十二郎文》里的"呜呼,其信然耶?其梦耶?其传之非其真耶?"便觉得白居易是说话而韩愈是有意做文章了。当那个时代,禅门的和尚已经用白话做"语录"了,白居易常同和尚往来,也许受了他们的影响。但纯粹的白话散文我还须向禅宗的语录里去寻。平民的白话虽不曾影响到文人的散文,却早已影响到这一班大和尚了。

　　禅宗是佛家的一个革命的宗派。这个革命的巨子叫做惠能,死于713年,正当盛唐的初年。他的门徒法海把他的教训记载下来,成为《六祖法宝》,后人名为《六祖坛经》。《坛经》的体裁便是白话语录的始祖。我们试引一段做例:

　　　　……既忏悔已,与善知识发四宏誓愿,各须用心正听。
　　　　自心众生无边誓愿度,
　　　　自心烦恼无边誓愿断,

自性法门无尽誓愿学,
自性无上佛道誓愿成。

善知识,大家岂不道"众生无边誓愿度?"怎么道,且不是惠能度。善知识,心中众生,所谓邪迷心,诳妄心,不善心,嫉妒心,恶毒心,如是等心,尽是众生。须自性自度,是名真度。何名自性自度?即自心中邪见烦恼愚痴众生,将正见度。既有正见,使般若智打破愚痴迷妄。众生各各自度:邪来正度,迷来悟度,愚来智度,恶来善度。如是度者,名为真度。

后来惠能的两个大弟子,行思(死于740)传希迁,怀让(死于744)传道一。道一即马祖大师(死于788),他的弟子怀海创立"禅门规式",禅宗方才成为一个完全独立的宗派。希迁即石头大师(死于790)①。道一在江西,希迁在湖南,遂成两大宗派。中唐以下,大师更多了。沩山的灵祐与仰山的慧寂成为沩仰宗,临济的义玄开临济宗,洞山的良价与曹山的本寂开曹洞宗,云门的文偃开云门宗,清凉的文益开法眼宗,这多在晚唐五代的时代了。

我们且先举中唐的语录几条来做例:

道一(死788)②:

……一切众生从无量劫来,不出法性三昧,长在法性三昧中。着衣吃饭,言谈只对,六根运用,一切施为,尽是法性。不解返源,随名逐相,迷情妄起,造种种业。若能一念返照,全体圣心。汝等诸人,各达自心,莫记吾语。纵饶说得河沙道理,其心亦不增。纵说不得,其心亦不灭。说得亦是汝心。说不得亦是汝心。乃至分身放光,现十八变,不如还我死灰来。(《古尊宿语录》一)

希运③(黄檗山断际禅师,死约857):

预前若打不彻,腊月三十夜到来,管取你热乱。有般外道才

---

① 编者注:原作"791",现改。
② 编者注:原作"814"现改。
③ 编者注:原作"希迁",现改。

见人做工夫,他便冷笑,"犹有这个在",我且问你:忽然临命终时,你将何抵敌生死?你且思量看,却有个道理。那得天生弥勒,自然释迦?……万般事须是闲时办得下,忙时得用,多少省力?休待临渴掘井,做手脚不办。……而今末法将沉,全仗有力量兄弟家负荷,续佛慧命,莫令断绝。今时才有一个半个行脚,亦去观山玩景,不知光阴能有几何!一息不回,便是来生,未知什么头面。呜呼!劝你兄弟家趁色力康健时讨取个分晓处,不被人瞒底一段大事。遮些关捩子甚是容易,自是你不肯去下死志做工夫,只管道难了又难。好歹教你知:那得树上自生底木杓?你也须自去做个转变始得……(《宛陵录》。《大藏经》腾四,页三九)

我们看了这种朴素而有力的妙文,想到他们是白居易、刘禹锡差不多同时的人,便可以承认中唐是一个白话风行的时期了。

第四章　晚唐的白话文学

我们在上文引了杜牧《李戡墓志》的话,那一段话的全文是:

> 尝痛自元和已来,有元、白诗者,纤艳不逞,非庄士雅人,多为其所破坏;流于民间,疏于屏壁;子父女母,交口教授;淫言媟语,冬寒夏热,入人肌骨,不可除去。无位,不得用法以治之;欲使后代知有发愤者,因集国朝已来类于古诗得若干首,编为三卷,目为《唐诗》,为序以导其志。

这一段话有两点可以注意:一是晚唐时白话诗体风行民间"入人肌骨,不可除去";一是晚唐时有一种反对白话文学的运动。晚唐五代的文学史可以用这两点来做一个总纲。

先说反对白话文学的运动。这是很自然的事。白话诗风行以后,那些古典诗人自然不高兴了;古文风行以后,那些骈偶文人自然不高兴了。因此,晚唐的文章有"三十六体"的骈文运动,诗的方面有李商隐、温庭筠等的古典诗。"三十六体"也是李商隐、温庭筠和段成式提倡出来的,因为他们三人都是排行第十六,故叫做三个十六的文体。这种骈偶文体有一种大用处,他能于没有话说时做出文章来，故最适宜于庙堂文字之用。自唐末五代，一直到最近世，凡是没有话说的庙堂文章，如诏旨、诰敕、谢表、笺启之类，都不能不用他。我们试翻开宋人的文集来看，凡有话说的奏疏、札子、论议，都是用古文的；凡没有话说的册文、制诰、表启、丧词，便都是用骈文的。现在还有许多人用四六来做贺电、贺函，也是这个道理。

温庭筠、李商隐的诗所以能流传于后世，也是因为这种诗有两种大用处：一是人读了不懂；二是因为人读了不懂，故人不知道你究竟说了没有。例如李商隐的《锦瑟》诗：

> 锦瑟无端五十弦，一弦一柱思华年。庄生晓梦迷蝴蝶，望帝春心托杜鹃。沧海月明珠有泪，蓝田日暖玉生烟。此情可待成追忆，只是当时已惘然。

这首诗一千年来也不知经过多少人的猜想了，但是至今还没有人猜出他究竟说的是什么鬼话。这种奥妙的作品自然应该受人崇拜了！

但是这种"反白话"的文学，无论怎样高妙，总挡不住白话文学的风行。晚唐五代究竟是一个白话文学大盛的时代。我们要晓得向来的批评家所以不满意于晚唐，也正是因为晚唐诗里白话最多的缘故。

诗体自中唐以来，白话更多了。我们可先举杜牧一个例。杜牧作《李戡墓志》，很像是不满意于元、白的诗体；但杜牧诗里的白话比元、白还更多。如他的《冬至日寄小侄阿宜》诗：

> 小侄名阿宜，未得三尺长；头圆筋骨紧，两眼明且光。去年学官人，竹马绕四廊，指挥群儿辈，志气何坚刚！今年始读书，下口三五行；随兄旦夕去，敛手整衣裳。去岁冬至日，拜我立我旁。祝尔愿尔贵，仍且寿命长。……愿尔一祝后，读书日日忙，一日读十纸，一月读一箱。朝廷用文治，大开官职场。愿尔出门去，取官如驱羊。

他的律诗也有许多白话的。但他的白话绝句最好，故我们引几首：

> 自恨寻芳到已迟，往年曾见未开时。如今风摆花狼藉，绿叶成阴子满枝。（《叹花》）

> 远上寒山石径斜，白云深处有人家。停车坐爱枫林晚，霜叶

红于二月花。(《山行》)

舞靴应任闲人看,笑脸还须待我开。不用镜前空有泪,蔷薇花谢即归来。(《留赠》)

朔风高紧掠河栖,白鼻騧郎白罽裘。有个当垆明似月,马鞭斜揖笑回头。(《黄州偶见作》①)

已落双雕血尚新,鸣鞭走马又翻身。凭君莫射南来雁,恐有家书寄远人。(《赠猎骑》)

我们再举郑谷的绝句作例:

湛湛清江叠叠山,白云白鸟在其间。渔翁醉睡又醒睡,谁道皇天最惜闲?(《浯溪》)

携琴当酒度春阴,不解谋生只解吟。舞蝶歌莺莫相试,老郎心是老僧心。(《春阴》)

江郡人稀便是村,踏青天气欲黄昏。春愁不破还成醉,衣上泪痕和酒痕。(《寂寞》)

再举杜荀鹤作例:

去岁曾经此县城,县民无口不冤声。今来县宰加朱绂,便是生灵血染成。(《再经胡城县》)

田不曾耕地不锄,谁人闲散得如渠?渠将底物为香饵,一度抬竿一个鱼。(《钓叟》)

山雨溪风卷钓丝,瓦瓯蓬底独斟时。醉来睡着无人唤,流下前溪也不知。(《溪兴》)

九华山色真堪爱,留得高僧尔许年。听我吟诗供我酒,不曾穿得判斋钱。(《醉书僧壁》)

再引罗隐作例:

不论平地与山尖,无限风光尽被占。采得百花成蜜后,为谁辛苦为谁甜?(《蜂》)

钟陵醉别十余春,重见云英掌上身。我未成名君未嫁,可能都是不如人?(《偶题》)

---

① 编者注:原作《偶见》,现改。

家国兴亡自有时,吴人何苦怨西施?西施若解倾吴国,越国亡来又是谁?(《西施》)
　　得即高歌失即休,多愁多恨亦悠悠。今朝有酒今朝醉,明日愁来明日愁。(《自遣》)

不但绝句如此,晚唐律诗也有许多完全白话的。如罗隐的七律:

　　野水无情去不回,水边花好为谁开?只知事逐眼前去,不觉老从头上来。穷似邱轲休叹息,达如周召在尘埃。思量此理何人会,蒙邑先生最有才。(《水边偶题》)
　　莲塘馆东初日明,莲塘馆西行人行。隔林啼鸟似相应,当路好花如有情。一梦不须追往事,数杯犹可慰劳生。莫言来去只如此,君看鬓边霜几茎。(《莲塘驿》)

如杜荀鹤的五律:

　　酒寒无小户,请满酌行杯。若待雪消去,自然春到来。出城人迹少,向暮鸟声哀。未遇应关命,侯门处处开。(《雪中别诗友》)
　　欲住住不得,出门天气秋。惟知偷拭泪,不忍更回头。此日只愁老,况身方远游?孤寒将五字,何以动诸侯?(《别舍弟》)
　　立马不忍上,醉醒天气寒。都缘在门易,直似别家难。世路既如此,客心须自宽。江村亦饥冻,争及问长安?(《别从叔》)

当时的风气,一班文士诗人就同现在的报馆主笔一样,常常拿诗文来"拍马屁"、"敲竹杠"。当时的藩镇割据各地,就同现在的督军一样,不能不收买这班诗人主笔。即如上文引的杜荀鹤诗"孤寒将五字,何以动诸侯?""未遇应关命,侯门处处开",都可见这种风气。(看谢著《大文学史》第四编第八章第五节第五十五页①引《全唐诗话》的话。)

　　以上引的都是有名诗人的诗。可惜民间无名诗人的诗,很少保存的。我们可举寒山、拾得的诗来代表晚唐的无名诗人,向来人都把寒山、拾得看作初唐的人,《全唐诗》说他们是贞观初的人,这是根据

----

① 编者注:原作"第八章第五页",现改。

于《寒山诗》的后序的。后序是南宋时人作的,很靠不住。谢无量先生也把他们放在隋末唐初。我觉得这种白话诗一定是晚唐的出品,决不会出在唐初。寒山、拾得的传说起于间丘胤的一序。间丘胤虽不可考,但序中说他们隐居唐兴县西七十里。唐兴县之名始于唐上元二年。唐朝有两个上元二年,一是肃宗时(716),离贞观初已一百四十年了;一是高宗时(675),离贞观初已五十年了。只此一端,已可证旧说之不可靠。其实后世所传寒山、拾得的诗,决非一人之作;这两个人的有无,尚不可知。但唐兴县至宋初即改名天台,我们可以推知这几百首诗的大部分大概是晚唐或五代时的作品,起初或真是从"竹木石壁上"、"村野人家厅壁上"、"土地堂壁上"搜集来的,后加随时增加,后来竟造出"寒山文殊,拾得普贤"的神话来了。故我们拿这些诗来代表晚唐的无名诗人:

  有人把椿树,唤作白旃檀。学道多沙数,几个得泥丸?弃金却担草,谩他也自谩。似聚砂一处,成团也大难。

  快哉混沌身!不饭亦不尿。遭得谁钻凿,兹因立九窍。朝朝为衣食,岁岁愁租调。千个争一钱,聚头亡命叫。

  蒸砂拟作饭,临渴始掘井。用力磨碌砖,那堪持作镜?佛说元平等,总有真如性。但自审思量,不用闲争竞。

  我住在村乡,无爷亦无娘,无名无姓第,人唤作张王。并无人教我,贫贱也寻常。自怜心的实,坚固等金刚。

还有几首诗替白话诗辩护的:

  有个王秀才,笑我诗多失。云不识"蜂腰",仍不会"鹤膝";平侧不解压,凡言取次出。我笑你作诗,如盲徒咏日。

  有人笑我诗。我诗合典雅。不烦郑氏笺,岂用毛公解?……忽遇明眼人,即自流天下。

这竟是近于有意做白话诗了。

  晚唐禅宗的白话散文也更发达。我们不能多举例,且举晚唐的义玄作例。义玄死于866年,是临济宗的始祖,是当日一个最伟大的宗师。我们现在读他的语录,还可以想见临济宗的精神:

  义玄:

今时学佛法者,且要求真正见解。若得真正见解,生死不染,去住自由,不要求殊胜,殊胜自至。道流,只如自古先德皆有出人底路。如山僧指示人处,只要你不受人惑,要用便用,更莫迟疑。如今学者不得,病在甚处?病在不自信处。你若自信不及,即便茫茫地徇一切境转,被他万境回换,不得自由。你若能歇得念念驰求心,便与祖佛不别。你欲得识祖佛么?只你面前听法底是。学人信不及,便向外驰求。设求得者,皆是文字胜相,终不得他活祖意。……如今学道人,且要自信,莫向外觅,总上他闲尘境,都不辨邪正。只如有祖有佛,皆是教迹中事。有人拈起一句子语,或隐显中出,便即疑生;照天照地,傍家寻问,也大茫然。大丈夫儿,莫只么论主论贼,论是论非,论色论财,论说闲话过日。山僧此间不论僧俗,但有来者,尽识得伊。任伊向甚处出来,但有声名文句,皆是梦幻。却见乘境底人,是诸佛之玄旨。佛境不能自称我是佛境,还是这个无依道人乘境出来。若有人出来问我求佛,我即应清净境出。有人问我菩萨,我即应慈悲境出。有人问我菩提,我即应净妙境出。有人问我涅槃,我即应寂静境出。境即万般差别,人即不别。所以应物现形,如水中月。道流,你若欲得如法,直须是大丈夫儿始得。若萎萎随随地,则不可得也。……

道流,出家儿且要学道。只如山僧往日曾向毗尼中留心,亦曾于经论寻讨;后方知是济世药,表显之说,遂乃一时抛却,即访道参禅。后遇大善知识,方乃道眼分明,始识得天下老和尚,知其邪正。不是娘生下便会;还是体究练磨,一朝自省。道流,你欲得如法见解,但莫受人惑。向里向外,逢着便杀;逢佛杀佛,逢祖杀祖,逢罗汉杀罗汉,逢父母杀父母,逢亲眷杀亲眷,始得解脱,不与物拘,透脱自在。如诸方学道流,未有不依物出来底,山僧向此间从头打。手上出来,手上打;口里出来,口里打;眼里出来,眼里打。未有一个独脱出来底,皆是上他古人闲机境。山僧无一法与人,只是治病解缚。你诸方道流,试不依物出来!我要共你商量,十年五岁,并无一人,皆是依草附叶,竹木精灵,野狐精魅,向一切粪块上乱咬。……瞎汉!头上安头,是你欠少什么?道流是你目前用底与祖佛不别;只么不信,便向外求。……约山僧见处,无如许多般,只是平常着衣吃饭,无事过时。你诸方来者,皆是有心求佛求法,求解脱,求出离三界。痴人,你要出三界什么处去?(《古尊宿语录》四)

这种白话,无论从思想上看或从文字上看,都是古今来绝妙的文章。我们看了这种文章,再去看韩愈一派的古文,便好像看了一个活美人之后再来看一个木雕美人了。这种真实的价值,久而久之,自然总有人赏识。后来这种体裁成为讲学的正体,并不是因为儒家有意模仿禅宗,只是因为儒家抵抗不住这种文体的真价值。

第五章　晚唐五代的词

唐朝一代的文学的白话化,还不止于白话诗与白话散文。此外还有一个更明显的变化——词的产生与发达——更可使我们明白这个白话化的趋势。

唐朝的晚年很有点像现在的中国。中央政府只存了一个空壳子。各道的督军(节度使)各自霸占一方,不服从中央的命令。有时候一个督军死了,他的部下便另外拥戴一个人,叫他护理军务,名为"留后",中央也不敢不承认他。这些督军们又往往彼此开战,就同敌国一样,中央也无可如何。后来中央政府更不成样子了;中央政府不久被朱全忠抢去,成了后梁。后来梁朝又被李存勖打倒,成了后唐。北方在几十年中,换了五个朝代,是为五代。南方的督军们,也就各霸一方,称王称帝。西川先有王氏的蜀,后有孟氏的后蜀。两湖有马氏的楚,有高氏的荆南。淮南江东有杨氏的吴,后归李氏,改名南唐。两浙有钱氏的吴越,福建有王氏的闽,广东有刘氏的南汉。以上九国,加上北方河东刘氏的北汉,是为十国。

这一个大乱的时代,居然产生了一点很好的文学。这大概是因为分裂的时代没有一种笼罩一切的权威,故文学得自由发展。唐朝三百年的白话韵文的趋势,到了晚唐,还只是做那律诗绝句的老套,做歌行的反更少了。不知白话是不宜于那极不自然的律诗的;绝句比较的适宜多了,但说话不是一定成七个字一句或五个字一句的,故绝句究竟不是白话的最适宜的体裁。白话韵文的自然趋势应该是朝着长短句的方向走的。这个趋势在中唐、晚唐已渐渐的有了一个起点,这个起点就是词体的产出。但是这种长短的词体一时还抵不住那三百年来最通用的五言诗和七言诗。直到了唐末中国分裂的时代,文学上的统一跟着政治上的统一,一齐倒了。这时代词体方才有自由的变化,方才有自由的发展。白话韵文的进化到了长短句的小词,方才可说是寻着了他的正路。后来宋的词、元曲、一直到现在的白话诗,都只是这一个趋势。

词是乐府的一种变相。乐府本来多是可以歌唱的,故古代的乐府多有音乐的调子。后来文人创作的乐府,大半是借题发挥,并不重在唱歌了。可歌唱的乐府,大概是小品居多。小品之中又有两种:一种是每句字数整齐的,一种是字数长短不齐的。那整齐的一种,如《清平乐》、《阳关》、《伊州》……等,后来演化成为无数绝句。绝句可以谱作歌,但不歌也可做绝句。绝句乃是白话文学的一种绝好的工具。但绝句长短有一定,而说话长短无一定,故绝句究竟不十分自然。那长短不齐的乐府,比较更自然了;歌唱起来,声调更和婉好听。后来这种乐府渐渐发达,遂成为韵文的一条新路。这便是词,又名"长短句",又名"诗余"。(但词中也有字句整齐的,如《玉楼春》、《生查子》之类。这大概是因为后来诗都不可歌唱,故凡可歌唱的都归到词里去了。)

向来人说,词起于李白的《菩萨蛮》和《忆秦娥》。但此说已有人否认(看《大文学史》第四编第九章页六一),我们也无从证实。(按:这两词《花间集》、《李太白集》都没有收,现附钞以备参考。又今传唐玄宗《好时光》一词,一并附钞)。

平林漠漠烟如织,寒山一带伤心碧。暝色入高楼,有人楼上愁。玉阶空伫立,宿鸟归飞急。何处是归程?长亭更短亭。
(李白《菩萨蛮·闺情》)

箫声咽,秦娥梦断秦楼月。秦楼月,年年柳色,灞陵伤别。乐游原上清秋节,咸阳古道音尘绝。音尘绝,西风残照,汉家陵

阙。(李白《忆秦娥·秋思》)

　　禁庭春昼,莺羽披新绣。百草巧求花下斗,只赌珠玑满斗。日晚却理残妆,卸前闲舞霓裳。谁道腰肢窈窕,折旋笑得君王。(李白《清平乐〔令〕》)

　　宝髻偏宜宫样;莲脸嫩,体红香;眉黛不须张敞画,天教入鬓长。莫倚倾国貌,嫁取个,有情郎。彼此当年少,莫负好时光!(唐玄宗《好时光》)

大概词起于唐玄宗开元天宝的时代,是很可信的。那个时代是音乐发达的时代,词体就从那时代的乐府里出来。那时代张志和的《渔父》,便是很好的白话词:

　　西塞山前白鹭飞,桃花流水鳜鱼肥。青箬笠,绿蓑衣,斜风细雨不须归。

那时代又产出一种《调笑令》的调子,中唐时代的诗人很做了几首,我们可选王建的一首做个例:

　　罗袖,罗袖,暗舞春风依旧。遥看歌舞玉楼,好日新妆生愁。愁坐,愁坐,一世虚生虚过。

中唐以后,词调更多了。与《调笑令》最接近的是《如梦令》,我们举白居易的一首:

　　频日雅欢幽会,打得来来越瞟。说看暂分飞,慼损一双眉黛。无奈,无奈,两个心儿总待。

白居易的《长相思》、《忆江南》,都是后来风行的调子。我们举温庭筠的《忆江南》作例:

　　梳洗罢,独倚望江楼。过尽千帆皆不是,斜晖脉脉水悠悠。肠断白蘋洲。

温庭筠的诗虽多是古典派的,但他的词里却有一些可取的。如他的《南歌子》:

　　倭堕低梳髻,连娟细扫眉。终日两相思。为君憔悴尽,百花时。

又如他的《更漏子》:

　　玉炉香,红蜡泪,偏照画堂秋思。眉翠薄,鬓云残,夜长衾枕寒。梧桐树，三更雨，不道离情正苦！一叶叶，一声声，空阶滴到明。

我们再引韩偓一首《生查子》：

> 侍女动妆奁，故故惊人睡。那知本未眠，背面偷垂泪。懒卸凤凰钗，羞入鸳鸯被。时复见残灯，和烟坠金穗。

韩偓死于五代时，已到了词的成立时期了。

五代十国是词的成立时期。这时代自然还有许多诗国的遗老，——如罗隐、杜荀鹤等，——但是那长短句的小词已打开许多新殖民地，可以宣告独立了。这些新殖民地，多在南方诸国。北方五代好像仍旧是遗老的势力范围。北方五六十年中只有一个和凝可算是一个词家。南方的蜀与南唐出了几个词人皇帝，(前蜀的王衍，后蜀的孟昶，南唐的李璟、李煜，)故这两国的词最发达。荆南夹在两国之间，也出了一些好词。

我们先看北方词人宰相和凝的词：

> 竹里风生月上门。理秦筝，对云屏，轻拨朱弦，恐乱马嘶声。
> 含恨含娇独自语：今夜约，太迟生。
> 斗转星移玉漏频，已三更。对栖莺，历历花间，似有马蹄声。
> 含笑整衣开绣户，斜敛手，下阶迎。(《江城子》)

当时人称和凝为"曲子相公"；但他做后晋宰相时，很装出一点宰相架子来，叫人把他少年时代做的小词收来毁灭了。所以历史上称他"厚重有德"。大概在这厚重有德的大臣庇护之下，小词就不大容易发展了。

前蜀的皇帝王衍做的小词，现在只存两首，我们选一首：

> 者边走，那边走，只是寻花柳。那边走，者边走，莫厌金杯酒。(《醉妆词》)

前蜀的宰相韦庄有许多好词：

> 人人尽说江南好，游人只合江南老。春水碧于天，画船听雨眠。垆边人似月，皓腕凝霜雪。未老莫还乡，还乡须断肠。
> 劝君今夜须沉醉，尊前莫话明朝事。珍重主人心，酒深情亦深。须愁春漏短，莫诉金杯满。遇酒且呵呵，人生能几何？

(《菩萨蛮》)

四月十七,正是去年今日。别君时,忍泪伴低面,含羞半敛眉。不知魂已断,空有梦相随。除却天边月,没人知。

昨夜夜半,枕上分明梦见,语多时,依旧桃花面,频低柳叶眉。半羞还半喜,欲去又依依。觉来知是梦,不胜悲。(《女冠子》)

后蜀皇帝孟昶也有小词,但都不传了。《全唐诗》里所载他的《木兰花》,明是后人删节苏轼的《洞仙歌》来做成的,不可相信。我们且引后蜀御史中丞牛希济的词一首:

新月曲如眉,未有团圞意。红豆不堪看,满眼相思泪。终日劈桃穰,人在心儿里。两朵隔墙花,早晚成连理。(《生查子》)

顾夐也是后蜀的词人:

春尽小庭花落。寂寞!凭槛敛双眉,忍教成病忆佳期!知么知?知么知?

一去又乖期信。春尽!满院长莓苔,手拈裙带独徘回。来摩来?来摩来?(《荷叶杯》)

永夜抛人何处去?绝来音。香阁掩,眉敛,月将沉。争忍不相寻?怨孤衾。换我心,为你心,始知相忆深!(《诉衷情》)

欧阳炯也是后蜀的词人(《宋史》作欧阳迥):

玉阑干,金鼻井,月照碧梧桐影。独自个,立多时,露华浓湿衣。一向凝情望,待得不成模样。虽叵耐,又寻思。争生嗔得伊?(《更漏子》)(叵是不可二字的合音)

儿家夫婿心容易,身又不来书不寄。闲庭独立鸟关关:争忍抛奴深院里?闷向绿纱窗下睡,睡又不成愁已至。今夜却忆去年春,同在木兰花下醉。(《木兰花》)

以上说后蜀的词人。当时荆南的大臣中有一个孙光宪(即是做《北梦琐言》的),是一个很好的词人(《大文学史》误把他当作后蜀词人,今改正)。

何事相逢不展眉,苦将情分恶猜疑?眼前行止想应知。

半恨半嗔回面处,和娇和泪泥人时,万般饶得为怜伊。

(《浣溪沙》)①

　　密雨阻佳期,尽日凝然坐。帘外正淋漓,不觉愁如锁。

　　梦难裁,心欲破,泪逐檐声堕。想得玉人情。也合思量我。(《生查子》)

　　烛煌煌,香旖旎,闲放一堆鸳被。慵就寝,独无憀,相思魂欲销。

　　不会得,这心力;判了依前还忆。空自怨,奈伊何?别来情更多。(《更漏子》)

　　如何?遣情情更多。永日水堂帘下敛双蛾,六幅罗裙窣地,微行曳碧波,看尽满地疏雨打团荷。(《思帝乡》)

但是当时的词的中心,不能不让给南唐。我们前回讲六朝的民间文学时,曾指出南朝文学的特性是恋爱,是缠绵宛转的恋爱。唐朝统一了三百年,南北民族的文学也混合起来,产生了唐朝的文学。盛唐时,南北文学的势力正平均,故英雄文学与儿女文学都有代表的作品。李白、杜甫都能有时做很细腻的儿女诗,有时做很悲壮的英雄诗。中唐以后,到了晚唐、五代,这个平均的局面保不住了,儿女文学的势力便渐渐的笼罩一切了。当小词盛行的时代,南唐割据江南,正是儿女文学的老家,故南唐的词真能缠绵宛转,极尽儿女文学的长处;后来李后主(煜)亡国之后,寄居汴京,过那亡国皇帝的生活,故他的词里往往带着一种浓挚的悲哀。儿女的文学最易流入轻薄的路上去。儿女文学能带着一种浓挚的悲哀,便把他的品格提高了。李后主的词所以能成为词中的上上品,正是因为这个道理。

我们举冯延巳、张泌、李后主三人做南唐诗人的代表。先看冯延巳的词:

　　红满枝,绿满枝,宿雨恹恹睡起迟,闲庭花影移。忆归期,数归期,梦见虽多相见稀,相逢知几时?(《长相思》)

　　风乍起,吹皱一池春水。闲引鸳鸯芳径里,手挼红杏蕊。斗鸭阑干独倚,碧玉搔头斜坠。终日望君君不至,举头闻鹊喜。

---

① 编者注:底本漏排,现补。

(《谒金门》)

　　南园春半踏青时,风和闻马嘶。青梅如豆柳如丝。日长蝴蝶飞。花露重,草烟低,人家帘幕垂。秋千慵困解罗衣,画梁双燕栖。(《阮郎归》)

　　小庭雨过春将尽。片片花飞,独折残枝,无语凭阑只自知。玉堂春暖珠帘卷,双燕来归。君约佳期,肯信韶华得几时?(《采桑子》)

　　几日行云何处去?忘了归来,不道春将暮。百草千花寒食路,香车系在谁家树?泪眼倚楼频独语:"双燕来时,陌上相逢否?"撩乱春愁如柳絮,悠悠梦里无寻处。(《蝶恋花》)(此词或作欧阳修词。清朝有个周济选了一部《宋四家词》,断定此词是欧阳修的;他说,冯延巳是一个小人,如何能做这种忠厚爱君的词。依我看来,周济这个标准是靠不住的。这种诗词的面子是很容易懂得的,但他们的底子就很难断定了。即如这首词,可说是逐臣思君,也可说是小人望宠。我们实在无从知道冯延巳能不能做此词。北宋的小词,大半是模仿五代小词的,故欧阳修、晏殊一派的词并无时代的分别。我因此不删此词。)

　　春日晏,绿酒一杯歌一遍,再拜陈三愿:一愿郎君千岁;二愿妾身长健;三愿如同梁上燕,岁岁长相见。(《薄命妾》)

看张佖(《全唐诗》作张泌)的词:

　　碧阑干外小庭中,雨初晴,晓莺声,飞絮落花,时节近清明。睡起卷帘无一事,匀面了,没心情。(《江城子》)

　　蝴蝶儿,晚春时,阿娇初着淡黄衣,绮窗学画伊。

　　还似花间见,双双对对飞。无端和泪拭胭脂,惹教双翅垂。(《蝴蝶儿》)

我们现在要举李后主的小词了。我们先引他没有亡国的时候做的词:

　　花明月暗笼轻雾,今宵好向郎边去。刬袜步香阶,手提金缕鞋。

　　画堂南畔见,一晌偎人颤。奴为出来难,教君恣意怜。(《菩萨蛮》)

这一首幽会的词,据《古今词话》,是后主为他的皇后的妹子做的。这种词,与上文引的许多词一样,虽是艳丽,终不免有点轻薄;轻是不沉,薄是不厚,轻薄就是没有沉厚的情感在内。像这一类的词,如:

晚妆初过,沉檀轻注些儿个。向人微露丁香颗。一曲清歌,暂引樱桃破。

罗袖挹残殷色可。杯深旋被香醪涴。绣床斜凭娇无那。烂嚼红茸,笑向檀郎唾。(《一斛珠》)

云一涡,玉一梭,淡淡衫儿薄薄罗,轻颦双黛螺。

秋风多,雨如和,帘外芭蕉三两窠,夜长人奈何!(《长相思》)

但是他后来做的词,便大不同了。凄凉的亡国恨,反映着从前的繁华梦,不知不觉的给他一种深厚的悲哀,不知不觉成熟了他的诗才。请看下文举的例:

别来春半,触目愁肠断。砌下落梅如雪乱,拂了一身还满。雁来音信无凭,路遥归梦难成。离恨却如春草,更行更远还生。(《清平乐》)

林花谢了春红,太匆匆。无奈朝来寒雨晚来风。胭脂泪,相留醉,几时重。自是人生长恨水长东。

无言独上西楼,月如钩,寂莫梧桐深院锁清秋。剪不断,理还乱,是离愁。别是一番滋味在心头。(《相见欢》)

深院静,小庭空,断续寒砧断续风。无奈夜长人不寐,数声和月到帘栊。(《捣练子》)

这都是很悲哀的诗。有几首把他的故国之思写的更明显些:

多少恨,昨夜梦魂中,还似旧时游上苑,车如流水马如龙,花月正春风!(《忆江南》)

春花秋月何时了,往事知多少?小楼昨夜又东风,故国不堪回首月明中。

雕栏玉砌应犹在,只是朱颜改。问君能有几多愁?恰似一江春水向东流。(《虞美人》)

最悲哀的自然是那首不朽的《浪淘沙》:

> 帘外雨潺潺,春意阑珊。罗衾不耐五更寒。梦里不知身是客,一晌贪欢。独自莫凭阑!无限江山,别时容易见时难。流水落花春去也,天上人间。

李后主亡国后,贫穷的不得了;宋太宗太平兴国二年,他自己上书诉说他的穷状(《宋史》四七八)。《宋史》又说,李后主有土田,在常州,归官家检校。真宗时,"上闻其宗属贫甚,命鬻其半,置资产以赡之"(《宋史》四七八,《李仲寓传》下)。我们看这种情形,便知道李后主过的生活确是一种"终日以眼泪洗面"的生活。他的词里的悲哀是用眼泪浇灌出来的。

以上我们说唐与五代的白话文学,总算完了,我们研究的结果是把这个时期看作文学的白话化时期。我们承认初唐是贵族文学的时期,盛唐是开始白话化的时期,中唐是白话文学风行的时期,晚唐、五代是白话文学大盛的时期,我想我们举出的证据很可以证明这种结论了。我们这种观察与向来论唐诗的人的主张,完全不同。请看下面的比较表:

向来的人所以觉得中唐不如盛唐,晚唐又不如中唐,正是因为盛唐以后白话化的程度加多了,中唐以后更加多了;他们不赞白话化,故觉得是退化,但是我们研究白话文学发达的历史,不能不承认文学史上这个很明显的白话趋势。我们研究出来的是:盛唐的白话文学多于初唐,中唐的白话文学多于盛唐,晚唐的白话文学更多于中唐。至于元、白的诗才是否比得上李、杜,杜牧、杜荀鹤的诗是否比得上杜甫,这全是个人的天才的限制,与那些时代的白话化的趋势无关。今天在座的人都用白话作文,未必人人都比得上《水浒传》与《红楼梦》;这是因为我们的才性与施耐庵、曹雪芹不同,但我们尽可以大胆宣言,我们这个时代的文学白话化的程度比施耐庵、曹雪芹的时候加多几百倍了。同样,我们也可以说,盛唐的诗,如杜甫的诗,也许有些是中唐、晚唐人做不到的,但中唐、晚唐的白话诗确是比盛唐多得多了。

第三编　两宋的白话文学
（960—1280）

第一章　绪论

宋太祖得了后周的帝位，在二十年之中，中国又得统一了。这时候，只有契丹民族（称辽国）占据着燕云十六州（直隶、山西的北境），此外，中国本部总算统一了一百六七十年。到十二世纪的初年，女真民族强盛起来，建立金国，并吞了辽国（1125），又乘势南下，攻陷汴京，把宋徽宗、宋钦宗都捉去了（1127）。宋朝南渡，起初还有一班名将力图恢复中原。后来宋高宗信任秦桧，同金国讲和，称臣纳贡，由金国册立宋帝为大宋皇帝（1142）。从此北中国遂归金人，成了一百四十年的南北分裂的局势。到1234，蒙古人灭了金国；1280，蒙古人并吞了南宋遂统一中国。

北宋的一百六七十年的统一时代，因为没有很大的兵乱，可以称为太平时代。这个时代在中国文化史上颇有很大的贡献。最重要的两件是刻板书的提倡与学校的设立。刻板书大概起于唐时；上文引元稹《长庆集·序》说"缮写模勒炫于市井"，便是一证（看叶德辉《书林清话》一，十八）。到五代时，后唐、后汉、后周的政府都曾经雕刻经书印板（看《书林清话》一，二十）。但那个兵乱的时代，刻书的风气盛行，政府提倡于上，有种种官刻板本。私家提倡于下，有种种家刻本，有种种坊刻本。这是传播文明的第一利器。宋朝又极力提倡学校。仁宗庆历四年（1044），下诏令各州县皆立学校。我们读宋人文集里的许多州县学记，可以想见这种政策的施行，这是传播文明的第二利器。有了这两种利器，故宋朝的文学哲学都很发达。宋朝政府也很肯提倡美术,故绘画音乐也很发达。后来南宋虽然是偏在南方,但那时南方的文化已很发达,两浙八闽已成为中国文化的新中心;我们看当时闽中刻书印书的惊人的发达,并可以想见当日南方文化的情形了。因此,北宋与南宋,在文化史上并没有分断,故我们也不把两宋分开来说。

北宋初年的文学颇偏向晚唐温、李诸人传下来的骈偶文与古典诗。这一派大人物是杨亿,他是庙堂文学的大主笔,是贵族文学的领袖。他的《汉武》①诗云:

蓬莱银阙浪漫漫,弱水回风欲到难。光照竹宫劳夜拜,露传金掌费朝餐。力通青海求龙种,死讳文成食马肝。待诏先生齿编贝,那教索米向长安?

这真是李商隐的"肖子"了!他的骈体文,我们也可以引一篇来做个例:

毳幕稽诛,銮舆顺动。羽卫方离于象魏,天威已震于龙荒。慰边甿徯后之心,增壮士平戎之气,臣闻涿鹿之野,轩皇所以亲征,单于之台,汉帝因之耀武。用歼夷于凶丑,遂底定于边陲。……矧朔漠余妖,腥膻败类,敢因胶折之候,辄为鸟举之谋,固已命将出师,擒俘献馘;虽夺名王之帐,未焚老上之庭;是用亲御戎车,躬行天讨;劳军细柳之壁,巡狩常山之阳。师人多寒,感恩而皆同挟纩;匈奴未灭,受命而孰不忘家?行当肃静塞垣,削平夷落;枭冒顿之首,收督亢之图;使辽阳八州之民得闻声教,榆关千里之地尽入提封;蛇豕之穴悉降,干戈之矢永戢。然后登临瀚海,刻石以铭功;陟降云停,泥金而典礼;远追八九之迹,永垂亿万之年!臣恭守方州,莫参法从;空励请缨之志,惭无扈跸之劳。唯聆三捷之首,远同百兽之舞。(《驾幸河北起居表》)

这一派的诗文,一千年来,成为庙堂文学与贵族文学的正式体裁。

这一派文学的兴盛,引起了一种大反动;产生了北宋的古文运动。古文自韩、柳以后,中间经过晚唐的骈偶文复辟,势力又衰落了。

---

① 编者注:原作《汉武帝》,现改。

宋朝提倡古文最早的,有一个柳开(似为1000①)。柳开初名肩愈,字绍先。"肩愈"是把韩愈揹在肩上;"绍先"是要继绍他的贵同宗柳宗元。后来他改名开,字仲涂。他自己说,"谓将开古圣贤之道于时"。(《河东集》二,《东郊野夫传》及《补亡先生传》)。柳开之后,有穆修、尹洙、石介诸人,都是这个古文运动的健将。古文运动是反对骈文的,是要革骈文命的。当日骈文的首领是杨亿,故石介作《怪说》,说佛教、道教与杨亿是三怪;《怪说》中专骂杨亿:

　　……昔杨翰林欲以文章为宗于天下,忧天下未尽信己之道,于是盲天下人目,聋天下人耳。使天下人目盲,不见有周公、孔子、孟轲、扬雄、文中子、吏部(韩愈)之道;使天下人耳聋,不闻有周公、孔子、孟轲、扬雄、文中子、吏部之道。俟周公、孔子、孟轲、扬雄、文中子、吏部之道灭,乃发其盲,开其聋,使天下唯见己之道,唯闻己之道,莫知其他。今天下有杨亿之道四十年矣。今欲反盲天下人目,聋天下人耳,使天下人目盲不见有杨亿之道,使天下人耳聋不闻有杨亿之道。俟杨亿道灭,乃发其盲,开其聋,使目唯见周公、孔子、孟轲、扬雄、文中子、吏部之道,耳唯闻周公、孔子、孟轲、扬雄、文中子、吏部之道。……今杨亿穷研极态,缀风月,弄花草,淫巧侈丽,浮华纂组;刻镂圣人之经,破碎圣人之言,离折圣人之意,蠹伤圣人之道。……其为怪大矣。

到第十一世纪中叶,欧阳修的古文成为一代的宗师;他的同乡曾巩、王安石都是古文的好手;西南方面又出了苏洵、苏轼、苏辙父子三个文豪。古文的"八大家"之中,六大家都出在这一个时代。古文运动从此成功;虽不曾完全推翻骈文,但古文根基从此更稳固了,势力也从此更扩大了。

　　但是北宋古文对骈文的革命成功的时期里,白话的文学仍旧继续的发展,诗的方面,"西昆体"的反动,与骈文的反动颇相像;骈文的矫正者是古文,"西昆体"诗的矫正者也须经过一过渡时期。北宋的诗,——除了邵雍一派之外,——始终不曾作到彻底的改革。直到

---

① 编者注:原作"1001",现改。

南宋的几个大家,方才有真正的白话诗。词的方面,北宋、南宋都是白话词的极盛时代。散文的方面,语录的白话散文,由禅宗侵入儒家,到南宋时,更发达了。南宋的白话小说更是承前启后的一大发展。

第二章 北宋诗

最近几十年来,大家爱谈宋诗,爱学宋诗。但是没有一个人能明明白白的说出宋诗的好处究竟在什么地方。依我看来,宋诗的特别性质全在他的白话化。换句话说,宋人的诗的好处是用说话的口气来做诗;全在做诗如说话。杜甫的诗里已有这种体裁,如

　　熟知茅斋绝低小,江上燕子故来频;衔泥点污琴书内,更接飞虫打着人。

第一第二两句,若用平仄写出来,是"仄平平平仄平仄,平仄仄仄仄平平"。他并不是故意要做什么"拗体"。他只是要说话。宋朝"西昆体"太讲究格律与音调了,故当时的反动便是不知不觉的打破这种声调与格律的拘束。第十一世纪前半的大诗人已有这种趋向,十一世纪后半的诗人更朝着这方向走了。十一世纪前半的诗人中,如梅尧臣的诗:

　　忆在鄱君旧国傍,马穿修竹忽闻香;偶将眼趁蝴蝶去,隔水深深几树芳(《京师逢卖梅花》五之一)

　　西邻少年今出游,东家女儿未识羞。门前乌白叶已暗,日暮问谁在上头。(《黄莺》)

　　荒水浸篱根,篱上蜻蜓立;鱼网挂绕篱,野船篱外入。

　　水上卖瓜女,摘皮陂上田;长麻已不识,满把青铜钱。(皮字《宋诗钞》作瓜,今据徐氏翻明正统)

　　买鱼问水客,始得鲫与鲂。操刀欲割鳞,跳怒鬐鬣张。(以上《杂诗绝句》十七首之三)

这种诗的声调的自由,与其说是复古,不如说是恢复自然。与梅尧臣同时的,如苏舜钦的律诗:

　　东出盘门刮眼明,萧萧疏雨更阴晴。绿杨白鹭俱自得,近水远山皆有情。万物盛衰天意在,一身羁苦俗人轻。无穷好景无

缘往,旅棹区区暮亦行。(《过苏州》)

新安道中物色佳,山昏云淡晚雨斜。眼看好景懒下马,心随流水先还家。步头浴凫暖出没,石侧老松寒交加。怀君览古意万状,独转涧口吟幽花。(《寄王几道〔同年〕》)

这种诗,我们一见便认他做宋诗;但是我们不要忘记,他们并非有意作拗句,只是有意趋向说话的自然。

苏舜钦与梅尧臣在当时同负盛名,人称"苏梅"。他们都是当时诗界革命的健将。苏舜钦有诗说"会将趋古淡,先可去浮嚣。"人称梅尧臣的诗,也说他"所去浮靡之习于昆体极弊之际,存古淡之道于诸大家未起之先。"

和苏梅同时的诗人,有一个邵雍,可说是一个白话诗人。邵雍是一个理想的好道士,他真能乐天,真能自得。他自己序他的《伊川击壤集》道:

……其间情累都忘去,……所未忘者,独有诗在焉。然而虽曰未忘,其实亦若忘之矣。何者?谓其所作异乎人之所作也。所作不限声律,不沿爱恶,不立固必,不希名誉;如鉴之应形,如钟之应声。其或经道之余,因闲观时,因静照物;因时起志,因物寓言;因志发咏,因言成诗;因咏成声,因诗成音。

他早年的诗,如:

我今行年四十五,生男方始为人父。鞠育教诲诚在我,寿夭贤愚系于汝。我若寿命七十岁,眼前见汝二十五。我欲愿汝成大贤,未知天意肯从否。(《生男吟》)

洛城雪片大如手,炉中无火樽无酒。凌晨有人来打门,言送西台诗一首。(《谢〔西台〕张元伯雪中送诗》)

满天风雨为官守,遍地云山是事权。唯我敢开无意口,对人高道不妨言。(《自况》三首其二)

他晚年的诗更多白话了。如:

生平不作皱眉事,天下应无切齿人。断送落花安用雨?装添旧物岂须春?幸逢尧舜为真主;且放巢由作外臣。六十病夫宜撝分,监司无用苦开陈。(《诏三下答乡人不起之意》)

> 太华中峰五千仞,下有大道人往还。当时马上一回首,十载梦魂犹过关。生平爱山山未足,由此看尽天下山。求如华山是难得,使人消得一生闲。(《[代书]寄华山云台观武道士》)
>
> 每度过东街,东街怨暮来。只知闲说话,那觉太开怀?我有千般乐,人无一点猜。半醺欢喜酒,未晚未成回。(《每度过东街》)
>
> 自从新法行,尝苦樽无酒。每有宾朋至,尽日闲相守。必欲丐于人,交亲自无有。必欲典衣买,焉得能长久?(《无酒吟》)
>
> 花前把酒花前醉,醉把花枝仍自歌。花见白头人莫笑,白头人见好花多。(《南园赏花》)
>
> 有物轻醇号太和,半醺中最得春多。灵丹换骨远如否?白日升天似得么?尽快意时仍起舞,到忌言处只讴歌。宾朋莫怪无拘检,真乐攻心不奈何。(《林下[五吟]》其三)
>
> 年老逢春春莫悭,春悭不当世艰难,四时只有三春好,一岁都无十日闲。酒盏不烦人诉免,花枝须念雨摧残。却愁千片飘零后,多少金能买此欢。(《年老逢春》十三之一)

这种白话诗真可以代表当时白话文学的一种极端趋向。当时与邵雍往来的一般名人,都很像受了他的影响,都做这一类的诗。如司马光、程颢、富弼等,都可说是白话诗人。司马光的《花庵诗[二章拜]呈尧夫》(尧夫即邵雍):

> 洛阳四时常有花,雨晴颜色秋更好。谁能相与共此乐?坐对年华不知老。

他又《和尧夫[先生]年老逢春》云:

> 年老逢春无用惊,对花弄笔眼犹明。不嫌贫舍旧来燕,唤起醉眠何处莺?一仆相随幅巾出,群童聚看小车行。人间万事都捎去,莫遣胸中气不平。

程颢的诗,精神上与技术上都很像邵雍。《千家诗》的第一首"云淡风轻近午天",就是他的诗。又如他的《秋日偶成》:

> 闲来何事不从容?睡觉东窗日已红。万物静观皆自得,四时佳兴与人同。道通天地有形外,思入风云变态中。富贵不淫贫贱乐,男儿到此是豪雄。

这一派的诗人都聚在洛阳；有些散在他处的，也都是崇拜洛阳这一班老辈的。故我们可以教他们做"洛阳诗派"。邵雍、司马光、程颢又都是当时的哲学家，他们重在意境与理想，不重在修辞琢句，故我们又可以教他们的诗做"哲学家的诗"。第十一世纪是哲学发达的时代，当时的文人诗人都是与当时的哲学有关系的，当时的诗，多少总带着一种哲学的意境。但究竟有点分别。洛阳一派的诗可说是哲学家的诗，而江西、四川的几个大诗人和他们的支派的诗究竟还是文人的诗。

和苏舜钦、梅尧臣同时，又和他们极要好的，有一个欧阳修。他的诗虽是文人的诗，但也可以在白话文学史上占一个地位。他的绝句如：

绿树交加山鸟啼，晴风荡漾落花飞。鸟歌花舞太守醉，明日酒醒春已归！

春云淡淡日辉辉，草惹行襟絮拂衣。行到亭西逢太守，篮舆酩酊插花归。

红树青山日欲斜，长郊草色绿无涯。游人不管春将老，来往亭前踏落花。（《丰乐亭游春》三首）

百啭千声随意移，山花红紫树高低。始知锁向金笼听，不及林中自在啼。（《画眉鸟》）

欧阳修是江西人，他的同乡后辈王安石是北宋的一个大思想家。王安石的诗也很多白话的，我们选他的《拟寒山拾得》二十首之四：

牛若不穿鼻，岂肯推人磨？马若不络头，随宜而起卧。干地终不浣，平地终不堕。扰扰受轮回，只缘疑这个。（一）

我曾为牛马，见草豆欢喜。又曾为女人，欢喜见男子。我若真是我，只合长如此。若好恶不定，应知为物使。堂堂大丈夫，莫认物为己。（二）

风吹瓦堕屋，正打破我头；瓦亦自破碎，岂但我血流。我终不嗔渠，此瓦不自由。众生造众恶，亦有一机抽。渠不知此机，故自认愆尤。此但可哀怜，劝令真自修。岂可自迷闷，与渠作冤仇？（四）

傀儡只一机，种种没根栽。被我入棚中，昨日亲看来。方知

棚外人,扰扰一场呆。终日受伊谩,更被索多财。(十一)

他有许多白话的歌行,我们不能引了,且引他一些白话的绝句:

竹里编茅倚石根,竹茎疏处见前村。闲眠尽日无人到,自有春风为扫门。(《竹里》)

一陂春水绕花身,花影妖娆各占春。纵被春风吹作雪,绝胜南陌碾成尘。(《北陂杏花》)

水南水北重重柳,山后山前处处梅。未即此身随物化,年年长趁此时来。(《庚申游齐安院》)

小雨春风落楝花,细红如雪点平沙。槿篱竹屋江村路,时见宜城卖酒家。(《钟山晚步》)

茅檐长扫静无苔,花木成畦手自栽。一水护田将绿绕,两山排闼送青来。(《书湖阴先生壁》)

涧水无声绕竹流,竹西花草弄春柔。茅檐相对坐终日,一鸟不鸣山更幽。(《钟山即事》)

荒烟凉雨助人悲,泪染衣巾不自知。除却春风沙际绿,一如看汝过江时。(《送和甫至龙安微雨因寄吴氏女子》)

欧阳修死于西历1072,王安石死于1086,都可算是第十一世纪下半的诗人了。但十一世纪下半的诗坛差不多完全是苏轼与黄庭坚一派的世界。宋诗到苏黄一派,方才大成。苏轼死于1101,黄庭坚死于1105。他们的影响直到今日,还不曾消灭,近人所崇拜的"江西诗派",就是奉黄庭坚做祖师的。

依我们用文学史的眼光看起来,苏、黄的诗的好处并不在那不〔协〕调的音节,也不在那偏僻的用典。他们的好处正在我们上文说的"做诗如说话"。他们因为要"做诗如说话",故不拘守向来的音调格律。他们又都是读书很多的人,同他们往来唱和的人也都是一时的博雅文人,他们又爱玩那和韵的玩意儿,故他们常有许多用典的诗,有时还爱用很僻的典故,有时还爱押很险的韵。但这种诗并不是他们的长处。这种诗除了极少部分之外,并没有文学价值,并不配叫做诗,只可叫做"诗玩意儿",与诗谜诗钟是同样的东西。黄庭坚的诗里,这一类的诗更多。如他的《演雅》,《戏书秦少游壁》,同大多数

次韵的诗,都是这一类的。但苏轼、黄庭坚的好诗却也不少。我们且举几个例。先看苏轼的诗:

> 人老簪花不自羞,花应羞上老人头。醉归扶路人应笑,十里珠帘半上钩。(《吉祥寺赏牡丹》)

> 黑云翻墨未遮山,白雨跳珠乱入船。卷地风来忽吹散,望湖楼下水如天。(《〔六月二十七日〕望湖楼醉书〔五绝〕》其一)

> 水光潋滟晴方好,山色空濛雨亦奇。欲把西湖比西子,淡妆浓抹总相宜。(《饮湖上初晴后雨》)

> 竹外桃花三两枝,春江水暖鸭先知。蒌蒿满地芦芽短,正是河豚欲上时。(《惠崇春江晚景》)

> 父老争看乌角巾,应缘曾现宰官身。溪边古路三叉口,独立斜阳数过人。(《纵笔》)

> 半醒半醉问诸黎,竹刺藤梢步步迷。但寻牛矢觅归路,家在牛栏西复西。(《被酒独行遍至诸黎之舍》)

读苏诗的人,须知道他的好处不在能用"玉楼"、"银海"一类的典故,而在能用"牛矢"、"牛栏"一类极平常的物事做出好诗来。他的律诗之中那些好的也只是用说话体来做诗。我们不举例了。

黄庭坚的诗,更可以表现这个"做诗如说话"的意思。我最喜欢他的《题莲华寺》:

> 狂卒猝起金坑西,胁从数百马百蹄。所过州县不敢谁,肩舆房载三十妻。伍至有胆无智略,谓河可凭虎可搏。身膏白刃浮屠前,此乡父老至今怜。

这虽不全是白话,但这种朴素简洁的白描技术完全是和白话诗一致的。这诗里的小毛病,如"马百蹄","不敢谁"也只是因为旧格式的束缚。若打破了这种格式,便没有这种缺点了。他《跋子瞻和陶诗》云:

> 子瞻谪岭南,时宰欲杀之。饱吃惠州饭,细和渊明诗。彭泽千载人,东坡百世士;出处虽不同,风味乃相似。

这不是说话吗?又他《题伯时画顿尘马》云:

> 竹头抢地风不举,文书堆案睡自语。忽看高马顿风尘,亦思

归家洗袍裤。

又《戏简朱公武刘邦直田子平》云：

朱公趋朝瘦至骨,归来豪健踞胡床;日看省曹阁者面,何如田家侍儿妆?

这不都是说话吗?我们读黄庭坚的诗,都应该用这一个观点来读他,方才可以真正领会他的精采之处。就是他的律诗也含有这个趋势。如他的《冲雪宿新寨忽忽不乐》一篇云：

县北县南何日了?又来新寨解征鞍。山衔斗柄三星没,雪共月明千里寒。小吏有时须束带,故人颇问不休官。江南长尽梢雪竹,归及春风斫钓竿。

又如《池口风雨留三日》云：

孤城三日风吹雨,小市人家只菜疏。水远山长双属玉,(属玉是一种鸟名,是鸭而大,长颈赤目)身闲心苦一春锄。翁从旁舍来收网,我适临渊不羡鱼。俛仰之间已陈迹,暮窗归了读残书。

又如《登快阁》云：

痴儿了却公家事,快阁东西倚晚晴。落木千山天远大,澄江一道月分明。朱弦已为佳人绝,青眼聊因美酒横。万里归船弄长笛,此心吾与白鸥盟。

但这种律诗体究竟不适宜于做白话诗。我们在下文看黄庭坚的白话词,就可以知道他真是一个白话诗人;不过因为旧诗体束缚住了,这个白话的趋势在诗里不能完全表现出来。

苏轼的朋友弟子,黄庭坚,秦观,张耒,晁补之,人称为苏门四学士。此外如他的亲戚文同,他的朋友陈师道,都是当日的重要诗人。陈师道更是黄庭坚一派(后人称为江西诗派)的大将。我们也各选一个例：

秦观：

月团(茶名)新碾瀹花瓷,饮罢呼儿课《楚词》。风定小轩无落叶,青虫相对吐秋丝。(《秋日》)

清酒一杯甜似蜜,美人双鬓黑如鸦;莫夸春色欺秋色,未信

桃花胜菊花。(《处州闲题》)

南土四时尽热,愁人日夜俱长。安得此身如石,一齐忘了家乡!(《宁浦书事》六之一)

张耒:

社南村酒白如汤,邻翁宰牛邻媪烹。插花野妇抱儿至,曳杖老翁扶背行。淋漓醉饱不知夜,裸股掣肘时欢争。去年百金易斗粟,丰岁一饮君无轻。(《田家》三首其二)

帘织小雨作春愁,吹湿长云漫不收。架上酴醾浑着叶,眼明新见小花头。(《春雨中偶成》四之一)

病腹难禁七碗茶,小窗睡起月西斜。贫无隙地栽桃李,日日门前自卖花。(《杂诗》二之一)

晁补之:

平时无欢苦易醉,自怪饮乐颜先酡。乃知醉人不是酒,真是情多非酒多。(《漫成呈文潜》五之一)

驿后新篱接短墙,枯荷衰柳小池塘。倦游到此忘行路,徒倚轩窗看夕阳。

一官南北鬓将华,数亩荒池净水花。扫地开窗置书几,此生随处便为家。(《题谷熟驿舍》二首)

文同:

掷梭两肘倦,踏茶双足跰。三日不住织,一匹才可剪。织处畏风日,剪时审尺刀。皆言边幅好,自爱经纬密。昨朝持入库,何事监官怒?大字雕印文,浓和油墨污。父母抱归舍,抛向中门下。相看各无语,泪迸若倾泻。质钱解衣服,买丝添上轴;不敢辄下机,连宵停火烛。当须了租赋,岂暇恤襦裤?前知寒切骨,甘心肩骭露。里胥踞门限,叫骂嗔纳晚——安得织妇心,变作监官眼!(《织妇怨》)

陈师道:

去远即相忘,归近不可忍。儿女已在眼,眉目略不省。喜极不得语,泪尽方一哂。了知不是梦,忽忽心未稳。(《示三子》)

芒鞋竹杖最关身,散发披衣不待人。三五作邻堪共语,五千插架未为贫。

书当快意读易尽,客有可人期不来;世事相违每如此,好怀百岁几回开。(《绝句》四之一)

我们关于宋诗的结论是:宋诗的好处全在做诗如说话;但旧诗的体裁究竟不能表现自然的说话口气。况且古典主义的势力在北宋的诗里还是很大;所以北宋的诗中,除了洛阳一派之外,都不很能表现那白话文学的趋势,只可以算是"西昆体"的一个不彻底的革新。

第三章 南宋的白话诗

诗到南宋,方才把北宋诗"做诗如说话"的趋势,完全表现出来,故南宋的诗可以算是白话诗的中兴。南宋前半的大家,陆游,范成大,杨万里,都可称作白话诗人。南宋后半的大家,如刘克庄,更不用说了。我们且拿这几个人来做例。南宋初期的诗界里,陆游、范成大、杨万里与尤袤四人称南宋四大家。这四个人都是曾几的弟子;曾几是江西人,作诗学黄庭坚一派。我们看江西诗派的后起竟产生了这许多白话大诗人,就可以知道我们从前论宋诗的话大致不错了。尤袤的诗传下来很少,我们且不论他。先看陆游(死1210)。陆游自己有《〔九月一日夜〕读诗稿有感走笔作歌》一篇,说他做诗的变迁:

我昔学诗未有得,残余未免从人乞,力孱气馁心自知,妄取虚名有惭色。四十从戎驻南郑,酣宴军中夜连日;打球筑场一千步,阅马列厩三万匹;华灯纵博声满楼,宝钗艳舞光照席,琵琶弦急冰雹乱,羯鼓手匀风雨疾。诗家三昧忽见前,屈贾在眼元历历。天机云锦用在我,剪裁妙处非刀尺。世间才杰固不乏,秋毫未合天地隔。放翁老死何足论?《广陵散》绝还堪惜。

这是他个人诗史上的一大革命。他自从得了"天机云锦用在我,剪裁妙处非刀尺"的秘诀以后,他的诗便更近白话了。他晚年又有《示子遹》一篇,也是写他做诗的历史的:

我初学诗日,但欲工藻绘。中年始少悟,渐若窥宏大。怪奇亦间出,如石漱湍濑。……诗为六艺一,岂用资狡狯?(原注:晋人谓戏为狡狯,今闽语尚尔)汝果欲学诗,工夫在诗外。

这诗更明白了。他不满意于那"藻绘"的诗,他又反对温、李以下的许多"诗玩意儿"(黄庭坚、苏轼大概也在内)。他自己做诗只是真率,只是自然,只是运用平常经验与平常话语。所以他曾说,"诗到无人爱处工",这七个字可以作他自己的诗的总评。我们举他几首诗做例:

看花南陌复东阡,晓露初干日正妍。走马碧鸡坊里去,市人唤作海棠颠。

为爱名花抵死狂,只愁风日损红芳。绿章夜奏通明殿,乞借春阴护海棠。

翩翩马上帽檐斜,尽日寻春不到家。偏爱张园好风景,半天高柳卧溪花。(《花时遍游诸家园》十之三)

日长无奈清愁处,醉里来寻"紫笑"香。漫道闲人无事,逢春也似蜜蜂忙。(《闻傅氏庄紫花开急棹小舟观之》)

春暖山中云作堆,放翁艇子出寻梅。不须问信道傍叟,但觅梅花多处来。(《观梅至花泾高端叔解元见寻》二之一)

过得一日过一日,人间万事不须谋。邻家幸可赊芳酝,红蕊何曾笑白头?(《醉中信笔〔作四绝句既成惧观者不知野人本心也复作一绝〕》五之一)

小甑有米可续炊,纸鸢竹马看儿嬉。但得官清吏不横,即是村中歌舞时。

更事多来见物情,世间常恨太忙生。花开款款宁为晚,日出迟迟却是晴。

四十余年学养生,虽知所得亦平平。体屦不犯寒时出,路湿常寻干处行。(《春日杂兴》十二之三)

少时唤愁作底物,老境方知世有愁。忘尽世间愁故在,和身忘却始应休。(《读唐人愁诗戏作》五之一)

陆游的律诗,也有许多白话的,我且不引了。

范成大(死1193)与杨万里(死1206)都是"天然界的诗人"。他们最爱天然界的美,最能描写天然界的真美。天然的美是不能用贵族文学来描写的,所以他们就不知不觉的成了白话诗人了。

范成大的诗,我们先举他描写苏州田家风俗的《腊月村田乐府》十首之二:

祭灶词

古传腊月二十四,灶君朝天欲言事。云车风马少留连,家有杯盘丰典祀。猪头烂熟双鱼鲜,豆砂甘松粉饵圆。男儿酌献女儿避,酹酒烧钱灶君喜。"婢子斗争君莫闻,猫狗触秽君莫嗔。送君醉饱归天门,杓长杓短勿复云:乞取利市归来分!"

卖痴呆词

除夕更阑人不寐,厌禳滞钝迎新岁。小儿呼叫走长街,云有痴呆召人买。二物于人谁独无?就中吴侬乃有余。巷南巷北卖不得,相逢大笑相揶揄。栎翁块坐重帘下,独要买添令问价。儿云翁买不须钱,奉赊痴呆千百年。

他的《四时田园杂兴》六十首更可以代表他的"天然的诗"了。我们也选几首:

社下烧钱鼓似雷,日斜扶得醉翁回。青枝满地花狼藉,知是儿孙斗草来。

种园得果仅偿劳,不奈儿童鸟雀搔。已插棘针樊笋径,更铺鱼网盖樱桃。

桑下春蔬绿满畦,菘心青嫩芥苔肥。溪头洗择店头卖,日暮裹盐沽酒归。(以上《春日田园杂兴》十二之三)

蝴蝶双双入菜花,日长无客到田家。鸡飞过篱犬吠窦,知有行商来买茶。

雨后山家起较迟,天窗新色半熹微。老翁欹枕听莺啭,童子开门放燕飞。(以上《晚春田园杂兴》十二之二)

梅子金黄杏子肥,麦花雪白菜花稀。日长篱落无人过,惟有蜻蜓蛱蝶飞。

二麦俱收斗百钱,田家唤作小丰年。饼炉饭甑无饥色,接到西风熟稻天。

昼出耘田夜绩麻,村庄儿女各当家。儿童未解躬耕织,也傍桑阴学种瓜。(以上《夏日田园杂兴》十二之三)

橘蠹如蚕入化机,枝间垂茧似蓑衣。忽然蜕作多花蝶,翅粉才干便学飞。

静看檐蛛结网低,无端妨碍小虫飞。蜻蜓倒挂蜂儿窘,催唤山童为解围。(以上《秋日田园杂兴》十二之二)

杨万里的诗更注重天然的美。他曾说,"我诗只道更无题,物物秋来总是诗"(《戏笔》)又说,"闭门觅句非诗法,只是征行自有诗。"(《下横山滩头望金华山》)又说,"烟销日出皆诗句。"(《寄题〔万安县刘元袭〕横秀阁》)这都是自然派诗人的主张。他又说:

传派传宗我替羞,作家各自一风流。黄(庭坚)陈(师道)篱下休安脚,陶(潜)谢(灵运)行前更出头。(《跋徐公仲省翰近诗》)

黄、陈是江西诗派的祖师。陆游、范成大、杨万里都是江西派的后人,后来他们都能推翻江西派的"诗玩意儿",都宣告独立了。杨万里这首诗便是独立的宣言书。他少年时作的诗有"露窠蛛恤纬,风语燕怀春"、"立岸风大壮,还舟灯小明"一类的句子,后来他把这些少年时代的诗千余首都烧去了。这也是宣告独立的一种表示。我们举一些例:

园花落尽路花开,白白红红各自媒。莫问早行奇绝处,四方八面野香来。

一晴一雨路干湿,半淡半浓山叠重。远草平中见牛背,新秧疏处有人踪。(《过百家渡》四之二)

梅子留酸软齿牙,芭蕉分绿与窗纱。日长睡起无情思,闲看儿童捉柳花。(《闲居初夏午睡起》二之一)

树头吹得叶冥冥,三日颠风不小停。只是向来枯树子,知他那得许多青?(《晚春即事》二之一)

着尽工夫是化工,不关春雨更春风。已拼腻粉涂双蝶,更费雌黄滴一蜂!(《春兴》)

新蝉声涩亦无多,强与娇莺和好歌。尽日舞风浑不倦,无人奈得柳条何。(《六月六日小集》)

胡床倦坐起凭栏,人正忙时我正闲。却是闲中有忙处,看书

才了又看山。(《静坐池亭》)

蝴蝶新生未解飞,须拳粉湿睡花枝。后来借得风光力,不记如痴似醉时。(《道旁小憩观物化》。此诗可与上引范成大的绝句第九首参看。)

野菊荒苔各铸钱,金黄铜绿两争妍。天公支与穷诗客,只买清愁不买田。(《戏笔》二之一)

梅花得雪更清妍,折入灯前细捻看。下却珠帘教到地,横枝太瘦不禁寒。

雪正飞时梅正开,倩人和雪折庭梅。莫教颤脱梢头雪,千万轻轻折取来。(《庆长叔招饮一杯未釂雪声璀然即席走笔赋十诗》之二)

杨万里的律诗,我们也可以引一两首:

初闻一天雨大声,次第远近鸡都鸣。今日明朝何日了?南村北巷几人行?忽思春雨宿茅店,最苦仆夫催去程。是时懒起借残睡,如今不眠愁独醒。(《不寐》四之一)

起视青天分外青,满天一点更无星。忽惊平地化成水!乃是月华光满庭。笔下何知有前辈!醉来未肯赦空瓶。儿曹夜诵何书册,也遣先生细细听。(《迓使客夜归》四之一)

他的歌行,我们也举一两个例:

田夫抛秧田妇接,小儿拔秧大儿插。笠是兜鍪蓑是甲,雨从头上湿到胛。唤渠朝餐歇半霎,低头折腰只不答。秧根未牢莳未匝,照管鹅儿与雏鸭。(《插秧歌》)

山僮问游何许村,莫问何许但出门:脚根倦时且小歇,山色佳处须细看。道逢田父遮侬住,说与前头看山去。寄下君家老瓦盆,他日重游却来取。(《中途小歇》)

和陆、尤、杨、范四大家同时的,有浙江永嘉的"四灵"诗派。"四灵"是翁卷(字灵舒)、赵师秀(字紫芝,亦称灵秀)、徐照(字道晖,亦称灵晖)、徐玑(字文渊,亦称灵渊)。他们嫌北宋及同时的诗人多喜欢"连篇累牍,汗漫而垂禁"(用叶适《徐文渊墓志》中语)。故他们"敛情约性,因狭出奇,合于唐人"(用叶适《题刘潜夫南岳诗稿》中语)。他们主张做晚唐律诗,要"以浮声切响单字只句计巧拙"(《徐文渊墓志》中语)。叶适称他们"发今人未悟之机,回百年已废之学"(《徐道晖墓志》中语)。这个运动是一个"唐诗复辟"的运动。但他们只想回到晚唐;晚唐的诗,我们前面曾说过,也是白话诗居多。所以四灵的诗,虽然偏重律体,仍旧是白话诗居多。我们也举几个例:

赵师秀:

赁得民居亦自清,病身于此寄飘零。笋泛坏砌砖中出,山在邻家树上青。有井极甘使试茗,无花可插任空瓶。巷南巷北相知少,感尔诗人远扣扃。(《移居谢友人见过》)

黄梅时节家家雨,青草池塘处处蛙。有约不来过夜半,闲敲棋子落灯花。(《约客》)

翁卷:

花石与林庐,皆非俗者居。铺沙为径软,因竹夹篱疏。留客同家食,教儿诵古书。常言治生意,只欲似樵渔。(《友人林居》)

绿遍山原白满川,子规声里雨如烟。乡村四月闲人少,才了蚕桑又插田。(《乡村四月》)

徐照(死1211):

杖履相从步野田,坐临阶砌和诗篇。要看隔水人家菊,试借系门渔父船。且缓归舟知有月,不生酒兴为无钱。闲来莫问家中事,才得身闲即是仙。(《同刘孝若野步》)

小船停桨逐潮还。四五人家住一湾。贪看晓光侵月色,不知云气失前山。(《舟上》)

徐玑(死1214)

星明残照数峰晴,夜静惟闻水有声。六月行人须早起,一天凉露湿衣轻。宦情每向途中薄,诗句多于马上成。故里诸人应念我,稻花香里计归程。(《六月归途》)

无数山蝉噪夕阳,高峰影里坐阴凉。石边偶看清泉滴,风过微闻松叶香。(《夏日闲坐》)

"四灵"的诗,虽是学晚唐,其实还是宋诗,还逃不出这个白话文学的趋势。南宋晚年有一个才气很高的诗人刘克庄（字潜夫，号后村，死于1269）不幸也去做"四灵"一派的诗，却不知道"四灵"的诗只配那些才气拘谨的诗人做的。刘克庄只该用苏轼、陆游、杨万里的诗体，不该用这种"敛情约性"的诗体。所以他后来不能不打破这种诗派，自成一种变化活动的律体。刘克庄死时年八十三，死后八年，南宋遂被蒙古征服了。我们可举他来代表南宋晚年的诗：

　　生来拙性嗜清幽，因过山家为小留。顶笠儿归行树杪，提瓶妇去汲溪头。参天老树当门碧，尽日寒泉绕舍流。我料草堂犹未架，规模已被野人偷。（《小梓人家》）

　　待凿新池引一湾，更规高阜敞三间。缩墙恐犯邻家地，减树图看屋后山。身隐免贻千载笑；书成犹要十年闲。门前蓦有相寻者，但说翁今怕往还。（《即事》四之一）

这还是宋代自然派的诗。他还有许多发议论的诗：

　　自入崇宁（徽宗年号）政已荒，由来治忽系毫芒。初为御笔行中旨，渐取兵权付左珰。玉带解来颁贵倖，珠袍脱下赐降羌。诸公日侍钧天宴，不道流人死瘴乡。

　　陈迹分明断简中，才看卷首可占终。兵来尚恐妨"恭谢"，事去徒知悔夹攻。丞相自言芝产第，太师频奏鹤翔空。如何直到宣和（徽宗晚年年号）季，始忆元城（刘安世）与了翁（陈瓘）？（《读崇宁后长编》）

这种材料于诗不很适宜，于律诗更不相宜；所以这种诗自从杜甫的《诸将》以来，没有一首真正好诗。宋末的政治腐败，外面有很强的敌国，而里面仍旧是很厉害的党争，故这一类的诗自然发生。后来宋亡了，亡国的惨痛，种族的观念，更容易产生这种诗了。这种诗只是议论，很少好诗。

　　南宋晚年还有一种重要的运动。有个严羽，著了一部《沧浪诗话》，极力攻击宋人的诗，主张回到盛唐，回到汉、魏、盛唐。他用禅门的话头来说诗：

　　禅家者流，乘有大小，宗有南北，道有邪正。学者须从最上乘，具正法眼，悟第一义。若小乘禅，声闻辟支果，皆非正也。论诗如论禅,汉、魏、晋与盛唐之诗,则第一义也。大历(唐代宗年号)以还之诗,则小乘禅也,已落第二义矣。晚唐之诗,则声闻辟支果也。……

夫学诗者以识为主,入门须正,立志须高;以汉、魏、晋、盛唐为师,不作开元天宝以下人物。……此乃是从顶颔上做来,谓之"向上一路",谓之"直截根源",谓之"顿门",谓之"单刀直入"也。

夫诗有别材,非关书也;诗有别趣,非关理也。然非多读书,多穷理,则不能极其致。所谓不涉理路,不落言筌者,上也。诗者,吟咏情性也。盛唐诸人惟在兴趣。羚羊挂角,无迹可求。故其妙处,透彻玲珑,不可凑泊,如空中之音,相中之色,水中之月,镜中之象,言有尽而意无穷。近代诸公乃作奇特解会,遂以文字为诗,以才学为诗,以议论为诗。夫岂不工?终非古人之诗也。盖于一唱三叹之音,有所歉焉。且其作多务使事,不问兴致;用字必有来历,押韵必有出处,读之反覆终篇,不知着到何处。其末流甚者,叫噪怒张,殊乖忠厚之风,殆以骂詈为诗。诗而至此,可谓一厄也。

然则近代之诗无取乎?曰,有之。吾取其合于古人者而已。……予不自量度,辄定诗之宗旨,且借禅以为喻,推原汉、魏以来,而截然谓当以盛唐为法。(原注:后舍汉魏而独言盛唐者,谓古律之体备也。)

严羽论宋诗的流弊,确然不错。但他因此便主张极端的复古论,要人立志不作开元、天宝以下人物,这就错了。他责备苏轼、黄庭坚诸人"始自出己意以为诗",他不知道"自出己意以为诗",正是宋诗的特别长处。宋诗不幸走错了路道,故走入用典和韵种种"诗玩意儿"的魔道上去。挽救的方法,不在复古,乃在扫除种种"诗玩意儿",乃在采用纯粹的白话。若用白话做诗,自然不会有那用典和韵的种种魔道了。宋诗本有"做诗如说话"的趋势,可惜苏、黄诸人免不了文人阶级"掉文"式的说话,故走入魔道;更可惜四灵的运动虽想革新,却只想回到晚唐的律体;更可惜严羽一派既知江西诗派的弊病,也只想回到盛唐。

自此以后,南方的诗越走越跳不出这个复古的运动了。

第四章　北宋的词

北宋白话文学最发达的方面是在词的方面。我们曾说过,"白话韵文的自然趋势应该是朝着长短句的方向走的。"长短句的词比那五言七言的诗,更近于说话的自然了。故我们看五代的小词觉得比宋人的诗更近于近代的白话。这并不是因为白话文学到了宋朝又退了回去;这是因为白话受了诗体的束缚,不能尽量发展。我们看宋人的词,便知道白话文学在宋朝只有进步,并无退步了。

与杨亿同时的,有一个晏殊,他的诗与杨亿一班人同派,他的词便有许多是白话的了。例如:

一曲新词酒一杯,去年天气旧亭台,夕阳西下几时回?
无可奈何花落去,似曾相识燕归来,小园香径独徘徊。(《浣溪沙》)
画鼓声中昏又晓,时光只解催人老。求得浅欢风日好。齐喝调,神仙一曲《渔家傲》。
绿水悠悠天杳杳,浮生岂得长年少?莫惜醉来开口笑。须信道,人间万事何时了?(《渔家傲》)
二月春风,正是杨花满路。那堪更别离情绪!罗巾掩泪,任粉痕沾污。争奈向、千留万留不住。
玉酒频倾,宿眉愁聚。空肠断宝筝弦柱。人间后会,又不知何处。魂梦里也须时时飞去。(《殢人娇》)

欧阳修的词,向来最通行的只有汲古阁毛氏刻的《六一词》,那里面已有许多的白话词了。近年吴氏双照楼刻的影宋本《醉翁琴趣外篇》出来之后,我们始知道欧阳修的许多白话词是被删去了的。我们先看《六一词》中的白话词:

凤髻金泥带,龙纹玉掌梳。走来窗下笑相扶,爱道"画眉深浅入时无?"

弄笔偎人久,描花试手初;等闲妨了绣工夫,笑问双鸳鸯字怎生书。(《南歌子》)

今日北池游,漾漾轻舟,波光潋滟柳条柔。如此春来春又去,白了人头。好妓好歌喉,不醉难休。劝君满满酌金瓯。纵使花时常病酒,也是风流。(《浪淘沙》)

梅谢粉,柳拖金,香满旧园林。养花天气半晴阴。花好却愁深。

花无数,愁无数,花好却愁春去。戴花持酒祝东风,千万莫匆匆!(《鹤冲天》)

《醉翁琴趣外篇》里有许多很好的白话词:

罗衫满袖,尽是忆伊泪。残妆粉,余香被;手把金樽酒,未饮先如醉。但向道,厌厌成病皆因你。

离思迢迢远,一似长江水,去不断,来无际。红笺着意写,不尽相思意。为个甚,相思只在心儿里?(《千秋岁》)

楼前乱草,是离人方寸。倚遍阑干意无尽。罗巾掩,宿粉残眉香未减,人与天涯共远。

香闺知人否?长是厌厌,拟写相思寄归信。未写了,泪成行,早满香笺相思字一时滴损。便直饶伊家总无情,也拼了一生为伊成病。(《洞仙歌令》)

为伊家,终日闷。受尽悽惶谁问?不知不觉上心头,悄一霎身心顿也没处顿。

恼愁肠,成寸寸。已怎莫把人萦损。奈每每人前道著伊,空把相思泪眼和衣搵。(《怨春郎》)

极得醉中眠,迤逦翻成病。莫是前生负你来,今世里,教孤冷?

言约全无定。是谁先薄倖?不惯孤眠惯成双,奈奴子心肠硬!(《卜算子》)

夜来枕上争闲事,推倒屏山褰绣被,尽人求守不应人,走向碧纱窗下睡。

直到起来由自嗔。向道"夜来真个醉。"大家恶发大家休,

毕竟到头谁不是?(《玉楼春》)

小桃风撼香红碎,满帘笼花气。看花何事却成愁?悄不会,春风意。

窗在梧桐叶底,更黄昏雨细。枕前前事上心来,独自个,怎生睡?(《一落索》)

晓色初透东窗,醉魂方觉。恋恋绣衾半拥,动万感脉脉春思无托。追想少年,何处青楼贪欢乐?当媚景,恨月愁花,算伊全忘凤帏约!空泪滴,真珠暗落。又被谁、连宵留著?不晓高天甚意,既付与风流,却恁情薄?把身心自解,只与猛拼却!又及至见来了,怎生教人恶?(《看花回》)

这种词,比五代十国的词,更纯粹是白话了。这种俗话词,在当日已成为一种风气。欧阳修是当代的第一文宗,也忍不住做做这种小词。后来的文学大家如苏轼、柳永、黄庭坚、周邦彦都做有这一类纯粹白话词。我们先说柳永。柳永初名柳三变,是仁宗景祐元年(1034)的进士,是欧阳修同时的人。叶梦得《避暑录话》说:

柳永字耆卿,为举子时,多游狭邪,善为歌词。教坊乐工每得新腔,必求永为词,始行于世。……余仕丹徒,尝见一西夏归朝官云,"凡有井水饮处,即能歌柳词。"(叶德辉刻本,卷下页一〇)

柳永的词所以能这样流行,全因为他最能用俗话作词。后来选词的人,如周济、冯煦之流,单选他的文言词,实在埋没了他的特别长处。此如选苏格兰大诗人班思(Burns)的诗,却把他的白话情诗都删了,可不是大笑话吗?我们现在单选柳永的白话词:

一生赢得是凄凉。追前事,暗心伤。好天良夜,深屏香被,争忍便相忘?

王孙动是经年去,贪迷恋,有何长?万种千般,把伊情分,颠倒尽猜量。(《少年游》之一)

薄衾小枕凉天气,乍觉别离滋味。展转数寒更,起了还重睡。毕竟不成眠,一夜长如岁。

也拟把却回征辔,又争奈已成行计!万种思量,多方开解,只恁寂寞恹恹地!系我一生心,负你千行泪。(《忆帝京》)

有个人人真堪羡,问却伴羞回却面,你若无意向咱行,为甚梦中频相见?

不如闻(此字有趁字意)早还却愿,免使牵人魂梦乱。风流肠肚不坚牢,只恐被伊牵惹断。(《木兰花令》)①

洞房记得初相遇,便只合长相聚。何期小会幽欢,变作别离情绪?况值阑珊春色莫,对满目乱花狂絮?直恐好风光,尽随伊归去。

一场寂寞凭谁诉?算前言,总轻负。早知恁地难拚,悔不当初留住。其奈风流端正外,更别有系人心处。一日不思量,也攒眉千度。(《昼夜乐》)

当初聚散,便唤作、无由再逢伊面。近日来不期而会重欢宴,向尊前闲暇里,敛著眉儿长叹,惹起旧愁无限。盈盈泪眼。漫向我耳边作万般幽怨。奈你自家心下事难见。待信真个,恁别无萦绊。不免收心,共伊长远。(《秋夜月》)

独倚危楼风细细,望极离愁,黯黯生天际。草色山光残照里,无人会得凭阑意。

也拟疏狂图一醉。对酒当歌,强乐还无味。衣带渐宽终不悔:为伊消得人憔悴!(《蝶恋花》)

昨宵里恁和衣睡,今宵里又恁和衣睡。小饮归来,初更过,醺醺醉。中夜后,何事还惊起?霜天冷,风细细,触疏窗闪闪灯摇曳。

空床展转重追忆,如愿梦任攲枕难继!寸心万绪,咫尺千里。好景良天,彼此空有相怜意,未有相怜计。(《婆罗门令》)

皓月初圆,暮云飘散,分明夜色如晴昼。渐销尽醺醺残酒。危楼回,凉生襟袖。追旧事,一饷凭阑久。如何媚容艳态,底死孤欢偶?朝思暮想,自家空恁添情瘦。算到头谁与伸剖?

向道我别来为伊牵系,度岁经年,偷眼觑也不忍觑花柳。可惜恁好景良宵,未曾略展双眉暂开口。问甚时与妳深怜痛惜还

---

① 编者注:原作"玉楼春",现改。

依旧！(《倾杯乐》)

柳永的《乐章集》(上海博古斋有影印汲古阁《六十家词》本,最易得。)是白话文学史的重要史料,我们不能引了。

当时有个故事说,苏轼有一次问一个优人道:"我的词比柳耆卿的如何?"优人答道:"柳屯田的词最配十七八岁的女郎,按红牙拍,唱'杨柳岸晓风残月'。学士的词却须用铜将军和铁绰板,唱'大江东去'"。这个批评很有意思。我们现在就可以看看苏轼的白话词:

三度别君来,此别真迟暮。白尽老髭须,明日淮南去。

酒罢月随人,泪湿花如雾。后夜逐君还,梦绕湖边路。(《生查子》)

回首乱山横,不见居人只见城。谁似临平山上塔,亭亭,迎客西来送客行。临路晚风清,一枕初寒梦不成。今夜残灯斜照处,荧荧,秋雨晴时泪不晴。(《南乡子》)

持杯遥劝天边月,愿月圆无缺。持杯更复劝花枝,且愿花枝长在莫离披。持杯月下花前醉。休问荣枯事。此欢能有几人知?对酒逢花不饮待何时?(《虞美人》)

花褪残红青杏小,燕子飞时绿水人家绕。枝上柳绵吹又少。天涯何处无芳草!

墙里秋千墙外道,墙外行人墙里佳人笑。笑渐不闻声渐悄。多情却被无情恼!(《蝶恋花》)

莫听穿林打叶声。何妨吟啸且徐行。竹杖芒鞋轻胜马。谁怕?一蓑烟雨任平生。

料峭春风吹酒醒,微冷,山头斜照却相迎。回首向来潇洒处,归去,也无风雨也无晴。(《定风波》)

十年生死两茫茫。不思量,自难忘。千里孤坟,无处话凄凉。纵使相逢应不识:尘满面,鬓如霜。

夜来幽梦忽还乡。小轩窗,正梳妆。相顾无言,惟有泪千行。料得年年肠断处:明月夜,短松冈。(《江城子》此似是悼亡之词)

他还有一首《无愁可解》,更是完全白话的:

> 光景百年，看便一世。生来不识愁味。问愁何处来？更开解个甚底？万事从来风过耳。何用不着心里？你唤做、展却眉头，便是达者，也只恐未？
>
> 此理。本不通言，何曾道、欢游胜如名利。道则浑是错，不道如何即是。这里元无我与你，甚唤做、物情之外？若须待醉了，方开解时，问无酒、怎生醉？

这首词有一篇序说：

> 国工范日新作越调解愁，洛阳刘几伯寿闻而悦之，戏作俚语之诗。天下传咏，以谓几于达者。……此虽免乎愁，犹有所解也。……乃反其词，作《无愁可解》云。

这序有可注意之点。第一，当时这种"俚语"的诗词，必然不少，不过保存下来的不多罢了。第二，那位做俚语诗的刘几也是洛阳人，与上一讲说的那班洛阳诗人既同时，又同地。这可见风气有一点地方的关系。

苏轼是个绝顶聪明的人，他的词的意境比柳永高的多。但他的词没有柳永的词那样通行民间，也正是为此。苏轼的究竟是文人的词，柳永的却是平民的文学。

苏门的两大词家，人称"秦七黄九"。秦七是秦观，黄九是黄庭坚。这两个都是白话词的好手。我们先看秦观的白话词：

> 春路雨添花，花动一山春色。行到小溪深处，有黄鹂千百。飞云当面化龙蛇，夭矫转空碧。醉卧古藤阴下，了不知南北。（《好事近·梦中作》）
>
> 玉漏迢迢尽，银潢淡淡横。梦回宿酒未全醒，已被邻鸡催起怕天明。臂上妆犹在，襟间泪尚盈。水边灯火渐人行，天外一钩残月带三星。（《南歌子》三之一）
>
> 纤云弄巧，飞星传恨，银汉迢迢暗度。金风玉露一相逢，便胜却人间无数。
>
> 柔情似水，佳期如梦，忍顾鹊桥归路。两情若是久长时，又岂在朝朝暮暮。（《鹊桥仙》）

这些词还在文言与白话之间。下面的几首，便真是当日的白话词了：

乱花飞絮,又望空斗合,离人愁苦。那更夜来,一霎薄情风雨。暗掩将,春色去。篱枯壁尽因谁做?若说相思,佛也眉儿聚。莫怪为伊,抵死萦肠惹肚。为没教,人恨处。(《河传》)

　　幸自得,一分索强,教人难吃。好好地,恶了十来日。恰而今,较些不?

　　须管啜持教笑,又也何须肸织?衢倚赖脸儿得人惜。放软顽,道不得。(《品令》。"肸织"未详。衢音谆。《西厢》有"团衢是娇"。今用"纯"字。首句亦不甚可解。)

　　掉又矅(未详),天然个品格,于中压一。帘儿下,时把鞋儿踢,语低低,笑咭咭。

　　每每秦楼相见,见了无限怜惜。人前强不欲相沾识。把不定,脸儿赤。(《品令》)

秦观有些词,在现在人的眼里,颇觉得太淫亵了(如"瘦杀人,天不管"一首)。但我们不要忘了时代的区别。秦观的时代,道学还不曾成立,社会还不曾受道学的影响,故这一类的文学并不算得"得罪名教"。秦观在当日还有人保举他"贤良方正"呢。

　　我们看黄庭坚的白话词,也应该存这种眼光。我们若拿"假道学"的眼光来责备道学以前的自然道德观,就像我们现在责备古人为什么不用桌椅却要席地而坐了。黄庭坚是宋朝第一个白话词人。我们拿他的词来比较他的诗,很像相差七八百年。这都是因为诗的方面虽然经过几百年的白话化,究竟不能完全免去庙堂文学与贵族文学的影响。况且五言七言的诗体确是不适宜于白话(说见前)。词曲便不同了。长短不齐的体裁和说话的自然口气接近多了。这是第一好处。有许多词曲是几个词人替乐工做的,替歌妓做的,是要大家懂得,要大家爱唱爱听的。因此,他们用的是小儿女的情感,是平民的材料①,是小百姓的语言。这是第二长处。故宋人白话词真可以代表那时代民间文学。

---

① 编者按:原书从"有许多词曲是几个词人替乐工做的"至此,排错字甚多,现据上下文意思改。

黄庭坚的白话词：①

把我身心，为伊烦恼，算天便知。恨一回相见，百方做计。未能偎倚，早觅东西。镜里拈花，水中捉月，觑著无由得进伊。添憔悴，镇花销翠减，玉瘦香肌。

奴儿又有行期。你去即无妨我共谁？向眼前常见，心犹未足，怎生禁得，真个分离？地角天涯，我随君去，掘井为盟无改移。君须是，做些儿相度，莫待临时。（《沁园春》）

对景还消瘦。被个人把人调戏，我也心儿有。忆我又唤我，见我嗔我。天甚教人怎生受！

看承幸厮勾，又是樽前眉峰皱。是人惊怪，冤我忒捆就。拼了又舍了，一定是这回休了；及至相逢又依旧！（《归田乐引》）

暮雨濛阶砌。漏渐移，转添寂寞，点点心如碎。怨你又恋你，恨你惜你：毕竟教人怎生是！

前欢算未已。奈何如今愁无计？为伊聪俊消得人憔悴。这里谙睡里，谙睡里梦里心里，一向无言但垂泪。（同上）

要见不得见，要近不得近。试问得君多少怜，管不解，多于恨。

禁止不得泪，忍管不得闷。天上人间有底愁，向个里，都谙尽。（《卜算子》。词中"底"字应作"的"字解，与"干卿底事"的"底"字不同。）

退红衫子乱蜂儿，衣宽只为伊，为伊去得忒多时，教人直是疑。

长睡晚，理妆迟；愁多懒画眉。夜来算得有归期，灯花则甚知？（《阮郎归》）

虫儿真个恶灵利！恼乱得道人眼起。醉归来恰似出桃源，但目断落花流水。

不如随我归云际，共作个住山活计。照清溪，匀粉面，插山花，算终胜风尘滋味。（《步蟾宫》）

---

① 编者按：原书排作"平的白话词：庭"，现改。

对景惹起愁闷。染相思、病成方寸。是阿谁先有意？阿谁薄幸？斗顿恁少喜多嗔！

　　合下休传音问：你有我、我无你分。似合欢桃核，真堪人恨：心儿里有两个人人！(《少年心》)

黄庭坚的白话词中，有几首用当时的方言太多了，后来很少人懂得，甚至于句读都读不断。我们也举一个例：

　　见来便觉情于我，厮守着新来好过。人道他家有婆婆，与一口管教尿磨。

　　副靖传语木大，鼓儿里且打一和。更有些儿得处啰，烧沙糖，香药添和。(《鼓笛令》)(此中副靖即副净，看王国维先生《宋元戏曲史》页八七)

这种词在柳永、秦观的集子里也有，但黄庭坚词里最多。有人说，"这就可见白话的害处了。白话是常常变的，故一个时代的通行俗话，隔了几百年，就没有人懂得了。到底还是文言不变的好。"这话大错了。我们现在不懂得宋人词里的方言，并不是方言的罪过，乃是注家和做字典的人的罪过。假使任渊(注《山谷内集》的)、史容(注《山谷外集》的)、史温(注《山谷别集》的)一班人当日肯把他们搜求古典出处的工夫分出一小部分来，替《山谷词》里的方言俗话都做出详细的解释，后人便没有困难了。他们只肯费死工夫去注那"司马寒如灰，礼乐卯金刀"(山谷诗)一类不通的古典诗，偏不肯注释方言俗语。编字书词典的人也是如此。怪不得我们现在不懂得当日的方言了。

闲话少说。与黄庭坚同时的，还有一个大词人周邦彦，他也做了不少的白话词。我们也举一些例：

　　几日来，真个醉。不知道、窗外乱红，已深半指。花影风摇碎。拥春醒乍起。

　　有个人人，生得济楚，来向耳畔，问道今朝醒未？情性儿，慢腾腾地。恼得人又醉。(《红窗迥》)

　　千红万翠，簇定清明天气。为怜他种种清香，好难为不醉。我爱深如你，我心在个人心里。便相看老却春风，莫无些欢意。

(《万里春》)

　　佳约人未知,背地伊先变。恶会称停事,看深浅。如今信我,委地论长远。好来无可怨。自(四印斋本作泊,今从汲古阁本)合教伊,推些事后分散。

　　密意都休,待说先肠断。此恨除非是,天相念。坚心更守,未死终相见。多少闲磨难,到得其时,知他做甚头眼?(《归去难》)

　　水竹旧院落,樱笋新蔬果。嫩英翠幄,红杏交榴火。心事暗卜,叶底寻双朵。深夜归青锁。灯尽酒醒时,晓窗明,钗横鬓軃。

　　怎生那。被间阻时多。奈愁肠数叠,幽恨万端,好梦还惊破。可怪近来传语也无个。莫是嗔人呵?真个若嗔人,却因何逢人问我。(《浣溪沙慢》)

　　铅华淡伫新妆束,好风韵天然异俗。彼此知名,虽然初见,情分先熟。

　　炉烟淡淡云屏曲!睡半醒生香透肉。赖得相逢,若还虚过,生世不足。(《玉团儿》)

　　并刀如水,吴盐胜雪,纤指破新橙。锦幄初温,兽香不断,相对坐调笙。

　　低声问,"向谁行宿?城上已三更。马滑霜浓,不如休去,直是少人行。"(《少年游》)

以上举的例,很可以代表北宋的白话词了。北宋的词,有两个很显明的趋势。第一是因袭的文人小词。这一种词的特别性质是美丽的字面,谐婉的音调,浮泛的情意。例如

　　露下风高,井梧宫簟生秋意。画堂筵启,一曲呈珠缀。

　　天外行云,欲去凝香袂。炉烟起,断肠声里,敛尽双蛾翠。

(晏殊的《点绛唇》)

这是温庭筠、韩偓以来的"正宗衣钵。"在这一类的词里,北宋的词与晚唐五代的词实在没有什么大分别。所以晏殊、欧阳修等人的词集里有许多词往往又见于晚唐五代人的集子里。其实这种词见于谁的集里本没有什么关系,因为他们都是因袭的,模仿的,想做"肖子"

的。这一类因袭的不是真宋词。第二类便是宋朝文人做的"俚语"词。这一类便完全不像晚唐、五代的词了。欧阳修的俚语词有时也许跑到柳永的集子里去了。但这种宋人的俚语词决不会跑到韩偓、冯延巳的集子里去。这是时代的区别。我们上文选的欧阳修《醉翁琴趣外篇》以下各家的白话词，大多数是这一类的。这种词用的当日小百姓的言语，写的是当日的感情生活，所以他们是宋代白话文学的正式代表。

第五章 南宋的白话词

词的进化到了北宋欧阳修、柳永、秦观、黄庭坚的"俚语词"，差不多可说是纯粹的白话韵文了。不幸这个趋势到了南宋，也碰着一个打击，也渐渐的退回到复古的路上去。

南宋的词人有两大派。一派承接北宋白话词的遗风，能免去柳永、黄庭坚一班人的淫亵习气，能加入一种高超的意境与情感，却仍能不失去白话词的好处。这一派，我们可用辛弃疾、陆游、刘过、刘克庄作代表。一派专在声调字句典故上做工夫；字面越文了，典故用的越巧妙了，但没有什么内容，算不得有价值的文学。这一派古典主义的词，我们可用吴文英作代表。

辛弃疾（字幼安，号稼轩，死时约当1205）本是北方（历城）人。他少年时，与耿京起兵于山东，决策南归，干他几件很英雄的事业（看《宋史》四〇一）。他于宋高宗末年归宋（1162），那时他只有二十三岁。他和南宋的大文人大诗人都往来很密切的。他的天分最高，才气很发扬，读书也很多，故他的词无论长调小令，都能放恣自由，淋漓痛快，确然可算是南宋的第一大家。他的长调有时还免不了用典的习气，这是苏黄一派的遗风，一时不容易摆脱的。刘克庄说："放翁、稼轩一扫纤艳，不事穿凿。高则高矣，但时时掉书袋，要是一癖。"我们且先举几首非白话的长调作例：

> 一水西来，千文晴虹，十里翠屏。喜草堂经岁，重来杜老；斜川好景，不负渊明。老鹤高飞，一枝移宿，长笑蜗牛戴屋行。平章了，待十分佳处，著个茅亭。

青山意气峥嵘,似为我归来妩媚生;解频教花鸟,前歌后舞;更催云水,暮送朝迎。酒圣诗豪,可能无势?我乃而今驾驭卿!清溪上,被山灵却笑,白发归耕。(《沁园春·期思卜筑》)

杯汝前来。老子今朝,点检形骸。甚长年抱渴,咽如焦釜;于今喜溢,气似奔雷。漫说刘伶,古今达者,醉后何妨死便埋。浑如许,叹汝于知己,真少恩哉!

更凭歌舞为媒,算合作人间鸩毒猜。况疾无小大,生于所爱;物无美恶,过则为灾。与汝成言:勿留!亟退!吾力犹能肆汝杯!杯再拜,道麾之即去,有召须来。(《沁园春·将止酒,戒酒杯使勿近》)

这种词虽有"掉书袋"的毛病,但他们的口气都是说话的口气。这种词的性质与弊病都和苏轼黄庭坚一派的诗相同:好处在说话的口气,坏处在掉书袋。但辛弃疾有一首《丑奴儿近》,题是"博山道中,效李易安体":

千峰云起,骤雨一霎儿价。更远树斜阳风景,怎生图画!青旗卖酒,山那畔别有人家。只消山水光中,无事过者一夏。

午醉醒时,松窗竹户,万千潇洒。野鸟飞来,又是一般闲暇。却怪白鸥,觑着人欲下未下。旧盟都在,新来莫是,别有说话?

这是一首很妙的白话词,但他们自己说是"效李易安体",这是很可注意的。李易安乃是宋代的一个女文豪,名清照,号易安居士。李清照是济南人,与辛弃疾是亲同乡。他生于神宗元丰五年(1082),当辛弃疾生时(1140),李清照已是近六十岁的人了。李清照(详见俞正燮《癸巳类稿》中"易安居士事辑"篇)少年时即负文学的盛名,他的词更是传诵一时的。他的词可惜现存的不多(有王氏四印斋辑刻本),但我们知道他是最会做白话词的。例如左(下):

红藕香残玉簟秋,轻解罗裳,独上兰舟。云中谁寄锦书来,雁字回时,月满西楼。

花自飘零水自流,一种相思,两处闲愁。此情无计可消除,才下眉头,却上心头。(《一剪梅》)

窗前谁种芭蕉树,阴满中庭。阴满中庭:叶叶心心,舒卷有余情。

伤心枕上三更雨,点滴霖霪,点滴霖霪,愁损北人,不惯起来听。(《添字丑奴儿·芭蕉》)

最有名的自然是他的《声声慢》:

寻寻觅觅,冷冷清清,凄凄惨惨戚戚。乍暖还寒时候,最难将息。三杯两盏淡酒,怎敌他晚来风急。雁过也,正伤心,却是旧时相识。

满地黄花堆积,憔悴损,如今有谁堪摘。守着窗儿,独自怎生得黑。梧桐更兼细雨,到黄昏点点滴滴。这次第,怎一个"愁"字了得!

这种白话词真是绝妙的文学,怪不得他在当日影响了许多人。李清照虽生于北宋,到南渡时,他已是五十岁的老妇人了。但他对于北宋的大词家,二晏,欧阳,苏,秦,黄,——都表示不满意(引见胡仔《苕溪渔隐丛话》);故我们把他附见于此。辛弃疾定受他的影响不少。我们上文引的那首"效李易安体"的《丑奴儿近》,乃是辛弃疾在博山道中做的;辛词中还有许多白话词也是在博山做的。博山在山东,这些词当是他少年时代未到南方以前的作品。我们可以说,辛弃疾少年时一定受了他的那位同乡女名士的许多影响。

辛弃疾的小词很多极好的白话作品,例如:

昨日春如,十三女儿学绣,一枝枝、不教花瘦。甚无情,便不得雨僝风僽,向园林铺作地衣红绉!

而今春似轻薄浪子难久。记前时、送春归后,把春波,都酿作,一江醇酎,约清愁,杨柳岸边相候。(《粉蝶儿》)

宝钗分,桃叶渡。烟柳暗南浦。怕上层楼,十日九风雨。断肠点点飞红,都无人管,更谁劝,流莺声住。

鬓边觑,试把花卜归期,才簪又重数。罗帐灯昏,哽咽梦中语。是他春带愁来,春归何处,却不解带将愁去!(《祝英台近》)

明月别枝惊鹊,清风半夜鸣蝉。稻花香里说丰年,听取蛙声一片。

七八个星天外,两三点雨山前。旧时茅店社林边,路转溪桥忽见。(《西江月·夜行黄沙道中》)

醉里且贪欢笑,要愁那得工夫。近来始觉古人书,信着全无是处。

昨夜松边醉倒,问松"我醉何如?"只疑松动要来扶,以手推松曰"去"(《西江月》)

万事云烟忽过,百年蒲柳先衰。而今何事最相宜?宜醉宜游宜睡。

早趁催科了纳,更量出入收支。乃翁依旧管些儿:管竹管山管水。(《西江月·示儿曹以家事付之》)

茅檐低小,溪上青青草。醉里吴音相媚好,白发谁家翁媪?大儿锄豆溪东,中儿正织鸡笼;最喜小儿无赖,溪头卧剥莲蓬。(《清平乐·村居》)

欲行且起行,欲坐重来坐。坐坐行行有倦时,更枕闲书卧。

病是近来身,懒是从前我。净扫瓢泉竹树阴,且恁随缘过。(《卜算子·闻李正之茶马讣音》)

一个去学仙,一个去学佛。仙饮千杯醉似泥,皮骨如金石。

不饮便康强,佛寿须千百。八十余年入涅槃,且进杯中物!(《卜算子·饮酒成病》)

少年不识愁滋味,爱上层楼。爱上层楼,为赋新诗强说愁。而今识尽愁滋味,欲说还休。欲说还休,却道天凉好个秋。(《丑奴儿·书博山道中壁》)

几个相知可喜,才斯见,说山说水。颠倒烂熟只这是。怎奈何,一回说,一回美。

有个尖新底,说底话非名即利,说的口干罪过你。且不罪,俺略起,去洗耳。(《夜游宫·苦俗客》)(此词中两用"底"字,一用"的"字,可注意它们的区别)

长夜偏冷添被儿。枕头儿移了又移。我自是笑别人的,却原来当局者迷。

如今只恨因缘浅,也不曾抵死恨伊。合手下安排了,那筵席

须有散时。(《恋绣衾》)

  走去走来三百里,五日以为期。六日归时已是疑,应是望多时。

  鞭个马儿归去也,心急马行迟。不免相烦喜鹊儿,先报那人知。(《武陵春》)

  有得许多泪,更闲却许多鸳被。枕头儿放处都不是,旧家时,怎生睡?

  更也没书来,那堪被雁儿调戏,道无书、却有书中意。排几个、人人字!(《寻芳草·嘲陈华叟忆内》)

  一轮秋影转金波,飞镜又重磨。把酒问姮娥:被白发、欺人奈何!

  乘风好处,长风万里,直下看山河。斫去桂婆娑,人道是、清光更多。(《太常引·建康中秋为吕潜叔赋》)

  悠悠万世功,矻矻当年苦。鱼自入深渊,人自居平土。

  红日又西沉,白浪长东去。不是望金山,我自思量禹!(《生查子·题金口尘表亭》)

这些词里有各种性质不同的词,——写情的,写天然风景的,发议论的,滑稽的,代表时代的,感慨的(如"不是望金山,我自思量禹"),都有了。

辛弃疾是南宋的第一大词人。他同时的诗人陆游也会做词。陆游和辛弃疾一样,也是一个很想做点英雄事业的人,不幸没有做事的机会,故他的诗词很可代表当时的爱国志士的文学。例如:

  雪晓清笳乱起,梦游处不知何地。铁骑无声望似水。想关河,雁门西,青海际。

  睡觉寒灯里,漏声断月斜窗纸。自许封侯在万里。有谁知?鬓虽残,心未死。(《夜游宫·记梦》)

刘克庄说陆游也免不了"掉书袋"的毛病,但陆游的小词也有很好的:

  华灯纵博,雕鞍驰射,谁记当年豪举?酒徒一一取封侯,独去作江边渔父。

轻舟八尺,低篷三扇,占断蘋洲烟雨。镜湖元自属闲人,又何必官家赐与?(《鹊桥仙》)
　　茅檐人静,蓬窗灯暗,春晚连江风雨。林莺巢燕总无声,但月夜常啼杜宇。
　　催成清泪,惊残好梦,又拣深枝飞去。故山犹自不堪听,况半世飘然羁旅!(同上,《夜闻杜鹃》)
　　采药归来,独寻茆店沽新酿。暮烟千嶂,处处闻渔唱。
　　醉弄扁舟,不怕黏天浪。江湖上,这回疏放,作个闲人样。(《点绛唇》)
　　驿外断桥边,寂寞开无主。已是黄昏独自愁,更著风和雨。
　　无意苦争春,一任群芳妒。零落成泥碾作尘,只有香如故。(《卜算子·咏梅》)

陆游还有一些白话小词,不曾收到集子里去。我们看《耆旧续闻》记的他的《赠别》词(引见舒梦兰《白香词谱笺》卷二,页十一),可以想见当时词人往往删去他们的白话小词,正如欧阳修的《六一词》删去许多白话小词一样,这是最可惜的。清朝朱彝尊自己编诗集,不删他的《风怀》诗,说,他宁可吃不着圣庙里的冷猪肉,不肯删他的情诗。可惜这块冷猪肉已埋没了不少的好诗词了!

南宋的"时代的文学"自然是陆游、杨万里的诗与辛弃疾一派的词。张孝祥(《于湖词》)、张元干(《芦川词》)、陈亮(《龙川词》)、刘过(《龙洲词》)、刘克庄(《后村词》)都属于这一派。刘过最像辛弃疾,人品与文学都是逼真辛派。他有寄辛稼轩的《沁园春》一篇:

　　斗酒彘肩,风雨渡江,岂不快哉。被香山居士(白居易),约林和靖(逋),与坡仙老(苏轼),驾勒吾回。坡谓西湖,正如西子,浓抹淡妆临镜台。二公者,皆掉头不顾,只管传杯。
　　白云天竺飞来。图画里、峥嵘楼阁开。爱纵横二涧,东西水绕;两峰南北,高下云堆。逋曰不然,暗香浮动,不若孤山先访梅。须晴去,访稼轩未晚,且此徘徊。

这首词,岳珂说他"白日见鬼";但这种自由恣肆的精神,确是辛派的特色。刘过有很好的白话小词:

一琐窗儿明快,料想那人不在。熏笼脱下旧衣裳,件件香难赛。

　　匆匆去得忒煞,这镜儿也不曾盖。千朝百日不曾来。没这些儿个采!(《行香子》)

　　别酒醺醺浑易醉,回过头来三十里! 马儿不住去如飞,牵一憩,坐一憩,断送煞人山与水!

　　是则青衫终可喜,不道恩情拼得未。雪迷村店酒旗斜,去也是。住也是。烦恼自家烦恼你。(《天仙子》)

刘克庄虽然说辛、陆的词免不了"掉书袋"的习气,但是他自己的词实在是辛派的嫡传。他的长调如:

　　何处相逢? 登宝钗楼,访铜雀台。唤厨人斫就,东溟鲸鲙,围人呈罢,西极龙媒(马名)。天下英雄,使君与操:余子谁堪共酒杯? 车千两,载燕南赵北,剑客奇才。

　　饮酣画鼓如雷,谁信被晨鸡催唤回? 叹年光过尽,功名未立;书生老去,机会方来。使李将军,遇高皇帝,万户侯何足道哉? 推衣起,但凄凉感旧,慷慨生哀。(《沁园春·梦方孚若》)

　　北望神州路,试平章、这场公事,怎生分付。记得太行兵百万,曾入宗爷(宗泽)驾驭。今把作、握蛇骑虎。君去京东豪杰喜,看投戈下拜"真吾父!"谈笑里,定齐鲁。

　　两河萧索惟狐兔。问当年祖生去后,有人来否? 多少新亭挥泪客,谁梦中原块土! 算事业、须由人做。应笑书生心胆怯,向车中、闭置如新妇。空目送,寒鸿去!(《贺新郎·送陈子华赴真州》)

这种词,虽然不免掉书袋,但他有悲壮的感情,高尚的见解,伟大的才气,故还站得住,还不失为好词。这是辛派的特别长处,我们再引一首长词:

　　有个头陀,形等枯株,心犹死灰。幸春山笋贱,无人争吃;夜炉芋美,与客同煨。何处旛花,忽相导引? 莫是天宫迎赴斋。又疑道,向毗耶城里,讲席初开。

　　这边尚自徘徊,笑那里纷纷早见猜。有尊神奋杵,拳粗似钵;名缁竖拂、喝猛如雷。老子无能,山僧不会,谁误檀那举请哉? 山中去,便百千亿劫,休下山来!(《沁园春·癸卯佛生翌日,将晓,梦中作。既醒,但易数字》)

我们再举他的小词几首:

片片蝶衣轻,点点猩红小。道天公不惜花,百种千般巧。

朝见树头繁,暮见枝头少。道是天公果惜花;雨洗风吹了。(《卜算子·海棠盛开,风雨作祟》二之一)

休弹《别鹤》。泪与弦俱落。欢事中年如水薄,怀抱那堪作恶。昨宵月露高楼,今朝烟雨孤舟。除是无身方了,有身长有闲愁!(《清平乐·别意》)

乱似盎中丝,密似风中絮。行遍茫茫禹迹来,底是无愁处。好客挽难留,俗事推难去。惟有翻身入醉乡,愁欲来无路。(《卜算子》)

陌上行人怪府公,还是文穷? 还是诗穷? 下车上马大匆匆,来是春风,去是秋风。

阶衔免得管兵农,嬉到昏钟,睡到斋钟。不须提岳与知官,唤作溪翁,唤作山翁。(《一剪梅·中秋解宜春郡印》)

束缊宵行十里强。挑得诗囊,抛了衣囊。天寒路滑马蹄僵。元是王郎,来送刘郎。

酒酣耳热说文章,惊倒邻墙,推倒胡床。傍观拍手笑疏狂: 疏又何妨。狂又何妨。(同,《余赴广州,王实之夜饯于风亭》)

以上说的是辛弃疾到刘克庄的一派。这一派是"时代的文学"。现在且略说宋词的第二派,——那古典主义的一派。这一派的词,在我们看来,实在没有什么文学价值,只可以代表文学史上一个守旧的趋势。我们不爱多举例来糟蹋我们有用的篇幅,只举姜夔、吴文英两个人罢。姜夔与杨万里、范成大等同时,他的诗也很近白话,但他的词却是古典主义的居多。他是精通音乐的人,一字一句都不肯放过,故不知不觉的趋向雕琢的路上去了。我们且举他自己制的《暗香》与《疏影》两阕:

旧时月色,算几番照我,梅边吹笛。唤起玉人,不管清寒与攀摘。何逊而今渐老,都忘却春风词笔。但怪得竹外疏花,香冷入瑶席。

江国正寂寂,叹寄与路遥,夜雪初积。翠尊易泣,红萼无言耿相忆。长记曾携手处,千树压西湖寒碧,又片片吹尽也,几时见得?(《暗香》)

苔枝缀玉,有翠禽小小,枝上同宿。客里相逢、篱角黄昏,无言自倚修竹。昭君不惯胡沙远,但暗忆江南江北。想佩环月夜归来,化作此花幽独。

犹记深宫旧事,那人正睡里,飞近蛾绿。莫似春风,不管盈盈,早与安排金屋。还教一片随波去,又却怨玉龙哀曲。等恁时再觅幽香,已入小窗横幅。(《疏影》)

这两首都是咏梅花的。我们读了,和不曾读一样,竟不知道他说了些什么。《疏影》一首更不成东西了;全篇用了杜甫咏明妃冢的诗和寿阳公主的故事;说到末了,又没有话说了,只好说到画上的梅花!这种毫无意思的词,偏有人说是"前无古人,后无来者;自立新意,真为绝唱!"我真不懂了。

吴文英也和他们同时,著有《梦窗四稿》。他的词更是不堪请教了。宋末词人张炎说:"吴梦窗词如七宝楼台,眩人眼目;碎折下来,不成片段。"这话说的最好。这派的词都只会"堆砌",堆砌成七宝楼台,并非十分难事;但这种堆砌成的东西,禁不起分析;一分析,便成了砖头灰屑了。我们举他集子里的开卷第一首词做例:

绀缕堆云,清腮润玉,汜人初见。蛮腥未洗,海客一怀凄惋。渺征槎去乘闻风,占香上国幽心展。遗芳掩色,真姿凝淡,返魂骚畹。

一盼。千金换。又笑伴鸥夷,共归吴苑。离烟恨水,梦杳南天秋晚。比来时瘦肌更销,冷熏沁骨悲乡远。最伤情,送客咸阳、佩结西风怨。(《锁寒窗》)

你看他忽然说蛮腥,忽然说上国;忽然用《楚辞》,忽然说西施,忽然说吴苑,忽然又飞到咸阳了。你看来看去,可知道他究说的是什么东西?原来他的题目是"咏玉兰花"!

这是古典文学的下下品。我们上文说过,辛弃疾一派的词人有时也掉书袋。但是掉书袋之中有个分别。辛弃疾、刘克庄一班人,天才既高,感想又富,见解也好,故他们掉书袋还不令人生厌。例如上文引的刘克庄《沁园春》词里的"使李将军,遇高皇帝,万户侯何足道哉?"一句,只是借事论事,还不能不算是好句子。至于吴文英那班"低能"的文人,气力只有那么大,掮不起书袋,偏要掉书袋,所以压死在书袋底下,万劫不得翻身了!

吴文英一派的词,居然能受人崇拜,居然有人推他做南宋第一大家。清代《四库提要》说"词家之有吴文英,亦如诗家之有李商隐也。"诗到李商隐,可算是一大厄运;词到吴文英,可算是一大厄运。

宋末的词人,除了少数人(如刘克庄)之外,却不免带一点这种古典主义的臭味。王沂孙(《花外集》)、张炎(《山中白云词》)等都属于这一派。张炎偶有好词,如《西湖春感》云:"能几番游?看花又是明年!东风且伴蔷薇住,到蔷薇春已堪怜。"但大部分都是雕琢堆砌的文学。张炎著有一部《词源》,论作词的门径,中有云:

  词之语句太宽则容易,太工则苦涩。如起头八字相对,中间八字相对,却须用功。著一字眼如诗眼,亦同。若八字既工,下句便合稍宽,庶不窒塞。约莫宽易,又着一句工致者,便觉精粹。此词中之关键也。

如此论诗,如此论词,便入魔道。他们这一派的词人,颇排斥辛弃疾一派,说他们只会"作豪气词,非雅词也;于文章余暇,戏弄笔墨,为长短句之诗耳。"可惜他们自己只缺少这一点豪气,故走向书袋里去,爬不出来了。

以上说的都是南宋文人的词。我们在上文曾说过,北宋的词人往往为娼妓乐工做词,柳永、秦观、黄庭坚、周邦彦都做过这种词。这种词是要人人听得懂,又要人人爱听的。故他们很和平民文学接近。当时必定有许多通行的词可作样本,可惜这种真正平民作品都没有了。南宋的妓女文学,我们寻得几首,引在这里作个例。宋末元初的周密(也是当时一个大词家,有《草窗词》)著有一部《齐东野语》,中有一条说:

蜀娼类能文,盖薛涛之遗风也。放翁客蜀挟一妓归,蓄之别室,率数日一往。偶以病少疏,妓颇疑之,因作词自解,妓即韵答之云:"说盟,说誓,说情,说意,动便春愁满纸。多应念得脱空经,是那个先生教底?不茶不饭,不言不语,一味供他憔悴。相思已是不曾闲,又那得工夫咒你?"

又传一蜀妓述送行词云:

欲寄意浑无所有,折尽市桥官柳。看君著上征衫,又相将放船楚江口。

后会不知何日又?是男儿休要镇长相守!苟富贵,无相忘,若相忘,有如此酒。

这都是很好的词。第二首不大像真是妓女作的,第一首真可算是一首好白话词。这种妓女文学不限于四川,别处也有。《齐东野语》又记有台州营妓严蕊的词三首。严蕊在历史上颇有名气,因为他和当时的学者唐仲友相好,唐仲友和朱熹有私怨,朱熹奏参仲友与妓女严蕊为滥,把严蕊捉去拷问,要他承认,他不肯承认。他两月之间受了两次杖责,他终不肯诬害他的朋友。朱熹的后任官哀怜严蕊,命他作词自陈,他作词云:

不是爱风尘,似被前缘误。花落花开自有时,总赖东风主。去也终须去,住也如何住?若得山花插满头,莫问奴归处。

官府即日判令他从良。这个朱熹、唐仲友的案子在道学史上是一桩很有趣味的故事,是道学先生维持风教的开幕戏。洪迈《夷坚志》也记此事:

台州官妓严蕊有才思而通书,究达今古。唐与政(仲友)为守,颇属目。朱元晦(熹)提举浙东,按部,发其事,捕蕊下狱,伏其背;犹以为伍伯行杖轻,复押至会稽,再论决。蕊堕酷刑而系乐籍如故。岳商卿(霖)提点刑狱,因疏决至台,蕊陈状,乞自便。岳令作词,应声口占云(词见上)……。岳即判从良。

洪迈与朱熹同时,又是朋友;况且这案子发生于淳熙九年,洪迈于淳熙十一年起知婺州,地又相近:他的记载,应该可信。《夷坚志》又记一件事云:

江浙间路伎伶女有慧点知文墨,能于席上指物题咏,应命辄成者,谓之"合生"。其滑稽含玩讽者,谓之"乔合生"。盖京都遗风也。予守会稽,有歌诸官调女子洪惠英,正唱词次,忽停鼓,白曰:"惠英述怀小曲,愿容举似。"乃歌曰:

梅似雪,刚被雪来相挫折。雪里梅花,无限精神总属他。梅花无语,只有东君来作主。传语东君,来与梅花作主人。

歌毕,再拜云:"梅者,惠英自喻。非敢僭拟名花,姑以借意。雪者,指无赖恶少者。"官奴因言,其人在府一月而遭恶子困扰者至四五,故情见乎词。在流辈中诚不易得。

严蕊与洪惠英都是浙江人。四川在极西,浙江在极东,都有这一类的妓女文学。这也是很可注意的了。我的朋友顾颉刚先生近来给我一封信,中有一段说:

那时官妓只许歌舞佐酒,不许私侍枕席;为应歌唱的需要,故容易通文。他们的通文,只要能够缠绵宛转的表达情意,并没有贵族文学古典主义的迫逼,所以做诗做词都成了说话。况且因为要缠绵宛转的表达情思,娱乐狎客,尤不能不用像说话般诗词。他们即便不能自己做去,他们采择来的诗词,也不能不是像说话般明白的作品。又因为他们必须用诗词入乐,所以采择来的诗词必须协律可歌。有此数种原因,我觉得国语文学的推行,娼妓颇有大力。一班士大夫所以能做白话诗词,未必不是受娼妓的同化。……他们所以向白话方面走,正因为有"旗亭画壁"一类的故事在背后引诱。所以我们可以说:一班士大夫维持贵族文学,为的是科举的逼迫;一班士大夫提倡白话,为的是乐工娼妓的诱导。假使那时的娼妓也像现在这样不讲究歌舞,唐宋的文家决不会有这样多的白话作品。……唐宋时白话文学虽很有成绩,但尚未到完全平民化的地位,所以乐工妓女需要文家代为制词。到后来,越传越广,越传越普通明白,所以他们便可以自己做了,不须乞怜士大夫了。所以他们唱他们的曲子;士大夫填词的填词,制曲的制曲,却不必唱了,又可以填塞许多典故了。……

这一段议论，我以为大致不错。但我想当初文人代娼家作词，未必那时全没有平民自己作的白话文学，也未必不是文人有意模仿这种白话作品。这一点，我和颉刚所见稍有不同。至于他说后来娼家自己作歌词了，文人自作文人的古典作品了，这话是完全不错的。南宋词人如姜夔、吴文英、张炎、王沂孙都是精通音乐的，他们制了许多词调，都是可歌的。但他们自有他们的"家乐"，如姜夔的"小红低唱我吹箫"，已变成贵族式的赏鉴，故与民间的白话作品分手了。

从此以后，南方的文学又回到复古的路上去。但娼妓与小儿女们仍旧继续做他们的平民作品。后来词一变为小曲，小曲再变为弦索套数，套数加上说白，三变而为戏剧。在这三变之中，北方民族的功劳最大。南方民族虽然也有绝好的民间作品，只可惜这种平民作品被贵族文家的势力遮住了，没有人过问，没有人收集，听他们自生自灭；直到近来方才有人收集这种平民文学，但已太迟了，已不知埋没了多少佳作了。

第六章　两宋白话语录

晚唐以来，禅宗分出许多宗派，散布各地。这种语录的文体也跟着散布各地。当时虽然也有许多和尚爱学时髦，爱做那不通的骈文和那半通的古文，如宋代的契嵩（1006—1072）做的《镡津文集》（《大藏经露》十至十一）；但大多数的大师说法讲道的记录，都是用白话的。这种文体到北宋时，更完备了。我们也举宋代的语录几条来做例：

克勤（圆悟禅师）

　　……知有此事，不从他得。所以道"灵从何来，圣从何起"。只如诸人现今身是父母血气成就，若于中识得灵明妙性，则若凡若圣，觅你意根了不可得，便乃内无见闻觉知，外无山河大地。寻常着衣吃饭，更无奇特。所以道，"我若向刀山，刀山自摧折。我若向地狱，地狱自消灭"。方知有如是灵通，有如是自在。……云门大师道："你且东卜西卜，忽然卜著也不定。"若也打开自己库藏，运出自己家财，拯济一切；教无始妄想一时空索索地，岂不庆快？

老僧往日为热病所苦,死却一日,现前路黑漫漫地,都不知何往。获再苏醒,遂惊骇生死事,便乃发心行脚,访寻有道知识,体究此事。初到大沩,参真如和尚,终日面壁默坐,将古人公案翻覆看。及一年许,忽有个省处。然只是认得个昭昭灵灵,驴前马后,只向四大身中作个动用。若被人拶着,一似无见处;只为解脱坑埋,却禅道满肚,于佛法上看即有,于世法上看即无。后到白云老师处,被他云"你总无见处",自此全无咬嚼分,遂烦闷辞去,心中疑情终不能安乐。又上白云,再参先师,便令作侍者。一日忽有官员问道次,先师云,"官人,你不见小艳诗道,'频呼小玉元无事,只要檀郎认得声'?"官人却未晓,老僧听得,忽然打破漆桶,向脚跟下亲见得了,元不由别人。方信乾坤之内,宇宙之间,中有一宝秘在形山,以至诸佛出世,祖师西来,只教人明此一件事。若也未知,只管作知作解,瞠眉努目,元不知只是捏目生华,檐枷过状,何曾得自在安乐?……若实到此,便能提唱大因缘,建立法幢,与一切人抽钉拔楔,解黏去缚。如是,揭千人万人,如金翅鸟入海,直取龙吞;如诸菩萨入生死海中捞摝众生,放在菩提岸上:方可一举一切举,一了一切了。有时一喝如金刚王宝剑,有时一喝如踞地狮子,有时一喝如探竿影草,有时一喝不作一喝用:方可杀活自由,布置临时,谓之"我为法王,于法自在。"

　　诸人既是挑囊负钵、遍参知识,怀中自有无价之宝,方向这里参学。先师常云,"莫学琉璃瓶子禅,轻轻被人触着,便百杂碎。参时须参皮壳漏子禅,任是向高峰顶上扑下,亦无伤损。劫火洞然,我此不坏。"若是作家本分汉,遇着咬猪狗底手脚,放下复子靠将去。十年二十年,管取打成一片。……万古碧潭空界月,再三捞摝始方知!(《圆悟佛果禅师语录》卷十三)

宗杲(大慧禅师)

　　妙喜(宗杲的庵名妙喜,故自称如此。)自十七岁便疑着此事,恰恰参十七年,方得休歇。未得已前,常自思维:"我今已几岁,不知我未托生来南阎浮提时从什么处来。心头黑似漆,并不知来处。既不知来处,即是'生大'。我百年后死时,却向什么处去。心头依旧黑漫漫地,不知去处。即不知去处,即是'死大'。谓之无常迅速,生死事大。"你诸人还曾怎么疑着么?现今坐立俨然,孤明历历地,说法听法,宾主交参。妙喜簸两片皮,牙齿敲磕,脐轮下鼓起粥饭气,口里切切怛怛,在这里说。说者是声。此声普在诸人髑髅里,诸人髑髅同在妙喜声中。这个境界,他日死了,却向甚处安著?既不知安著处,则撞入驴胎马腹亦不知,生快乐天官亦不知。禅和子寻常于经论上收拾得底,问着无有不知者;士大夫向九经十七史上学得底,问着亦无有不知者。离却文字,绝却思惟,问他自家屋里事,十个有五双不知。他人家事却知得如此分晓!如是,则空来世上打一遭,将来随业受报,毕竟不知自家本命元辰落脚处,可不悲哉!所以古人到这里,如救头然,寻师决择,要得心地开通,不疑生死。……赵州和尚有时云,"未出家,被菩提使;出家后,使得菩提。汝诸人被十二时使,老僧使得十二时。"又云,"佛之一字,吾不喜闻。"佛之一字尚不喜闻,达磨灼然是甚老臊胡!十地菩萨是担粪汉!等妙二觉是破凡夫!菩提涅槃是系驴橛!十二分教是鬼神薄拭疮脓纸!四果三贤初心十地是守古冢鬼!你既不到这个田地,是事理会不得也。学人粗走大步,便把一句子禅,要只对人。且不是这个道理。所以妙喜室中常问禅和子:"唤作竹篦则触,不唤作竹篦则背。"不得下语,不得无语,不得思量,不得卜度,不得拂袖便行。一切总不得。你便夺却竹篦;我且许你夺却,我唤作拳头则触,不唤作拳头则背,你又如何夺?更饶你道个"请和尚放下着",我且放下着。我唤露柱则触,不唤作露柱则背,你又如何夺?我唤作山河大地则触,不唤作山河大地则背,你又如何夺?……我真个要你纳物事,你无从所出,便须讨死路去也。或投河赴火,拼得命,方始死得。死了却缓缓地再活起来。唤你作菩萨,便欢喜;唤你作贼汉,便恶发:依前只是旧时人。(《语录》卷十六,《大藏》腾八,页七二)

宗杲集子里还有许多白话的信札,也是极好的。我且举他答吕隆礼的一篇中的一段：

> 令兄居仁两得书，为此事甚忙。然亦当着忙：年已六十，从官又做了。更待如何？若不早着忙，腊月三十日如何打叠得办？……措大家一生钻故纸，是事要知，博览群书，高谈阔论：孔子又如何？孟子又如何？庄子又如何？古今治乱又如何？被这些言语使得来七颠八倒。诸子百家才闻人举著一字，便成卷念将去，以一事不知为耻。及乎问着他自家屋里事，并无一人知者！可谓"终日数他宝，自无半钱分"，空来世上打一遭！……士大夫读得书多底，无明多；读得书少底，无明少。做得官小底，人我小；做得官大底，人我大。自道我聪明灵利，及乎临秋毫利害，聪明也不见，灵利也不见，平生所读底书，一字也使不着。盖从"上大人，丘一己"时，便错了也。（同书，页一○一）

我们看了这种绝妙的白话，再来看程颐、尹焞等人的儒家语录，便觉得儒家的语录，除了后来陆、王一派的少数人之外，远比不上禅门的语录。因此，我们不举儒家的例了。

白话语录的大功用有两层：一是使白话成为写定的文字，一是写定时把从前种种写不出来的字都渐渐的有了公认的假借字了。从此以后，白话的韵文与散文两方面都有了写定的文字了；白话的发展，谁也挡不住了，什么压力都压不住了。

宗杲和尚死时，已是南宋孝宗元年了（1163）。禅宗的语录仍旧继续用白话。但后来的禅宗便没有什么创造的大人物了。以后禅宗的文学因袭的多，创作的少，在文学史上不能占什么重要地位了。但南宋是道学发达的时代。朱熹与陆九渊两大派同时并起，使中国近世哲学开一个很热闹的时代。朱熹与陆九渊都是古文的好手，但他们讲学的语录很有许多很好的白话文。这一个时代的白话语录很不少，但我们只能举这两人来作例。陆九渊（字子静，金溪人，人称象山先生，生1139，死1192）先死，故我们先举他的白话语录：

（1）今之论学者，只务添人底，自家只是减他底。此所以不同。

（2）一夕步月，喟然而叹。包敏道侍，问曰，"先生何叹？"曰，"朱元晦泰山乔岳，可惜学不见道，枉费精神，遂自担阁，奈何？"包曰，"势既如此，莫若各自著书，以待天下后世之自择。"先生忽正色厉声曰，"敏道，敏道，怎地莫长进！乃作这般见解。且道：天地间有个朱元晦、陆子辉，便添得些子？无了后，便减得些子？"

（3）大纲提掇来，细细理会去，如鱼龙游于江海之中，沛然无碍。

（4）大凡为学须要有所立。语云，"己欲立而立人。"卓然不为流俗所移，乃为有立。须思量天之所以与我者是甚底？为复是要做"人"否？理会得这个明白，然后方可谓之学问。

（5）"仰首攀南斗，翻身倚北辰，举头天外望，无我这般人。"（此乃禅宗的诗。）今有难说处。不近前来底又有病，近前来的又有病。世俗情欲底人，病却不妨；只指教他去彼就此。最是于道理中鹘突（即糊涂）不分明底人，难理会。某平生怕此等人。世俗之过却不怕。

（6）凡事莫如此滞滞泥泥。某平生于此有长，都不去着他事，凡事累自家一毫不得。每理会一事时，血脉骨髓都在自家手中；然我此中却似个闲闲散散全不理会事底人，不陷事中。

（7）学者须是打叠田地净洁，然后令他奋发植立。若田地不净洁，则奋发植立不得。……田地不净洁，亦读书不得。若读书，则是假寇兵，资盗粮。

（8）令人略有些气焰者，多只是附物，元非自立也。若某则不识一个字，亦须还我堂堂地做个人。

（9）士不可不弘毅。譬如一个担子，尽力担去，前面不奈何，却住无怪。今自不近前，却说道担不起：岂有此理？

（10）古人精神不闲用。不做则已，一做便不徒然，所以做得事成。须要一切荡涤莫留一些，方得。

（11）大世界不享，却要占个小蹊小径子；大人不做，却要为小儿态！可惜！

这种体裁与口气都是临济宗的门风。我们看《象山语录》里最精采的话语都是白话的,就可以想见白话的功用了。朱熹(字元晦,婺源人,生1130,死1200)的语录最多,我们也举一些最精采的:

(1) 书不记,熟读可记;义不精,细思可精。惟有志不立,直是无着力处。而今贪利禄而不贪道义,要作贵人而不要作好人,皆是志不立之病。直须反复思量,究见病痛起处,勇猛奋跃,不复作此等人;一跃跃出,见得圣贤所说,千言万语,都无一事不是实语,方始立得此志。就此积累功夫,迤逦向上去,大有事在。

(2) 直须抖擞精神,莫要昏钝,如救火治病然,岂可悠悠岁月!

(3) 学问须是大进一番,方始有益。若能于一处大处攻得破,见那许多零碎只是这一个道理,方是快活。然零碎底非是不当理会;但大处攻不破,纵零碎理会得些少,终不快活。曾点、漆雕开已见大意,只缘他大处看得分晓。今且道他那大底是甚物事。天下只有一个道理,学只要理会得这一个道理。这里才通,则凡天理、人欲、义利、公私、善恶之辨,莫不皆通。

(4) 知得如此是病,却便不如此是药。若更问何由得如此,则是"骑驴觅驴",只是一场闲话矣。……《传灯录》云,"参禅有二病:一是骑驴觅驴,一是骑驴不肯下。此病皆是难医。若解下,方唤作道人。"又云,"不解即心是佛,真是骑驴觅驴。"

(5) 或问理会应变处。曰,今且当理会"常",未要理会"变"。常底许多道理,未能理会得尽,如何便要理会变?圣贤说话,许多道理平铺在那里,且要阔着心胸平去看;通透后自能应变。不是硬捉定一物,便要讨常,便要讨变。今也须如僧家行脚,接四方之贤士,察四方之事情,览山川之形势,观古今兴亡治乱得失之迹,这道理方见得周遍。"士而怀居,不足以为士矣。"不是块然守定这物事,在一室闭户独坐便了,便可以为圣贤。自古无不晓事情底圣贤,亦无不通变底,亦无闭门独坐底圣贤。圣贤无所不通,无所不能,那个事理会不得? ……虽未时洞究其精微,也要识个规模大概,道理方浃洽通透。若只守些子,捉定在这里,把许多都做闲事,便都无事了,——如此,只理会得门内事,门外事便了不得。所以圣贤教人要博约,须是博学之,审问之,慎思之,明辨之,笃行之。……这道理不是只就一件事上理会见得便了。学时无所不学,理会时却是逐一件上理会去。凡事虽未理会得详密,亦要有个大要处。纵详密处未晓得,而大要处已被自家见了。今只就一线上窥见天理,只恁地了,便要去通那万事。不知如何通得?

白话散文在禅宗语录和儒家语录里,已可算是发达到很高的程度了。但后来白话小说的发达,却不是从禅宗和儒家的语录发展来的,却还要经过一个很长又很幼稚的历程。这是因为什么原故呢?第一,因为禅宗和儒家的语录体都只是一种工具,不是一个目的。那班和尚和那班理学先生并不曾想做白话文学,他们只是要讲学讲道理。读的人也只注重语录的内容,并不注意他们的文学价值。故语录中虽有很好的散文,他们却不曾成为散文的白话文学的出发点。即如今日许多做白话散文的人,也都是跟小说学的,没有跟唐、宋、明的语录学的。第二,况且禅宗和儒家的语录,究竟是少数思想阶级的专有品,普通的平民全不懂得他们说的"公案"、"话头"、"尊德性"、"道问学"是些什么鬼话。因此,语录体虽然发达了,小百姓的白话散文还要从很幼稚的散文做起。向来的学者都以为白话小说起于宋朝,其实不然。《宣和遗事》一类的小说,都是北方的作品,与语录体的发达是没有关系的。

第七章 南宋以后国语文学的概论

从1140年(按:即宋高宗绍兴十年,称臣于金)到1234年(按:即宋理宗端平元年,金亡),这一百年为北金南宋分立的时期。但十三世纪初年北方又来了一个新民族,——蒙古民族,——是历史上一种最厉害的民族。在十三世纪的上半,蒙古南面征服了女真(金),北面征服了俄罗斯,成吉思汗的威名遂震动了欧亚两洲。从1234年到1280年(按:即元世祖至元十七年,宋亡),这四十多年中,是北元、南宋分立的时期。这一百四十年的分裂,——1140至1280,——

表面上虽然因元世祖（忽必烈汗）的并吞宋国,复归了统一了,但实际上并不曾统一。文化上的分裂依旧存在。南方仍旧是中国古文化的避难地,种族上没有起什么大变化,所以文化上也没有大变化。北方便不同了。北方本来在南北朝时已吸收了许多新民族;唐以后,经过了契丹、女真、蒙古三大侵入,疆土上起了许多变化,民族的迁徙和人种的混合又发生了无数变化。若从中国旧文明的上面看起来,北方自然不如南方了：中国哲学的中心和旧文学的中心,从此以后,永不在长江流域以北了。但从大处着想,北方也不曾吃亏。第一,北方的种族,受了新民族的加入,体力上确实进步了。第二,民族的迁移与混合,把北中国的语言打通了,使北中国的语言渐渐成为一种大同小异的语言,使中国的国语有一个很伟大的基础。第三,旧文学跟着旧文化跑到南方去了,旧文学在北方的权威渐渐减少;对于那些新来的,胜利的,统治的民族,旧文学更没有权威了。辽、金的科举都很不注重;元灭金以后,科举只举行过一次（1237,按：当元太宗时,即宋理宗嘉熙元年,金亡后三年）,以后科举停了差不多八十年,直到1314年（按：即元仁宗,延祐元年）,方才继续举行。只此一端,我们便可以想见旧文学的权威的扫地了,在这个旧文学权威扫地的时候,北方民间的文学渐渐的伸出头来,渐渐的扬眉吐气了,渐渐的长大成人了。小说,小曲,戏剧,都是这个时代的北方出产品。我不能说这三门都起于北方,但北方文人确然把这三门当作正经事业做,不像南方文人把他们只当作玩意儿做。这是一个要点。北方的文学作品,用的多是白话,是白话的文学,作不像南方的文人爱掉书包,爱咬文嚼字。这也是一个要点。

因此,我们可以说,自宋朝南渡到元朝末年,——1140到1370（按：即明太祖洪武三年,元帝崩）——这二百多年是文化上南北分裂的时期。明太祖起兵于南方,打平了群雄,平定了中原,赶走了蒙古人,定都于金陵。这时候,南北的文化已渐渐的有接近的样子了。到明成祖迁都北京以后,文化的统一更容易了。北方的杂剧风行以后,南方文人也跟着做杂剧了;北曲渐渐的南方化了,南曲渐渐的兴盛起来了。这是一个很明显的趋势。小说风行以后,南方文人也跟着做小说了;起初还是南方人做北方的小说,——历史演义居多——后来竟是南方人做南方的小说了,——英雄的小说变为才子佳人的小说。这也是一个很明显的趋势。

在文学史上看起来,文学的南方化是一件不幸的事。明初规定用八股为科举的文字,这事的弊害是不消说的了。在这科举竞争的制度之下,南方人大占胜利;会试时须分南卷北卷,若南北平等待遇,南方人更要胜利了。明清两代的文学完全是南方人的文学。六百年来,有几个大文学家是北方人。文学的南方化的结果是贵族文人的文学又占胜利。元朝的白话文学几乎成为正统的文学了。明初以后,白话文学又被推翻,又退居"旁门小道"的地位。于是有文学复古的运动,激烈的要回到秦、周,让一步的要回到汉、魏,最平和的也要回到唐宋八家。直到清朝,这个趋势还在:一方面是唐宋八家的古文派战胜了,产生了桐城、阳湖的古文宗派;一方面是文学复古的余波,产生了清朝的许多骈文大家。

这是明清六百年的古文文学的大势。但是白话文学不是这样容易压得下的。他是一个不倒翁,跌倒自然会爬起。他是一个皮球;你把他压下去了,你的手一拿开,他又起来了。他是深山里的大树;没人睬他,他最高兴,因为他可以自由生长;等到你去寻着他时,他已成了十人抱不过来的大树了,你不能不尊敬他,没有别的话说,只好请他做栋梁了!

当明朝那许多才子名士努眼挥拳,拍桌跳脚,争论秦、汉、唐、宋的时候,中国文学界里产生了无数的白话小说。说也奇怪,这些白话小说既不能考秀才,又不能举孝廉方正,偏偏有人爱看他们。小孩子不爱读"子曰学而",偏爱看小说;小童生不爱读《新科墨选》,偏爱看小说;大小姐不爱看《列女传》,偏爱看小说;老百姓不爱读县官催钱粮的告示,偏爱看小说。朝廷不用小说考秀才,学堂不准学生看小说,但小说自己会满地走,会满天飞,会偷进小学生的抽屉里去,会跑进大小姐绣房里去。到后来空气里都是小说了,脑筋里都是小说了,骨髓里都是小说了。那班当日努眼挥拳、拍桌跳脚争论汉、魏、唐、宋的才子名士们抬头一看,——不好了!——也就逃不出这个小说世界去了。于是他们里面那大觉大悟的人也就不能不老老实实的宣言道:"《水浒传》可比《庄子》、《离骚》、《史记》、《国策》!""天下之文章无有出《水浒》右者,天下之格物君子无出施耐庵先生右者!"(金圣叹语)

明代是小说发达的时候,是白话文学成人的时代。小说是北方的文学:你看小说用的白话,便知他是北方的出产品。北方的白话文学三门,杂剧被南方人改成又长又酸的"传奇"了;小曲被南方人的古典文学遮盖住了;只有小说仍旧是北方人的作品居多,南方人如罗贯中之流也不能不用北方的通行语言来作小说。大概起初这种小说总是北方人看的多,故这一类的白话书可说是本来为北方人做的。上海涵芬楼藏有一部《直说通略》,是元朝监察御史郑镇孙编的;《通略》乃是《通鉴》之略,是一部白话的历史演义。涵芬楼所藏乃明成化庚子重刊本,有一篇佚名的序,说原著者所以做这部白话语的历史小说,是因为他"适当胡元夷俗之陋,而处中华文明之域,□□为之不同,语言为之不通,向非因诸旧史,易以方言,则天下贸贸焉莫知所考。"这话大可注意。我们看元、明两朝的小说,最初产生的全是历史演义。从那幼稚的《五代史平话》、《宣和遗事》到那发达成全的《三国志演义》,都是这一类。这种演义起初本是一种通俗历史教科书:后来放手做去,方才有不依照旧历史的历史小说。这是小说的第一期。到了《水浒传》、《西游记》……出来,小说便不仅是通俗教科书了,便真成了文学的一大门类了,便能使文人学士起敬重之心了。这是小说的第二期。但这个时期的小说还是无名的。到了清朝,雁宕山樵陈忱的《水浒后传》,吴敬梓的《儒林外史》,曹雪芹的《红楼梦》,李汝珍的《镜花缘》,便都是有著者姓名的小说了。这是小说的第三期。到了清末,吴趼人、李伯元、刘鹗一班人出来,专做社会小说,这是小说的第四期。

小说的发达史上,有一件最微幸的事:小说不曾完全南方化。南方化的小说也有,如那多才子佳人的小说,如《珍珠塔》《双珠凤》一类的弹词;但南方化的小说都没有什么价值,在文学史上占的地位都不高。此外的重要小说,都是南方人得力于北方小说的,用北方或中部的语言做的,——如《水浒后传》与《儒林外史》。清末的小说家,虽都是南方人,也就不能不用北方或中部的语言来做书了。小说的发达史便是国语的成立史;小说的传播史便是国语的传播史。这六百年的白话小说便是国语文学的大本营,便是无数的"无师自通"的国语实习所。

这南宋以后至今七八百年间的国语文学,总结起来,可分作两段;每段之中,又可分出一些小子目来:

第一段　南北分裂的时期(1140—1370):

(1)南宋与金、元对立的时期。(2)元朝统一之下的南北文学。

第二段　统一时期(1370—1920):

(1)诗、词、曲的变迁。(2)戏剧的变迁。(3)小说的发达。

附录一　国语运动的历史[①]

今天国语讲习所给我一个很大的荣誉,这种盛会,将来的影响,一定极大,所以极愿意到这儿来。推行国语教育,只凭政府一纸空文,是不行的。从民国八年教育部办一个国语统一筹备会,到现在不过一年半,能推行到这步田地,实在是私人和团体组织种种机关——像这个国语讲习所等——来竭力推行的力量,不是政府的力量。很可喜。然而我是主张有政府的,政府是一种工具。就把国语来讲,政府一纸空文,可以抵得私人几十年的鼓吹。凡私人做不到的事,一定要靠政府来做。照现在情形讲来,大家要帮政府,又要政府来帮我们。换句话说,一方面政府是很有力的工具,一方面还要私人和团体来提倡扶助。商务印书馆印行了许多国语的书本,又开办这国语讲习所,于国语教育史上占个重要的地位。

时间很短,我要简略的讲一讲国语运动的历史——国语的过去、现在和将来的情形。国语运动最早的第一期,是白话报的时期。这

---

① 这篇附录是编者所加,是胡适1921年11月在商务印书馆开办的国语讲习所的讲演,由严既澄、华超记录。

时期内,有一部分人要开通民智,怕文言太深,大家不能明了,便用白话做工具,发行报纸,使知识很低的人亦能懂得。那时杭州、上海、安徽等处都有这种白话报出现。这种改用白话的目的,是为他们——为小百姓——做的,不是为我们自己做的。第二期可叫做字母时期。大家觉得白话报不能流行得很广,所用的名词咧,主义咧,还是太深,不能使普通人都懂得。要把名为象形、会意,而实非象形、会意的文字,改作拼音的文字,所以各地方拼音字母很多。用各地土音字母来教人,使不识字的人,认得了几十个字母,便能看书。像王蕴山和劳玉初先生,都是研究字母的。这时期的字母,还不是为我们设置的,是为老百姓设置的。这一点是第一和第二两时期的共通的缺点。国语教育所以不能推行很广,原因就在这缺点。第三期是国语时期。有国语研究会,国语统一筹备会等研究国语的机关。用注音字母来拼全国各部的音,再编国语教科书。注音字母,白话文用人教科书中,算是进步了。然而限于小学,大部分人对于注音字母和白话文,全不热心。看得国语,好像是为他们——小学生——而设,不是为我们而设。这还是一个缺点。第四期是国语的文学时期。知道提倡国语不能分他们和我们。倘使学了注音字母,只能跟小学生、黄包车夫通通信,怎能使全国青年注意他呢?十几年前,大家都瞧不起英文,以为"刚白大"、"洋奴"才去学英文,英文没有旁的用处。现在大学校都注重英文,看得英文是求高等文化、高等知识的一种工具,英文才能唤起人家的注意。提倡国语的文学,把白话作为求高等文化、高等知识的媒介;一切讲义咧,演讲咧,报纸杂志咧,都改用白话。这样一来,一方面惹起古文家的反对,一方面唤起青年的注意。无论什么事,什么主张,要得人家的反对——要值得别人的一驳——才有价值。这个时期,我们可拿十个字来代表他:国语的文学,文学的国语。国语到了这个时期,便引入了我们的范围中了。第五期是国语的联合运动时期。把以前四个时期——白话报、字母、国语教科书、国语文学——都包括在内,实行联合的运动,前途的希望最大。但有两个问题:一是添加各地韵母,因为只有注音字母而没有韵母,犹如只有金本位而没有银和铜来帮助交换;一是怎样去教授国语。

诸君是国语的传道者,国语的先锋队,为国语下种子的人。我最后有个忠告——许多人以为注音字母就是国语,学了注音字母就是学国语:这是一个根本的误解。其实注音字母不过是国语的一小部分。所谓国语,是指从长城到长江,从东三省到西南三省,这个区域里头大同小异的普通话。诸君提倡国语,对于国语的语音、语法和文法,都要加上详细的考究。据我看来,教育儿童,音的一层,还不甚重要,只要把文法先校正,譬如说:"我来了三天了!"用国音说去可以,用苏州音说去亦可以,文法却不能变更的。

总之,国语是我们求高等知识、高等文化的一种工具。讲求国语,不是为小百姓、小学生,是为我们自己。我们对于国语,要有这样的信心,才能有决心和耐心努力做去。这是我的一点意思。

(原载1921年11月《教育杂志》13卷11号)

附录二　国语运动与文学①

今天我本不预备讲演的,现在诸同学的意思却要我讲演。国语文学底重要和兴趣,这个意思,我几星期以来,在国语文学史上讲的多了;没有讲的,还要留个编入讲义的余地。不过有一层不得不趁此说说。

国语所以能成为一种运动,不仅是做个统一语言的工具罢了,认识几十个注音字母,会说"我"(ㄨㄛ)"你"(ㄋㄧ)底官腔,就算是国语了吗?——这不过是一部分的事情。最重要,最高尚的,不要忘了"文学"这一个词!

国语统一,谈何容易,我说,一万年也做不到的!无论交通便利了,政治发展了,教育也普及了,像偌大的中国,过了一万年,终是做不到国语统一的。这并不是我一味武断;用历史的眼光看来,言语不

---

① 这篇附录是编者所加。本文是胡适1921年12月31日在北京教育部国语讲习所同乐会上的讲演,由郭后觉记录。

只是人造的,还要根据生理的组织,天然的趋势,以及地理的关系,而有种种差异,谁也不能专凭一己的理想,来划一语言的。教育,固然有统一语言的能力,但这方面使得统一,那方面却又自由变迁了。

德国底戏剧和一部分地方的土话,不易懂得;德国的交通、政治、教育种种,可称完备了,尚且有"非普遍性"的语言存在。再看美国,他的交通、教育更其好了;可是有几处人,"纽约"读作 Naova 音的;Fast 这个字,也有种种不同的读法;南部澳开萨一带的方言更是复杂之极。至于英国,人家都知道他语言有遍及全世界的势力,当然统一极了,可是在伦敦都会的地方,已有许多变化,——文字虽然不变,音却变了;如有些人说 Have 都把 H 音省去,读成 Ave。还有苏格兰……各种方言,更加难懂了。所以要国语完全统一,即使教育、交通等等如何发达,终是办不到的。

国语统一,在我国即使能够做到,也未必一定是好。国语文学之外,我看,将来还有两种方言文学,很值得而且一定要发展的。一,是吴语文学(包括苏州,无锡,常熟,常州一带);现在所有的苏白的文学作品,已有很好的了;将来发展起来,在我国文学上大有贡献的,并且能代表这一部分民族的精神的。二,是粤语文学;几百年来,广东话的诗、曲、散文、戏剧等,有文学价值的也很多;能够去发展他,又可以表现西南一部分民族的精神出来的。苏州的广东的文学家,能够做他们苏广的优美的文学,偏是不做,使他们来强从划一的国语,岂不是损失了一部分文学的精神吗?岂不是掩没了一部分民族的精神吗?如果任他们自由发展,看似和国语有些妨碍,其实很有帮助的益处。

像教育部设立国语统一筹备会,开办国语讲习所,一方面看来,是要使语言统一;从另一方面看,国语至多不过统一个大致罢了。比方钞票,北京票换了天津票,中交票换了别种票,打一点折扣,并不害事的;非官话区域的人,学几句官话——国语,也要打个折扣,但也没有妨碍的。要做到这个地步,决不是只识了几十个注音字母,懂得了一口官腔,就行了;还要靠"文学"来帮忙。有了最有文学价值,文学兴趣的国语书报,人家才爱他读他。元朝,白话书本很多;明朝,白话告示也不少;何况现代,只推行几个字母,就算国语运动?真是做梦!

字母不过是一种符号。文学这个东西,要有长时间的研究,不是几个星期所能弄得好的。诸位同学!我很希望诸位,各自养成文学的兴趣,具有文学的精神;最好,多做文学的作品,都成个文学家。要不然,至少也要能够赏识自然的美,文学的美,然后当国语教员,方得游刃有余。

说到这里,不得不还有几句话忠告诸位。现在有些小学国语教科书上说:"一只手,两只手;左手,右手。"教员认真地教,对于低能儿可以行得,因为他们资质笨了,还得用这种笨教法。可是文字和说话一天接近一天了,教一般儿童,这种方法,千万使不得了!将来诸位去教儿童,第一要引起那儿童们"文学的兴趣"!

近来已有一种趋势,就是"儿童文学"——童话,神话,故事——的提倡。儿童的生活,颇有和原始人类相类似之处,童话,神话,当然是他们独有的恩物;各种故事,也在他们欢喜之列。他们既欢喜了,有兴趣了,能够看的,尽搜罗这些东西给他们看,尽听他们自己去看,何用教师来教。南高附小和苏州一师附小,以及北大周作人先生,都正在那里研究"儿童文学",商务〈印〉书馆、中华书局,也都有"儿童文学丛书"出版了。

例如"一只猫和一只狗讲话"这些给儿童看,究有什么用?其实,教儿童不比成人,不必顾及实用不实用,不要给得他越多以为越好。新教育发明家法人卢梭有几句话说:"教儿童,不要节省时间;要糟塌时间。"你们看!种萝卜的,越把萝卜拔长起来,越是不行;应使他慢慢地长大,才是正当的法子。儿童也是如此,任他去看那童话,神话,故事,讲那"一只猫和一只狗说话",过了一个时候,他们自会领悟的,思想自会改变自会进步的。——这不是我个人的私意,是一般教育家的公论。

总之:我们能够使文学充分地发达,不但可以加增国语运动底势力,帮助国语底统一——大致统一;养成儿童底文学的兴趣,也有多大的关系!

1921,12,31

(原载 1922 年 1 月 9 日《晨报副刊》)

附录三 《国语文学史》大要

《国语文学史》这个题目,是我一篇没有做完的文章。我很早就想着手来做;但是因为材料的缺乏,竟使我不愿快些把他做出。

在此时研究中国的文学史,是很有趣的。因为这是一篇未完的文章,很需要我们去研究,去尽我们的工夫,因为有许多材料都等着我们来发现,这好像是科学家预备要发明一种科学一样的有趣。中国几千年来的文学,还没有人做一部文学史,为历史的研究的。近十几年日本人研究中国文学的,才有几部关于东方文学的著作。此外另有谢无量的《中国大文学史》出来,我们不问他的内容的好坏,但于此我们总可以看出总算有人注意文学史的研究了。白话的文学,中国的知识阶级向来不重视他,所以有许多重要的材料都被埋没了。最近在日本发现了一部《唐三藏诗话》,继续又发现了几部宋版的小说。

在我国又有安徽某君刻版小说七种。但这是一种秘密流传的东西,能够见到的人很少。宋朝的小说是很重要的,但到如今才有人印刻出来,而善本又很难得到,所以在研究的时候,材料的难收集是一个最大的难关。我们现在的工作,正是要努力于材料的收集和材料的发现。北京大学方面对于材料的收集很是注意,但收集了多年,所得到的非常有限。所以我很希望大家对这件工作注意一下。这是我在杭州一个小书店里发现的一部书,名叫《花影集》。这是一部宋朝的曲子。内容很好,确能在国语文学中占重要的位子。但发现的时间是在一星期前,所以还来不及介绍给人们知道。明宋的文学书很多都失散了,我们知道江浙两省的人在明朝时很出了些文学家,在调曲文学上有很大的贡献。但是因为没有人注意,所以很多的材料都已埋没。收集材料虽然十分困难,但大家不要因此灰心,停止了这种伟大的工作。要知道如果大家都注意这种工作,自然可以互相帮忙,共同努力去发现,那时岂不就比较容易了吗!我们现在要出版一部文学史,不过是一个起端,总不会是很完善的。所以我编的《国语文学史》,想慢慢的出版,现在先设法多收集材料。

我很武断的说,我承认《国语文学史》,就是中国的文学史。除了国语文学之外,便是贵族的文学。这种贵族的文学,都是死的,没有价值的文学。这种专重模仿的古典文学,不能代表二千五百年的文学变迁。他们走着一条很直的路,所以表现的几乎完全相同,一点没有变化。而真正的文学却在民间,一般的民众都觉得照这样一条很直的线演进,不能发挥我们的感情,因而在无论那个时代,都是一方面因袭着前一代一条直线的演进,同时一方面又有一个不同的曲线的进化。于是由古乐府变为词为曲,又因曲太短不能发挥深长的情感,遂又产出套数。由套数变为戏曲,南曲,北曲。再进而有宋元明的小说。所谓真正的文学,却是要拿这条岔路来代表的。我们以前认定那死的直线的演进所表现的是文学的变迁,实在是大错了。其实照进化论来说,进化不是由一条直线通到底的,却是这条路走不通了,在旁边另开出一条道路来,在这条另开的道上走的,才是真正的进化。所以历史是多方面的发展,绝不是走一条路的,这一点我们不要看错。所以唐朝的白话文学,南北朝的词曲,以及唐宋元明各朝代的小说,才是真正的文学。这便是我所以敢武断中国国语文学史便是中国文学史的原因,在事实上大家也不能否认的。

还有一点,我们在历史上可以找出一个很奇怪的现象,就是白话文学的作家,和古文学的作家,很多都是同代的。现在有许多新诗人,如康白情、徐志摩等,但同时也有许多旧诗人,如陈伯严等。在文章方面,有胡适之,陈独秀一般新文学家,同时也有林琴南等一般古文学家。如果我们做起民国十二年的文学史来,还是以胡适之、陈独秀、康白情、徐志摩这一个新派来代表呢,还是以陈伯严、林琴南这一个旧派来代表呢? 历史上的现象,总是一部分是老死不变的。

而能在文学史上成功一个时代的,一定是在当时有一种特别的表现,最近北京大学的教授钱玄同先生曾写给浙江教育厅长张宗祥一封信,是用很古的古文写的。但他要给我写信,一定用白话文,写给你们的校长黎锦晖先生,一定用拼音文字,我们要给钱玄同作传的时候，一定不能拿他的文言文来做标准，因为他这种文言文，只是一种含有恶意的文章，而他的思想的正统，却是在白话文上的贡献。又如黄庭坚（山谷），他在历史上是一个很重要的文学家。他的诗都是古典的，但他做的小词，不但完全用白话，而且常用土话。我们现在用分身法来看黄山谷，把他的古典文学江西派拉去，剩下的完全是高兴的时候，写出来的白话作品，或是做给妓女唱歌的小词小曲，那才是真正的黄山谷的文学哩。由此看来，不但一个时代有不同的表现，就是一个人也有许多的不同啊！我们要做文学史的，却应当拿这种不同的，特别的表现为标准。

上面许多话，都是本篇的绪论，在说明要研究文学史的，第一要注意材料的收集；第二说明中国国语文学史，就是中国文学史；第三就是说明做文学史时要晓得的标准。下面我们再来谈文学史的本身。

我们要问一问白话文学是怎样起来的？文学和文字是没有什么区别的。语言文字是拿来表情达意的，文学也是用来表达情绪的。这两种东西仔细比较起来，却有一个分别，就是文学是语言文字的最好的部分。文学的表情达意要看表得好否，达到妙否；至于普通的语言文字，只要能够表情能够达意就好了，用不着再追问表达得美妙与否。

白话的文学，完全是平民情感自然流露的描写，绝没有去模仿什么古人。记这种平民文学的古书，第一部当然是《诗经》。这部书里面所收集的，都是真能代表匹夫匹妇的情绪的歌谣，如《郑风》、《秦风》等。后来南方又出一部《楚辞》，这一部书里如《九歌》等篇，都能够代表当时民众的真正情感。到汉朝的时候，又觉得"楚辞"不能发表真正情感，而"楚辞"在当时便成了古典文学。而代替"楚辞"的却是五字一句的民众文学的诗，同时又将五字一句的诗变成三字，五字，八字不等的歌谣似的诗。这种类似歌谣的诗，当时一般文人都瞧不起来，但在他们瞧不起来的文学中，的确有很多是极好的作品，如《孔雀东南飞》等。这些东西总起来说，就是古乐府的文学。汉末，有曹操父子和他的朋友在北方提倡新文学，这就是赋的出现，他们的作品，都是模仿歌谣和古乐府的。到了此时，忽然有五胡的乱华。南北分裂起来,北方的野蛮民族带来许多特殊的文学,成功北方的乐府。南方的人好文,性情是文绉绉地。他们描写的是些恋爱的事,创了许多格式,这种文学都是匹妇匹夫所能懂的,南北朝的文学的精彩,就是五言的作品。直到唐朝的时候,一般人才大着胆子很诚实的模仿起匹夫匹妇的情绪,当时的文学,如《全唐诗》开首便是模仿古乐府的,所以处处都有些平民化了。总起在唐以前的文学,要以乐府为最重要,但当时散文的作品却很少。这就是因为小百姓们,平时用不着散文,有什么情感随口便唱成诗歌等的韵文了,此时的散文,在《汉书》里《赵皇后传》上可以找出很好的一问一答的散文。此外《文选》中也可找出来。

上面是第一个时代,第二个时代便是由唐朝到北宋。唐朝的时候,国语文学的作品很多。唐诗大部分都是用白话做的,如大诗人杜工部,李太白等人的作品,差不多都是白话的。这时一般人不但偶然做白话诗,而且还有人非白话不做的,如白香山的作品,都是先读给老太婆听过,来定去取及好坏。所以中唐晚唐以下的作品,也都是趋向白话的。但材料太多,不便举例,在此时的文学,就拿白香山来代表好了。此时又发觉五字一句七字一句的诗,不适合用白话来写。于是又发生了一大革命,而有词曲出来!诗的字数没有诗那样严格,长短句比较和语言近些。这个把字数限制打破的工作,确实是一大革命。这时散文方面,亦有不得不革命之势。骈体文到了中叶将对仗的文章打倒,同时还有一派对于白话文学是很尽力的。就是禅宗,这一派人痛恨文字不能完全打破,便用白话著书讲学,产生出语录等很好的散文。这一期散文文学就可拿禅宗的语录来做代表。

第三时代是南宋到金元。这个时代在文学史上很是重要。此时中国北部,又被野蛮民族占去,南北的文学又分了几百年,双方都有很好的白话文学作品,如陆放翁、杨万里等都是白话文学家。还有特别的表现,就是白话散文的兴起。因此时的和尚都用白话讲道,而一般文人又用语录的体裁著书。因各大文学家用他,所以成功白话散文文学。第二是白话小说的成立。宋朝的白话小说,最好的是《宣和遗事》,《五代史平话》,《唐三藏诗话》(是在日本一个庙里发现出来的)。我们看看这些小说,便知道在宋朝便有了很完美的白话小说了。但可惜的是很难得到善本。但此时代还有个缺点,如词是有一定的格式和平仄声,不能改变。所以到元朝时便渐渐变成曲,小令了。如《太平乐府》等都是这种文学的代表。由小令又变为套数,格式更比较的放宽了。但还觉得还满意,因为仍要守着韵文的格式,所以后来又加上了说白。宋朝的词和元朝的曲,都是先有调子谱上去的。他们做这些东西,很多都是拿给妓女去唱的。那末,他们做的时候一定都用白话,好使妓女们懂得。由这看来,当时的妓女和白话文学也是很有关系的。

第四个时期,是由明朝到清末。这时的文学,是继续前代发展下去的,散文方面则多向小说发展,韵文则向白话曲子发展。明朝的曲子很多,可以拿南宫词记和北宫词记来代表。因当时所谓才子,都过着放浪生活,所描写的多属于什么才子佳人的情事,所以文学的意境很低。如《牡丹亭》中"游园惊梦"一段,很可以代表当时文学的意境。但描写的技术却大有进步。小说方面有演义体,但这种体裁很是呆板,没有趣味。从元代野蛮民族侵入以至于明,此种无味的演义体小说一变而为历史小说,再变而为理想主义的浪漫主义的小说,代表的作品如《水浒传》等书,后来又有《金瓶梅》出来,专门用自然主义的方法描写性欲的生活。中国的白话小说到此才完全成立。自然主义的文学,也于此时成立。清朝的白话小说最重要的要算《儒林外史》和《红楼梦》。《儒林外史》是描写当时文人社会的实际生活。《红楼梦》是先有一段悲哀的故事,然后才写出来的。再进便是白话诗的发生。总之,白话文学并不是突然发生的,完全是由于历史上必然的趋势。有些人误认是几个人提倡起来的,实在是大错了。因为白话文学如果没有这样一千多年的历史,凭我们几个人拼命去提倡,结果还是等于零。这一点大家不能弄错。

(赵并懽、吕一鸣记,演讲时间、地点不详。原载
1924年9月20日《国语月刊》2卷2期)

白话文学史

自序

民国十年(1921),教育部办第三届国语讲习所,要我去讲国语文学史。我在八星期之内编了十五篇讲义,约有八万字,有石印的本子,其子目如下:

第一讲　我为什么要讲国语文学史呢?
第二讲　古文是何时死的?
第三讲　第一期(一)汉朝的平民文学
第四讲　第一期(二)三国六朝
第五讲　第一期(三)唐上
第六讲　第一期(三)唐中
第七讲　第一期(三)唐下
第八讲　第一期(四)五代十国的词
第九讲　第一期(五)北宋(1)文与诗
第十讲　第一期(五)北宋(2)宋词
第十一讲　第一期的白话散文
第十二讲　总论第二期的白话文学
第十三讲　第二期上之一(1)南宋的诗
第十四讲　第二期上之一(2)南宋的词
第十五讲　第二期上之一(3)南宋的白话文

后来国语讲习所毕业了,我的讲义也就停止了。次年(1922)3月23日,我到天津南开学校去讲演,那晚上住在新旅社,我忽然想要修改我的《国语文学史》稿本。那晚上便把原来的讲义删去一部分,归并作三篇,总目如下:

第一讲　汉魏六朝的平民文学

第二讲　唐代文学的白话化

第三讲　两宋的白话文学

我的日记上说：

　　……原书分两期的计划，至此一齐打破。原书分北宋归上期，南宋归下期，尤无理。禅宗白话文的发现，与宋"京本小说"的发现，是我这一次改革的大原因。

但这个改革还不能使我满意。次日（3月24日）我在旅馆里又拟了一个大计划，定出《国语文学史》的新纲目如下：

一、引论

二、二千五百年前的白话文学——《国风》

三、春秋战国时代的文学是白话的吗

四、汉魏六朝的民间文学

（1）古文学的死期

（2）汉代的民间文学

（3）三国六朝的平民文学

五、唐代文学的白话化

（1）初唐到盛唐

（2）中唐的诗

（3）中唐的古文与白话散文

（4）晚唐的诗与白话散文

（5）晚唐五代的词

六、两宋的白话文学

（1）宋初的文学略论

（2）北宋诗

（3）南宋的白话诗

（4）北宋的白话词

（5）南宋的白话词

（6）白话语录

（7）白话小说

七、金元的白话文学

（1）总论

（2）曲一　小令

（3）曲二　弦索套数

（4）曲三　戏剧

（5）小说

八、明代的白话文学

（1）文学的复古

（2）白话小说的成人时期

九、清代的白话文学

（1）古文学的末路

（2）小说上　清室盛时

（3）小说下　清室末年

十、国语文学的运动

　　这个计划很可以代表我当时对于白话文学史的见解。其中最重要的一点自然是加上汉以前的一段，从《国风》说起。

　　但这个修改计划后来竟没有工夫实行。不久我就办《努力周报》了；一年之后，我又病了。重作《国语文学史》的志愿遂一搁六七年，中间十一年（1922）暑假中我在南开大学讲过一次，有油印本，就是用三月中我的删改本，共分三篇，除去了原有的第一讲。同年12月，教育部开第四届国语讲习所，我又讲一次，即用南开油印本作底子，另印一种油印本。这个本子就是后来北京翻印的《国语文学史》的底本。

　　我的朋友黎劭西先生在北京师范等处讲国语文学史时，曾把我的改订本增补一点，印作临时的讲义。我的学生在别处作教员的，也有翻印这部讲义作教本的。有许多朋友常常劝我把这部书编完付印，我也有这个志愿，但我始终不能腾出工夫来做这件事。

　　去年（民国十六年，1927）春间，我在外国，收到家信，说北京文化学社把我的《国语文学史》讲义排印出版了，有疑古玄同先生的题字，有黎劭西先生的长序。当时我很奇怪，便有信去问劭西。后来我回到上海，收着劭西的回信，始知文化学社是他的学生张陈卿、李时、张希贤等开办的,他们翻印此书不过是用作同学们的参考讲义,并且说明以一千部为限。他们既不是为牟利起见,我也不便责备他们。不过拿这种见解不成熟,材料不完备,匆匆赶成的草稿出来问世,实在叫我十分难为情。我为自赎这种罪过起见,遂决心修改这部书。

恰巧那时候我的一班朋友在上海创立新月书店。我虽然只有一百块钱的股本,却也不好意思不尽一点股东的义务。于是我答应他们把这部文学史修改出来,给他们出版。

这书的初稿作于民国十年十一月,十二月,和十一年的一月。中间隔了六年,我多吃了几十斤盐,头发也多白了几十茎,见解也应该有点进境了。这六年之中,国内国外添了不少的文学史料。敦煌石室的唐五代写本的俗文学,经罗振玉先生,王国维先生,伯希和先生,羽田亨博士,董康先生的整理,已有许多篇可以供我们的采用了。我前年(1926)在巴黎、伦敦也收了一点俗文学的史料。这是一批很重要的新材料。

日本方面也添了不少的中国俗文学的史料。唐人小说《游仙窟》在日本流传甚久,向来不曾得中国学者的注意,近年如鲁迅先生,如英国韦来(Waley)先生,都看重这部书。罗振玉先生在日本影印的《唐三藏取经诗话》是现在大家都知道宝贵的了。近年盐谷温博士在内阁文库及宫内省图书寮里发见了《全相平话》,吴昌龄的《西游记》,明人的小说多种,都给我们添了不少史料。此外的发现还不少。这也是一批很重要的新材料。

国内学者的努力也有了很可宝贵的结果。《京本通俗小说》的出现是文学史上的一件大事,董康先生翻刻的杂剧与小说,不但给我们添了重要史料,还让我们知道这些书在当日的版本真相,元人曲子总集《太平乐府》与《阳春白雪》的流通也是近年的事。《白雪遗音》虽不知落在谁家,但郑振铎先生的《白雪遗音选》也够使我们高兴了。在小说的史料方面,我自己也颇有一点点贡献。但最大的成绩自然是鲁迅先生的《中国小说史略》;这是一部开山的创作,搜集甚勤,取材甚精,断制也甚谨严,可以替我们研究文学史的人节省无数精力。近十年内,自从北京大学歌谣研究会发起收集歌谣以来,出版的歌谣至少在一万首以上。在这一方面,常惠,白启明,钟敬文,顾颉刚,董作宾……诸先生的努力最不可磨灭。这些歌谣的出现使我们知道真正平民文学是个什么样子。——以上种种,都是近年国内新添的绝大一批极重要的材料。

这些新材料大都是我六年前不知道的。有了这些新史料作根据,我的文学史自然不能不彻底修改一遍了。新出的证据不但使我格外明白唐代及唐以后的文学变迁大势,并且逼我重新研究唐以前的文学逐渐演变的线索。六年前的许多假设,有些现在已得着新证据了,有些现在须大大地改动了。如六年前我说寒山的诗应该是晚唐的产品,但敦煌出现的新材料使我不得不怀疑了。怀疑便引我去寻新证据,寒山的时代竟因此得着重新考定了。又如我在《国语文学史》初稿里断定唐朝一代的诗史,由初唐到晚唐,乃是一段逐渐白话化的历史。敦煌的新史料给我添了无数佐证,同时却又使我知道白话化的趋势比我六年前所悬想的还更早几百年!我在六年前不敢把寒山放在初唐,却不料隋唐之际已有了白话诗人王梵志了!我在六年前刚见着南宋的《京本通俗小说》,还很诧异,却不料唐朝已有不少的通俗小说了!六年前的自以为大胆惊人的假设,现在看来,竟是过于胆小,过于持重的见解了。

这么一来,我就索性把我的原稿全部推翻了。原稿十五讲之中,第一讲(本书的"引子")是早已删去了的(故北京印本《国语文学史》无此一章),现在却完全恢复了;第二讲稍有删改,也保留了;第三讲与第四讲(北京印本的第二第三章)保存了一部分。此外便完全不留一字了。从汉初到白居易,在北京印本只有六十一页,不满二万五千字;在新改本里却占了近五百页,约二十一万字,增加至九倍之多。我本想把上卷写到唐末五代才结束的,现在已写了五百页,没有法子,只好把唐代一代分作两编,上编偏重韵文,下编从古文运动说起,侧重散文方面的演变。依这样的规模做下去,这部书大概有七十万字至一百万字。何时完功,谁也不敢预料。前两个月,我有信给疑古玄同先生,说了一句戏言道:"且把上卷结束付印,留待十年后再续下去。""十年"是我的《中国哲学史大纲》的旧例,却不料玄同先生来信提出"严重抗议",他说的话我不好意思引在这里,但我可以附带声明一句:这部文学史的中下卷大概是可以在一二年内继续编成的。

现在要说明这部书的体例。

第一,这书名为"白话文学史",其实是中国文学史。我在本书的引子里曾说:

> 白话文学史就是中国文学史的中心部分。中国文学史若去掉了白话文学的进化史,就不成中国文学史了,只可叫做"古文传统史"罢了。……
>
> 我们现在讲白话文学史,正是要讲明……中国文学史上这一大段最热闹,最富于创造性,最可以代表时代的文学史。

但我不能不用那传统的死文学来做比较,故这部书时时讨论到古文学的历史,叫人知道某种白话文学产生时有什么传统的文学作背景。

第二,我把"白话文学"的范围放的很大,故包括旧文学中那些明白清楚近于说话的作品。我从前曾说过,"白话"有三个意思:一是戏台上说白的"白",就是说得出,听得懂的话;二是清白的"白",就是不加粉饰的话;三是明白的"白",就是明白晓畅的话。依这三个标准,我认定《史记》、《汉书》里有许多白话,古乐府歌辞大部分是白话的,佛书译本的文字也是当时的白话或很近于白话,唐人的诗歌——尤其是乐府绝句——也有很多的白话作品。这样宽大的范围之下,还有不及格而被排斥的,那真是僵死的文学了。

第三,我这部文学史里,每讨论一人或一派的文学,一定要举出这人或这派的作品作为例子。故这部书不但是文学史,还可算是一部中国文学名著选本。文学史的著作者决不可假定读者手头案上总堆着无数名家的专集或总集。这个毛病是很普遍的。西洋的文学史家也往往不肯多举例;单说某人的某一篇诗是如何如何;所以这种文学史上只看见许多人名,诗题,书名,正同旧式朝代史上堆着无数人名年号一样。这种抽象的文学史是没有趣味的,也没有多大实用的。

第四,我很抱歉,此书不曾从《三百篇》做起。这是因为我去年从外国回来,手头没有书籍,不敢做这一段很难做的研究。但我希望将来能补作一篇古代文学史,即作为这书的"前编"。我的朋友陆侃如先生和冯沅君女士不久要出版一部《古代文学史》。他们的见地与工力都是很适宜于做这种工作的,我盼望他们的书能早日出来,好补我的书的缺陷。

此外,这部书里有许多见解是我个人的见地,虽然是辛苦得来的(一四四)居多,却也难保没有错误。例如我说一切新文学的来源都在民间(页十九),又如说建安文学的主要事业在于制作乐府歌辞(页四六以下),又如说故事诗起来的时代(页六〇以下),又如说佛教文学发生影响之晚(页一六八以下)与"唱导"、"梵呗"的方法的重要(页一七五——一八〇),又如说白话诗的四种来源(页一八一——一九二),又如王梵志与寒山的考证(页一九二——二一二),李、杜的优劣论(页二〇六——二〇九),天宝大乱后的文学的特别色彩说(页二六二——二六五),卢仝、张籍的特别注重(页三二二——三五一)①,……这些见解,我很盼望读者特别注意,并且很诚恳地盼望他们批评指教。

在客中写二十万字的书,随写随付排印,那是很苦的事。往往一章书刚排好时,我又发现新证据,或新材料了。有些地方,我已在每章之后,加个后记,如第六章,第九章,第十一章,都有后记一节。有时候,发现太迟了,书已印好,只有在正误表里加上改正。如第十一章(页二〇五)里,我曾说"后唐无保大年号,五代时也没有一个年号有十一年之长的;保大乃辽时年号,当宋宣和三年至六年"。当时我检查陈垣先生的《中西回史日历》,只见一个保大年号。后来我在庐山,偶然翻到《庐山志》里的彭滨《舍利塔记》,忽见有南唐保大的年号,便记下来;回上海后,我又检查别的书,始知南唐李氏果有保大年

---

① 编者注:此段所标页码为原书所有,现未作更改。

号。这一段只好列在正误表里,等到再版时再挖改了。

我开始改作此书时,北京的藏书都不曾搬来,全靠朋友借书给我参考。张菊生先生(元济)借书最多;他家中没有的,便往东方图书馆转借来给我用。这是我最感激的。余上沅先生,程万孚先生,还有新月书店的几位朋友,都帮我校对这部书,都是应该道谢的。疑古玄同先生给此书题字,我也要谢谢他。

1928,6,5

引 子
我为什么要讲白话文学史呢?

第一,我要大家知道白话文学不是这三四年来几个人凭空捏造出来的;我要大家知道白话文学是有历史的,是有很长又很光荣的历史的。我要人人都知道国语文学乃是一千几百年历史进化的产儿。国语文学若没有这一千几百年的历史,若不是历史进化的结果,这几年来的运动决不会有那样的容易,决不能在那么短的时期内变成一种全国的运动,决不能在三五年内引起那么多的人的响应与赞助。现在有些人不明白这个历史的背景,以为文学的运动是这几年来某人某人提倡的功效,这是大错的。我们要知道,一千八百年前的时候,就有人用白话做书了;一千年前,就有许多诗人用白话做诗做词了;八九百年前,就有人用白话讲学了;七八百年前,就有人用白话做小说了;六百年前,就有白话的戏曲了;《水浒》,《三国》,《西游》,《金瓶梅》,是三四百年前的作品;《儒林外史》,《红楼梦》,是一百四五十年前的作品。我们要知道,这几百年来,中国社会里销行最广,势力最大的书籍,并不是《四书》、《五经》,也不是程、朱语录,也不是韩、柳文章,乃是那些"言之不文,行之最远"的白话小说! 这就是国语文学的历史的背景。这个背景早已造成了,《水浒》、《红楼梦》……已经在社会上养成了白话文学的信用了,时机已成熟了,故国语文学的运动者能于短时期中坐收很大的功效。我们今日收的功效,其实大部分全靠那无数白话文人、白话诗人替我们种下了种子,造成了空气。我们现在研究这一二千年的白话文学史,正是要我们明白这个历史进化的趋势。我们懂得了这段历史,便可以知道我们现在参加的运动已经有了无数的前辈,无数的先锋了;便可以知道我们现在的责任是要继续做无数开路先锋没有做完的事业,要替他们修残补阙,要替他们发挥光大。

　　第二,我要大家知道白话文学在中国文学史上占一个什么地位。老实说罢,我要大家都知道白话文学史就是中国文学史的中心部分,中国文学史若去掉了白话文学的进化史,就不成中国文学史了,只可叫做"古文传统史"罢了。前天有个学生来问我道:"西洋每一个时代有一个时代的文学;一个时代的文学总代表那一个时代的精神。何以我们中国的文学不能代表时代呢?何以姚鼐的文章和韩愈的文章没有什么时代的差别呢?"我回答道:"你自己错读了文学史,所以你觉得中国文学不代表时代了。其实你看的'文学史',只是'古文传统史'。在那'古文传统史'上,做文的只会模仿韩、柳、欧、苏,做诗的只会模仿李、杜、苏、黄:一代模仿一代,人人只想做'肖子肖孙',自然不能代表时代的变迁了。你要想寻那可以代表'时代'的文学,千万不要去寻那'肖子'的文学家,你应该去寻那'不肖子'的文学!你要晓得,当吴汝纶、马其昶、林纾正在努力做方苞、姚鼐的'肖子'的时候,有个李伯元也正在做《官场现形记》,有个刘鹗也正在做《老残游记》,有个吴趼人也正在做《二十年目睹之怪现状》。你要寻清末的时代文学的代表,还是寻吴汝纶呢?还是寻吴趼人呢?你要晓得,当方苞、姚鼐正在努力做韩愈、欧阳修的'肖子'的时候,有个吴敬梓也正在做《儒林外史》,有个曹雪芹也正在做《红楼梦》。那个雍正、乾隆时代的代表文学,究竟是《望溪文集》与《惜抱轩文集》呢?还是《儒林外史》与《红楼梦》呢?再回头一两百年,当明朝李梦阳、何景明极力模仿秦、汉,唐顺之、归有光极力恢复唐、宋的时候,《水浒传》也出来了,《金瓶梅》也出来了。你想,还是拿那假古董的古文来代表时代呢?还是拿《水浒传》与《金瓶梅》来代表时代呢?——这样倒数上去,明朝的传奇,元朝的杂剧与小曲,宋朝的词,都是如此。中国文学史上何尝没有代表时代的文学?但我们不该向那'古文传统史'里去寻,应该向那旁行斜出的'不肖'文学里去寻。因为不肖古人,所以能代表当世!"我们现在讲白话文学史,正是要讲明这一大串不肯替古人做"肖子"的文学家的文学,正是要讲明中国文学史上这一大段最热闹,最富于创造性,最可以代表时代的文学史。"古文传统史"乃是模仿的文学史,乃是死文学的历史;我们讲的白话文学史乃是创造的文学史,乃是活文学的历史。因此,我说:国语文学的进化,在中国近代文学史上,是最重要的中心部分。换句话说,这一千多年中国文学史是古文文学的末路史,是白话文学的发达史。

有人说:"照你那样说,白话文学既是历史进化的自然趋势,那么,白话文学迟早总会成立的,——也可以说白话文学当《水浒》、《红楼梦》风行的时候,早已成立了,——又何必要我们来做国语文学的运动呢?何不听其自然呢?岂不更省事吗?"

这又错了。历史进化有两种:一种是完全自然的演化;一种是顺着自然的趋势,加上人力的督促。前者可叫做演进,后者可叫做革命。演进是无意识的,很迟缓的,很不经济的,难保不退化的。有时候,自然的演进到了一个时期,有少数人出来,认清了这个自然的趋势,再加上一种有意的鼓吹,加上人工的促进,使这个自然进化的趋势赶快实现;时间可以缩短十年百年,成效可以增加十倍百倍。因为时间忽然缩短了,因为成效忽然增加了,故表面上看去很像一个革命。其实革命不过是人力在那自然演进的缓步徐行的历程上,有意的加上了一鞭。白话文学的历史也是如此。那自然演进的趋势是很明了的;有眼珠的都应该看得出。但是这一千多年以来,"元曲"出来了,又渐渐的退回去,变成贵族的昆曲;《水浒传》与《西游记》出来了,人们仍旧做他们的骈文古文;《儒林外史》与《红楼梦》出来了,人们仍旧做他们的骈文古文;甚至于《官场现形记》与《二十年目睹之怪现状》出来了,人们还仍旧做他们的骈文古文!为什么呢?因为这一千多年的白话文学史,只有自然的演进,没有有意的革命;没有人明明白白的喊道:"你瞧!这是活文学,那是死文学;这是真文学,那是假文学!"因为没有这种有意的鼓吹。故有眼珠的和没眼珠的一样,都看不出那自然进化的方向。这几年来的"文学革命",所以当得起"革命"二字,正因为这是一种有意的主张,是一种人力的促进。《新青年》的贡献只在他在那缓步徐行的文学演进的历程上,猛力加上了一鞭。这一鞭就把人们的眼珠子打出火来了。从前他们可以不睬《水浒传》,可以不睬《红楼梦》;现在他们可不能不睬《新青年》了。这一睬可不得了了。因为那一千多年的哑子,从此以后,便都大吹大擂的做有意的鼓吹了。因为是有意的人力促进,故白话文学的运动能在这十年之中收获一千多年收不到的成绩。假使十年前我们不加上这一鞭,迟早总有人出来加上这一鞭的;也许十年之后,也许五十年之后,这个革命总免不掉的。但是这十年或五十年的宝贵光阴岂不要白白的糟塌了吗?

故一千多年的白话文学种下了近年文学革命的种子;近年的文学革命不过是给一段长历史作一个小结束;从此以后,中国文学永永脱离了盲目的自然演化的老路,走上了有意的创作的新路了。

第一编　唐以前

第一章　古文是何时死的？

我们研究古代文学,可以推知当战国的时候中国的文体已不能与语体一致了。战国时,各地方言很不统一。孟轲说:

> 有楚大夫于此,欲其子之齐语也,则使齐人傅诸？使楚人傅诸？
>
> 曰,使齐人傅之。
>
> 曰,一齐人傅之,众楚人咻之,虽日挞而求其齐也,不可得矣。引而置之庄岳之间数年,虽日挞而求其楚,亦不可得矣。

《孟子》书中又提及"南蛮鴃舌之人",也是指楚人。

又《韩非子》"郑人谓玉未理者璞,周人谓鼠未腊者璞",可见当时的各地方言很不同。方言不同而当时文字上的交通甚繁甚密,可见文字与语言已不能不分开了。

战国时文体与语体已分开,故秦始皇统一中国时,有"同文书"的必要。《史记》记始皇事,屡提及"同书文字"(《琅琊石刻》),"同文书"(《李斯传》),"车同轨,书同文字"(《始皇本纪》)。后人往往以为秦同文书不过是字体上的改变。但我们看当时的时势,看李斯的政治思想,可以知道当日"书同文"必不止于字体上的改变,必是想用一种文字作为统一的文字;因为要做到这一步,故字体的变简也是一种必要。

《史记》描写人物时,往往保留一两句方言,例如汉高祖与陈涉的乡人所说。《史记》引用古文,也往往改作当时的文字。当时疆域日广,方言自然也更多。我们翻开扬雄的《方言》,便可想见当日方言的差异。例如《方言》的第三节云：

> 娥，嬿，好也。秦曰娥，宋魏之间谓之嬿；秦晋之间，凡好而轻者，谓之娥。自关而东，河济之间谓之媌，或谓之姣。赵魏燕代之间曰姝，或曰妦。自关而西，秦晋之故都曰妍。好，其通语也。

"通语"二字屡见于《方言》全书中。通语即是当时比较最普通的话。最可注意的是第十二节：

> 敦，丰，厖，奔，幠，般，嘏，奕，戎，京，奘，将，大也。凡物之大貌曰丰。厖，深之大也。东齐海岱之间曰奔，或曰幠。宋鲁陈卫之间谓之嘏，或曰戎。秦晋之间，凡人之大谓之奘，或谓之壮。燕之北鄙，齐楚之郊，或曰京，或曰将，皆古今语也，初别国不相往来之言也。今或同；而旧书雅记故俗，语不失其方，而后人不知，故为之作释也。

此可见一统之后，有许多方言上的怪僻之点渐渐被淘汰了，故曰"今或同"。但这种语言上的统一，究竟只限于一小部分，故扬雄当汉成帝时常常拿着一管笔，四尺布去寻"天下上计孝廉，及内郡卫卒会者"，访问他们各地的异语，做成十五卷《方言》。

当时的方言既如此不统一，"国语统一"自然是做不到的。故当时的政府只能用"文言"来做全国交通的媒介。汉武帝时，公孙弘做丞相，奏曰：

> ……臣谨案诏书律令下者，明天人分际，通古今之谊，文章尔雅，训辞深厚，恩施甚美。小吏浅闻，弗能究宣，无以明布谕下。(《史记》《汉书·儒林传》参用)

这可见当时不但小百姓看不懂那"文章尔雅"的诏书律令，就是那班小官也不懂得。这可见古文在那个时候已成了一种死文字了。因此，政府不得不想出一种政策，叫各郡县挑选可以造就的少年人，送到京师，读书一年，毕业之后，补"文学掌故"缺（也见《儒林传》）。又把这些"文学掌故"放到外任去做郡国的"卒史"与"属"。当时太学，武帝时只有博士弟子五十人，昭帝加至百人，宣帝加至二百人，元帝加至千人，成帝加至三千人。凡能通一经的，都可免去徭役，又可做官。做官资格是"先用诵多者"。这样的提倡,自然把古文的智识传播到各地了。从此以后,政府都只消照样提倡,各地方的人若想做官,自然是不能不读古书,自然不能不做那"文章尔雅"的古文。

这个方法——后来时时加上修改,总名叫做科举,——真是保存古文的绝妙方法。皇帝只消下一个命令,定一种科举的标准,四方的人自然会开学堂,自然会把子弟送去读古书,做科举的文章。政府可以不费一个钱的学校经费,就可以使全国少年人的心思精力都归到这一条路上去。汉武帝到现在,足足的二千年,古体文的势力也就保存了足足的二千年。元朝把科举停了近八十年,白话的文学就蓬蓬勃勃的兴起来了;科举回来了,古文的势力也回来了,直到现在,科举废了十几年了,国语文学的运动方才起来。科举若不废止,国语的运动决不能这样容易胜利。这是我从二千年的历史里得来的一个保存古文的秘诀。

科举的政策把古文保存了二千年。这固然是国语文学的大不幸。但我们平心而论,这件事也未尝没有绝大好处。中国的民族自从秦、汉以来,土地渐渐扩大,吸收了无数的民族。中国的文明在北方征服了匈奴,鲜卑,拓跋,羌人,契丹,女真,蒙古,满洲,在南方征服了无数小民族,从江、浙直到湖、广,从湖、广直到云、贵。这个开化的事业,不但遍于中国本部,还推广到高丽,日本,安南等国。这个极伟大开化事业,足足费了两千年。在这两千年之中,中国民族拿来开化这些民族的材料,只是中国的古文明。而传播这个古文明的工具,在当日不能不靠古文。故我们可以说,古文不但作了二千年中国民族教育自己子孙的工具,还做了二千年中国民族教育无数亚洲民族的工具。

这件事业的伟大,在世界史上没有别的比例。只有希腊、罗马的古文化,靠着拉丁文做教育的工具,费了一千年的工夫,开化北欧的无数野蛮民族:只有这一件事可以说是有同等的伟大。这两件事——中国古文明开化亚东,与欧洲古文明开化欧洲,——是世界史上两件无比的大事。但是有一个大不同之点。欧洲各民族从中古时代爬出来的时候,虽然还用拉丁文做公用的文字,但是不久意大利就有国语的文学了,不久法国、英国、西班牙、德国也有国语的文学了,不久北欧、东欧各国也都有国语的文学了。拉丁文从此"作古"了。何以中国古文的势力能支持二千年之久?何以中国的国语文学到今日方才成为有意的运动呢?

我想,这个问题有两个答案。第一,欧洲各种新民族从那开化时代爬出来的时候,那神圣罗马帝国早已支不住了,早已无有能力统一全欧了,故欧洲分为许多独立小国,故各国的国语文学能自由发展。但中国自从汉以后,分裂的时候很短,统一的时间极长,故没有一种方言能有采用作国语的机会。第二,欧洲人不会发明科举的政策。况且没有统一的帝国,统一的科举政策也不能实行。拉丁文没有科举的维持,故死的早。中国的古文有科举的维持,故能保存二千年的权威。

中国自元朝统一南北之后,六百多年,不再分裂;况且科举的制度自明太祖以来,五百多年,不曾停止。在这个绝对的权威之下,应该不会有国语文学发生了。做白话文学的人,不但不能拿白话文来应考求功名,有时还不敢叫人知道他曾做过白话的作品。故《水浒》、《金瓶梅》等书的作者至今无人知道。白话文学既不能求实利,又不能得虚名,而那无数的白话文学作家只因为实在忍不住那文学的冲动,只因为实在瞧不起那不中用的古文,宁可牺牲功名富贵,宁可牺牲一时的荣誉,勤勤恳恳的替中国创作了许多的国语文学作品。政府的权力,科第的引诱,文人的毁誉,都压不住这一点国语文学的冲动。这不是国语文学史上最纯洁,最光荣的一段历史吗?

还有一层,中国的统一帝国与科举制度维持了二千年的古文势力,使国语的文学迟至今日方能正式成立,这件事于国语本身的进化也有一种间接的好影响。因为国语经过二千年的自由进化,不曾受文人学者的干涉,不曾受太早熟的写定与规定,故国语的文法越变越简易,越变越方便,就成了一种全世界最简易最有理的文法(参看《胡适文存》卷三,《国语文法概论》)。古人说,"大器晚成",我不能不拿这四个字来恭贺我们的国语了!

第二章　白话文学的背景

因为公孙弘的一篇奏章（引见上章）证明了古文在汉武帝时已死了，所以我们记载白话文学的历史也就可以从这个时代讲起。其实古代的文学如《诗经》里的许多民歌也都是当时的白话文学。不过《诗经》到了汉朝已成了古文学了，故我们只好把他撇开。俗语说的好："一部廿四史，从何处说起！"我们不能不有一个起点，而汉朝恰当古文学的死耗初次发觉的时期，恰好做我们的起点。

汉高祖本是一个无赖子弟，乘着乱世的机会，建立帝国，做了皇帝。他的亲戚子弟，故人功臣，都是从民间来的。开国功臣之中，除了张良等极少数旧家子弟之外，有的是屠狗的，有的是衙门里当差的，有的是在人胯下爬过来的。这个朝廷是一群无赖的朝廷，刘邦便是无赖的头儿，《史记》说：

> 沛公不喜儒。诸客冠儒冠来者，沛公辄解其冠，溺其中。与人言，常大骂。

这里活画出一副无赖相。《史记》又说，天下平定之后，

> 群臣饮，争功，醉或妄呼，拔剑击柱。

这又是一群无赖的写生。

在这一个朝廷之下，民间文学应该可以发达。高祖十二年（前195），上还过沛，留置酒沛宫，悉召故人父老。子弟佐酒，发沛中儿，得百二十人，教之歌。酒酣，上击筑，自歌曰：

> 大风起兮云飞扬。
> 威加海内兮归故乡。
> 安得猛士兮守四方？
> 令儿皆和习之。上乃起舞，慷慨伤怀，泣数行下。（《高祖本纪》）

这虽是皇帝做下的歌，却是道地的平民文学。

后来高祖的妻妾吃醋，吕后把戚姬囚在永巷里，剪去她的头发，穿着赭衣，做舂米的苦工。戚姬想念她的儿子赵王如意，一面舂，一面唱歌道：

>   子为王,母为虏,
>   终日舂薄暮,
>   常与死为伍。
>   相离三千里,
>   当谁使告汝!(《汉书》卷九十七上)

这也是当日的白话文学。

后来吕后擅权,诸吕用事,朱虚侯刘章替他们刘家抱不平。有一天,他伺候吕后饮宴,太后派他监酒;酒酣之后,他起来歌舞。唱一只《耕田歌》:

>   深耕,穊种,
>   立苗欲疏。
>   非其种者,
>   锄而去之。

这也是一首白话的无韵诗。

这些例子都可以表示当时应该有白话文学的产生。但当时白话文学有两种阻力:一是帝国初统一,方言太多,故政府不能不提倡古文作为教育的工具,作为官书的语言。一是一班文人因白话没有标准,不能不模仿古文辞;故当时文人的诗赋都是模仿古文学的。风气既成,一时不容易改革。到了武帝的时候,许多文学的清客,或在朝廷,或在诸王封邑,大家竞争作仿古的辞赋,古文学更时髦了。后来王莽的时代,处处托古改制,所以事事更要模仿古人,诏书法令与辞赋诗歌便都成了假古董,但求像《尚书》、《周颂》,而不问人能懂不能懂了。

我们且引一两首汉朝的《郊祀歌》,使读者知道当时那些仿古的庙堂文学是个什么样子:

>   后皇嘉坛,立玄黄服。物发冀州,兆蒙祉福。沈沈四塞,倏狄合处。经营万亿,咸遂厥宇。(汉《郊祀歌》)
>   天地并况,惟予有慕。爰熙紫坛,思求厥路。恭承禋祀,缊豫为纷。黼绣周张,承神至尊。(同上)

但庙堂的文学终压不住田野的文学;贵族的文学终打不死平民

的文学。司马迁的外孙杨恽曾说过当日的民间文学的环境：

……田家作苦；岁时伏腊；烹羊炰羔；斗酒自劳，家本秦也，能为秦声。妇，赵女也，雅善鼓瑟。奴婢歌者数人。酒后耳热，仰天拊缶而呼乌乌。其歌曰：

田彼南山，芜秽不治。

种一顷豆，落而为萁。

人生行乐耳！须富贵何时！

是日也，拂衣而喜，奋袖低卬，顿足起舞。

这里面写的环境，是和那庙堂文学不相宜的。这种环境里产生的文学自然是民间的白话文学。那无数的小百姓的喜怒悲欢，决不是那《子虚》、《上林》的文体达得出的。他们到了"酒后耳热，仰天叩缶"，"拂衣而喜，顿足起舞"的时候，自然会有白话文学出来。还有痴男怨女的欢肠热泪，征夫弃妇的生离死别，刀兵苛政的痛苦煎熬，都是产生平民文学的爷娘。庙堂的文学可以取功名富贵，但达不出小百姓的悲欢哀怨：不但不能引出小百姓的一滴眼泪，竟不能引起普通人的开口一笑。因此，庙堂的文学尽管时髦，尽管胜利，终究没有"生气"，终究没有"人的意味"。二千年的文学史上，所以能有一点生气，所以能有一点人味，全靠有那无数小百姓和那无数小百姓的代表的平民文学在那里打一点底子。

从此以后，中国的文学便分出了两条路子：一条是那模仿的，沿袭的，没有生气的古文文学；一条是那自然的，活泼泼的，表现人生的白话文学。向来的文学史只认得那前一条路，不承认那后一条路。我们现在讲的是活文学史，是白话文学史，正是那后一条路。

第三章 汉朝的民歌

一切新文学的来源都在民间。民间的小儿女，村夫农妇，痴男怨女，歌童舞妓，弹唱的，说书的，都是文学上的新形式与新风格的创造者。这是文学史的通例，古今中外都逃不出这条通例。

《国风》来自民间，《楚辞》里的《九歌》来自民间。汉魏六朝的乐府歌辞也来自民间。以后的词是起于歌妓舞女的，元曲也是起于歌妓舞女的。弹词起于街上的唱鼓词的,小说起于街上说书讲史的。——中国三千年的文学史上,那一样新文学不是从民间来的?

汉朝的文人正在仿古做辞赋的时候,四方的平民很不管那些皇帝的清客们做的什么假古董,他们只要唱他们自己懂得的歌曲。例如汉文帝待他的小兄弟淮南王长太残忍了一点,民间就造出一只歌道:

> 一尺布,尚可缝。
> 一斗米,尚可舂。
> 兄弟二人不相容。

又如武帝时,卫子夫做了皇后,她的兄弟卫青的威权可以压倒一国,民间也造作歌谣道:

> 生男无喜,
> 生女无怒,
> 独不见卫子夫霸天下?

这种民歌便是文学的渊泉。武帝时有个歌舞的子弟李延年得宠于武帝,有一天,他在皇帝面前起舞,唱了这一只很美的歌:

> 北方有佳人,
> 绝世而独立,
> 一顾倾人城,
> 再顾倾人国。——
> 宁不知倾城与倾国?
> 佳人难再得!

李延年兄妹都是歌舞伎的一流(《汉书》卷九十三云,李延年身及父母兄弟皆故倡也);他们的歌曲正是民间的文学。

汉代民间的歌曲很有许多被保存的。故《晋书·乐志》说:

> 凡乐章古辞,今之存者,并汉世街陌谣讴。《江南可采莲》,《乌生十五子》,《白头吟》之属也。

今举《江南可采莲》为例:

> 江南可采莲,莲叶何田田! 鱼戏莲叶间。鱼戏莲叶东,鱼戏莲叶西,鱼戏莲叶南,鱼戏莲叶北。

这种民歌只取音节和美好听,不必有什么深远的意义。这首采莲歌,很像《周南》里的《芣苢》,正是这一类的民歌。

有一些古歌辞是有很可动人的内容的。例如《战城南》一篇:

战城南,死郭北,野死不葬乌可食。
为我谓乌:"且为客豪。野死谅不葬,腐肉安能去子逃?"
水深激激,蒲苇冥冥。枭骑战斗死,驽马徘徊鸣。
梁筑室,何以南?何以北?禾黍不获君何食?愿为忠臣安可得?
思子良臣。良臣诚可思!朝行出攻,暮不夜归!

这种反抗战争的抗议,是很有价值的民歌。同样的还有《十五从军征》一篇:

十五从军征,八十始得归,道逢乡里人,"家中有阿谁?""遥望是君家,松柏冢累累;兔从狗窦入,雉从梁上飞。中庭生旅谷,井上生旅葵。"——烹谷持作饭,采葵持作羹。羹饭一时熟,不知贻阿谁。出门东向望,泪落沾我衣。

汉代的平民文学之中,艳歌也不少。例如《有所思》一篇:

有所思,乃在大海南。何用问遗君?双珠玳瑁簪,用玉绍缭之。闻君有他心,拉杂摧烧之。摧烧之!当风扬其灰!从今以往,勿复相思!相思与君绝。鸡鸣犬吠,兄嫂当知之。妃呼狶(妃呼狶大概是有音无义的感叹词),秋风肃肃晨风飔,东方须臾高知之。

又如《艳歌行》:

翩翩堂前燕,冬藏夏来见。兄弟两三人,流荡在他县。故衣谁当补?新衣谁当绽?赖得贤主人,览取为吾绽。夫婿(主人是女主人;夫婿是她的丈夫)从门来,斜柯西北眄。(丁福保说:"斜柯"是古语,当为敧侧之意。梁简文帝《遥望》诗"散诞垂红帔,斜柯插玉簪"。)"语卿且勿眄:水清石自见。"——石见何累累!远行不如归。

这两首诗都保存着民歌的形式,如前一首的"妃呼狶",如后一首的开头十个字,都可证他们是真正民间文学。

艳诗之中,《陌上桑》要算是无上上品。这首诗可分做三段:第一段写罗敷出去采桑,接着写她的美丽:

> 日出东南隅,照我秦氏楼。秦氏有好女,自名为罗敷,罗敷善蚕桑,采桑城南隅。青丝为笼系,桂枝为笼钩。头上倭堕髻,耳中明月珠;缃绮为下裙,紫绮为上襦。行者见罗敷,下担捋髭须。少年见罗敷,脱帽著帩头。耕者忘其犁,锄者忘其锄;来归相怨怒,但坐观罗敷。

这种天真烂漫的写法,真是民歌的独到之处。后来许多文人模仿此诗,只能模仿前十二句,终不能模仿后八句。第二段写一位过路的官人要调戏罗敷,她作谢绝的回答:

> 使君从南来,五马立踟蹰。使君遣吏往,问是谁家姝。"秦氏有好女,自名为罗敷。""罗敷年几何?""二十尚不足,十五颇有余。"使君谢罗敷:"宁可共载不?"罗敷前致辞:"使君一何愚!使君自有妇,罗敷自有夫。"

末段完全描写她的丈夫:

> 东方千余骑,夫婿居上头。何用识夫婿?白马从骊驹,青丝系马尾,黄金络马头;腰中鹿卢剑,可值千万余。十五府小史,二十朝大夫,三十侍中郎,四十专城居。为人洁白皙,鬑鬑颇有须。盈盈公府步,冉冉府中趋。坐中数千人,皆言夫婿殊。

"坐中数千人,都说俺的夫婿特别漂亮",——这也是天真烂漫的民歌写法,决不是主持名教的道学先生们想得出的结尾法。

古歌辞中还有许多写社会风俗与家庭痛苦的。如《陇西行》写西北的妇女当家:

> 天上何所有?历历种白榆。桂树夹道生,青龙对道隅。凤皇鸣啾啾,一母将九雏。顾视世间人,为乐甚独殊。
>
> 好妇出迎客,颜色正敷愉,伸腰再拜跪,问客平安不。请客北堂上,座客毡氍毹。清白各异尊,酒上正华疏(此句不易懂得)。酌酒持与客,客言主人持,却略再拜跪,然后持一杯。谈笑未及竟,左顾敕中厨。促令办粗饭,慎莫使稽留。废礼送客出,盈盈府中趋。送客亦不远,足不过门枢。取妇得如此,齐姜

亦不如。健妇持门户,胜一大丈夫。

首八句也是民歌的形式。古人说《诗三百篇》有"兴"的一体,就是这一种无意义的起头话。

《东门行》写一个不得意的白发小官僚和他的贤德的妻子:

> 出东门,不愿归。来入门,怅欲悲,盎中无斗米储,还视架上无悬衣。拔剑出门去,舍中儿母牵衣啼:"他家但愿富贵,贱妾与君共铺糜。"上用仓浪天,故下当用此黄口儿!(仓浪是青色。黄口儿是小孩子。)今非咄行,吾去为迟。——白发时下难久居!

在这种写社会情形的平民文学之中,最动人的自然要算《孤儿行》了。《孤儿行》的全文如下:

> 孤儿生。孤子遇生,命独当苦。父母在时,乘坚车,驾驷马。父母已去,兄嫂令我行贾:南到九江,东到齐与鲁。腊月来归,不敢自言苦。头多虮虱,面目多尘。大兄言办饭,大嫂言视马。上高堂,行取殿下堂,孤儿泪下如雨。使我朝行汲,暮得水来归,手为错,足下无菲。怆怆履霜,中多蒺藜。拔断蒺藜,肠肉中,怆欲悲。泪下渫渫,清涕累累。冬无复襦,夏无单衣。居生不乐,不如早去,下从地下黄泉。

> 春气动,草萌芽。三月桑蚕,六月收瓜。将是瓜车,来到还家。瓜车反覆,助我者少,啖瓜者多。"愿还我蒂!兄与嫂严,独且急归,当兴校计。"

> 乱曰:里中一何诡诡!愿欲寄尺书,将与地下父母,兄嫂难与久居。

这种悲哀的作品,真实的情感充分流露在朴素的文字之中,故是上品的文学。

从文学的技术上说,我最爱《上山采蘼芜》一篇:

> 上山采蘼芜,下山逢故夫,长跪问故夫,"新人复何如?""新人虽言好,未若故人姝。颜色类相似,手爪不相如。新人从门入,故人从阁去。新人工织缣,故人工织素,织缣日一匹,织素五丈余,将缣来比素,新人不如故。"

这里只有八十个字,却已能写出一家夫妇三个人的性格与历史:写的是那弃妇从山上下来遇着故夫时几分钟的谈话,然而那三个人的历史与那一个家庭的情形,尤其是那无心肝的丈夫沾沾计较锱铢的心理,都充分写出来了。

以上略举向来相传的汉代民歌,可以证明当日在士大夫的贵族文学之外还有不少的民间文学。我们现在距离汉朝太远了,保存的材料又太少,没有法子可以考见当时民间文学产生的详细状况。但从这些民歌里,我们可以看出一些活的问题,真的哀怨,真的情感,自然地产出这些活的文学。小孩睡在睡篮里哭,母亲要编只儿歌哄他睡着;大孩子在地上吵,母亲要说个故事哄他不吵;小儿女要唱山歌,农夫要唱曲子;痴男怨女要歌唱他们的恋爱,孤儿弃妇要叙述他们的痛苦;征夫离妇要声诉他们的离情别恨;舞女要舞曲,歌伎要新歌——这些人大都是不识字的平民,他们不能等候二十年先去学了古文再来唱歌说故事。所以他们只真率地〔唱〕了他们的歌;真率地说了他们的故事。这是一切平民文学的起点。散文的故事不容易流传,故很少被保存的。韵文的歌曲却越传越远;你改一句,他改一句,你添一个花头,他翻一个花样,越传越有趣了,越传越好听了。遂有人传写下来,遂有人收到"乐府"里去。

"乐府"即是后世所谓"教坊"。《汉书》卷二十二说,

> (武帝)乃立乐府,采诗夜诵,有赵代秦楚之讴。以李延年为协律都尉。多举司马相如等造为诗赋,略论律吕,以合八音之调,作十九章之歌。

又卷九十三云:

> 李延年,中山人;身及父母兄弟皆故倡也。延年坐法腐刑(受阉割之刑),给事狗监中,女弟得幸于上,号李夫人……延年善歌,为新变声。是时上方兴天地诸祠,欲造乐,令司马相如等作诗颂,延年辄承意弦歌所造诗,为之新声曲。

又卷九十七上说李夫人死后,武帝思念她,令方士少翁把她的鬼招来;那晚上,仿佛有鬼来,却不能近看她。武帝更想念她,为作诗曰:

> 是邪？非邪？立而望之。偏何姗姗其来迟？令乐府诸音家弦歌之。

总看这几段记载，乐府即是唐以后所谓教坊，那是毫无疑义的。李延年的全家都是倡；延年自己是阉割了的倡工，在狗监里当差。司马相如也不是什么上等人，他不但曾"著犊鼻裈，与佣保杂作"，在他的太太开的酒店里洗碗盏；他的进身也是靠他的同乡狗监杨得意推荐的（《汉书》卷五十七上）。这一班狗监的朋友组织的"乐府"便成了一个俗乐的机关，民歌的保存所。

《汉书》卷二十二又说：

> 是时（成帝时）郑声尤甚。黄门名倡丙疆、景武之属富显于世。贵戚五侯、定陵、富平外戚之家淫侈过度，至与人主争女乐。哀帝自为定陶王时疾之，又性不好音，及即位，下诏曰，"……郑卫之声兴则淫僻之化兴，而欲黎庶敦朴，家给，犹浊其源而求其清流，岂不难哉？……其罢乐府官，郊祭乐及古兵法武乐在经非郑卫之乐者，条奏，别属他官。"

因恨淫声而遂废"乐府"，可见乐府是俗乐的中心。当时丞相孔光奏复，把"乐府"中八百二十九人之中，裁去了四百四十一人！《汉书》记此事，接着说：

> 然百姓渐渍日久，又不制雅乐有以相变，豪富吏民湛沔自若。

这可见当时俗乐民歌的势力之大。"乐府"这种制度在文学史上很有关系。第一，民间歌曲因此得了写定的机会。第二，民间的文学因此有机会同文人接触，文人从此不能不受民歌的影响。第三，文人感觉民歌的可爱，有时因为音乐的关系不能不把民歌更改添减，使他协律；有时因为文学上的冲动，文人忍不住要模仿民歌，因此他们的作品便也往往带着"平民化"的趋势，因此便添了不少的白话或近于白话的诗歌。这三种关系，自汉至唐，继续存在。故民间的乐歌收在乐府的，叫做"乐府"；而文人模仿民歌做的乐歌，也叫做"乐府"；而后来文人模仿古乐府作的不能入乐的诗歌，也叫做"乐府"或"新乐府"。

从汉到唐的白话韵文可以叫做"乐府"时期。乐府是平民文学的征集所,保存馆。这些平民的歌曲层出不穷地供给了无数新花样,新形式,新体裁;引起了当代的文人的新兴趣,使他们不能不爱玩,不能不佩服,不能不模仿。汉以后的韵文的文学所以能保存得一点生气,一点新生命,全靠有民间的歌曲时时供给活的体裁和新的风趣。

第四章　汉朝的散文

无论在那一国的文学史上,散文的发达总在韵文之后,散文的平民文学发达总在韵文的平民文学之后。这里面的理由很容易明白。韵文是抒情的,歌唱的,所以小百姓的歌哭哀怨都从这里面发泄出来,所以民间的韵文发达的最早。然而韵文却又是不大关实用的,所以容易被无聊的清客文丐拿去巴结帝王卿相,拿去歌功颂德,献媚奉承;所以韵文又最容易贵族化,最容易变成无内容的装饰品与奢侈品。因此,没有一个时代不发生平民的韵文文学,然而僵化而贵族化的辞赋诗歌也最容易产生。

散文却不然。散文最初的用处不是抒情的,乃是实用的。记事,达意,说理,都是实际的用途。这几种用途却都和一般老百姓没有多大的直接关系。老百姓自然要说白话,却用不着白话的散文。他爱哼只把曲子,爱唱只把山歌,但告示有人读给他听,乡约有人讲给他听,家信可以托人写,状子可以托人做。所以散文简直和他没多大关系。因此,民间的散文起来最迟;在中国因为文字不易书写,又不易记忆,故民间散文文学的起来比别国更迟。然而散文究竟因为是实用的,所以不能不受实际需要上的天然限制。无论是记事,是说理,总不能不教人懂得。故孔子说,"辞,达而已矣。"故无论什么时代,应用的散文虽然不起于民间,总不会离民间的语言太远。故历代的诏令,告示,家信,诉讼的状子与口供,多有用白话做的。只有复古的风气太深的时代,或作伪的习惯太盛的时代,浮华的习气埋没了实用的需要,才有诘屈聱牙的诰敕诏令,骈四俪六的书启通电呵!

汉朝的散文承接战国的遗风,本是一种平实朴素的文体。这种文体在达意说理的方面大体近于《论语》,《孟子》,及先秦的"子"

书；在记事的方面大体近于《左传》,《国语》,《战国策》等书。前一类如贾谊的文章与《淮南子》,后一类如《史记》与《汉书》。这种文体虽然不是当时民间的语体,却是文从字顺的,很近于语体的自然文法,很少不自然的字句。所以这种散文很可以白话化,很可以充分采用当日民间的活语言进去。《史记》和《汉书》的记事文章便是这样的。《史记·项羽本纪》记项羽要活烹刘邦的父亲,刘邦回答道：

> 吾与若俱受命怀王,约为兄弟。吾翁即若翁。必欲烹而翁,则幸分我一杯羹。

《汉书》改作：

> 吾翁即汝翁。必欲烹乃翁,幸分我一杯羹。

这话颇像今日淮扬一带人说话,大概司马迁记的是当时的白话。又如《史记·陈涉世家》记陈涉的种田朋友听说陈涉做了"王",赶去看他,陈涉请他进宫去,他看见殿屋帷帐,喊道：

> 夥颐！涉之为王沉沉者！（者字古音如睹）

《汉书》改作：

> 夥！涉之为王沉沉者！

这话也像现在江南人说话,（"夥颐"是惊羡的口气。"者"略如苏州话的"笃"字尾。）一定是道地的白话。又如《史记·周昌传》里写一个口吃的周昌谏高祖道：

> 臣口不能言,然臣期——期知其不可。陛下欲废太子,臣期——期不奉诏。

这也是有意描摹实地说话的样子。又如《汉书·东方朔传》所记也多是白话的,如东方朔对武帝说：

> 朱儒长三尺余,俸一囊粟,钱二百四十。臣朔长九尺余,亦俸一囊粟,钱二百四十。朱儒饱欲死,臣朔饥欲死。臣言可用,幸异其礼。不可用,罢之,无令索长安米。

《史记》的《魏其武安[侯]传》里也很多白话的记载。如说灌夫行酒,

> 次至临汝侯灌贤,贤方与程不识耳语,又不避席。夫无所发怒,乃骂贤曰："平生毁程不识不直一钱,今日长者为寿,乃效女曹

儿咕嗫耳语!"蚡(丞相田蚡)谓夫曰:"程、李(李广)俱东西宫卫尉。今众辱程将军,仲孺(灌夫)独不为李将军地乎?"

夫曰:"今日斩头穴胸,何知程、李!"

这种记载所以流传二千年,至今还有人爱读,正因为当日史家肯老实描写人物的精神口气,写的有声有色,带有小说风味。《史记》的《魏其武安侯传》,《汉书》的《外戚传》都是这样的。后世文人不明此理,只觉得这几篇文章好,而不知道他们的好处并不在古色古香,乃在他们的白话化呵。

《汉书》的《外戚传》(卷九十七下)里有司隶解光奏弹赵飞燕姊妹的长文,其中引有审问宫婢宦官的口供,可算是当日的白话。我们引其中关于中宫史曹宫的一案的供词如下:

元延元年中(西历前12),宫语房(宫婢道房)曰,"陛下幸宫。"

后数月,晓(曹宫之母曹晓)入殿中,见宫腹大,问宫,宫曰,"御幸有身。"其十月中,宫乳(产也)掖庭牛官令舍。有婢六人。中黄门田客持诏记,盛绿绨方底,封御史中丞印,予武(掖庭狱籍武)曰:"取牛官令舍妇人新产儿,婢六人,尽置暴室狱。毋问儿男女(及)谁儿也。"

武迎置狱。宫曰:"善藏我儿胞(胞衣);丞知是何等儿也?"

后三日,客(田客)持诏记与武,问"儿死未?手书对牍背。"武即书对:"儿见在,未死。"

有顷,客出曰:"上与昭仪(赵飞燕之妹)大怒,奈何不杀?"

武叩头啼曰:"不杀儿,自知当死,杀之亦死。"即因客奏封事曰:"陛下未有继嗣。子无贵贱。惟留意。"

奏入,客复持诏记予武曰:"今夜漏上五刻,持儿与舜(黄门王舜)会东交掖门。"武因问客:"陛下得武书,意何如?"曰,"惶也"。

武以儿付舜。舜受诏,内(纳)儿殿中,为择乳母,告善养儿,且有赏,毋令漏泄。舜择弃(宫婢张弃)为乳母。时儿生八九日。

后三日，客复持诏记，封如前，予武。中有封小绿箧，记曰："告武以箧中物予狱中妇人。武自临饮之。"（临饮是监视她吃药。）

　　武发箧，中有裹药二枚赫蹏（薄小纸叫做赫蹏。）书曰："告伟能努力饮此药，不可复入。汝自知之。"

　　伟能即宫。宫读书已，曰，"果也欲姊弟擅天下！我儿，男也，额上有壮发，类孝元皇帝。今儿安在，危杀之矣！奈何令长信（太后居长信宫）得闻之？"

　　宫饮药死。后宫婢六人……自缢死。武皆奏状。

　　弃所养儿，十一日，宫长李南以诏书取儿去，不知所置。

这是证人的口供，大概是当日的白话，或近于当日的白话。

　　汉宣帝时，有个专做古董文学的西蜀文人王褒，是皇帝的一个清客。他年轻在蜀时，却也曾做过白话的文学。他有一篇《僮约》，是一张买奴券，是一篇很滑稽的白话文学。这一篇文字很可以使我们知道当日长江上流的白话是什么样子，所以我们抄在下面。（此篇有各种本子，最好是《续古文苑》本，故我依此本。）

　　蜀郡王子渊以事到湔，止寡妇杨惠舍。惠有夫时奴，名便了。子渊倩奴行酤酒，便了拽大杖上夫冢巅曰，"大夫买便了时，但要守家，不要为他人男子酤酒。"子渊大怒曰，"奴宁欲卖耶？"惠曰，"奴大忤人，人无欲者。"子渊即决买券云云。奴复曰，"欲使皆上券；不上券，便了不能为也。"子渊曰，"诺。"

这是《僮约》的序，可以表示当时的白话散文。下文是《僮约》，即是王褒同便了订的买奴的条件：

　　"神爵三年（前59）正月十五日，资中男子王子渊从成都安志里女子杨惠买亡夫时户下髯奴便了，决贾万五千。奴当从百役使，不得有二言：晨起早扫，食了洗涤；居当穿臼缚帚，裁盂凿斗；……织履作麤，黏雀张乌，结网捕鱼，缴雁弹凫，登山射鹿，入水捕龟。……舍中有客，提壶行酤，汲水作铺，涤杯整案，园中拔蒜，断苏切脯。……已而盖藏，关门塞窦；喂猪纵犬，勿与邻里争斗。奴但当饭豆饮水，不得嗜酒。欲饮美酒，唯得染唇渍口，不得倾盂覆斗。不得辰出夜入,交关伴偶。舍后有树,当裁作船,上至江州下到湔;……往来都洛,当为妇女求脂泽,贩于小市,归都担枲;转出旁蹉,牵犬贩鹅,武都买茶,杨氏担荷(杨氏,池名,出荷)。……持斧入山,断辀裁辕;若有余残,当作俎几木屐彘盘。……日暮欲归,当送干薪两三束。……奴老力索,种莞织席;事讫休息,当舂一石。夜半无事,浣衣当白。……奴不得有奸私,事事当关白。奴不听教,当笞一百。"

读券文适讫,词穷诈索,仡仡叩头,两手自搏,目泪下落,鼻涕长一尺。"审如王大夫言,不如早归黄土陌,丘蚓钻额。早知当尔,为王大夫酤酒,真不敢作恶。"

这虽是有韵之文,却很可使我们知道当日民间说的话是什么样子。我们因此可以知道《孤儿行》等民歌确可以代表当日的白话韵文,又可以知道《史记》、《汉书》的记载里有许多话和民间的白话很相接近。

王褒在蜀时,还肯做这种"目泪下落,鼻涕长一尺"的白话文学。后来他被益州刺史举荐到长安,宣帝叫他做个"待诏"的清客。《汉书·王褒传》记此事,最可以使我们明白那班文学待诏们过的生活:

上令褒与张子侨等并待诏,数从褒等放猎,所幸宫馆,辄为歌颂,第其高下,以差赐帛。

议者多以为淫靡不急。上曰:"'不有博弈者乎?为之犹贤乎已。'(孔子的话)辞赋大者与古诗同义,小者辩丽可喜,譬如女工有绮縠,音乐有郑卫,今世俗犹皆以此娱悦耳目。辞赋比之,尚有仁义讽谕鸟兽草木多闻之观。贤于倡优博弈远矣。"

(卷六十四下)

原来辞赋只不过是比倡优博奕高一等的玩意儿!皇帝养这班清客,叫他们专做这种文学的玩意儿,"以此娱悦耳目"。文学成了少数清客阶级的专门玩意儿,目的只图被皇帝"第其高下,以差赐帛",所以离开平民生活越远,所以渐渐僵化了,变死了。这种僵化,先起于歌颂辞赋,后来才侵入应用的散文里。风气既成了之后,那班清客学士们一摇笔便是陈言烂调子,赶也赶不开;譬如八股先生做了一世的八股时文,你请他写张卖驴券,或写封家信,他也只能抓耳摇头,哼他的仁在堂调子!(路德有仁在堂八股文,为近世最风行的时文大家。)

试举汉代的应用散文作例。汉初的诏令都是很朴实的,例如那最有名的汉文帝遗诏(前157):

> 朕闻之:盖天下万物萌生,靡不有死。死者,天地之理,物之自然,奚可甚哀?当今之世,咸嘉生而恶死,厚葬以破业,重服以伤生,吾甚不取。
>
> 且朕既不德,无以佐百姓,今崩,又使重服久临(临是到场举哀),以罹寒暑之数;哀人父子,伤长老之志;损其饮食,绝鬼神之祭祀,以重吾不德,谓天下何?……
>
> 其令天下吏民:令到,出临三日,皆释服;无禁取妇嫁女,祠祀,饮酒食肉,……绖带无过三寸,无布车及兵器。无发民哭临官殿中,……服,大红十五日,小红十四日,纤七日,释服。
>
> 他不在令中者,皆以此令此类从事。布告天下,使明知朕意!(《汉书》卷四)

这是很近于白话的。直到昭宣之间,诏令还是这样的。如昭帝始元二年(前85)诏:

> 往年灾害多,今年蚕麦伤。所赈贷种食,勿收责,毋令民出今年田租。(《汉书》卷七)

又元凤二年(前79)诏:

> 朕闵百姓未赡,前年减漕三百万石,颇省乘舆马及苑马以补边郡三辅传马。其令郡国毋敛今年马口钱。三辅"太常郡",得以叔粟(豆粟)当赋。(同上)

这竟是说话了。

用浮华的辞藻来作应用的散文,这似乎是起于司马相如的《难蜀父老书》与《封禅遗札》。这种狗监的文人做了皇帝的清客,又做了大官,总得要打起官腔,做起人家不懂的古文,才算是架子十足。《封禅札》说的更是荒诞无根的妖言,若写作朴实的散文,便不成话

了;所以不能不用一种假古董的文体来掩饰那浅薄昏乱的内容。《封禅札》中的:

> 怀生之类,沾濡浸润,协气横流,武节焱逝,迩陿游原,迥阔泳末,首恶郁没,暗昧昭晰,昆虫闿怿,回首面内,

便成了两千年来做"虚辞滥说"的绝好模范,绝好法门。

后来王莽一派人有意"托古改制",想借古人的招牌来做一点社会政治的改革,所以处处模仿古代,连应用的文字也变成假古董了。如始建国元年(西历纪元9年)王莽策群司诏云:

> 岁星司肃,东岳太师典致时雨;青炜登平,考景以晷。荧惑司悊,南岳太傅典致时奥;赤炜颂平,考声以律。太白司艾,西岳国师典致时阳;白炜象平,考量以铨。辰星司谋,北岳国将典致时寒;玄炜和平,考星以漏。

又地皇元年(西20)下书曰:

> 乃壬午晡时有烈风雷雨发屋折木之变,予甚弁焉,予甚栗焉,予甚恐焉。伏念一旬,迷乃解矣。

又同年下书曰:

> 深惟吉昌莫良于今年。予乃卜波水之北,郎池之南,惟玉食。予又卜金水之南,明堂之西,亦惟玉食。予将亲筑焉。

这种假古董的恶劣散文也在后代发生了不小的恶影响。应用的散文从汉初的朴素说话变到这种恶劣的假古董,可谓遭一大劫。

到了一世纪下半,出了一个伟大的思想家王充(生于西27,死年约在西100)。他不但是一个第一流的哲学家,他在文学史上也该占一个地位。他恨一班俗人趋附权势,忘恩负义! 故作了《讥俗节义》十二篇。他又哀怜人君不懂政治的原理,故作了一部《政务》。他又恨当时的"伪书俗文多不实诚","虚妄之言胜真美",故作了一部《论衡》。不幸他的《讥俗节义》与《政务》都失传了,只剩下一部《论衡》。《论衡》的末篇是他自己的传记,叫做《自纪》篇。从这《自纪》篇里我们知道他的《讥俗节义》是用白话做的。他说:

> 闲居作《讥俗节义》十二篇,冀俗人观书而自觉,故直露其

文,集以俗言。

"集以俗言"大概就是"杂以俗言",不全是白话,不过夹杂着一些俗话罢了。《讥俗》之书虽不可见了,但我们可以推想那部书和《论衡》的文体大致相同。何以见得呢？因为王充曾说当时有人批评他道：

> 《讥俗》之书欲悟俗人,故形露其指,为分别之文。《论衡》之书何为复然？

这可见《讥俗》与《论衡》文体相同,又可见《论衡》在当时是一种近于通俗语言的浅文。

王充是主张通俗文学的第一人。他自己说：

> 《论衡》者,论之平也。

"论衡"只是一种公平评判的论文,他又说：

> 《论衡》之造也,起(于)众书并失实,虚妄之言胜真美也。故虚妄之语不黜则华文不见息。华文放流则实事不见。故《论衡》者,所以铨轻重之言,立真伪之平,非苟调文饰辞为奇伟之观也。(《对作》篇)

他著书的目的只是：

> 冀悟迷惑之心,使知虚实之分。实虚之分定而后华伪之文灭。华伪之文灭则纯诚之化日以孳矣。(同上)

他因为深恨那"华伪之文",故他采用那朴实通俗的语言。他主张一切著述议论的文字都应该看作实用的文字,都应该用明显的语言来做。他说：

> 上书奏记陈列便宜,皆欲辅政。今作书者,犹(上)书奏记,说发胸臆,文作手中,其实一也。(同上)

他主张这种著述都应该以明白显露为主。他说：

> 口则务在明言,笔则务在露文。高士之文雅;言无不可晓,指无不可睹。观读之者,晓然若盲之开目,聆然若聋之通耳。(《自纪》,下同)

又说：

> 夫文犹语也。或浅露分别,或深迂优雅,孰为辩者？故口言以明志。(口字或是曰字之误)言恐灭遗,故著之文字。文字与

> 言同趋,何为犹当隐闭指意?……夫口论以分明为公,笔辩以获露为通,吏文以昭察为良。深覆典雅,指意难睹,唯赋颂耳。经传之文,贤圣之语,古今言殊,四方谈异也。当言事时,非务难知使指闭隐也。后人不晓世相离远,此名曰"语异",不名曰"材鸿"(鸿,大也)。浅文读之难晓,名曰"不巧",不名曰"知明"。

这真是历史的眼光。文字与语言同类,说话要人懂得,为什么作文章要人不懂呢?推原其故,都是为了一种盲目的仿古心理。却不知道古人的经传所以难懂,只是因为"古今言殊,四方谈异",并不是当初便有意作难懂的文章叫后人去猜谜呵!故古人的文字难懂只可叫做"语异",今人的文字有意叫人不懂,只可叫做"不巧",不巧便是笨蠢了。所以王充痛快地说:

> 其文可晓,故其事可思。如深鸿优雅,须师乃学,投之于地,何叹之有!

王充真是一个有意主张白话的人,因为只有白话的文章可以不"须师乃学"。

王充论文章的结论是两种极有价值的公式:

> 夫笔著者,欲其易晓而难为,不贵难知而易造。口论务解分而可听,不务深迂而难睹。孟子相贤以眸子明了者,察文以义可晓。

王充的主张真是救文弊的妙药。他的影响似乎也不小。东汉三国的时代出了不少的议论文章,如崔寔的《政论》,仲长统的《昌言》之类。虽不能全依王充的主张,却也都是明白晓畅的文章。直到后来骈偶的文章和浮华空泛的词藻完全占据了一切庙堂文字与碑版文字,方才有骈偶的议论文章出来。重要的著作如刘勰的《文心雕龙》,如刘知几的《史通》,皆免不了浮华的文学的恶影响。我们总看中古时期的散文的文学,不能不对于王充表示特别的敬礼了。

第五章　汉末魏晋的文学

汉朝的韵文有两条来路:一条路是模仿古人的辞赋,一条路是自然流露的民歌。前一条路是死的,僵化了的,无可救药的。那富于革命思想的王充也只能说：

> 深覆典雅，指意难睹，唯赋颂耳。

这条路不属于我们现在讨论的范围，表过不提。如今且说那些自然产生的民歌，流传在民间，采集在"乐府"，他们的魔力是无法抵抗的，他们的影响是无法躲避的。所以这无数的民歌在几百年的时期内竟规定了中古诗歌的形式体裁。无论是五言诗，七言诗，或长短不定的诗，都可以说是从那些民间歌辞里出来的。

旧说相传汉武帝时的枚乘、李陵、苏武等做了一些五言诗。这种传说，大概不可靠。李陵、苏武的故事流传在民间，引起了许多传说，近年敦煌发现的古写本中也有李陵答苏武书（现藏巴黎国立图书馆），文字鄙陋可笑，其中竟用了孙权的典故！大概现存的苏、李赠答诗文同出于这一类的传说故事，虽雅俗有不同，都是不可靠的。枚乘的诗也不可靠。枚乘的诗九首，见于徐陵的《玉台新咏》；其中八首收入萧统的《文选》，都在"无名氏"的古诗十九首之中。萧统还不敢说是谁人作的；徐陵生于萧统之后，却敢武断是枚乘的诗，这不是很可疑的吗？

大概西汉只有民歌；那时的文人也许有受了民间文学的影响而作诗歌的，但风气未开，这种作品只是"俗文学"，《汉书·礼乐志》哀帝废乐府诏所谓"郑声"，《王褒传》宣帝所谓"郑卫"，是也。

到了东汉中叶以后，民间文学的影响已深入了，已普遍了，方才有上流文人出来公然仿效乐府歌辞，造作歌诗。文学史上遂开一个新局面。

这个新局面起于二世纪的晚年，汉灵帝（168—189）与献帝（190—220）的时代。灵帝时有个名士赵壹，恃才倨傲，受人的排挤，屡次得罪，几乎丧了生命。他作了一篇《疾邪赋》，赋中有歌两首，其一云：

> 河清不可俟，人命不可延。顺风激靡草，富贵者称贤。文籍虽满腹，不如一囊钱。伊优北堂上，肮脏倚门边。

这虽不是好诗，但古赋中夹着这种白话歌辞，很可以看时代风气的转移了。

这个时代（灵帝、献帝时代）是个大乱的时代。政治的昏乱到了极端。清流的士大夫都被那"党锢"之祸一网打尽。（党锢起于166，至184始解。）外边是鲜卑连年寇边，里面是黄巾的大乱。中央的权力渐渐瓦解，成了一个州牧割据的局面。许多的小割据区域渐渐被并吞征服，后来只剩下中部的曹操，西南的刘备，东南的孙权，遂成了三国分立的局面。直到晋武帝平了孙吴（280），方才暂时有近二十年的统一。

这个纷乱时代，却是文学史上的一个很灿烂的时代。这时代的领袖人物是曹操。曹操在政治上的雄才大略，当时无人比得上他。他却又是一个天才很高的文学家。他在那"挟天子以令诸侯"的地位，自己又爱才如命，故能招集许多文人，造成一个提倡文学的中心。他的儿子曹丕、曹植也都是天才的文学家，故曹操死后这个文学运动还能继续下去。这个时期在文学史上叫做"建安（196—220）正始（240—249）时期"。

这个以曹氏父子为中心的文学运动，他的主要事业在于制作乐府歌辞，在于文人用古乐府的旧曲改作新词。《晋书·乐志》说：

> 汉自东京大乱，绝无金石之乐；乐章亡绝，不可复知。及魏武（曹操）平荆州，获汉雅乐郎河南杜夔能识旧法，以为军谋祭酒，使创定雅乐。

又说：

> 巴渝舞曲有《矛渝本歌曲》，《安弩本歌曲》，《安台本歌曲》，《行辞本歌曲》，总四篇，其辞既古，莫能晓其句度。魏初，乃使军谋祭酒王粲改创其辞。粲问巴渝帅李管和玉歌曲意，试使歌，听之，以考校歌曲而为之改为《矛渝新福曲歌》，《弩渝新福曲歌》，《安台新福曲歌》，《行辞新福曲歌》，以述魏德。

又引曹植《鼙舞诗·序》云：

> 故汉灵帝西园鼓吹有李坚者能鼙舞。遭世荒乱，坚播越关西，随将军段煨。先帝（曹操）闻其旧伎，下书召坚。坚年逾七十，中间废而不为，又古曲甚多谬误，异代之文未必相袭，故依前曲作新声五篇。

"依前曲,作新声"即是后世的依谱填词。《乐志》又说:

> 汉时有短箫铙歌之乐。其曲有《朱鹭》,《思悲翁》,《艾如张》,《上之回》,《雍离》,《战城南》……等曲,列于鼓吹,多序战阵之事。及魏受命,改其十二曲,使缪袭为词,述以功德代汉。改《朱鹭》为《楚之平》言魏也,改《艾如张》为《获吕布》,言曹公东围临淮,擒吕布也。

这都是"依前曲,作新声"的事业。这种事业并不限于当时的音乐专家;王粲、缪袭、曹植都只是文人。曹操自己也做了许多乐府歌辞。我们看曹操,曹丕,曹植,阮瑀,王粲诸人做的许多乐府歌辞,不能不承认这是文学史上的一个新时代。以前的文人把做辞赋看作主要事业,从此以后的诗人把做诗看作主要事业了。以前的文人从仿做古赋颂里得着文学的训练,从此以后的诗人要从仿做乐府歌辞里得着文学的训练了。

曹操做的乐府歌辞,最著名的自然是那篇《短歌行》。我们摘抄几节:

> 对酒当歌!人生几何?譬如朝露,去日苦多。
> 慨当以慷,忧思难忘。何以解忧?惟有杜康(传说杜康作酒)。
> 明明如月,何时可掇?忧从中来,不可断绝。
> 越陌度阡,枉用相存(存是探问)。契阔谈䜩,心念旧恩。
> 月明星稀,乌鹊南飞。绕树三匝,何枝可依?

他的《步出东西门行》,我们也选第四章的两段:

> 神龟虽寿,犹有竟时。腾蛇乘雾,终为土灰。
> 老骥伏枥,志在千里。烈士暮年,壮心不已。

这种四言诗,用来作乐府歌辞,颇含有复古的意味。后来晋初荀勖造晋歌全用四言(见《晋书·乐志》),大概也是这个意思。但《三百篇》以后,四言诗的时期已过去了。汉朝的四言诗没有一篇可读的。建安时期内,曹操的大才也不能使四言诗复活。与曹操同时的有个哲学家仲长统(死于220),有两篇《述志诗》,可算是汉朝一代的四言杰作：

> 飞鸟遗迹,蝉蜕亡壳,腾蛇弃鳞,神龙丧角。至人能变,达士拔俗。乘云无辔,骋风无足。垂露成帏,张霄成幄(霄是日傍之气)。沆瀣(音亢械,露气也)当餐,九阳代烛。恒星艳珠,朝霞润玉。六合之内,恣心所欲。人事可遗,何为局促?

> 大道虽夷,见几者寡。任意无非,适物无可。古来缭绕,委曲如琐。百虑何为？至要在我。寄愁天上,埋忧地下。叛散五经,灭弃风雅。百家杂碎,请用从火。抗志山栖,游心海左。元气为舟,微风为柁,翱翔太清,纵意容冶。

但四言诗终久是过去的了。以后便都是五言诗与七言诗的时代。

曹丕(死于226)的乐府歌辞比曹操的更接近民歌的精神了,如《上留田行》：

> 居世一何不同？——上留田。
> 富人食稻与粱,——上留田。
> 贫子食糟与糠,——上留田。
> 贫贱亦何伤？——上留田。
> 禄命悬在苍天,——上留田。
> 今尔叹息,将欲谁怨？——上留田。

这竟是纯粹的民歌。又如《临高台》：

> 临台行高高以轩,下有水清且寒,中有黄鹄往且翻。……鹄欲南游,雌不能随。我欲躬衔汝,口噤不能开。欲负之,毛衣摧颓。五里一顾,六里徘徊。

这也是绝好的民歌。他又有《燕歌行》两篇,我们选一篇：

> 秋风萧瑟天气凉,草木摇落露为霜。群燕辞归雁南翔。念君客游多思肠,慊慊思归恋故乡。君何淹留寄他方？贱妾茕茕守空房,忧来思君不可忘,不觉泪下沾衣裳。援琴鸣弦发清商,短歌微吟不能长。明月皎皎照我床。星汉西流夜未央。牵牛织女遥相望,尔独何辜限河梁！

这虽是依旧曲作的新辞,这里面已显出文人阶级的气味了。文人仿

作民歌,一定免不了两种结果:一方面是文学的民众化,一方面是民歌的文人化。试看曹丕自己作的《杂诗》:

> 西北有浮云,亭亭如车盖。惜哉时不遇,适与飘风会,吹我东南行,行行至吴会。吴会非家乡,安得久留滞?弃置勿复陈,客子常畏人。

前面的一首可以表示民歌的文人化,这一首可以表示文人作品的民众化。

曹丕的兄弟曹植(字子建,死于232)是当日最伟大的诗人。现今所存他的诗集里,他作的乐府歌辞要占全集的一半以上。大概他同曹丕俱负盛名,曹丕做了皇帝,他颇受猜忌,经过不少的忧患,故他的诗歌往往依托乐府旧曲,借题发泄他的忧思。从此以后,乐府遂更成了高等文人的文学体裁,地位更抬高了。

曹植的诗,我们也举几首作例。先引他的《野田黄雀行》:

> 高树多悲风,海水扬其波。利剑不在掌,结友何须多?不见篱间雀,见鹞自投罗?罗家见雀喜,少年见雀悲。拔剑捎罗网,黄雀得飞飞。飞飞摩苍天,来下谢少年。

这种爱自由,思解放的心理,是曹植的诗的一个中心意境。这种心理有时表现为歌颂功名的思想。如《白马篇》云:

> 白马饰金羁,连翩西北驰。借问谁家子,幽并游侠儿。少小去乡邑,扬声沙漠垂。……弃身锋刃端,性命安可怀!父母且不顾,何言子与妻?名在壮士籍,不得中顾私。捐躯赴国难,视死忽如归。

又如《名都篇》:

> 名都多妖女,京洛出少年。宝剑直千金,被服丽且鲜。斗鸡东郊道,走马长楸间。驰骋未及半,双兔过我前。揽弓捷鸣镝,长驱上南山。左挽因右发,一纵两禽连。余巧未及展,仰手接飞鸢。观者咸称善,众工归我妍。归来宴平乐,美酒斗十千。脍鲤臇胎鰕,炮鳖炙熊蹯。鸣俦啸匹侣,列坐竟长筵。连翩击鞠壤,巧捷惟万端。白日西南驰,光景不可攀。云散还城邑,清晨复来还。

同样爱自由的意境有时又表现为羡慕神仙的思想,故曹植有许多游仙诗,如《苦思行》、《远游篇》,都是好例。他的晚年更不得意,很受他哥哥的政府的压迫。名为封藩而王,其实是远徙软禁(看《三国志》卷十九)。他后来在愁苦之中,发病而死,只有四十一岁。他有《瑟调歌辞》,用飞蓬自喻,哀楚动人:

  吁嗟此转蓬,居世何独然?长去本根逝,夙夜无休闲。东西经七陌,南北越九阡,卒遇回风起,吹我入云间。自谓终天路,忽然下沉泉。惊飚接我出,故归彼中田。当南而更北,谓东而反西,宕宕当何依,忽亡而复存。飘摇风八泽,连翩历五山,流转无恒处,谁知吾苦艰?愿为中林草,秋随野火燔。糜灭岂不痛?愿与根荄连。

与曹氏父子同时的文人:如陈琳、王粲、阮瑀、繁钦等,都受了这个乐府运动的影响。陈琳有《饮马长城窟行》,写边祸之惨:

  饮马长城窟,水寒伤马骨。往谓长城吏:慎勿稽留太原卒。官作自有程,举筑谐汝声。男儿宁当格斗死,何能怫郁筑长城?长城何连连,连连三千里。边城多健少,内舍多寡妇。作书与内舍:"便嫁莫留住。善事新姑嫜,时时念我故夫子。"报书与边地:"君今出语一何鄙!'身在祸难中,何为稽留他家子?'生男慎莫举!生女哺用脯!君独不见长城下,死人骸骨相撑拄?""结发行事君,慊慊心意关。明知边地苦,贱妾何能久自全?"

王粲(死于217)《七哀诗》的第一首也是这种社会问题诗:

  西京乱无象,豺虎方遘患。复弃中国去,委身适荆蛮。亲戚对我悲,朋友相追攀。出门无所见,白骨蔽平原。路有饥妇人,抱子弃草间,顾闻号泣声,挥涕独不还。"未知身死处,何能两相完?"驱马弃之去,不忍听此言。南登霸陵岸,回首望长安。悟彼泉下人,喟然伤心肝。

同时的阮瑀(死于212)作的《驾出北郭门行》,也是一篇社会问题的诗:

  驾至北郭门,马樊不肯驰。下车步踟蹰,仰折枯杨枝,顾闻丘林中,噭噭有悲啼。借问啼者谁,何为乃如斯?亲母舍我没,

> 后母憎孤儿。饥寒无衣食,举动鞭捶施。骨消肌肉尽,体若枯树皮。藏我空屋中,父还不能知。上冢察故处,存亡永别离。亲母何可见？泪下声正嘶。弃我于此间,穷厄岂有赀？传告后代人,以此为明规。

这虽是笨拙的白话诗,却很可表示《孤儿行》一类的古歌辞的影响。

繁钦（死于218）有《定情诗》,中有一段：

> 我既媚君姿,君亦悦我颜。何以致拳拳？绾臂双金环。何以致殷勤？约指一双银。何以致区区？耳中双明珠。何以致叩叩？香囊系肘后。何以致契阔？绕腕双条脱。

这虽然也是笨拙浅薄的铺叙,然而古乐府《有所思》的影响也是很明显的。一百年前,当汉顺帝阳嘉年间（132—135）,张衡作了一篇《四愁诗》,也很像是《有所思》的影响。《四愁诗》共四章,我们选二章作例：

> 我所思兮在太山,欲往从之梁甫艰,侧身东望涕沾翰。美人赠我金错刀。何以报之英琼瑶。路远莫致倚逍遥。何为怀忧心烦劳？（一）

> 我所思兮在汉阳,欲往从之陇坂长,侧身西望涕沾裳。美人赠我貂襜褕。何以报之明月珠。路远莫致倚踟蹰。何为怀忧心烦纡？（二）

《有所思》已引在第三章,今再抄于此,以供比较：

> 有所思,乃在大海南。何用问遗君？双珠玳瑁簪,用玉绍缭之。闻君有他心,拉杂摧烧之。摧烧之！当风扬其灰？从今以往,勿复相思！

我们把这诗与张衡、繁钦的诗比较着看,再用晋朝傅玄的《拟四愁诗》（丁福保编的《全晋诗》,卷二,页十六）来合看,便可以明白文学的民众化与民歌的文人化的两种趋势的意义了。

当时确有一种民众化的文学趋势,那是无可疑的。当时的文人如应璩兄弟几乎可以叫作白话诗人。《文心雕龙》说应场有《文论》,此篇现已失传了,我们不知他对于文学有什么主张。但他的《斗鸡诗》(丁福保《全三国诗》卷三,页十四)却是很近白话的。应璩(死于252)作《百一诗》,大概取扬雄"劝百而讽一"的话的意思。史家说他的诗"虽颇谐,然多切时要"。旧说又说,他作《百一诗》,讥切时事,"遍以示在事者,皆怪愕,以为应焚弃之"。今世所传《百一诗》已非全文,故不见当日应焚弃的话,但见一些道德常识的箴言,文辞甚浅近通俗,颇似后世的《太公家教》和《治家格言》一类的作品。所谓"其言颇谐",当是说他的诗体浅俚,近于俳谐。例如今存他的诗有云:

细微可不慎?堤溃自蚁穴。腠理早从事,安复劳针石?

又有云:

子弟可不慎?慎在选师友。师友必长德,中才可进诱。

这都是通俗格言的体裁,不能算作诗。其中勉强像诗的,如:

前者隳官去,有人适我闾。田家无所有,酌醴焚枯鱼。问我何功德,三入承明庐。……避席跪自陈,贱子实空虚。宋人遇周客,惭愧靡所如。

只有一首《三叟》,可算是一首白话的说理诗:

古有行道人,陌上见三叟,年各百余岁,相与锄禾莠。住车问三叟:何以得此寿?上叟前致辞:内中妪貌丑。中叟前致辞:量腹节所受。下叟前致辞:夜卧不覆首。要哉三叟言,所以能长久。

但这种"通俗化"的趋势终久抵不住那"文人化"的趋势;乐府民歌的影响固然存在,但辞赋的旧势力也还不小,当时文人初作乐府歌辞,工具未曾用熟,只能用诗体来达一种简单的情感与简单的思想。稍稍复杂的意境,这种新体裁还不够应用。所以曹魏的文人遇有较深沉的意境,仍不能不用旧辞赋体。如曹植的《洛神赋》,便是好例。这有点像后世文人学作教坊舞女的歌词,五代宋初的词只能说儿女缠绵的话,直到苏轼以后,方才能用词体来谈禅说理,论史论人,无所不可。这其间的时间先后,确是个工具生熟的问题:这个解释虽是很浅,却近于事实。

五言诗体,起于汉代的无名诗人,经过建安时代许多诗人的提倡,到了阮籍方才正式成立。阮籍(死于263)是第一个用全力做五言诗的人;诗的体裁到他方才正式成立,诗的范围到他方才扩充到无所不包的地位。

阮籍是崇信自然主义的一个思想家。生在那个魏晋交替的时代,他眼见司马氏祖孙三代专擅政权,欺凌曹氏,压迫名流,他不能救济,只好纵酒放恣。史家说司马昭想替他的儿子司马炎(即晋武帝)娶阮籍的女儿,他没有法子,只得天天喝酒,接连烂醉了六十日,使司马昭没有机会开口。他崇拜自由,而时势不许他自由;他鄙弃那虚伪的礼法,而"礼法之士,疾之若仇"。所以他把一腔的心事都发泄在酒和诗两件事上。他有《咏怀》诗八十余首。他是一个文人,当时说话又不便太明显,故他的诗虽然抬高了五言诗的身分,虽然明白建立了五言诗的地位,同时却也增加了五言诗"文人化"的程度。

我们选录《咏怀》诗中的几首:

> 鸿鹄相随飞,飞飞适荒裔。双翮临长风,须臾万里逝。朝餐琅玕实,夕宿丹山际。抗身青云中,网罗孰能制?岂与乡曲士,携手共言誓?

> 昔闻东陵瓜,近在青门外(秦时东陵侯邵平在秦亡后沦落为平民,在长安青门外种瓜,瓜美,人称为东陵瓜)。连畛距阡陌,子母相钩带。五色耀朝日,嘉宾四面会。膏火自煎熬,多财为患害。布衣可终身,宠禄岂足赖?

> 昔年十四五,志尚好书诗,被褐怀珠玉,颜闵相与期。开轩临四野,登高望所思。丘墓蔽山冈,万代同一时。千秋万岁后,荣名安所之?乃悟羡门子,噭噭令自嗤(羡门是古传说的仙人)。

> 独坐空堂上,谁可与欢者?出门临永路,不见行车马。登高望九州,悠悠分旷野。孤鸟西北飞,离兽东南下。日暮思亲友,晤言用自写。

> 人言愿延年,延年欲焉之?黄鹄呼子安,千秋未可期。独坐山岩中,恻怆怀所思。王子一何好,猗靡相携持。悦怿犹今辰,计校在一时。置此明朝事,日夕将见欺。

驾言发魏都,南向望吹台。箫管有遗音,梁王安在哉?战士食糟糠,贤士处蒿莱。歌舞曲未终,秦兵已复来。夹林非吾有,朱宫生尘埃。军败华阳下,身竟为土灰。

第六章　故事诗的起来

故事诗(Epic)在中国起来的很迟,这是世界文学史上一个很少见的现象。要解释这个现象,却也不容易。我想,也许是中国古代民族的文学确是仅有风谣与祀神歌,而没有长篇的故事诗,也许是古代本有故事诗,而因为文字的困难,不曾有记录,故不得流传于后代;所流传的仅有短篇的抒情诗。这二说之中,我却倾向于前一说。《三百篇》中如《大雅》之《生民》,如《商颂》之《玄鸟》,都是很可以作故事诗的题目,然而终于没有故事诗出来。可见古代的中国民族是一种朴实而不富于想像力的民族。他们生在温带与寒带之间,天然的供给远没有南方民族的丰厚,他们须要时时对天然奋斗,不能像热带民族那样懒洋洋地睡在棕榈树下白日见鬼,白昼做梦。所以《三百篇》里竟没有神话的遗迹。所有的一点点神话如《生民》、《玄鸟》的"感生"故事,其中的人物不过是祖宗与上帝而已。(《商颂》作于周时,《玄鸟》的神话似是受了姜嫄故事的影响以后仿作的。)所以我们很可以说中国古代民族没有故事诗,仅有简单的祀神歌与风谣而已。

后来中国文化的疆域渐渐扩大了,南方民族的文学渐渐变成了中国文学的一部分。试把《周南》、《召南》的诗和《楚辞》比较,我们便可以看出汝、汉之间的文学和湘、沅之间的文学大不相同,便可以看出疆域越往南,文学越带有神话的分子与想像的能力。我们看《离骚》里的许多神的名字——羲和,望舒等——便可以知道南方民族曾有不少的神话。至于这些神话是否取故事诗的形式,这一层我们却无从考证了。

中国统一之后,南方的文学——赋体——成了中国贵族文学的正统的体裁。赋体本可以用作铺叙故事的长诗,但赋体北迁之后,免不了北方民族的朴实风气的制裁,终究"庙堂化"了。起初还有南方文人的《子虚赋》,《大人赋》,表示一点想像的意境,然而终不免要

"曲终奏雅",归到讽谏的路上去。后来的《两京》、《三都》,简直是杂货店的有韵仿单,不成文学了。至于大多数的小赋,自《鵩鸟赋》以至于《别赋》、《恨赋》,竟都走了抒情诗与讽谕诗的路子,离故事诗更远了。

但小百姓是爱听故事又爱说故事的。他们不赋两京,不赋三都,他们有时歌唱恋情,有时发泄苦痛,但平时最爱说故事。《孤儿行》写一个孤儿的故事,《上山采蘼芜》写一家夫妇的故事,也许还算不得纯粹的故事诗,也许只算是叙事的(Narrative)讽谕诗。但《日出东南隅》一类的诗,从头到尾只描写一个美貌的女子的故事,全力贯注在说故事,纯然是一篇故事诗了。

绅士阶级的文人受了长久的抒情诗的训练,终于跳不出传统的势力,故只能做有断制,有剪裁的叙事诗:虽然也叙述故事,而主旨在于议论或抒情,并不在于敷说故事的本身。注意之点不在于说故事,故终不能产生故事诗。

故事诗的精神全在于说故事:只要怎样把故事说的津津有味,娓娓动听,不管故事的内容与教训。这种条件是当日的文人阶级所不能承认的。所以纯粹故事诗的产生不在于文人阶级而在于爱听故事又爱说故事的民间。"田家作苦,岁时伏腊,烹羊炰羔,斗酒自劳,……酒后耳热,仰天拊缶而歌乌乌",这才是说故事的环境,这才是弹唱故事诗的环境,这才是产生故事诗的环境。

如今且先说文人作品里故事诗的趋势。

蔡邕(死于192)的女儿蔡琰(文姬)有才学,先嫁给卫氏,夫死无子,回到父家居住。父死之后,正值乱世,蔡琰于兴平年间(约195)被胡骑掳去,在南匈奴十二年,生了两个儿子。曹操怜念蔡邕无嗣,遂派人用金璧把她赎回中国,重嫁给陈留的董祀。她归国后,感伤乱离,作《悲愤》诗二篇,叙她的悲哀的遭际。一篇是用赋体作的,一篇是用五言诗体作的,大概她创作长篇的写实的叙事诗,(《离骚》不是写实的自述,只用香草美人等等譬喻,使人得一点概略而已。)故试用旧辞赋体,又试用新五言诗体,要试验那一种体裁适用。

蔡琰的五言的《悲愤》诗如下：

  汉季失权柄，董卓乱天常，志欲图篡弒，先害诸贤良；逼迫迁旧邦，拥主以自强。海内兴义师，欲共讨不祥。卓众来东下，金甲耀日光。平土人脆弱，来兵皆胡羌，猎野围城邑，所向悉破亡。

  斩截无孑遗，尸骸相撑拒。马边悬男头，马后载妇女。长驱入西关，回路险且阻；还顾邈冥冥，肝脾为烂腐。所略有万计，不得令屯聚，或有骨肉俱，欲言不敢语。失意几微间，辄言"毙降虏！要当以亭刃，我曹不活汝！"

  岂复惜性命？不堪其詈骂。或便加捶杖，毒痛参并下。旦则号泣行，夜则悲吟坐。欲死不能得，欲生无一可。彼苍者何辜，乃遭此厄祸！

  边荒与华异，人俗少义理。处所多霜雪，胡风春夏起：翩翩吹我衣，肃肃入我耳。感时念父母，哀叹无穷已。

  有客从外来，闻之常欢喜；迎问其消息，辄复非乡里。邂逅徼时愿，骨肉来迎己。己得自解免，当复弃儿子。天属缀人心，念别无会期。存亡永乖隔，不忍与之辞。儿前抱我颈，问"母欲何之？人言母当去，岂复有还时？阿母常仁恻，今何更不慈？我尚未成人，奈何不顾思？"见此崩五内，恍惚生狂痴。号泣手抚摩，当发复回疑。

  兼有同时辈，相送告离别，慕我独得归，哀叫声摧裂。马为立踟蹰，车为不转辙，观者皆歔欷，行路亦呜咽。

  去去割情恋，遄征日遐迈。悠悠三千里，何时复交会？念我出腹子，胸臆为摧败。

  既至家人尽，又复无中外。城郭为山林，庭宇生荆艾。白骨不知谁，从横莫覆盖。出门无人声；豺狼号且吠。茕茕对孤景，怛咤糜肝肺。登高远眺望：魂神忽飞逝，奄若寿命尽。旁人相宽大，为复强视息，虽生何聊赖？托命于新人，竭心自勖厉！流离成鄙贱，常恐复捐废。人生几何时？怀忧终年岁。

这是很朴实的叙述。中间"儿前抱我颈"一段竟是很动人的白话诗。大概蔡琰也曾受乐府歌辞的影响。蔡琰另用赋体作的那篇

《悲愤》,也只有写临行抛弃儿子的一段最好:

> 家既迎兮当归宁。临长路兮捐所生。儿呼母兮啼失声。我掩耳兮不忍听。追持我兮走茕茕。顿复起兮毁颜形。还顾之兮破人情。心怛绝兮死复生。

这便远不如五言诗的自然了。(世传的《胡笳十八拍》,大概是很晚出的伪作,事实是根据《悲愤》诗,文字很像唐人的作品。如云"杀气朝朝冲塞门,胡风夜夜吹边月",似不是唐以前的作品。)

蔡琰的赎还大约在建安十二三年(207—208)。《悲愤》诗凡一百零八句,五百四十字,也算得一首很长的叙事诗了。

魏黄初年间(约225),左延年以新声被宠。他似是一个民间新声的作家。他作的歌辞中有一篇《秦女休行》,也是一篇记事,而宗旨全在说故事,虽然篇幅简短,颇有故事诗的意味,《秦女休行》如下:

> 步出上西门,遥望秦氏庐。秦氏有好女,自名为女休。休年十四五,为宗行报仇。左执白杨刃,右据宛鲁矛。仇家便东南。仆僵秦女休。(此十字不可读,疑有错误。)女休西上山,上山四五里,关吏呵问女休。女休前置词:平生为燕王妇,于今为诏狱囚;平生衣参差,当今无领襦。明知杀人当死,兄言快快,弟言无道忧。(这九个字也有点不可解。)女休坚词:为宗报仇死不疑。杀人都市中,徼我都市西。丞卿罗列东向坐,女休凄凄曳梏前,两徒夹我持。刀刃五尺余。刀未下,朣胧击鼓赦书下。

此后数十年中,诗人傅玄(死于270左右)也作了一篇《秦女休行》,也可以表示这时代的叙事韵文的趋势。傅玄是一个刚直的谏臣,史家说他能使"贵游慑伏,台阁生风"。(看《晋书》四十七他的传。)所以他对于秦女休的故事有特别的热诚。他的《秦女休行》,我试为分行写在下面:

> 庞氏有烈妇,义声驰雍凉("庞氏",一本作"秦氏")。
> 父母家有重怨,仇人暴且强。
> 虽有男兄弟,志弱不能当。
> 烈女念此痛,丹心为寸伤。

> 外若无意者,内潜思无方。
> 白日入都市,怨家如平常。
> 匿剑藏白刃,一奋寻身僵。
> 身首为之异处,伏尸列肆旁。
> 肉与土合成泥,洒血溅飞梁。
> 猛气上干云霓,仇党失守为披攘。
> 一市称烈义,观者收泪并慨慷。
> 百男何当益?不如一女良。
> 烈女直造县门,云"父不幸遭祸殃。
> 今仇身以(已)分裂,虽死情益扬。
> 杀人当伏辜,义不苟活隳旧章。"
> 县令解印绶,"令我伤心不忍听。"
> 刑部垂头塞耳,"令我吏举不能成。"
> 烈著希代之绩,义立无穷之名。
> 夫家同受其祚,子子孙孙咸享其荣。
> 令我作歌咏高风,激扬壮发悲且清。

这两篇似是同一件故事,然而数十年之间,这件故事已经过许多演变了。被关吏呵问的,变成到县门自首了;丞卿罗列讯问,变成县令解印绶了;临刑刀未下时遇赦的,变成"烈著希代之绩,义立无穷之名"了。

依此看来,我们可以推想当日有一种秦女休的故事流行在民间。这个故事的民间流行本大概是故事诗。左延年与傅玄所作《秦女休行》的材料都是大致根据于这种民间的传说的。这种传说——故事诗——流传在民间,东添一句,西改一句,"母题"(Motif)虽未大变,而情节已大变了。左延年所采的是这个故事的前期状态;傅玄所采的已是他的后期状态了,已是"义声驰雍凉"以后的民间改本了。流传越久,枝叶添的越多,描写的越细碎。故傅玄写烈女杀仇人与自首两点比左延年详细的多。

建安、泰始之间(200—270),有蔡琰的长篇自纪诗,有左延年与傅玄记秦女休故事的诗。此外定还有不少的故事诗流传于民间。例如乐府有《秋胡行》,本辞虽不传了,然可证当日有秋胡的故事诗;又有《淮南王篇》,本辞也没有了,然可证当日有淮南王成仙的故事诗。故事诗的趋势已传染到少数文人了。故事诗的时期已到了,故事诗的杰作要出来了。

我们现在可以讨论古代民间最伟大的故事诗《孔雀东南飞》了。此诗凡三百五十三句,一千七百六十五个字。此诗初次出现是在徐陵编纂的《玉台新咏》里,编者有序云:

汉末建安中(196—220),庐江府小吏焦仲卿妻刘氏为仲卿母所遣,自誓不嫁。其家迫之,乃投水而死。仲卿闻之,亦自缢于庭树。时人伤之,为诗云尔。

全诗如下:

孔雀东南飞,五里一裴回。——"十三能织素,十四学裁衣,十五弹箜篌,十六诵诗书,十七为君妇,心中常苦悲。君既为府吏,守节情不移;贱妾留空房,相见常日稀。鸡鸣入机织,夜夜不得息。三日断五匹,大人故嫌迟。非为织作迟,君家妇难为。妾不堪驱使,徒留无所施。便可白公姥,及时相遣归。"

府吏得闻之,堂上启阿母:"儿已薄禄相,幸复得此妇,结发同枕席,黄泉共为友,共事二三年,始尔未为久。女行无偏斜,何意致不厚?"阿母谓府吏:"何乃太区区?此妇无礼节,举动自专由,吾意久怀忿,汝岂得自由;东家有贤女,自名秦罗敷。可怜体无比,阿母为汝求。便可速遣之!遣之慎莫留!"

府吏长跪告:"伏惟启阿母,今若遣此妇,终老不复取。"阿母得闻之,槌床便大怒:"小子无所畏!何敢助妇语!吾已失恩义,会不相从许。"

府吏默无声,再拜还入户,举言谓新妇,哽咽不能语。"我自不驱卿,逼迫有阿母!卿但暂还家;吾今且报府;不久当归还,还必相迎取。以此下心意,慎勿违我语!"

新妇谓府吏:"勿复重纷纭。往昔初阳岁,谢家来贵门,奉事循公姥,进止敢自专?昼夜勤作息,伶俜萦苦辛。谓言无罪过,供养卒大恩。仍更被驱遣,何言复来还?妾有绣腰襦,葳蕤自生光,红罗复斗帐,四角垂香囊;箱帘六七十,绿碧青丝绳;物物各自异,种种在其中。人贱物亦鄙,不足迎后人,留待作遗施,于今无会因!时时为安慰,久久莫相忘!"

鸡鸣外欲曙,新妇起严妆,着我绣夹裙,事事四五通;足下蹑丝履,头上玳瑁光;腰若流纨素;耳著明月珰;指如削葱根;口如含珠丹;纤纤作细步,精妙世无双。上堂拜阿母,母听去不止。"昔作女儿时,生小出野里,本自无教训,兼愧贵家子。受母钱帛多,不堪母驱使。今日还家去,念母劳家里。"却与小姑别,泪落连珠子。"新妇初来时,小姑始扶床;今日被驱遣,小姑如我长,勤心养公姥,好自相扶将。初七及下九,嬉戏莫相忘!"出门登车去,涕落百余行。

府吏马在前,新妇车在后,隐隐何甸甸,俱会大道口。下马入车中,低头共耳语:"誓不相隔卿,且暂还家去。吾今且赴府,不久当还归,誓天不相负!"新妇谓府吏:"感君区区怀。君既若见录,不久望君来。君当作盘石,妾当作蒲苇;蒲苇纫如丝,盘石无转移。我有亲父兄,性行暴如雷,恐不任我意,逆以煎我怀。"举手长劳劳,二情同依依。

入门上家堂,进退无颜仪。阿母大拊掌:"不图子自归!十三教汝织,十四能裁衣,十五弹箜篌,十六知礼仪,十七遣汝嫁,谓言无誓违(丁福保说'誓违'疑是'愆违'之讹。愆古愈字。《诗》'不愆于仪?'《礼·缁衣》篇引作愈)。汝今何罪过,不迎而自归?""兰芝惭阿母,儿实无罪过。"阿母大悲摧。

还家十余日,县令遣媒来,云:"有第三郎,窈窕世无双,年始十八九,便言多令才。"阿母谓阿女:"汝可去应之。"阿女含泪答:"兰芝初还时,府吏见丁宁,结誓不别离;今日违情义,恐此事非奇;自可断来信,徐徐更谓之。"阿母白媒人:"贫贱有此女,始适还家门,不堪吏人妇,岂合令郎君?幸可广问讯,不得便相许。"

媒人去数日,寻遣丞请还,说:"有兰家女,承籍有宦官(这十字不可解,疑有脱误)。云:'有第五郎,娇逸未有婚,遣丞为媒人,主簿通言语,直说太守家,有此令郎君。既欲结大义,故遣来贵门。'"阿母谢媒人:"女子先有誓,老姥岂敢言。"

阿兄得闻之,怅然心中烦,举言谓阿妹:"作计何不量!先嫁得府吏,后嫁得郎君,否泰如天地,足以荣自身。不嫁义郎体,其往欲何云?"兰芝仰头答:"理实如兄言。谢家事夫婿,中道还兄门,处分适兄意,那得自任专?虽与府吏要,渠会永无缘。登即相许和,便可作婚姻。"

媒人下床去,诺诺复尔尔,还部白府君:"下官奉使命,言谈大有缘。"府君得闻之,心中大欢喜,视历复开书:便利此月内,六合正相应,良吉三十日。"今已二十七,卿可去成婚。"交语速装束,络绎如浮云。

青雀白鹄舫,四角龙子幡,婀那随风转;金车玉作轮,踯躅青骢马,流苏金缕鞍;赍钱三百万,皆用青丝穿,杂彩三百匹;交广市鲑珍;从人四五百,郁郁登郡门。

阿母谓阿女:"适得府君书,明日来迎汝,何不作衣裳?莫令事不举。"阿女默无声,手巾掩口啼。泪落便如泻。移我琉璃榻,出置前窗下。左手持刀尺,右手持绫罗;朝成绣袷裙,晚成单罗衫;晻晻日欲暝,愁思出门啼。

府吏闻此变,因求假暂归。未至二三里,摧藏马悲哀。新妇识马声,蹑履相逢迎,怅然遥相望,知是故人来。举手拍马鞍,嗟叹使心伤。"自君别我后,人事不可量。果不如先愿,又非君所详。我有亲父母,逼迫兼弟兄,以我应他人,君还何所望?"府吏谓新妇:"贺君得高迁!盘石方且厚,可以卒千年;蒲苇一时纫,便作旦夕间。卿当日胜贵,吾独向黄泉。"新妇谓府吏:"何意出此言!同是被逼迫,君尔妾亦然。黄泉下相见,勿违今日言。"执手分道去,各各还家门。生人作死别,恨恨那可论?念与世间辞,千万不复全。

府吏还家去,上堂拜阿母:"今日大风寒,寒风摧树木,严霜结庭兰。儿今且冥冥,令母在后单。故作不良计,勿复怨鬼神。

命如南山石，四体康且直。"阿母得闻之，零泪应声落："汝是大家子，仕宦于台阁，慎勿为妇死，贵贱情何薄？东家有贤女，窈窕艳城郭，阿母为汝求，便复在旦夕。"

府吏再拜还，长叹空房中，作计乃尔立；转头向户里，渐见愁煎迫。——其日牛马嘶，新妇入青庐，奄奄黄昏后，寂寂人定初。"我命绝今日，魂去尸长留。"揽裙脱丝履，举身赴清池。——府吏闻此事，心知长别离，徘徊庭树下，自挂东南枝。

两家求合葬，合葬华山傍；东西植松柏，左右种梧桐，枝枝相覆盖，叶叶相交通。中有双飞鸟，自名为鸳鸯，仰头相向鸣，夜夜达五更。行人驻足听，寡妇起彷徨。多谢后世人，戒之慎勿忘。

《孔雀东南飞》是什么时代的作品呢？

向来都认此诗为汉末的作品。《玉台新咏》把此诗列在繁钦、曹丕之间。近人丁福保把此诗收入《全汉诗》，谢无量作《中国大文学史》（第三编第八章第五节）也说是"大抵建安时人所为耳"。这都由于深信原序中"时人伤之，为诗云尔"一句话。（我在本书初稿里，也把此诗列在汉代。）至近年始有人怀疑此说。梁启超先生说：

像《孔雀东南飞》和《木兰诗》一类的作品，都起于六朝，前此却无有（见他的《印度与中国文化之亲属关系》讲演，引见陆侃如《孔雀东南飞考证》）。

他疑心这一类的作品是受了《佛本行赞》一类的佛教文学的影响以后的作品。他说他对这问题，别有考证。他的考证虽然没有发表，我们却不妨先略讨论这个问题。陆侃如先生也信此说，他说：

假使没有宝云（《佛本行经》译者）与无谶（《佛所行赞》译者）的介绍，《孔雀东南飞》也许到现在还未出世呢，更不用说汉代了。（《孔雀东南飞》考证，《国学月报》第三期。）

我对佛教文学在中国文学上发生的绝大影响，是充分承认的。但我不能信《孔雀东南飞》是受了《佛本行赞》一类的书的影响以后的作品。我以为《孔雀东南飞》之作是在佛教盛行于中国以前。

第一，《孔雀东南飞》全文没有一点佛教思想的影响的痕迹。这是很可注意的。凡一种外来的宗教的输入，他的几个基本教义的流行必定远在他的文学形式发生影响之前。这是我们可以用一切宗教史和文化史来证明的。即如眼前一百年中，轮船火车煤油电灯以至摩托车无线电都来了，然而文人阶级受西洋文学的影响却还是最近一二十年的事，至于民间的文学竟可说是至今还丝毫不曾受着西洋文学的影响。你去分析《狸猫换太子》，《济公活佛》，等等俗戏，可寻得出一分一毫的西洋文学的影响吗？——《孔雀东南飞》写的是一件生离死别的大悲剧，如果真是作于佛教盛行以后，至少应该有"来生"，"轮回"，"往生"一类的希望。（如白居易《长恨歌》便有"在天愿为比翼鸟，在地愿为连理枝"，"但教心似金钿坚，天上人间会相见"的话。如元稹的《悼亡诗》便有"他生缘会更难期"，"也曾因梦送钱财"的话。）然而此诗写焦仲卿夫妇的离别只说：

卿当日胜贵，吾独向黄泉。黄泉下相见，勿违今日言。生人作死别，恨恨那可论！念与世间辞，千万不复全。我命绝今日，魂去尸长留。……府吏闻此事，心知长别离。

写焦仲卿别他的母亲，也只说：

儿今日冥冥，令母在后单。故作不良计，勿复怨鬼神。

这都是中国旧宗教里的见解，完全没有佛教的痕迹。一千七八百字的悲剧的诗里丝毫没有佛教的影子，我们如何能说他的形式体裁是佛教文学的产儿呢？

第二，《佛本行赞》，《普曜经》等等长篇故事译出之后，并不曾发生多大的影响。梁启超先生说：

《佛本行赞》译成华文以后也是风靡一时，六朝名士几于人人共读。

这是毫无根据的话。这一类的故事诗，文字俚俗，辞意烦复，和"六朝名士"的文学风尚相去最远。六朝名士所能了解欣赏的，乃是道安、慧远、支遁、僧肇一流的玄理，决不能欣赏这种几万言的俗文长篇记事。《法华经》与《维摩诘经》一类的名译也不能不待至第六世纪以后方才风行。这都是由于思想习惯的不同，与文学风尚的不同，都是不可勉强的。所以我们综观六朝的文学，只看见惠休、宝月一班和尚的名士化,而不看见六朝名士的和尚化。所以梁、陆诸君重视《佛本行经》一类佛典的文学影响,是想像之谈,怕不足信罢?

陆侃如先生举出几条证据来证明《孔雀东南飞》是六朝作品。我们现在要讨论这些证据是否充分。

本篇末段有"合葬华山傍"的话,所以陆先生起了一个疑问,何以庐江的焦氏夫妇要葬到西岳华山呢?因此他便连想到乐府里《华山畿》二十五篇。《乐府诗集》引《古今乐录》云:

《华山畿》者,宋少帝时《懊恼》一曲,亦变曲也。少帝时,南徐一士子从华山畿往云阳。见客舍有女子,年十八九,悦之;无因,遂感心疾。母问其故,具以启母。母为至华山寻访,见女,具以闻;感之,因脱蔽膝,令母密置其席下,卧之当已。少日,果差。忽举席见蔽膝而抱持,遂吞食而死。气欲绝,谓母曰,"葬时,车载从华山度。"母从其意。比至女门,牛不肯前,打拍不动。女曰,"且待须臾!"妆点沐浴,既而出,歌曰:

华山畿!
君既为侬死,
独活为谁施!
欢若见怜时,
棺木为侬开!

棺应声开,女遂入棺;家人叩打,无如之何。乃合葬,呼曰:"神女冢"。

陆先生从这篇序里得着一个大胆的结论。他说:

这件哀怨的故事,在五六世纪时是很普遍的,故发生了二十五篇的民歌。

华山畿的神女冢也许变成殉情者的葬地的公名,故《孔雀东南飞》的作者叙述仲卿夫妇合葬时,便用了一个眼前的典故,遂使千余年后的读者们索解无从。但这一点便明明白白的指示我们说,《孔雀东南飞》是作于《华山畿》以后的。

陆先生的结论是很可疑的。《孔雀东南飞》的夫妇,陆先生断定他们不会葬在西岳华山。难道南徐士子的棺材却可以从西岳华山经过吗？南徐州治在现今的丹徒县，云阳在现今的丹阳县。华山大概即是丹阳之南的花山，今属高淳县。云阳可以有华山，何以见得庐江不能有华山呢？两处的华山大概都是本地的小地名，与西岳华山全无关系，两华山彼此也可以完全没有关系。故根据华山畿的神话来证明《孔雀东南飞》的年代，怕不可能罢？

陆先生又指出本篇"新妇入青庐"的话，说，据段成式《酉阳杂俎》卷一，"青庐"是"北朝结婚时的特别名词"。但他所引《酉阳杂俎》一条所谓"礼异"，似指下文"夫家领百余人……挟车俱呼"以及"妇家亲宾妇女……以杖打婿，至有大委顿者"的奇异风俗而言。"青布幔为屋，在门内外，谓之青庐"，不过如今日北方喜事人家的"搭棚"，没有什么特别之处。况且陆先生自己又引《北史》卷八说北齐幼主。

> 御马则藉以毡罽，食物有十余种；将合牝牡，则设青庐，具牢馔而亲观之。

这也不过如今人的搭棚看戏。这种布棚也叫做"青庐"，可见"青庐"未必是"北朝结婚时的特别名词"了。

陆先生又用"四角龙子幡"，说这是南朝的风尚，这是很不相干的证据，因为陆先生所举的材料都不能证实"龙子幡"为以前所无。况且"青庐"若是北朝异俗，"龙子幡"又是南朝风尚，那么，在那南北分隔的五六世纪，何以南朝风尚与北朝异礼会同时出现于一篇诗里呢？

所以我想，梁启超先生从佛教文学的影响上推想此诗作于六朝，陆侃如先生根据"华山"，"青庐"，"龙子幡"等，推定此诗作于宋少帝（423—424）与徐陵（死于583）之间，这些主张大概都不能成立。

我以为《孔雀东南飞》的创作大概去那个故事本身的年代不远，大概在建安以后不远，约当三世纪的中叶。但我深信这篇故事诗流传在民间，经过三百多年之久（230—550）方才收在《玉台新咏》里，方才有最后的写定，其间自然经过了无数民众的减增修削，添上了不少的"本地风光"(如"青庐"、"龙子幡"之类),吸收了不少的无名诗人的天才与风格,终于变成一篇不朽的杰作。

"孔雀东南飞,五里一裴回"——这自然是民歌的"起头"。当时大概有"孔雀东南飞"的古乐曲调子。曹丕的《临高台》末段云:

> 鹄欲南游,雌不能随。
> 我欲躬衔汝,口噤不能开。
> 欲负之,毛衣摧颓。
> 五里一顾,六里徘徊。

这岂但是首句与末句的文字上的偶合吗?这里譬喻的是男子不能庇护他心爱的妇人,欲言而口噤不能开,欲负他同逃而无力,只能哀鸣瞻顾而已。这大概就是当日民间的《孔雀东南飞》(或《黄鹄东南飞》?)曲词的本文的一部分。民间的歌者,因为感觉这首古歌辞的寓意恰合焦仲卿的故事的情节,故用他来做"起头"。久而久之,这段起头曲遂被缩短到十个字了。然而这十个字的"起头"却给我们留下了此诗创作时代的一点点暗示。

曹丕死于二二六年,他也是建安时代的一个大诗人,正当焦仲卿故事产生的时代。所以我们假定此诗之初作去此时大概不远。

若这故事产生于三世纪之初,而此诗作于五六世纪(如梁、陆诸先生所说),那么,当那个没有刻板印书的时代,当那个长期纷乱割据的时代,这个故事怎样流传到二三百年后的诗人手里呢?所以我们直截假定故事发生之后不久民间就有《孔雀东南飞》的故事诗起来,一直流传演变,直到《玉台新咏》的写定。

自然,我这个说法也有大疑难。但梁先生与陆先生举出的几点都不是疑难。例如他们说:这一类的作品都起于六朝,前此却无有。依我们的研究,汉、魏之间有蔡琰的《悲愤》,有左、傅的《秦女休》,故事诗已到了文人阶级了,那能断定民间没有这一类的作品呢?至于陆先生说此诗"描写服饰及叙述谈话都非常详尽,为古代诗歌里所没有的",此说也不成问题。描写服饰莫如《日出东南隅》与辛延年的《羽林郎》;叙述谈话莫如《日出东南隅》与《孤儿行》。这是谁也不能否认的。

我的大疑难是:如果《孔雀东南飞》作于三世纪,何以魏晋宋齐的文学批评家——从曹丕的《典论》以至于刘勰的《文心雕龙》及钟嵘的《诗品》——都不提起这一篇杰作呢?这岂非此诗晚出的铁证吗?

其实这也不难解释,《孔雀东南飞》在当日实在是一篇白话的长篇民歌,质朴之中,夹着不少土气。至今还显出不少的鄙俚字句,因为太质朴了。不容易得当时文人的欣赏。魏晋以下,文人阶级的文学渐渐趋向形式的方面,字面要绮丽。声律要讲究。对偶要工整。汉魏民歌带来的一点新生命,渐渐又干枯了。文学又走上僵死的路上去了。到了齐、梁之际,隶事(用典)之风盛行,声律之论更密,文人的心力转到"平头,上尾,蜂腰,鹤膝"种种把戏上去,正统文学的生气枯尽了。作文学批评的人受了时代的影响,故很少能赏识民间的俗歌的。钟嵘作《诗品》(嵘死于502年左右),评论百二十二人的诗,竟不提及乐府歌辞。他分诗人为三品:陆机、潘岳、谢灵运都在上品,而陶潜、鲍照都在中品,可以想见他的文学赏鉴力了。他们对于陶潜、鲍照还不能赏识,何况《孔雀东南飞》那样朴实俚俗的白话诗呢?两汉的乐府歌辞要等到建安时代方才得着曹氏父子的提倡,魏晋南北朝的乐府歌辞要等到陈、隋之际方才得着充分的赏识。故《孔雀东南飞》不见称于刘勰、钟嵘,不见收于《文选》,直到六世纪下半徐陵编《玉台新咏》始被采录,并不算是很可怪诧的事。

这一章印成之后,我又检得曹丕的"鹄欲南游,雌不能随,……五里一顾,十里徘徊"一章,果然是删改民间歌辞的,本辞也载在《玉台新咏》里,其辞云:

> 飞来双白鹄,乃从西北来,十十将五五,罗列行不齐。忽然卒疲病,不能飞相随。五里一反顾,六里一徘徊。吾欲衔汝去,口噤不能开。吾将负汝去,羽毛日摧颓。乐哉新相知,忧来生别离。峙嵘顾群侣,泪落纵横垂。今日乐相乐,延年万岁期。

此诗又收在《乐府诗集》里,其辞颇有异同,我们也抄在这里:

> 飞来双白鹄,乃从西北来。十十五五,罗列行行。妻卒被病,行不能相随。五里一反顾,六里一徘徊。吾欲衔汝去,口噤不能开。吾欲负汝去,毛羽何摧颓!乐哉新相知,忧来生别离,

> 峙嶪顾群侣,泪下不自知。念与君别离,气结不能言。各各重自爱,远道归还难。妾当守空房,闭门下重关。若生当相见,亡者会黄泉。今日乐相乐,延年万岁期。

这是汉朝乐府的瑟调歌,曹丕采取此歌的大意,改为长短句,作为新乐府《临高台》的一部分。而本辞仍旧流传在民间,"双白鹄"已讹成"孔雀"了,但"东南飞"仍保存"从西北来"的原意。曹丕原诗前段有"中有黄鹄往且翻","白鹄"也已变成了"黄鹄"。民间歌辞靠口唱相传,字句的讹错是免不了的,但"母题"(Motif)依旧保留不变。故从汉乐府到郭茂倩,这歌辞虽有许多改动,而"母题"始终不变。这个"母题"恰合焦仲卿夫妇的故事,故编《孔雀东南飞》的民间诗人遂用这一只歌作引子。最初的引子必不止这十个字,大概至少像这个样子:

> 孔雀东南飞,五里一徘徊。吾欲衔汝去,口噤不能开。吾欲负汝去,毛羽何摧颓!

流传日久,这段开篇因为是当日人人知道的曲子,遂被缩短只剩开头两句了。又久而久之,这只古歌虽然还存在乐府里,而在民间却被那篇更伟大的长故事诗吞没了。故徐陵选《孔雀东南飞》全诗时,开篇的一段也只有这十个字。一千多年以来,这十个字遂成不可解的疑案。然而这十个字的保存究竟给我们留下了一点时代的暗示,使我们知道焦仲卿妻的故事诗的创作大概在《双白鹄》的古歌还流传在民间但已讹成《孔雀东南飞》的时候;其时代自然在建安之后,但去焦仲卿故事发生之时必不很远。

第七章 南北新民族的文学

汉朝统一了四百年,到第三世纪就分裂成三国。魏在北方,算是古文明的继产人。蜀在西方,开化了西部南部的蛮族,在文化史上也占一个地位。最重要的,吴在南方,是楚亡以后,江南江东第一次成独立的国家;吴国疆土的开拓,文化的提高与传播,都极重要;因为吴国的发展就是替后来东晋、宋齐梁陈预备下了一个退步的地方,就是替中国文化预备下了一块避难的所在。

司马氏统一中国,不到二三十年,北中国便发生大乱了。北方杂居的各种新民族——匈奴,鲜卑,羯,氐,羌——一时并起,割据北中国,是为五胡十六国的时代。中国文化幸亏有东南一角作退步,中原大族多南迁,勉强保存一线的文明,不致被这一次大扰乱完全毁去。

北方大乱了一百多年,后来鲜卑民族中的拓跋氏起来,逐渐打平了北方诸国,北方才渐渐的有点治安。是为北魏,又称北朝。南方东晋以后虽有朝代的变更,但始终不曾有种族上与文化的大变动。东晋以后直到隋朝平陈,是为南朝。

这个南北分立的时期,有二百年之久;加上以前的五胡十六国时代,加上三国分立的时代,足足有四百年的分裂。这个分裂的时期,是中国文化史上一个最重要的时期。这是中国文明的第一座难关。中国文明虽遭一次大挫折,久而久之,居然能得最后的胜利。东南一角的保存,自不消说了。北方的新民族后来也渐渐的受不住中国文明的魔力,都被同化了。北魏一代,后来完全采用中国的文化,不但禁胡语,废胡服,改汉姓,娶汉女,还要立学校,正礼乐,行古礼。到了拓跋氏的末年,一班复古的学者得势,竟处处用《周礼》,模仿三代以上的文体,竟比南朝的中国文化更带着古董色彩了。中国文化已经征服了北方的新民族,故到第六世纪北方的隋朝统一南北时,不但有了政治的统一,文化上也容易统一了。

这个割据分裂时代的民间文学,自然是南北新民族的文学。江南新民族本有的吴语文学,到此时代,方才渐渐出现。南方民族的文学的特别色彩是恋爱,是缠绵宛转的恋爱。北方的新民族多带着尚武好勇的性质,故北方的民间文学自然也带着这种气概。不幸北方新民族的平民文学传下来的太少了,真是可惜。有些明明是北朝文学,又被后人误编入南朝文学里去了;例如《企喻歌》,《慕容垂歌》,《陇头歌》,《折杨柳歌》,《木兰》,皆有人名或地名可以证明是北方文学,现在多被收入"梁横吹曲辞"里去了。我们现在把它们提出来,便容易看出北方的平民文学的特别色彩是英雄,是慷慨洒落的英雄。

我们先看南方新民族的儿女文学。《大子夜歌》云：

> 歌谣数百种,《子夜》最可怜。慷慨吐清音,明转出天然。

这不但是《子夜歌》的总评,也可算是南方儿女文学的总引子。《晋书·乐志》云：

> 吴歌杂曲,并出江东。东晋以来,稍有增广。

又云：

> 《子夜歌》者,女子名子夜造此声。

《子夜歌》几百首,决不是一人所作,大概都是民间所流传。我们选几首作例：

> 宿昔不梳头,绿发被两肩。婉伸郎膝上,何处不可怜?
> 自从别欢来,奁器了不开。头乱不敢理,粉拂生黄衣。
> 朝思出前门,暮思还后渚。语笑向谁道,腹中阴忆汝。
> 揽枕北窗卧,郎来就侬嬉。喜时多唐突,相怜能几时!
> 揽裙未结带,约眉出前窗。罗裳易飘飏,小开骂春风。
> 夜长不得眠,转侧听更鼓。无故欢相逢,使侬肝肠苦。
> 年少当及时,蹉跎日就老。若不信侬语,但看霜下草。
> 夜长不得眠,明月何灼灼!想闻欢唤声,虚应空中诺。
> 春林花多媚,春鸟意多哀。春风复多情,吹我罗裳开。(以下《子夜春歌》)
> 梅花落已尽,柳花随风散。叹我当春年,无人相要唤。
> 反覆华簟上,屏帐了不施。郎君未可前,待我整容仪。(《子夜夏歌》)
> 自从别欢来,何日不相思?常恐秋叶零,无复连条时。(《子夜秋歌》)
> 涂涩无人行,冒寒往相觅。若不信侬时,但看雪上迹。(以下《子夜冬歌》)
> 寒鸟依高树,枯林鸣悲风。为欢憔悴尽,那得好颜容?

《子夜歌》之外,还有《华山畿》几十首,《懊侬歌》几十首,《读曲歌》近百首,还有散曲无数。有许多很艳的,如《乌夜啼》云：

> 可怜乌白乌,强言知天曙。无故三更啼,欢子冒暗去。

如《碧玉歌》云：

  碧玉破瓜时，郎为情颠倒。感郎不羞郎，回身就郎抱。

如《读曲歌》云：

  打杀长鸣鸡，弹去乌白鸟。愿得连冥不复曙，一年都一晓。

如《华山畿》云：

  奈何许！天下人何限！慊慊只为汝。

  不能久长离。中夜忆欢时，抱被空中啼。

  啼着曙，泪落枕将浮，身沉被流去。

  相送劳劳渚。长江不应满，是侬泪成许。

又如《读曲歌》云：

  忆欢不能食。徘徊三路间。因风寄消息。

  怜欢敢唤名，念欢不唤字。连唤欢复欢，两誓不相弃。

  折杨柳。百鸟园林啼，道欢不离口。

  百花鲜，谁能怀春日，独入罗帐眠？

  遣发不可料，憔悴为谁睹？欲知相忆时，但看裙带缓几许。

  这种儿女艳歌之中，也有几首的文学技术是很高明的。如上文引的"奈何许"一首是何等经济的剪裁；"折杨柳"一首也有很好的技术。《懊侬歌》中的一首云：

  懊恼奈何许！夜闻家中论，不得侬与汝。

《华山畿》里也有同样的一首：

  未敢便相许。夜闻侬家论，不持侬与汝。

这诗用寥寥的十五个字写出一件悲剧的恋爱，真是可爱的技术。这种十三字或十五字的小诗，比五言二十字的绝句体还更经济。绝句往往须有"凑句"，远不如这种十三字与十五字的短歌体，可以随宜长短。

  我想以上举的例，可以代表南朝的儿女文学了。现在且看北方民族的英雄文学。我们所有的材料之中，最可以代表真正北方文学的是鲜卑民族的《敕勒歌》。这歌本是鲜卑语，译成汉文的。歌辞是：

  敕勒川，阴山下，

> 天似穹庐,笼盖四野。
> 天苍苍,野茫茫,
> 风吹草低见牛羊。

"风吹草低见牛羊"七个字,真是神来之笔,何等朴素!何等真挚!《乐府广题》说,北齐高欢攻宇文泰,兵士死去十分之四五,高欢愤怒发病。宇文泰下令道:"高欢鼠子,亲犯玉璧。剑弩一发,元凶自毙。"高欢知道了,只好扶病起坐。他把部下诸贵人都招集拢来,叫斛律金唱《敕勒》,高欢自和之,以安人心。我们读这故事,可以想见这篇歌在当日真可代表鲜卑民族的生活。

我们再举《企喻歌》来做例:

> 男儿欲作健,结伴不须多。鹞子经天飞,群雀两向波。
> 放马大泽中,草好马著膘。牌子铁裲裆,鉏铻鸡尾条。
> 前行看后行,齐著铁裲裆。前头看后头,齐著铁鉏铻。

这是北方尚武民族的军歌了。再看《琅琊王》歌:

> 新买五尺刀,悬著中梁柱。一日三摩娑,剧于十五女。

又看《折杨柳歌辞》,

> 遥看孟津河,杨柳郁婆娑。我是虏家儿,不解汉儿歌。
> 健儿须快马,快马须健儿。䟤跋黄尘下,然后别雄雌。

这种雄壮的歌调,与南朝的儿女文学比较起来,自然天地悬隔,怪不得北方新民族要说"我是虏家儿,不解汉儿歌"了!

北方新民族写痛苦的心境,也只有悲壮,没有愁苦。如《陇头歌》:

> 陇头流水,流离山下。念吾一身,飘然旷野。
> 朝发欣城,暮宿陇头。寒不能语,舌卷入喉。
> 陇头流水,鸣声幽咽。遥望秦川,心肠断绝。

北方平民文学写儿女的心事,也有一种朴实爽快的神气,不像江南女儿那样扭扭捏捏的。我们看《折杨柳枝歌》:

> 门前一株枣,岁岁不知老,阿婆不嫁女,那得孙儿抱?
> 敕敕何力力,女子临窗织。不闻机杼声,唯闻女叹息。
> 问女何所思,问女何所忆。阿婆许嫁女,今年无消息。

这种天真烂漫的神气,确是鲜卑民族文学的特色。

当四世纪初年(东晋太宁元年,323),刘曜同西州氐羌的首领陈安作战,陈安败走。刘曜差将军平先丘中伯带了劲骑去追他。陈安只带了十几骑在路上格战。他左手奋七尺大刀,右手执丈八蛇矛;敌人离近则他的刀矛齐发,往往杀伤五六人。敌远了,他就用弓箭左右驰射而走。追来的平先也是一员健将,勇捷如飞,与陈安搏战三合,夺了他的丈八蛇矛。那时天黑了,又遇大雨,陈安丢了马匹,爬山岭,躲在溪涧里。次日天晴,追兵跟着他们的脚迹,追着陈安,把他杀了。陈安平日很得人心,他死后,陇上民间为作《陇上歌》。其辞云:

> 陇上健儿曰陈安,躯干虽小腹中宽,爱养将士同心肝。骢骢骏马铁锻鞍,七尺大刀配齐镮,丈八蛇矛左右盘。十荡十决无当前。
>
> 百骑俱出如云浮,追者千万骑悠悠。战始三交失蛇矛,十骑俱荡九骑留。弃我骢骢攀岩幽,天非降雨迫者休。
>
> 阿呵呜呼奈子何!呜呼阿呵奈子何!(纪事用《晋书》一百三,歌辞用《赵书》。)

这也是北方民族的英雄文学。这种故事诗体也可以同上章所说互相印证。傅玄的年代与刘曜、陈安相去很近。傅玄的《秦女休行》有"义声驰雍凉"的话,大概《秦女休》的故事诗也起于西北方,也许是北方民族的故事。

故事诗也有南北的区别。《日出东南隅》似是南方的故事诗,《秦女休》便是北方杀人报仇的女英雄歌了。《孔雀东南飞》是南方的故事诗,《木兰辞》便是北方代父从军的女英雄歌了。

北方的平民文学的最大杰作是《木兰辞》,我们先抄此诗全文,分段写如下:

> 唧唧复唧唧,木兰当户织。不闻机杼声,惟闻女叹息。问女何所思,问女何所忆。"女亦无所思,女亦无所忆。昨夜见军帖,可汗大点兵,军书十二卷,卷卷有爷名。阿爷无大儿,木兰无长兄,愿为市鞍马,从此替爷征。"

东市买骏马,西市买鞍鞯,南市买辔头,北市买长鞭。旦辞爷娘去,暮宿黄河边,不闻爷娘唤女声,但闻黄河流水声溅溅。旦辞黄河去,暮宿黑山头;不闻爷娘唤女声,但闻燕山胡骑声啾啾。

万里赴戎机,关山度若飞。朔气传金柝,寒光照铁衣。将军百战死,壮士十年归。

归来见天子,天子坐明堂,策勋十二转,赏赐百千强。可汗问所欲,"木兰不用尚书郎,愿借明驼千里足,送儿还故乡。"

爷娘闻女来,出郭相扶将。阿姊闻妹来,当户理红妆。小弟闻姊来,磨刀霍霍向猪羊。开我东阁门,坐我西间床。脱我战时袍,著我旧时裳。当窗理云鬓,对镜贴花黄。出门看火伴,火伴始惊惶:"同行十二年,不知木兰是女郎。"

雄兔脚扑朔,雌兔眼迷离。两兔傍地走,安能辨我是雄雌?

我要请读者注意此诗起首"唧唧复唧唧,木兰当户织,不闻机杼声,惟闻女叹息。问女何所思,问女何所忆"六句与上文引的《折杨柳枝歌》中间"敕敕何力力"六句差不多完全相同。这不但可见此诗是民间的作品,并且还可以推知此诗创作的年代大概和《折杨柳枝歌》相去不远。这种故事诗流传在民间,经过多少演变,后来引起了文人的注意,不免有改削润色的地方。如中间"朔气传金柝,寒光照铁衣"便不像民间的作风,大概是文人改作的。也许原文的中间有描写木兰的战功的一长段或几长段,文人嫌他拖沓,删去这一段,仅仅把"万里赴戎机,关山度若飞"两句总写木兰的跋涉;把"将军百战死,壮士十年归"两句总写他的战功;而文人手痒,忍不住又夹入这一联的词藻。

北方文学之中,只有一篇贵族文学可以算是白话文学。这一篇是北魏胡太后为他的情人杨华做的《杨白花》。胡太后爱上了杨华,逼迫他做了他的情人,杨华怕祸,逃归南朝。太后想念他,作了这歌,使宫人连臂蹋足同唱。歌辞是:

阳春二三月,杨柳齐作花。春风一夜入闺闼,杨花飘荡落南家。含情出户脚无力,拾得杨花泪沾臆。秋去春还双燕子,愿衔杨花入窠里!

这已是北方民族被中国文明软化后的文学了。

第八章　唐以前三百年中的文学趋势(300—600)

汉魏之际,文学受了民歌的影响,得着不少新的生机,故能开一个新局面。但文学虽然免不了民众化,而一点点民众文学的力量究竟抵不住传统文学的权威。故建安、正始以后,文人的作品仍旧渐渐回到古文学的老路上去。

我们在第四章里已略述散文受了辞赋的影响逐渐倾向骈俪的体裁。这个"辞赋化"与"骈俪化"的倾向到了魏晋以下更明显了,更急进了。六朝的文学可说是一切文体都受了辞赋的笼罩,都"骈俪化"了。论议文也成了辞赋体,纪叙文(除了少数史家)也用了骈俪文,抒情诗也用骈偶,纪事与发议论的诗也用骈偶,甚至于描写风景也用骈偶。故这个时代可说是一切韵文与散文的骈偶化的时代。

我们试举西晋文坛领袖陆机(死于303)的作品为例。陆机作《文赋》,是一篇论文学原理的文字,这个题目便该用散文作的,他却通篇用赋体。其中一段云:

……其始也,皆收视反听,耽思傍讯,精骛八极,心游万仞。其致也,情瞳昽而弥鲜,物昭晰而互进;倾群言之沥液,漱六艺之芳润;浮天渊以安流,濯下泉而潜浸。于是沉辞怫悦,若游鱼衔钩而出重渊之深,浮藻连翩,若翰鸟婴缴而坠层云之峻。收百世之阙文,采千载之遗韵。谢朝华于已披,启夕秀于未振。观古今之须臾,抚四海于一瞬。

这种文章,读起来很顺口,也很顺耳,只是读者不能确定作者究竟说的是什么东西。但当时的风尚如此,议论的文章往往作赋体;即使不作赋体,如葛洪的《抱朴子》,如刘勰的《文心雕龙》,如钟嵘的《诗品》,也都带着许多的骈文偶句。

在记事文的方面,几个重要史家如陈寿、范晔之流还能保持司马迁、班固的散文遗风。但史料的来源多靠传记碑志,而这个时代的碑传文字多充分地骈偶化了,事迹被词藻所隐蔽,读者至多只能猜想其大概,既不能正确,又不能详细,文体之坏,莫过于此了。

在韵文的方面,骈偶化的趋势也很明显。大家如陆机竟有这样恶劣的诗句:

> 逝矣经天日,悲哉带地川!(《长歌行》)
> 邈矣垂天景,壮哉奋地雷!(《折杨柳》)

本来说话里也未尝不可有对偶的句子,故古民歌里也有"新人工织缣,故人工织素;织缣日一匹,织素五丈余"的话,那便是自然的对偶句子。现代民歌里也有"上床要人背,下床要人驮",那也是自然的对偶。但说话做文做诗若专作对偶的句子,或专在对仗的工整上做工夫,那就是走了魔道了。

陆机同时的诗人左思是个有思想的诗人,故他的诗虽然也带点骈偶,却不讨人厌。如他的《咏史》八首之一云:

> 郁郁涧底松,离离山上苗。以彼径寸茎,荫此百尺条。世胄蹑高位,英俊沉下僚。地势使之然,由来非一朝。金张藉旧业,七叶珥汉貂。冯公岂不伟,白首不见招。(金张是汉时的外戚。冯公指冯唐。)

左思有《娇女诗》,却是用白话做的。首段云:

> 吾家有娇女,皎皎颇白晳。小字为纨素,口齿自清历。鬓发覆广额,双耳似连璧。明朝弄梳台,黛眉类扫迹。浓朱衍丹唇,黄吻烂漫赤。

中间一段云:

> 驰骛翔园林,果下皆生摘。红葩缀紫带,萍实骤抵掷。贪花风雨中,眴(瞬)忽数百适。

结语云:

> 任其孺子意,羞受长者责。瞥闻当与杖,掩泪俱向壁。(诗中写两个女儿,纨素与蕙芳,故说"俱向壁"。)

又同时诗人程晓,是傅玄的朋友,也曾有一首白话诗,题为《嘲热客》:

> 平生三伏时,道路无行车。闭门避暑卧,出入不相过。今世㺃襪子,触热到人家。主人闻客来,颦蹙"奈此何"!谓当起行

去,安坐正跘跨。所说无一急,喀唅一何多? 疲倦向之久,甫问"君极那"? 摇扇髀中痛,流汗正滂沱。莫谓为小事,亦是一大瑕。传戒诸高明,热行宜见呵。

大概当时并不是没有白话诗,应璩、左思、程晓都可以为证。但当日的文人受辞赋的影响太大了,太久了,总不肯承认白话诗的地位。后世所传的魏晋时人的几首白话诗都不过是嘲笑之作,游戏之笔,如后人的"打油诗"。作正经郑重的诗歌是必须摆起《周颂》、《大雅》架子的,如陆机《赠弟诗》:

> 於穆予宗,禀精东岳,诞育祖考,造我南国。南国克靖,实繇洪绩。维帝念功,载繁其锡。

其次,至少也必须打着骈偶的调子,如张协的《杂诗》:

> 大火流坤维,白日驰西陆。浮阳映翠林,回飙扇绿竹。飞雨洒朝兰,轻露栖丛菊。龙蛰暄气凝,天高万物肃。弱条不重结,芳蕤岂再馥? 人生瀛海内,忽如鸟过目。川上之叹逝,前修以自勖。

十四行之中,十行全是对仗!

钟嵘说:

> 永嘉时(307—313),贵黄老,稍尚虚谈。于是篇什,理过其辞,淡乎寡味。爰及江表(西晋亡于316,元帝在江南建国,是为东晋),微波尚传。孙绰,许询,桓庾诸公诗皆平典似《道德论》。(魏时何晏作《道德论》)建安风力尽矣。

许询的诗今不传了(丁福保《全晋诗》只收他的四句诗)。桓温、庾亮的诗也不传于后。日本残存的唐朝编纂的《文馆词林》卷一百五十七(董康影印本)载有孙绰的诗四首,很可以表示这时代的玄理诗的趋势,如他《赠温峤》诗的第一段云:

> 大朴无像,钻之者鲜。玄风虽存,微言靡演。邈矣哲人,测深钩缅。谁谓道辽,得之无远。

如《答许询》的第一段云:

> 仰观大造,俯览时物。机过患生,吉凶相拂。智以利昏,识由情屈。野有寒枯,朝有炎郁。失则震惊,得必充诎。

又如《赠谢安》的第一段云：

> 缅哉冥古,邈矣上皇。夷明太素,结纽灵纲。不有其一,二理曷彰？幽源散流,玄风吐芳。芳扇则歇,流引则远。朴以雕残,实由英蕳。(蕳字原作前。从丁福保校改。)

大概这个时代的玄理诗不免都走上了抽象的玄谈的一路,并且还要勉力学古简,故结果竟不成诗,只成了一些谈玄的歌诀。

只有一个郭璞(死于322)颇能打破这种抽象的说理,改用具体的写法。他的四言诗也不免犯了抽象的毛病,如他的《与王使君》的末段云：

> 靡竭匪浚,靡颓匪隆。持贵以降,把满以冲。……(他的四言诗也保存在《文馆词林》卷一五七里。)

但他的五言的《游仙诗》便不同了。《游仙》的第二首云：

> 青溪千余仞,中有一道士。云生梁栋间,风出窗户里。借问此何谁,云是鬼谷子。翘迹企颖阳(指许由),临河思洗耳。"阊阖"(秋风为阊阖风)西南来,潜波涣鳞起。灵妃顾我笑,粲然启玉齿。蹇修时不存,要之将谁使？

第四首云：

> 六龙安可顿？运流有代谢。时变感人思,已秋复愿夏。淮海变微禽,吾生独不化,虽欲腾丹溪,云螭非我驾。愧无鲁阳德,回日向三舍。临川哀逝年,抚心独悲吒。

第三首云：

> 翡翠戏兰苕,容色更相鲜。绿萝结高林,蒙笼盖一山。中有冥寂士,静啸抚清弦。放情凌霄外,嚼药挹飞泉。赤松临上游,驾鸿乘紫烟。左挹浮丘袖,右拍洪崖肩。借问蜉蝣辈,安知龟鹤年？

这些诗里固然也谈玄说理,却不是抽象的写法。钟嵘《诗品》说郭璞"始变永嘉平淡之体,故为中兴第一"。刘勰也说,"景纯(郭璞,字景纯)艳逸,足冠中兴"。所谓"平淡",只是太抽象的说理；所谓"艳逸",只是化抽象的为具体的。本来说理之作宜用散文。两汉以下,多用赋体。用诗体来说理,本不容易。应璩、孙绰的失败,都由于不能用具体的写法。凡用诗体来说理,意思越抽象,写法越应该具体。仲长统的《述志》诗与郭璞的《游仙》诗所以比较可读,都只因为他们能运用一些鲜明艳逸的具体象征来达出一两个抽象的理想。左思的《咏史》也颇能如此。

两晋的文学大体只是一班文匠诗匠的文学。除去左思、郭璞少数人之外,所谓"三张,二陆,两潘"(张载与弟协,亢;陆机与弟云;潘岳与侄尼),都只是文匠诗匠而已。

然而东晋晚年却出了一个大诗人陶潜(本名渊明,字元亮,死于427年)。陶潜是自然主义的哲学的绝好代表者。他的一生只行得"自然"两个字。他自己作了一篇《五柳先生传》,替自己写照:

先生不知何许人,不详姓字;宅边有五柳树,因以为号焉。闲静少言,不慕荣利。好读书,不求甚解;每有会意,欣然忘食。性嗜酒,而家贫不能恒得。亲旧知其如此,或置酒招之,造饮必尽,期在必醉;既醉而退,曾不吝情。环堵萧然,不蔽风日,短褐穿结,箪瓢屡空,——晏如也。常著文章自娱,颇示己志。忘怀得失,以此自终。

陶潜的诗在六朝文学史上可算得一大革命。他把建安以后一切辞赋化,骈偶化,古典化的恶习气都扫除的干干净净。他生在民间,做了几次小官,仍旧回到民间。史家说他归家以后"未尝有所造诣,所之唯至田舍及庐山游观而已"(《晋书》九十四)。他的环境是产生平民文学的环境;而他的学问思想却又能提高他的作品的意境。故他的意境是哲学家的意境,而他的言语却是民间的言语。他的哲学又是他实地经验过来的,平生实行的自然主义,并不像孙绰、支遁一班人只供挥尘清谈的口头玄理。所以他尽管做田家语,而处处有高远的意境;尽管做哲理诗,而不失为平民的诗人。钟嵘《诗品》说他:

其原出于应璩,又协左思风力。文体省净,殆无长语。笃意真古,辞兴婉惬,每观其文,想其人德。至如"欢言酌春酒","日暮天无云",风华清靡,岂直为田家语耶?古今隐逸诗人之宗也。

钟嵘虽然把陶潜列在中品,但这几句话却是十分推崇他。他说陶诗出于应璩、左思,也有一点道理。应璩是做白话谐诗的(说见第五章),左思也做过白话的谐诗。陶潜的白话诗,如《责子》,如《挽歌》,也是诙谐的诗,故钟嵘说他出于应璩。其实陶潜的诗只是他的天才与环境的结果,同那"拙朴类措大语"的应璩未必有什么渊源的关系。不过我们从历史的大趋势看来,从民间的俗谣到有意做"谐"诗的应璩、左思、程晓等,从"拙朴"的《百一诗》到"天然去雕饰"的陶诗,——这种趋势不能说是完全偶然的。他们很清楚地指点出中国文学史的一个自然的趋势,就是白话文学的冲动。这种冲动是压不住的。做《圣主得贤臣颂》的王褒竟会做白话的《僮约》,做《三都赋》的左思竟会做白话的《娇女诗》。在那诗体骈偶化的风气最盛的时代里竟会跳出一个白话诗人陶潜:这都足以证明那白话文学的生机是谁也不能长久压抑下去的。

我们选陶潜的白话诗若干首附在下面:

归田园居　二首

（一）

少无适俗韵,性本爱丘山。误落尘网中,一去三十年。羁鸟恋旧林,池鱼思故渊。开荒南野际,守拙归园田。方宅十余亩,草屋八九间。榆柳荫后园,桃李罗堂前。暧暧远人村,依依墟里烟。狗吠深巷中,鸡鸣桑树巅。户庭无尘杂,虚室有余闲。久在樊笼里,复得返自然。

（二）

种豆南山下,草盛豆苗稀。晨兴理荒秽,带月荷锄归。道狭草木长,夕露沾我衣。衣沾不足惜,但使愿无违。

庚戌岁九月中于西田获早稻

人生归有事,衣食固其端。孰是都不营,而以求自安?开春理常业,岁功聊可观。晨出肆微勤,日入负耒还。山中饶霜露,风气亦先寒。田家岂不苦?弗获辞此难。四体诚乃疲,庶无异患干。盥濯息檐下,斗酒散劳颜。遥遥沮溺心,千载乃相关。但愿长如此,躬耕非所叹。

饮酒　三首

（一）

道丧向千载,人人惜其情,有酒不肯饮,但顾世间名。所以贵我身,岂不在一生?一生复能几?倏如流电惊。鼎鼎百年内,持此欲何成?

（二）

结庐在人境,而无车马喧。问君何能尔,心远地自偏。采菊东篱下,悠然见南山。山气日夕佳,飞鸟相与还,此中有真意,欲辨已忘言。

（三）

故人赏我趣,挈壶相与至。班荆坐松下,数斟已复醉。父老杂乱言,觞酌失行次。不觉知有我,安知物为贵?悠悠迷所留,酒中有深味。

拟　古

日暮天无云,春风扇微和。佳人美清夜,达曙酣且歌。歌竟长叹息,持此感人多。皎皎云间月,灼灼叶中华,岂无一时好?不久当如何?

读《山海经》

孟夏草木长,绕屋树扶疏。众鸟欣有托,吾亦爱吾庐。既耕亦已种,时还读我书。穷巷隔深辙,颇回故人车。欢然酌春酒,摘我园中蔬。微雨从东来,好风与之俱。泛览周王传,流观《山海图》。俯仰终宇宙,不乐复何如?

责　子

白发被两鬓,肌肤不复实。虽有五男儿,总不好纸笔。阿舒已十六,懒惰故无匹。阿宣行志学,而不爱文术。雍端年十三,不识六与七。通子垂九龄,但觅梨与栗。——天运苟如此,且进杯中物。

挽歌辞

有生必有死,早终非命促。昨暮同为人,今旦在鬼录。魂气散何之?枯形寄空木。娇儿索父啼,良友抚我哭。得失不复知,是非安能觉？千秋万岁后，谁知荣与辱？但恨在世时，饮酒不得足。

刘宋一代（420—478）号称文学盛世。但向来所谓元嘉（文帝年号，424—453）文学的代表者谢灵运与颜延之实在不很高明。颜延之是一个庸才，他的诗毫无诗意；鲍照说他的诗像"铺锦列绣，亦雕缋满眼"，钟嵘说他"喜用古事，弥见拘束"，都是很不错的批评。谢灵运是一个佛教徒，喜欢游玩山水，故他的诗开"山水"的一派。刘勰说：

> 宋初文咏，庄老告退而山水方滋。俪采百字之偶，争价一句之奇。情必极貌以写物，辞必穷力而追新。

但他受辞赋的影响太深了，用骈偶的句子来描写山水，故他的成绩并不算好。我们只选一首比较最好的诗——《石壁精舍还湖中作》：

> 昏旦变气候，山水含清晖。清晖能娱人，游子憺忘归。出谷日尚早，入舟阳已微。林壑敛暝色，云霞收夕霏。芰荷迭映蔚，蒲稗相因依。披拂趋南迳，愉悦偃东扉。虑澹物自轻，意惬理无违。寄言摄生客，试用此道推。

此诗全是骈偶，而"出谷"一联与"披拂"一联都是恶劣的句子。其实"山水"一派应该以陶潜为开山祖师。谢灵运有意做山水诗，却只能把自然界的景物硬裁割成骈俪的对子，远不如陶潜真能欣赏自然的美："此中有真意，欲辨已忘言"，这才是"自然诗人"（Nature-poets）的大师。后来最著名的自然诗人如王维、孟浩然、陆游、范成大、杨万里等，都出于陶，而不出于谢。

当时的最大诗人不是谢与颜，乃是鲍照。鲍照是一个有绝高天才的人：他二十岁时作《行路难》十八首，才气纵横，上无古人，下开百代。他的成就应该很大。可惜他生在那个纤弱的时代，矮人队里不容长人出头，他终于不能不压抑他的天才，不能不委屈迁就当时文学界的风尚。史家说那时宋文帝方以文章自高，颇多忌，故鲍照的作品不敢尽其才。钟嵘也说，"嗟其才秀人微，故取湮当代"。钟嵘又引羊曜璠的话，说颜延之"忌鲍之文，故立休鲍之论"。休是惠休，本是和尚,文帝叫他还俗,复姓汤。颜延之瞧不起惠休的诗,说"惠休制作,委巷中歌谣耳"。颜延之这样轻视惠休,却又把鲍照比他,可见鲍照在当日受一班传统文人的妒忌与排挤。钟嵘也说他"贵尚巧似,不避危仄,颇伤清雅之调。故言险俗者,多以附照"。鲍照的天才不但"取湮当代",到了身后,还蒙"险俗"的批评。

其实"险"只是说他才气放逸,"俗"只是说他不避白话,近于"委巷中歌谣"。古代民歌在建安正始时期已发生了一点影响,只为辞赋的权威太大,曹氏父子兄弟多不能充分地民歌化。鲍照受乐府民歌的影响最大,故他的少年作品多显出模仿乐府歌行的痕迹。他模仿乐府歌辞竟能"巧似",故当时的文人嫌他"颇伤清雅",说他"险俗"。直到三百年后,乐府民歌的影响已充分地感觉到了,才有李白、杜甫一班人出来发扬光大鲍照开辟的风气。杜甫说"俊逸鲍参军"。三百年的光景,"险俗"竟变成了"俊逸"了! 这可见鲍照是个开风气的先锋;他在当时不受人的赏识,这正是他的伟大之处。

鲍照的诗:

代《结客少年场》行

骢马金络头,锦带佩吴钩。失意杯酒间,白刃起相仇。追兵一旦至,负剑远行游。去乡三十载,复得还旧丘。升高临四关,表里望皇州。九衢平若水,双阙似云浮。扶宫罗将相,夹道列王侯。日中市朝满,车马若川流。击钟陈鼎食,方驾自相求。今我独何为,堨壈怀百忧?

拟《行路难》(十八首之五)

(一)

奉君金卮之美酒,玳瑁玉匣之雕琴,七采芙蓉之羽帐,九华葡萄之锦衾。红颜零落岁将暮,寒花宛转时欲沉。愿君裁悲且减思,听我抵节《行路吟》。不见柏梁铜雀上,宁闻古时清吹音?

(二)

璇闺玉墀上椒阁,文窗绮户垂绣幕。中有一人字金兰,被服纤罗蕴芳藿。春燕差池风散梅,开帷对影弄禽爵。(禽爵只是禽雀。丁福保说当作金爵,谓金爵钗也。似未为当。)含歌揽泪不能言,人生几时得为乐?宁作野中之双凫,不愿云间之别鹤!

(三)

泻水置平地,各自东西南北流。人生亦有命,安能行叹复坐愁?酌酒以自宽,举杯断绝歌《路难》。心非木石岂无感?吞声踯躅不能言。

(四)

对案不能食,拔剑击柱长叹息:"丈夫生世会几时?安能蹀躞垂羽翼?"弃置罢官去,还家自休息。朝出与亲辞,暮还在亲侧。弄儿床前戏,看妇机中织。自古圣贤尽贫贱,何况我辈孤且直!

(五)

愁思忽而至,跨马出北门,举头四顾望,但见松柏园。荆棘郁蹲蹲,中有一鸟名杜鹃,言是古时蜀帝魂,声音哀苦鸣不息,羽毛憔悴似人髡,飞走树间啄虫蚁,岂忆往日天子尊?念此死生变化非常理,中心恻怆不能言。

代《淮南王》

朱城九门门九开。愿逐明月入君怀。入君怀,结君佩,怨君恨君恃君爱。筑城思坚剑思利,同盛同衰莫相弃。

代《雉朝飞》

雉朝飞,振羽翼,专场挟雌恃强力。媒已惊,翳又逼,蒿间潜彀卢矢直。刎绣颈,碎锦臆,绝命君前无怨色。握君手,执杯酒,意气相倾死何有!

鲍照的诗里很有许多白话诗,如《行路难》末篇的"但愿樽中九酝满,莫惜床头百个钱"之类。所以同时的人把他比惠休。惠休的诗传世甚少,但颜延之说他诗是"委巷中歌谣",可见他的诗必是白话的或近于白话的。我们抄他的《白纻歌》一首:

少年窈窕舞君前,容华艳艳将欲然。为君娇凝复迁延,流目送笑不敢前。长袖拂面心自煎,愿君流光及盛年。

这很不像和尚家说的话。在惠休之后,有个和尚宝月,却是一个白话诗人。我们抄他的诗三首:

估客乐

（一）

郎作十里行，侬作九里送。拔侬头上钗，与郎资路用。

（二）

有信数寄书，无信心相忆。莫作瓶落井，一去无消息。

（三）

大艑珂峨头，何处发扬州？借问艑上郎，见侬所欢不？

钟嵘评论元嘉以后文人趋向用典的风气云：

夫属词比事乃为通谈。若乃经国文符，应资博古；撰德驳奏，宜穷往烈。至乎吟咏情性，亦何贵于用事。"思君如流水"既是即目；"高台多悲风"亦惟所见；"清晨登陇首"羌无故实；"明月照积雪"讵出经史？观古今胜语多非补假，皆由直寻。颜延之、谢庄尤为繁密，于时化之。故大明、泰始（宋武帝、明帝年号，457—471）中，文章殆同书抄。近任昉、王元长（王融）等词不贵奇，竞须新事；尔来作者寖以成俗，遂乃句无虚语，语无虚字，拘挛补衲，蠹文已甚。

他又评论齐梁之间注重声律的风气道：

古曰诗颂，皆被之金竹，故非调五音无以谐会。……三祖（魏武帝，文帝，明帝）之词，文或不工，而韵入歌唱，此重音韵之义也。与世之言宫商异矣。今既不被管弦，亦何取于声律耶？齐有王元长者……创其首，谢朓、沈约扬其波。三贤咸贵公子孙，幼有文辩，于是士流景慕，务为精密，襞积细微，专相陵架，故使文多拘忌，伤其真美。余谓文制本须讽读，不可蹇碍；但令清浊通流，口吻调利，斯为足矣。至平上去入，则余病未能；蜂腰鹤膝，闾里已具。（末四字不可解。）

《南齐书·陆厥传》也说：

永明（483—493）末，盛为文章。吴兴沈约，张郡谢朓，琅琊王融以气类相推毂。河南周颙善识声韵。为文皆用宫商，以平上去入为四声，以此制韵。有"平头"，"上尾"，"蜂腰"，"鹤膝"。五字之中，音韵悉异，两句之中，角徵不同，不可增减。世呼为"永明体"。

沈约在《宋书·谢灵运传》里说：

> 五色相宣，八音协畅，由乎玄黄律吕各适物宜。欲使宫羽相变，低昂舛节，若前有浮声，则后须切响。一简之内，音韵尽殊；两句之中，轻重悉异。妙达此旨，始可言文。

这是永明文学的重要主张。文学到此地步，可算是遭一大劫。史家说：

> 宋明帝博好文章，……每有祯祥及游幸宴集，辄陈诗展义，且以命朝臣。其戎士武夫则请托不暇，困于课限，或买以应诏焉。于是天下向风，人自藻饰，雕虫之艺盛于时矣。

皇帝提倡于上，王融、沈约、谢朓一班人鼓吹于下，于是文学遂成了极端的机械化。试举沈约的一首《早发定山》诗做个例：

> 夙龄爱远壑，晚莅见奇山。标峰彩虹外，置岭白云间。倾壁忽斜竖，绝顶复孤圆。归流海漫漫，出浦水溅溅。野棠开未落，山樱发欲然。忘归属兰杜，怀禄寄芳荃。眷言采三秀，徘徊望九仙。

这种作品只算得文匠变把戏，算不得文学。但沈约、王融的声律论却在文学史上发生了不少恶影响。后来所谓律诗只是遵守这种格律的诗。骈偶之文也因此而更趋向严格的机械化。我们要知道文化史上自有这种怪事。往往古人走错了一条路，后人也会将错就错，推波助澜，继续走那条错路。譬如缠小脚本是一件最丑恶又最不人道的事，然而居然有人模仿，有人提倡，到一千年之久。骈文与律诗正是同等的怪现状。

但文学的新时代快到了。萧梁（502—554）一代很有几个文学批评家，他们对于当时文学上的几种机械化的趋势颇能表示反对的批评。钟嵘的议论已引在上文了。萧纲（简文帝）为太子时，曾有与弟湘东王绎书，评论文学界的流弊，略云：

> 比闻京师文体懦钝殊常，竞学浮疏，争为阐缓，……既殊比

兴，正背风骚。……未闻吟咏情性，反拟《内则》之篇，操笔写志，更摹《酒诰》之作；"迟迟春日"翻学《归藏》，"湛湛江水"遂同《大传》。吾既拙于为文，不敢轻有掎摭。但以当世之作，历方古之才人，……观其遣辞用心，了不相似。若以今文为是，则古文为非；若昔贤可称，则今体宜弃。

梁时又有史家裴子野著有《雕虫论》，讥评当日的文学家，说他们：

其兴浮，其志弱，巧而不要，隐而不深。……荀卿有言，"乱世之征，文章匿而采"。斯岂近之乎？

"巧而不要，隐而不深"，这八个字可以抹倒六朝时代绝大部分的文学。

最可怪的是那主张声律论最有力的沈约也有"文章三易"之论！他说：

文章当从三易：易见事，一也；易识字，二也；易读诵，三也。（见《颜氏家训》）

沈约这话在当时也许别有所指："易见事"也许即是邢子才所谓"用事不使人觉"；"易读诵"也许指他的声律论。但沈约居然有这种议论，可见风气快要转变了。

这五六百年中的乐府民歌到了这个时候应该要发生影响了。我们看萧梁一代（502—554）几个帝王仿作的乐府，便可以感觉文学史的新趋势了。萧衍（武帝）的乐府里显出江南儿女艳歌的大影响。如他的《子夜歌》：

恃爱如欲进，含羞未肯前。朱口发艳歌，玉指弄娇弦。

阶上香入怀，庭中草照眼。春心一如此，情来不可限。

如他的《欢闻歌》：

艳艳金楼女，心如玉池莲。持底报郎思？俱期游梵天（"底"是"什么"）。

这都是模仿民间艳歌之作。

他的儿子萧纲（简文帝）也做了不少的乐府歌辞。如《生别离》：

别离四弦声，相思双笛引。一去十三年，复无好音信。

如《春江曲》：

客行只念路，相争度京口。谁知堤上人，拭泪空摇手？

如《乌栖曲》：

> 浮云似帐月如钩。那能夜夜南陌头！宜城酝酒今行熟，莫惜停鞍暂栖宿。
>
> 青牛丹毂七香车，可怜今夜宿娼家。高树乌欲栖，罗帏翠帐向君低。

如《江南弄》中的两首：

> 江南曲
>
> 枝中木上春并归。长杨扫地桃花飞。清风吹人光照衣。光照衣，景将夕。掷黄金，留上客。
>
> 龙笛曲
>
> 金门玉堂临水居，一辇一笑千万余。游子去还愿莫疏。愿莫疏，意何极？双鸳鸯，两相忆。

在这些诗里，我们很可以看出民歌的大影响了。

这样仿作民歌的风气至少有好几种结果：第一是对于民歌的欣赏。试看梁乐府歌辞之多，便是绝好证据。又如徐陵在梁陈之间编《玉台新咏》，收入民间歌辞很多。我们拿《玉台新咏》来比较那早几十年的《文选》，就可以看出当日文人对于民歌的新欣赏了。《文选》不曾收《孔雀东南飞》，而《玉台新咏》竟把这首长诗完全采入，这又可见民歌欣赏力的进步了。第二是诗体的民歌化的趋势。宋齐梁陈的诗人的"小诗"，如《自君之出矣》一类，大概都是模仿民间的短歌的。梁以后，此体更盛行，遂开后来五言绝句的体裁，如萧纲的小诗：

> 愁闺照镜
>
> 别来憔悴久，他人怪颜色。只有匣中镜，还持自相识。

如何逊的小诗：

> 为人妾怨
>
> 燕戏还檐际，花飞落枕前。寸心君不见，拭泪坐调弦。
>
> 秋闺怨
>
> 闺阁行人断，房栊月影斜。谁能北窗下，独对后园花？

如江洪的小诗：

> 咏美人治妆

上车畏不妍,顾盼更斜转,大恨画眉长,犹言颜色浅。

隐士陶弘景(死于536)有《答诏问山中何所有》的一首诗:

山中何所有? 岭上多白云。只可自怡悦,不堪持赠君。

这竟是一首严格的"绝句"了。

陈叔宝(后主,583—589)是个风流天子。史家说他每引宾客对贵妃等游宴,使诸贵人及女学士与狎客共赋新诗,互相赠答。其中有最艳丽的诗,往往被选作曲词,制成曲调,选几百个美貌的宫女学习歌唱,分班演奏;在这个环境里产出的诗歌应该有民歌化的色彩了。果然后主的诗很有民歌的风味。我们略举几首作例:

三妇艳词

大妇西北楼,中妇南陌头。小妇初妆点,回眉对月钩。可怜还自觉,人看反更羞(可怜即是可爱,古诗中"怜"字多如此解)。

大妇爱恒偏,中妇意长坚。小妇独娇笑,新来华烛前。新来诚可惑,为许得新怜。

大妇正当垆,中妇裁罗襦。小妇独无事,淇上待吴姝。乌归花复落,欲去却踟蹰。

《三妇艳词》起于古乐府《长安有狭邪行》,齐梁诗人最喜欢仿作这曲辞,或名《中妇织流黄》,或名《相逢狭路间》,或名《三妇艳诗》,或曰《三妇艳》,或名《拟三妇》,诗中"母题"(Motif)大抵相同,先后共计有几十首,陈后主一个人便做了十一首,这又可见仿作民歌的风气了。后主又有:

舞媚娘

春日好风光,寻观向市傍。转身移佩响,牵袖起衣香。

自君之出矣

自君之出矣,房空帷帐轻。思君如昼烛,怀心不见明。

自君之出矣,绿草遍阶生。思君如夜烛,垂泪著鸡鸣。

乌栖曲

合欢襦薰百和香,床中被织两鸳鸯。乌啼汉没天应曙,只持怀抱送君去。

东飞伯劳歌

　　　　池侧鸳鸯春日莺,绿珠绛树相逢迎。谁家佳丽过淇上,翠钗绮袖波中漾。雕鞍绣户花恒发,珠帘玉砌移明月。年时二七犹未笄,转顾流盼鬟鬓低。风飞蕊落将何故？可惜可怜空掷度。

　　后主的乐府可算是民歌影响的文学的代表,他同时的诗人阴铿的"律诗"可算是"声律论"产生的文学的成功者。永明时代的声律论出来以后,文人的文学受他不少的影响,骈偶之上又加了一层声律的束缚,文学的生机被他压死了。逃死之法只是抛弃这种枷锁镣铐,充分地向白话民歌的路上走。但这条路是革命的路,只有极少数人敢走的。大多数的文人只能低头下心受那时代风尚的拘禁,吞声忍气地迁就那些拘束自由的枷锁铐镣,且看在那些枷锁镣铐之下能不能寻着一点点范围以内的自由。有天才的人,在工具已用的纯熟以后,也许也能发挥一点天才,产出一点可读的作品。正如踹高跷的小旦也会作回旋舞,八股时文也可作游戏文章。有人说的好："只是人才出八股,非关八股出人才。"骈文律诗里也出了不少诗人,正是这个道理。声律之论起来之后,近百年中,很少能做好律诗的。沈约、范云自己的作品都不见高明。梁朝只有何逊做的诗偶然有好句子,如他的《日夕出富阳浦口和朗公》：

　　　　客心愁日暮,徙倚空望归。山烟涵树色,江水映霞晖。独鹤凌空逝,双凫出浪飞。故乡千余里,兹夕寒无衣。

到了阴铿,遂更像样了。我们抄几首,叫人知道"律诗"成立的时代：

　　　　　　　　登楼望乡

　　　　怀土临霞观,思归望石门。瞻云望鸟道,对柳忆家园。寒田获里静,野日烧中昏。信美今何益,伤心自有源。

　　　　　　　　晚出新亭

　　　　大江一浩荡,离悲足几重！潮落犹如盖,云昏不作峰。远戍唯闻鼓,寒山但见松。九十方称半,归途讵有踪？

　　　　　　　　晚泊五洲

　　　　客行逢日暮,结缆晚洲中。戍楼因砧险,村路入江穷。水随云度黑,山带日归红。遥怜一柱观,欲轻千里风。

这不是旧日评诗的人所谓"盛唐风格"吗?其实所谓盛唐律诗只不过是极力模仿何逊、阴铿而得其神似而已!杜甫说李白的诗道:

> 李侯有佳句,往往似阴铿。

杜甫自己也说:

> 孰知二谢能将事,颇学阴何苦用心。

盛唐律体的玄妙不过尔尔,不过如杜甫说的"恐与齐梁作后尘"而已。

然而五六百年的平民文学,——两汉、三国、南北朝的民间歌辞——陶潜、鲍照的遗风,几百年压不死的白话化与民歌化的趋势,到了七世纪中国统一的时候,都成熟了,应该可以产生一个新鲜的,活泼泼的,光华灿烂的文学新时代了。这个新时代就是唐朝的文学。唐朝的文学的真价值,真生命,不在苦心学阴铿、何逊,也不在什么师法苏李(苏武、李陵),力追建安,而在它能继续这五六百年的白话文学的趋势,充分承认乐府民歌的文学真价值,极力效法这五六百年的平民歌唱和这些平民歌唱所直接间接产生的活文学。

第九章　佛教的翻译文学(上)

两晋南北朝的文人用那骈俪化了的文体来说理,说事,谀墓,赠答,描写风景,——造成一种最虚浮,最不自然,最不正确的文体。他们说理本不求明白,只要"将毋同"便够了;他们记事本不求正确,因为那几朝的事本来是不好正确记载的;他们写景本不求清楚,因为纸上的对仗工整与声律铿锵岂不更可贵吗?他们做文章本不求自然,因为他们做惯了那不自然的文章,反觉得自然的文体为不足贵,正如后世缠小脚的妇人见了天足反要骂"臭蹄子"了。

然而这时候,进来了一些捣乱分子,不容易装进那半通半不通的骈偶文字里去。这些捣乱分子就是佛教的经典。这几百年中,佛教从海陆两面夹攻进中国来。中国古代的一点点朴素简陋的宗教见了这个伟大富丽的宗教,真正是"小巫见大巫"了。几百年之中,上自帝王公卿,学士文人,下至愚夫愚妇,都受这新来宗教的震荡与蛊惑;风气所趋,佛教遂征服了全中国。佛教徒要传教,不能没有翻译的经典;中国人也都想看看这个外来宗教讲的是些什么东西,所以有翻译的事业起来。却不料不翻译也罢了,一动手翻译便越翻越多,越译越不了!那些印度和尚真有点奇怪,摇头一背书,就是两三万偈;摇笔一写,就是几十卷。蜘蛛吐丝,还有完了之时;那些印度圣人绞起脑筋来,既不受空间的限制,又不受时间的限制,谈世界则何止三千大千,谈天则何止三十三层,谈地狱则何止十层十八层,一切都是无边无尽。所以这翻译的事业足足经过一千年之久,也不知究竟翻了几千部,几万卷;现在保存着的,连中国人做的注疏讲述在内,还足足有三千多部,一万五千多卷(日本刻的《大藏经》与《续藏经》共三千六百七十三部,一万五千六百八十二卷。《大正大藏经》所添还不在内,《大日本佛教全书》一百五十巨册也不在内)。

这样伟大的翻译工作自然不是少数滥调文人所能包办的,也不是那含糊不正确的骈偶文体所能对付的。结果便是给中国文学史上开了无穷新意境,创了不少新文体,添了无数新材料。新材料与新意境是不用说明的。何以有新文体的必要呢?第一因为外国来的新材料装不到那对仗骈偶的滥调里去。第二因为主译的都是外国人,不曾中那骈偶滥调的毒。第三因为最初助译的很多是民间的信徒;后来虽有文人学士奉敕润文,他们的能力有限,故他们的恶影响也有限。第四因为宗教的经典重在传真,重在正确,而不重在辞藻文采;重在读者易解,而不重在古雅。故译经大师多以"不加文饰,令易晓,不失本义"相勉。到了鸠摩罗什以后,译经的文体大定,风气已大开,那班滥调的文人学士更无可如何了。

最早的翻译事业起于何时呢?据传说,汉明帝时,摄摩腾译《四十二章经》,同来的竺法兰也译有几种经。汉明求法,本是无根据的神话。佛教入中国当在东汉以前,故明帝永平八年(65年)答楚王英诏里用了"浮屠"、"伊蒲塞"、"桑门"三个梵文字,可见其时佛教已很有人知道了。又可见当时大概已有佛教的书籍了。至于当时的佛书是不是摄摩腾等翻的,摄摩腾等人的有无,那都不是我们现在能决定的了。《四十二章经》是一部编纂的书,不是翻译的书,故最古的经录不收此书。它的时代也不容易决定。我们只可以说,第一世纪似乎已有佛教的书,但都不可细考了。

第二世纪的译经,以安世高为最重要的译人。《高僧传》说他译的书"义理明析,文字允正,辩而不华,质而不野。凡在读者,皆亹亹而不倦焉"。安世高译经在汉桓帝建和二年(148)至灵帝建宁中(约170)。同时有支谶于光和中平(178—189)之间译出十几部经。《僧传》说他"审得本旨,了不加饰"。同时又有安玄,严佛调,支曜,康巨等,都有译经,《僧传》说他们"理得音正,尽经微旨";"言直理旨,不加润饰"。

以上为二世纪洛阳译的经,虽都是小品文字,而那"不加润饰"的风气却给后世译经事业留下一个好榜样。

三世纪的译经事业可分前后两期。三世纪的上半,译经多在南方的建业与武昌。支谦译出四十九种,康僧曾译出十几种,维祇难与竺将炎(《僧传》作竺律炎,今从《法句经·序》)合译出《昙钵经》一种,今名《法句经》。《法句经》有长序,不详作序者姓名,但序中记译经的历史颇可注意:

> ……始者维祇难出自天竺,以黄武三年(224)来适武昌。仆从受此五百偈本,请其同道竺将炎为译,将炎虽善天竺语,未备晓汉;其所传言,或得梵语,或以义出,音近质直。仆初嫌其为词不雅。维祇难曰,"佛言依其义,不用饰;取其法,不以严('严'是当时白话,意为妆饰。如《佛本行经》第八云:'太子出池,诸女更严')。其传经者,令易晓,勿失厥义,是则为善。"座中咸曰:"老氏称美言不信,信言不美。……今传梵义,实宜径达。"是以自偈受译人口,因顺本旨,不加文饰。译所不解,即阙不传,故有脱失,多不传者。然此虽词朴而旨深,文约而义博。

我们试引《法句经》的几段作例:

> 若人寿百岁,邪学志不善,不如生一日,精进受正法。
>
> 若人寿百岁,奉火修异术,不如须臾敬,事戒者福胜。……
>
> 觉能舍三恶,以药消众毒。健夫度生死,如蛇脱故皮。

(《教学品》)

> 事日为明故,事父为恩故,事君以力故,闻故事道人。……
> 斫疮无过忧,射箭无过患,是壮莫能拔,唯从多闻除。
> 盲从是得眼,暗者从得烛;示导世间人,如目将无目。(《多闻品》)
> 假令尽寿命,勤事天下神,象马以祠天,不如行一慈。(《慈仁品》)
> 夫士之生,斧在口中。所以斩身,由其恶言。(《言语品》)
> 弓工调角,水人调船,巧匠调木,智者调身。
> 譬如厚石,风不能移,智者意重,毁誉不倾。
> 譬如深渊,澄静清明,慧人闻道,心净欢然。(《明哲品》)
> 不怒如地,不动如山,真人无垢,生死世绝。(《罗汉品》)
> 宁啖烧石,吞饮熔铜,不以无戒,食人信施。(《利养品》)

《法句经》乃是众经的要义,是古代沙门从众经中选出四句六句的偈,分类编纂起来的。因为其中偈语本是众经的精华,故译出之后仍见精采,虽不加雕饰,而自成文学。

这时期里,支谦在南方,康僧铠在北方,同时译出《阿弥陀经》。此经为《净土宗》的主要经典,在思想史上与文学史上都有影响。

三世纪的末期出了一个大译主,敦煌的法护(云摩罗刹)。法护本是月支人,世居敦煌,幼年出家。他发愤求经,随师至西域,学了许多种外国方言文字,带了许多梵经回来,译成晋文。《僧传》说他:

> 所获《贤劫》,《正法华》,《光赞》等一百六十五部。孜孜所务,唯以弘通为业,终身写译,劳不告倦。经法所以广流中华者,护之力也。……时有清信士聂承远明解有才,……护公出经,多参正文句。……承远有子道真,亦善梵学。此君父子比辞雅便,无累于古。……安公(道安)云:"护公所出,……虽不辩妙婉显,而弘达欣畅,……依慧不文,朴则近本。"

道安的评论还不很公平。岂有弘达雅畅而不辩妙婉显的吗?我最喜欢法护译的《修行道地经》(太康五年译成,西历284)的《劝意品》中的擎钵大臣的故事;可惜原文太长,摘抄如下,作为三世纪晚年的翻译文学的一个例:

昔有一国王,选择一国明智之人以为辅臣。尔时国王设权方便无量之慧,选得一人,聪明博达,其志弘雅,威而不暴,名德具足。王欲试之,故以重罪加于此人;敕告臣吏盛满钵油而使擎之,从北门来,至于南门,去城二十里,园名调戏,令将到彼。设所持油堕一滴者,便级其头,不须启问。

尔时群臣受王重教,盛满钵油以与其人,其人两手擎之,甚大愁忧,则自念言:其油满器,城里人多,行路车马观者填道;……是器之油擎至七步尚不可诣,况有里数邪?

此人忧愤,心自怀懅。

其人心念:吾今定死,无复有疑也。设能擎钵使油不堕,到彼园所,尔乃活耳。当作专计:若见是非而不转移,唯念油钵,志不在余,然后度耳。

于是其人安步徐行。时诸臣兵及观众人无数百千,随而视之,如云兴起,围绕太山。……众人皆言,观此人衣形体举动定是死囚。斯之消息乃至其家;父母宗族皆共闻之,悉奔走来,到彼子所,号哭悲哀。其人专心,不顾二亲兄弟妻子及诸亲属;心在油钵,无他之念。

时一国人普来集会,观者扰攘,唤呼震动,驰至相逐,躄地复起,转相登蹋,间不相容。其人心端,不见众庶。

观者复言,有女人来,端正姝好,威仪光颜一国无双;如月盛满,星中独明;色如莲华,行于御道。……尔时其人一心擎钵,志不动转,亦不察观。

观者皆言,宁使今日见此女颜,终身不恨,胜于久存而不睹者也。彼时其人虽闻此语,专精擎钵,不听其言。

当尔之时,有大醉象,放逸奔走,入于御道,……舌赤如血,其腹委地,口唇如垂;行步纵横,无所省录,人血涂体,独游无难,进退自在犹若国王,遥视如山;暴鸣哮吼,譬如雷声;而擎其鼻,瞋恚忿怒。……恐怖观者,令其驰散;破坏兵众,诸众奔逝。……

尔时街道市里坐肆诸买卖者,皆懅,收物,盖藏闭门,畏坏屋舍,人悉避走。

又杀象师,无有制御,瞋或转甚,踏杀道中象马,牛羊,猪犊之属;碎诸车乘,星散狼籍。

或有人见,怀振恐怖,不敢动摇,或有称怨,呼嗟泪下。或有迷惑,不能觉知;有未着衣,曳之而走;复有迷误,不识东西。或有驰走,如风吹云,不知所至也。……

彼时有人晓化象咒,……即举大声而诵神咒。……尔时彼象闻此正教,即捐自大,降伏其人,便顺本道,还至象厩,不犯众人,无所娆害。

其擎钵人不省象来,亦不觉还。所以者何?专心惧死,无他观念。

尔时观者扰攘驰散,东西走故,城中失火,烧诸官殿,及众宝舍,楼阁高台现妙巍巍,展转连及。譬如大山,无不见者。烟皆周遍,火尚尽彻。……

火烧城时,诸蜂皆出,放毒啮人。观者得痛,惊怪驰走。男女大小面色变恶,乱头衣解,宝饰脱落;为烟所薰,眼肿泪出。遥见火光,心怀怖慄,不知所凑,展转相呼。父子兄弟妻息奴婢,更相教言,"避火! 离水! 莫堕泥坑!"

尔时官兵悉来灭火。其人专精,一心擎钵,一滴不堕,不觉失火及与灭时。所以者何?秉心专意,无他念故。……

尔时其人擎满钵油,至彼园观,一滴不堕。诸臣兵吏悉还王宫,具为王说所更众难,而其人专心擎钵不动,不弃一滴,得至园观。

王闻其言,叹曰,"此人难及,人中之雄! ……虽遇众难,其心不移。如是人者,无所不办。……"其王欢喜,立为大臣。……

心坚强者,志能如是,则以指爪坏雪山,以莲华根钻穿金山,以锯断须弥宝山。……有信精进,质直智慧,其心坚强,亦能吹山而使动摇,何况除媱怒痴也!

这种描写,不加藻饰,自有文学的意味,在那个文学僵化的时代里自

然是新文学了。

四世纪是北方大乱的时代。然而译经的事业仍旧继续进行。重要的翻译，长安有僧伽跋澄与道安译的《阿毗昙毗婆沙》(383)，昙摩难提与竺佛念译的《中阿含》与《增一阿含》(384—385)。《僧传》云：

> 其时也，苻坚初败，群锋互起，戎妖纵暴，民从四出，而犹得传译大部，盖由赵王之功。

赵正（诸书作赵整）字文业，是苻坚的著作郎，迁黄门侍郎。苻坚死后，他出家为僧，改名赵整。他曾作俗歌谏苻坚云：

> 昔闻孟津河，千里作一曲。此水本自清，是谁搅令浊？

苻坚说，"是朕也。"整又歌道：

> 北园有一枣，布叶垂重阴，外虽饶棘刺，内实有赤心。

坚笑说，"将非赵文业耶？"苻坚把他同种的氐户分布各镇，而亲信鲜卑人。赵整有一次侍坐，援琴作歌道：

> 阿得脂，阿得脂，博劳旧父是仇绥，尾长翼短不能飞。
> 远徙种人留鲜卑，一旦缓急语阿谁？

苻坚不能听，后来终败灭在鲜卑人的手里。赵整出家后，作颂云：

> 我生一何晚，泥洹一何早！归命释迦文，今来投大道（释迦文即释迦牟尼，文字古音门）。

赵整是提倡译经最有力的人，而他作的歌都是白话俗歌。这似乎不完全是偶然的罢？

四世纪之末，五世纪之初，出了一个译经的大师，鸠摩罗什，翻译的文学到此方才进了成熟的时期。鸠摩罗什是龟兹人（传说他父亲是天竺人）。幼年富于记忆力，遍游罽宾，沙勒，温宿诸国，精通佛教经典。苻坚遣吕光西征，破龟兹，得鸠摩罗什，同回中国。时苻坚已死，吕光遂据凉州，国号后凉。鸠摩罗什在凉州十八年之久，故通晓中国语言文字。至姚兴征服后凉，始迎他入关，于弘始三年十二月（402）到长安。姚兴待以国师之礼，请他译经。他译的有《大品般若》,《小品金刚般若》,《十住》,《法华》,《维摩诘》,《思益》,《首楞严》,《持世》,《佛藏》,《遗教》,《小无量寿》等经;又有《十诵律》等律;又有《成实》,《中论》,《百论》,《十二门论》等论:凡三百余卷。《僧传》说:

> 什既率多谙诵,无不究尽。转能汉言,音译流便。……初沙门慧睿才识高明,常随什传写。什每为睿论西方辞体,商略同异,云:"天竺国俗甚重文制;其宫商体韵以入弦为善。凡觐国王,必有赞德。见佛之仪,以歌叹为贵。经中偈颂,皆其式也。但改梵为秦,失其藻蔚,虽得大意,殊隔文体。有似嚼饭与人,非徒失味,乃令呕哕也。

他对他自己的译书这样不满意,这正可以表示他是一个有文学欣赏力的人。他译的书,虽然扫除了浮文藻饰,却仍有文学的意味,这大概是因为译者的文学天才自然流露,又因他明了他"嚼饭与人"的任务,委曲婉转务求达意,即此一点求真实求明显的诚意便是真文学的根苗了。

鸠摩罗什译出的经,最重要的是《大品般若》,而最流行又最有文学影响的却要算《金刚》,《法华》,《维摩诘》三部。其中《维摩诘经》本是一部小说,富于文学趣味。居士维摩诘有病,释迦佛叫他的弟子去问病。他的弟子舍利弗,大目犍连,大迦叶,须菩提,富楼那,迦旃延,阿那律,优波离,罗睺罗,阿难,都一一诉说维摩诘的本领,都不敢去问疾。佛又叫弥勒菩萨,光严童子,持世菩萨等去,他们也一一诉说维摩诘的本领,也不敢去。后来只有文殊师利肯去问病。以下写文殊与维摩诘相见时维摩诘所显的辩才与神通。这一部半小说,半戏剧的作品,译出之后,在文学界与美术界的影响最大。中国的文人诗人往往引用此书中的典故,寺庙的壁画往往用此书的故事作题目。后来此书竟被人演为唱文,成为最大的故事诗:此是后话,另有专篇。我们且摘抄鸠摩罗什原译的《维摩诘经》一段作例:

> 佛告阿难,"汝行诣维摩诘问疾。"阿难白佛言:"世尊,我不堪任诣彼问疾,所以者何? 忆念昔时,世尊身有小疾,当用牛乳,我即持钵诣大婆罗门家门下立。时维摩诘来谓我言:'唯,阿

难,何为晨朝持钵住此?'我言:'居士,世尊身有小疾,当用牛乳,故来至此。'维摩诘言:'止,止,阿难,莫作是语。如来身者,金刚之体,诸恶已断,众善普会,当有何疾?当有何恼?默往,阿难,勿谤如来。莫使异人闻此粗言。无令大威德诸天及他方净土诸来菩萨得闻斯语。阿难,转轮圣王以少福故,尚得无病,岂况如来无量福会,普胜者哉?行矣,阿难,勿使我等受斯耻也。外道梵志若闻此语,当作是念:何名为师,自疾不能救,而能救诸疾人?可密速去,勿使人闻。当知,阿难,诸如来身,即是法身,非思欲身。佛为世尊,过于三界。佛身无漏,诸漏已尽。佛身无为,不堕诸数。如此之身,当有何疾?'时我,世尊,实怀惭愧,得无近佛而谬听耶?即闻空中声曰:"阿难,如居士言,但为佛出五浊恶世,现行斯法,度脱众生。行矣,阿难,取乳勿惭?'世尊,维摩诘智慧辨才为若此也,是故不任诣彼问疾。"

看这里"唯,阿难,何为晨朝持钵住此?"又"时我,世尊,实怀惭愧"一类的说话神气,可知当时罗什等人用的文体大概很接近当日的白话。

《法华经》(《妙法莲华经》)虽不是小说,却是一部富于文学趣味的书。其中有几个寓言,可算是世界文学里最美的寓言,在中国文学上也曾发生不小的影响。我们且引第二品中的"火宅"之喻作个例:

尔时佛告舍利弗:"我先不言诸佛世尊以种种因缘譬喻言辞方便说法,皆为阿耨多罗三藐三菩提耶?是诸所说,皆为化菩萨故。然,舍利弗,今当复以譬喻更明此义。诸有智者以譬喻得解。

"舍利弗,若国邑聚落有大长者,其年衰迈,财富无量,多有田宅及诸僮仆。其家广大,唯有一门。多诸人众,一百,二百,乃至五百人止住其中。堂阁朽故,墙壁隤落,柱根腐败,梁栋倾危。周币俱时倏然火起,焚烧舍宅,长者诸子,若十,二十,或至三十,在此宅中。

"长者见是大火从四面起,即大惊怖,而作是念:'我虽能于此所烧之门,安稳得出;而诸子等于火宅内,乐著嬉戏,不觉不知,不惊不怖。火来逼身,苦痛切己,心不厌患,无求出意。'

"舍利弗,是长者作是思惟:'我身手有力,当以衣械,若以几案,从舍出之。'复更思惟:'是舍唯有一门,而复狭小。诸子幼稚未有所识,恋著戏处,或当堕落,为火所烧。我当为说怖畏之事。此舍已烧,宜时疾出,无令为火之所烧害。'

"作是念已,如所思惟,具告诸子:'汝等速出!'父虽怜愍,善言诱喻;而诸子等乐著嬉戏,不肯信受,不惊不畏,了无出心。亦复不知何者是火,何者为舍,云何为失。但东西走戏,视父而已。

"尔时长者即作是念:'舍已为大火所烧,我及诸子若不时出,必为所焚。我今当设方便,令诸子等得免斯害。'父知诸子先心各有所好种种珍玩奇异之物,情必乐著,而告之言:'汝等所可玩好,希有难得,汝若不取,后必忧悔。如此种种羊车,鹿车,牛车,今在门外,可以游戏。汝等于此火宅,宜速出来。随汝所欲,皆当与汝。'

"尔时诸子闻父所说珍玩之物,适其愿故,心各勇锐,互相推排,竞共驰走,争出火宅。

"是时长者见诸子等安稳得出,皆于四衢道中,露地而坐,无复障碍,其心泰然,欢喜踊跃。

"时诸子等各白父言:'父先所许玩好之具,羊车,鹿车,牛车,愿时赐与。'

"舍利弗,尔时长者各赐与诸子等一大车。其车高广,众宝庄校,周匝栏楯,四面悬铃。又于其上张设幰盖,亦以珍奇杂宝而严饰之。宝绳交络,垂诸华缨。重敷婉筵,安置丹枕。驾以白牛,肤色充洁,形体姝好,有大筋力,行步平正,其疾如风。又多仆从而侍卫之。所以者何?是大长者财富无量,种种诸藏,悉皆充溢,而作是念:'我财物无极,不应以下劣小车与诸子等。今此幼童,皆是吾子,爱无偏党。我有如是七宝大车,其数无量,应当等心各各与之。不宜差别。所以者何?以我此物周给一国犹尚不匮,何况诸子?'是时诸子各乘大车,得未曾有,非本所望。

"舍利弗,于汝意云何,是长者等与诸子珍宝大车,宁有虚妄不?"

舍利弗言:"不也,世尊。是长者但令诸子得免火难,全其躯命,非为虚妄。何以故?若全身命,便为已得好玩之具,况复方便,于彼火宅中而拔济之?世尊,若是长者乃至不与最小一车,犹不虚妄,何以故?是长者先作是意,我以方便令子得出,以是因缘,无虚妄也。何况长者自知财富无量,欲饶益诸子,等与大车?"

佛告舍利弗:"善哉,善哉!如汝所言。舍利弗,如来亦复如是。"

印度的文学有一种特别体裁:散文记叙之后,往往用韵文(韵文是有节奏之文,不必一定有韵脚)重说一遍。这韵文的部分叫做"偈"。印度文学自古以来多靠口说相传,这种体裁可以帮助记忆力。但这种体裁输入中国以后,在中国文学上却发生了不小的意外影响。弹词里的说白与唱文夹杂并用,便是从这种印度文学形式得来的。上文引的"火宅"之喻也有韵文的重述,其中文学的趣味比散文部分更丰富。我们把这段"偈"也摘抄在下面作个比较:

譬如长者,有一大宅。其宅久故,而复顿敝,堂舍高危,柱根摧朽,梁栋倾斜,基陛隤毁,墙壁圮坼,泥涂阤落,覆苫乱坠,椽梠差脱,周障屈曲,杂秽充遍。有五百人,止住其中。

鸱枭雕鹫,乌鹊鸠鸽,蚖蛇蝮蝎,蜈蚣蚰蜒,守宫百足,鼬狸鼷鼠,诸恶虫辈,交横驰走。屎尿臭处,不净流溢。蜣螂诸虫,而集其上。狐狼野干,咀嚼践踏,啃啮死尸,骨肉狼藉。

由是群狗,竞来搏撮,饥羸慞惶,处处求食,斗诤揸掣,嗥吠。其舍恐怖,变状如是,处处皆有。魑魅魍魉,夜叉恶鬼,食啖人肉。毒虫之属,诸恶禽兽,孚乳产生,各自藏护。

夜叉竞来,争取食之;食之既饱,恶心转炽,斗诤之声,甚可怖畏。鸠槃荼鬼,蹲踞土埵,或时离地,一尺二尺,往返游行。纵逸嬉戏,捉狗两足,扑令失声,以脚加颈,怖狗自乐。

复有诸鬼,其身长大,裸形黑瘦,常住其中,发大恶声,叫呼求食。复有诸鬼,其咽如针;复有诸鬼,首如牛头;或食人肉,或复啖狗,头发蓬乱,残害凶险;饥渴所逼,叫唤驰走。

夜叉饿鬼,诸恶鸟兽,饥急四向,窥看窗牖。如是诸难,恐畏无量。

是朽故宅,属于一人。其人近出,未久之间,于后宅舍,忽然火起,四面一时,其焰俱炽。栋梁椽柱,爆声震裂,摧折堕落,墙壁崩倒。诸鬼神等,扬声大叫。雕鹫诸鸟,鸠槃荼等,周慞惶怖,不能自出。恶兽毒虫,藏窜孔穴。毗舍阇鬼,亦住其中,薄福德故,为火所逼,共相残害,饮血啖肉。野干之属,并已前死,诸大恶兽,竞来食啖。臭烟烽焞,四面充塞。

蜈蚣蚰蜒,毒蛇之类,为火所烧,争走出穴。鸠槃荼鬼,随取而食。又诸饿鬼,头上火然,饥渴热恼,周慞闷走。其宅如是,甚可怖畏。毒害火灾,众难非一。

是时宅主,在门外立,闻有人言,汝诸子等,先因游戏,来入此宅,稚小无知,欢娱乐著。长者闻已,惊入火宅,方宜救济,令无烧害。告喻诸子,说众患难,恶鬼毒虫,灾火蔓延,众苦次第,相续不绝。毒蛇蚖蝮,及诸夜叉,鸠槃荼鬼,野干狐狗,雕鹫鸱枭,百足之属,饥渴恼急,甚可怖畏。此苦难处,况复大火?诸子无知,虽闻父诲,犹故乐著,戏嬉不已。

是时长者,而作是念,诸子如此,益我愁恼。今此舍宅,无一可乐,而诸子等,沉湎嬉戏,不受我教,将为火害。即便思惟,设诸方便,告诸子等:我有种种,珍玩之具,妙宝好车,羊车鹿车,大牛之车,今在门外。汝等出来,吾为汝等,造作此车,随意所乐,可以游戏。诸子闻说,如此诸车,即时竞奔,驰走而出,到于空地,离诸苦难。

这里描写那老朽的大屋的种种恐怖,和火烧时的种种纷乱,虽然不近情理,却热闹的好玩。后来中国小说每写战争或描摹美貌,往往模仿这形式,也正是因为它热闹的好玩。

《高僧传》说:鸠摩罗什死于姚秦弘始十一年(409),临终与众僧告别曰：

>……自以暗昧，谬充传译，凡所出经论三百余卷，唯《十诵》（《十诵律》）一部未及删繁，存其本旨，必无差失。愿凡所宣译，传流后世，咸共弘通。

他说只有《十诵》一部未及删繁，可见其余的译本都经过他"删繁"的了。后人讥罗什译经颇多删节，殊不知我们正惜他删节的太少。印度人著书最多繁复，正要有识者痛加删节，方才可读。慧远曾说《大智度论》"文句繁广，初学难寻。乃抄其要文，撰为二十卷。"（《高僧传》六）可惜《大品般若》不曾经罗什自己抄其要文，成一部《纲要》呵。

《高僧传》卷七《僧睿传》里有一段关于鸠摩罗什译经的故事，可以表现他对于译经文体的态度：

昔竺法护出《正法华经·受决品》云：

>天见人，人见天。

什译经至此，乃言曰："此语与西域义同，但在言过质。"僧睿曰："将非'人天交接，两得相见'？"什喜曰，"实然。"

这里可以看出罗什反对直译。法护直译的一句虽然不错，但说话确是太质了，读了叫人感觉生硬的很，叫人感觉这是句外国话。僧睿改本便是把这句话改成中国话了。在当日过渡的时期，罗什的译法可算是最适宜的法子。他的译本所以能流传千五百年，成为此土的"名著"，也正是因为他不但能译的不错，并且能译成中国话。

这个法子自然也有个限制。中国话达得出的，都应该充分用中国话。中国话不能达的，便应该用原文，决不可随便用似是而非的中国字。罗什对这一点看的很清楚，故他一面反对直译，一面又尽量用"阿耨多罗三藐三菩提"一类的音译法子。

附　记

这一章印成之先，我接得陈寅恪先生从北京寄来他的新著《童受〈喻鬘论〉梵文残本跋》。陈先生说，近年德国人在龟兹之西寻得贝叶梵文佛经多种，柏林大学路德施教授（Prof Henrich

Lüders)在其中检得《大庄严论》残本,并知鸠摩罗什所译的《大庄严论》,其作者为童受(鸠摩逻什 Kumaralata)而非马鸣;又知此书即普光窥基诸人所称之《喻鬘论》。路德施教授已有校本及考证,陈寅恪先生在此跋内列举别证,助成路德施之说。陈先生用罗什译本与原本互校的结果,得着一些证据,可以使我们明白罗什译经的艺术。他说,罗什翻经有三点可注意:一为删去原文繁重,二为不拘原文体制,三为变易原文。他举的证据都很可贵,故我摘录此跋的后半,作为本章的附录:

鸠摩罗什译经的艺术　陈寅恪

予尝谓鸠摩罗什翻译之功,数千年间,仅玄奘可以与之抗席。然今日中土佛经译本,举世所流行者,如《金刚》、《心经》、《法华》之类,莫不出自其手。故以言普及,虽慈恩犹不能及。所以致此之故,其文不皆直译,较诸家雅洁,当为一主因。……《慈恩法师传》卷十云,显庆"五年春正月一日,起首翻《大般若经》。经梵文总有二十万颂,文既广大,学徒每请删略。法师将顺众意,如罗什所翻,除繁去重。"盖罗什译经,或删去原文繁重,或不拘原文体制,或变易原文。兹以《喻鬘论》梵文原本,校其译文,均可证明。今《大庄严经论》译本卷十末篇之最后一节,中文较梵文原本为简略;而卷十一首篇之末节,则中文全略而未译。此删去原译繁重之证也。《喻鬘论》之文,散文与偈颂两体相间。……然据梵文残本以校译文,如卷一之

"彼诸沙弥等,寻以神通力,化作老人像。发白而面皱,秀眉牙齿落,偻脊而柱杖。诣彼檀越家。檀越既见已,心生大欢庆,烧香散名华,速请令就坐。既至须臾顷,还复沙弥形。"

一节,及卷十一之

"我以愚痴故,不能善观察,为痴火所烧。愿当暂留住,少听我忏悔;犹如脚跌者,扶地还得起;待我得少供。"

一节,本散文也,而译文为偈体。如卷一之"夫求法者,不观形相,唯在智慧。身虽幼稚,断诸结漏,得于圣道。虽老放逸,是名幼小"一节,及卷二之"汝若欲知可灸处者,汝但灸汝瞋恚

之心。若能灸心,是名真灸。如牛驾车,车若不行,乃须策牛,不须打车。身犹如车,心如彼牛,以是义故,汝应灸心。云何暴身?又复身者,如材如墙,虽复烧灸,将何所补?"一节,本偈体也,而译文为散文。……此不拘原文体制之证也。卷二之"诸仙苦修行,亦复得生天"一节,"诸仙"二字梵文原文本作 Kanva 等,盖 Kanva 者,天竺古仙之专名,非秦人所习知,故易以公名,改作"诸仙"二字。又卷四之"汝如蚁封,而欲与彼须弥山王比其高下"一节,及卷六之"犹如蚊子翅,扇于须弥山,虽尽其势力,不能令动摇"一节,"须弥"梵本一作 Mandara,一作 Vindhya。盖此二山名皆秦人所不知,故易以习知之须弥,使读者易解。此变易原文之证也。

第十章　佛教的翻译文学(下)

五世纪是佛经翻译的最重要的时期。最大的译场是在长安。僧肇答庐山刘遗民书中说起当日的工作的状况:

> 什师于大石寺出新至诸经……禅师于瓦官寺教习禅道,门徒数百。……三藏法师于中寺出律部,本末情悉,若睹初制。毗婆沙法师于石羊寺出《舍利弗毗昙》梵本。……贫道一生猥参嘉运,遇兹盛化,自不睹释迦祇洹之集,余复何恨?(《僧传》卷七)

西北的河西王沮渠蒙逊也提倡佛法,请昙无谶译出《涅槃经》,《大集经》,《大云经》,《佛所行赞经》等。昙无谶(死于433)也是一个慎重的译者,《僧传》说:

> 沮渠蒙逊……欲请出经本,谶以未参土言,又无传译,恐言舛于理,不许即翻。于是学语三年,方译写《涅槃初分》十卷。(卷二)

他译的《佛所行赞经》(Buddha charita),乃是佛教伟大诗人马鸣(Aśvaghosha)的杰作,用韵文述佛一生的故事。昙无谶用五言无韵诗体译出。全诗分二十八品,约九千三百句,凡四万六千多字,在当时为中国文学内的第一首长诗,我们试引其中的《离欲品》的一小部

分,略表示此诗译文的风格:

　　太子入园林,众女来奉迎,并生希遇想,竞媚进幽诚。各尽妖姿态,供侍随所宜。或有执手足,或遍摩其身,或复对言笑,或现忧戚容,觊以悦太子,令生爱乐心。

　　众女见太子,光颜状天身,不假诸饰好,素体逾庄严;一切皆瞻仰,谓"月天子"来。种种设方便,不动菩萨心;更互相顾视,抱愧寂无言。

　　有婆罗门子,名曰优陀夷,谓诸媒女言:"汝等悉端正,聪明多技术,色力亦不常,兼解诸世间,隐密随欲方;容色世希有,状如玉女形。天见舍妃后,神仙为之倾。如何人王子,不能感其情?今此王太子,持心虽坚固,清净德纯备,不胜女人力。古昔孙陀利,能坏大仙人,令引于爱欲,以足蹈其顶。……毗尸婆梵仙,修道十千岁,深著于天后,一日顿破坏。如彼诸美女,力胜诸梵行。……何不尽其术,令彼生染心?"

　　尔时媒女众,庆闻优陀说,增其踊悦心,如鞭策良马,往到太子前,各进种种术:歌舞或言笑,扬眉露白齿,美目相眄睐,轻衣见素身,妖摇而徐步,诈亲渐习近。情欲实其心;兼奉大王言,漫形嫁隐陋,忘其惭愧情。

　　太子心坚固,傲然不改容,犹如大龙象,群象众围绕,不能乱其心,处众若闲居。犹如天帝释,诸天女围绕。太子在园林,围绕亦如是。或为整衣服,或为洗手足,或以香涂身,或以华严饰,或为贯璎珞,或有扶抱身,或为安枕席,或倾身密语,或世俗调戏,或说众欲事,或作诸欲形,觊以动其心。

　　与《佛所行赞》同类的,还有宝云译的《佛本行经》。宝云(死于469)到过于阗、天竺,遍学梵书,回国后在建业译有《新无量寿经》及《佛本行经》。《僧传》(卷三)说他"华梵兼通,音训允正。"《佛本行经》的原本与《佛所行赞》稍有不同,也是全篇韵文,共分三十一品。译文有时用五言无韵诗体,有时用四言,有时又用七言,而五言居最大部分。我们摘抄第十一品《八王分舍利品》的一段作个例。《佛所行赞》第二十八品与此品同记一事,而详略大不同。其事为七王要分佛的舍利,故兴兵来围城,城中诸力士也不服,坚守城池不下。后来大家听了一个婆罗门的话,把佛舍利分作八份,各国建塔供养。《佛所行赞》本记兴兵围城不过三十六句,《佛本行经》本却有一百零八句,其中一部分如下:

> ……七王之兵众,俱时到城下。大众起黄尘,坌塞人众眼。殂象之气臭,塞鼻不得息。鼓角吹贝声,塞耳无所闻。妇女诸幼小,惶怖皆失色。对敌火攻具,消铜铁为汤。皆贯胄被甲,当仗严进战。象马皆被甲,整阵当对战。
>
> 力士没体命,不图分舍利,城里皆令催,执杖上城战。诸力士齐心,决定战不退。皆立于城上,楼橹却敌间,看城外诸王,军众无央数,军奋作威势,同时大叫呼。一时大叫呼,声响震天地。拔剑而掷弄,晃昱曜天日。或有跳勇走,捷疾欲向城。

我们再引第八品《与众媒女游居品》里写太子与媒女同浴的一段,也是《佛所行赞》没有的:

> ……太子入池,水至其腰。诸女围绕,明耀浴池;犹如明珠,绕宝山王,妙相显赫,甚好巍巍。众女水中,种种戏笑;或相湮没,或水相洒;或有弄华,以华相掷;或入水底,良久乃出;或于水中,现其众华;或没于水,但现其手。众女池中,光耀众华,令众藕华,失其精光。或有攀缘,太子手臂,犹如杂华,缠着金柱。女妆涂香,水浇皆堕,旃檀木橿,水成香池。

这是很浓艳的描写。

近年有几位学者颇主张这一类翻译的文学是《孔雀东南飞》一类的长诗的范本。我从前也颇倾向这种主张。近年我的见解稍稍改变了。我以为从汉到南北朝,这五六百年中,中国民间自有无数民歌发生。其中有短的抒情诗和讽刺诗,但也有很长的故事诗。在文学技术的方面,从《日出东南隅》一类的诗演变到《孔雀东南飞》,不能说是不连续的,也不能说是太骤然的(参看第六章)。正不用倚靠外来的文学的影响。昙无谶译《佛所行赞》在四百二十年左右;宝云译经更在其后,约当四百四十年。徐陵编《玉台新咏》约在五百六十年,他已收采《孔雀东南飞》了。在那个不容易得写本书卷的时代,一种外国的文学居然能在一百年内发生绝大的影响,竟会产生《孔雀东南飞》这样伟大的杰作,这未免太快罢?

与其说《佛本行经》等书产生了《孔雀东南飞》一类的长诗,不如说因为民间先已有了《孔雀东南飞》一类的长篇故事诗,所以才有翻译这种长篇外国诗的可能。法护鸠摩罗什等人用的散文大概是根据于当时人说的话。昙无谶、宝云等人用的偈体大概也是依据当时民歌的韵文,不过偈体不用韵脚,更自由了。

中国固有的文学很少是富于幻想力的;像印度人那种上天下地毫无拘束的幻想能力,中国古代文学里竟寻不出一个例。(屈原、庄周都远不够资格!)长篇韵文如《孔雀东南飞》只有写实的叙述,而没有一点超自然或超空间时间的幻想。这真是中国古文学所表现的中国民族性。在这一点上,印度人的幻想文学之输入确有绝大的解放力。试看中古时代的神仙文学如《列仙传》、《神仙传》,何等简单,何等拘谨!从《列仙传》到《西游记》、《封神传》,这里面才是印度的幻想文学的大影响呵。

佛教的长篇故事很多,如 Lalita Vistara,法护译为《普曜经》,也是幻想的释迦牟尼传记,散文为主体,夹用偈体。因为它与《佛本行经》等性质相同,故连带提起。

五世纪的译经事业,不单在北方,南方也有很重要的译场。四世纪之末到五世纪之初,庐山与建业都有大部译经出来。僧伽提婆在庐山译出《阿毗昙心》等,又在建业重译《中阿含》(397—398)。佛驮跋陀罗在庐山译出《修行方便论》(后人称《达磨多罗禅经》),又在建业道场寺译出《华严经》,是为晋译《华严》。那时法显、宝云等先后往印度留学,带了许多经卷回来。法显在道场寺请佛驮跋陀罗译出《大泥洹经》及《摩诃僧祇律》等。佛驮什在建业龙光寺译出《弥沙塞律》,即《五分律》。宝云译的经已见前节。宝云又与智严同译《普曜》、《四天王》等经。求那跋摩在建业译出《菩萨善戒》,《四分羯磨》等。求那跋陀罗在建业译出《杂阿含》,又在丹阳译出《楞伽经》,又在荆州译出《无量寿》等经。求那跋陀罗死于四百六十八年。五世纪下半,译事稍衰;故《高僧传》云:"自大明(457—464)已后,译经殆绝。"只有永明十年(492)求那毗地译出《百句喻经》,《十二因缘》,《须达长者经》,都是小品。

这些南方译经之中,影响最大的自然是《涅槃》(《泥洹》),《华严》,《楞伽》三部。我们不能多举例,只好单举《华严》作例罢。《华严》,《宝积》,《般若》,《涅槃》等等大部经都是一些"丛书",其中性质复杂,优劣不等,但往往有好文学作品。如《华严经》第六《菩萨明难品》便是很美的文学;如其中论"精进"云:

若欲求除灭,无量诸过恶,
应当一切时,勇猛大精进。
譬如微小火,樵湿则能灭;
于佛教法中,懈怠者亦然。
譬如人钻火,未出数休息,
火势随止灭;懈怠者亦然。

如论"多闻"云:

譬如有良医,具知诸方药,
自疾不能救:多闻亦如是。
譬如贫穷人,日夜数他宝,
自无半钱分:多闻亦如是。……
譬如聋聩人,善奏诸音乐,
悦彼不自闻:多闻亦如是。
譬如盲瞽人,本习故能画,
示彼不自见:多闻亦如是。

"日夜数他宝"一偈是后来禅宗文学中常引用的一偈。这种好白话诗乃是后来王梵志、寒山、拾得一班白话诗人的先锋(详见下编)。

《华严经》是一种幻想教科书,也可说是一种说谎教科书。什么东西都可以分作十件,十地,十明,十忍,……等等都是以十进的。只要你会上天下地的幻想,只要你凑得上十样,你尽管敷衍下去,可以到无穷之长。这个法子自然是很可厌的。但这种法子最容易模仿,最容易学。《华严经》末篇《入法界品》占全书四分之一以上,写善财童子求法事,过了一城又一城,见了一大师又一大师,遂敷演成一部长篇小说。其中没有什么结构,只是闭了眼睛"瞎嚼蛆"而已。我们试举几段"瞎嚼蛆"的例,证明我们不是有意诬蔑这部赫赫有名的佛经。善财童子到了可乐国的和合山,见着功德云比丘。那位比丘说:

> 善男子,我于解脱力逮得清净方便慧眼,普照观察一切世界,境界无碍,除一切障,一切佛化陀罗尼力,或见东方一佛,二佛,十百千万,十亿,百亿,千亿,百千亿佛;或见百亿那由他,千亿那由他,百千亿那由他佛;或见无量阿僧祇,不可思议,不可称,无分齐,无边际,不可量,不可说,不可说不可说佛;或见阎浮提微尘等佛;或见四天下微尘等佛;或见小千世界微尘等佛;或见二千,三千大千世界微尘等佛。(卷四十七)

善财到了海门国,见着海云比丘,那位比丘对他说:

> 善男子,我住此海门国十有二年,境界大海,观察大海,思惟大海无量无边,思惟大海甚深难得源底。……复作是念,"世间颇更有法广此大海,深此大海,庄严于此大海者不?"作是念已,即见海底水轮之际,妙宝莲华自然涌出,伊那尼罗宝为茎,阎浮檀金为叶,沉水香宝为台,玛瑙宝为须,弥覆大海。百万阿修罗王悉共执持。百万摩尼宝庄严网罗覆其上。百万龙王雨以香水。百万迦楼罗王衔妙宝绘带垂下庄严。百万罗刹王慈心观察。百万夜叉王恭敬礼拜。百万乾闼婆王赞叹供养。百万天王雨天香华末香幢幡妙宝衣云。……百万日藏宝明净光明,普照一切。百万不可坏摩尼宝出生长养一切善行。百万如意宝珠无尽庄严。(同上)

这种无边无尽的幻想,这种"瞎嚼蛆"的滥调,便是《封神传》"三十六路伐西岐",《西游记》"八十一难"的教师了。

以上略述三四五世纪的翻译文学。据《高僧传》卷十,王度奏石虎道:

> ……往汉明感梦,初传其道,唯听西域人得立寺都邑,以奉其神。其汉人皆不得出家。魏承汉制,亦循前轨。

这里说的汉魏制度似是史实。大概四世纪以前，300年以前，汉人皆不准出家作和尚。故前期的名僧都是外国人，《高僧传》可为证。故西历三百年以前，佛教并不曾盛行于中国。石勒（死于383）、石虎（死于349），信用佛图澄，"道化既行，民多奉佛，皆营造寺庙，相竞出家"（《高僧传》十）。风气既开，虽有王度、王波等人的奏请禁止，终不能阻止此新宗教的推行。佛图澄门下出了道安，道安门下出了慧远，慧远与鸠摩罗什同时，南北成两大中心，佛教的地位更崇高了。译经的事业也跟着佛教的推行而发展。重要的译经起于法护，在284年，当三世纪之末，其地域在敦煌长安之间。四世纪中，译经稍发达；至四世纪之末，五世纪之初，译经事业始充分发展，南北并进。故依汉人出家与译经事业两件事看来，我们可以断定四世纪与五世纪为佛教在中国开始盛行的时期。

佛教盛行如此之晚，故译经在中国文学上发生影响也更晚。四五世纪的中国文学可说是没有受佛经的影响，因为偶然采用一两个佛书的名词不算是文学影响。佛教文学在中国文学上发生影响是在六世纪以后。

综计译经文学在中国文学史上的影响，至少有三项：

（1）在中国文学最浮靡又最不自然的时期，在中国散文与韵文都走到骈偶滥套的路上的时期，佛教的译经起来，维祇难，竺法护，鸠摩罗什诸位大师用朴实平易的白话文体来翻译佛经，但求易晓，不加藻饰，遂造成一种文学新体。这种白话文体虽然不曾充分影响当时的文人，甚至于不曾影响当时的和尚，然而宗教经典的尊严究竟抬高了白话文体的地位，留下无数文学种子在唐以后生根发芽，开花结果。佛寺禅门遂成为白话文与白话诗的重要发源地。这是一大贡献。

（2）佛教的文学最富于想像力，虽然不免不近情理的幻想与"瞎嚼蛆"的滥调，然而对于那最缺乏想像力的中国古文学却有很大的解放作用。我们差不多可以说，中国的浪漫主义的文学是印度的文学影响的产儿。这是二大贡献。

（3）印度的文学往往注重形式上的布局与结构。《普曜经》，

《佛所行赞》,《佛本行经》都是伟大的长篇故事,不用说了。其余经典也往往带着小说或戏曲的形式。《须赖经》一类,便是小说体的作品。《维摩诘经》,《思益梵天所问经》……都是半小说体,半戏剧体的作品。这种悬空结构的文学体裁,都是古中国没有的;他们的输入,与后代弹词,平话,小说,戏剧的发达都有直接或间接的关系。佛经的散文与偈体夹杂并用,这也与后来的文学体裁有关系。这种文学体裁上的贡献是三大贡献。

但这几种影响都不是在短时期能产生的,也不是专靠译经就能收效的。我们看那译经最盛的时期(300—500),中国文学的形式与风格都不表显一点翻译文学的势力。不但如此,那时代的和尚们作的文学,除了译经以外,都是模仿中国文士的骈偶文体。一部《弘明集》,两部《高僧传》,都是铁证。《弘明集》都是论辩的文字,两部《僧传》都是传记的文字,然而他们都中了骈文滥调的流毒,所以说理往往不分明,记事往往不正确。直到唐代,余毒未歇。故我们可以说,佛经的文学不曾影响到六朝诗文人,也不曾影响到当时的和尚:我们只看见和尚文学的文士化,而不看见文人文学的和尚化。

但五世纪以下,佛教徒倡行了三种宣传教旨的方法:(1)是经文的"转读",(2)是"梵呗"的歌唱,(3)是"唱导"的制度。据我的意思,这三种宣传法门便是把佛教文学传到民间去的路子,也便是产生民间佛教文学的来源。慧皎的《高僧传》分十科,而第九科为"经师",即读经与念呗两类的名师;第十科为"唱导",即唱导的名家。道宣作《续高僧传》,也分十科,其第十科为"杂科声德",包括这三类的名家。单看这两传的分类,便可明白这三种宣教方法的重要了。

《高僧传》说:"天竺方俗,凡是歌咏法言,皆称为呗。至于此土,咏经则称为'转读',歌赞则号为'梵音'。"这可见转读与梵呗同出于一源。我们在上文曾引鸠摩罗什的话,说印度的文体注重音韵,以入弦为善。初期的和尚多是西域人,故输入印度人的读经与念呗之法。日久流传,遂产出一些神话,说曹植是创始之人,曾"删治《瑞应本起》,以为学者之宗;传声则三千有余,在契("一契"如今人说"一只"曲子)则四十有二"(《高僧传》十五论)。又说石勒时代有天神下降,讽咏经音,时有传者。(同上)这些神话是不足信的,道宣对他们也很怀疑(《续僧传》末卷论)。大概诵经之法,要念出音调节奏来,是中国古代所没有的。这法子自西域传进来;后来传遍中国,不但和尚念经有调子;小孩念书,秀才读八股文章,都哼出调子来,都是印度的影响。四世纪晚年,支昙籥(月支人)以此著名,遂成"转读"的祖师。《僧传》说他

> 尝梦天神授其声法,觉因裁制新声,梵响清靡,四飞却转,反折还弄。……后进传写,莫匪其法。所制六言梵呗,传响于今。

支昙籥传法平与法等弟兄,也是外国人。他们传给僧饶,僧饶是第一个中国名师。同时有道综与僧饶齐品,道综擅长的是念《三本起》与《须大拏经》。《僧传》说道综:

> 每清梵一举,辄道俗倾心。

又说僧饶在般若台外梵转:

> 行路闻者莫不息驾踟蹰,弹指称佛。

同时又有智宗,也会转读:

> 若乃八关(八关是持斋之名,"关闭八恶,不起诸过,不非时食,"故名八关斋。)之夕,中宵之后,四众低昂,睡眠交至,宗则升坐一转,梵响干云,莫不开神畅体,豁然醒悟。

这几个人都死于四百五十八九年。此后有昙迁,法畅,道琰,昙智,僧辩等。以上诸人都是建业的和尚;但转读之风不限于京师一地,《僧传》说:"浙左、江西、荆陕、庸蜀,亦颇有转读。"

当时和尚造的梵呗,据《僧传》所记,有"皇皇顾惟",有"共议",有"敬谒"一契。支昙籥所作六言梵呗,名"大慈哀愍"一契。又有"面如满月",源出关右,而流于晋阳,是一种西凉州呗。

"唱导"是什么呢?慧皎说:

> 唱导者,盖以宣唱法理,开导众心也。昔佛法初传,于时齐集,止宣唱佛名,依文教礼。至中宵疲极,事资启悟,乃别请宿德升座说法,或杂序因缘,或傍引譬喻。其后庐山慧远(死于416)道业贞华,风才秀发,每至齐集,辄自升高座,躬为导首,广明三世因果,却辩一斋大意。后代传受,遂成永则。(《僧传》十五

论）

宋武帝时，有一次内殿设斋，道照（死于433）唱导，

> 略叙百年迅速，迁灭俄顷；苦乐参差，必由因果；如来慈应六道，陛下抚矜一切。

慧皎又说：

> 至如八关初夕，旋绕周行，烟盖停氛，灯帷靖耀，四众专心，又指缄默，尔时导师则擎炉慷慨。含吐抑扬，辩出不穷，言应无尽。谈无常则令心形战栗，语地狱则使怖泪交零，征昔因则如见往业，核当果则已示来报，谈怡乐则情抱畅悦，叙哀戚则洒泪含酸。于是阖众倾心，举堂恻怆，五体输席，碎首陈哀，各各弹指，人人唱佛。

这里描写导师唱导时的情形，使我们知道"唱导"乃是一种斋场的"布道会"；唱导的人不但演讲教中宗旨，还要极力描摹地狱因果种种恐怖，眼泪鼻涕应声涌止，才可以使"举堂恻怆，碎首陈哀"。那惨凄的夜色，迷濛的炉烟，都只是有意给那擎炉说法的和尚造成一个严肃凄怆的背景。

唱导的斋会明是借斋场说法，故慧远唱导一面要"广明三世因果"，一面又必须说明"一斋大意"。《昙宗传》中说他为宋孝武帝唱导，帝笑问道："朕有何罪，而为忏悔？"又《昙光传》中说他"回心习唱，制造忏文；每执炉处众，辄道俗倾仰"。这可见"拜忏"是唱导的一部分（拜章忏罪之法似是起于当日的道士，不是印度来的）。《昙颖传》中说：

> 凡要请者，皆贵贱均赴，贫富一揆。

又《法镜传》中说：

> 镜誓心弘道，不拘贵贱，有请必行，无避寒暑。

来请的人既不同阶级，唱导的内容也就不能不随时变换，故有制造"唱导文"与"忏文"的必要。慧皎说：

> 如为出家五众，则须切语无常，苦陈忏悔。若为君王长者，则须兼引俗典，绮综成辞。若为悠悠凡庶，则须指事造形，直谈闻见。若为山民野处，则须近局言辞，陈斥罪目。

当时文学的风气虽然倾向骈俪与典故,但"悠悠凡庶"究竟多于君王长者;导师要使大众倾心,自然不能不受民众的影响了。

慧皎的《高僧传》终于梁天监十八年(519)。道宣作《续〔高〕僧传》,终于唐贞观十九年(645)。在这一百多年中,这几种宣传教法门都更倾向中国化了。梵呗本传自印度,当时号为"天音"。后来中国各地都起来了各种呗赞。道宣所记,有东川诸梵,有郑魏之参差,有江表与关中之别。他说:

> 梵者,净也,实惟天音。色界诸天来觐佛者,皆陈赞颂。经有其事,祖而述之,故存本因,诏声为"梵"。然彼天音未必同此。……神州一境,声类既各不同,印度之与诸蕃,咏颂居然自别。(《续传》四十论)

这便是公然承认各地可以自由创造了。道宣又说:

> 颂赞之设,其流实繁。江淮之境,偏饶此玩。雕饰文绮,糅以声华,……然其声多艳逸,翳覆文词,听者但闻飞弄,竟迷是何签目。

这是说江南的文人习气也传染到了和尚家的颂赞,成了一种文士化的唱赞,加上艳逸的音韵,听的人只听得音乐飞弄,不懂唱的是什么了。但北方还不曾到这地步,

> 关可晋魏,兼而有之(兼重声音与内容)。但以言出非文,雅称呈拙,且其声约词丰,易听而开深信。

可见北方的唱赞还是"非文"而"易听"的。道宣提及:

> 生严之《咏佛缘》,五言结韵,则百岁宗为师辖;远运之《赞净土》,四字成章,则七部钦为风素。

这些作品,都不可见了。但我们看日本与敦煌保存的唐人法照等人的《净土赞》(看《续藏经》第二编乙,第一套,第一册之《净土五会念佛略法事仪赞》。巴黎国家图书馆藏有敦煌写本《净土念佛诵经观行仪》互有详略),其中多是五言七言的白话诗。这很可证明颂赞的逐渐白话化了。

唱导之文在这个时期(五六世纪)颇发达。真观(死于611)传中说他著有导文二十余卷。法韵(死于604)传中说他曾"诵诸碑志

及古导文百有余卷,并王僧孺等诸贤所撰"。又宝严传中说到"观公导文,王孺忏法,梁高、沈约、徐庾、晋宋等数十家"。大约当时文人常替僧家作导文,也许僧家作了导文,假托于有名文人。如今世所传《梁皇忏》,究竟不知是谁作的。但无论是文人代作,或假托于文人,这些导文都免不了文人风气的影响,故当日的导文很有骈偶与用典的恶习气。善权传中说他:

> 每读碑志,多疏俪词。……及登席,列用牵唬之。

又智凯传中说他:

> 专习子史,今古集传有开意抱,辄条疏之。随有福会,因而标拟。

这都是文匠搜集典故,摘抄名句的法子;道宣作传,却津津称道这种"獭祭"法门,我们可以想见当日和尚文家的陋气了。

但颂赞与唱导都是布道的方法,目的在于宣传教义,有时还须靠他捐钱化缘,故都有通俗的必要。道宣生当唐初,已说:

> 世有法事,号曰"落花",通引皂素(僧家著黑衣,故称"缁",也称"皂"。素即白衣俗人),开大施门,打刹唱举,拘撒泉贝,别请设座,广说施缘。或建立塔寺,或缮造僧务,随物赞祝,其纷若花。士女观听,掷钱如雨,至如解发百数数("解发"似是剪下头发,可以卖钱。宝严传中说他唱导时,听者"莫不解发撒衣,书名记数。"可以参证)。别异词陈愿若星罗,结句皆合韵,声无暂停,语无重述(捐钱物者,各求许愿,故须随时变换,替他们陈愿)。斯实利口之铦奇,一期之赴捷也。(《续〔高僧〕传》卷四十论)

这种"落花"似乎即是后来所谓"莲花落"一类的东西。做这种事的人,全靠随机应变,出口成章。要点在于感动人,故不能不通俗。今日说大鼓书的,唱"摊簧"的,唱"小热昏"的,都有点像这种"落花"导师。"声无暂停,语无重述,结句皆合韵",也正像后世的鼓词与摊簧。《善权传》中说隋炀帝时,献后崩,宫内设斋场,善权与立身"分番礼导,既绝文墨,唯存心计。四十九夜总委二僧,将三百度,言无再述。……或三言为句,便尽一时;七五为章,其例亦尔"这种导文,或通篇三字句,或通篇五字句,或通篇七字句,都是有韵的,这不是很像后来的弹词鼓词吗?

综合两部《僧传》所记,我们可以明白当时佛教的宣传决不是单靠译经。支昙籥等输入唱呗之法,分化成"转读"与"梵呗"两项。转读之法使经文可读,使经文可向大众宣读。这是一大进步。宣读不能叫人懂得,于是有"俗文"、"变文"之作,把经文敷演成通俗的唱本,使多数人容易了解。这便是更进一步了。后来唐五代的《维摩变文》等,便是这样起来的(说详下编,另有专论)。梵呗之法用声音感人,先传的是梵音,后变为中国各地的呗赞,遂开佛教俗歌的风气。后来唐五代所传的《净土赞》,《太子赞》,《五更转》,《十二时》等,都属于这一类。佛教中白话诗人的起来(梵志,寒山,拾得等)也许与此有关系罢。唱导之法借设斋拜忏做说法布道的事。唱导分化出来,一方面是规矩的忏文与导文,大概脱不了文人骈偶的风气,况且有名家导文作范本,陈套相传,没有什么文学上的大影响。一方面是由那临机应变的唱导产生"莲花落"式的导文,和那通俗唱经的同走上鼓词弹词的路子了。另一方面是原来说法布道的本意,六朝以下,律师宣律,禅师谈禅,都倾向白话的讲说;到禅宗的大师的白话语录出来,散文的文学上遂开一生面了(也详见下编)。

第二编　唐朝

第十一章　唐初的白话诗

向来讲初唐（约620—700）文学的人，只晓得十八学士，上官体，初唐四杰等等（看谢无量《中国大文学史》卷六，页1—36）。我近年研究这时代的文学作品，深信这个时期是一个白话诗的时期。故现在讲唐朝的文学，开篇就讲唐初的白话诗人。

白话诗有种种来源。第一个来源是民歌，这是不用细说的。一切儿歌，民歌，都是白话的。第二个来源是打油诗，就是文人用诙谐的口吻互相嘲戏的诗。如我们在上编说的，应璩的谐诗（页五六—五七），左思的《娇女》（页一〇三—四），程晓的《嘲热客》（页一〇四），陶潜的《责子》、《挽歌》（页一一三），都是这一类。王褒的《僮约》（页三三一—三三四）也是这一类。嘲戏总是脱口而出，最自然，最没有做作的；故嘲戏的诗都是极自然的白话诗。虽然这一类的诗往往没有多大的文学价值，然而他们却有训练作白话诗的大功用。钟嵘说陶潜的诗出于应璩，其实只是说陶潜的白话诗是从嘲讽的谐诗出来的（上文页一一〇）。凡嘲戏别人，或嘲讽社会，或自己嘲戏，或为自己解嘲，都属于这一类。陶潜的《挽歌》"但恨在世时，饮酒不得足"，这是自己嘲戏；他的《责子》诗"天运苟如此，且进杯中物"，这是自己解嘲。从这里再一变，便到了白居易所谓"讽谕"与"闲适"两种意境。陶潜的诗大部分是"闲适"一类。"讽谕"一类到唐朝方才充分发达。

此外还有两种来源。第三是歌妓。在那"好妓好歌喉"的环境之内，文学家自然不好意思把《尧典》、《舜典》的字和《生民》、《清庙》的诗拿出来献丑。唐人作歌诗，晚唐五代两宋人作词，元明人作曲，因为都有这个"好妓好歌喉"的引诱，故自然走到白话的路上去。

第四是宗教与哲理。宗教要传布的远，说理要说的明白清楚，都不能不靠白话。散文固是重要，诗歌也有重要作用。诗歌可以歌唱，便于记忆，易于流传，皆胜于散文作品。佛教来自印度，本身就有许多韵文的偈颂。这个风气自然有人仿效。于是也有做无韵偈的，也有做有韵偈的；无韵偈是模仿，有韵偈便是偈体的中国化了。如《高僧传》卷十有单道开的一偈：

> 我矜一切苦，出家为利世。利世须学明，学明能断恶。
> 山远粮粒难，作斯断食计。非是求仙侣，幸勿相传说。

同卷又有天竺和尚耆域作的一偈：

> 守口摄心意，慎莫犯众恶，修行一切善，如是得度世。

这都是四世纪的作品。五六世纪中，偈体渐有中国化的趋势。五世纪初期，鸠摩罗什寄一偈与庐山慧远：

> 既已舍染乐，心得善摄不？若得不驰散，深入实相不？
> 毕竟空相中，其心无所乐。若悦禅智慧，是法性无照。
> 虚诳等无实，亦非停心处。仁者所得法，幸愿示其要。

慧远答一偈：

> 本端竟何从？起灭有无际。一微涉动境，成此颓山势。
> 惑相更相乘，触理自生滞。因缘虽无主，开途非一世。
> 时无悟宗匠，谁将握玄契？末问尚悠悠，相与期暮岁。

这竟是晋人的说理诗，意思远不如鸠摩罗什原偈的明白晓畅。罗什是说话，而慧远是做诗。慧远不做那无韵的偈体，而用那有韵脚的中国旧诗体，也许他有意保持本国风尚，也许那时中国的大师还做不惯这种偈体。但六世纪的和尚便不同了。《续高僧传》卷十九有慧可答向居士偈云：

> 说此真法皆如实，与真幽理竟不殊。
> 本迷摩尼谓瓦砾，豁然自觉是真珠。
> 无明智慧等无异，当知万法即皆如。

>愍此二见之徒辈,伸词措笔作斯书。
>
>观身与佛不差别,何须更觅彼无余?

这便是有韵脚的白话偈了。慧可死于六世纪晚年;他是一个习禅的大师,后来禅宗称他为此土第二祖。《续[高]僧传》说他"命笔述意,……发言入理,未加铅墨";又有"乍托吟谣"的话;大概慧可是六世纪一个能文的诗僧。

这四项——民歌,嘲戏,歌妓的引诱,传教与说理——是一切白话诗的来源。但各时期自有不同的来源。民歌是永远不绝的;然而若没有人提倡,社会下层的民歌未必就能影响文士阶级的诗歌。歌妓是常有的,但有时宗教的势力可以使许多艳歌成为禁品,仅可以流传于教坊妓家,而不成为公认的文学。嘲戏是常有的,但古典主义盛行的时期,文人往往也爱用古典的诗文相嘲戏,而不因此产生白话文学。传教与说理也因时代而变迁:佛教盛行的时期与后来禅宗最盛的时期产生这一类白话诗最多;后来理学代禅宗而起,也产生了不少的白话说理诗;但理学衰落之后,这种诗也就很少了。

唐朝初年的白话诗,依我的观察,似乎是从嘲讽和说理的两条路上来的居多。嘲戏之作流为诗人自适之歌或讽刺社会之诗,那就也和说理与传教的一路很接近了。唐初的白话诗人之中,王梵志与寒山、拾得都是走嘲戏的路出来的,都是从打油诗出来的;王绩的诗似是从陶潜出来的,也富有嘲讽的意味。凡从游戏的打油诗入手,只要有内容,只要有意境与见解,自然会做出第一流的哲理诗的。

从两部《高僧传》里,我们可以看见,当佛教推行到中国的智识阶级的时候,上流的佛教徒对于文学吟咏,有两种不同的态度。四世纪的风气承清谈的遗风,佛教不过是玄谈的一种,信佛教的人尽可不废教外的书籍,也不必废止文学的吟咏。如帛道猷便"好丘壑,一吟一咏,有濠上之风"(《[高]僧传》五)。他与竺道壹书云:

>始得优游山林之下,纵心孔释之书。触兴为诗,陵峰采药。……因有诗曰:
>
>连峰数千重,修林带平津。云过远山翳,风至梗荒榛。茅茨隐不见,鸡鸣知有人。闲步践其迳,处处见遗薪。始知百代下,

故有上皇民。

这种和尚完全是中国式的和尚,简直没有佛教化,不过"玩票"而已。他们对于"孔释"正同庄老没多大分别,故他们游山吟诗,与当日清谈的士大夫没有分别。这是一种态度。到了四世纪以后,戒律的翻译渐渐多了,僧伽的组织稍完备了,戒律的奉行也更谨严了,佛教徒对于颂赞以外的歌咏便持禁遏的态度了。如慧远的弟子僧彻传中说他:

> 以问道之暇,亦厝怀篇牍;至若一赋一咏,辄落笔成章。尝至山南,扳松而啸。于是清风远集,众鸟和鸣,超然有胜气。退还咨远:"律禁管弦,戒绝歌舞;一吟一啸,可得为乎?"
>
> 远曰:"以散乱言之,皆为违法。"由是乃止。(《僧传》卷七)

这又是一种态度。

但诗的兴趣是遏抑不住的,打油诗的兴趣也是忍不住的。五世纪中的惠休,六世纪初年的宝月(上文页一四一——一四二)都是诗僧。这可见慧远的主张在事实上很难实行。即使吟风弄月是戒律所不许,讽世劝善总是无法禁止的。惠休(后来还俗,名汤惠休)与宝月做的竟是艳诗。此外却像是讽世说理的居多。五世纪下半益州有个邵硕(死于473),是个奇怪的和尚;《[高]僧传》(卷十一)说他:

> 居无定所,恍惚如狂。为人大口,眉目丑拙,小儿好追而弄之。或入酒肆,同人酣饮。而性好佛法;每见佛像,无不礼拜赞叹,悲感流泪。

他喜欢做打油诗劝人。本传说他:

> 游历益部诸县,及往蛮中,皆因事言谑,协以劝善。……
>
> 刺史刘孟明以男子衣衣二妾,试硕云:"以此二人给公为左右,可乎?"
>
> 硕为人好韵语,乃谓明白:
> 宁自乞酒以清燕,
> 不能与阿夫竟残年!
>
> 孟明长史沈仲玉改鞭杖之格,严重常科。硕谓玉曰:

> 天地嗷嗷从此起。
> 若除鞭格得刺史。
> 玉信而除之。

最有趣的是他死后的神话：

> 临亡,语道人法进云:"可露吾骸,急系履著脚。"既而依之。出尸置寺后,经二日,不见所在。俄而有人从郫县来,遇进云:"昨见硕公在市中,一脚著履,漫语云:小子无宜适,失我履一只。"
>
> 进惊而检问沙弥,沙弥答曰,"近送尸时怖惧,右脚一履不得好系,遂失之。"

这种故事便是后来寒山、拾得的影子了。六世纪中,这种佯狂的和尚更多了,《续[高]僧传》"感通"一门中有许多人便是这样的。王梵志与寒山、拾得不过是这种风气的代表者罢了。

《续[高]僧传》卷三十五记六世纪大师亡名(本传在同书卷九。亡名工文学,有文集十卷,今不传;《续[高]僧传》载其《绝学箴》的全文,敦煌有唐写本,今藏伦敦博物院)的弟子卫元嵩少年时便想出名,亡名对他说:"汝欲名声,若不佯狂,不可得也。"

> 嵩心然之,遂佯狂漫走,人逐成群,触物摘咏。……自制琴声,为《天女怨》,《心风弄》。亦有传其声者。

卫元嵩后来背叛佛教,劝周武帝毁佛法,事在574年。但这段故事却很有趣味。佯狂是求名的捷径。怪不得当年疯僧之多了!"人逐成群,触物摘咏",这也正是寒山、拾得一流人的行迳。(元嵩作有千字诗,今不传。)

这一种狂僧"触物摘咏"的诗歌,大概都是诙谐的劝世诗。但其中也有公然讥讽佛教本身的。《续[高]僧传》卷三十五记唐初有个明解和尚,"有神明,薄知才学;琴诗书画,京邑有声。"明解于龙朔中(662—663)应试得第,脱去袈裟,说:"吾今脱此驴皮,预在人矣!"遂置酒集诸士俗,赋诗曰:"一乘本非有,三空何所归"云云。这诗是根本攻击佛教的,可惜只剩此两句了。同卷又记贞观中(627—649)有洺州宋尚礼,"好为谲诡诗赋",因与邺中戒德寺僧有怨,作了一篇

《悭伽斗赋》，描写和尚的悭吝状态，"可有十纸许（言其文甚长，古时写本书，以纸计算），时俗常诵，以为口实，见僧辄弄，亦为黄巾（道士）所笑"。此文也不传了。

这种打油诗，"谲诡诗赋"的风气自然不限于和尚阶级。《北齐书》卷四十二说阳休之之弟阳俊之多作六字句的俗歌，"歌辞淫荡而拙，世俗流传，名为《阳五伴侣》，写而卖之，在市不绝"。阳俊之有一天在市上看见卖的写本，想改正其中的误字，那卖书的不认得他就是作者，不许他改，对他说道："阳五古之贤人，作此《伴侣》。君何所知，轻敢议论！"这是六世纪中叶以后的事。可惜这样风行的一部六言白话诗也不传了。

在这种风狂和尚与谲诡诗赋的风气之下，七世纪中出了三五个白话大诗人。

第一位是王梵志。唐宋的人多知道王梵志。八世纪的禅宗大师有引梵志的诗的（《历代法宝记》中无住语录，敦煌唐写本）；晚唐五代的村学堂里小学生用梵志的诗作习字课本（法国图书馆藏有这种习字本残卷）；北宋大诗人如黄庭坚极力推崇梵志的诗（胡仔《苕溪渔隐丛话》前集卷五十六）；南宋人的诗话笔记也几次提及他（费衮《梁溪漫志》卷十；陈善《扪虱新话》五；慧洪《林间录》下；晓莹《云卧纪谭》上，页十一）。但宋以后竟没有人知道王梵志是什么人了。清朝编《全唐诗》，竟不曾收梵志的诗，大概他们都把他当作宋朝人了！

我在巴黎法国图书馆里读得伯希和先生（Pelliot）从敦煌莫高窟带回去的写本《王梵志诗》三残卷，后来在董康先生处又见着他手抄日本羽田亨博士影照伯希和先生藏的别本一卷，共四个残卷，列表如下：

（一）汉乾祐二年己酉（949）樊文昇写本（原目为4094，即羽田亨影本）。末二行云：

王梵志诗集一卷

王梵志诗上中下三卷为一部又此卷为上卷，别本称第一卷。

（二）己酉年（大概也是乾祐己酉）高文□写本。（原目为2842）这是一个小孩子的习字本，只写了十多行，也是第一卷中的诗。

（三）宋开宝三年壬申（按开宝五年为壬申，西历972；三年为庚午）阎海真写本（原目为2718）。此卷也是第一卷，为第一卷最完善之本。

（四）汉天福三年庚戌（汉天福只有一年，庚戌为乾祐三年，950）金光明寺僧写本（原目为2914）。此本题为《王梵志诗卷第三》。

我们看这四个残卷的年代都在第十世纪的中叶（949—972），可见王梵志的诗在十世纪时流行之广。宋初政府编的《太平广记》（978年编成，981年印行）卷八十二有"王梵志"一条，注云"出《史遗》"。《史遗》不知是何书，但此条为关于梵志的历史的仅存的材料，故我抄在下面：

> 王梵志，卫州黎阳人也。黎阳城东十五里有王德祖，当隋文帝时（581—604），家有林檎树，生瘿大如斗，经三年，朽烂。德祖见之，乃剖其皮，遂见一孩儿抱胎而□（此处疑脱一字）。德祖收养之。至七岁，能语，曰，"谁人育我？复何姓名？"德祖具以实语之，因名曰"林木梵天"，后改曰"梵志"。曰，"王家育我，可姓王也。"梵志乃作诗示人，甚有义旨。

此虽是神话，然可以考见三事：一为梵志生于卫州黎阳，即今河南浚县。一为他生当隋文帝时，约六世纪之末。三可以使我们知道唐朝已有关于梵志的神话，因此又可以想见王梵志的诗在唐朝很风行，民间才有这种神话起来。

我们可以推定王梵志的年代约当590年到660年。巴黎与伦敦藏的敦煌唐写本《历代法宝记》长卷中有无住和尚的语录，说无住：

> 寻常教戒诸学道者，恐著言说，时时引稻田中螃蟹问众人会不（"会不"原作"不会"。今以意改）。又引王梵志诗：
> 慧眼近空心，非关髑髅孔。对面说不识，饶你母姓董！

无住死于大历九年（774），他住在成都保唐寺，终身似不曾出四川。这可见八世纪中王梵志的诗流行已很远了。故我们可以相信梵志是七世纪的人。

《王梵志诗》的第一卷里都是劝世诗,极像应璩的《百一诗》。这些诗都没有什么文学意味。我们挑几首作例:

(一)

黄金未是宝,学问胜珠珍。丈夫无伎艺,虚沾一世人。

(二)

得他一束绢,还他一束罗。计时应大重,直为岁年多。

(三)

有势不烦意,欺他必自危。但看木里火,出则自烧伊。

第二卷没有传本。第三卷里有很好的诗,我们也挑几首作例:

(四)

吾有十亩田,种在南山坡。青松四五树,绿豆两三窠。
热即池中浴,凉便岸上歌。遨游自取足,谁能奈我何!

(五)

我见那汉死,肚里热如火。不是惜那汉,恐畏还到我。

(六)

我有一方便,价值百匹练:相打长伏弱,至死不入县。

(七)

共受虚假身,共禀太虚气。死去虽更生,回来尽不记。
以此好寻思,万事淡无味。不如慰俗心,时时一倒醉。

(八)

草屋足风尘,床无破毡卧。客来且唤入,地铺稿荐坐。
家里元无炭,柳麻且吹火。白酒瓦钵藏,铛子两脚破。
鹿脯三四条,石盐五六课。看客只宁馨,从你痛笑我!

("宁馨"即"那哼","那么样")

以上八首都是从巴黎的敦煌写本选出的。黄山谷最赏识梵志的《翻着袜》一首,其诗确是绝妙的诗:

(九)

梵志翻着袜,人皆道是错。乍可刺你眼,不可隐我脚。(慧洪引此诗,"道是"作"谓我";"乍"作"宁"。)

南宋诗僧慧洪也称赞此诗。陈善《扪虱新话》说：

> 知梵志翻着袜法，则可以作文。知九方皋相马法，则可以观人文章。

这可见这一首小诗在宋朝文人眼里的地位。黄山谷又引梵志一首诗云：

（十）

> 城外土馒头，馅草在城里。一人吃一个，莫嫌没滋味。

山谷评此诗道：

> 已且为土馒头，尚谁食之？今改
>
> 预先著酒浇，使教有滋味。

南宋禅宗大师克勤又改为：

> 城外土馒头，馅草在城里。著群（？）哭相送，入在肚皮里。
> 次第作馅草，相送无穷已。以兹警世人，莫开眼瞌睡。（晓莹《云卧纪谭》卷上，《续藏经》二乙，二一函，一册，页十一）

宋末费衮《梁溪漫志》卷十载有梵志诗八首，其中三首是七言的，四首是五言的。我也选几首作例：

（十一）

> 他人骑大马，我独跨驴子。回顾担柴汉，心下较些子。

（十二）

> 世无百年人，强作千年调。打铁作门限，鬼见拍手笑。

末一首慧洪引作寒山的诗，文字也小不同：

> 人是黑头虫，刚作千年调。铸铁作门限，鬼见拍手笑。

大概南宋时已有后人陆续添入的诗；寒山、拾得与梵志的诗里皆不免后人附入的诗。

第二位诗人是王绩。王绩字无功，绛州龙门人，是王通（"文中子"）的兄弟。据旧说，王通生于584，死于618，死时年三十五（《疑年续录》一）。王绩在隋末做过官；他不愿意在朝，自求改为六合丞。他爱喝酒，不管官事，后来竟回家乡闲住。唐高祖武德年间（约625），他以前官待诏门下省。那时有太常署史焦革家里做得好酒，王绩遂自求做太常署丞。焦革死后,他也弃官回去了。他自称东皋子,有《东皋子集》五卷。他的年代约当590到650年。

王绩是一个放浪懒散的人,有点像陶潜,他的诗也有点像陶潜。我们选几首做例子:

初　春

前旦出门游,林花都未有。今朝下堂来,池冰开已久。雪被南轩梅,风催北庭柳。遥呼灶前妾,却报机中妇:年光恰恰来,满瓮营春酒!

独　坐

问君樽酒外,独坐更何须?有客谈名理,无人索地租。三男婚令族,五女嫁贤夫。百年随分了,未羡陟方壶。

山　家

平生唯酒乐,作性不能无。朝朝访乡里,夜夜遣人酤。家贫留客久,不暇道精粗。抽帘持益炬,拔簧更燃炉。恒闻饮不足,何见有残壶?

过酒家

此日长昏饮,非关养性灵。眼看人尽醉,何忍独为醒?

王绩是王勃的叔祖。王勃(648—675)与同时的卢照邻、骆宾王、杨炯都是少年能文,人称为初唐四杰。他们都是骈俪文的大家,沿袭六朝以来的遗风,用骈俪文作序记碑碣,但他们都是有才气的作家,故虽用骈偶文体,而文字通畅,意旨明显,故他们在骈文史上是一派革新家。王勃的《滕王阁序》,骆宾王的《讨武氏檄文》,所以能传诵一时,作法后世,正是因为这种文字是通顺明白的骈文。故杜甫有诗云:

王杨卢骆当时体,轻薄为文哂未休。
尔曹身与名俱灭,不废江河万古流。

四杰之文乃是骈文的"当时体",乃是新体的骈文。《滕王阁序》等文的流传后代,应正了杜甫"江河万古流"的预言。在古文运动(见下文)之先,四杰的改革骈文使他可以勉强应用,不能不说是一种过渡时期的改革。当时史学大家刘知几(661—713)作《史通》，评论古今史家得失，主张实录"当世口语"，反对用典，反对摹古，然而《史通》本身的文体却是骈偶的居多。这种骈文的议论文也属于这个新体骈文运动的一部分。

四杰的诗，流传下来的很少；但就现存的诗看来，其中也颇有白话化的倾向。短诗如王勃的绝句，长诗如卢照邻的歌行，都有白话诗的趋势。

　　　　九日　　王勃

　　九日重阳节，开门有菊花。不知来送酒，若个是陶家？（"若个"即"那个？"）

　　　　普安建阴题壁

　　江汉深无极，梁岷不可攀。山川云雾里，游子几时还？

这都有王绩的家风。

　　　　行路难　　卢照邻

　　君不见长安城北渭桥边，枯木横槎卧古田！昔时含红复含紫，常时留雾复留烟。春景春风花似雪，香车玉辇恒阗咽。若个游人不竞攀？若个娼家不来折？娼家宝袜蛟龙帔，公子银鞍千万骑。黄莺一一向花娇，青鸟双双将子戏。千尺长条百尺枝，月桂星榆相蔽亏。珊瑚叶上鸳鸯鸟，凤凰巢里鸐鹈儿。——巢倾枝折凤归去，条枯叶落狂风吹。一朝零落无人问，万古摧残君讵知？——人生贵贱无终始，倏忽须臾难久恃；谁家能驻西山日？谁家能堰东流水？汉家陵树满秦川，行来行去尽哀怜。自昔公卿二千石，咸拟荣华一万年；不见朱唇将白貌，唯闻素棘与黄泉。金貂有时换美酒，玉尘但摇莫计钱。寄言座客神仙署：一生一死交情处，苍龙阙下君不来，白鹤山前我应去。云间海上邈难期，赤心会合在何时？但愿尧年一百万，长作巢由也不辞。

这几乎全是白话的长歌了。其中如"若个游人不竞攀？若个娼家不来折？""谁家能驻西山日？谁家能堰东流水？""黄莺一一向花娇，青鸟双双将子戏"等等句子，必是很接近当日民间的俗歌的。卢照邻又有《长安古意》长歌，文太长了，不能全抄在这里；其中的句子如：

得成比目何辞死？愿作鸳鸯不羡仙。

如：

> 生憎帐额绣孤鸾，好取门前帖双燕。

都是俗歌的声口。这一篇的末段云：

> ……专权意气本豪雄，青虬紫燕坐春风。自言歌舞长千载，自谓骄奢凌五公。节物风光不相待，桑田碧海须臾改。昔时金阶白玉堂，即今唯见青松在。寂寂寥寥扬子居，年年岁岁一床书。独有南山桂花发，飞来飞去袭人裾。

这种体裁从民歌里出来，虽然经过曹丕、鲍照的提倡，还不曾得文学界的充分采用。卢照邻的长歌便是这种歌行体中兴的先声。以后继起的人便多了，天才高的便成李白、杜甫的歌行，下等的也不失为《长恨歌》、《秦妇吟》。上章（第十章）曾引《续高僧传·善权传》中的话，说当时的导师作临时的唱导文，"或三言为句，便尽一时；七五为章，其例亦尔"。这可见六七世纪之间，民间定有不少的长歌，或三言为句，或五言，或七言，当日唱导师取法于此，唐朝的长篇歌行也出于此。唐以前的导文虽不传了，但我们看《证道歌》，《季布歌》等（另详见别篇），可以断言七言歌行体是从民间来的。

七年前（1921）我做这部文学史的初稿时，曾表示我对于寒山、拾得的年代的怀疑。我当时主张的大意是说：

> 向来人多把寒山、拾得看作初唐的人。《寒山诗》的后序说他们是贞观初的人。此序作于南宋，很靠不住。我觉得这种白话诗一定是晚唐的出品，决不会出在唐初。

我当时并没有什么证据。但我后来竟寻得一条证据，当时我很高兴。这条证据在《古尊宿语录》卷十四的《赵州从谂禅师语录》里面，原文如下：

> 师（从谂）因到天台国清寺见寒山、拾得。师云，"久响寒山、拾得，到来只见两头水牯牛。"寒山、拾得便作牛斗。师云："叱，叱！"寒山、拾得咬齿相看。师便归堂。

据《传灯录》卷十，从谂死于唐昭宗乾宁四年（897）；但据这部语录前面的《行状》,他死于戊子岁,当后唐明宗天成三年(928)。无论如何,这可以证明寒山、拾得是唐末五代间人了。

但我现在不信这种证据了。我现在认《赵州语录》是一个妄人编的,其人毫无历史知识,任意捏造,多无根据。如行状中说从谂死年在"戊子岁",而无年号;下文又云:"后唐保大十一年孟夏月旬有三日,有学者咨闻东都东院惠通禅师赵州先人行化厥由,作礼而退,乃援笔录之。"后唐无保大年号,保大是南唐中主李景的年号,保大十一年当后周广顺三年(953)。这明是一个南方和尚给一个北方和尚捏造的事迹。① 戊子若在后唐,便与《传灯录》所记从谂死年相差三十一年了!《传灯录》说他死时年百二十岁。即使我们承认他活了百二十岁,从后唐明宗戊子(928)倒数百二十年,当宪宗元和三年;而《语录》中说他见了寒山、拾得,又去见百丈和尚(怀海),百丈死于元和九年(814),那时从谂还只有六岁,怎么就能谈禅行脚了呢!以此看来,我在七年前发现的证据原来毫无做证据的价值!编造这部《赵州语录》的人,大约是辽金之际的一个陋僧,不知百丈是何人,也不知寒山、拾得是何人的。

后世关于寒山、拾得的传说,多根据于闾丘胤的一篇序。此序里神话连篇,本不足信。闾丘胤的事迹已不可考;序中称唐兴县,唐兴之名起于高宗上元二年(675),故此序至早不过在七世纪末年,也许在很晚的时期呢。此序并不说闾丘胤到台州是在"贞观初";"贞观初"的传说起于南宋沙门志南的后序。向来各书记寒山、拾得见闾丘胤的年代很不一致,今排列各书所记如下:

(一)贞观七年(633)——宋僧志磐《佛祖统纪》(作于1256)

(二)贞观十六年(642)——元僧熙仲《释氏资鉴》(作于1336)

(三)贞观十七年(643)——宋僧本觉《释氏通鉴》(作于1270)

(四)先天中(712—713)——元僧昙噩《科分六学僧传》(成于

---

① 编者注:初版本原作"五代时也没有一个年号有十一年之长的:保大乃辽时年号,当宋宣和三年至六年(1121—1124)。这可见编者之捏造。",现从新月分店1931年9月5版改。

1366）

（五）贞元末（约800）——元僧念常《历代佛祖通载》（成于1341）

各书相差，从贞观七年到贞元末（633—800），有一百七十年之多！这可见古人因间丘胤序中未有年代，故未免自由猜测；念常老实把此事移到中唐，我更移后一步，便到了晚唐了。

其实我当时并没有好证据，不过依据向来分唐诗为"初，盛，中，晚"四期的习惯，总觉得初唐似乎不会有这种白话诗出现。但我发现王梵志的白话诗以后，又从敦煌写本《历代法宝记》里证实了盛唐时人已称引梵志的诗，我的主张不能不改变了。

但我总觉得寒山、拾得的诗是在王梵志之后，似是有意模仿梵志的。梵志生在河南，他的白话诗流传四方，南方有人继起，寒山子便是当时的学梵志的一个南方诗人。拾得、丰干大概更在后了，大概都是后来逐渐附丽上去的。

以我所知，关于寒山的材料大概都不可靠。比较可信的只有两件，都是宋以前的记载。

第一件是五代时禅宗大师风穴延沼禅师引的寒山诗句。（延沼死于973）《风穴语录》（《续藏经》二，二三套，二册，页一二〇）有一条说：

上堂，举寒山诗曰：

梵志死去来，魂识见阎老。读尽百王书，未免受捶拷。一称"南无佛"，皆以成佛道。

此诗不在现传《寒山诗》各本里；大概十世纪里延沼所见当是古本。此诗说梵志见阎王的故事，可见寒山的诗出于梵志之后。大概王梵志的诗流传很远，遂开白话诗的风气，延沼所引的诗可以暗示梵志与寒山的关系。

第二件是《太平广记》卷五十五的"寒山子"一条。《太平广记》是宋初（978）编成的，所收的都是宋以前的小说杂记。这一条注云，"出《仙传拾遗》"，其文如下：

寒山子者，不知其名氏。大历中（766—779），隐居天台翠屏山。其山深邃,当暑有雪,亦名寒岩,因自号为寒山子。好为诗,每得一篇一句,辄题于树间石上,有好事者随而录之,凡三百余首,多述山林幽隐之兴,或讥讽时态,能警励流俗。桐柏征君徐灵府序而集之,分为三卷,行于人间。十余年,忽不复见。

这是关于寒山子的最古的记载。此条下半说到咸通十二年(871)道士李褐见仙人寒山子的事,可见此文作于唐末,此时寒山子已成仙人了。但此文说寒山子隐居天台在大历时,可见他生于八世纪初期,他的时代约当700—780,正是盛唐时期了。他的诗集三卷,是徐灵府"序而集之"的。徐灵府是钱塘人,隐居天目山修道,辞武宗(841—846)的征辟,绝粒久之而死。作《寒山集·序》的人是一个道士,寒山子的传又在《仙传拾遗》里,可见寒山子在当日被人看作一个修道的隐士,到后来才被人编排作国清寺的贫子。

拾得与丰干皆不见于宋以前的记载。只有间丘胤的序里说寒山是文殊菩萨,拾得是普贤菩萨,丰干是弥陀佛;丰干是一个禅师,在唐兴县的国清寺里;寒山、拾得都"状如贫子,又似风狂,或去或来,在国清寺库院走使厨中着火。"

大概当时的道士与和尚都抢着要拉寒山。徐灵府是道士,故把寒山子看作修道之士;后来的道士遂把寒山看作《禅仙传》中人了。天台本是佛教的一个中心,岂肯轻易放过这样一位本山的名人?所以天台的和尚便也造作神话,把寒山化作佛门的一位菩萨,又拉出丰干、拾得来作陪。到了宋代禅宗诸书里,——例如志南的《寒山集·后序》——寒山、拾得便成了能谈禅机,说话头的禅师了。

寒山虽然生当盛唐,他的诗分明属于王梵志的一路,故我们选他的几首诗附在这里:

(一)

有个王秀才,笑我诗多失:云不识蜂腰,仍不会鹤膝;
平侧不解压,凡言取次出。——我笑你作诗,如盲徒咏日!
(看上页一四四)

(二)

有人笑我诗。我诗合典雅,不烦郑氏笺,岂用毛公解?
不恨会人稀,只为知音寡。若遣趁官商,余病莫能罢。
忽遇明眼人,即自流天下。

(三)

欲得安身处,寒山可长保。微风吹幽松,近听声逾好。
下有斑白人,喃喃诵黄老。十年归不得,忘却来时道。

(四)

若人逢鬼魅,第一莫惊慄。捻硬莫睬渠,呼名自当去。
烧香请佛力,礼拜求僧助。蚊子叮铁牛,无渠下嘴处!

(五)

有人把椿树,唤作白旃檀。学道多沙数,几个得泥洹?
弃金却担草,谩他亦自谩。似聚沙一处,成团亦大难。

(六)

快哉混沌身,不饭复不尿。遭得谁钻凿,因兹立九窍。
朝朝为衣食,岁岁愁租调。千个争一钱,聚头亡命叫。

(七)

出身既扰扰,世事非一状。未能舍流俗,所以相退访。
昨吊徐五死,今送刘三葬,日日不得闲,为此心凄怆。

(八)

我在村中住,众推无比方。昨日到城下,仍被狗形相。
或嫌袴太窄,或说衫少长。撑却鸡子眼,雀儿舞堂堂。

(九)

三五痴后生,作事不真实:未读十卷书,强把雌黄笔;
将他《儒行篇》,唤作《盗贼律》。脱体似蟬虫,咬破他书帙。

拾得与丰干的诗大概出于后人仿作,故不举例了。

后 记

这一章印成后,我又在唐人冯翊的《桂苑丛谈》(《唐代丛书》初集)里寻得"王梵志"一条,其文与《太平广记》所载相同,而稍有异文,其异文多可校正《广记》之误;大概两书同出于一个来源,而冯氏本较早,故讹误较少。冯翊的事迹不可考,但《桂苑丛谈》多记咸通乾符间(860—879)的事,又有一条写"吴王收复浙右之岁",吴王即杨行密,死于905年。此书大概作于900年左右,在《太平广记》编纂(978)之前约八十年。今抄此条全文如下,异文之傍加圈〔点〕为记:

> 王梵志,卫州黎阳人也。黎阳城东十五里有王德祖者,当隋之时,家有林檎树,生瘿大如斗。经三年,其瘿朽烂,德祖见之,乃撤其皮,遂见一孩儿抱胎而出。因收养之。至七岁,能语,问曰,"谁人育我?"及问姓名。德祖具以实告。因林木而生曰"梵天",后改曰"志"。〔曰〕(似应有"曰"字)"我〔王〕(似脱一"王"字)家长育,可姓王也。"作诗讽人,甚有义旨。盖菩萨示化也。

1927,12,8,胡适补记

第十二章 八世纪的乐府新词

唐帝国统一中国(623)之后,直到安禄山之乱(755),凡一百三十年间,没有兵乱,没有外患,称为太平之世。其间虽有武后的革命(690—705),那不过是朝代的变更,社会民生都没有扰乱。这个长期的太平便是灿烂的文化的根基。在这个时期之中,文化的各方面都得着自由的发展;宗教,经学,美术,文学都很发达。太宗是个很爱文学的皇帝,他的媳妇武后也是一个提倡文学的君主;他们给唐朝文学种下了很丰厚的种子;到了明皇开元(713—741)天宝(742—755)之世,唐初下的种子都生根发芽,开花结果了。

唐太宗为秦王时,即开文学馆,招集十八学士;即帝位之后,开弘文馆,收揽文学之士,编纂文籍,吟咏倡和。高宗之世,上官仪作宰相,为一时文学领袖。武后专政,大倡文治;革命之后,搜求遗逸,四方之士应制者向万人。其时贵臣公主都依附风气,招揽文士,提倡吟咏。中宗神龙、景龙(705—709)之间,皇帝与群臣赋诗宴乐,屡见于记载。如《大唐新语》云:

> 神龙之际,京城正月望日盛灯影之会;金吾弛禁,特许夜行。

贵游戚属及下俚工贾无不夜游。马车骈阗,人不得顾。王主之家,马上作乐以相夸竞。文士皆赋诗一章以纪其事。作者数百人(此条引见谢无量《大文学史》六,页三四。《唐代丛书》本《大唐新语》无此条)。

又《全唐诗话》云:

> 十月,中宗诞辰,内殿宴,联句。……帝谓侍臣曰:"今天下无事,朝野多欢。欲与卿等词人时赋诗宴乐。可识朕意,不须惜醉。"……
>
> 中宗正月晦日幸昆明池赋诗,群臣应制百余篇。帐殿前结彩楼,命昭容(昭仪上官婉儿,上官仪之孙女。)选一篇为新翻御制曲。群臣悉集其下。须臾,纸落如飞;各认其名而怀之。惟沈佺期、宋之问二诗不下。移时,一纸飞坠,竞取而观,乃沈诗也。评曰:"二诗工力悉敌。沈诗落句云:'微臣雕朽质,羞睹豫章才',盖词气已竭。宋诗云:'不愁明月尽,自有夜珠来',犹陡健举。"沈乃伏,不敢复争。

这种空气里产生的文学自然不能不充满了庙堂馆阁的气味。这种应制之诗很少文学价值。六朝以来的律诗到此时期更加华丽工整。沈佺期、宋之问最工律体,严定格律,学者尊奉,号为"沈宋"。这种体裁最适宜于应制与应酬之作,只要声律调和,对仗工整,便没有内容也可成篇。律诗的造成都是齐梁以至唐代的爱文学的帝后造作的罪孽。

但当日君臣宴乐赋诗的环境里,有时候也会发生一点诙谐游戏的作物。《隋唐嘉话》云:

> 景龙中,中宗游兴庆池,侍宴者递起歌舞,并唱下兵词,方便以求官爵。给事中李景伯亦起唱曰:
>
> 回波尔持酒卮。兵儿志在箴规。侍宴既过三爵,喧哗窃恐非宜。于是乃罢坐。("回波"是一种舞曲。)

又中宗受制于韦后,御史大夫裴谈也有怕老婆之名,宴乐的时候,有优人唱《回波乐》云:

> 回波尔持栲栳。怕妇也是大好。外边祗有裴谈,内里无过

李老！（《本事诗》）
又《开天传·信记》云：
> 天宝初，玄宗游华清宫。刘朝霞献《贺幸温泉赋》，词调倜傥，杂以俳谐。……其赋首云：

> 若夫天宝二年，十月后兮腊月前，办有司之供具，命驾幸于温泉。天门轧然，开神仙之逼塞；銮舆划出，驱甲仗而骈阗。青一队兮黄一队，熊蹯胸兮豹拏背。珠一团兮绣一团，玉镂珂兮金钑鞍。

其后述圣德云：
> 直获得盘古髓，掐得女娲氏娘。遮莫你古来千帝，岂如我今代三郎？（明皇称李三郎）

其自叙云：
> 别有家愁蹭蹬，失路猖狂；骨撞虽短，伎俩能长。梦里几回富贵，觉来依旧恓惶！只是千年一遇，扣头五角而六张！（"五角六张"是当时的俗语，谓五日遇角宿，六日遇张宿，俗谓这两日作事多不成。）

> 上览而奇之，将加殊赏，命朝霞改去"五角六张"。奏云："臣草此赋，若有神助，自谓文不加点，笔不停辍，不愿改之。"

当时风气简略，没有宋儒理学的刻论，君主与臣民之间还不很隔绝，故还有这种亲狎嘲谑的空气。这种打油诗的出现便是打倒那堂皇典丽的死文学的一个起点。

唐明皇（玄宗）于712年即位，做了四十五年（712—756）的皇帝。开元天宝的时代在文化史上最有光荣。开国以来，一百年不断的太平已造成了一个富裕的，繁华的，奢侈的，闲暇的中国。到明皇的时代，这个闲暇繁华的社会里遂自然产生出优美的艺术与文学。

唐明皇是一个爱美的皇帝，他少年时就显出这种天性。如《旧唐书·贾曾传》（卷一九〇）说：
> 玄宗在东宫，……频遣使访召女乐；命宫臣就率更署阅乐，多奏女妓。

这就是后来宠爱杨贵妃的李三郎。《旧唐书·音乐志》（卷二八)说：

> 玄宗在位多年，善乐音。若宴设酺会，即御勤政楼。……天子开帘受朝，礼毕，又素扇垂帘。百寮常参，供奉官贵戚二王后诸蕃酋长谢食，就坐。太常大鼓，藻绘如锦，乐工齐击，声震城阙。太常卿引雅乐，每色数十人，自南鱼贯而进，列于楼下。鼓笛鸡娄（鸡娄是鼓名，"正圆，两手所击之处平可数寸"），充庭考击。太常乐立部伎，坐部伎，依点鼓舞，间以胡夷之伎。日旰，即内闲厩引蹀马三十匹，《倾杯乐》曲，奋首鼓尾，纵横应节。……又令宫女数百人自帷出，击雷鼓，为《破阵乐》，《太平乐》，《上元乐》。虽太常积习皆不如其妙也。……
>
> 玄宗又于听政之暇，教太常乐工子弟三百人为丝竹之戏，音响齐发，有一声误，玄宗必觉而正之。号为"皇帝弟子"，又云"梨园弟子"，以置院近于禁苑之梨园。
>
> 太常又有别教院，教供奉新曲。太常每陵晨，鼓笛乱发；于"太乐"别署教院。廪食常千人。宫中居宜春院。
>
> 玄宗又制新曲四十余，又新制乐谱。

《音乐志》又云：

> 开元二十五年太常卿韦绦令博士韦逌……等铨叙前后所行用乐章为五卷，以付太乐鼓吹两署，令工人习之。时太常旧相传有宫商角徵羽燕乐五调歌词各一卷；或云，贞观中侍中杨仁恭妾赵方等所铨集，词多郑卫，皆近代词人杂诗。至绦，又令太乐令孙玄成更加整比为七卷。又自开元已来，歌者杂用胡夷里巷之曲；其孙玄成所集者，工人多不能通，相传谓为法曲。

但此段下文又云："其五调法曲，词多不经，不复载之。"据此可见当时乐工所传习的固多胡夷里巷之音，那些所谓"五调法曲"也是"词多不经"，大概也是采集民间俗歌而成的。

在这个音乐发达而俗歌盛行的时代，高才的文人运用他们的天才，作为乐府歌词，采用现成的声调或通行的歌题，而加入他们个人的思想与意境。如《本事诗》云：

> 天宝末，玄宗尝乘月登勤政楼，命梨园弟子歌数阕。有唱李

峤诗(此系李峤的《汾阴行》的末段,李峤是中宗时宰相。)者云:

> 山川满目泪沾衣。富贵荣华能几时?
> 不见只今汾水上,惟有年年秋雁飞?

时上春秋已高,问是谁诗。或对曰,李峤。因凄然泣下,不终曲而起,曰:"李峤真才子也!"(《次柳氏旧闻》也记此事稍与此不同。)

又如《李白传》(《旧唐书》卷一九〇)云:

> 白既嗜酒,日与饮徒醉于酒肆。玄宗度曲,欲造乐府新词,亟召白,白已卧于酒肆矣。召入,以水洒面,即命秉笔。顷之,成十余章。帝颇嘉之。

这是随便举一两事,略见当日的诗人与乐府新词的关系。李白论诗道:

> 自从建安来,绮丽不足珍。

唐人论诗多特别推重建安时期。(例如元稹论诗,引见《旧唐书》卷一九〇《杜甫传》中。)我们在上编曾说建安时期的主要事业在于制作乐府歌辞,在于文人用古乐府的旧曲改作新词。开元天宝时期的主要事业也在于制作乐府歌辞,在于继续建安曹氏父子的事业,用活的语言同新的意境创作乐府新词。所谓"力追建安"一句标语的意义其实不过如此。

盛唐是诗的黄金时代。但后世讲文学史的人都不能明白盛唐的诗所以特别发展的关键在什么地方。盛唐的诗的关键在乐府歌辞。第一步是诗人仿作乐府。第二步是诗人沿用乐府古题而自作新辞,但不拘原意,也不拘原声调。第三步是诗人用古乐府民歌的精神来创作新乐府。在这三步之中,乐府民歌的风趣与文体不知不觉地浸润了,影响了,改变了诗体的各方面,遂使这个时代的诗在文学史上放一大异彩。

唐初的人也偶然试作乐府歌辞。但他们往往用律诗体做乐府,正像后世妄人用骈文来做小说,怎么会做的出色呢!试举乐府古题"有所思"作个例。沈佺期用的是律体。

> 君子事行役,再空芳岁期。美人旷延伫,万里浮云思。

园槿绽红艳,郊桑柔绿滋。坐看长夏晚,秋月生罗帏。

这是做试帖诗,只要揣摩题面,敷衍成五言四韵就完卷了。再看盛唐诗人李白做此题,是什么境界:

我思仙人乃在碧海之东隅!

海寒多天风,白波连山倒蓬壶!

长鲸喷涌不可涉,抚心茫茫泪如珠。

西来青鸟东飞去,愿寄一书谢麻姑。

这便是借旧题作新诗了。这个解放的风气一开,便不可关闭了。

这个时代是个解放的时代,古来的自然主义的哲学(所谓"道家"哲学)与佛教的思想的精采部分相结合,成为禅宗的运动;到这个时代,这个运动已成熟了,南方一个不识字的和尚名叫慧能的(死于713年),打起宗教革命的旗帜,成立"南宗"。这个新宗派的标语是"打倒一切文字障与仪式障!"他们只要人人自己明白自性本来清净,本来圆满具足。他们反对一切渐修之法,如念佛坐禅之类。他们主张人人可以顿悟,立证佛性。这个南宗运动起于七世纪晚年,到八世纪中叶便与北宗旧势力实地冲突,到八世纪晚年竟大占胜利,代替北宗成为正统。这是中国佛教史上的一大革命,也是中国思想史上的一大革命。这个大运动的潮流自然震荡全国,美术文学都逃不了他们的影响。

这个时代的人生观是一种放纵的,爱自由的,求自然的人生观。我们试引杜甫的《饮中八仙歌》来代表当时的风气:

知章(贺知章)骑马似乘船,眼花落井水底眠。

汝阳(汝阳王琎)三斗始朝天,道逢曲车口流涎,恨不移封向酒泉!

左相(李适之,天宝元年作左丞相)日兴费万钱,饮如长鲸吸百川,衔杯乐圣称避贤。(他罢相后,有诗云:"避贤初罢相,乐圣且衔杯。为问门前客,今朝几个来?")

宗之(齐国公崔宗之)潇洒美少年,举觞白眼望青天,皎如玉树临风前。
苏晋（左庶子）长斋绣佛前，醉中往往爱逃禅。
李白斗酒诗百篇，长安市上酒家眠，天子呼来不上船，自称臣是酒中仙。
张旭三杯"草圣"传，脱帽露顶王公前，挥毫落纸如云烟。
焦遂五斗方卓然，高谈雄辩惊四筵。

这里面有亲王，有宰相，有佛教徒，有道士（贺知章后为道士），有诗人，有美术家，很可以代表一时的风气了。这种风气在表面上看来很像是颓废，其实只是对于旧礼俗的反抗，其实是一种自然主义的人生观的表现。

这八个人的第一人贺知章便是当时文学界的一个大师，他的传记很可以使我们注意。他是会稽永兴人，少年时便有文学的名誉。举进士后，官做到礼部侍郎，集贤院学士，又充皇太子侍读，工部侍郎，秘书监。《旧唐书》（卷一九〇中）说他：

性放旷，善谈笑，当时贤达皆倾慕之。……晚年尤加纵诞，无复规检。自号"四明狂客"，又称"秘书外监"。遨游里巷，醉后属词，动成卷轴，文不加点，咸有可观。……天宝三载（744年），知章因病恍惚，乃上疏请度为道士，求还乡里，仍舍本乡宅为观。上许之。……御制诗以赠行，皇太子已下咸就执别。至乡无几寿终，年八十六。

最可注意的是这样一个狂放的人在当时却很受社会的敬重，临去朝廷，皇帝作诗送行，皇太子亲来送别；他死后多年，肃宗还下诏追悼，说他"器识夷淡，襟怀和雅，神清志逸，学富才雄。"这可见这是一个自由解放的时代，那不近人情的佛教的威权刚倒，而那不近人情的道学的权威还没有起来。所以这个时代产生的文学也就多解放的，自然的文学。《贺知章传》中说他"遨游里巷，醉后属词，文不加点"。遨游里巷，故能接近民间的语言；醉后属词，文不加点，故多近于自然也。贺知章的诗保存甚少（《全唐诗》石印本卷四，页七六），然而已有很可表示时代精神的作品，如下列几首：

柳枝诗

碧玉妆成一树高,万条垂下绿丝绦。
不知细叶谁裁出?二月春风似剪刀。
回乡偶书　二首
少小离家老大回,乡音难改鬓毛衰。
儿童相见不相识,笑问客从何处来。

离别家乡岁月多,近来人事半销磨。
唯有门前镜湖水,春风不改旧时波。

读史的人注意:诗体大解放了,自然的,白话的诗出来了!

我们在上文说过,这个时代的诗的关键在于乐府歌词;故我们现在述评这时期的几个乐府大家。

高适,字达夫,渤海蓨人。《旧唐书》说他少年时不事生产,家贫,客于梁宋,"以求丐取给",大概是一个高等叫化子。到中年时,他始学做诗(《旧唐书》说他年五十,始留意篇什。此言不确。他的诗中有"年过四十尚躬耕"的话可证)。"数年之间,体格渐变,以气质自高。每吟一篇,已为好事者传诵。"宋州刺史荐他举有道科,后不很得意,遂投在哥舒翰幕下掌书记。安禄山之乱,哥舒翰兵败,高适赶到明皇行在,受明皇的赏识,拔他做侍御史,谏议大夫;后来他做到淮南节度使,转剑南、西川节度使,召为刑部侍郎,转散骑常侍,封渤海县侯。永泰元年(765)死。

高适的诗似最得力于鲍照;鲍照的奔逸的天才在当时虽不见赏识,到了八世纪却正好做一个诗体解放的导师。高适是个有经验,有魄力的诗人,故能运用这种解放的诗体来抬高当日的乐府歌词。

行路难
君不见富家翁,旧时贫贱谁比数?一朝金多结豪贵,
万事胜人健如虎。子孙生长满眼前,妻能管弦妾能舞。
自矜一身忽如此,却笑傍人独愁苦。东邻少年安所如?
席门穷巷出无车,有才不肯事干谒,何用年年空读书?

此诗虽不佳,但可表示他有意学鲍照的乐府,又可表示他做"文丐"

时代的诗是这样通俗的乐府。

邯郸少年行

邯郸城南游侠子,自矜生长邯郸里。千场纵博家仍富,几度报仇身不死。宅中歌笑日纷纷,门外车马如云屯。未知肝胆向谁是,令人却忆平原君。——君不见今人交态薄,黄金用尽还疏索?以兹感激辞旧游,更于时事无所求,且与少年饮美酒,往来射猎西山头。

营州歌

营州少年爱原野,狐裘蒙茸猎城下。
虏酒千钟不醉人,胡儿十岁能骑马。

渔父歌

曲岸深潭一山叟,驻眼看钩不移手。世人欲得知姓名,良久问他不开口。笋皮笠子荷叶衣,心无所营守钓矶。料得孤舟无定止,日暮持竿何处归?

封丘县 (他初任封丘尉)

我本渔樵孟诸野,一生自是悠悠者,乍可狂歌草泽中,宁堪作吏风尘下?只言小邑无所为,公门百事皆有期。拜迎官长心欲破,鞭挞黎庶令人悲。归来回家问妻子,举家大笑今如此,生事应须南亩田,世情付与东流水!梦想旧山安在哉,为衔君命且迟回。乃知梅福徒为尔,转忆陶潜归去来。

送 别

昨夜离心正郁陶,三更白露西风高。萤飞木落何浙沥!此时梦见西归客。曙钟寥亮三四声,东邻嘶马使人惊。揽衣出户一相送,唯见归云纵复横。

春酒歌 (毕员外宅夜饮,时洛阳告捷。)

故人美酒胜浊醪,故人清词合风骚。长歌满酌推吾曹,高谈正可挥麈毛,半醉忽然持蟹螯。——洛阳告捷倾前后,武侯腰间印如斗;郎官无事时饮酒:杯中绿蚁吹转来,瓮上飞花拂还有。——前年持节将楚兵,去年留司在东京,今年复拜二千石,盛夏五月西南行。彭门剑门蜀山里,昨逢军人劫夺我,到家但见妻与子。赖得饮君春酒数十杯,不然令我愁欲死!

我们看这些诗,可以明白当日的诗人从乐府歌词里得来的声调与训练,往往应用到乐府以外的诗题上去。这是从乐府出来的新体诗:五言也可,七言也可,五七言夹杂也可,大体都是朝着解放自由的路上走,而文字近于白话或竟全用白话。后世妄人不懂历史,却把这种诗体叫做"古诗"、"五古"、"七古"!要知道律诗虽起于齐梁,而骈俪的风气来源甚古,故律诗不能说是"近体"。至于那解放的七言诗体,曹丕、鲍照虽开其端,直到唐朝方才成熟,其实是逐渐演变出来的一种新体,如何可说是"古诗"呢?故研究文学史的人应该根本放弃这种谬见,认清这种解放而近于自然的诗体是唐朝的新诗体。读一切唐人诗,都应该作如此看法。

岑参,南阳人。少孤贫,好学,登天宝三年(744)的进士第,官做到嘉州刺史。杜鸿渐镇西川,表请他领幕职。他后来死在蜀中。杜鸿渐死于大历四年(769),岑参之死约在那时。他也是当时的一个有名诗人,"每一篇出,人竞传写"。

走马川行　奉送出师西征

君不见走马川行雪海边,平沙莽莽黄入天?轮台九月风夜吼,一川碎石大如斗,随风满地石乱走。匈奴草飞马正肥,金山西见烟尘飞,汉家大将西出师,将军金甲夜不脱,半夜军行戈相拨,风头如刀面如割。马毛带雪汗气蒸,五花连钱旋作冰。幕中草檄砚水凝。——虏骑闻之应胆慑,料知短兵不敢接,车师西门伫献捷。

敦煌太守后庭歌

敦煌太守才且贤,郡中无事高枕眠。太守到来山出泉,黄砂碛里人种田。敦煌耆旧鬓皓然,愿留太守更五年。城头月出星满天,曲房置酒张锦筵。美人红妆色正鲜,侧垂高髻插金钿,醉坐藏钩红烛前,不知钩在若个边。为君手把珊瑚鞭,射得半段黄金钱,——此中乐事亦已偏。

酒泉太守席上醉后作

琵琶长笛曲相和,羌儿胡雏齐唱歌。浑炙犁牛烹野驼,交河美酒归叵罗。三更醉后军中寝,无奈秦山归梦何!

凉州馆中与诸判官夜集

弯弯月出挂城头,城头月出照凉州。凉州七里(一作七城)十万家,胡人半解弹琵琶。琵琶一曲肠堪断,风萧萧兮夜漫漫。河西幕中多故人,故人别来三五春。花门楼前见秋草,岂能贫贱相看老?一生大笑能几回?斗酒相逢须醉倒。

送李副使赴碛西官军

火山六月应更热,赤亭道口行人绝。知君惯度祁连城,岂能愁见轮台月?脱鞍暂入酒家垆,送君万里西击胡!功名只向马上取,真是英雄一丈夫!

胡 歌

异姓蕃王貂鼠裘,葡萄官锦醉缠头。
关西老将能苦战,七十行兵仍未休。

春 梦

洞庭昨夜春风起,故人尚隔湘江水。
枕上片时春梦中,行尽江南数千里。

逢入京使

故园东望路漫漫!双袖龙钟泪不干。
马上相逢无纸笔,凭君传语报平安。

岑参的诗往往有尝试的态度。如《走马川行》每三句一转韵,是一种创体。《敦煌太守后庭歌》也是一种大胆的尝试。古人把岑参比吴均、何逊,他们只赏识他的律诗,故如此说。律诗固不足称道;然而即以他的律诗来说,也远非吴均、何逊所能比。如他的佳句:

归梦秋能作,乡书醉懒题。(《沪水东店》)
欲语多时别,先愁计日回。(《送蒋侍御》)
三年绝乡信,六月未春衣。(《临洮客舍》)

这种白话句子岂是吴均、何逊做得出的吗?

王昌龄,字少伯,京兆人;登开元十五年(727)进士第,补秘书郎;二十二年(734)中弘词科,调汜水尉,迁江宁丞。《旧唐书》(卷一九〇下)说他"不护细行,屡见贬斥"。史又说他"为文绪微而思清"。

长歌行

旷野饶悲风,飕飕黄蒿草。系马倚白杨,——谁知我怀抱?所是同袍者,相逢尽衰老。北登汉家陵,南望长安道:下有枯树根,上有鼯鼠窠,高皇子孙尽,千载无人过。宝玉频发掘,精灵其奈何?——人生须达命,有酒且长歌。

箜篌引

卢溪郡南夜泊舟,夜闻两岸羌戎讴。其时月黑猿啾啾,微雨沾衣令人愁。有一迁客登高楼,不言不寐弹箜篌,弹作蓟门桑叶秋,风沙飒飒青冢头,将军铁骢汗血流,深入匈奴战未休,黄旗一点兵马收,乱杀胡人积如丘——疮病驱来配边州,仍披漠北羔羊裘,颜色饥枯掩面羞,眼眶泪滴深两眸。欲还本乡食牦牛,欲语不得指咽喉;或有强壮能咿嚘,意说被他边将仇:——五世属蕃汉主留,碧毛毡帐河曲游,橐驼五万部落稠,敕赐飞凤金兜鍪。为君百战如过筹,静扫阴山无鸟投。家藏铁券特承优。——黄金百斤不称求,九族分离作楚囚!——深溪寂寞弦苦幽,草木悲感声飕飕。仆本东山为国忧,明光殿前论九畴,粗读兵书尽冥搜,为君掌上施权谋:(删一句)紫宸诏发远怀柔,(删三句)朔河屯兵须渐抽,尽遣降来拜御沟,便令海内休戈矛。何用班超定远侯?史官书之得已不?(此诗中删去最劣的四句,更觉贯串。——适)

出　塞

秦时明月汉时关,万里长征人未还。
但使龙城飞将在,不教胡马度阴山。

闺　怨

闺中少妇不曾愁,春日凝妆上翠楼。
忽见陌头杨柳色,悔教夫婿觅封侯。

王维,字摩诘,河东人,开元九年(721)进士。他是一个书画家,又通音乐,登第后调为太乐丞,历官右拾遗,监察御史,左补阙,库部郎中,给事中。天宝末,安禄山陷两京,他被拘留。乱平后,授太子中允,迁中庶子,中书舍人,复拜给事中,转尚书右丞。乾元二年(759)卒。

王维是一个美术家,用画意作诗,故人说他"诗中有画"。他爱山水之乐;得宋之问的蓝田别墅,在辋口,辋水周绕舍下,有竹洲花坞。他与道友裴迪浮舟往来,弹琴赋诗,啸咏终日。他又信佛,每日斋僧,坐禅念佛。(他的名与字便是把维摩诘斩成两截!)他的好禅静,爱山水,爱美术,都在他的诗里表现出来,遂开一个"自然诗人"的宗派。这一方面的诗,我们另有专论。现在只论他的乐府歌词。

他的乐府歌辞在当时很流传,故传说说他早年用《郁轮袍》新曲进身,又说当时梨园子弟唱他的曲子,又说他死后代宗曾对他的兄弟王缙说:"卿之伯氏,天宝中,诗名冠代。朕尝于诸王座闻其乐章。"他的集中有时注有作诗年代,如他作《洛阳女儿行》时年仅十六,作《桃源行》时年仅十九,作《燕支行》时年仅二十一。这可见他少年时多作乐府歌辞;晚年他的技术更进,见解渐深,故他的成就不限于乐府歌曲。这一个人的诗的演变,可以推到一个时代的诗的演变:唐人的诗多从乐府歌词入手,后来技术日进,工具渐熟,个人的天才与个人的理解渐渐容易表现出来,诗的范围方才扩大,诗的内容也就更丰富,更多方了。故乐府诗歌是唐诗的一个大关键:诗体的解放多从这里来,技术的训练也多从这里来。从仿作乐府而进为创作新乐府,从做乐府而进为不做乐府,这便是唐诗演变的故事。

所以我们要选王维的几篇乐府:

陇头吟

长安少年游侠客,夜上戍楼看太白。陇头明月回临关,陇上行人夜吹笛。关西老将不胜愁,驻马听之双泪流。身经大小百余战,麾下偏裨万户侯。苏武才为典属国,节旄落尽海西头!

夷门歌 (信陵君的上客侯嬴居夷门)

七国雌雄犹未分,攻城杀将何纷纷!秦兵益围邯郸急,魏王不救平原君。公子为嬴停驷马,执辔愈恭意愈下。亥(朱亥)为屠肆鼓刀人,嬴乃夷门抱关者。非但慷慨献奇谋,意气兼将身命酬。向风刎到送公子,——七十老翁何所求?

少年行

新丰美酒斗十千,咸阳游侠多少年。
相逢意气为君饮,系马高楼垂柳边。

出身仕汉羽林郎,初随骠骑战渔阳。
孰知不向边庭死,纵死犹闻侠骨香!

九月九日忆山东兄弟(时年十七)
独在异乡为异客,每逢佳节倍思亲。
遥知兄弟登高处,遍插茱萸少一人。

渭城曲 (即《阳关曲》)
渭城朝雨浥轻尘,客舍青青柳色新。
劝君更尽一杯酒,西出阳关无故人。

李白,字太白,山东人;他的父亲作任城尉,因住家任城。(李白的故乡,各说不一致,我依《旧唐书》本传。)少年时与山东诸生孔巢父等隐于徂徕山,酣歌纵酒,时人号为"竹溪六逸"。天宝初,他游会稽,与道士吴筠隐于剡中。"既而玄宗诏筠赴京师,筠荐之于朝,遣使召之,与筠俱待诏翰林。"(今各本《旧唐书》均脱去此二十五字,下面还有一个'白'字,共脱二十六字。今用张元济先生用宋本校补的本子。)他好饮酒,天天与一班酒徒在酒肆中烂醉,故杜甫诗云:

李白斗酒诗百篇,长安市上酒家眠,天子呼来不上船,自称臣是酒中仙。(《旧唐书》记此事,已引见上文了。)

旧史说他"尝沉醉殿上,引足令高力士脱靴,由是斥去,乃浪迹江湖,终日沉饮。"安禄山之乱,明皇奔蜀,永王璘为江淮兵马都督,李白去谒见他,遂留在他幕下。后来永王谋独立,失败之后,李白因此被长流夜郎。后虽遇赦得还,竟以饮酒过度,醉死在宣城。(李白的历史,诸书颇不一致。《新唐书》记他的事便与旧书不同。越到后来,神话越多。我觉得《旧唐书》较可信,故多采此书。)他的生死年代有几种说法。今依李华所作墓志,定他生于大足元年,死于宝应元年(701—762)。

李白是一个天才绝高的人,在那个解放浪漫的时代里,时而隐居山林,时而沉醉酒肆,时而炼丹修道,时而放浪江湖,最可以代表那个浪漫的时代,最可以代表那时代的自然主义的人生观。他歌唱的是爱自由的歌唱,

> 安能摧眉折腰事权贵,
> 使我不得开心颜?

这个时代的君主提倡文学,文学遂成了利禄的捷径,如《高适传》中说:"天宝中,海内事干进者注意文词。"《集异记》说王维少年时曾因岐王的介绍,到贵公主宅里,夹在伶人之中,独奏他的新曲《郁轮袍》,因此借公主的势力得登第。此说是否可信,我们不敢断定。但当时确有这种风气。如李颀有"送康洽入京进乐府歌",末段云:

> 曳裾此日从何所?中贵由来尽相许。白夹春衫仙吏赠,乌皮隐台几郎与。新诗乐府唱堪愁,御妓应传鵁鶄楼。西上虽因贵公主,终须一见曲陵侯。

这可见当日的诗人奔走于中贵人贵公主之门,用乐府新诗作进身的礼物,并不以为可耻之事。李白虽作乐府歌词,他似乎不曾用此作求功名的门路。他早年先隐居山东,天宝初年隐居剡中,那时他已四十多岁了。贺知章告归会稽在天宝三年(744),他见了李白称他为"天上谪仙人"。李白《忆贺监》诗自序说他们在长安紫极宫相见,贺解金龟换酒为乐。紫极宫是道观,诗中也不说他荐李白。《新唐书》说"吴筠被召,故白亦至长安,往见贺知章,知章……言于玄宗,召见金銮殿",这明是不愿李白因道士被荐,故硬改旧史之文,归功于贺知章。却不知《贺知章传》明说他天宝三年告归,而《李白传》明说李白天宝初始游会稽。李白《忆贺监》诗提及镜湖故宅,云:"人亡余故宅,空有荷花生";又《重忆》诗云:"稽山无贺老,却棹酒船回",可见李白游会稽在贺知章死后,他何尝受知章的推荐?杨贵妃之立在天宝四年(745),李白被荐入京似已在杨贵妃的时代,那时李白已近五

十岁了。明皇虽赏识他的乐府歌诗,但他似乎不屑单靠文词进身,故他的态度很放肆,很倨傲:天子还呼唤不动他,高力士自然只配替他脱靴了。安禄山之乱,永王璘起兵,李白在宣州谒见,旧史并不为他隐讳;他有《永王东巡歌》十一首,其二云:

但用东山谢安石,为君谈笑静胡沙。

其十一云:

南风一扫胡尘静,西入长安到日边。

他自己也不讳他拥戴永王的态度。后人始有替他辩护的,说他"时卧庐山,璘迫致之"(曾巩《李白诗序》)。还有人伪作他自序的诗,说他"迫胁上楼船,从赐五百金,弃之若浮烟",这真是画蛇添足了。

我们的考证只是要说明李白的人格。他是个隐逸的诗人,做他自己的诗歌,不靠做诗进身。他到近五十岁时方才与吴筠以隐居道士的资格被召见;虽然待诏翰林,他始终保持他的高傲狂放的意气。晚年遇见天下大乱,北方全陷,两京残破,他拥护永王(明皇第五子)并不算犯罪。他这种貌视天子而奴使高力士的气魄,在那一群抱着乐府新诗奔走公主中贵之门的诗人之中,真是黄庭坚所谓"太白豪放,人中凤凰麒麟"了!

李白的乐府有种种不同的风格。有些是很颓放的,很悲观的醉歌,如:

将进酒

君不见黄河之水天上来,奔流到海不复回!君不见高堂明镜悲白发,朝如青丝暮成雪!人生得意须尽欢,莫使金樽空对月。天生我材必有用,千金散尽还复来。烹羊宰牛且为乐,会须一饮三百杯。岑夫子,丹丘生,将进酒,君莫停!与君歌一曲,请君为我倾耳听:——

钟鼓馔玉不足贵,但愿长醉不愿醒。

古来圣贤皆寂寞,惟有饮者留其名。

陈王昔时宴平乐,斗酒十千恣欢谑。

主人何为言少钱?径须沽取对君酌。

五花马,千金裘,呼儿将出换美酒,

与尔同销万古愁!

襄阳歌

落日欲没岘山西,倒著接䍦花下迷。襄阳小儿齐拍手,拦街争唱《白铜鞮》。傍人借问笑何事,笑杀山公醉似泥!(晋时山简镇襄阳,多在池边置酒,常醉倒。故民歌曰:"山公在何许?往至高阳池。时时能骑马,倒著白接䍦。"接䍦是一种白帽子。)鸬鹚杓,鹦鹉杯,百年三万六千日,一日须倾三百杯!

遥看汉水鸭头绿,恰似葡萄初酦醅。此江若变作春酒,垒曲便筑糟邱台。千金骏马换小妾,笑坐雕鞍歌《落梅》。车傍倒挂一壶酒,凤笙龙管行相催。咸阳市中叹黄犬,何如月下倾金罍?(李斯临被斩时,回头对他儿子说:"吾欲与若复牵黄犬俱出上蔡东门逐狡兔,岂可得乎?")

君不见晋朝羊公一片石,龟头剥落生莓苔!(羊祜镇襄阳,有遗爱,民过羊公碑多堕泪,故称为堕泪碑。李白别有《襄阳曲》,有云:"上有堕泪碑,青苔久磨灭。")泪亦不能为之堕,心亦不能为之哀。清风朗月不用一钱买,玉山自倒非人推。——舒州杓,力士铛,李白与尔同死生!襄王云雨今安在?江水东流猿夜声。

有些很美的艳歌,如:

长相思

美人在时花满堂,美人去后空余床。

床中绣被卷不寝,至今三载犹闻香。

香亦竟不灭,人亦竟不来。

相思黄叶落,白露点青苔。

有些是很飘逸奇特的游仙诗,如:

怀仙歌

一鹤东飞过沧海,放心散漫知何在?仙人浩歌望我来,应攀玉树长相待。尧舜之事不足惊,自余嚣嚣直可轻,巨鳌莫戴三山去,我欲蓬莱顶上行。

有些是很沉痛的议论诗,如:

战城南

去年战桑乾源,今年战葱河道。洗兵条支海上波,放马天山雪中草。万里长征战,三军尽衰老。匈奴以杀戮为耕作,古来唯见白骨黄沙田。秦家筑城备胡处,汉家还有烽火然。烽火然不息,征战无已时。野战格斗死,败马号鸣向天悲。乌鸢啄人肠,衔飞上挂枯树枝。士卒涂草莽,将军空尔为。——乃知兵者是凶器,圣人不得已而用之。(用《老子》的话)

有些是客观地试作民歌:

长干行

妾发初覆额,折花门前剧。郎骑竹马来,绕床弄青梅。
同居长干里,两小无嫌猜。十四为君妇,羞颜未尝开;
低头向暗壁,千唤不一回。十五始展眉,愿同尘与灰。
常存抱柱信,岂上望夫台。十六君远行,瞿塘滟滪堆。
五月不可触,猿声天上哀。门前迟行迹,一一生绿苔。
苔深不可扫,落叶秋风早;八月蝴蝶来,双飞西园草。
感此伤妾心,坐愁红颜老。早晚下三巴,预将书报家。
相迎不道远,直至长风沙。

横江词

人道横江好,侬道横江恶。
一风三日吹倒山,白浪高于瓦官阁。

有些却又是个人的离愁别恨,如:

客中行

兰陵美酒郁金香,玉碗盛来琥珀光。
但使主人能醉客,不知何处是他乡。

静夜思

床前明月光,疑是地上霜。
举头望明月,低头思故乡。

赠汪伦

李白乘舟将欲行,忽闻岸上踏歌声。
桃花潭水深千尺,不及汪伦送我情。

金陵酒肆留别

> 风吹柳花满店香,吴姬压酒劝客尝。金陵子弟来相送,欲行不行各尽觞。请君试问东流水,别意与之谁短长?

乐府到了李白,可算是集大成了。他的特别长处有三点。第一,乐府本来起于民间,而文人受了六朝浮华文体的余毒,往往不敢充分用民间的语言与风趣。李白认清了文学的趋势,

> 自从建安来,绮丽不足珍。

> 圣代复元古,垂衣贵清真。

他是有意用"清真"来救"绮丽"之弊的,所以他大胆地运用民间的语言,容纳民歌的风格,很少雕饰,最近自然。第二,别人作乐府歌辞,往往先存了求功名科第的念头;李白却始终是一匹不受羁勒的骏马,奔放自由,

> 人生在世不称意,明朝散发弄扁舟。

有这种精神,故能充分发挥诗体解放的趋势,为后人开不少生路。第三,开元天宝的诗人作乐府,往往勉强作壮语,说大话;仔细分析起来,其实很单调,很少个性的表现。李白的乐府有时是酒后放歌,有时是离筵别曲,有时是发议论,有时是颂赞山水,有时上天下地作神仙语,有时描摹小儿女情态,体贴入微,这种多方面的尝试便使乐府歌辞的势力侵入诗的种种方面。两汉以来无数民歌的解放的作用与影响,到此才算大成功。

然而李白究竟是一个山林隐士。他是个出世之士,贺知章所谓"天上谪仙人"。这是我们读李白诗的人不可忘记的。他的高傲,他的狂放,他的飘逸的想像,他的游山玩水,他的隐居修道,他的迷信符箓,处处都表示他的出世的态度。在他的应酬赠答的诗里,有时候他也会说,

> 苟无济代心,独善亦何益?("代"即"世",唐人避李世民的讳,故用"代"字。)

有时他竟说:

> 余亦草间人,颇怀拯物情。

但他始终是个世外的道士:

> 我本楚狂人,凤歌笑孔丘。手持绿玉杖,朝别黄鹤楼。五岳寻山不辞远,一生好入名山游。……早服还丹无世情,琴心三叠道初成。遥见仙人彩云里,手把芙蓉朝玉京。

这才是真正的李白。这种态度与人间生活相距太远了。所以我们读他的诗,总觉得他好像在天空中遨游自得,与我们不发生交涉。他尽管说他有"济世"、"拯物"的心肠;我们总觉得酒肆高歌,五岳寻山是他的本分生涯;"济世"、"拯物"未免污染了他的芙蓉绿玉杖。乐府歌辞本来从民间来,本来是歌唱民间生活的;到了李白手里,竟飞上天去了。虽然"咳唾落九天,随风生珠玉",然而我们凡夫俗子终不免自惭形秽,终觉得他歌唱的不是我们的歌唱,他在云雾里嘲笑那瘦诗人杜甫,然而我们终觉得杜甫能了解我们,我们也能了解杜甫。杜甫是我们的诗人,而李白则终于是"天上谪仙人"而已。

第十三章　歌唱自然的诗人

五世纪以下,老庄的自然主义的思想已和外来的佛教思想混合了;士大夫往往轻视世务,寄意于人事之外;虽不能出家,而往往自命为超出尘世。于是在文学的方面有"山水"一派出现。刘勰所谓"宋初文咏,庄老告退而山水方滋",即是指这种趋势。代表这种趋势的,在五世纪有两个人:陶潜与谢灵运。陶潜生在民间,做了几回小官,仍旧回到民间,

> 久在樊笼里,复得返自然。

所以他更能赏识自然界的真美,所以他歌唱"自然",都不费气力,轻描淡写,便成佳作。

> 采菊东篱下,悠然见南山。
> 山气日夕佳,飞鸟相与还。
> 此中有真意,欲辨已忘言。

后来他的诗影响了无数诗人,成为"自然诗人"的大宗。谢灵运也歌唱自然界的景物,但他中骈俪文学的毒太深了,用骈偶句子来描写山水,偶然也有一两句好句子,然而"自然"是不能硬割成对偶句的,所以谢灵运一派的诗只留给后人一些很坏的影响,叫人做不自然的诗

来歌唱自然。

七八世纪是个浪漫时代,文学的风尚很明显地表现种种浪漫的倾向。酒店里狂歌痛饮,在醉乡里过日子,这是一方面。放浪江湖,隐居山林,寄情于山水,这也是很时髦的一方面。如王绩,在官时便是酒鬼,回乡去也只是一个酒狂的隐士。如贺知章,在长安市上作酒狂作的厌倦了,便自请度为道士,回到镜湖边作隐士去。烂醉狂歌与登山临水同是这个解放时代的人生观的表现。故我们在这一章里叙述这时代的几个歌唱自然的诗人。

孟浩然,襄阳人,隐居鹿门山,以诗自适。年四十,来游长安,应进士,不第,仍回到襄阳。张九龄镇荆州,请他为从事,同他唱和。他死在开元之末,约当740年。

孟浩然的诗有意学陶潜,而不能摆脱律诗的势力,故稍近于谢灵运。

　　题终南翠微寺空上人房
　翠微终南里,雨后宜返照。闭关久沉冥,杖策一登眺。
　遂造幽人室,始知静者妙。儒道虽异门,云林颇同调。
　两心喜相得,毕景共谈笑。暝还高窗昏,时见远山烧。
　缅怀赤城标,更忆临海峤。风泉有清音,何必苏门啸?

　　　　过故人庄
　故人具鸡黍,邀我至田家。绿树村边合,青山郭外斜。
　开筵面场圃,把酒话桑麻。待到重阳日,还来就菊花。

　　　　夜归鹿门山
　山寺钟鸣昼已昏。渔梁渡头争渡喧。
　人随沙路向江村,我亦乘舟归鹿门。
　鹿门月照开烟树,忽到庞公栖隐处。
　岩扉松径长寂寥,惟有幽人夜来去。

王维晚年隐居辋川,奉佛禅诵,弹琴赋诗,故他晚年的诗多吟咏山水之作。他的朋友裴迪、储光羲同他往来唱和,都是吟咏自然的诗人。《旧唐书》说王维"尝聚其田园所为诗,号辋川集。"这可见他们竟是自觉地做这种田园诗了。我们把这几个人叫做"辋川派的自然诗人"。

王维的诗：
偶然作　六首之一
陶潜任天真，其性颇耽酒。自从弃官来，家贫不能有。
九月九日时，菊花空满手。中心窃自思，傥有人送否？
白衣携壶觞，果来遗老叟。且喜得斟酌，安问升与斗。
奋衣野田中，今日嗟无负！兀傲迷东西，蓑笠不能守。
倾倒强行行，酣歌归五柳。生事不曾问，肯愧家中妇？

答张五弟
终南有茅屋，前对终南山。终年无客常闭关，终日无心长自闲。不妨饮酒复垂钓，君但能来相往还。

辋川闲居，赠裴秀才迪
寒山转苍翠，秋水日潺湲。倚杖柴门外，临风听暮蝉。
渡头余落日，墟里上孤烟。复值接舆醉，狂歌五柳前。

终南别业
中岁颇好道，晚家南山陲。兴来每独往，胜事只自知。
行到水穷处，坐看云起时。偶然值林叟，谈笑无还期。

辋川集　二十首之二
鹿　柴
空山不见人，但闻人语响。
返景入深林，复照青苔上。

竹里馆
独坐幽篁里，弹琴复长啸。
深林人不知，明月来相照。

裴迪是关中人，《旧唐书》说他是王维的"道友"。他后来做官，做过蜀州刺史。他的诗也收在《辋川集》里，我们选一首：
宫槐陌
门前宫槐陌，是向欹湖道。
秋来山雨多，落叶无人扫。

储光羲,兖州人,也是王维的朋友;后来做到监察御史。我们选他的诗一首:

田家即事

蒲叶日已长,荇花日已滋。老农要看此,贵不违天时。
迎晨起饭牛,双驾耕东菑。蚯蚓土中出,田乌随我飞,
群合乱啄噪,嗷嗷如道饥。我心多恻隐,顾此两伤悲,
拨食与田乌,日暮空筐归。亲戚更相诮,我心终不移。

李白的诗也很多歌咏自然的。他是个山林隐士,爱自由自适,足迹游遍许多名山,故有许多吟咏山水之作。他的天才高,见解也高,真能欣赏自然的美,而文笔又恣肆自由,不受骈偶体的束缚,故他的成绩往往比那一班有意做山水诗的人更好。

山中问答

问余何事栖碧山,笑而不答心自闲。
桃花流水窅然去,别有天地非人间。

独坐敬亭山

众鸟高飞尽,孤云独去闲。相看两不厌,只有敬亭山。

自 遣

对酒不觉暝,落花盈我衣。醉起步溪月,鸟还人亦稀。

春日醉起言志

处世若大梦,胡为劳其生?所以终日醉,颓然卧前楹,
觉来盼庭前,一鸟花间鸣。借问此何时,春风语流莺。
感之欲叹息,对酒还自倾。浩歌待明月,曲尽已忘情。

月下独酌

花间一壶酒,独酌无相亲。举杯邀明月,对影成三人。
月既不解饮,影徒随我身。暂伴月将影,行乐须及春。
我歌月徘徊,我舞影零乱。醒时同交欢,醉后各分散。
永结无情游,相期邈云汉。

元结,字次山,河南人,生于开元十一年(723),死于大历七年

(772)。他是个留心时务的人,做过几任官;代宗时,他做道州刺史,政治的成绩很好,为当时的一个循吏。他的诗文里颇多关心社会状况的作品,虽天才不及杜甫,而用意颇像他(参看下章)。他又是个爱山水的人,意态闲适,能用很朴素的语言描写他对于自然的欣赏。

招孟武昌

漫叟(元结自号)作《退谷铭》,指曰,"干进之客不能游之。"作《㟤湖铭》,指曰,"为人厌者,勿泛㟤湖。"孟士源尝黜官,无情干进;在武昌不为人厌,可游退谷,可泛㟤湖,故作诗招之。

风霜枯万物,退谷如春时。穷冬涸江湖,㟤湖澄清漪。
湖尽到谷口,单船近阶墀。湖中更何好?坐见大江水;
欹石为水涯,半山在湖里。谷口更何好?绝壑流寒泉,
松桂荫茅舍,白云生坐边。武昌不干进,武昌人不厌,
退谷正可游,㟤湖任来泛。湖上有水鸟,见人不飞鸣。
谷口有山兽,往往随人行。莫将车马来,令我鸟兽惊。

夜宴石鱼湖作

风霜虽惨然,出游熙天晴。登临日暮归,置酒湖上亭。
高烛照泉深,光华溢轩楹,如见海底日,瞳瞳始欲生。
夜寒闭窗户,石溜何清冷!若在深洞中,半崖闻水声。
醉人疑舫影,呼指递相惊。何故有双鱼,随吾酒舫行?
醉昏能诞语,劝醉能忘情。坐无拘忌人,勿限醉与醒。

石鱼湖上作

吾爱石鱼湖,石鱼在湖里,鱼背有酒樽,绕鱼是湖水。
儿童作小舫,载酒胜一杯;座中令酒舫,空去复满来。
湖岸多欹石,石下流寒泉;醉中一盥漱,快意无比焉。
金玉吾不须,轩冕吾不爱。且欲坐湖畔,石鱼长相对。

无为洞口作

无为洞口春水满,无为洞傍春云白。
爱此踟蹰不能去,令人悔作衣冠客。
洞傍山僧皆学禅,无求无欲亦忘年。
欲问其心不能问,我到山中得无闷。

> 说洄溪,招退者
> 长松亭亭满四山,山间乳窦流清泉。
> 洄溪正在此山里,乳水松膏常灌田。
> 松膏乳水田肥良,稻苗如蒲米粒长。
> 麋色如珈玉液酒,酒熟犹闻松节香。
> 溪边老翁年几许?长男头白孙嫁女。
> 问言只食松田米,无药无方向人语。
> 浯溪石下多泉源,盛暑大寒冬大温。
> 屠苏宜在水中石,洄溪一曲自当门。
> 吾今欲作洄溪翁,谁能住我舍西东?
> 勿惮山深与地僻,罗浮尚有葛仙翁。

以上不过是略举几个歌唱自然的诗人,表示当时的一种趋势。中国的思想界经过佛教大侵入的震惊之后,已渐渐恢复了原来的镇定,仍旧继续东汉魏晋以来的自然主义的趋势,承认自然的宇宙论与适性的人生观。禅宗的运动与道教中的智识分子都是朝着这方向上走的。在这个空气里,隐逸之士遂成了社会上的高贵阶级。聪明的人便不去应科第,却去隐居山林,做个隐士。隐士的名气大了,自然有州郡的推荐,朝廷的征辟;即使不得征召,而隐士的地位很高,仍不失社会的崇敬。《唐书·卢藏用传》有一个故事说的最妙:

> 司马承祯尝召至阙下,将还山。藏用指终南山曰:"此中大有佳处。"承祯徐曰:"以仆观之,仕宦之捷径耳。"

司马承祯是个真隐士;卢藏用早年隐居少室终南两山,时人称为"随驾隐士",后来被征辟,依附权贵,做到大官,故不免受司马承祯的讥消。这个故事可以使我们知道当日隐逸的风气的社会背景。思想所趋,社会所重,自然产生了这种隐逸的文学,歌颂田园的生活,赞美山水的可爱,鼓吹那乐天安命,适性自然的人生观。人人都自命陶渊明、谢灵运,其中固然有真能欣赏自然界的真美的,但其中有许多作品终不免使人感觉有点做作,有点不自然。例如王维的:

> 独坐幽篁里,弹琴复长啸。

在我们看来,便近于做作,远不如陶潜的:

> 采菊东篱下,悠然见南山。

天天狂饮烂醉,固不是自然;对着竹子弹琴长啸,也算不得自然,都不过一种做作而已。

但这个崇拜自然的风气究竟有点解放的功用,因为对着竹子弹琴长啸,究竟稍胜于夹在伶人队里唱《郁轮袍》去巴结公主贵人罢?在文学史上,崇拜自然的风气产生了一个陶潜,而陶潜的诗影响了千余年歌咏田园山水的诗人。其间虽然也有用那不自然的律体来歌唱自然的,然而王维、孟浩然的律诗也都显出一点解放的趋势,使律诗倾向白话化。这个倾向,经过杜甫、白居易的手里,到了晚唐便更显明了,律诗几乎全部白话化了。

第十四章 杜甫

> 历历开元事,分明在眼前。无端盗贼起,忽已岁时迁!(杜甫)

八世纪中叶(755),安禄山造反。当时国中久享太平之福,对于这次大乱,丝毫没有准备。故安禄山、史思明的叛乱不久便蔓延北中国,两京破陷,唐朝的社稷几乎推翻了。后来还是借了外族的兵力,才把这次叛乱平定。然而中央政府的威权终不能完全恢复了,贞观开元的盛世终不回来了。

这次大乱来的突兀,惊醒了一些人的太平迷梦。有些人仍旧过他们狂醉高歌的生活;有些人还抢着贡谀献媚,做他们的《灵武受命颂》、《凤翔出师颂》;但有些人却觉悟了,变严肃了,变认真了,变深沉了。这里面固然有个人性情上的根本不同,不能一概说是时势的影响。但我们看天宝以后的文学新趋势,不能不承认时势的变迁同文学潮流有很密切的关系。

> 忆昔开元全盛日,小邑犹藏万家室,稻米流脂粟米白,公私仓廪俱丰实。九洲道路无豺虎,远行不劳吉日出。……官中圣人奏《云门》,天下朋友皆胶漆。百余年间未灾变,叔孙礼乐萧

何律。岂闻一绢直万钱,有田种谷今流血!洛阳官殿烧焚尽,宗庙新除狐兔穴。伤心不忍问耆旧,复恐初从离乱说。(杜甫《忆昔》)

时代换了,文学也变了。八世纪下半的文学与八世纪上半截然不同了。最不同之点就是那严肃的态度与深沉的见解。文学不仅是应试与应制的玩意儿了,也不仅是仿作乐府歌词供教坊乐工歌妓的歌唱或贵人公主的娱乐了,也不仅是勉强作壮语或勉强说大话,想像从军的辛苦或神仙的境界了。八世纪下半以后,伟大作家的文学要能表现人生,——不是那想像的人生,是那实在的人生:民间的实在痛苦,社会的实在问题,国家的实在状况,人生的实在希望与恐惧。

向来论唐诗的人都不曾明白这个重要的区别,他们只会笼统地夸说"盛唐",却不知道开元天宝的诗人与天宝以后的诗人,有根本上的不同。开元天宝是盛世,是太平世;故这个时代的文学只是歌舞升平的文学,内容是浪漫的,意境是做作的。八世纪中叶以后的社会是个乱离的社会;故这个时代的文学是呼号愁苦的文学,是痛定思痛的文学,内容是写实的,意境是真实的。

这个时代已不是乐府歌词的时代了。乐府歌词只是一种训练,一种引诱,一种解放。天宝以后的诗人从这种训练里出来,不再做这种仅仅仿作的文学了。他们要创作文学了,要创造"新乐府"了。要作新诗表现一个新时代的实在的生活了。

这个时代的创始人与最伟大的代表是杜甫。元结、顾况也都想作新乐府表现时代的苦痛,故都可说是杜甫的同道者。这个风气大开之后,元稹、白居易、张籍、韩愈、柳宗元、刘禹锡相继起来。发挥光大这个趋势,八世纪下半与九世纪上半(755—850)的文学遂成为中国文学史上一个最光华灿烂的时期。

故七世纪的文学(初唐)还是儿童时期,王梵志、王绩等人直是以诗为游戏而已。朝廷之上,邸第之中,那些应酬应制的诗,更是下流的玩艺儿,更不足道了。开元天宝的文学只是少年时期,体裁大解放了,而内容颇浅薄,不过是酒徒与自命为隐逸之士的诗而已。以政治上的长期太平而论,人称为"盛唐",以文学论,最盛之世其实不在这个时期。天宝末年大乱以后,方才是成人的时期。从杜甫中年以后,到白居易之死(846),其间的诗与散文都走上了写实的大路,由浪漫而回到平实,由天上而回到人间,由华丽而回到平淡,都是成人的表现。

杜甫字子美,襄阳人。他的祖父杜审言,是武后、中宗时的一个有名文学家,与李峤、苏味道、崔融为文章四友。杜甫早年家很贫,奔波吴越齐鲁之间。他有《奉赠韦左丞丈》诗,叙他早年的生活云:

甫昔少年日,早充观国宾。读书破万卷,下笔如有神。
赋料扬雄敌,诗看子建亲。李邕求识面,王翰愿卜邻。
自谓颇挺出,立登要路津,致君尧舜上,要使风俗淳。
此意竟萧条,行歌非隐沦。骑驴三十载,旅食京华春。
朝扣富儿门,暮随肥马尘。残杯与冷炙,到处潜悲辛。
主上忽见征,欻然欲求伸。青冥却垂翅,蹭蹬无纵鳞。

(天宝六年,诏征天下士有一艺者,皆得诣京师就选。李林甫主张考试,遂无一人及第。)

天宝九年(750),他献《三大礼赋》。表文中说:

臣生陛下淳朴之俗,行四十载矣。

其赋中明说三大礼皆将在明年举行,故蔡兴宗作杜甫年谱系此事于天宝九年,因据唐史,三大礼(朝献太清宫,享太庙,祀天地于南郊)皆在十年。蔡谱说他这年三十九岁。以此推知他生于先天元年壬子(712)。

他献赋之后,玄宗命宰相考试他的文章,试后授他河西尉,他不愿就,改为右卫率府胄曹。他有诗云:

忆献三赋蓬莱宫,自怪一日声辉赫。集贤学士如堵墙,观我落笔中书堂……。(《莫相疑行》)

又云:

不作河西尉,凄凉为折腰。老夫怕奔走,率府且逍遥。(《官定后戏赠》)

他这时候做的是闲曹小官,同往来的是一班穷诗人如郑虔之类。但他很关心时政,感觉时局不能乐观,屡有讽刺的诗,如《丽人行》,《兵车行》等篇。他是个贫苦的诗人,有功名之志,而没有进身的机会。他从那"骑驴三十载"的生活里观察了不少的民生痛苦,从他个人的贫苦的经验里体认出人生的实在状况,故当大乱爆发之先已能见到社会国家的危机了。他在这个时代虽然也纵饮狂歌,但我们在他的醉歌里往往听得悲哀的叹声:

但觉高歌有鬼神,焉知饿死填沟壑!

这已不是歌颂升平的调子了。到天宝末年(755),他到奉先县去看他的妻子,

……入门闻号咷,幼子饥已卒!

他在这种惨痛里回想社会国家的危机,忍不住了,遂尽情倾吐出来,成为《自京赴奉先县咏怀五百字》,老老实实地揭穿所谓开元天宝盛世的黑幕。墨迹未干,而大乱已不可收拾了。

大乱终于来了。那年十二月,洛阳失陷。明年(756)六月,潼关不守,皇帝只好西奔;长安也攻破了。七月,皇太子即位于灵武,是为肃宗。杜甫从奉先带了家眷避往鄜州;他自己奔赴新皇帝的行在,途中陷于贼中,到次年夏间始得脱身到凤翔行在。肃宗授他为左拾遗。九月,西京克复;十月,他跟了肃宗回京。他在左拾遗任内,曾营救宰相房琯。几乎得大罪。房琯贬为刺史,杜甫出为华州司功参军,时在乾元元年(758)。他这一年到过洛阳,次年(759)九节度的联兵溃于相州,郭子仪退守东都,杜甫那时还在河南,作有许多纪兵祸的新诗。

这一年(759)的夏天,他还在华州,有《早秋苦热》诗云:

七月六日苦炎蒸,对食暂餐还不能。……束带发狂欲大叫,簿书何急来相仍!南望青松架短壑,安得赤脚踏层冰!

又有《立秋后题》云:

平生独往愿,惆怅年半百。罢官亦由人,何事拘形役?

《新唐书》云:

关辅饥,〔甫〕辄弃官去,客秦州,负薪采橡栗自给。

依上引的《立秋后题》诗看来,似是他被上司罢官,并非他自己弃官去。《旧书》不说弃官事,但说:

> 时关畿乱离,谷食踊贵。甫寓居成州同谷县,自负薪采梠。儿女饿殍者数人。

乾元二年立秋后往秦州,冬十月离秦州,十一月到成州,十二月从同谷县出发往剑南,有诗云:

> 始来兹山中,休驾喜地僻。奈何迫物累,一岁四行役?……平生懒拙意,偶值栖遁迹。去住与愿违,仰惭林间翮。(《发同谷县》)

大概他的南行全是因为生计上的逼迫。

他从秦中迁到剑南,是时裴冕镇成都,为他安顿在成都西郭浣花溪。他有诗云:

> 我行山川异,忽在天一方。自古有羁旅,我何苦哀伤?

他在成都共六年(760—765),中间经过两次变乱,但却也曾受当局的优待。严武节度剑南时,表杜甫为参谋,检校工部员外郎。《旧唐书》云:

> 武与甫世旧,待遇甚隆。甫……尝凭醉登武之床,瞪视武曰,"严挺之乃有此儿!"武虽急暴,不以为忤(《新[唐]书》纪此事说武要杀他,其母奔救得止;又有"冠钩于帘三"的神话,大概皆不可信)。

永泰元年(765),他南下到忠州。大历元年(766),他移居夔州,在夔凡二年。大历三年(768),他因他的兄弟在荆州,故东下出三峡,到江陵,移居公安,又到岳阳;明年(769),他到潭州,又明年(770)到衡州。他死在"衡岳之间,秋冬之交"(据鲁谱),年五十九。

杜甫的诗有三个时期:第一期是大乱以前的诗,第二期是他身在离乱之中的诗,第三期是他老年寄居成都以后的诗。

杜甫在第一时期过的是那"骑驴三十载"的生活,后来献赋得官,终不能救他的贫穷。但他在贫困之中,始终保持一点"诙谐"的风趣。这一点诙谐风趣是生成的,不能勉强的。他的祖父杜审言便

是一个爱诙谐的人;《新唐书》说审言病危将死,宋之问、武平一等一班文人去问病,审言说:

> 甚为造化小儿相苦,尚何言?然吾在,久压公等;今且死,固大慰。但恨不见替人耳!

这样临死时还忍不住要说笑话,便是诙谐的风趣。有了这样风趣的人,贫穷与病都不容易打倒他,压死他。杜甫很像是遗传得他祖父的滑稽风趣,故终身在穷困之中而意兴不衰颓,风味不干瘪。他的诗往往有"打油诗"的趣味:这句话不是诽谤他,正是指出他的特别风格;正如说陶潜出于应璩,并不是毁谤陶潜,只是说他有点诙谐的风趣而已。

杜甫有《今夕行》,原注云:"自齐赵西归,至咸阳作":

> 今夕何夕岁云徂,更长烛明不可孤。咸阳客舍一事无,相与博塞为欢娱。凭陵大叫呼"五白",袒跣不肯成"枭卢"!英雄有时亦如此,邂逅岂即非良图?君莫笑刘毅从来布衣愿,家无儋石输百万!

这样的"穷开心"便是他祖老太爷临死还要说笑话的遗风。

他在长安做穷官,同广文馆博士郑虔往来最密,常有嘲戏的诗,如下举的一篇:

> 戏简郑广文,兼呈苏司业源明
>
> 广文到官舍,系马堂阶下;醉即骑马归,颇遭官长骂。
> 才名四十年,坐客寒无毡。赖有苏司业,时时与酒钱。

他的《醉时歌》也是赠郑虔的,开头几句:

> 诸公衮衮登台省,广文先生官独冷。
> 甲第纷纷厌梁肉,广文先生饭不足。

也是嘲戏的口气。他又有

> 示从孙济
>
> 平明跨驴出,未知适谁门。权门多噂䜩,且复寻诸孙。诸孙贫无事,客舍如荒村。堂前自生竹,堂后自生萱。萱草秋已死,竹枝霜不蕃。淘米少汲水,汲多井水浑。刘葵莫放手,放手伤葵根。——阿翁懒惰久,觉儿行步奔。所来为宗族,亦不为盘飧。小人利口实,薄俗难具论。勿受外嫌猜,同姓古所敦。

这样絮絮说家常,也有点诙谐的意味。

他写他自己的穷苦,也都带一点谐趣。如《秋雨叹》三首之第一三两首云:

> 雨中百草秋烂死,阶下决明颜色鲜。著叶满枝翠羽盖,开花无数黄金钱。凉风萧萧吹汝急,恐汝后时难独立。堂上书生空白头,临风三嗅馨香泣。

> 长安布衣谁比数?反锁衡门守环堵。老夫不出长蓬蒿,稚子无忧走风雨。雨声飕飕催早寒,胡雁翅湿高飞难。秋来未曾见白日,泥污厚土何时干?

苦雨不能出门,反锁了门,闷坐在家里,却有心情嘲弄草决明,还自嘲长安布衣谁人能比,这便是老杜的特别风趣。这种风趣到他的晚年更特别发达,成为第三时期的诗的最大特色。

在这第一时期里,他正当中年,还怀抱着报国济世的野心。有时候,他也不免发点牢骚,想抛弃一切去做个隐遁之士。如《去矣行》便是发牢骚的:

去矣行

> 君不见鞲上鹰一饱则飞掣!焉能作堂上燕衔泥附炎热?野人旷荡无靦颜,岂可久在王侯间?未试囊中餐玉法,明朝且入蓝田山。

传说后魏李预把七十块玉椎成屑,每日服食。蓝田山出产美玉,故杜甫说要往蓝田山去试试餐玉的法子。没有饭吃了,却想去餐玉,这也是他寻穷开心的风趣。根本上他是不赞成隐遁的,故说:

> 行歌非隐沦。

故说:

> 许身一何愚,窃比稷与契!……兀兀遂至今,忍为尘埃没。终愧巢与由,未能易其节。

他自比稷与契,宁可"取笑同学翁",而不愿学巢父与许由。这是杜甫与李白大不同之处:李白代表隐遁避世的放浪态度,杜甫代表中国民族积极入世的精神。(看第十三章末段论李杜。)

当时杨贵妃得宠,杨国忠作宰相,贵妃的姊妹虢国夫人、秦国夫

人,都有大权势。杜甫作《丽人行》云:

> 三月三日天气新,长安水边多丽人。态浓意远淑且真,肌理细腻骨肉匀。画罗衣裳照暮春,蹙金孔雀银麒麟。头上何所有?翠为匎叶垂鬓唇。背后何所见?珠压腰衱稳称身。就中云幕椒房亲,赐名大国虢与秦。紫驼之峰出翠釜,水精之盘行素鳞。犀箸厌饫久未下,銮刀缕切坐纷纶。黄门飞鞚不动尘,御厨络绎送八珍。箫管哀吟感鬼神,宾从杂遝实要津。后来鞍马何逡巡?当轩下马入锦茵。杨花雪落覆白蘋,青鸟飞去衔红巾。——炙手可热势绝伦,慎莫近前丞相嗔。

此诗讽刺贵戚的威势,还很含蓄。那时虽名为太平之世,其实屡次有边疆上的兵事。北有契丹,有奚,有突厥,西有吐蕃,都时时扰乱边境,屡次劳动大兵出来讨伐。天宝十年(751)剑南节度使鲜于仲通讨云南蛮,大败,死了六万人。有诏书招募两京及河南、河北兵去打云南,人民不肯应募;杨国忠遣御史分道捕人,枷送军前。杜甫曾游历各地,知道民间受兵祸的痛苦,故作《兵车行》:

> 车辚辚,马萧萧,行人弓箭各在腰。耶娘妻子走相送,尘埃不见咸阳桥。牵衣顿足拦道哭,哭声直上干云霄。——道傍过者问行人,行人但云点行频:或从十五北防河,便至四十西营田;去时里正与裹头,归来头白还戍边。边庭流血成海水,武皇开边意未已。君不闻汉家山东(太行山以东,河北诸郡皆为山东)二百州,千村万落生荆杞!纵有健妇把锄犁,禾生陇亩无东西。况复秦兵耐苦战,被驱不异犬与鸡?——长者虽有问,役夫敢申恨?且如去年冬,未休关西卒,县官急索租,租税从何出?——信知生男恶,反是生女好:生女犹得嫁比邻,生男埋没随百草。——君不见青海头,古来白骨无人收,新鬼烦冤旧鬼哭,天阴雨湿声啾啾!

拿这诗来比李白的《战城南》,我们便可以看出李白是仿作乐府歌诗,杜甫是弹劾时政。这样明白的反对时政的诗歌,三百篇以后从不曾有过。确是杜甫创始的。古乐府里有些民歌如《战城南》与《十五从军征》之类,也是写兵祸的惨酷的;但负责的明白攻击政府,甚至于直指皇帝说：

边庭流血成海水，武皇（一本作"我皇"）开边意未已。

这样的问题诗是杜甫的创体。

但《兵车行》借汉武来说唐事，（诗中说"汉家"，又说"武皇"。"武皇"是汉武帝；后人曲说为"唐人称太宗为文皇，玄宗为武皇"。此说甚谬。文皇是太宗谥法，武皇岂是谥法吗？）还算含蓄。《丽人行》直说虢国、秦国夫人，已是直指当时事了。但最直截明白的指摘当日的政治、社会状况，还算得那一篇更伟大的作品——《自京赴奉先县咏怀》。

此诗题下今本有注云，"原注，天宝十四载十二月初作"。这条注大有研究的余地。宋刻"分门集注"本（《四部丛刊》影印本）卷十二于此诗题下注云："洙曰，天宝十四载十一月初作"。洙即是王洙，曾注杜诗。这可证此条注文并非原注，乃是王洙的注语。诗中有"岁暮百草零"，"霜严衣带断，指直不得结"，"群冰从西下，极目高崒兀"的话，故他考定为十一月初，后人又改为十二月初，而仍称"原注"！其实此诗无一字提及安禄山之反，故不得定为大乱已起之作。按《新唐书·玄宗本纪》，

天宝十四载……十月庚寅（初四）幸华清宫。十一月，安禄山反，陷河北诸郡。范阳将何千年杀河东节度使杨光翙。壬申（十七），伊西节度使封常清为范阳平卢节度使，以讨安禄山。丙子（廿一），至自华清宫。

安禄山造反的消息，十一月月半后始到京，故政府到十七日始有动作。即使我们假定王洙的注文真是原注，那么，十一月初也还在政府得禄山反耗之前，其时皇帝与杨贵妃正在骊山的华清宫避寒，还不曾梦想到渔阳鼙鼓呢。

此诗的全文分段写在下面：

自京赴奉先县咏怀五百字

杜陵有布衣，老大意转拙。许身一何愚，自比稷与契！居然成濩落，白首甘契阔。盖棺事则已，此志常觊豁。穷年忧黎元，叹息肠内热。取笑同学翁，浩歌弥激烈。非无江海志，萧洒送日

月;生逢尧舜君,不忍便永诀。当今廊庙具,构厦岂云缺?葵藿倾太阳,物性固难夺。顾惟蝼蚁辈,但自求其穴。胡为慕大鲸,辄拟偃溟渤?以兹悟生理,独耻事干谒。兀兀遂至今,忍为尘埃没。终愧巢与由,未能易其节。沉饮聊自适,放歌颇愁绝。

岁暮百草零,疾风高冈裂。天衢阴峥嵘,客子中夜发。霜严衣带断,指直不得结。凌晨过骊山,御榻在嵽嵲。(华清宫在骊山汤泉)蚩尤(雾也)塞寒空,蹴踏崖谷滑。瑶池气郁律,羽林相摩戛。君臣留欢娱,乐动殷樛嶱。(樛嶱一作胶葛。)赐浴皆长缨,与宴非短褐。彤庭所分帛,本自寒女出。鞭挞其夫家,聚敛贡城阙。圣人筐篚恩,实欲邦国活。臣如忽至理,君岂弃此物。多士盈朝廷,仁者宜战栗。况闻内金盘,尽在卫霍室。中堂舞神仙,烟雾蒙玉质。暖客貂鼠裘,悲管逐清瑟。劝客驼蹄羹,(参看《丽人行》中"紫驼之峰出翠釜",当时贵族用骆驼背峰及蹄为珍肴。)霜橙压香橘。朱门酒肉臭,路有冻死骨!荣枯咫尺异,惆怅难再述。

北辕就泾渭,官渡又改辙。群冰从西下,极目高崒兀。疑是崆峒来,恐触天柱折。河梁幸未坼,枝撑声窸窣。行旅相攀缘,川广不可越。

老妻寄异县,十口隔风雪。谁能久不顾?庶往共饥渴。入门闻号咷,幼子饥已卒!吾宁舍一哀?里巷亦呜咽。所愧为人父,无食致夭折。岂知秋未登,贫窭有仓卒?生常免租税,名不隶征伐,抚迹犹酸辛,平人固骚屑。默思失业徒,因念远戍卒,忧端齐终南,澒洞不可掇!

这首诗作于乱前,旧说误以为禄山反后作,便不好懂。杜甫这时候只是从长安到奉先县省视妻子,入门便听见家人号哭,他的小儿子已饿死了!这样的惨痛使他回想个人的遭际,社会的种种不平;使他回想途中经过骊山的行宫所见所闻的欢娱奢侈的情形,他忍不住了,遂发愤把心里的感慨尽情倾吐出来,作为一篇空前的弹劾时政的史诗。

从安禄山之乱起来时,到杜甫入蜀定居时,这是杜诗的第二时期。这是个大乱的时期;他仓皇避乱,也曾陷在贼中,好容易赶到凤翔,得着一官,不久又贬到华州。华州之后,他又奔走流离;到了成都以后,才有几年的安定。他在乱离之中,发为歌诗:观察愈细密,艺术愈真实,见解愈深沉,意境愈平实忠厚,这时代的诗遂开后世社会问题诗的风气。

他陷在长安时,眼见京城里的种种惨状,有两篇最著名的诗:

哀江头

少陵野老吞声哭,春日潜行曲江曲。江头宫殿锁千门,细柳新蒲为谁绿?忆昔霓旌下南苑,苑中万物生春色。昭阳殿里第一人,同辇随君侍君侧。辇前才人带弓箭,白马嚼啮黄金勒;翻身向天仰射云,一箭正坠双飞翼。明眸皓齿今何在?血污游魂归不得。清渭东流剑阁深,去住彼此无消息。人生有情泪沾臆,江水江花岂终极?黄昏胡骑尘满城,欲往城南忘南北。

哀王孙

长安城头头白乌,夜飞延秋门上呼,又向人家啄大屋,屋底达官走避胡。金鞭断折九马死,骨肉不得同驰驱。——腰下宝玦青珊瑚,可怜王孙泣路隅。问之不肯道姓名,但道困苦乞为奴。已经百日窜荆棘,身上无有完肌肤。高帝子孙尽高准,龙种自与常人殊。豺狼在邑龙在野,王孙善保千金躯。——不敢长语临交衢,且为王孙立斯须。昨夜东风吹血腥,东来骆驼满旧都。朔方健儿好身手,昔何勇锐今何愚?窃闻太子已传位,圣德北服南单于。花门剺面请雪耻,——慎勿出口他人狙!——哀哉王孙慎勿疏!五陵佳气无时无。

《哀王孙》一篇借一个杀剩的王孙,设为问答之辞,写的是这一个人的遭遇,而读者自能想像都城残破时皇族遭杀戮的惨状。这种技术从古乐府《上山采蘼芜》,《日出东南隅》等诗里出来,到杜甫方才充分发达。《兵车行》已开其端,到《哀王孙》之作,技术更进步了。这种诗的方法只是摘取诗料中的最要紧的一段故事,用最具体的写法叙述那一段故事,使人从那片段的故事里自然想像得出那故事所涵的意义与所代表的问题。说的是一个故事,容易使人得一种明了的印象,故最容易感人。杜甫后来作《石壕吏》等诗,也是用这种具体的,说故事的方法。后来白居易、张籍等人继续仿作,这种方法遂成为社会问题新乐府的通行技术。

杜甫到了凤翔行在,有墨制准他往鄜州看视家眷,他有一篇《北征》,纪此次旅行。《北征》是他用气力做的诗,但是在文学艺术上,这篇长诗只有中间叙他到家的一段有点精采,其余的部分只是有韵的议论文而已。那段最精采的是:

> 潼关百万师,往者散何卒!遂令半秦民,残害为异物。
> 况我堕胡尘,及归尽华发。经年至茅屋,妻子衣百结。
> 恸哭松声回,悲泉共幽咽。平生所娇儿,颜色白胜雪,
> 见耶背面啼,垢腻脚不袜。床前两小女,补绽才过膝;
> 海图坼波涛,旧绣移曲折;天吴及紫凤,颠倒在短褐。
> 老夫情怀恶,呕泄卧数日,那无囊中帛,救汝寒凛栗?
> 粉黛亦解包,衾裯稍罗列。瘦妻面复光,痴女头自栉,
> 学母无不为,晓妆随手抹。移时施朱铅,狼藉画眉阔。
> 生还对童稚,似欲忘饥渴。问事竞挽须,谁能即嗔喝?
> 翻思在贼愁,甘受杂乱聒。新归且慰意,生理焉能说?

这一段很像左思的《娇女》诗。在极愁苦的境地里,却能同小儿女开玩笑,这便是上文说的诙谐的风趣,也便是老杜的特别风趣。他又有《羌村》三首,似乎也是这时候作的,也都有这种风趣:

羌　村

(一)

> 峥嵘赤云西,日脚下平地。柴门鸟雀噪,归客千里至。
> 妻孥怪我在,惊定还拭泪。世乱遭飘荡,生还偶然遂。
> 邻人满墙头,感叹亦歔欷。夜阑更秉烛,相对如梦寐。

(二)

> 晚岁迫偷生,还家少欢趣。娇儿不离膝,畏我复却去。
> 忆昔好追凉,故绕池边树。萧萧北风劲,抚事煎百虑。
> 赖知禾黍收,已觉糟床注。如今足斟酌,且用慰迟暮。

(三)

群鸡正乱叫,客至鸡斗争。驱鸡上树木,始闻叩柴荆。
父老四五人,问我久远行。手中各有携,倾榼浊复清。
苦辞酒味薄,黍地无人耕。兵革既未息,儿童尽东征。
请为父老歌,艰难愧深情。歌罢仰天叹,四座泪纵横。

《北征》像左思的《娇女》,《羌村》最近于陶潜。钟嵘说陶诗出于应璩、左思,杜诗同他们也都有点渊源关系。应璩做谐诗,左思的《娇女》也是谐诗,陶潜与杜甫都是有诙谐风趣的人,诉穷说苦都不肯抛弃这一点风趣。因为他们有这一点说笑话做打油诗的风趣,故虽在穷饿之中不至于发狂,也不至于堕落。这是他们几位的共同之点,又不仅仅是同做白话谐诗的渊源关系呵。

这时期里,他到过洛阳,正值九节度兵溃于相州;他眼见种种兵祸的惨酷,做了许多记兵祸的诗,《新安吏》、《潼关吏》、《石壕吏》、《新婚别》、《垂老别》、《无家别》诸篇为这时期里最重要的社会问题诗。我们选几首作例:

新安吏

客行新安道,喧呼闻点兵。借问新安吏,"县小更无丁?""府帖昨夜下,次选中男行。"中男绝短小,何以守王城?肥男有母送,瘦男独伶俜。白水暮东流,青山犹哭声。莫自使眼枯,收汝泪纵横!眼枯即见骨,天地终无情。——我军取相州,日夕望其平。岂意贼难料,归军星散营?就粮近故垒,练卒依旧京。掘壕不到水,牧马役亦轻。况乃王师顺,抚养甚分明。送行勿泣血,仆射如父兄(仆射指郭子仪)。

石壕吏

暮投石壕村,有吏夜捉人。老翁逾墙走,老妇出门看。吏呼一何怒,妇啼一何苦!听妇前致词:"三男邺城戍。一男附书至,二男新战死。存者且偷生,死者长已矣!室中更无人,惟有乳下孙。有孙母未去,出入无完裙。老妪力虽衰,请从吏夜归,急应河阳役,犹得备晨炊。"——夜久语声绝,如闻泣幽咽。天明登前途,独与老翁别。

《石壕吏》的文学艺术最奇特。捉人拉夫竟拉到了一位抱孙的祖老太太,时世可想了!

无家别

寂寞天宝后,园庐但蒿藜。我里百余家,世乱各东西;
存者无消息,死者为尘泥。贱子因阵败,归来寻旧蹊。
久行见空巷,日瘦气惨凄。但对狐与狸,竖毛怒我啼。
四邻何所有?一二老寡妻。宿鸟恋本枝,安辞且穷栖。
方春独荷锄,日暮还灌畦。县吏知我至,召令习鼓鞞。
虽从本州役,内顾无所携。近行止一身,远去终转迷。
家乡既荡尽,远近理亦齐,永痛长病母,五年委沟溪。
生我不得力,终身两酸嘶。人生无家别,何以为烝黎!

这些诗都是从古乐府歌辞里出来的,但不是仿作的乐府歌辞,却是创作的"新乐府"。杜甫早年也曾仿作乐府,如《前出塞》九首,《后出塞》五首,都属于这一类。这些仿作的乐府里也未尝没有规谏的意思,如《前出塞》第一首云:

戚戚去故里,悠悠赴交河。公家有程期,亡命婴祸罗。
君已富土境,开边一何多!弃绝父母恩,吞声行负戈。

但总括《出塞》十余篇看来,我们不能不承认这些诗都是泛泛的从军歌,没有深远的意义,只是仿作从军乐府而已。杜甫在这时候经验还不深刻,见解还不曾成熟,他还不知战争生活的实在情形,故还时时勉强作豪壮语,又时时勉强作愁苦语。如《前出塞》第六首云:

挽弓当挽强,用箭当用强。射人先射马,擒贼先擒王。
杀人亦有限,立国自有疆。苟能制侵陵,岂在多杀伤?

又第八首云:

单于寇我垒,百里风尘昏。雄剑四五动,彼军为我奔。
虏其名王归,系颈授辕门。潜身备行列,一胜安足论?

都是勉强作壮语。又如第七首云:

驱马天雨雪,军行入高山。径危抱寒石,指落层冰间。
已去汉月远,何时筑城还?浮云暮南征,可望不可攀。

便是勉强作苦语。这种诗都是早年的尝试,他们的精神与艺术都属于开元天宝的时期;他们的意境是想像的,说话是做作的。拿他们来比较《石壕吏》或《哀王孙》诸篇，很可以观时世与文学的变迁了。

乾元二年(759)，杜甫罢官后，从华州往秦州，从秦州往同谷县，从同谷县往四川。他这时候已四十八岁了，乱离的时世使他的见解稍稍改变了；短时期的做官生活又使他明白他自己的地位了。他在秦州有《杂诗》二十首，其中有云：

……黄鹄翅垂雨，苍鹰饥啄泥。——不意书生耳，临衰厌鼓鞞。

又云：

唐尧真自圣，野老复何知？晒药能无妇？应门幸有儿。

……为报鸳行旧，鹡鸰在一枝。

他对于当日的政治似很失望。他曾有《洗兵马》一篇，很明白地指斥当日政治界的怪现状。此诗作于"收京后"，

……京师皆骑汗血马，回纥喂肉葡萄宫。……二三豪俊为时出，整顿乾坤济时了。……攀龙附凤势莫当，天下尽化为侯王。汝等岂知蒙帝力，时来不得夸身强？……寸地尺天皆入贡，奇祥异瑞争来送：不知何国致白环，复道诸山得银瓮。隐士休歌《紫芝曲》，词人解撰《河清颂》。……安得壮士挽天河，净洗甲兵长不用！

这时候两京刚克复，安史都未平，北方大半还在大乱之中，那有"寸地尺天皆入贡"的事？这样的蒙蔽，这样的阿谀谄媚，似乎很使杜甫生气。《北征》诗里，他还说：

虽乏谏诤姿，恐君有遗失。……挥涕恋行在，道途犹恍惚。

他现在竟大胆地说：

唐尧真自圣，野老复何知？

这是绝望的表示。肃宗大概是个很昏庸的人，受张后与李辅国等的愚弄，使一班志士大失望。杜甫晚年(肃宗死后)有《忆昔》诗，明白指斥肃宗道：

关中小儿(指李辅国。他本是闲厩马家小儿)坏纪纲，张后不乐上为忙。

这可见杜甫当日必有大不满意的理由。政治上的失望使他丢弃了那

"自比稷与契"的野心,所以他说:

    为报鸳行旧,鹡鸰在一枝。

从此以后,他打定主意,不妄想"致君尧舜上"了。从此以后,——尤其是他到了成都以后——他安心定志以诗人终老了。

  从杜甫入蜀到他死时,是杜诗的第三时期。在这时期里,他的生活稍得安定,虽然仍旧很穷,但比那奔走避难的乱离生活毕竟平静的多了。那时中原仍旧多事,安史之乱经过八年之久,方才平定;吐蕃入寇,直打到京畿;中央政府的威权旁落,各地的"督军"(藩镇)都变成了"土皇帝",割据的局面已成了。杜甫也明白这个局面,所以打定主意过他穷诗人的生活。他并不赞成隐遁的生活,所以他并不求"出世",他只是过他安贫守分的生活。这时期的诗大都是写这种简单生活的诗。丧乱的余音自然还不能完全忘却,依人的生活自然总有不少的苦况;幸而杜甫有他的诙谐风趣,所以他总寻得事物的滑稽的方面,所以他处处可以有消愁遣闷的诗料,处处能保持他那打油诗的风趣。他的年纪大了,诗格也更老成了;晚年的小诗纯是天趣,随便挥洒,不加雕饰,都有风味。这种诗上接陶潜,下开两宋的诗人。因为他无意于作隐士,故杜甫的诗没有盛唐隐士的做作气;因为他过的真是田园生活,故他的诗真是欣赏自然的诗。

  试举一首诗,看他在穷困里的诙谐风趣:

    茅屋为秋风所破歌

    八月秋高风怒号,卷我屋上三重茅。茅飞渡江洒江郊,高者挂罥长林梢,下者飘转沉塘坳。南村群童欺我老无力,忍能对面为盗贼,公然抱茅入竹去,唇焦口燥呼不得。归来倚杖自叹息。

    俄顷风定云墨色,秋天①漠漠向昏黑。布衾多年冷似铁,骄儿恶卧踏里裂。床床屋漏无干处,雨脚如麻未断绝。自经丧乱少睡眠,长夜沾湿何由彻?

---

 ① 胡适的"自校本"加注:适按,"秋天"似是"秋雨"之误。各本均作"天",但上文只说风大,下文说"屋漏",说"雨脚如麻",故我认此处"秋天"应作"秋雨"。

安得广厦千万间,大庇天下寒士俱欢颜,风雨不动安如山?
呜呼,何时眼前突兀见此屋!吾庐独破受冻死亦足!

在这种境地里还能作诙谐的趣话,这真是老杜的最特别的风格。

他的滑稽风趣随处皆可以看见。我们再举几首作例:

百忧集行

忆年十五心尚孩,健如黄犊走复来。
庭前八月梨枣熟,一日上树能千回。
即今倏忽已五十,坐卧只多少行立。
强将笑语供主人,悲见生涯百忧集。
入门依旧四壁空,老妻睹我颜色同。
痴儿未知父子礼,叫怒索饭啼门东。

下面的一首便像是"强将笑语供主人"的诗:

遭田父泥饮,美严中丞

步屧随春风,村村自花柳。田翁逼社日,邀我尝春酒。
酒酣夸新尹,畜眼未见有。回头指大男,"渠是弓箭手,
名在飞骑籍,长番岁时久。前日放营农,辛苦救衰朽。
差科死则已,誓不举家走。今年大作社,拾遗能住否?"
叫妇开大瓶,盆中为吾取。感此气扬扬,须知风化首。
语多虽杂乱,说尹终在口。朝来偶然出,自卯将及酉。
久客惜人情,如何拒邻叟?高声索果栗,欲起时被肘。
指挥过无礼,未觉村野丑。月出遮我留,仍嗔问升斗。

白话诗多从打油诗出来,我们在第十一章里已说过了。杜甫最爱作打油诗遣闷消愁,他的诗题中有"戏作俳谐体遣闷"一类的题目。他做惯了这种嘲戏诗,他又是个最有谐趣的人,故他的重要诗(如《北征》)便常常带有嘲戏的风味,体裁上自然走上白话诗的大路。他晚年无事,更喜欢作俳谐诗,如上文所举的几首都可以说是打油诗的一类。后人崇拜老杜,不敢说这种诗是打油诗,都不知道这一点便是读杜诗的诀窍:不能赏识老杜的打油诗,便根本不能了解老杜的真好处。试看下举的诗:

夜 归

夜来归来冲虎过,山黑家中已眠卧。
傍见北斗向江低,仰看明星当空大。
庭前把烛嗔两炬,峡口惊猿闻一个。
白头老罢舞复歌,杖藜不睡谁能那?

(此诗用土音,第四句"大"音堕,末句"那"音娜,为"奈何"二字的合音。)

这自然是俳谐诗,然而这位老诗人杖藜不睡,独舞复歌,这是什么心境? 所以我们不能不说这种打油诗里的老杜乃是真老杜呵。

我们这样指出杜甫的诙谐的风趣,并不是忘了他的严肃的态度,悲哀的情绪。我们不过要指出老杜并不是终日拉长了面孔,专说忠君爱国话的道学先生。他是一个诗人,骨头里有点诗的风趣;他能开口大笑,却也能吞声暗哭。正因为他是个爱开口笑的人,所以他的吞声哭使人觉得格外悲哀,格外严肃。试看他晚年的悲哀:

夜闻觱栗

夜闻觱栗沧江上,衰年侧耳情所向。
邻舟一听多感伤,塞曲三更欻悲壮。
积雪飞霜此夜寒,孤灯急管复风湍。
君知天下干戈满,不见江湖行路难。

观公孙大娘弟子舞剑器行

大历二年(767,那年杜甫56岁)十月十九日,夔府别驾元持宅,见临颖李十二娘舞剑器,壮其蔚跂,问其所师。曰,"余,公孙大娘弟子也。"开元五载(717,那时他6岁),余尚童稚,记于郾城观公孙氏舞剑器浑脱(剑器是一种舞,浑脱也是一种舞),浏漓顿挫,独出冠时。自高头宜春梨园二伎坊内人,洎外供奉,晓是舞者,圣文神武皇帝(玄宗)初,公孙一人而已。玉貌绣衣,况余白首! 今兹弟子亦匪盛颜。既辨其由来,知波澜莫二。抚事慷慨,聊为《剑器行》。……

昔有佳人公孙氏,一舞剑器动四方。
观者如山色沮丧,天地为之久低昂。

爅如羿射九日落,矫如群帝骖龙翔,
来如雷霆收震怒,罢如江海凝清光。
绛唇珠袖两寂寞,晚有弟子传芬芳。
临颖美人在白帝,妙舞此曲神扬扬;
与余问答既有以,感时抚事增惋伤。
先帝侍女八千人,公孙剑器初第一。
五十年间似反掌,风尘澒洞昏王室。
梨园弟子散如烟,女乐余姿映寒日。
金粟堆南(旧注,金粟堆在明皇秦陵之北)木已拱,瞿塘石城草萧瑟。
玳筵急管曲复终,乐极哀来月东出。老夫不知其所往,足茧荒山转愁疾。

江南逢李龟年

(天宝盛时,乐工李龟年特承宠顾,于洛阳大起宅第,奢侈过于王侯。乱后他流落江南,每为人歌旧曲,座上闻者多掩泣罢酒。)

岐王宅里寻常见,崔九(原注,殿中监崔涤,中书令崔湜之弟。)堂前几度闻。正是江南好风景,落花时节又逢君!

有时候,他为了中原的好消息,也很高兴:

闻官军收河南河北

剑外忽传收蓟北,初闻涕泪满衣裳。
却看妻子愁何在,漫卷诗书喜欲狂。
白日放歌须纵酒,青春作伴好还乡。
即从巴峡穿巫峡,便下襄阳向洛阳。

但中原的局势终不能叫人乐观。内乱不曾完全平定,吐蕃又打到长安了。政治上的腐败更使杜甫伤心。

释 闷

四海十年不解兵,犬戎也复临咸京!……豺狼塞路人断绝,烽火照夜尸纵横。天子亦应厌奔走,群公固合思升平。但恐诛求不改辙,闻道嬖孽能全生。江边老翁错料事,眼暗不见风尘清!

这个时期里,他过的是闲散的生活,耕田种菜,摘苍耳,种莴苣(即莴笋),居然是一个农家了。有时候,他也不能忘掉时局:

　　不眠忧战伐,无力正乾坤。

但他究竟是个有风趣的人,能自己排遣,又能从他的田园生活里寻出诗趣来。他晚年做了许多"小诗",叙述这种简单生活的一小片,一小段,一个小故事,一个小感想,或一个小印象。有时候他试用律体来做这种"小诗";但律体是不适用的。律诗须受对偶与声律的拘束,很难没有凑字凑句,很不容易专写一个单纯的印象或感想。因为这个缘故,杜甫的"小诗"常常用绝句体,并且用最自由的绝句体,不拘平仄,多用白话。这种"小诗"是老杜晚年的一大成功,替后世诗家开了不少的法门;到了宋朝,很有些第一流诗人仿作这种"小诗",遂成中国诗的一种重要的风格。

下面选的一些例子可以代表这种"小诗"了:

　　　　春水生　二绝
二月六夜春水生,门前小滩浑欲平。
鸬鹚鸂鶒莫漫喜:吾与汝曹俱眼明!

一夜水高二尺强,数日不可更禁当。
南市津头有船卖,无钱即买系篱旁。

　　　　绝句漫兴　九之七
眼见客愁愁不醒,无赖春色到江亭。
即遣花开深造次,便觉莺语太丁宁。

手种桃李非无主,野老墙低还似家。
恰似春风相欺得,夜来吹折数枝花!

熟知茅斋绝低小,江上燕子故来频;
衔泥点污琴书内,更接飞虫打著人。

二月已破三月来,渐老逢春能几回?

莫思身外无穷事,且尽生前有限杯。

肠断江春欲尽头,杖藜徐步立芳洲。
颠狂柳絮随风去,轻薄桃花逐水流。

糁径杨花铺白毡,点溪荷叶叠青钱。
竹根稚子无人见,沙上凫雏傍母眠。

隔户杨柳弱袅袅,恰似十五女儿腰。
谁谓朝来不作意?狂风挽断最长条。
　　江畔独步寻花　七之二
江深竹静两三家,多事红花映白花。
报答春光知有处,应须美酒送生涯。

黄四娘家花满蹊,千朵万朵压枝低。
留连戏蝶时时舞,自在娇莺恰恰啼。
　　三绝句　三之二
楸树馨香倚钓矶,斩新花朵未应飞。
不如醉里风吹尽,可忍醒时雨打稀?

门外鸬鹚去不来,沙头忽见眼相猜。
自今以后知人意,一日须来一百回。
　　漫　成
江月去人只数尺,风灯照夜欲三更。
沙头宿鹭联拳静,船尾跳鱼拨剌鸣。
　　绝　句
谩道春来好!狂风大放颠,
　吹花随水去,翻却钓鱼船。

若用新名词来形容这种小诗,我们可说这是"印象主义的"(Impressionistic)艺术,因为每一首小诗都只是抓住了一个断片的影象或感想。绝句之体起于魏晋南北朝间的民歌；这种体裁本只能记载那片段的感想与影象。如《华山畿》中的一首：

奈何许！天下人何限！慊慊只为汝！

这便是写一个单纯的情绪。又如《读曲歌》中的一首云：

折杨柳。百鸟园林啼，道欢不离口。

这便是写一个女子当时心中的印象。她自觉得园林中的百鸟都在那儿歌唱她的爱人，所以她自己的歌唱只是直叙她的印象如此。凡好的小诗都是如此：都只是抓住自然界或人生的一个小小的片段，最单一又最精采的一小片段。老杜到了晚年，风格老辣透了，故他作这种小诗时，造语又自然，又突兀，总要使他那个印象逼人而来，不可逃避。他控告春风擅入他家吹折数枝花；他嘲笑邻家杨柳有意和春风调戏，被狂风挽断了她的最长条；他看见沙头的𪃟𪃟，硬猜是旧相识，便同他订约，要他一日来一百回；他看见狂风翻了钓鱼船，偏要说是风把花片吹过去，把船撞翻了！这样顽皮无赖的诙谐风趣便使他的小诗自成一格，看上去好像最不经意，其实是他老人家最不可及的风格。

我们现在要略约谈谈他的律诗。

老杜是律诗的大家，他的五言律和七言律都是最有名的。律诗本是一种文字游戏，最宜于应试，应制，应酬之作；用来消愁遣闷，与围棋踢球正同一类。老杜晚年作律诗很多，大概只是拿这件事当一种消遣的玩艺儿。他说：

陶冶性灵在底物？（"底"是"什么"。）新诗改罢自长吟。孰（一作"熟"）知二谢（谢灵运，谢朓）将能事，颇学阴何（阴铿，何逊，参看上文）苦用心。（《解闷》）

在他只不过"陶冶性灵"而已，但他的作品与风格却替律诗添了不少的声价，因此便无形之中替律诗延长了不少的寿命。

老杜作律诗的特别长处在于力求自然，在于用说话的自然神气来做律诗，在于从不自然之中求自然。最好的例是：

早秋苦热堆案相仍

七月六日苦炎蒸,对食暂餐还不能。每愁夜中皆是(今本作"自足"今依一本)蝎,况乃秋后转多蝇。束带发狂欲大叫,簿书何急来相仍!南望青松架短壑,安得赤脚踏层冰!

这样做律诗便是打破律诗了。试更举几个例:

九　日

去年登高郪县北,今日重在涪江滨。
苦遭白发不相放,羞见黄花无数新。
世乱郁郁久为客,路难悠悠常傍人。
酒阑却忆十年事,肠断骊山清路尘。

昼　梦

二月饶睡昏昏然,不独夜短昼分眠。
桃花气暖眼自醉,春渚日落梦相牵。
故乡门巷荆棘底,中原君臣豺虎边。
安得务农息战斗,普天无吏横索钱!

十二月一日三首之一

寒轻市上山烟碧,日满楼前江雾黄。
负盐出井此溪女,打鼓发船何郡郎?
新亭举目风景切,茂陵著书消渴长。
春花不愁不烂漫,楚客唯听棹相将。

这都是有意打破那严格的声律,而用那说话的口气。后来北宋诗人多走这条路,用说话的口气来作诗,遂成一大宗派。其实所谓"宋诗",只是作诗如说话而已,他的来源无论在律诗与非律诗方面,都出于学杜甫。

杜甫用律诗作种种尝试,有些尝试是很失败的。如《诸将》等篇用律诗来发议论,其结果只成一些有韵的歌括,既不明白,又无诗意。《秋兴》八首传诵后世,其实也都是一些难懂的诗迷。这种诗全无文学的价值,只是一些失败的诗顽艺儿而已。

律诗很难没有杂凑的意思与字句。大概做律诗的多是先得一两句好诗,然后凑成一首八句的律诗。老杜的律诗也不能免这种毛病。如:

>江天漠漠鸟双去，

这是好句子；他对上一句"风雨时时龙一吟"，便是杂凑的了。又如：
>重露成涓滴，稀星乍有无。

下句是实写，上句便是不通的凑句了。又如：
>暗飞萤日照，水宿鸟相呼。

上句很有意思，下句便又是杂凑的了。又如：
>四更山吐月，残夜水明楼。

这真是好句子。但此诗下面的六句便都是杂凑的了。这些例子都可以教训我们：律诗是条死路，天才如老杜尚且失败，何况别人？

第十五章　大历长庆间的诗人

　　从杜甫到白居易，这一百年（750—850）是唐诗的极盛时代。我在上章曾指出这个时期的文学，与开元天宝盛时的文学有根本上的大不同。前一期为浪漫的文学，这一期为写实的文学；前者无论如何富丽妥帖，终觉不是脚踏实地；后者平实浅近，却处处自有斤两，使人感觉他的恳挚亲切。李白、杜甫并世而生，他们却代表两个绝不同的趋势。李白结束八世纪中叶以前的浪漫文学，杜甫开展八世纪中叶以下的写实文学。

　　天宝末年的大乱使社会全部起一个大震动，文学上也起了一个大变动。故大乱以前与大乱以后的文学迥然不同。但话虽如此说，事实上却没有这样完全骤然的大变。安史之乱也不是一天造成的，乱后的文学新趋势也不是一天造成的。即如杜甫，他在乱前作的《兵车行》，《丽人行》，与《自京赴奉先县咏怀》，已不是开元盛日之音了。不过他的天才高，蕴积深，故成就也最大，就成为这时期的开山大师。其实大乱以前，已有许多人感觉当日的文学的流弊，很想挽救那浪漫不切实的文风归到平实切近的路上去。不过那些人的天才不够，有心而无力，故只能做那个新运动里的几个无名英雄而已。

　　元结在乾元三年（760）选集他的师友沈千运，于逖，孟云卿，张彪，赵徵明，王季友，同他的哥哥元季川七人的诗二十四首，名曰《箧中集》。他作的《箧中集·序》很可以表示大乱以前一班明眼人对于改革文学的主张。

《箧中集》序

　　元结作《箧中集》。或问曰,公所集之诗何以订之?对曰,风雅不兴几及千岁。溺于时者,世无人哉?呜呼,有名位不显,年寿不将,独无知音,不见称颂,死而已矣,谁云无之?近世作者更相沿袭,拘限声病,喜尚形似,且以流易为辞,不知丧于雅正。然哉。彼则指咏时物,会谐丝竹,与歌儿舞女生污惑之声于私室可矣。若令方直之士大雅君子听而诵之,则未见其可矣。吴兴、沈千运独挺于流俗之中,强攘于已溺之后,穷老不惑,五十余年。凡所为文皆与时异。故朋友后生稍见师效,能似类者有五六人。于戏,自沈公及二三子皆以正直而无禄位,皆以忠信而久贫贱,皆以仁让而至丧亡。异于是者,显荣当世。谁为辩士?吾欲问之。天下兵兴于今六岁,人皆务武,斯焉谁嗣?已长逝者遗文散失,方阻绝者不见近作。尽箧中所有,总编次之,命曰《箧中集》,且欲传之亲故,冀其不亡于今。凡七人,诗二十四首。时乾元三年也。

这七人之中,杜甫最佩服孟云卿,曾说,

　　李陵苏武是吾师,孟子论文更不疑。

可惜孟云卿论文的话不可见了。杜甫诗中也曾提及王季友及张彪;李白也有赠于逖的诗。故《箧中集》的一派不能算是孤立的一派。他们的诗传下来的很少(《全唐诗》中,孟云卿有一卷,余人多仅有《箧中集》所收的几首)依现有的诗看来,他们的才力实在不高,大概可说是眼高手低的批评家。但他们的文论,一方面也许曾影响杜甫,一方面一定影响了元结,遂开一个新局面。

　　元结(参看第十三章)的诗才不很高,但他却是一个最早有意作新乐府的人。他在天宝丙戌(746)作《闵荒诗》一首,自序云:

　　天宝丙戌中,元子浮隋河至淮阴间。其年水坏河防,得隋人冤歌五篇;考其歌义似冤怨时主。故广其意,采其歌,为《闵荒诗》一篇,其余载于异录。

这明明是元结眼见当日运河流域百姓遭水灾后的愁苦，假托隋人的冤歌，作为此诗，这是"新乐府"最早的试作。其诗大有历史的价值，故摘抄于下：

> 炀皇嗣君位，隋德滋昏幽，日作及身祸，以为长世谋。……意欲出明堂，便令浮海舟。令行山川改，功与玄造侔。河淮可支合，峰沪生回沟（这四句其实很称赞炀帝开运河的伟大功绩）。……浮荒娱未央，始到沧海头。忽见海门山，思作望海楼。不知新都城，已为征战丘！当时有遗歌，歌曲太冤愁：
> 四海非天狱，何为非天囚？天囚正凶忍，为我万姓愁。
> 人将引天钐，人将持天锲。所欲充其心，相与绝悲忧。
> 自得隋人歌，每为隋君羞。欲歌当阳春，似觉天下秋。
> 更歌曲未终，如有怨气浮。奈何昏王心，不觉此怨尤，
> 遂令一夫唱，四海欣提矛！……嗟嗟有隋氏，四海谁与俦？

大概当时表面上虽是太平之世，其实崩乱的危机已渐渐明显了。故元结此诗已不是开元盛世之音；不出十年，大乱遂起，这首诗几乎成预言了。

《闵荒诗》的次年（747），他在长安待制；这一年，他作《治风诗》五篇，《乱风诗》五篇，自序云，"将欲求于司甄氏，以裨天监。"这也是作诗讽谏，但诗大坏了，毫没有诗的意味。他又作"补乐歌"十首，要想补上古帝王的乐歌，这些也不成诗。他又有"系乐府"十二首，序云：

> 天宝辛未中（天宝无辛未，此当是辛卯，或乙未，——751年或755年），元子将前世尝可称叹者，为诗十二篇，为引其义以名之，总名曰"系乐府"。古人咏歌不尽其情声者，化金石以尽之，其欢怨甚邪？戏尽欢怨之声者，可以上感于上，下化于下。故元子系之（元结作文多艰涩，如此序便不好懂）。

这真是有意作"新乐府"。这十二首稍胜于前作诸篇，今抄一篇作例：

> 贫妇词
> 谁知苦贫夫，家有愁怨妻？请君听其词，能不为酸凄。

所怜抱中儿,不如山下麑。空念庭前地,化为人吏蹊。

出门望山泽,回头心复迷。何时见府主,长跪向之啼?

宝应壬寅(762),他作"漫歌"八曲;他又有"引极"三首,"演兴"四篇,均不详作诗年月。这些诗也可算是试作的新乐府;诗虽不佳,都可以表现这个时代的诗人的新态度,——严肃的,认真的态度。

最能表现这种态度的是他的《舂官引》,《舂陵行》,《贼退示官吏》三首。《舂官引》的大意云:

天下昔无事,僻居养愚钝。……忽逢暴兵起,间巷见军阵。……往在乾元初(758—759),……天子垂清问。……屡授不次官,曾与专征印。……偶得凶丑降,功劳愧方寸。尔来将四岁,惭耻言可尽?请取冤者辞,为吾《舂官引》。冤辞何者苦?万邑余灰烬。冤辞何者悲?生人尽锋刃。冤辞何者甚?力役遇劳困。冤辞何者深?孤弱亦哀恨。无谋救冤者,禄位安可近?……实欲辞无能,归耕守吾分。

《舂陵行》并序如下:

癸卯岁(代宗广德元年,763)漫叟(元结)授道州刺史。道州旧四万余户,经贼已来,不满四千。大半不胜赋税。到官未五十日,承诸使征求符牒二百余封,皆曰,"失其限者,罪至贬削。"于戏!若悉应其命,则州县破乱,刺史欲焉逃罪?若不应命,又即获罪戾。必不免也,吾将守官,静以安人,待罪而已。此州是舂陵故地,故作《舂陵行》,以达下情。

军国多所需,切责在有司。有司临郡县,刑法竞欲施。
供给岂不忧?征敛又可悲。州小经乱亡,遗人实困疲。
大乡无十家,大族命单羸。朝餐是草根,暮食仍木皮。
出言气欲绝,意速行步迟。追呼尚不忍,况乃鞭挞之?
邮亭传急符,来往迹相追。更无宽大恩,但有迫促期。
欲令鬻儿女,言发恐乱随。悉使索其家,而又无生资。
听彼道路言,怨伤谁复知?去冬山贼来,杀夺几无遗。
所愿见王官,抚养以惠慈。奈何重驱逐,不使存活为?
安人天子命,符节我所持。州县如乱亡,得罪复是谁?

> 逋缓违诏令,蒙责固其宜。前贤重守分,恶以祸福移。
> 亦云贵守官,不爱能适时。顾惟孱弱者,正直当不亏。
> 何人采国风,吾欲献此辞。

《贼退示官吏》一篇更说的沉痛。其序与本诗如下:

> 癸卯岁,西原贼入道州,焚烧杀掠几尽而去。明年(764),贼又攻永,破邵,不犯此州边鄙而退。岂力能制敌欤?盖蒙其伤怜而已。诸使何为忍苦征敛?故作诗一篇以示官吏。
>
> 昔岁逢太平,山林二十年,泉源在庭户,洞壑当门前;
> 井税有常期,日晏犹得眠。忽然遭世变,数岁亲戎旃。
> 今来典斯郡,山夷又纷然。城小贼不屠,人贫伤可怜。
> 是以陷邻境,此州独见全。使臣将王命,岂不如贼焉!
> 今彼征敛者,迫之如火煎。谁能绝人命,以作时世贤?
> 思欲委符节,引竿自刺船,将家就鱼麦,归老江湖边。

这竟是说官吏不如盗贼了。这种严肃的态度,说老实话的精神,真是这个时代的最大特色。

杜甫在夔州时,得读元结的《舂陵行》、《贼退示官吏》两篇,感叹作"同元使君《舂陵行》",有序云:

> 览道州元使君结《舂陵行》兼《贼退示官吏》作二首,志之曰:当天子分忧之地,效汉官良吏之目。今盗贼未息,知民疾苦,得结辈十数公落落然参错天下为邦伯,万物吐气,天下少安可得矣。不意复见比兴体制微婉顿挫之词!感而有诗,增诸卷轴,简知我者,不必寄元。

杜甫与元结为一个同志,故感慨赞叹,作诗和他,写在原诗之后,替他转送知者,替他宣传。他的和诗前半赞叹元结的原诗,后段自述云:

> ……我多长卿病,日夕思朝廷,肺枯渴太甚,漂泊公孙城(白帝城,曾为公孙述所据)。呼儿具纸笔,隐几临轩楹,作诗呻吟内,墨浓字欹倾。感彼危苦词,庶几知者听。

这时候大概是大历元年至二年(766—767),他在老病呻吟之中,作诗表彰他新得的一位同志诗人。三四年后,老杜死在湖南衡岳之间,那时元结也许还在道州(他大历二年还在道州),但他们两人终不得相见。然而他们两人同时发起的"新乐府"运动在他们死后却得着不少有力的新同志,在这一世纪内放很大的异彩。

顾况,字逋翁,海盐人。事迹附见《旧唐书》(卷一三〇)《李泌传》,传中无生卒年代。他有《伤子》诗云,"老夫已七十",又《天宝题壁》诗云:

    五十余年别,伶俜道不行。却来书处在,惆怅似前生。

他的后人辑他的诗文为《顾华阳集》(明万历中顾端辑本;清咸丰中顾履成补辑本),其中有他的《嘉兴监记》,末署贞元十七年(801)。补遗中有焦山《瘗鹤铭》,中有云:

    壬辰岁得于华亭,甲午岁化于朱方。

壬辰为元和七年(812),甲午为九年(814),上距天宝末年(755)已近六十年了。他大概生于开元中叶(约725),死于元和中(约815),年约九十岁,故《全唐诗》说他"以寿终"。

顾况与李泌、柳浑为"人外之交,吟咏自适"。柳浑与李泌做到了封侯拜相的地位,而顾况只做到著作郎。他不免有怨望之意。他是个滑稽诗人,常作打油诗狎玩同官,人多恨他。李泌、柳浑死时(皆在789),宪司劾他不哭李泌之丧而有调笑之言,贬逐为饶州司户。他后来隐于茅山,自号华阳真隐。

《旧唐书》说他"能为歌诗;性诙谐,虽王公之贵与之交者,必戏侮之。然以嘲笑能文,人多狎之。"又说,他对于"班列同官,咸有侮玩之目"。又说,他"有文集二十卷。其赠柳宜城(柳浑封宜成伯)辞句率多戏剧,文体皆此类也。"这都是说,顾况是一个做诙谐讽刺诗的诗人。

他也有意做新乐府。他起初用古诗《三百篇》的体裁来做新乐府,有《补亡训传》十三章,我试举两章作例:

    筑 城

  《筑城》,刺临戎也。寺人临戎,以墓砖为城壁。("临戎"是监军)

    筑城登登,于以作固。("于以"二字在《国风》里多作"于何"解。注家多不明此义。顾况也误用了。）咨尔寺令,发郊外冢墓。死而无知,犹或不可。若其有知,惟上帝是诉。

持　斧

《持斧》,启戎士也。戎士伐松柏为蒸薪,孝子徘徊而作是诗。

持斧,持斧,无翦我松柏兮。

柏下之土,藏吾亲之体魄兮。

但他在这十三章之中,忽夹入一章用土话作的:

囝

《囝》,哀闽也（原注,囝音蹇,闽俗呼子为囝,父为郎罢）。

囝生闽方。闽吏得之,乃绝其阳。为臧为获,致金满屋。为髡为钳,如视草木。天道无知,我罹其毒! 神道无知,彼受其福! 郎罢别囝:"吾悔生汝。及汝既生,人劝不举。不从人言,果获是苦。"囝别郎罢,心摧血下:"隔地绝天,及至黄泉,不得在郎罢前!"

这一首可算是真正新乐府,充满着尝试的精神,写实的意义。

他在诗的体裁上,很有大胆的尝试,成绩也不坏,如下举的几首:

琴　歌

琴调秋些。胡风绕雪,峡泉声咽,佳人愁些。

长安道

长安道,人无衣,马无草,何不归来山中老?

可惜他的诙谐诗保存的不多。我们只可以举几首作例:

梁广画花歌

王母欲过刘彻（汉武帝名刘彻）家,飞琼夜入云轩车。紫书分付与青鸟,却向人间求好花。——上元夫人最小女,头面端正能言语,手把梁生画花看,凝嚬掩笑心相许。心相许,为白阿娘从嫁与。

酬柳相公

天下如今已太平,相公何事唤狂生?

个身恰似笼中鹤,东望沧溟叫数声。

这一首大概即是《旧唐书》所谓"赠柳宜城,辞句率多戏剧"的一首。柳浑有爱妾名叫琴客,柳浑告老时,把她嫁了,请顾况作诗记此事。他作了一篇《宜城放琴客歌》,末段云:

> ……人情厌薄古共然。相公心在持事坚。上善若水任方圆,忆昨好之今弃捐。服药不如独自眠,从他更嫁一少年。

末两句便是很诙谐的打油诗了。他又有《杜秀才画立走水牛歌》,更是纯粹的白话谐诗:

> 昆仑儿,骑白象,时时锁着师子项。
> 奚奴跨马不搭鞍,立走水牛惊汉官。
> 江村小儿好夸骋,脚踏牛头上牛领。
> 浅草平田擦过时,大虫著钝几落井。
> 杜生知我恋沧洲,画作一障张床头。
> 八十老婆拍手笑,妒他织女嫁牵牛。

他又有《古仙坛》一首,有同样的顽皮:

> 远山谁放烧?疑是坛旁醮。仙人错下山,拍手坛边笑。

孟郊,字东野,洛阳人,《新唐书》说是湖州武康人。生于天宝十年(751),死于元和九年(814)。他壮年隐于嵩山。年几五十,始到长安应进士试;贞元十二年(769),他登进士第。过了四年,选溧阳尉。韩愈《荐士》诗云:

> 酸寒溧阳尉,五十几何耄!

故相郑余庆为河南尹,奏他为永陆运从事,试协律郎。故白居易《与元九书》云:

> 近日孟郊六十终试协律(试即后世的"试用")。

元和九年,郑余庆为兴元尹,奏他为参谋,试大理评事。他带了他的夫人去就职,在路上病死,年六十四。(以上均据韩愈的《贞曜先生墓志》)

他终身穷困,却很受同时的诗人刘言史,卢殷,韩愈,张籍,一班人的敬爱。韩愈比他少十七岁,同他为忘年的朋友,诗文中屡次推重他。韩愈说:

> 其为诗,刿目鉥心,刃迎缕解,钩章棘句,掐擢胃肾;神施鬼设,间见层出。唯其大玩于词,而与世抹捺。人皆劫劫;我独有余。(《墓志》)

韩愈的诗里也屡次赞叹孟郊的诗,如云:

> 东野动惊俗,天葩吐奇芬。(《醉赠张秘书》)

又云:

> 有穷者孟郊,受材实雄骜。……横空盘硬语,妥帖力排奡。(《荐士》)

孟郊是个用气力做诗的,一字一句都不肯苟且,故字句往往"惊俗";《墓志》所谓"大玩于词,而与世抹捺",所谓"刿目鉥心,钩章棘句",都指这一点。他把做诗看作一件大事,故能全神贯注。他吊诗人卢殷诗云:

> ……至亲惟有诗,抱心死有归……

又他《送淡公》诗云:

> 诗人苦为诗,不如脱空飞。一生空鹭气,非谏复非讥。
> 脱枯挂寒枝,弃如一唾微。一步一步乞,半片半片衣。
> 倚诗为活计,从古无多肥。诗饥老不怨,劳师泪霏霏。

这样的认真的态度,便是杜甫以后的新风气。从此以后,做诗不是给贵人贵公主做玩物的了,也不仅是应试应制的工具了。做诗成了诗人的第二生命,"至亲惟有诗",是值得用全副精神去做的。孟郊有《老恨》一章云:

> 老　恨
> 无子抄文字,老吟多飘零。有时吐向床,枕席不解听。
> 斗蚁甚微细,病闻亦清冷。小大不自识,自然天性灵。

这种诗开一种新风气:一面完全打破六朝以来的骈偶格律,一面用朴实平常的说话,炼作诗句。韩愈说他"横空盘硬语",其实他只是使用平常说话,加点气力炼铸成诗而已。试听他自己说:

> 偷　诗
> 饿犬龁枯骨,自吃馋饥涎。今文与古文,各各称可怜。
> 亦如婴儿食,饧桃口旋旋。唯有一点味,岂见逃景延?

绳床独坐翁,默览有所传。终当罢文字,别著《逍遥》篇。

从来文字净,君子不以贤。

他的"硬语",只是删除浮华,求个"文字净"而已。

孟郊的诗是得力于杜甫的。试看下面的几首绝句,便知他和杜甫的关系:

　　济源寒食　七之五

女婢童子黄短短,耳中闻人惜春晚。

逃蜂匿蝶踏花来,抛却斋糜一瓷碗。

一日踏春一百回,朝朝没脚走芳埃。

饥童饿马扫花喂,向晚饮溪三两杯。

长安落花飞上天,南风引至三殿前。

可怜春物亦朝谒,唯我孤吟渭水边。

枋口花开擎手归,嵩山为我留红晖。

可怜踯躅(花名)千万尺,柱地柱天疑欲飞。

蜜蜂为主各磨牙,咬尽村中万木花。

君家瓮瓮今应满,五色冬笼甚可夸。

这种诗的声调与风味,都很像杜甫晚年的白话绝句(看上章,页三四八——三五三)。中唐、晚唐的诗人都不能欣赏杜甫这种"小诗"的风趣;只有孟郊可算例外。

孟郊作的社会乐府也像是受了杜甫的影响。如《织妇辞》云:

夫是田中郎,妾是田中女,当得嫁得君,为君秉机杼。

筋力日已疲,不息窗下机。如何织纨素,自著蓝缕衣!

官家榜村路,更索栽桑树。

后人的"遍身罗绮者,不是养蚕人",即是这首诗的意思。又《寒地百姓吟》云:

无火炙地眠,半夜皆立号。冷箭何处来?棘针风骚骚。

霜吹破四壁,苦痛不可逃。高堂捶钟饮,到晓闻烹炮。

寒者愿为蛾,烧死彼华膏。华膏隔仙罗,虚绕千万遭。

到头落地死,踏地为游遨。游遨者是谁?君子为郁陶。

前一首即是"彤庭所分帛,本自寒女出;鞭挞其夫家,聚敛会城阙";

后一首即是"朱门酒肉臭,路有冻死骨"。《寒地百姓吟》题下有自注:"为郑相(故相郑余庆),其年居河南,畿内百姓大蒙矜恤。"大概孟郊作此诗写河南百姓的苦况,感动了郑相,百姓遂受他的恩恤。此诗也可以表示孟郊用心思作诗,用气力修辞炼句。他说,门外寒冻欲死的人想变作飞蛾,情愿死在高堂上的华灯油膏里;谁知灯油有仙罗罩住,飞不进去,到头落在地上,被人一脚踏死。"为游遨"大概只是"好玩而已"。

张籍,字文昌,东郡人(《全唐诗》作苏州人,《新唐书》作和州乌江人),贞元中登进士第,为太常寺大祝。白居易《与元九书》云:

> 近日……张籍五十未离一太祝。

又白居易《读张籍古乐府》诗云:

> ……如何欲五十,官小身贱贫,病眼街西住,无人行到门?

他五十岁时,还做太祝穷官;我们可用《与元九书》的时代(此书作于白居易在江州,元稹在通州时,但无正确年月,约在元和十年,西历815)考张籍的年岁,可以推定他大概生于代宗初年(约 765)。《旧唐书》说他后来:

> 转国子助教,秘书郎,……累授国子博士,水部员外郎,转水部郎中,卒。世谓之张水部云。(卷百六十)

《新唐书》说他

> 历水部员外郎,主客郎中,……仕终国子司业。

二书不合,不知那一书不错。

他的死年也不能确定。他集中有《祭退之》诗(韩愈死在 824),又有《庄陵挽歌词》(敬宗死在 826),又有《酬浙东元尚书诗》(元稹加检校礼部尚书在 827),又有《寄白宾客分司东都》诗(白居易以太子宾客分司东都在 829),故我们可以推想他死时与元稹大约相同,约在 830 年左右。

上文引白诗有"病眼"的话。张籍的眼睛有病,屡见于他自己和他的朋友的诗里。他有《患眼》诗;孟郊有《寄张籍》诗,末段云:

> 穷瞎张太祝,纵尔有眼谁尔珍?

天子咫尺不得见，不如闭眼且养真。

张籍与孟郊、韩愈相交最久。韩愈很敬重他，屡次推荐他，三十年敬礼不衰，他也很感激韩愈，他有《祭退之》一篇中说：

籍在江湖间，独以道自将，学诗为众体，久乃溢笈囊，略无相知人，黯如雾中行。北游偶逢公，盛语相称明，名因天下闻，传者入歌声。……由兹类朋党，骨肉无以当。……出则连辔驰，寝则对榻床；搜穷古今书，事事相酌量；有花必同寻，有月必同望。……到今三十年，曾不少异更。公文为时师，我亦有微声。而后之学者，或号为"韩张"。

他有两篇劝告韩愈的书（文见东雅堂《昌黎先生集》卷十四，页36—40注中），劝戒他不要赌博，期望他用全副精力著一部书。这边可以表见张籍的人格和他们两人的交谊。

白居易《读张籍古乐府》云：

张君何为者？业文三十春，尤工乐府词，举代少其伦。为诗意如何？六义互铺陈；风雅比兴外，未尝著空文。读君《学仙》诗，可讽放佚君。读君《董公》诗，可诲贪暴臣。读君《商女》诗，可感悍妇仁。读君《勤齐》诗，可劝薄夫敦。（今所传张籍诗中无《商女》、《勤齐》两篇，大概已佚了。）上可裨教化，舒之济万民。下可理情性，卷之善一身。始从青衿岁，迨此白发新，日夜秉笔吟，心苦力亦勤。时无采诗官，委弃如泥尘。

白居易是主张"歌诗合为事而作"的（详见下章），故他认张籍为同志。张籍《遗韩愈书》中有云：

君子发言举足，不远于理；未尝闻以驳杂无实之说为戏也。

这也可见张籍的严肃态度。白居易说他"未尝著空文"，大致是不错的。张籍有《沈千运旧居》一篇，对于千运表示十分崇敬。诗中有云：

汝北君子宅，我来见颓墉。……君辞天子书，放意任体躬。……高议切星辰，余声激暗聋。方将旌旧闾，百世可封崇。嗟其未积年，已为荒林丛！时岂无知音？不能崇此风。浩荡竟无睹，我将安所从？

沈千运即上文元结《箧中集·序》中说过的"凡所为文皆与时异"的吴兴沈千运。他代表天宝以前的严肃文学的运动,影响了元结、孟云卿一班人,孟云卿似乎又影响了杜甫(看本章第一节)。张籍这样崇敬沈千运,故他自己的文学也属于这严肃认真的一路。

这一路的文学只是要用文学来表现人生,要用诗歌来描写人生的呼号冤苦。老杜的"朱门酒肉臭,路有冻死骨"一类的问题诗,便是这种文学的模范。张籍的天才高,故他的成绩很高。他的社会乐府,上可以比杜甫,下可以比白居易。元结、元稹都不及他。

他的《董公诗》,虽受白居易的称许,其实算不得好诗。他的《学仙》诗稍好一点,也只是平铺直叙,没有深刻的诗味。《学仙》的大略是:

> 楼观开朱门,树木连房廊。中有学仙人,少年休谷粮。……自言天老书,秘覆云锦囊。百年度一人,妄泄有灾殃。每占有仙相,然后传此方。……守神保元气,动息随天罡。炉烧丹砂尽,昼夜候火光。药成既服食,计日乘鸾凰。虚空无灵应,……寿命多夭伤。身殁惧人见,夜埋山谷傍。求道慕灵异,不如守寻常。先王知其非,戒之在国章。

这样叙述,竟是一篇有韵的散文,严格地说,不能叫做诗。但唐朝的皇帝自附于老子的后裔,尊道教为国教,炼丹求长生是贵族社会的一种风尚,公主贵妇人往往有入道院作女道士的,热中的文人往往以隐居修道作求仕宦的捷径。张籍这样公然攻击学仙,可以代表当日这班新文人的大胆的精神。

他的乐府新诗讨论到不少的社会问题。其中有一组是关于妇人的问题的。他的诗很表示他对于妇人的同情,常常代妇人喊冤诉苦。试看他写离别之苦:

> 离　怨
>
> 切切重切切,秋风桂枝折。人当少年嫁,我当少年别。念君非征行,年年长远途。妾身甘独殁,高堂有舅姑。山川岂遥远?行人自不返!

这是很严厉的责备男子。

妾薄命

薄命嫁得良家子,无事从军去万里。……与君一日为夫妇,千年万岁亦相守。君爱龙城征战功,妾愿青楼欢乐同(此处青楼并不指妓家,只泛指闺房)。人人各各有所欲,讵得将心入君腹!

这是公然承认妇人有她的正当要求;忍心不顾这种要求,便是不人道。

别离曲

行人结束出门去,几时更踏门前路?忆昔君初纳采时,不言身属辽阳戍。早知今日当别离,成君家计良为谁?男儿生身自有役,那得误我少年时?不如逐君征战死:谁能独老空闺里!

这样承认妇人"少年时"应当爱护珍贵,与前一首相同。这三首都是很明白地攻击"守活寡"的婚姻生活。

离 妇

十载来夫家,闺门无瑕疵。薄命不生子,古制有分离。……(古礼有《无子去》之条。)……堂上谢姑嫜,长跪请离辞。姑嫜见我往,将决复沉疑;与我古时钗,留我嫁时衣;高堂拊我身,哭我于路陲。——昔日初为妇,当君贫贱时,昼夜常纺绩,不得事蛾眉;辛勤积黄金,济君寒与饥。洛阳买大宅,邯郸买侍儿;夫婿乘龙马,出入有光仪。将为富家妇,永为子孙资。谁谓出君门,一身上车归!——有子未必荣,无子坐生悲。为人莫作女,作女实难为!

这是公然攻击"无子去"的野蛮礼制。男女之间的不平等,最无理的是因无子而出妻。张籍此诗是代妇女鸣不平的最有力的喊声。

张籍有一篇《节妇吟》,虽然是一篇寓言,却算得一篇最哀艳的情诗。当时李师道父子三世割据一方,是最跋扈的一个藩镇。李师道大概慕张籍的名,想聘他去;张籍虽是一个穷瞎的太祝,却不愿就他的聘,故寄此诗去婉转辞谢:

节妇吟 寄东平李司空师道

君知妾有夫,赠妾双明珠。感君缠绵意,系在红罗襦。——

妾家高楼连苑起,良人执戟明光里(明光殿)。知君用心如日月,事夫誓拟同生死。——还君明珠双泪垂:何不相逢未嫁时!

这种诗有一底一面:底是却聘,面是一首哀情诗。丢开了谜底,仍不失为一首绝好的情诗。这才叫做"言近而旨远。"旨远不难,难在言近。旨便是底子,言便是面子。凡不知谜底便不可懂的,都不成诗。

他的《商女》诗,大概是写娼妓问题的,故白居易说此诗"可感悍妇仁"。可惜不传了,集中现存《江南行》一首,写的是江南水乡的娼家生活。

他的《乌夜啼引》,用古代民间的一个迷信——"乌夜啼则遇赦"——作题目,描写妇女的心理最真实,最恳切;在他的诗里,这一篇可算是最哀艳的了。

乌夜啼引

秦乌啼哑哑,夜啼长安吏人家。
吏人得罪囚在狱,倾家卖产将自赎。

少妇起听夜啼乌,知是官家有赦书。
下床心喜不重寐,未明上堂贺舅姑。

少妇语啼乌:汝啼慎勿虚!
借汝庭树作高巢,年年不令伤尔雏。

他不说这吏人是否冤枉,也不说后来他会否得赦;他只描写他家中少妇的忧愁,希冀,——无可奈何之中的希冀。这首诗的见地与技术都是极高明的。

张籍不但写妇女问题,他还作了许多别种社会问题的诗。他是个最富于同情心的人,对于当时的民间苦痛与官场变幻,都感觉深厚的同情。他的《沙堤行》与《伤歌行》都是记当时的政治状态的。我们举一篇为例:

伤歌行(元和中,杨凭贬临贺尉)

黄门诏下促收捕,京兆尹系御史府。出门无复部曲随,
亲戚相逢不容语。辞成谪尉南海州,受命不得须臾留。

身着青衫骑恶马,中门之外无送者。邮夫防吏急喧驱,
往往惊堕马蹄下。长安里中荒大宅,朱门已除十二戟。
高堂舞榭锁管弦,美人遥望西南天。

他写农民的生活云:

山农词

老农家贫在山住,耕种山田三四亩;苗疏税多不得食,输入官仓化为土。岁暮锄犁傍空室,呼儿登山收橡实。——西江贾客珠百斛,船中养犬长食肉。

山头鹿

山头鹿,角芟芟,尾促促。贫儿多租输不足,夫死未葬儿在狱。早日熬熬蒸野冈,禾黍不收无狱粮。县官唯忧少军食,谁能令尔无死伤?

这已是很大胆的评论了。但最大胆的还得算他的一篇写兵乱的《废宅行》:

废宅行

胡马崩腾满阡陌,都人避乱唯空宅。宅边青桑垂宛宛,野蚕食叶还成茧。黄雀衔草入燕窠,啧啧啾啾白日晚。去时禾黍埋地中,饥兵掘土翻重重。鸱枭养子庭树上,曲墙空屋多旋风。——乱后几人还本土?唯有官家重作主!

末两句真是大胆的控诉。大乱过后,皇帝依旧回来做他的皇帝,只苦了那些破产遭劫杀的老百姓,有谁顾惜他们?

孟郊、张籍、韩愈的朋友卢仝,是一个有点奇气的诗人,用白话作长短不整齐的新诗,狂放自恣,可算是诗体解放的一个新诗人。卢仝的原籍是范阳,寄居洛阳,自号玉川子。韩愈有《寄卢仝》诗云:

玉川先生洛城里,破屋数间而已矣;一奴长须不裹头,一婢赤脚老无齿。辛勤奉养十余人,上有慈亲下妻子。先生结发憎俗徒,闭门不出动一纪。……先生事业不可量,惟用法律自绳己。《春秋》三传束高阁,独抱遗经究终始。往年弄笔嘲同异(卢仝《与马异结交诗》,有"仝不同,异不异,……仝自同,异自

> 异"的话),怪辞惊众谤不已。近来自说寻坦途,犹上虚空跨绿駬。……昨晚长须来下状:隔墙恶少恶难似,每骑屋山下窥瞰,浑舍惊怕走折趾。

这首诗写卢仝的生活很详细。卢仝爱做白话怪诗,故韩愈此诗也多用白话,并且很有风趣。这大概可说是卢仝的影响。

卢仝死于"甘露之变",在八三五年。他在元和五年(810)作了一首最奇怪的《月蚀诗》,这诗约有一千八百字,句法长短不等,用了许多很有趣的怪譬喻,说了许多怪话。这诗里的思想实在幼稚的可笑,如云:

> 玉川子,涕泗下,中庭独自行。("中庭"可属上行读,便多一韵。但韩愈改本,此句无"自"字,故知当如此读。)念此日月者,太阴太阳精;皇天要识物,日月乃化生;走天汲汲劳四体,与天作眼行光明。此眼不自保,天公行道何由行!

又如云:

> 吾见患眼人,必索良工诀。想天不异人,爱眼固应一。
> 安得嫦娥氏,来习扁鹊术,手操春喉戈,去此睛上物?
> 其初犹朦胧,既久如抹漆;但恐功业成,便此不吐出。

这种思想固然可笑,但这诗的语言和体裁都是极大胆的创例,充满着尝试的精神。如他写月明到月全蚀时的情形云:

> 森森万木夜僵立,寒气赑屃(音 pi-hsi 有力之状)顽无风。烂银盘从海底出,出来照我草屋东。天色绀滑凝不流,冰光交贯寒朣胧。……此时怪事发,有物吞食来!轮如壮士斧斫坏,桂似雪山风拉摧。百炼镜照见胆,平地埋寒灰。火龙珠飞出脑,却入蚌蛤胎。摧环破璧眼看尽,当天一搭如煤炱。磨踪灭迹须臾间,便似万古不可开。不料至神物,有此大狼狈!星如撒沙出,争头事光大。奴婢炷暗灯,掩荧如玳瑁,今夜吐焰长如虹,孔隙千道射户外。

诗里的怪话多着呢。中间有诅告四方的四段,其告北方寒龟云:

> 北方寒龟被蛇缚,藏头入壳如入狱,蛇筋束紧束破壳。寒龟夏鳖一种味,且当以其肉充臛;死壳没信处,唯堪支床脚,不堪钻

灼与天卜。

这种诗体真是"信口开河"。我疑心这种体裁是从民间来的：佛教的梵呗和唱导，民间的佛曲俗文，街头的盲词鼓书，也许都是这种新体诗的背景。

卢仝的《月蚀》诗，在思想方面完全代表中古时代的迷信思想，但在文学形式方面却很有开辟新路的精神。他的朋友韩愈那时做河南令，同他很相得，见了他的《月蚀》诗，大删大改，另成了一篇《月蚀》诗。卢仝大概不承认韩愈的删改，故此诗现存在韩愈的集子里（东雅堂本，卷五，页三六——三九）。卢仝的原诗约有一千八百字，韩愈的改本只存六百字，简炼干净多了；中古的迷信思想依然存在，然而卢仝的奇特的语言和大胆创造的精神却没有了。这样"买椟还珠"未免太傻了。

卢仝似是有意试做这种奔放自由，信口开河的怪诗。如他《与马异结交诗》中一段云：

神农画八卦，凿破天心胸。女娲本是伏羲妇，恐天怒，捣炼五色石，引日月之针，五星之缕，把天补。补了三日不肯归婿家。走向日中放老鸦，月里栽桂养虾蟆。天公发怒化龙蛇。此龙此蛇得死病，神农合药救死命。天怪神农党龙蛇，罚神农为牛头，今载元气车。不知车中有毒药，苏杀元气天不觉。尔来天地不神圣，日月之光无正定。不知元气元不死，忽闻空中唤马异！

这真是上天下地瞎嚼蛆了。其中又有一段云：

白玉璞里斫出相思心。黄金矿里铸出相思泪。忽闻空中崩崖倒谷声，绝胜明珠千万斛买得西施南威一双婢。此婢娇饶恼杀人，凝脂为肤翡翠裙，唯解画眉朱点唇。自从获得君，敲金扺玉凌浮云，却返顾一双婢子何足云！

又一段云：

青云欲开白日没，天眼不见此奇骨。此骨纵横奇又奇，千岁万岁枯松枝。半折半残压山谷，盘根蹙节成蛟螭。忽雷霹雳卒风暴雨撼不动，欲动不动，千变万化总是鳞皴皮。此奇怪物不可欺！

韩愈说他这首诗：

> 往年弄笔嘲同异，怪辞惊众谤不已。

可见这种诗在当时确是一种惊动流俗的"怪辞"，确有开风气的功效。

我说这种诗体是从民间的佛曲鼓词出来的。这固然是我的猜测，却也有点根据。卢仝有《感古》四首，其第四首咏朱买臣的故事，简直是一篇唱本故事：

> 君莫以富贵轻忽他年少，听我暂话会稽朱太守。正受冻饿时，索得人家贵傲妇。读书书史未润身，负薪辛苦胝生肘。谓言琴与瑟，糟糠结长久。不分杀人羽翮成，临临冲天妇嫌丑。□□□□□□□（原文缺一句）其奈太守一朝振羽仪，乡关昼行衣锦衣。哀哉旧妇何眉目，新婿随行向天哭！寸心金石徒尔为，杯水庭沙空自覆。乃知愚妇人，妒忌阴毒心，唯救眼底事，不思日月深。等闲取羞死，岂如甘布衾？

这首诗通篇说一个故事，并且在开篇两句指出这个故事的命意与标题。"听我暂话会稽朱太守"，这便是后来无数说书唱本的开篇公式。这不可以帮助证明卢仝的诗同当时俗文学的关系吗？

卢仝只是一个大胆尝试的白话诗人，爱说怪话，爱做怪诗。他有《走笔谢孟谏议寄新茶》诗云：

> 一碗喉吻润，两碗破孤闷。三碗搜枯肠，唯有文学五千卷。四碗发轻汗：平生不平事，尽向毛孔散。五碗肌骨清，六碗通仙灵，七碗吃不得也，唯觉两腋习习清风生。蓬莱山在何处？玉川子乘此清风欲归去。

这是打油诗。打油诗也是白话诗的一个重要来源。（看上文页二一七——二二九）左思《娇女》，陶潜《责子》，都是嘲戏之作，其初不过脱口而出，发泄一时忍不住的诙谐风趣；后来却成了白话诗的一个来源。卢仝有两个儿子，大的叫抱孙，小的叫添丁。他有《寄男抱孙》诗，又有《示添丁》诗，都是白话诙谐诗：

寄男抱孙

> 别来三得书，书道违离久。书处甚粗杀，且喜见汝手。殷十

七又报,汝文颇新有。……《尚书》当毕功,《礼记》速须剖。喽啰儿读书,何异摧枯朽? 寻义低作声,便可养年寿。莫学村学生,粗气强叫吼。下学偷功夫,新宅锄藜莠。……引水灌竹中,蒲池种莲藕。捞漉蛙蟆脚,莫遣生科斗。竹林吾最惜,新笋好看守。……两手莫破拳("破拳"似即是今之猜拳),一吻莫饮酒。莫学捕鸠鸽,莫学打鸡狗。小时无大伤,习性防已后。顽发苦恼人,汝母必不受。任汝恼弟妹,任汝恼姨舅:姨舅非吾亲,弟妹多老丑。(据此句,"弟妹"似不是抱孙的弟和妹。若是他的弟和妹,丑还可说,怎么会老?)莫引添丁郎,泪子作面垢。莫引添丁郎,赫赤日里走。添丁郎小小,别吾来久久,脯脯不得吃,兄兄莫捻搜。他日吾归来,家人若弹纠,一百放一下,打汝九十九。

此诗显出王褒《僮约》与左思《娇女》的影响不少。

示添丁

春风苦不仁,呼逐马蹄行人家。惭愧瘅气却怜我,入我憔悴骨中为生涯。数日不食强强行,何忍索我抱看满树花? 不知四体正困惫,泥人啼哭声呀呀。忽来案上翻墨汁,涂抹诗书如老鸦。父怜母惜掴不得,却生痴笑令人嗟。宿舂连晓不成米,日高始进一碗茶。气力龙钟头欲白,凭仗添丁莫恼爷。

卢仝的白话诗还有好几首,我且举几首为例,在这些诗里都可以看出诙谐的风趣同白话诗的密切关系。

赠金鹅山人沈师鲁

金鹅山中客,来到扬州市。买药床头一破颜,撒然便有上天意。……光不外照刃不磨,回避人间恶富贵。……示我插血不死方,赏我风格不肥腻。肉眼不试天上书,小儒安敢窥奥秘。昆仑路临西北天,三山后浮不著地,君到头来忆我时,金简为吾镌一字。

忆金鹅山沈山人二首

(一)

君家山头松树风,适来入我竹林里。一片新茶破鼻香,请君速来助我喜。莫合九转大还丹,莫读三十六部《大洞经》;闲来共我说真意,齿下领取真长生。不须服药求神仙,神仙意智或偶然。自古圣贤放入土,淮南鸡犬驱上天!白日上升应不恶;药成且啜一丸药。暂时上天少问天,蛇头蝎尾谁安著?(请你稍稍问天:蛇的头,蝎的尾,那样毒害人的东西,是谁安排的?——这是打破"天有意志"、"上天有好生之德"等等迷信的话。)

(二)

君爱炼药药欲成,我爱炼骨骨已清。试自比校得仙者,也应合得天上行。天门九重高崔嵬。清空凿出黄金堆。夜叉守门昼不启,夜半醮祭夜半开!夜叉喜欢动关锁,锁声攖地生风雷。地上禽兽重血食,性命血化飞黄埃。太上道君莲花台,九门隔阔安在哉?——呜呼沈君大药成,兼须巧会鬼物情,无求长生丧厥生!

卢仝有许多好笑的思想:他信月蚀是被虾蟆精吃了,日中的老鸦和月中的桂树是女娲留下的,他信姜太公钓鱼用的是直钩《直钩行》。他的社会思想也不高明:例如他的《小妇吟》那样歌颂妻妾和睦"永与同心事我郎"的生活,读了使人肉麻。他虽是个处士,却有奴有婢,有妻有妾,没有孟郊、张籍的贫困经验,故他对于社会问题没有深刻的见解。但他这三首送给沈山人的诗,这样指斥道士的迷信,嘲讽那有意志安排的天道观念,却与张籍、韩愈、白居易等人的态度相同,可以表现一个时代的精神。

卢仝的特别长处只是他那压不住的滑稽风趣,同他那大胆尝试的精神。他游扬州,住在萧庆中的宅里,后来萧到歙州去了,想把宅子卖去。卢仝作"萧宅二三子赠答诗"二十首,托为他同园中石头、竹子、马兰、蛱蝶、虾蟆相赠答的诗,其中很有许多诙谐的怪诗,其中最怪特的"石再请客"云:

……我在天地间,自是一片物。

可得杠压我,使我头不出!

这种句子大可比梵志、寒山的最好句子。

我且选一首我最爱的小诗作结束:

村　醉

村醉黄昏归,健倒三四五。

摩挲青莓苔,莫嗔惊著汝。

这时期里最著名的人物自然是韩愈。韩愈字退之,河内南阳人。(《旧唐书》作昌黎人,《新〔唐〕书》作邓州南阳人,此从朱子考定。)他生于大历三年(768),三岁时,父死,他跟他哥哥韩会到岭南。会死后,他家北归,流寓江南。他登进士第后,曾在董晋和张封建的幕下,后来做到监察御史。他是个爱说话的人,得罪了政府,贬为阳山令。元和三年(808),始做国子博士;升了几次官,隔了几年(812)仍旧降到国子博士,那时他已四十五岁了。他那时已有盛名,久不得志,故作了一篇诙谐的解嘲文字,题为《进学解》。其中说他自己:

口不绝吟于六艺之文,手不停披于百家之编。……烧膏油以继晷,常兀兀以穷年。……抵排异端,攘斥佛老;补苴罅漏,张皇幽眇;寻坠绪之茫茫,独旁搜而远绍。停百川而东之,回狂澜于既倒。……沉浸酿郁,含英咀华,作为文章,其书满家。

这样的自夸,可想见他在当时的声望。

当时的执政把他改在史馆做修撰,后来进中书舍人,知制诰。裴度宣慰淮西,奏请韩愈为行军司马。蔡州平定后,他被升作刑部侍郎。元和十四年(819),有迎佛骨的事,韩愈因此几乎有杀身之祸。《旧唐书》(卷一六〇)记此事稍详:

凤翔法门寺有护国真身塔,塔内有释迦文佛指骨一节。其书本传法,三十年一开,开则岁丰人泰。元和十四年正月,上令中使杜英奇押宫人三十人,持香花,赴临皋驿迎佛骨,自光顺门入大内,留禁中三日,乃送诸寺。王公士庶奔走舍施,唯恐在后。百姓有废业破产,烧顶灼臂而求供养者。

韩愈向不喜佛教,上疏谏曰:

伏以佛者,夷狄之一法耳。自后汉时流入中国,上古未尝有也。……此时(上古)天下太平,百姓安乐寿考。……汉明帝时始有佛法,……其后乱亡相继,运祚不长。宋齐梁陈元魏以下,事佛渐谨,年代尤促。〔唯〕梁武帝……前后三度舍身施佛,……其后竟为侯景所逼,饿死台城,国亦寻灭。事佛求福,乃更得祸。……

今闻陛下令群僧迎佛骨于凤翔，御楼以观，异入大内，又令诸寺递相迎养。……百姓愚冥，……见陛下如此，……皆云天子大圣犹一心敬信，百姓何人，岂合更惜身命？焚顶烧指，百十为群，解衣散钱，……惟恐后时。……若不即加禁遏，……必有断臂脔身以为供养者。伤风败俗，传笑四方，非细事也。

夫佛本夷狄之人，……假如其身至今尚在，奉其国命来朝京师，陛下容而接之，不过宣政一见，礼宾一设，赐衣一袭，卫而出之于境，不令惑众也。况其身死已久，枯朽之骨，凶秽之余，岂宜令入宫禁？……臣实耻之。乞以此骨付之水火，永绝根本，断天下之疑，绝后代之惑。……佛如有灵，能作祸祟，凡有殃咎，宜加臣身。上天鉴临，臣不怨悔。

此疏上去，宪宗大怒，怪他说奉佛的皇帝都短命遭祸殃，因此说他毁谤，要加他死罪。因有许多人营救，得贬为潮州刺史。不久（同年十月）改袁州刺史。当他谏佛骨时，气概勇往，令人敬爱。遭了挫折之后，他的勇气销磨了，变成了一个卑鄙的人。他在潮州时，上表谢恩，自述能作歌颂皇帝功德的文章，"虽使古人复生，臣亦未肯多让"；并劝皇帝定乐章，告神明，封禅泰山，奏功皇天！这已是很可鄙了。他在潮州任内，还造出作文祭鳄鱼，鳄鱼为他远徙六十里的神话，这更可鄙了。他在袁州任内，上表说他的境内"有庆云现于西北，……五采五色，光华不可遍观。……斯为上瑞，实应太平。"这真是阿谀献媚，把他患得患失的心理完全托出了。

这样的悔过献媚，他遂得召回作国子祭酒，转兵部侍郎，又转吏部侍郎。长庆四年（824）死，年五十七。

韩愈提倡古文，反对六朝以来的骈偶浮华的文体。这一个古文运动，下编另有专章，我在此且不讨论。在这一章里，我们只讨论他的诗歌。

宋人沈括曾说：

韩退之诗乃押韵之文耳。虽健美富赡，而格不近诗。（引见胡仔《苕溪渔隐丛话》卷十八）

这句话说尽韩愈的诗：他的长处短处都在此。韩愈是个有名的文家，他用作文的章法来作诗，故意思往往能流畅通达，一扫六朝初唐诗人扭扭捏捏的丑态。这种"作诗如作文"的方法，最高的地界往往可到"作诗如说话"的地位，便开了宋朝诗人"作诗如说话"的风气。后人所谓"宋诗"，其实没有什么玄妙，只是"作诗如说话"而已。这是韩诗的特别长处。上文引他《寄卢仝》的诗，便是很好的例子，今录其全文如下：

寄卢仝

玉川先生洛城里，破屋数间而已矣。一奴长须不裹头，一婢赤脚老无齿。辛勤奉养十余人，上有慈亲下妻子。先生结发憎俗徒，闭门不出动一纪。至令邻僧乞米送，仆忝县尹能不耻？俸钱供给公私余，时致薄少助祭祀。劝参留守谒大尹，言语才及辄掩耳。水北山人（石洪）得名声，去年去作幕下士。水南山人（温造）又继往，鞍马仆从塞闾里。少室山人（李渤）索价高，两以谏官征不起。彼皆刺口论世事，有力未免遭驱使。先生事业不可量，惟用法律自绳己。《春秋》三传束高阁，独抱遗经究终始。往年弄笔嘲同异，怪词惊众谤不已。近来自说寻坦途，犹上虚空跨绿駬。去年生儿名添丁，意令与国充耘耔。国家丁口连四海，岂无农夫亲耒耜？先生抱才终大用，宰相未许终不仕，假如不在陈力列，立言垂范亦足恃。苗裔当蒙十世宥，岂谓贻厥无基阯？故知忠孝生天性，洁身乱伦安足拟？昨晚长须来下状："隔墙恶少恶难似，每骑羸山下窥阚，浑舍惊怕走折趾。凭依婚媾欺官吏，不信令行能禁止。"先生受屈未曾语，忽此来告良有以。嗟我身为赤县令，操权不用欲何俟？立召贼曹呼伍伯，尽取鼠辈尸诸市。先生又遣长须来："如此处置非所喜。况又时当长养节，都邑未可猛政理。"先生固是余所畏，度量不敢窥涯涘。放纵是谁之过欤？效尤戮仆愧前史。买羊沽酒谢不敏；偶逢明月曜桃李，先生有意许降临，更遣长须致双鲤。

这便是"作诗如作文"，也便是"作诗如说话"。

八月十五夜赠张功曹

（张功曹名署。愈与署以贞元二十一年二月二十四日赦自南方俱徙掾江陵,至是俟命于郴,而作是诗。）

纤云四卷天无河,清风吹空月舒波,沙平水息声影绝,一杯相属君当歌。君歌声酸辞且苦,不能听终泪如雨:

"洞庭连天九疑高,蛟龙出没猩鼯号。十生九死到官所,幽居默默如藏逃。下床畏蛇食畏药,海气湿蛰熏腥臊。昨者州前捶大鼓,嗣皇继圣登夔皋。赦书一日行万里,罪从大辟皆除死。迁者追回流者还,涤瑕荡垢清朝班。州家申名使家抑,坎轲只得移荆蛮。判司卑官不堪说,未免棰楚尘埃间。同时辈流多上道,天路幽险难追攀!"

君歌且休听我歌。我歌今与君殊科:

"一年明月今宵多。人生由命非由他。

有酒不饮奈明何?"

这种叙述法,也是用作文的法子作诗,扫去了一切骈偶诗体的滥套。中间一段屡用极朴素没有雕饰的文字(如"州家申名使家抑"等句),也是有意打破那浮艳的套语。

山　石

山石荦确行径微,黄昏到寺蝙蝠飞。升堂坐阶新雨足,芭蕉叶大栀子肥。僧言古壁佛画好,以火来照所见稀。铺床拂席置羹饭,疏粝亦足饱我饥。夜深静卧百虫绝,清月出岭光入扉。天明独去无道路,出入高下穷烟霏。山红涧碧纷烂漫,时见松枥皆十围。当流赤足蹋涧石,水声激激风吹衣。人生如此自可乐,岂必局束为人鞿?嗟哉吾党二三子,安得至老不更归?

这真是韩诗的最上乘。这种境界从杜甫出来,到韩愈方才充分发达,到宋朝的苏轼、黄庭坚以下,方才成为一种风气。故在文学史上,韩诗的意义只是发展这种说话式的诗体,开后来"宋诗"的风气。这种方法产出的诗都属于豪放痛快的一派,故以七言歌行体为最宜。但韩愈的五言诗也往往有这种境界,如他的《送无本师(即贾岛)归范阳》云:

> 无本于为文,身大不及胆。
> 吾尝示之难,勇往无不敢。

又如《东都遇春》云:

> 少年气真狂,有意与春竞。行逢二三月,九州花相映。川原晓服鲜,桃李晨妆靓。荒乘不知疲,醉死岂辞病?饮啖唯所便,文章倚豪横。——尔来曾几时?白发忽满镜!……心肠一变化,羞见时节盛。得闲无所作,贵欲辞视听。

这里的声调口吻全是我所谓说话式。更明显的如他的《赠张籍》:

> 吾老嗜读书,余事不挂眼。有儿虽甚怜,教示不免简。
> 君来好呼出,踉蹡越门限。惧其无所知,见则先愧赧。
> 昨因有缘事,上马插手版,留君住厅食,使立侍盘馔。
> 薄暮归见君,迎我笑而莞,指渠相贺言,"此是万金产"。

这里面更可以看见说话的神气。这种诗起源于左思《娇女》,陶潜《责子》、《自挽》等诗;杜甫的诗里最多这种说话式的诗。七言诗里用这种体裁要推卢仝与韩愈为大功臣。卢仝是个怪杰,便大胆地走上了白话新诗的路上去。韩愈却不敢十分作怪。他总想作圣人,又喜欢"掉书袋",故声调口吻尽管是说话,而文学却要古雅,押韵又要奇僻隐险,于是走上了一条魔道,开后世用古字与押险韵的恶风气,最恶劣的例子便是他的《南山诗》。那种诗只是沈括所谓"押韵之文"而已,毫没有文学的意味。

他并不是没有作白话新诗的能力,其实他有时做白话的诙谐诗也很出色,例如:

赠刘师复

> 羡君齿牙牢且洁,大肉硬饼如刀截。我今牙豁落者多,所存十余皆兀臲。匙抄烂饭稳送之,合口软嚼如牛呞。妻儿恐我生怅望,盘中不饤栗与梨。只今年才四十五,后日悬知渐莽卤。朱颜皓颈讶莫亲,此外诸余谁更数?

但他当时以"道统"自任,朋友也期望他担负道统,——张籍劝戒他的两封书,便是好例子,——故他不敢学卢仝那样放肆,故他不敢不摆出规矩尊严的样子来。他的《示儿》诗中有云:

> 嗟我不修饰,事与庸人俱。安能坐如此,比肩于朝儒?

这几句诗画出他不能不"修饰"的心理。他在那诗里对他儿子夸说他的阔朋友:

> 开门问谁来,无非卿大夫。不知官高卑,玉带悬金鱼。问客之所为,峨冠讲唐虞。……凡此座中人,十九持钧枢。

他若学卢仝、刘义的狂肆,就不配"比肩"于这一班"玉带悬金鱼"的阔人了。

试把他的《示儿》诗比较卢仝《示添丁》、《抱孙》的两首诗,便可以看出人格的高下。左思、陶潜、杜甫、卢仝对他们的儿女都肯说真率的玩笑话;韩愈对他的儿子尚且不敢真率,尚且教他羡慕阔官贵人,教他做作修饰,所以他终于作一个祭鳄鱼贺庆云的小人而已。做白话诗并不是什么了不得的事,却也要个敢于率真的人格做骨子。

第十六章 元稹 白居易

九世纪的初期——元和长庆的时代——真是中国文学史上一个很光荣灿烂的时代。这时代的几个领袖文人,都受了杜甫的感动,都下了决心要创造一种新文学。中国文学史上的大变动向来都是自然演变出来的,向来没有有意的,自觉的改革。只有这一个时代可算是有意的,自觉的文学革新时代。这个文学革新运动的领袖是白居易与元稹,他们的同志有张籍,刘禹锡,李绅,李馀,刘猛等。他们不但在韵文方面做革新的运动。在散文的方面,白居易与元稹也曾做一番有意的改革,与同时的韩愈、柳宗元都是散文改革的同志。

元稹,字微之,河南人,本是北魏拓跋氏帝室之后。他九岁便能作文,少年登"才识兼茂,明于体用"科,他为第一,除右拾遗;因他锋芒太露,为执政所忌,屡次受挫折,后来被贬为江陵府士曹参军,量移通州司马。他的好友白居易那时也被贬为江州司马。他们往来赠答的诗歌最多,流传于世;故他们虽遭贬逐,而文学的名誉更大。元和十四年(819),他被召回京。穆宗为太子时,已很赏识元稹的文学;穆宗即位后,升他为祠部郎中,知制诰。知制诰是文人最大的荣誉,而元稹得此事全出于皇帝的简任,不由于宰相的推荐,故他很受相府的排挤。但元稹用散体古文来做制诰，对于向来的骈体制诰诏策是一种有意的革新（看他的《元氏长庆集》，《四部丛刊》本）。《新唐书》说他"变诏书体，务纯厚明切，盛传一时。"《旧唐书》说他的辞诰"夐然与古为侔，遂盛传于代"。

穆宗特别赏识他，两年之中，遂拜他为宰相（822）。当时裴度与他同做宰相，不很瞧得起这位骤贵的诗人，中间又有人挑拨，故他们不能相容，终于两人同时罢相。元稹出为同州刺史，转为越州刺史；他喜欢越中山水，在越八年，做诗很多。文宗太和三年（829），他回京为尚书左丞；次年（830），检校户部尚书，兼鄂州刺史，御史大夫，武昌军节度使。五年（831）七月，死于武昌，年五十三（生于779）。

白居易，字乐天，下邽人，生于大历七年（772），在杜甫死后的第三年。他自己叙他早年的历史如下：

> 仆始生六七月时，乳母抱弄于书屏下，有指"之"字"无"字示仆者，仆口未能言，心已默识。后有问此二字者，虽百十其试，而指之不差。……及五六岁，便学为诗。九岁，暗识声韵。十五六，始知有"进士"，苦节读书。二十已来，昼课赋，夜课书，间又课诗，不遑寝息矣。以至于口舌成疮，手肘成胝，既壮而肤革不丰盈，未老而齿发早衰白，……盖以苦学力文之所致。又自悲家贫多故，年二十七方从乡试。既第之后，虽专于科试，亦不废诗。（《与元九书》）

贞元十四年（798），他以进士就试，擢甲科，授秘书省校书郎。宪宗元和二年（807），召入翰林为学士；明年，拜左拾遗。他既任谏官，很能直言。元稹被谪，他屡上疏切谏，没有效果。五年（810），因母老家贫，自请改官，除为京兆府户曹参军。明年，丁母忧；九年（814），授太子左赞善大夫。当时很多人忌他，说他浮华无行，说他的母亲因看花堕井而死，而他作《赏花》诗，及《新井》诗，"甚伤名教"。他遂被贬为江州司马。他自己说这回被贬逐其实是因为他的诗歌讽刺时事，得罪了不少人。他说：

> 凡闻仆《贺雨》诗，众口籍籍以为非宜矣。闻仆《哭孔戡》诗，众面脉脉尽不悦矣。闻《秦中吟》，则权豪贵近者相目而变

色矣。闻《登乐游园》寄足下诗,则执致柄者扼腕矣。闻《宿紫阁村》诗,则握军要者切齿矣。……不相与者,号为沽誉,号为诋讦,号为讪谤。苟相与者,则如牛僧孺之诫焉。乃至骨肉妻孥皆以我为非也。其不我非者,举世不过三两人。

元和十三年冬(818—819),他量移忠州刺史。他自浔阳浮江上峡,带他的兄弟行简同行;明年三月,与元稹会于峡口;在夷陵停船三日,他们三人在黄牛峡口石洞中,置酒赋诗,恋恋不能诀别。

元和十四年冬(819—820),他被召还京师;明年(820),升主客郎中,知制诰。那时元稹也召回了,与他同知制诰。长庆元年(821),转中书舍人。《旧唐书》说:

> 时天子荒纵不法,执政非其人,制御乖方,河朔复乱。居易累上疏论其事,天子不能用,乃求外任。〔二年〕(822)七月,除杭州刺史。俄而元稹罢相,自冯翊转浙东观察使,交契素深,杭越邻境,篇咏往来,不间旬浃。尝会于境上,数日而别。

他在杭州秩满后,除太子左庶子,分司东都。宝历中(825—826),复出为苏州刺史。文宗即位(827),征拜秘书监,明年转刑部侍郎,封晋阳县男,食邑三百户。太和三年(829),他称病东归,求为分司官,遂除太子宾客分司。《旧唐书》说:

> 居易初……蒙英主特别顾遇,颇欲奋厉效报。苟致身于讦谟之地,则兼济生灵。蓄意未果,望风为当路者所挤,流徙江湖,四五年间,几沦蛮瘴。自是宦情衰落,无意于出处,唯以逍遥自得,吟咏情性为事。太和以后,李宗闵、李德裕用事,朋党事起,是非排陷,朝升暮黜,天子亦无如之何。杨颖士、杨虞卿与宗闵善,居易妻,颖士从父妹也。居易愈不自安,惧以党人见斥,乃求致身散地,冀于远害。凡所居官,未尝终秩,率以病免,固求分务,识者多之。

太和五年(831),他做河南尹;七年(833),复授太子宾客分司(洛阳为东都,故各官署皆有东都"分司",如明朝的南京,清朝的盛京;其官位与京师相同,但没有事做)。他曾在洛阳买宅,有竹木池馆,有家妓樊素蛮子能歌舞,有琴有书,有太湖之石,有华亭之鹤。他自己说：

> 水香莲开之旦，露清鹤唳之夕，拂杨石（杨贞一所赠），举陈酒（陈孝仙所授法子酿的），援崔琴（崔晦叔所赠），弹姜《秋思》（姜发传授的。《旧唐书》脱"姜"字，今据《长庆集》补）颓然自适，不知其他。酒酣琴罢。又命乐童登中岛亭，合奏《霓裳散序》，声随风飘，或凝或散，悠扬于竹烟波月之际者久之。曲未竟，而乐天陶然石上矣。（《池上篇·自序》）

开成元年（836），除同州刺史，他称病不就；不久，又授他太子少傅，进封冯翊县开国侯。会昌中，以刑部尚书致仕。他自己说他能"栖心释梵，浪迹老庄"；晚年与香山僧如满结香火社，白衣鸠杖，往来香山，自称香山居士。他死在会昌六年（846），年七十五。（《旧唐书》作死于大中元年，年七十六。此从《新唐书》，及李商隐撰的《墓志》。）

白居易与元稹都是有意作文学改新运动的人：他们的根本主张，翻成现代的术语，可说是为人生而作文学！文学是救济社会，改善人生的利器；最上要能"补察时政"，至少也须能"泄导人情"；凡不能这样的，都"不过嘲风雪，弄花草而已"。白居易在江州时，作长书与元稹论诗（《白氏长庆集》卷二十八，参看《旧唐书》本传所引），元稹在通州也有"叙诗"长书寄白居易（《元氏长庆集》卷三十）。这两篇文章在文学史上要算两篇最重要的宣言。我们先引白居易书中论诗的重要道：

> 圣人感人心而天下和平。感人心者，莫先乎情，莫始乎言，莫切乎声，莫深乎义。诗者，根情，苗言，华声，实义。上自贤圣，下至愚骏，微及豚鱼，幽及鬼神，群分而气同，形异而情一，未有声入而不应，情交而不感者。圣人知其然，因其言，经之以六义；缘其声，纬之以五音，音有韵，义有类。韵协则言顺，言顺则声易入。类举则情见，情见则感易交。于是孕大含深，贯微洞密，上下通而二气泰，忧乐合而百志熙。

这是诗的重要使命。诗要以情为根，以言为苗，以声为华，以义为实。托根于人情而结果在正义，语言声韵不过是苗叶花朵而已。

> 洎周衰泰兴,采诗官废,上不以诗补察时政,下不以歌泄导人情。用至于谄成之风动,救时之道缺,于时六义始刓矣。《国风》变为《骚》辞,五言始于苏李。诗骚皆不遇者各系其志,发而为文,故河梁之句止于伤别,泽畔之吟归于怨思,彷徨抑郁,不暇及他耳。然去《诗》未远,梗概尚存,……虽义类不具,犹得风人之什二三焉。于时六义始缺矣。

这就是说,《楚辞》与汉诗已偏向写主观的怨思,已不能做客观地表现人生的工作了。

> 晋宋已还,得者盖寡。以康乐(谢灵运)之奥博,多溺于山水;以渊明之高古,偏放于田园。江鲍之流又狭于此。如梁鸿《五噫》之例者,百无一二。于时六义浸微矣。

> 陵夷至于梁陈间,率不过嘲风雪,弄花草而已矣。噫!风雪花草之物,《三百篇》中岂舍之乎?顾所用何如耳。……皆兴发于此,而义归于彼。反是者,可乎哉?然则"余霞散成绮","澄江净如练","归花先委露,别叶乍辞风"之什,丽则丽矣,吾不知其所讽焉。故仆所谓嘲风雪,弄花草而已。于时六义尽去矣。

他在这里固然露出他受了汉朝迂腐诗说的恶影响,把《三百篇》都看作"兴发于此而义归于彼"的美刺诗,因此遂抹煞一切无所为而作的文学。但他评论六朝的文人作品确然有见地,六朝文学的绝大部分真不过"嘲风雪,弄花草"而已。

> 唐兴二百年,其间诗人不可胜数。所可举者,陈子昂有《感遇》诗二十首,鲍防《感兴》诗十五篇。又诗之豪者,世称李杜。李之作,才矣,奇矣,人不逮矣,索其风雅比兴,十无一焉。杜诗最多,可传者千余首;至于贯穿古今,觇缕格律,尽工尽善,又过于李。然撮其《新安》,《石壕》,《潼关吏》,《塞芦子》,《留花门》之章,"朱门酒肉臭,路有冻死骨"之句,亦不过十三四。(《旧唐书》作"三四十",误。今据《长庆集》。)杜尚如此,况不逮杜者乎?

以上是白居易对于中国诗的历史的见解。在这一点上,他的见解完全与元稹相同。元稹作杜甫的墓志铭,前面附了一篇长序,泛论中国诗的演变,上起三百篇,下迄李杜,其中的见解多和上引各节相同。此序作于元和癸巳(813),在白居易寄此长书之前不多年(看《元氏长庆集》卷五十六)。

元白都受了杜甫的绝大影响。老杜的社会问题诗在当时确是别开生面,为中国诗史开一个新时代。他那种写实的艺术和大胆讽刺朝廷社会的精神,都能够鼓舞后来的诗人,引他们向这种问题诗的路上走。元稹受老杜的影响似比白居易更早。元稹的《叙诗寄乐天书》(《元氏长庆集》卷三十)中自述他早年作诗的政治社会的背景,最可以帮助我们了解当时一班诗人作"讽谕"诗的动机。他说:

稹九岁学赋诗,长者往往惊其可教。年十五六,粗识声病。时贞元十年(794)已后,德宗皇帝春秋高,理务因人,最不欲文法吏生天下罪过。外阃节将动十余年不许朝觐,死于其地,不易者十八九。而又将豪卒愎之处,因丧负众,横相贼杀,告变骆驿。使者迭窥,旋以状闻天子曰,某色(邑?)将某能遏乱;乱众宁附,愿为帅。名为众情,其实逼诈。因而可之者又十八九。前置介倅,因缘交授者,亦十四五。由是诸侯敢自为旨意,有罗列儿孩以自固者,有开导蛮夷以自重者。省寺符篆固几阁,甚者碍诏旨。视一境如一室,刑杀其下,不啻仆畜。厚加剥夺,名为进奉,其实贡入之数百一焉。京城之中,亭第邸店,以曲巷断。侯甸之内,水陆腴沃,以乡里计。其余奴婢资财生生之备称是。朝廷大臣以谨慎不言为朴雅。以时进见者,不过一二亲信。直臣义士往往抑塞。禁省之间,时或缮完陨坠;豪家大帅乘声相扇,延及老佛,土木妖炽。习俗不怪。上不欲令有司备宫闱中小碎颁求,往往持币帛以易饼饵。吏缘其端,剽夺百货,势不可禁。仆时孩骏,不惯闻见,独于书传中初习理乱萌渐,心体悸震,若不可活,思欲发之久矣。适有人以陈子昂《感遇诗》相示,吟玩激烈,即日为《寄思玄子诗》二十首。……又久之,得杜甫诗数百首,爱其浩荡津涯,处处臻到,始病沈宋之不存寄兴,而讶子昂之未暇旁备矣。不数年,与诗人杨巨源友善;日课为诗;性复僻,懒人事;常有闲暇,间则有作。识足下时,有诗数百篇矣。习惯性灵,

> 遂成病蔽。……又不幸年三十二时,有罪谴弃,今三十七矣。五六年之间,是丈夫心力壮时,常在闲处,无所役用;性不近道;未能淡然忘怀;又复懒于他欲,全盛之气注射语言,杂糅精粗,遂成多大。

八世纪末年,九世纪初年,唐朝的政治到了很可悲观的田地,少年有志的人都感觉这种状态的危机。元稹自己说他那时候竟是"心体悸震,若不可活"。他们觉得这不是"嘲风雪,弄花草"的时候了,他们都感觉文学的态度应该变严肃了。所以元稹与白居易都能欣赏陈子昂《感遇诗》的严肃态度。但《感遇诗》终不过是发点牢骚而已,"彷徨抑郁,不暇及他",还不能满足这时代的要求。后来元稹发见了杜甫,方才感觉大满意。杜甫的新体诗便不单是发牢骚而已,还能描写实际的人生苦痛,社会利弊,政府得失。这种体裁最合于当时的需要,故元白诸人对于杜甫真是十分崇拜,公然宣言李杜虽然齐名,但杜甫远非李白所能比肩。元稹说:

> ……至于子美,盖所谓上薄风骚,下该沈宋,言夺苏李,气吞曹刘,掩颜谢之孤高,杂徐庾之流丽,尽得古今之体势,而兼人人之所独专矣。……能所不能,无可不可,则诗人以来,未有如子美者。(《杜甫墓志铭》序)

这还是大体从诗的形式上立论,虽然崇拜到极点,却不曾指出杜甫的真正伟大之处。白居易说的话便更明白了。他指出李白的诗,"索其风雅比兴,十无一焉";而杜甫的诗之中,有十之三四是实写人生或讽刺时政的;如"朱门酒肉臭,路有冻死骨"一类的话,李白便不能说,这才是李杜优劣的真正区别。当时的文人韩愈曾作诗道:

> 李杜文章在,光焰万丈长。不知群儿愚,那用故谤伤!蚍蜉撼大树,可笑不自量。

有人说,这诗是讥刺元稹的李杜优劣论的。这话大概没有根据。韩愈的诗只是借李杜来替自己发牢骚,与元白的文学批评没有关系。

元白发愤要作一种有意的文学革命新运动,其原因不出于上述的两点:一面是他们不满意于当时的政治状况,一面是他们受了杜甫的绝大影响。老杜只是忍不住要说老实话,还没有什么文学主张。

元白不但忍不住要说老实话。还要提出他们所以要说老实话的理由,这便成了他们的文学主张了。白居易说:

> 仆常痛诗道崩坏,忽忽愤(《长庆集》作"愤")发,或食辍哺,夜辍寝(此依《长庆集》)不量才力,欲扶起之。

这便是有意要作文学改革。他又说:

> 自登朝来,年齿渐长,阅事渐多;每与人言,多询时务;每读书史,多求理道(唐高宗名治,故唐人书讳"治"字,故改为"理"字,此处之"理道"即"治道";上文元氏《叙诗》书的"理务因人","理乱萌渐",皆与此同)。始知文章合为时而著,歌诗合为事而作。(《与元九书》)

最末十四个字便是元白的文学主张。这就是说,文学是为人生作的,不是无所为的,是为救人救世作的。白居易自己又说:

> 是时皇帝(宪宗)初即位,宰府有正人,屡降玺书,访人急病。仆当此日,擢在翰林,身是谏官,手请谏纸启奏之外,有可以救济人病,裨补时阙,而难于指言者,辄咏歌之,欲稍稍递进闻于上。

"救济人病,裨补时阙"便是他们认为文学的宗旨。白居易在别处也屡屡说起这个宗旨。如《读张籍古乐府》云:

> 张君何为者?业文三十春,尤工乐府词,举代少其伦。为诗意如何?六义互铺陈;风雅比兴外,未尝著空文。……上可裨教化,舒之济万民。下可理情性,卷之善一身。

又如他《寄唐生》诗中自叙一段云:

> 我亦君之徒,郁郁何所为?不能发声哭,转作乐府诗。篇篇无空文,句句必尽规。……非求宫律高,不务文字奇,惟歌生民病,愿得天子知。

唐生即是唐衢,是当时的一个狂士,他最富于感情,常常为了时事痛哭,故白居易诗中说:

> 唐生者何人?五十寒且饥;不悲口无食,不悲身无衣,所悲忠与义,悲甚则哭之。太尉击贼日(段秀实以笏击朱泚),尚书叱盗时(颜真卿叱李希烈),大夫死凶寇(陆长源为乱兵所害),

谏议谪蛮夷（阳城谪道州），每见如此事，声发涕辄随。

这个人的行为也可以代表一个时代的严肃认真的态度。他最赏识白居易的诗，白氏《与元九书》中有云：

> 有唐衢者，见仆诗而泣，未几而衢死。

唐衢死时，白居易有《伤唐衢》二首，其一有云：

> 忆昔元和初，忝备谏官位。是时兵革后，生民正憔悴。但伤民病痛，不识时忌讳。遂作《秦中吟》，一吟悲一事。贵人皆怪怒，闲人亦非訾。天高未及闻，荆棘生满地。惟有唐衢见，知我平生志。一读兴叹嗟，再吟垂涕泗。因和三十韵，手题远缄寄，致吾陈（子昂）杜（甫）间，赏爱非常意。

总之，元白的文学主张是"篇篇无空文，……惟歌生民病"。这就是"文章合为时而著，歌诗合为事而作"的注脚。他们一班朋友，元白和李绅等，努力作讽刺时事的新乐府，即是实行这个文学主义。白居易的《新乐府》五十篇，有自序云：

> ……其辞质而径，欲见之者易喻也。其言直而切，欲闻之者深戒也。其事核而实，使采之者传信也。其体顺而肆，可以播于乐章歌曲也。总而言之，为君为臣为民为物为事而作，不为文而作也。

总而言之，文学要为人生而作，不为文学而作。

这种文学主张的里面，其实含有一种政治理想。他们的政治理想是要使政府建立在民意之上，造成一种顺从民意的政府。白居易说：

> 天子之耳不能自聪，合天下之耳听之而后聪也。天子之目不能自明，合天下之目视之而后明也。天子之心不能自圣，合天下之心思之而后圣也。若天子唯以两耳听之，两目视之，一心思之，则十步之内（疑当作"外"）不能闻也，百步之外不能见也，殿庭之外不能知也，而况四海之大，万枢之繁者乎？圣王知其然，故立谏诤讽议之官，开献替启沃之道，俾乎补察遗阙，辅助聪明。犹惧其未也，于是设敢谏之鼓，建进善之旌，立诽谤之木，工商得以流议，士庶得以传言，然后过日闻而德日新矣。（《策林》七

十,《长庆集》卷四十八)

这是很明白的民意政治的主张。(《策林》七十五篇,是元白二人合作的,故代表他们二人的共同主张。)他们又主张设立采诗之官,作为采访民意的一个重要方法。故《策林》六十九云:

> 问:圣人之致理(理即治,下同)也,在乎酌人言,察人情;而后行为政,顺为教者也。然则一人之耳安得遍闻天下之言乎?一人之心安得尽知天下之情乎?今欲立采诗之官,开讽刺之道,察其得失之政,通其上下之情,子大夫以为如何?

这是假设的问,答案云:

> 臣闻圣王酌人之言,补己之过,所以立理本,导化源也,将在乎选观风之使,建采诗之官,俾乎歌咏之声,讽刺之兴,日采于下,岁献于上者也。所谓言之者无罪,闻之者足以自诫。

他的理由是:

> 大凡人之感于事则必动于情,然后兴于嗟叹,发于吟咏,而形于歌诗矣。故闻《蓼萧》之诗,则知泽及四海也;闻《华黍》之咏,则知时和岁丰也;闻《北风》之言,则知威虐及人也;闻《硕鼠》之刺,则知重敛于下也;闻"广袖高髻"之谣,则知风俗之奢荡也;闻"谁其获者妇与姑"之言,则知征税之废业也。故国风之盛衰由斯而见也,王政之得失由斯而闻也,人情之哀乐由斯而知也。然后君臣亲览而斟酌焉:政之废者,修之;阙者,补之;人之忧者,乐之;劳者,逸之;所谓善防川者,决之使导;善理人者,宣之使言。故政有毫发之善,下必知也;教有锱铢之失,上必闻也。则上之诚明何忧乎不下达,下之利病何患乎不上知?上下交和,内外胥悦,若此,而不臻至理,不致升平,自开辟以来,未之闻也。

这个主张又见于元和三年(808)白居易作府试官时所拟《进士策问》的第三问,意思与文字都与《策林》相同(《长庆集》卷三十,页二一——二二),可见他们深信这个采诗的制度。白居易在元和四年(809)作《新乐府》五十篇,其第五十篇为《采诗官》,仍是发挥这个主张的,我且引此篇的全文如下:

采诗官　监前王乱亡之由也

　　采诗官,采诗听歌导人言。言者无罪闻者诫,下流上通上下泰。周灭秦兴至隋氏,十代采诗官不置。郊庙登歌赞君美,乐府艳词悦君意。若求兴谕规刺言,万句千章无一字。不是章句无规刺,渐及朝廷绝讽议。诤臣杜口为冗员,谏鼓高悬作虚器,一人负扆常端默,百辟入门两自媚。夕郎所贺皆德音,春官每奏唯祥瑞。君之堂兮千里远,君之门兮九重閟,君耳唯闻堂上言,君眼不见门前事。贪吏害民无所忌,奸臣蔽君无所畏。君不见厉王胡亥之末年,群臣有利君无利。君兮君兮愿听此:欲开壅蔽达人情,先向歌诗求讽刺。

这种政治理想并不是迂腐不能实行的。他们不期望君主个个都是圣人,那是柏拉图的妄想。他们也不期望一班文人的一字褒贬都能使"乱臣贼子惧",那是孔丘、孟轲的迷梦。他们只希望两种"民意机关":一是许多肯说老实话的讽刺诗人,一是采访诗歌的专官。那时候没有报馆,诗人便是报馆记者与访员,实写人生苦痛与时政利弊的诗便是报纸,便是舆论。那时没有议会,谏官御史便是议会,采诗官也是议会的一部分。民间有了什么可歌可泣的事,或朝廷官府有了苛税虐政,一班平民诗人便都赶去采访诗料:林步青便编他的滩簧,刘宝全便编他的大鼓书,徐志摩便唱他的硖石调,小热昏便唱他的小热昏。几天之内,街头巷口都是这种时事新诗歌了。于是采诗御史便东采一只小调,西抄一只小热昏,编集起来,进给政府。不多时,苛税也豁免了,虐政也革除了。于是感恩戴德的小百姓,饮水思源,发起募捐大会,铜板夹银毫并到,鹰洋与元宝齐来,一会儿,徐志摩的生祠遍于村镇,而小热昏的铜像也矗立街头。猗欤休哉! 文学家的共和国万岁!

　　文学既是要"救济人病,裨补时阙",故文学当侧重写实,"删淫辞,削丽藻","黜华于枝叶,反实于根源"。白居易说:

　　　　凡今秉笔之徒,率尔而者者有矣,斐然成章者有矣。故歌咏诗赋碑碣赞咏之制,往往有虚美者矣,有愧辞者矣。若行于时,则诬善恶而惑当代;若传于后,则混真伪而疑将来。……

且古之为文者,上以纽王教,系国风,下以存炯戒,通讽谕。故惩劝善恶之柄执于文士褒贬之际焉,补察得失之端操于诗人美刺之间焉。今褒贬之文无核实,则惩劝之道缺矣。美刺之诗不稽政,则补察之义废矣。虽雕章镂句,将焉用之?

臣又闻,稂莠秕稗,生于谷,反害谷者也。淫辞丽藻,生于文,反伤文者也。故农者耘稂莠,簸秕稗,所以养谷也。王者删淫辞,削丽藻,所以养文也。

伏惟陛下诏主文之司,谕"养文"之旨,俾辞赋合炯戒讽谕者,虽质,虽野,采而奖之;碑诔有虚美愧辞者,虽华,虽丽,禁而绝之。若然,则为文者必当尚质抑淫,著诚去伪,小疵小弊荡然无遗矣。(《策林》六十八)

"尚质抑淫,著诚去伪",这是元白的写实主义。

根据于他们的文学主张,元白二人各有一种诗的分类法。白居易分他的诗为四类:

(一)讽谕诗:"自拾遗来,凡所适所感,关于美刺兴比者;又自武德讫元和,因事立题,题为新乐府者。"

(二)闲适诗:"或退公独处,或移病闲居,知足保和,吟玩情性者。"

(三)感伤诗:"事物牵于外,情理动于内,随感遇而形于叹咏者。"

(四)杂律诗:"五言七言,长句绝句,自一百韵至两韵者。"

他自己只承认第一和第二两类是值得保存流传的,其余的都不重要,都可删弃。他说:

仆志在兼济,行在独善。奉而始终之,则为道;言而发明之,则为诗。谓之讽谕诗,兼济之义也。谓之闲适诗,独善之义也。……其余杂律诗,或诱于一时一物,发于一笑一吟,率然成章,非平生所尚者,……略之可也。(《与元九书》)

元稹分他的诗为八类:

（一）古讽："旨意可观，而词近往古者。"
（二）乐讽："意亦可观，而流在乐府者。"
（三）古体："词虽近古，而止于吟写性情者。"
（四）新题乐府："词实乐流，而止于模象物色者。"
（五）律诗
（六）律讽："稍存寄兴，与讽为流者。"
（七）悼亡
（八）艳诗　　（见《叙诗寄乐天书》）

元氏的分类，体例不一致，其实他也只有两大类：

（一）讽诗 $\begin{cases} （一）古讽 \\ （二）乐讽 \\ （三）律讽 \end{cases}$

（二）非讽诗——古体，律体等。

元稹在元和丁酉（817）作《乐府古题序》，讨论诗的分类，颇有精义，也可算是一篇有历史价值的文字。他说：

乐府古题序　丁酉

《诗》讫于周，《离骚》讫于楚。是后诗之流为二十四名：赋，颂，铭，赞，文，诔，箴，诗，行，咏，吟，题，怨，叹，章，篇，操，引，谣，讴，歌，曲，词，调，皆诗人六义之余，而作者之言（《长庆集》作"旨"，《全唐诗》同。今依张元济先生用旧抄本校改本）。

由操而下八名，皆起于郊祭军宾吉凶苦乐之际，在音声者，因声以度词，审调以节唱，句度短长之数，声韵平上之差，莫不由之准度。而又别其在琴瑟者为操引。采民甿者为讴谣，备曲度者总得谓之歌曲词调，斯皆由乐以定词，非选调以配乐也。

由诗而下九名，皆属事而作，虽题号不同，而悉谓之为诗，可也。后之审乐者，往往采取其词，度为歌曲。盖选词以配乐，非由乐以定词也。

而纂撰者，由诗而下十七名，尽编为"乐录"、"乐府"等题。除铙吹，横吹，郊祀，清商等词在乐志者，其余《木兰》，《仲卿》，《四愁》，《七哀》之辈，亦未必尽播于管弦，明矣。

后之文人达乐者少,不复如是配别,但遇兴纪题,往往兼以句读短长为歌诗之异。……况自风雅至于乐流,莫非讽兴当时之事,以贻后代之人。沿袭古题,唱和重复,于文或有短长,于义咸为赘剩。尚不如寓意古题,刺美见事,犹有诗人引古以讽之义焉。曹刘沈鲍之徒,时得如此,亦复稀少。近代唯诗人杜甫《悲陈陶》、《哀江头》、《兵车》、《丽人》等,凡所歌行,率皆即事名篇,无复倚傍。余少时与友人白乐天、李公垂辈谓是为当,遂不复拟赋古题。

昨南(各本无"南"字,依张校)梁州,见进士刘猛、李余各赋古乐府诗数十首,其中一二十章咸有新意。余因选而知之。其有虽用古题,全无古义者,若《出门行》不言离别,《将进酒》特书列女之类,是也。其或颇同古义,全创新词者。则《田家》止述军输,《捉捕词》先蟏蚁之类,是也。刘李二子方将极意于斯文,因为粗明古今歌诗同异之音(似当作"旨")焉。

他的见解以为汉以下的诗有两种大区别:一是原有乐曲,而后来依曲调而度词;一是原来是诗,后人采取其词,制为歌曲。但他指出,诗的起源虽然关系乐曲,然而诗却可以脱离音乐而独立发展。历史上显然有这样的趋势。最初或采集民间现行歌曲,或乐人制调而文人造词,或文人作诗,而乐工制调。稍后乃有文人仿作乐府,仿作之法也有两种:严格地依旧调,作新词,如曹操、曹丕作《短歌行》,字数相同,显然是同一乐调,这是一种仿作之法。又有些人同作一题,如罗敷故事,或秋胡故事,或秦女休故事,题同而句子的长短,篇章的长短皆不相同,可见这一类的乐府并不依据旧调,只是借题练习作诗,或借题寄寓作者的感想见解而已。这样拟作乐府,已是离开音乐很远了。到杜甫的《兵车行》、《丽人行》诸篇,讽咏当时之事,"即事名篇,无复倚傍",便开"新乐府"的门径,完全脱离向来受音乐拘束或沿袭古题的乐府了。

当时的新诗人之中,孟郊、张籍、刘猛、李余与元稹都还作旧式的古乐府,但都"有新意",有时竟"虽用古题,全无古义"(刘猛、李余的诗都不传了)。这已近于作新乐府了。元稹与白居易、李绅(公垂)

三个人做了不少的新乐府（李绅的新乐府今不传了）。此外如元氏的《连昌宫词》诸篇，如白氏的《秦中吟》诸篇，都可说是新乐府，都是"即事名篇，无复倚傍"的新乐府。故我们可以说，他们认定新乐府为实现他们的文学主张的最适宜的体裁。

元稹自序他的《新体乐府》道：

> ……昔三代之盛也，士议而庶人谤。又曰，"世理（治）则词直，世忌则词隐。"余遭理世而君盛圣，故直其词，以示后，使夫后之人谓今日为不忌之时焉。

白居易的《新乐府》的自序，已引在上文了，其中有云：

> 其辞质而径，欲见之者易喻也。其言直而切，欲闻之者深诫也。其事核而实，使采之者传信也。其体顺而肆，可以播于乐章歌曲也。

要做到这几个目的，只有用白话做诗了。元白的最著名的诗歌大都是白话的。这不是偶然的事，似是有意的主张。据旧时的传说，

> 白乐天每作诗，令一老妪解之，问曰："解否？"曰，"解"，则录之。不解，则又复易之。（《墨客挥犀》）

这个故事不见得可靠，大概是出于后人的附会。英国诗人华次华斯（Wordsworth）主张用平常说话做诗，后人也造成一种传说，说他每做诗都念给一个老妪听，她若不懂，他便重行修改。这种故事虽未必实有其事，却很可暗示大家公认这几个诗人当时确是有意用平常白话做诗。

近年敦煌石室发现了无数唐人写本的俗文学，其中有《明妃曲》，《孝子董永》，《季布歌》，《维摩变文》，……等等（另有专章讨论）。我们看了这些俗文学的作品，才知道元白的著名诗歌，尤其是七言的歌行，都是有意仿效民间风行的俗文学的。白居易的《长恨歌》，元稹的《连昌宫词》，与后来的韦庄的《秦妇吟》，都很接近民间的故事诗。白居易自序说他的新乐府不但要"其辞质而径，欲见之者易喻"，还要"其体顺而肆，可以播于乐章歌曲"。这种"顺而肆，可以播于乐章歌曲"的诗体，向那里去寻呢？最自然的来源便是当时民间风行的民歌与佛曲。试引《明妃传》一段，略表示当时民间流行

的"顺而肆"的诗体：

> 昭军(君)昨夜子时亡,突厥今朝发使忙。三边走马传胡令,万里非(飞)书奏汉王。解剑脱除天子服,披头还着庶人裳。衙官坐位刀离面(离面即杜诗所谓"花门剺面"),九姓行哀截耳珰。□□□□□□,枷上罗衣不重香。可惜未央宫里女,嫁来胡地碎红妆。……寒风入帐声犹苦,晓日临行哭未殃(央)。昔日同眠夜即短,如今独寝觉天长。何期远远离京兆,不忆(意)冥冥卧朔方。早知死若埋沙里,悔不教君还帝乡！(《明妃传》残卷,见羽田亨编的《敦煌遗书》,活字本第一集,上海东亚研究会发行。)

我们拿这种俗文学来比较元白的歌行,便可以知道他们当日所采"顺而肆"的歌行体是从那里来的了。

因为元白用白话做诗歌,故他们的诗流传最广。白居易自己说：

> 再来长安,又闻有军使高霞寓者,欲聘倡妓,妓大夸曰,"我诵得白学士《长恨歌》,岂同他妓哉?"由是增价。……

> 又昨过汉南日,适遇主人集众乐娱他宾。诸妓见仆来,指而相顾曰,"此是《秦中吟》、《长恨歌》主耳!"

> 自长安抵江西,三四千里,凡乡校,佛寺,逆旅,行舟之中,往往有题仆诗者。士庶,僧徒,孀妇,处女之口,每每有咏仆诗者。(《与元九书》)

元稹也说他们的诗,

> 二十年间,禁省观寺邮候墙壁之上无不书,王公妾妇牛童马走之口无不道。至于缮写模勒,炫卖于市井,或持以交酒茗者,处处皆是("勒"是雕刻。此处有原注云："扬越间多作书模勒乐天及予杂诗,卖于市肆之中也"。此为刻书之最早记载)。其甚者,有至于盗窃名姓,苟求是(日本本《白氏长庆集》作"自")售,杂乱间厕,无可奈何。

> 予于平水市中(原注：镜湖傍草市名),见村校诸童竞习诗,召而问之,皆对曰,"先生教我乐天、微之诗",固亦不知予之为微之也。……

> 自篇章已来,未有如是流传之广者。(《白氏长庆集·序》)

不但他们自己如此说,反对他们的人也如此说。杜牧作李戡的墓志,述戡的话道:

> 自元和以来,有元白者,纤艳不逞,……流于民间,疏于屏壁;子父女母交口教授;淫言媟语,冬寒夏热,入人肌骨,不可除去。

元白用平常的说话做诗,他们流传如此之广,"入人肌骨,不可除去",这是意料中的事。但他们主张诗歌须要能救病济世,却不知道后人竟诋毁他们的"淫言媟语,纤艳不逞"!

这也是很自然的。白居易自己也曾说:

> 今仆之诗,人所爱者,悉不过杂律诗与《长恨歌》已下耳。时之所重,仆之所轻。至于"讽谕"者,意激而言质;"闲适"者,思澹而词迂:以质合迂,宜人之不爱也。(《与元九书》)

他又批评他和元稹的诗道:

> 顷者在科试间,常与足下同笔砚,每下笔时,辄相顾语,患其意太切而理太周,故理太周则辞繁,意太切则言激。然与足下为文,所长在于此,所病亦在于此。(《和答诗十首序》)

他自己的批评真说的精辟中肯。他们的讽谕诗太偏重急切收效,往往一气说完,不留一点余韵,往往有史料的价值,而没有文学的意味。然其中确有绝好的诗,未可一笔抹煞。如元稹的《连昌宫词》,《织妇词》,《田家词》,《听弹乌夜啼引》等,都可以算是很好的诗的作品。白居易的诗,可传的更多了。如《宿紫阁山北村》,如《上阳白发人》,如《新丰折臂翁》,如《道州民》,如《杜陵叟》,如《卖炭翁》,都是不朽的诗,白居易最佩服杜甫的"朱门酒肉臭,路有冻死骨"两句,故他早年作《秦中吟》时,还时时模仿老杜这种境界。如《秦中吟》第二首云:

> ……昨日输残税,因窥官库门。缯帛如山积,丝絮如云屯。……夺我身上暖,买尔眼前恩! 进入琼林库,岁久化为尘。

如第三首云:

> ……厨有臭败肉,库有贯朽钱。……岂无穷贱者,忍不救

饥寒？

如第七首云：

……尊罍溢九酝，水陆罗八珍。……是岁江南旱，衢州人食人。

如第九首云：

……欢酣促密坐，醉暖脱重裘。秋官为主人，廷尉居上头；日中为一乐，夜半不能休。岂知阌乡狱，中有冻死囚！

如第十首云：

……一丛深色花，十户中人赋。

这都是模仿老杜的"朱门酒肉臭，路有冻死骨"两句，引申他的意思而已。白氏在这时候的诗还不算能独立。

他作《新乐府》时，虽然还时时显出杜甫的影响，却已是很有自信力，能独立了，能创造了。如《新丰折臂翁》云：

是时翁年二十四，兵部牒中有名字。夜深不敢使人知，偷将大石捶折臂。张弓簸旗俱不堪，从兹始免征云南。

这样朴素而有力的叙述，最是白氏独到的长处。如《道州民》云：

……城云"臣按《六典》书，任土贡有不贡无。道州水土所生者，只有矮民无矮奴。"

这样轻轻的十四个字，写出一个人道主义的主张，老杜集中也没有这样大力气的句子。在这种地方，白居易的理解与天才融合为一，故成功最大，最不可及。

但那是一个没有言论自由的时代，又是一个朋党暗斗最厉害的时代。韩愈，柳宗元，刘禹锡，元稹，白居易都是那时代的牺牲者。元白贬谪之后，讽论诗都不敢作了，都走上了闲适的路，救世主义的旗子卷起了，且做个独善其身的醉吟先生罢。

元稹的诗：

　　　　连昌宫词　　元稹

连昌宫中满宫竹，岁久无人森似束。又有墙头千叶桃，风动落花红蔌蔌。宫边老翁为余泣：小年进食曾因入。上皇正在望仙楼,太真同凭阑干立。楼上楼前尽珠翠,炫转荧煌照天地。归来如梦复如痴,何暇备言宫里事?初过寒食一百六,店舍无烟宫树绿。夜半月高弦索鸣,贺老琵琶定场屋。力士传呼觅念奴,念奴潜伴诸郎宿。须臾觅得又连催,特敕街中许燃烛。春娇满眼睡红绡,掠削云鬟旋装束。飞上九天歌一声,二十五郎吹管逐。逡巡《大遍凉州》彻,色色《龟兹轰录》续。李谟厌笛傍宫墙,偷得新翻数般曲(念奴,天宝中名娼,善歌。每岁楼下酺宴累日之后,万众喧隘,韦黄裳辈辟易不能禁,众乐为之罢奏。明皇遣高力士大呼于楼上曰,"欲遣念奴唱歌,邠二十五郎吹小管笛。"看人能听否。未尝不悄然奉诏。其为当时所重如此。然而明皇不欲夺侠游之盛,未尝置在宫禁。或岁幸汤泉,时巡东洛,有司潜遣从行而已。又明皇尝于上阳宫夜后按新翻一曲。属明夕正月十五日,潜游灯下,忽闻酒楼上有笛奏前夕新曲。大骇之。明日密遣捕捉笛者诘验之,自云:"其夕窃于天津桥玩月,闻宫中度曲,遂于桥柱上插谱记之。臣即长安少年善笛者李谟也。"明皇异而遣之)。平明大驾发行宫,万人歌舞涂路中。百官队仗避岐薛(岐王范薛王业,明皇之弟),杨氏诸姨(贵妃三姊,帝呼为姨。封韩虢秦国三夫人)车斗风。——明年十月东都破(天宝十三年禄山破洛阳),御路犹存禄山过。驱令供顿不敢藏,万姓无声泪潜堕。两京定后六七年,却寻家舍行宫前。庄园烧尽有枯井,行宫门闭树宛然。尔后相传六皇帝,(肃代德顺宪穆)不到离宫门久闭。往来年少说长安,玄武楼成花萼废。去年敕使因斫竹,偶值门开暂相逐。荆榛栉比塞池塘,狐兔骄痴缘树木。舞榭敧倾基尚在,文窗窈窕纱犹绿。尘埋粉壁旧花钿,乌啄风筝碎珠玉。上皇偏爱临砌花,依然御榻临阶斜。蛇出燕巢盘斗拱,菌生香案正当衙。寝殿相连端正楼,太真梳洗楼上头。晨光未出帘影黑,至今反挂珊瑚钩。指似傍人因恸哭,却出官门泪相续。自从此后还闭门,夜夜狐狸上门屋。——我闻此语心骨悲,太平谁致乱者谁?翁言"野父何分别,耳闻眼见为君说。姚崇宋璟作相公,劝谏上皇言语切。燮理阴阳禾黍丰,调和中外无兵戎。长官清平太守好,拣选皆言由相公。开元之末姚宋死,朝廷渐渐由妃子。禄山宫里养作儿,虢国门前闹如市。弄权宰相不记名,依稀忆得杨与李。庙谟颠倒四海摇。五十年来作疮痏。今皇神圣丞相明,诏书才下吴蜀平。官军又取淮西贼,此贼亦除天下宁。年年耕种官前道,今年不遣子孙耕。老翁此意深望幸,努力庙谋休用兵。"

人道短 （乐府古题）

古道天道长,人道短。我道天道短,人道长。天道昼夜回转不曾住,春秋冬夏忙,颠风暴雨雷电狂。晴被阴暗,月夺日光。往往星宿,日亦堂堂。天既职性命,道德人自强。尧舜有圣德,天不能遣寿命永昌。泥金刻玉与秦始皇。周公傅说何不长宰相？老聃仲尼何事栖遑？莽卓恭显皆数十年富贵,梁冀夫妇车马煌煌。若此颠倒事,岂非天道短,岂非人道长？尧舜留得神圣事,百代天子有典章。仲尼留得孝顺语,千年万岁父子不敢相灭亡；殁后千余载,唐家天子封作文宣王。老君留得五千字,子孙万万称圣唐。谥作玄元帝,魂魄坐天堂。周公《周礼》二十卷,有能行者知纪纲。傅说《说命》三四纸,有能师者称祖宗。天能夭人命,人使道无穷。若此神圣事,谁道人道短？岂非人道长？天能种百草,获得十年有气息,薜才一日芳；人能拣得丁沈兰蕙,料理百和香。天解养禽兽,馁虎豹犳狼。人解和曲蘖,充衍祀烝尝。杜鹃无百作,天遣百鸟哺雏不遣哺凤皇。巨蟒寿千岁,天遣食牛吞象充腹肠。蛟螭与（与是授与,给与）变化,鬼怪与隐藏。蚊蚋与利觜,枳棘与锋铓。赖得人道有拣别,信任天道真茫茫。若此撩乱事,岂非天道短,赖得人道长？（这篇诗很少文学意味,正是一篇有韵的议论文而已。但其中思想却很大胆,可破除许多宗教迷信。参看上章引卢仝诗云:"暂时上天少问天,蛇头蝎尾谁安著？"即此诗"蚊蚋与利觜,枳棘与锋铓"之意。）

将进酒 （乐府古题）

将进酒,将进酒,酒中有毒鸩主父。言之主父伤主母。母为妾地父妾天,仰天俯地不忍言。阳为僵踣主父前,主父不知加妾鞭。旁人知妾为主说，主将泪洗鞭头血。推椎主母牵下堂，扶妾遣升堂上床。将进酒，酒中无毒令主寿。愿主回恩归主母。遣妾如此由主父。妾为此事人偶知，自惭不密方自悲。主今颠倒安置妾？贪天僭地谁不为。

上阳白发人 （新题乐府）

天宝年中花鸟使（天宝中密号采取艳异者为花鸟使），撩花狎鸟含春思，满怀墨诏求嫔御，走上高楼半酣醉。醉酣直入卿士家，闺闱不得偷回避。良人顾妾心死别，小女呼爷血垂泪。十中有一得更衣，九配深宫作宫婢。御马南奔胡马蹙，宫女三千合宫弃。宫门一闭不复开，上阳花草青苔地。月夜闲闻洛水声，秋池暗度风荷气。日日长看提象门，终身不见门前事。近年又送数人来，自言兴庆南宫至。我悲此曲将彻骨，更想深冤复酸鼻。此辈贱嫔何足言？帝子天孙古称贵，诸王在阁四十年，七宅六宫门户闭。隋炀枝条袭封邑（近封前代子孙为二王三恪），肃宗血胤无官位（肃宗已后诸王并未出阁）。王无妃媵主无婿，阳亢阴淫结灾累。何如决壅顺众流，女遣从夫男作吏？（此诗也只是一篇有韵的议论文而已。其中所记唐朝诸王的待遇，可供史料。此诗当与下文白居易的《上阳宫人》比较着，可以知道元白的诗才的优劣。）

织妇词

织妇何太忙！蚕经三卧行欲老。蚕神女圣早成丝，今年丝税抽征早。早征非是官人恶，去岁官家事戎索。征人战苦束刀疮，主将勋高换罗幕。缲丝织帛犹努力，变缉撩机苦难织。东家头白双女儿，为解挑纹嫁不得（余掾荆时，目击贡绫户有终老不嫁之女）。檐前袅袅游丝上，上有蜘蛛巧来往。羡他虫豸解缘天，能向虚空织罗网。

田家词

牛吒吒，田确确，旱块敲牛蹄趵趵，种得官仓珠颗谷。六十年来兵簇簇，月月食粮车辘辘。一日官军收海服，驱牛驾车食牛肉。归来收得牛两角，重铸锄犁作斤劚。姑舂妇担去输官，输官不足归卖屋。愿官早胜仇早覆,农死有儿牛有犊,誓不遣官军粮不足!

遣悲怀三首 （元稹哀悼亡妻之诗有一卷之多）

谢公最小偏怜女,嫁与黔娄百事乖。顾我无衣搜画箧,泥他沽酒拔金钗。野蔬充膳甘长藿,落叶添薪仰古槐。今日俸钱过十万,与君营奠复营斋。

昔日戏言身后意,今朝皆到眼前来。衣裳已施行看尽,针线犹存未忍开。尚想旧情怜婢仆,也曾因梦送钱财。诚知此恨人人有,贫贱夫妻百事哀。

闲坐悲君亦自悲,百年都是几多时。邓攸无子寻知命,潘岳悼亡犹费词。同穴窅冥何所望?他生缘会更难期!唯将终夜长开眼,报答平生未展眉。

听庾及之弹乌夜啼引 （也是追忆亡妻之作）

君弹《乌夜啼》,我传乐府解古题。良人在狱妻在闺,官家欲赦乌报妻。乌前再拜泪如雨,乌作哀声妻暗语。后人写出《乌啼引》,吴调哀弦声楚楚。四五年前作拾遗,谏书不密丞相知。谪官诏下吏驱遣,身作囚拘妻在远。归来相见泪如珠,唯说闲宵长拜乌;君来到舍是乌力,妆点乌盘邀女巫。今君为我千万弹,乌啼啄啄歌澜澜。感君此曲有深意,昨日乌啼桐叶坠。当时为我赛乌人,死葬咸阳原上地。（此诗在元氏集中可算是最上品。参看上章引张籍的《乌夜啼》）

过东都别乐天二首

（乐天在洛,太和中,稹拜左丞,自越过洛,以二诗别乐天。未几,死于鄂。乐天哭之曰:"始以诗交终以诗诀,兹笔相绝,其今日乎?"）

君应怪我留连久,我欲与君辞别难。
白头徒侣渐稀少,明日恐君无此欢。

自识君来三度别,这回白尽老髭须。
恋君不去君须会,知得后回相见无?

（元、白两人终身相爱，他们往还的诗最多至性至情的话。举此两章作例。）

白居易的诗，我们且依他自己的分类，每一类选几篇作例。

第一类是讽谕诗：

宿紫阁山北村

晨游紫阁峰，暮宿山下村。村老见余喜，为余开一尊。举杯未及饮，暴卒来入门，紫衣挟刀斧，草草十余人，夺我席上酒，掣我盘中飧。主人退后立，敛手反如宾。中庭有奇树，种来三十春，主人惜不得，持斧断其根。口称采造家，身属神策军。——主人慎勿语：中尉正承恩。

买　花　（《秦中吟》之一）

帝城春欲暮，喧喧车马度。共道牡丹时，相随买花去。
贵贱无常价，酬直看花数。灼灼百朵红，戋戋五束素。
上张幄幕庇，旁织巴篱护。水洒复泥封，移来色如故。
家家习为俗，人人迷不悟。有一田舍翁，偶来买花处，
低头独长叹，此叹无人喻：一丛深色花，十户中人赋。

上阳白发人　愍怨旷也（《新乐府》）

上阳人，红颜暗老白发新。绿衣监使守宫门，一闭上阳多少春？玄宗末岁初选入，入时十六今六十。同时采择百余人，零落年深残此身。忆昔吞悲别亲族，扶入车中不教哭。皆云入内便承恩，脸似芙蓉胸似玉。未容君王得见面，已被杨妃遥侧目，妒令潜配上阳宫，一生遂向空房宿。宿空房，秋夜长。夜长无寐天不明。耿耿残灯背壁影，萧萧暗雨打窗声。春日迟，日迟独坐天难暮。宫莺百转愁厌闻，梁燕双栖老休妒。莺归燕去长悄然，春往秋来不记年。唯向深宫望明月，东西四五百回圆。今日宫中年最老，大家遥赐尚书号。小头鞋履窄衣裳，青黛点眉眉细长。外人不见见应笑：天宝末年时世妆。上阳人，苦最多！少亦苦，老亦苦，少苦老苦两如何？君不见昔时吕向《美人赋》？又不见今日《上阳白发歌》？（天宝末，有密采艳色者，当时号为"花鸟使"。吕向献《美人赋》以讽之。）

道州民　美贤臣遇明主也　（《新乐府》）

道州民，多侏儒，长者不过三尺余。市作矮奴年进送，号为"道州任土贡"。任土贡，宁若斯！不闻使人生别离，老翁哭孙母哭儿，一自阳城来守郡，不进矮奴频诏问。城云"臣按《六典》书，任土贡有不贡无。道州水土所生者，只有矮民无矮奴。"吾君感悟玺书下：岁贡矮奴宜悉罢。道州民，老者幼者何欣欣！父兄子弟始相保，从此得作良人身。道州民，民到于今受其赐。欲说使君先下泪。仍恐儿孙忘使君，生男多以"阳"为字。

卖炭翁　苦宫市也　（《新乐府》）

卖炭翁，伐薪烧炭南山中。满面尘灰烟火色，两鬓苍苍十指黑。卖炭得钱何所营？身上衣裳口中食。可怜身上衣正单，心忧炭贱愿天寒。夜来城上一尺雪，晓驾炭车辗冰辙，牛困人饥日已高，市南门外泥中歇。翩翩两骑来是谁？黄衣使者白衫儿。手把文书口称敕，回车叱牛牵向北。一车炭重千余斤，宫使驱将惜不得。半匹红纱一丈绫，系向牛头充炭直。

新丰折臂翁　戒边功也　（《新乐府》）

新丰老翁八十八，头鬓眉须皆似雪，玄孙扶向店前行，左臂凭肩右臂折。问翁臂折来几年，兼问致折何因缘。翁云贯属新丰县，生逢圣代无征战，惯听梨园歌管声，不识旗枪与弓箭。无何天宝大征兵，户有三丁点一丁。点得驱将何处去？五月万里云南行。闻道云南有泸水，椒花落时瘴烟起。大军徒涉水如汤，未过十人二三死。村南村北哭声哀，儿别爷娘夫别妻，皆云前后征蛮者，千万人行无一回。是时翁年二十四，兵部牒中有名字。夜深不敢使人知，偷将大石捶折臂。张弓簸旗俱不堪，从兹始免征云南。骨碎筋伤非不苦，且图拣退归乡土。此臂折来六十年，一肢虽废一身全。至今风雨阴寒夜，直到天明痛不眠。痛不眠，终不悔，且喜老身今独在。不然当时泸水头，身死魂孤骨不收，应作云南望乡鬼，万人冢上哭呦呦。老人言，君听取。君不闻开元宰相宋开府，不赏边功防黩武？又不闻天宝宰相杨国忠，欲求恩幸立边功？边功未立生人怨，请问新丰臂折翁。

醉后狂言酬赠萧殷二协律

余杭邑客多羁贫,其间甚者萧与殷。天寒身上犹衣葛,日高甑中未拂尘。江城山寺十一月,北风吹沙雪纷纷。宾客不见绨袍惠,黎庶未沾襦袴恩。此时太守自惭愧,重衣复衾有余温。因命染人与针女,先制两裘赠二君。吴绵细软桂布密,柔如狐腋白似云。劳将诗书投赠我,如此小惠何足论?我有大裘君未见,宽广和暖如阳春,此裘非缯亦非纩,裁以法度絮以仁。刀尺钝拙制未毕,出亦不独裹一身。若令在郡得五考,与君展覆杭州人(比较他少年时作的"新制布裘"一首,命意全同,技术大进步了)。

第二类是闲适诗。白居易晚年诗多属于这一类。这一类的诗得力于陶潜的最多,他早年有"效陶潜体诗十六首",自序云:"因咏陶渊明诗,适与意会,遂效其体,成十六篇。"我们抄其中的一首,作这一类的引子:

效陶潜体诗(十六首之一)

朝亦独醉歌,暮亦独醉睡。未尽一壶酒,已成三独醉。
勿嫌饮太少,且喜欢易致。一杯复两杯,多不过三四,
便得心中适,尽忘身外事。更复强一杯,陶然遗万累。
一饮一石者,徒以多为贵。及其酩酊时,与我亦无异。
笑谢多饮者,酒钱徒自费。

洛阳有愚叟

洛阳有愚叟,白黑无分别。浪迹虽似狂,谋身亦不拙。
点检盘中饭,非精亦非粝。点检身上衣,无余亦无阙。
天时方得所,不寒复不热。体气正调和,不饥仍不渴。
闲将酒壶出,醉向人家歇。饮食或烹鲜,寓眠多拥褐。
抱琴荣启乐,荷锸刘伶达。放眼看青山,任头生白发。
不知天地内,更得几年活?从此到终身,尽为闲日月。

途中作

早起上肩舁,一杯平旦醉。晚憩下肩舁,一觉残春睡。
身不经营物,心不思量事。但恐绮与里,只如吾气味。

赠梦得

前日君家饮,昨日王家宴,今日过我庐,三日三会面。
当歌聊自放,对酒交相劝。为我尽一杯,与君发三愿:
一愿世清平,二愿身强健,三愿临老头,数与君相见。

夏日闲放

时暑不出门,亦无宾客至。静室深下帘,小庭新扫地。
褰裳复岸帻,闲傲得自恣。朝景枕簟清,乘凉一觉睡。
午餐何所有?鱼肉一两味,夏服亦无多,蕉纱三五事。
资身既给足,长物徒烦费。若比箪瓢人,吾今太富贵。

问少年

千首诗堆青玉案,十分酒写白金盃。
回头却问诸年少,作个狂夫得了无?

新沐浴

形适外无恙,心恬内无忧。夜来新沐浴,肌发舒且柔。
宽裁夹乌帽,厚絮长白裘。裘温裹我足,帽暖覆我头。
先进酒一杯,次举粥一瓯。半酣半饱时,四体春悠悠。
是月岁阴暮,惨冽天地愁。白日冷无光,黄河冻不流。
何处征戍行?何人羁旅游?穷途绝粮客,寒狱无灯囚。
劳生彼何苦,遂性我何忧?抚心但自愧,孰知其所由?

醉后听唱桂华曲

诗云:"遥知天上桂华孤,试问嫦娥更要无?月宫幸有闲田地,何不中央种两株?"此曲韵怨切,听辄感人,故云尔。

《桂华词》意苦丁宁,唱到嫦娥醉便醒。此是人间肠断曲,莫教不得意人听。

他早年有《折剑头》诗云:"莫轻直折剑,犹胜曲全钩"。晚年不得意,又畏惧党祸,故放情于诗酒,自隐于佛老,决心作个醉吟先生,自甘作"曲全钩"了。读上文的两首诗,可以知他的心境。

达哉乐天行

达哉达哉白乐天!分司东都十三年。
七旬才满冠已挂,半禄未及车先悬。
或伴游客春行乐,或随山僧夜坐禅。

二年忘却问家事,门庭多草厨少烟。
庖童朝告盐米尽,侍婢暮诉衣裳穿。
妻孥不悦甥侄闷,而我醉卧方陶然。
起来与尔画生计,薄产处置有后先。
先卖南坊十亩园,次卖东都五顷田。
然后兼卖所居宅,仿佛获缗二三千。
半与尔充衣食费,半与吾供酒肉钱。
吾今已年七十一,眼昏须白头风眩,
但恐此钱用不尽,即先朝露归夜泉。
未归且住亦不恶,饥餐乐饮安稳眠。
死生无可无不可,达哉达哉白乐天!

序跋集

序曾琦君的《国体与青年》

曾君琦把他所著的《国体与青年》寄来要我作序。我本来不敢动笔，但我读了曾君的书稿，觉得曾君一腔子的热诚在我们这一代少年中实在不可多得，我不好辜负他远道寄书的厚意，况且我对于《国体与青年》这个问题也颇有一些感想，很愿意借这个机会说几句话。

今年总算是"中华民国"的大选举的一年。有省议会的选举，有国会的选举，又有大总统的选举。但是我们中国的青年却完全不曾与闻这种大选举，完全由几路财神和一班武人政客随意支配，糊里糊涂的就派出十几个省议会和一个"新国会"来了。由这个财神、武人、政客派出的"国会"里又糊里糊涂的举出一个"大总统"来了。我们中华民国的国民真容易做！我们中华民国的青年肩上的担子真轻！

今年的省议会选举和国会选举乃是中华民国的大耻辱，这种耻辱比日本的"二十一款"大得多呢。弱国受强国的欺侮，自己不能抵抗又无国际的高等裁判可以申诉，这是不得已的事，算不得什么大耻。独有自称"共和国"的国民眼睁睁地对着几路财神和一班武人政客用种种无耻的手段支配一省一国的立法机关，这才是洗不尽的大耻辱。

我们中华民国的青年应该知道这种政治的腐败黑暗别无他种救济的方法，只有一条方法，须要全国青年出来竭力干涉各地的选举，须要全国青年出来做各地选举的监督。

我颇知道美国的政治情形，且举美国为例。美国的选举从前也曾经过一种黑暗时代，就在今日也不能完全免去不正当的运动，但是近二三十年的选举比起从前来真可算得天堂比地狱了。这种大改革是怎样得来的呢？原来都由于国民自动的干涉。美国各地现在都有公民政治结社（Civic Leagues or Civic Clubs），有长年人的，有妇人的，这种政治结社的宗旨专在监督选举，检查投票，告发一切不正当的运动，输灌公民应有的知识，讨论各政党的主张，评判各候选人的资格。每到选举之年，无论什么地方都有这种结社。有许多城市里因为政客的黑幕最深，故公民政体的防范也最严密。有一次选举时我正在纽约城走出来看他们投票，只见每一个投票场（纽约一城有几千个投票场）除办选举的人之外，有两个公民团体派出的纠察员，一个是本区公民政社派来的，一个是妇女参政会派来的（因为这一次除选举省长议员之外，还有妇女参政的问题也在票上表决）。投票自天明起至傍晚止，这两个公民纠察员也足足坐守一天，我走了许多投票场，处处都是如此。这个纠察员随时可以诘问形容可疑或是去而复返的投票人，随时可以监督选举场上的行为。有了这种严密的公民监督，那班财神麾下的政客奸人也就无可做手脚了。

这种公民的监督选举，便是美国近二三十年政治大肃清的最要原因。

我们中国现在的政治制度最不合共和国的精神。但是也有许多方面可以受我们青年国民的监督的，那些委派或任命的官吏现在且不必说，单说那些议员。既然名义上是由我们选举的，我们就该保守这"选举"的权利。有选举资格的自然应该去投票，自然应该监督选举，就是那些未成年的少年也应该结成团体，调查选举内容，监督选举场所，宣布选举黑幕。有时竟须受官吏的压制，有时竟须用合群的革命手段，都是正当的公民责任，不当退缩畏避的。

政治的肃清不是大总统一张上任告示就可以办到的，须要全国的青年公民大家都爱护共和国体的觉悟，大家都有保护公权的观念，大家都有痛恨贪官污吏无耻政客的心理，大家都有不惜因纠察选举而起大革命的胆子。如此方才可以使财神失其灵，武人失其威，政客奸人失其伎俩。如此方才是"青年"对于"国体"的尽忠。

我说的是"国体与青年"这个问题的实际上的解决方法。至于理论上的解决，曾君书中所说的十大觉悟说得很痛快，不用我多说了。

中华民国七年十月二十五夜胡适序

（收入曾琦《国体与青年》，作为少年中国学会丛书第一种，1919年1月16日少年中国学会出版。

又载1919年2月24日《晨报》副刊）

《欧战全史》序

协约国最后战胜的时候,我们中国人也跟着在中国的协约国国民,兴高采烈的庆祝这一次人类史上的空前大纪念。那天我在天安门外的高台上望着那几万的北京学生的游街大队,心里实在惭愧。我自己问道:"这几万学生里面,有几个人能知道他们今天庆祝的大事,究竟怎么一回事吗?"我想到这里,心里觉得这种懵懂的庆祝,实在是可怜可笑。我又转一念,又问自己道:"假使这几万学生里面,有一两个人,受了今天的大刺激,不愿意这样糊糊涂涂的庆祝人家的战胜,很想今天回学堂去研究研究这一次大战争的历史,——假使有这样的一两个学生,他们又到那里去寻研究的材料呢?有什么书可读?有什么杂志可参考呢?"我自己又回答道:"没有。"

这是我们中国一件最可耻的事,我们究竟应该怪谁呢?

我们应该怪我们自己,我们挂起"学者"的招牌,有直接研究外国书报的工具,有翻译书报的能力,但是对于这样空前的世界大战争,我们竟不曾做出一部《欧战史》,竟不曾译出一点关于欧战的参考材料!自从欧战开始以来,除了梁任公的一本小册子之外,竟寻不出一部关于欧战史料的汉文书!(黄英伯、叶叔衡的两种小册子那时还不曾出来。)这不是我们这班人的大罪过吗?

我又想到欧美各国这四五年来出版的欧战书报那样多,记载得那样详细,材料收集得那样完备;那一方面的情形没有专书?那一方面的意见没有代表的言论?我想到这里,回想国内欧战史料枯窘到如此地步,心里实在惭愧。

这是我去年冬天在天安门外的感想。我那时恨不能即时邀集一班朋友，日夜赶成许多欧战史料的书籍。可惜天安门庆祝之后，我不久就奔丧回南，从此以来，我竟不曾有著书译书的工夫。朋友之中，有几个注意这项事业的，又都因为太忙了，不能分时间来做书做报。至于那班没有事做的顾问老爷们和各部的编译先生们，又觉得"无事"果然可贵，更不肯于无事之中寻出事来做了。

现在梁和钧、林奏三两位先生做了这部《欧战全史》出来，我看见了非常高兴。这部书还不曾出全，我不敢乱下批评。但是这部书有三种很大的用处，是我们现在可断言的。

第一，这部书可补中国今日欧战参考材料的缺乏。这部书把这一次大战的各方面——西欧、东欧、南欧、殖民地、陆战、海战——都记得很明白，可以使人知道这次大战的实在情形。从此以后，国内不通外国文字的人，就可以从这书里得许多参考研究材料。这一层的需要，我在前面已说过，不消重说了。

第二，这部书可以增进中国人的世界知识和世界眼光。这一次大战，实在不是一场"欧战"，乃是一场空前的"世界大战"，但是在汉文里，"世界大战"四个字（The World War）还不成名词，我们中国人的心里仍旧觉得这是一次"欧战"。这很可证明多数中国人没有世界知识，没有世界眼光。但是平心而论，这也怪不得他们。他们没有书报可以参考，没有材料可以研究——报纸上记的大都是鱼行狗洞的小新闻，书店里出版的大都是淌白拆白一类的小书——教他们何处知得一种世界的眼光见识呢？梁、林两位的书，对于此次大战的远因近因，以及战线所及的各方面，参战各国的政治、外交、军事，都能有系统的记载，使读这书的人自然会了解一百年来的世界大事，自然会懂得现代世界各国之间的交互关系，自然会明白这一次大战争确然不是局部的私斗，乃是世界文明生死存亡的公斗；确然不是为了塞尔维亚一个小地方暗杀了一个老皇太子的报仇之战，乃是上承一百年世界政局的总毒，下开千百年世界政局的新纪元的一场大事。

第三，这部书出在大战结局十个月之后，虽然很迟了，但是他有迟出的大好处。当战争正烈的时候，人心各有所蔽，事实的真相不容易观察，是非的真相更不容易了解。现在战争已完了，意气稍稍平静了，从前用来号召的好听名词和用来谩骂的丑恶名词都不大听见了，各国的真面目都露出来了，纸老虎都戳穿了，在这个时候著一部大战全史，事实的收集自然很容易，是非的评判也比十个月前更可靠。所以我说梁、林两君的书在这时候出来，不但不是明日的"黄花"，简直是应时的要品。我很希望梁、林两君做这书的下卷时，能利用晚出的机会，把俄国的大革命、德奥的大革命、美国政策的变迁、交战各国战时内部的组织，以及最后战争终了的真原因，都能一一的根据最新的材料，根据最近最公的评判，作成一部最新最完备最平允的大战全史。若能做到这个地位，这部书便可替中国一洗五年没有欧战史料书籍的大耻了。

（收入梁和钧、林奏三著：《欧战全史》，出版时间、单位不详。又收入何仲英编：《白话文范》第二册，1921年8月上海商务印书馆出版）

汤尔和译《到田间去》的序

我在这十二年之中大概做了三四十部书的序文,总是我读了原书之后才敢写的。今天我给汤尔和先生写《到田间去》的序子,我要特别声明,我不曾先读他的译本。一来呢,商务印书馆至今不曾把译本送来;二来呢,汤尔和先生的译书是我完全信任的;三来呢,他在自序里有意和我挑衅,我这篇序只是跋他的自序,所以译本的读了没有,不生多大问题。

开卷第一句话,我要对汤尔和先生脱下帽子深深地鞠三个躬,表示我的敬意。汤先生在北平做了几回大官,穷的不得了,下台之后,有一个时代全靠译书过活。他到商务印书馆订下契约,一年之中要译一百二十万字的医书,每月交十万字。去年高梦旦、王云五先生告诉我:"尔和先生真了不得!每月准交十万字的译稿,一点不含糊!"只可惜商务印书馆的排字工人总赶不上汤先生一支笔的速率!汤先生这样的刻苦,这样的勤奋,真是我们少年人的模范。所以我很诚恳地对他表示敬意。

第二句话,我要脱下帽子,给全国读书的人道喜:"恭喜!恭喜!汤尔和用白话译书了!"这真是好消息。汤先生译的医书大都是用文言的。他的文言简洁通畅,也很可读。但文言译书的时代是过去的了,欧洲文字和日本新起的文字都不是文言所能流畅表现出来的,费了多大气力译出来,能读的人究竟不多,这叫做"吃力不讨好",聪明人不应该干这种傻小子的事!汤先生在十年前做了一篇《我也来放一把野火》,用极漂亮的白话发表他的时髦主张。我当时读了那篇文章,就知道白话文得着了生力军。可惜尔和先生十年来还不肯抛弃他的绅士架子,所以他的漂亮白话文始终"不大露脸"。现在好了！他也上了梁山泊了！我代表梁山泊上的朋友高叫三声欢迎的口号：

> 白话文不怕"断种"了！（这一句不大像口号，还得请吃口号饭的朋友们斧政）。
>
> 欢迎译学老将汤尔和做白话！
>
> 汤尔和的白话万岁！

第三句，我要请汤尔和先生更正一段关于我个人的谣言。他说：

> 胡适之先生起初在美国学农科，教员拿一篮苹果叫他区别，他不认得的，拿起来吃在肚里。

这句话是冤枉我的。我那时学习一科"种果学"，有一次实习时间做的事是苹果的辨认。每个学生面前堆着一堆苹果，一把小刀；每人自备一本《实习苹果分类法》。辨认的标准是根据每个苹果的大小，颜色，蒂的长短，圆度，脆度，酸甜等项，去查它的俗名和学名。美国学农的学生大都是来自田间，大都认得这些苹果的俗名，他们依据俗名去翻《分类法》的索引，便得学名，再填注每种的颜色，蒂长，等等，便容易了。他们不消半点钟，把二十三个苹果都分类完了，衣袋里装满了苹果，走出去大嚼去了。我同几位中国同学都不认得这些苹果先生姓甚名谁，只好规规矩矩依据各种标准去检查，整整两个钟头还不够辨认一半！眼睁睁地看着别人大嚼苹果，自己面前的苹果又都切开验看，不久都酸化了，不中吃了。这一课的分数自然很低，但前年我重到美国，居然还认得好几种苹果，不能不说是十五年前的一点小成绩。美国同加拿大的苹果大概有四五百种。东三省的黄豆有二百种。这都是很自然的。我们国内的少年，见了麦子说是韭菜，却要高谈"改良农村"，"提高农民生活"，真是痴人说梦！

前几个月，我的大儿子祖望和他的同学徐君在上海郊外看见一只水牛。这两个孩子就没有见过这种怪物，他们研究的结果，断定怪物是一只小象！旁边可笑坏了我的七岁小儿子思杜，他说，"这是水牛，你们连水牛都不认得！"思杜去年跟他母亲到徽州乡间住过四五个月,所以那一天便可以夸炫他的"博学了"。这便是到田间去和不到田间去的分别。

所以我十分赞同汤尔和译这部书的本意。他说:

> 我译这部书的意思,要想给人们做一个标准,少讲空话,多知道事实。……用不着开口便是主义,闭口便是国家,且分一点精神,留心苣荬,萝卜,白菜,黄豆,牛粪,马粪。

他又说:

> 乡下人进城,也是莫名其妙。但是乡下人所不知道的,是繁华奢侈;我辈到乡下所不知道的,乃是人类生活根源。到底谁该打,且让良心去判断。

他告诉我们:

> 南满铁路所办的公主岭农场,搜集数十种大豆,想改良豆种。没有几年工夫,已选定改良种第四号,第八十七及八十九号,收量既增加,油分又丰富,而且形式好看。何以我们自己就没有人干这件事?

他自己的回答是:

> 因为我们大家都去讲国计民生大道理,讲主义,讲手段。什么叫做白眉,什么叫做黑脐,什么叫做四粒黄,什么叫做大粒青,满不知道。至于高粱的双心红,喜鹊白,更是江湖上的隐语,不入爱国家的耳朵。

这是很沉痛的控诉,我们平日爱讲国计民生大道理的人听了,应该作何感想?

我在十年前,便提出"多研究问题,少谈主义"的意见,希望引起一班爱谈大道理的人的觉悟。十年以来,谈主义的人更多了,而具体的问题仍旧没有人过问。只看见无数抽象名词在纸上炫人眼睛,迷人心智,而事实上却仍旧是一事无成,一事不办。谈主义的书报真不在少数了!结果呢,还只是尔和先生说的,"不过纸张倒霉,书坊店走运"!于老百姓的实际苦痛有什么救济?于老百姓的实际问题有什么裨补?

尔和先生说过,他译这本书的用意是要劝人"少讲空话,多知

道事实"。我要替他加几句解释:

少谈主义,多研究一点有用的科学。

带了科学知识作工具,然后回到田间去,睁开眼睛看看民众的真痛苦,真问题。然后放出你的本事来,帮他们减除痛苦,解决问题。

改良得一种豆,或一种棉花,或一种蚕子,胜似一万万吨谈主义的文章。

发明一个治牛瘟猪瘟的方子,介绍一个除蝗除害虫的法子,胜似一万万张宣传主义的标语。

胡适　十九,五,二十八　在"奉天"轮船上

（收入耿云志主编:《胡适遗稿及秘藏书信》第12册,1994年黄山书社出版）

《清季外交史料》序

最近四十年中，中国史料出现之多，为向来所未有。其中至少有八大项最可纪：第一是周口店的"北京猿人"的发现，第二是古石器时代文化的发现，第三是新石器时代文化的发现，第四是安阳的殷墟器物文字的发现，第五是西域的汉晋木简的发现，第六是敦煌石室藏的六朝唐五代写本的发现，第七是日本旧藏中国古籍的公开，第八是北京宫廷各处档案的公开。史前文化的发现，使我们对于太古时代得着一个完全新鲜的了解。殷墟器物文字的研究，使我们对于殷商一代的旧史得着一个新的证实和许多新的修正。流沙古简书与敦煌写本的出现，和日本旧藏古书的公开，都使我们添了许多考订中古近古史的材料。关于近代史料，自然要算近十多年中北京宫廷衙署的各种档案旧卷为最重要。北京故宫开放之前，即有内阁旧卷档案的卖出，其大部分现归北京大学研究院。故宫完全开放之后，许多秘密文件与重要档案陆续出现，其重要虽远不能比罗马法王宫廷藏书的公开，但在史料毁弃散失的中国，这也是史学界一个大宝藏了。

在这八件大发现之外，最近还有黄岩王氏父子保存搜集的《清季外交史料》的出版，可算是近年史学界搜求材料运动中的第九件大事。

王彦夫先生是个有心保存史料的学者；当他在军机处服务的时候，他就留心搜集外交的文献：凡军机处所存的外交档卷，政府所存的交涉密电文稿，以及当日留中不发的电报文件奏章，他都细心搜集，亲手抄存。他在军机处的日子虽然不算很长久，但这一点搜求外交史料的兴趣，使他终身继续留意于这一类的文献。近年外交史料渐渐引起学者的注意，所以三十年前彦夫先生所抄存的材料，在当日为秘本，在今日已有一部分流传于世了。但据近世外交史专家蒋廷黻先生的估计，彀夫先生所收材料，至少还有百分之五六十是不曾发表过的。这个估计最可以表示这些史料的真价值。

光绪庚子七月，彀夫先生跟着清帝与太后西行，直到次年十一月才随两宫回北京，这一年半之中，他著有《西巡大事记》十二卷，每日详记政府与议和全权大臣及各省大吏往来的文电。我们看他这十二卷的编制方法，可以看出他的主要兴趣全在材料的保存。在那国家危亡之际，流离困顿之中，他还有那样的细心苦功，为后世史家掇拾那些很容易散失的文献：这种精神，这种远见，都是最可以使我们追思敬礼的。

彀夫先生逝世已三十年了。他的儿子希隐先生不但能保守遗书，不使散失，还能费了十年的工夫，搜集先人所不曾见和不及见的外交文献，补入彀夫先生的原稿，编成《光宣两朝外交史料》二百四十余卷，与《西巡大事记》同时刊行，并且编制《史料》索引，《外交年鉴》等，以便学者的检查。彀夫先生二十年的勤苦搜录，固然最可钦佩；可是若没有希隐先生的谨慎保存和殷勤补缀，这部大书即使不至于埋没散失，也决没有现在这样完全。两朝的史料成于父子两世之手，徐菊人先生把他们比配姚察姚思廉之续成梁陈二史，是很确当的。

我不是研究外交史的人，不过王希隐先生因为我平日颇注意一切史料的保存，所以他要我写一篇短序。我看了他这几年搜求补缀的工力，看了他编订先人遗著的热心，看了他这种"爱的工作"，我真感觉到百分的崇敬与惭愧。我的先父铁花先生（名传）也是一个有忧国远虑的人，他终身研究边疆问题，足迹走遍东三省及海南台湾两岛，留下了几十万字的日记和文稿，其中也有不少的重要材料。先兄绍之和我都曾有志愿整理这些遗稿。于今先父去世已近四十年，先兄去世已有五年了，这些遗稿至今还不曾整理印行。希隐先生继成先志的好榜样，给了我不少的兴奋与鞭策，所以我不敢辞谢他的好意，大胆写了这篇短序。

中华民国二十三年二月六日夜　胡适

（收入王彦威辑《清季外交史料》1934年铅印本，又载
1934年9月《图书馆学季刊》第8卷第3期）

公共卫生与东西文明
陈方之编《卫生学与卫生行政》序

我的朋友陈方之博士著了这部《卫生学与卫生行政》,要我写几句话做序。我是完全不懂医学的,但我读他这部书,毫不觉得吃力,所以我可以预料这部书将来一定有很多的读者,一定可以作为公共卫生的重要宣传品,一定可以裨益无数的人民。

西方新文明和东方古文明的优劣,近年来颇有人出力争论,其实这是很明白清楚的问题,有眼睛的都应该看得出,那有争论的余地。简单说来,中国的儒家思想也未尝不想做到一种"正德,利用,厚生"的文明。只可惜一班道士要无为,后来又添了一班和尚也要无为,无为是一条死路,万走不上"正德,利用,厚生"的目的地去。果然,大家讲无为,只好决心不要做人了,只好希望做神仙,做罗汉,成佛升天。于是中国的文明便成了仙佛的文明。仙佛的文明就是不要做人而妄想成仙成佛的文明。这种文明便不是人的文明。

这种不是人的文明有种种奇怪的现状。他们妄想仙佛的三十二种庄严,七十二般变化,却忘了一身的龌龊,一家的污秽。他们在那不洁的环境里住惯了,不知不觉地把他们的龌龊污秽加在仙佛的身上去。于是有烂脚的神仙,嗜痂的神仙,遍体生疮的活佛。这种理想反照回来,神仙菩萨都可以污秽不洁,何况凡人呢?于是有"邋遢邋遢,吃了做菩萨"的成语了。

他们妄想仙佛的长生不死,腾云来去,却不想想法子改造他们的轿子和舢板船,也不想想法子改良他们的医药。他们妄想仙佛的庄严净土,嫏嬛福地,四时不谢之花,八节长春之草,却不睁开眼睛看看他们府上的满地鸡屎浓痰,厨下的满地猪屎牛粪,街上的遍地毛厕臭水,野外的满地棺材坟墓。他们望着天上,却完全忘记了地下。

疾病来了,只好求神,求仙方,许愿。人死了,都是命该如此。瘟疫来了,只好求瘟神。瘟神无灵时,只好叹口气,闭门束手等死。死一家,只是一家命该绝。死一村,只是一村命该绝。至于猪瘟,牛羊瘟,牲口瘟,更是没有法子的事。万物之灵的人,尚且顾不得自己,何况哑口说不出苦痛的牲畜呢?

这便是那不是人的文明。不是人的文明的唯一特点便是人命不值钱。人生如梦,如梦幻泡影,如电如露,值得什么!因为人命不值钱,故医药之学三千年中从不曾列于六艺,列于四科,列于太学学科之中。因为人命不值钱,故公共卫生三千年中从不曾列入国家行政之内。

这便是东方的精神文明的怪现状。

今日世界的新文明虽然有许多缺点,但至少可以说是人的文明。人的文明的特点就是特别图谋人生的幸福。这个新文明的一个大原则就是先做到"利用,厚生",然后再谈别的问题。人的文明的第一要务是保卫人的生命。生命的保卫有两大方面,一是个人的卫生,一是公共的卫生。凡提倡体育,增进医术,保卫个人的健康,固是重要。但个人不是孤立的,是和他所在的环境有密切的利害关系的。一只瘟鼠可以灭绝一城,可以毁灭半个国家。几个蚊虫可以衰弱一个种族。所以单靠个人的保卫是不够的,必须有公共卫生的设施,使个人对于环境里的种种因子——空气,水,饮食,秽物,病菌等等,——都可以得着安全的保障。

公共卫生的原理有两点:

第一,人类的健康和疾病都和环境里的种种因子有因果的关系,而这种种因子大都是可以用人的智力来管理制裁的。

第二,这种种和健康疾病有关的因子,如水,如空气,如病菌,大都是属于很广漠的范围,关系一区域一城市,不是个人的能力所能及,只有公家机关才能管理制裁。

所以公共卫生的意义只是充分运用行政机关的权力,管理制裁一切关系人生健康疾病生死的种种重要因子。扫除疾病的来源,造成清洁健康的环境。

公共卫生的纲目,陈方之先生在本书里已有很详细的叙述了。他先述污物的处理,瘟疫的预防,水供的注意,空气的卫生,次述衣,食,住等事的卫生。纲领虽多,大要只是运用政府的工具来制裁改善人民的环境。

公共卫生是"人的文明"的第一要务,没有卫生行政的国家便够不上说人的文明。但这件事业的设施也有许多阻碍,其中最大的阻碍便是上文说的那种不愿做人而妄想成仙作佛的人生观。这种人生观有许多荒谬的思想可以阻碍公共卫生的设施:

(1) 死生有命,疾病有命。

(2) 净土在西天,天堂在死后,人生不过浮云幻梦,修短何妨达观。

(3) 且随缘自在,无为最好,多事多殃。

这种人生观不打倒,人的文明决不能实现。我们赞成陈方之先生和他的朋友们的卫生政策的人,应该帮助他们打倒这种"人生观",帮助他们宣传那卫生政策背后的新人生观。这新人生观的最低限度有这几个要点:

第一,死生疾病不在命,而在于物的原因。命不可制裁,而物可制裁。制裁得一分原因,便可以有一分效果。古话相传,"物必先腐也而后虫生之",真是根本大错。我们今日至少要人人明白"物必先有虫而后腐也"。因为虫是腐因,故杀菌,消毒,灭蚊,驱蝇,捕鼠,都有防病延年的功能。

第二,净土天堂都不在天上而在人间。人生的任务是要在这个人世里建立净土,建立天国。公共卫生便是净土法门。改造环境便是天堂大路。人生也许不过是一场梦,但你一生只有这一次做梦的机会,岂可不做一个像样子的梦? 少吐几口浓痰,多打几个蚊子,便是你建立净土的功德,胜过造七级浮屠。

第三,不可随缘,须要造因。无为不如早进棺材去。文化是祖宗的手脚心思挣扎出来的,若大家无为,人类至今还在茹毛饮血穴居野处的时代。自然界有许多势力是人们的仇敌,空气里,水里,食物里,飞虫的血里,都往往充满着比虎狼凶千百倍的微细毒菌。我们不灭绝他们,他们便要灭绝我们。只有充分运用人类的智力和组织去积极征服自然,才有生存的机会。

这是我读陈方之先生的书的一点子牢骚,便写了出来请他指教。

胡适 十九,一,十九

（收入陈方之编《卫生学与卫生行政》,商务印书馆1934年12月初出版,又载1935年1月12日《出版周刊》第111号）

《行己有耻与悔过自新》序

张文穆先生的两个讲演,一个讲顾亭林的"行己有耻",一个讲李二曲的"悔过自新",都使我读了很感动。张先生一定要我写几句话,我不敢推辞。

耻与自新,无论在个人方面,或在集团生活方面,都是联贯的。耻是悔的起点,自新是耻的结局。耻是知,悔与自新是行。孟子说的最好:"不耻不若人,何若人有?"耻是自知其缺陷,自新是实行补救其缺陷。朱子说的:"知得如此是病,即便不如此是药。"也正是这个道理。

国家到此田地,事事不如人。只有赤裸裸的承认事事不如人,发大耻心,发大忏悔的誓愿,同时用大无畏的精神,力求向上自新,才是唯一的出路。

一切自大、自夸、自颂扬先民如何伟大光荣,都是自欺无耻。须知先民的伟大光荣只是先民努力的结果。我们自己若不努力,祖宗的光荣何补于今日的危亡耻辱!"终日数他宝,自无半钱分"。歌颂过去的光荣者,当思此言。

廿五,四,一　胡适

(收入耿云志主编:《胡适遗稿及秘藏书信》第 12 册)

《人与医学》的中译本序

1933年,北平协和医学校代理校长顾临先生(Roger S. Greene)同我商量,要寻一个人翻译西格里斯博士(Henry S. Sigerist)的《人与医学》(Man and Medicine)。恰好那时顾谦吉先生愿意担任这件工作,我就推荐他去做。我本来希望中基会的编译委员会可以担负翻译的费用,不幸那时编委会没有余力,就由顾临先生个人担负这部译本的稿费。

顾谦吉先生是学农学的,他虽然学过生物学,生理学,解剖学,却不是医学的内行。他翻译此书时,曾得着协和医学校的几位教授的帮助。李宗恩博士和姜体仁先生曾校读译本全稿,给了译者最多的助力。

我因为自己爱读这本书,又因为顾临先生独力担任译费使这部书有翻译成中文的机会,其高谊可感,所以我自告奋勇担任此书"润文"的责任。此书译成之后,我颇嫌译文太生硬,又不免有错误,所以我决心细细重校一遍。但因为我太忙,不能用全力做校改的事,所以我的校改就把这部书的中译本的付印延误了一年半之久。这是我最感觉惭愧的(书中有一些人名地名的音译,有时候先后不一致,我曾改正一些,但恐怕还有遗漏未及统一之处)。

今年美国罗宾生教授(G. Canby Robinson)在协和医学校作客座教授,我和他偶然谈起此书的翻译,他很高兴的告诉我,不但著者是他的朋友,这书英文本的译人包以丝女士又是他的亲戚,他又是怂恿她翻译这书的人。我也很高兴,就请他给这部中译本写了一篇短序,介绍这书给中国的读者。

英文本原有著者自序一篇,和美国赫普金大学魏尔瞿教授的卷头语一篇,我都请我的朋友关琪桐先生翻译出来了(罗宾生先生的序是我译的)。

有了这三篇序,我本可以不说什么了。只因为我曾许顾临先生写一篇介绍这书给中国读者的文字,所以在说明这书翻译的经过之外,我还要补充几句介绍的话。

西格里斯教授在自序里说:

> 用一般文化做画布,在那上面画出医学的全景来,——这是本书的计划,可以说是前人不曾做过的尝试。

这句话最能写出这部书的特别长处。这书不单是一部医学发达史,乃是一部用一般文化史做背景的医学史。

这部书当然是一部最有趣味的医学小史。著者领着我们去看人体结构的知识(解剖学)和人体机能的知识(生理学)的发达史;去看人类对于病人态度的演变史;去看人类对于病的观念的演变史;去看病理学逐渐演变进步的历史;去看人们诊断疾病,治疗疾病,预防疾病的学问技术逐渐进步的历史。每一门学问,每一种技术,每一个重要理论,各有他发展的过程,那就是他的历史。这种种发展过程,合起来就成了医学史的全部。

但每一种新发展,不能孤立,必定有他的文化背景,必定是那个文化背景的产儿。埋头做骈文律诗律赋八股,或者静坐讲理学的智识阶级,决不会产生一个佛萨利司(Vesalius)更不会产生一个哈维(Harvey),更不会产生一个巴斯脱(Pasteur)或一个郭霍(Koch)。巴斯脱和郭霍完全是十九世纪科学最发达时代的人杰,是不用说的。佛萨利司和哈维都是那十六七世纪的欧洲一般文化的产儿,都是那新兴的医科大学教育的产儿,——他们都是意大利的巴度阿(Padua)大学出来的。那时候,欧洲的大学教育已有了五百年的发展了。那时候,欧洲的科学研究早已远超过东方那些高谈性命主静主敬的"精神文明"了。其实东方文化的落后,还不等到十六七世纪——到了十六七世纪,高低早已定了,胜败早已分了:我们不记得十七世纪初期利玛窦带来的新天文学在中国已是无坚不摧的了吗?——我们的科学文化的落后还得提早两千年！老实说,我们东方人根本就不曾有过一个自然科学的文化背景。我们读了西格里斯先生的这部医学史,我们不能不感觉我们东方不但没有佛萨利司、哈维、巴斯脱、郭霍;我们简直没有盖伦(Galen),甚至于没有黑剥克莱底斯(Hippocrates)！我们在今日重读两千几百年前的《黑剥克莱底斯誓词》(此书的第七篇内有全文);不能不感觉欧洲文化的科学精神的遗风真是源远流长,怪不得中间一千年的黑暗时期始终不能完全扫灭古希腊、罗马的圣哲研究自然爱好真理的遗风！这个黑剥克莱底斯——盖伦的医学传统,正和那多禄某(Ptolemy)的天文学传统一样,虽然有错误,终不失为最可宝贵的古代科学的遗产。没有多禄某,也决不会有解白勒(Keppler)、葛利略(Galileo)、牛敦(Newton)的新天文学。没有黑剥克莱底斯和盖伦,也决不会有佛萨利司、哈维以后的新医学。——这样的科学遗产就是我们要指出的文化背景。

《人与医学》这部书的最大特色就是他处处使我们明白每一种新学理或新技术的历史文化背景。埃及、巴比伦的治疗术固然是古希腊医学的背景;但是希腊人的尚武精神,体力竞赛的风气,崇拜健美的人生观,等等,也都是那个文化背景的一部分。希腊罗马的古医学遗产固然是文艺复兴以后的新医学的文化背景;但是中古基督教会(在许多方面是敌视科学的)重视病人,看护病人,隔离不洁的风气,文艺复兴时代的好古而敢于疑古的精神,巴罗克美术(Baropue Art)注重动作的趋势,全欧洲各地大学教育的展开,等等,也都是这新医学的文化背景的一部分。

这样的描写医学的各个部分的历史发展,才是著者自己说的"用一般文化作画布,在那上面画出医学的全景来"。这样的一部医学史最可以引导我们了解这世界的新医学的整个意义。这样的一部医学史不但能使我们明白新医学发展的过程,还可以使我们读完这书之后,回头想想我们家里的阴阳五行的"国医学"在这个科学的医学史上能够占一个什么地位。

这部书不仅是一部通俗的医学史,也是一部最有趣味的医学常识教科书。他是一部用历史眼光写的医学通论。他的范围包括医学的全部,——从解剖学说到显微解剖学,人体组织学,胚胎学,比较解剖学,部位解剖学;从生理学说到生物化学,生物物理学,神经系统生理学;从心理学说到佛洛特(Freud)一派的心理分析,更说到著者最期望发达的"医学的人类学";从疾病说到病理学的各个部分,说到病因学,病理解剖学,病原学,说到细菌学与免疫性,说到疾病的分类;从各种的治疗说到各种的预防,从内科说到外科手术,从预防说到公共卫生;最后说到医生,从上古医生的地位说到现代医生应有的道德理想。

这正是一部医学通论的范围。他的总结构是这样的:先说人,次说病人,次说病的征象,次说病理,次说病因,次说病的治疗与预防,最后说医生。每一个大纲,每一个小节目,都是历史的叙述,都是先叙述人们最早时期的错误见解与方法,或不完全正确的见解与方法,然后叙述后来科学证实的新见解与新方法如何产生,如何证实,如何推行。所以我们可以说这是一部用历史叙述法写的医学通论。每一章叙述的是一段历史,是一个故事,是一个很有趣味的历史故事。

这部书原来是为初级医学生写的,但这书出版以后,竟成了一部普通人爱读的书。医学生人人应该读此书,那是毫无问题的,因为从这样一部书里,他不但可以窥见他那一门科学的门户之大,范围之广,内容之美,开创之艰难,先烈之伟大,他还可以明白他将来的职业在历史上占如何光荣的地位,在社会上负如何崇高的使命。只有这种历史的透视能够扩大我们的胸襟,使我们感觉我们不光是一个靠职业吃饭的人,乃是一个要继承历史上无数伟大先辈的光荣遗风的人:我们不可玷辱了那遗风。

我们这些不学医的"凡人",也应该读这样的一部书。医学关系我们的生命,关系我们爱敬的人的生命。古人说,为人子者不可不知医。其实是,凡是人都不可不知道医学的常识。尤其是我们中国人更应该读这样的一部书。为什么呢?因为我们实在太缺乏新医学的常识了。我们至今还保留着的许多传统的信仰和习惯,平时往往使我们不爱护身体,不讲求卫生,有病时往往使我们胡乱投医吃药,甚至于使我们信任那些不曾脱离巫术的方法,甚至于使我们反对科学的医学。到了危急的时候,我们也许勉强去进一个新式医院;然而我们的愚昧往往使我们不了解医生,不了解看护,不了解医院的规矩。老实说,多数的中国人至今还不配做病人!不配生病的人,一旦有了病,可就危险了!

所以我很郑重地介绍这部《人与医学》给一般的中国读者。这部书的好处全在他的历史叙述法。我们看他说的古代人们对于医学某一个方面的错误思想,我们也可以明白我们自己在那个方面的祖传思想的错误。我们看他叙述的西洋医学每一个方面的演变过程,我们也可以明白我们现在尊为"国医"的知识与技术究竟可比人家第几世纪的进步。我们看他叙述的新医学的病理学,诊断方法,治疗方法,预防方法,我们可以明白为什么新式的医生要用那么麻烦的手续来诊断,为什么诊断往往需要那么多的时间,为什么医生往往不能明白断定我们害的是什么病,为什么好医生往往不肯给我药吃,为什么好的医院的规矩要那么严,为什么医院不许我自己的亲人来看护我,为什么看护病人必须受专门的训练,为什么我们不可随便求医吃药。总而言之,我们因为要学得如何做病人,所以不可不读这部有趣味又有用的书。

胡适　1935,11,11,在上海沧洲饭店

（收入罗宾生著,顾谦吉译,胡适校:《人与医学》,1936年4月
上海商务印书馆出版,又载1936年6月11日
天津《益世报·读书周刊》第52期）

《中华民族的人格》序

张菊生先生在三年前编了一个小册子,收集了八篇短记载,叙述十来个古代人物的事迹。这些人,"有的是为尽职,有的是为知耻,有的是为报恩,有的是为复仇,归根结果,都做到杀身成仁"。张先生把这小册子题作《中华民族的人格》。张先生说:"只要谨守着我们先民的榜样,保全着我们固有的精神,我中华民族不怕没有复兴的一日!"

张先生爱国忧国的深心,是我最佩服的。我也相信"榜样"的功效远过于空言。我做小孩子的时候,读朱子的《小学》,最喜欢那些记载古人的嘉言懿行的部分,其中很有一些故事——如汲黯、如陶渊明、如高允、如范文正公、如司马温公、如吕正献公——我到现在(四十五年了)还忘不了。这些古人的风度,不知不觉的,影响了我一生。

八年前,我病在协和医院里,我的特别护士湖南王伯琨女士是中国女子最早学看护的一个。有一天,王女士对我说,她在一本女子小学国文教科书里,读到一课南丁格尔(Florence Nightingale)的小传,很受感动,就决定到湘雅医院去学看护。短短的一课南丁格尔就定规了一个女人的终身事业,这真是传记文学的大用处了。

所以我也很赞成张菊生先生用"先民的榜样"做我们的"人格教育"的材料。

但是我读了张先生的小册子,也有点小小意见,不敢不写出来请他指教。张先生收集的八篇,都是二千一百年前的故事,其中人物大都是封建时代的"食客"、"养士",其行事大都是报仇雪耻。这个时代过去太久了,少年的读者恐怕不能完全明了这些故事的时代意义。

譬如聂政的故事,现代读者就不能不先问问韩相侠累是不是犯了该杀的罪过,也不能不先问问严仲子的仇是不是值得报的。单单一句"士为知己者用",已经不能叫现代人心服了。又如荆轲的故事,有些现代读者也许要感觉田光、太子丹、荆轲一班人都未免把国家大事看作儿戏一样了;有些读者也许要说,这不过是一篇有力而不近情理的想像小说罢了。

所以我颇希望张先生在这些古代故事之外,另选一些汉以后的中国模范人物的故事;时代比较近些,使读者感觉更真实,更亲切;事迹不限于杀身报仇,要注重一些有风骨、有肩膀,挑得起天下国家重担子的人物。故选荆轲不如选张良,选张良又不如选张释之、汲黯。何以呢?因为《荆轲传》是小说,《留侯世家》是历史夹杂着传说,而张释之、汲黯是真实的历史人物。荆轲是封建时代的"死士"、"刺客",张良是打倒秦帝国的成功革命家,而张释之、汲黯是统一帝国建设时代的模范人物。张释之、汲黯虽然不曾"杀身成仁",他们都够得上"富贵不能淫,贫贱不能移,威武不能屈"的风范。中华民族二千多年的统一建国事业所以能有些成就,所以能留下些积极规模,全靠每个时代有每个时代的张释之、汲黯做台柱子。这里面很少聂政、荆轲的贡献。

如果张先生觉得我这个小意见值得考虑,我很想开一个名单做他的新书的第一次拟目。海外没有多少线装书可以帮助记忆力,但我想,下面开的这些人,大多数总可以得张先生的同意罢?

汉:张释之、汲黯

后汉:光武皇帝、邓禹、马援

三国:诸葛亮

晋:杜预、陶侃

唐:太宗文皇帝、魏徵、杜甫、陆贽

宋:范仲淹、王安石、岳飞、文天祥

明:刘基、方孝孺、王守仁、张居正

清:顾炎武、颜元、曾国藩

这二十多人,包括那"杀身成仁"的岳飞、文天祥在内,都是积极的,有斤两的大人物;都有很可爱,很可敬的风度;都可以作为中华民族的榜样人物。

胡适　民国二十九年八月十八日于华盛顿

（收入傅安明:《一篇从未发表过的胡适遗稿》,载1987年3月1日台北《传记文学》第50卷第3期）

《日本的幽默》序

老友显光兄发现和欣赏日本幽默虽然迟了些,我却还要由衷的庆贺他。

大家知道,每一个国家都有它自己的幽默,可是经常不容易给外人了解和欣赏的。最大的障碍是语言、习惯、历史文化传统的不同,再加上表达幽默的时候又常要加上些特殊的地方色采。有了这种种障碍才造成了某某民族不懂幽默的神话。

有一位美国朋友告诉我一只故事说:他有一次在一只横渡大西洋的大邮船上发现一个日本人每一个清晨每一个下午一定经常地在甲板上散着步。一天,风浪十分大,那个日本人还是照常散着步。当这个日本人走过我那美国朋友躺椅的面前时,美国朋友招呼着说道:"我发现你真是一位好 Sailor。"(按英文 Sailor 原意虽作水手解,土话引申作为航海的旅客,好 Sailor 意即不怕风浪的人。)那个日本人立定了答复道:"先生,错了。我不是水手:我是一位日本的贵族。"

或者就像这样不懂外国语里的土话才造成了日本人没有幽默的神话。

我有很多日本朋友,他们的幽默感使我深感兴趣。可是,我还是要说,我收集国际怕老婆的故事,始终没有得到他们的帮助。再到显光兄收的堆里去找也没有,大使这本集子里既然提到了我日本没有怕老婆故事的批评,他写的那节"野蛮风俗"故事,又跟我 1953 年在日本外务大臣冈崎胜男招宴席上说的那段故事大有出入,我现在就把我当时发表收集怕老婆故事的政治意义,连同这故事本身,一并自己来说一说吧。

先从我收集这些故事说起。我在 1942 年就开始收集有关怕老婆的各国语文的故事,笑话和漫画。我常常告诉朋友们说:"你在这个收藏里面可以找到了解国际大问题的钥匙,大到和战问题也不会例外。你瞧吧:我这里有几百只中国的怕老婆故事,可是没有一只从日本来的。美国,英国,斯干狄那维亚的这种故事也有几百只(麦克马纳斯的《带大父亲》(*McManus's Bringing up Father*)我只采用了几只),可是没有一只德国来的。倘然我们做一个结论说,人类中间这一种怕老婆的低级种子,只能在民主国家里繁殖,不会产生在极权国家的土壤上,或者还不会错吧?"

到了 1943 年,我的收藏格外丰富了,我又向朋友们说道:"这里又有很多意大利怕老婆的故事,这中间玛吉亚维利(Machiavelli)写的那一只,可以算是我全部收藏里面最好的一只。我真要相信,意大利既然编入了怕老婆国家的一栏里,恐怕它挤在轴心国家边上不会感觉到愉快吧。"意大利就在这一年的 9 月 8 日投降了。

现在我再来把大使极度没有日本风味的命题"野蛮风俗"所指的那节原始故事说一说!

在冈崎的宴会席上(那一天有很多中日女客),我提到我的这批收藏和它的国际意义来做增加宾主兴趣的谈助。为了要证实日本丈夫从前不怕老婆的论据,我就讲了下面一段故事:

在 1936 年那时候,中日战争还有一点可以避免的希望。因此两国的银行家、实业家忙着磋商交换访问团体,研究两国间经济实业合作的可能性。先由中国银行家、实业家组织团体访日。日本也由儿玉领导组织了一个访问团到中国来答访。

儿玉在上海时,把下面一节故事告诉我的朋友徐新六:

"我们的船从神户开出的时候,我就召集了全体团员和他们的眷属,告诫他们到了中国应该怎样检点自己的行动。我提醒他们,中国是男女平等的,因此我们要特别留神,不要让中国朋友讥笑我们的重男轻女。我又具体指出到了上海登岸的时候,妻子绝对不要跟在丈夫的后面,两个人要臂挽着臂走,皮包该由男的拿,不能让女的去提。

"大家都同意我的说法。于是就把行李搬到甲板上,每一个丈夫一手提皮包,一手挽着妻子演习着,演习得十分纯熟。

"可是,到了第二天,船还没有靠岸,很多中国朋友蜂拥到我们船上来欢迎我们。他们人数是那样的多,欢迎又那样的热烈,竟使我们都把妻子忘记了。我们登了岸,欢迎我们的中国朋友格外的多了,我突然想起昨天说的那一套话。回头再向船上看,只见我们的那一堆可怜的妻子,拖着大包小包,挤在人堆里在挣扎着,没有一个丈夫挽着她们任何一个的膀臂。我们全部考虑周详的决议和训练纯熟的演习都是白费了!"

我讲完了这只故事,在座的谷先生说:"儿玉先生也曾经把这只故事讲给我听过。我可以证明胡先生刚才说的跟原始故事是一样的。"

儿玉的故事表现了日本幽默最美妙的部分,虽然这并不能跟我们大使的"野蛮风俗"所说的完全一样。我希望老友前田多门可以把日本产丝区真正怕老婆的好故事借给显光兄,不要让新宪法以及"尼龙""戴龙"那些化学纤维纠正了这只不平等的天秤之后,淹没了这些故事使后世历史家收藏家都无从着手了。

胡适　1955 年 11 月 14 日

（收入董显光著:《日本的幽默》,1956 年东京董显光自印本

收入胡颂平:《胡适之先生年谱长编初稿》第 7 册）

《白话诗的三大条件》答

俞君这封信寄到我这里已有四五个月了。我当初本想做一篇《白话诗的研究》，所以我留下他这封信，预备和我那篇文章同时发表。不料后来我奔丧回南，几个月以来，我那篇文章还没有影子。我只好先把这封通信登出去。我对于俞君所举的三条，都极赞成。〔按：俞平伯在信中提出的三条是：(1)用字要精当，造句要雅洁，文章要完密；(2)音节务求谐适，却不限定句末用韵；(3)说理要深透，表情要切至，叙事要灵活。〕我也还有几条意见，此时来不及加入，只好等到我那篇《白话诗的研究》了。

俞君这信里我所最佩服的两句话是"雕琢是陈腐的，修饰是新鲜的"。近来外面的批评家不懂得这个道理，固属难怪。但是我们做白话诗的人千万不可忘记这个道理。近来我看见俞君自己做的诗（《新潮》二号），知道俞君是能实行这个道理的。

八年三月　胡适

（原载 1919 年 3 月 15 日《新青年》第 6 卷第 3 号）

《短篇小说第一集》序

这些是我八年来翻译的短篇小说十种,代表七个小说名家。共计法国的五篇,英国的一篇,俄国的两篇,瑞典的一篇,意大利的一篇。

这十篇都是曾发表过的:《最后一课》曾登《留美学生季报》;《柏林之围》曾登《甲寅》;《百愁门》曾登《留美学生季报》;《决斗》《梅吕哀》《二渔夫》曾登《新青年》;《一件美术品》曾登《新中国》;其余三篇曾登《每周评论》。因为这十篇都是不受酬报的文字,故我可以自由把他们收集起来,印成这本小册子。

短篇小说汇刻的有周豫才、周启明弟兄译的《域外小说集》(1909)两册,周瘦鹃的《欧美名家短篇小说丛刊》(1917)三册。他们曾译过的,我这一册里都没有。

我这十篇不是一时译的,所以有几篇是用文言译的,现在也来不及改译了。

近一两年来,国内渐渐有人能赏识短篇小说的好处,渐渐有人能自己著作颇有文学价值的短篇小说,那些"某生,某处人,美丰姿,……"的小说渐渐不大看见了。这是文学界极可乐观的一种现象。我是极想提倡短篇小说的一人,可惜我不能创作,只能介绍几篇名著给后来的新文人作参考的资料,惭愧惭愧。

后面附录《论短篇小说》一篇,是去年的旧稿,转载在这里,也许可以帮助读短篇小说的人领会短篇小说究竟是一件什么东西。

民国八年九月　胡适

我译的短篇小说,在第一版所印十种之外,还有《他的情人》一篇，现在趁再版的机会，把这篇也加进来。

民国九年四月　胡适

（收入胡适译：《短篇小说第一集》，1919年10月上海亚东图书馆初版，1920年4月再版）

《英文现代读物》序例

教中国学生的英文,和教英国、美国儿童的英文,不能用同样的法子,也不能用同样的书。这一点是我们应该承认的。中国学生开始读英文的时候,大概已是十五六岁的少年了。他们的教材最不容易选择。"这是一只狗","我有一本书",固然太无味了,固然不适用;然而那些有文学趣味的小说,却也不能适用。学生认字不多,文法不清,决不能领会这些书的文学趣味。

我们可举几个例。Washington Irving 的 *Sketch Book*(《拊掌录》)在美国中等学校里是很有趣味的书了;然而我们的中学生或大学预科学生读了这书的,有几个人能领略他的风趣? 又如 *Stevenson* 的 *Treasure Island*(《金银岛》),这也是美国少年男女最爱看的读物了;然而我们前年用在大学预科一年级,竟完全失败。

我们经过这些失败之后,又采用了一本短篇小说(*Pittenger's A Collection of Short Stories*),我们以为这部书应该可以满意了;不料这些小说之中也只有几篇最容易的,还能勉强引起一点趣味;其余的,学生还不能赏玩,也不能得多大的利益。

这几回的失败,固然不完全是因为教材的缺点,也许一部分是因为教授法的不完备。但我们现在总觉得教材的不适宜是一个重要的原因。我们现在决意再做一回新的试验,把教材重新换过。我们这回编这部《现代读物》的缘起,就是如此。

这部《现代读物》的办法有几层:(1)选的材料都是近百五十年的革命史料,都是今日中国少年人很想知道的,或是他们应该知道的。(2)文学的趣味较轻,实用的意味较浓厚些;学者先从知识的欲望入手,从这些记叙的文章里得到言语文字的工具,然后进一步去求那文学的了解与兴趣。(3)全书拟分作六七册小本子,随时编印应用;到了明年,我们可以根据本年的经验,修改一遍,然后编印成书。(4)教者与读者用这书时,有什么意见,千万老实告诉编者,使他可以随时改过。编者的目的全在使学生多得益处;凡可以增进这个目的的,都是欢迎的。

第一册是关于美国独立的材料。第一,第三,第五篇,都是原料;第二与第四篇是记载。记载是原料的说明;原料是记载的引证。

中国今日的政治问题已逼到个个少年人的头上了!在这个混乱纷纠的时代,许多少年人未免常抱悲观。这种悲观的良药,是熟读美国开国的历史。他们革命的精神,自治的努力,固是可以鼓舞我们的;但最重要的还是他们从"邦联"(confederacy)变成"联邦"(Federation)的历史。当那八年的邦联时期(1781—1789),他们经过的种种危险和困难(页32—38),都可以给我们许多安慰与鼓舞。各邦的互争,外债的逼迫,中央政府的无能力,不消说了。到了后来,中央的收入每年只有五十万元,还不够付外债的利息;一元的纸币只值一分多钱;买一磅茶叶要一百元的纸币;理发匠用纸币来糊墙壁!这种历史的经验不能使我们减少我们的悲观吗?

十一,十,五　胡适。

(收入耿云志主编:《胡适遗稿及秘藏书信》第 12 册)

《胡思永的遗诗》序

这是我的侄儿思永的遗诗一册。思永是我的三哥振之（洪骓）的儿子，生于清光绪癸卯（1903）。三哥患肺痨已久，生了两个儿子都养不大，最后始生思永。生他的第二年（1904）三哥就同我出门到上海；我去求学，他去就医。他到上海刚六个星期，医治无效，就死了。那时思永刚满一岁。

思永禀受肺痨的遗传很深。做小孩时，他的手足骨节处常生结核，虽幸而不死，然而一只手拘挛不能伸直，手指也多拘挛的，一只脚微跛，竟成了残废的人。民国八年（1919）他到北京之后，身体颇渐渐健旺。八年秋间他考进南开中学；九年春初，他愿意仍回到我家里自修，我当时正主张自修胜于学校教育，故也赞成他回家自修。十一年一月他回绩溪去看他的母亲，春天由新安江出来，在杭州、上海之间玩了四五个月。北回后，再进南开中学，不久就病了。十二月中回北平，延至十二年四月十三日就死了。中医说他是虚痨已成，协和医院的医生说他是"阿迭生病"，是一种腺中结核，是不治之症。他死时只有二十一岁。

他的遗稿只有这一册遗诗，和无数信稿。他长于写信，写的信都很用气力。将来这些信稿收集之后，也许有付印的机会。

这些诗，依他自己的分配，分作三组。第一组——《闲望》——是八年到十年底的诗。原稿本不多，我又替他删去了几首，所以剩下的很少了。第二组——《南归》——是十一年一月到七月的诗。这一组里，删去的很少。第三组——《沙漠中的呼喊》——是十一年八月到十二月的诗，没有删节。

思永从小的时候就喜欢弄文学，对于科学的兴趣很冷淡。白话文学的起来,解放了他的天才,所以他的进步很快。他和江泽涵、周白棣们做的诗,常常不签名字,彼此交换抄了,拿来给我看,我往往认得出那是他的诗。他自己也知道他的天性所近,也就自认作将来的诗人。所以他诗还没有做几首,诗序却已有了一长篇。这篇长序,他自己后来很否认,用朱笔涂抹到底,自己加上"不成东西!""笑话,笑话!"的批语。但我仍把这篇序保存了,作为一件附录,因为这篇序至少可以表示他当十八岁时对于诗的见解。后来他自己以为他超过这种见解了;殊不知道这种见解正是他得力的地方,他始终不曾完全脱离这种见解。

他在那篇序里曾说:
> 我做的诗却不像白棣的诗一样,十首就有八首含有努力的意思,前进的意思;也不像泽涵一样,十首就有八首安慰自己的意思。我的诗只求表出我的感触,我的意思,我的所见。

这是他自己的评语,我们至今还觉得这句话不错。

他又指出他的诗的许多坏处,并且说:
> 一个做诗的人,无论是做寓意的诗,写实的诗,都应该用自然的景色做个根底,都应该多多的接近自然的景色。

他不信闭门造车的死法子,并且引我告诉他的一个实例。这个实例,他说的不明白,我替他重说一遍罢。我对他说,做诗要用实际经验做底子,写天然景物要从实地观察下手;不可闭眼瞎说,乱用陈套语。民国前一年我在美国做了一首《孟夏》的诗,内中有一句"榆钱亦怒苞"。当时一位同学朋友邹先生就指出榆钱是榆子,不是榆叶。从此以后,我不敢乱用一句不曾自己懂得的文学套语。思永对于这一层意思似乎很承认。我们读他的诗,知道他是朝着这个方向努力的。

他又说他的诗还有许多缺点:
> 一、学问不足;二、所受的激刺不深;三、心太冷。……我很希望我能够吃一剂猛烈的兴奋药,给我一个强大的激刺,提起我努力学问的观念,燃烧我快要冰冷的心!

这很像一个疲乏的人立定主意去吸鸦片烟,打吗啡针,有意去尝试那"强大的激刺"的滋味。后来他在南方,恋爱着一个女子,而那个女子不能爱他。恋爱和失恋——两种很猛烈的兴奋药——果然刺激起了他的诗才,给了他许多诗料。《南归》的一大半和《沙漠中的呼喊》的一大半都是这种刺激的产儿。

他的抒情诗之中,有几首是必定可传的。如《月色迷朦的夜里》里:

> 在月色迷朦的夜里,
> 我悄悄的走到郊外去,
> 找一个僻静无人的地方,
> 把我的爱情埋了。
> 我在那上面做了一个记号,
> 不使任何人知道他。
> 我又悄悄的跑回家,
> 从此我的生命便不同了。
> 我很想把他忘了,
> 只是再也忘记不去!
> 每当月色迷朦的夜里,
> 我总在那里踯躅着!
> 　　　　十,五,二八

又如《寄君以花瓣》:

> 寄上一片花瓣,
> 我把我的心儿付在上面寄给你了。
> 你见了花瓣便如见我心,
> 你有自由可以裂碎他,
> 你有自由可以弃掉他,
> 你也有自由可以珍藏他:
> 你愿意怎样就怎样罢。
> 寄上一片花瓣,
> 我把我的心儿付在上面寄给你了。
> 　　　　十一,八,十五

他的诗,第一是明白清楚,第二是注重意境,第三是能剪裁,第四是有组织,有格式。如果新诗中真有胡适之派,这是胡适之的嫡派。

但思永中间也受过别人的大影响。如《南归》中的《不》、《中肯的慰问》,他自己对我说是受了太谷尔的诗的译本的影响。又当周作人先生译的日本小诗初次发表的时候,思永日夜讽诵那些极精采,极隽永的小诗,所以他在这一方面受的影响也很不少。《南归》中有《短歌》四十九首,其中颇有些很好的,例如:

27
请你宽恕我,照前一样的待我,——
这两日的光阴真算我有本事过去。

49
但愿不要忘了互相的情意,便不见也胜于常见了。

思永自己盼望的"强大的激刺"果然实现了。但他的多病而残废的身体禁不住这"一剂猛烈的兴奋药",后来病发,就不起了。他的梦中的呼号是:

这是最后的刹那了!
这是最后的接吻了!
真正长久的快乐我们已无望,
永久的悲哀也愿意呵!
十一,九,廿二

思永最后的几个月的诗,多是病态的诗,怨毒的悲观充满了纸上。我在十一年十月中收到他的《祷告》一诗(登在《努力》第廿八期)之后,即写信给他,说少年人作如此悲观,直是自杀。但他的心理病态也是遗传的一部分,到此时期随着不幸的遭遇与疾病而迸发,是无法可以挽救的。他的《二次的祷告》中说:

主呀! 我不求美丽的花园,
不求嵯峨的官殿,
不求进那快乐的天国,
我只求一块清净无人的土地!
那里,在绵亘千里的树林中,
在峰岩重叠的高山上,

> 在四望无际的沙漠里,
> 甚至在那六尺的孤坟内。
> 只要看不见那人们的触目,
> 随便那里都可以的,
> 随便那里我都愿意。
> 主呀!请允了我这个小小的要求罢!
>   十一,十一,九

这是一个少年诗人病里的悲愤,我盼望读他的诗的人赏玩他遗留下的这点点成绩,哀怜他的不幸的身体与境遇;我祷祝他们不至于遭际他一生的遭际!

十三,九,二,北京

我很感谢程仰之君替思永搜集和抄录这些遗稿。

适

(收入《胡思永的遗诗》,1924 年上海亚东图书馆出版)

跋张为骐论《孔雀东南飞》

张先生这篇文章是陆侃如先生的主张的很有力的辩护。我终觉得张先生不免有点误解我的主张；并且我觉得他举的证据都可以助证我的主张。

第一，我明明说此诗作于建安以后，张先生不能说我认此诗"是汉诗"。为便利读者起见，我先重说我的主张的原文是：

> 我以为《孔雀东南飞》的创作大概去那个故事本身的年代不远。大概在建安以后不远，约当三世纪的中叶。但我深信这篇故事诗流传在民间，经过三百多年之久（230—550）方才收在《玉台新咏》里，方才有最后的写定，其间自然经过了无数民众的增减修削，滚上了不少的"本地风光"（如"青庐"、"龙子幡"之类），吸收了不少的无名诗人的天才与风格，终于变成一篇不朽的杰作。

第二，张先生明明知道《玉台新咏》称此诗为"古诗，为焦仲卿妻作"。然而他偏要用古韵来证明"诗中非用古韵"。治国学的人应该知道"古韵"是很危险的工具，不可拿来乱用的。我们试开眼看看今日的方音的分布，便可以明白一国之大，南方还用古韵时，北方东方西方早今［已］用今韵了。民歌是用方音的，他们用韵决不会错。张先生说的"古韵"究竟"古"到什么时候？张先生所谓"汉"，究竟指汉的何州何郡？——况且张先生明明说魏文帝诗中用"仪"字乃作"支"韵，明明承认"大概到了三国就相混了"。这不是恰恰证明我的主张吗？魏文帝正是建安的诗人，他的老家也与庐江相去不远。时代与地域上都可证明我的主张。我谢谢张先生替我寻得这一条好证据。

第三，《华山畿》的"华山"不是西岳，张先生也替我证明了。但他还要相信倪如的主张，说《孔雀东南飞》中的华山"决非地名，乃是用典"，这是最荒谬的见解。原诗云：

两家求合葬，合葬华山傍。

没有成见的人如何能说这是用典！我的原文说"华山"只是庐江的小地名；张先生已证明各地可有华山了，何以不许庐江有华山呢？（神女冢所在的华山不在高淳，确在丹徒城东，已有几位朋友写信来更正了。我谢谢张先生替我加上一证。）

第四，"青庐"没有什么特别之处，也得张先生帮我证明了，我也该谢谢他。他引《世说新语》记曹操、袁绍少年时闹新房的故事，也有"青庐"的话。曹操的时代不可以助证我的主张吗？刘义庆是南朝人，他用"青庐"，并不觉奇怪；《孔雀东南飞》的诗中，记的是淮南事，也用"青庐"；徐陵是南朝人，也并不觉的希奇。认青庐为北朝特俗，乃是晚出的唐人谬说罢了。

第五，"交广"地名，张先生的考证也错了。他引的《吴志》明明说永安七年（264）"复分交州置广州"。他不曾注意这个"复"字。《吴志》孙权黄武五年（226）"分交州置广州，俄复旧"。此事紧接建安之后，在孙休复置之前四十年。初置广州的事，详见《吴志·吕岱传》，到吕岱讨平士徽之乱后，方才废广州，复为交州。交广之名起于三世纪之初期，这何足证明《孔雀东南飞》为齐梁诗呢？

第六，张先生考证"下官"之称，更是无用的辨论。《南史·刘穆之传》所说明明是规定内史相对于"郡县为封国者"，不得称"臣"，一律称"下官"。这条特别规定与那普通的"下官"称谓有何关系？

此外的几条更没有年代考证的价值了。

最后，我要请张先生注意《玉台新咏》明明说此诗是"古诗"。徐陵生于梁初天监六年（507），死于陈末（556）。此诗若是齐梁（479—556）诗，何以徐陵要追称为"古诗"呢？

1928，1，19

（原载 1928 年 2 月《现代评论》第 7 卷第 165 期）

《绣余草》序

前不多时,我的朋友杨仲瑚和季璠弟兄来看我,说:"家母今年六十岁了,我们弟兄想把她的一本诗集印出来,送给亲友作个纪念。可否请你看看,写一篇小序?"我自然不敢推辞。过了几天,季璠把这本《绣余草》送来了。我读了之后,有点感想,遂写出来请教。

中国女子在文学史上占最高地位的自然要算李易安。易安何以能占这样高的地位呢?因为她肯说老实话,敢实写她的生活。她的《金石录后序》叙述她和赵德甫结婚后三十四年中的家庭生活,他们的美满幸福使读者妒羡,他们的患难使读者堕泪惋叹,只为写的真实亲切,故能成千古有数的文章。她的词多写离别及德甫死后的悲哀,都大胆写实,故能流传久远,千载之下还能使人起无限的同情。我们不看她的《打马图经》吗?她在自序里说:

> 予性喜博。凡所谓博者,皆耽之,昼夜每忘寝食。且平生多寡未尝不进者何?精而已。自南渡来,流离迁徙,尽散博具,故罕为之。然实未尝忘于胸中也。

这几句话最可以表示易安居士肯说老实话的精神。现在的太太奶奶们,尽管日日夜夜打麻将,谁肯在她们的自传里说"我最爱赌博;凡是赌博,我都深爱;赌起来,简直把吃饭睡觉都忘了?"因为这些太太奶奶们没有胆子说老实话,故她们就有诗文写出来,也决不值得一看。

陶太夫人这本诗稿里,寄怀外子的诗最多,都能很老实地抒写夫妇的爱情,离别的愁思,旖旎的关心。其中如《秋夜怀外子》:

> 风透轻罗一缕寒,徘徊忽忆客衣单。生憎小婢痴顽甚,几度催人说夜阑。

如《喜外子归》：

> 初看满面风尘色，听说平安抵万金。欲诉衷情仍脉脉，君心印处即侬心。

如《辛丑十一月送外子入都》：

> 曙影移窗玉漏阑，含愁脉脉倚阑干。多情天意迟风雪，似护征人不早寒。

如《别后寄怀外子》：

> ……人因病久拈针懒，诗为愁多下笔迟。

如《壬寅秋夜寄外子》：

> ……善病自怜人影瘦，不眠细数漏声迟。

如《癸卯秋日寄怀外子》：

> 宦游万里客愁多，忆否妆台砚共磨？雪北香南今历遍，名场况味究如何？
>
> 无端鹤唳家乡警，闺里惊心客未归。羡煞联翩一行雁，秋来犹解向南飞。

这都是很缠绵亲切的抒情诗，使我们想见小鲁先生夫妇之间"妆台砚共磨"，"琴瑟调和学唱随"的美满生活。陶太夫人的令兄玉如先生曾有《题绣余草》的诗，其中有云：

> 最好诗情关骨肉，言言婉挚见天真。

知妹莫如兄，玉如先生的评语，我们都认为定论。

陶太夫人一生的境遇是很美满的，她生于名门，少年时便有"赌酒敲棋兄作伴，挑灯问字叔为师"的幸福，又嫁得妆台共笔砚，同唱和的贤夫婿，"白首同心愿不违"；中年以后，又亲见四个儿子一一成就学业，为国家有用人才。她的遭际胜于易安居士万万。本来愁苦之言易工，而美满的环境很难作诗料。幸而小鲁先生有几年的远游，伤离惜别的情怀遂使闺中人留下了一些很真实的抒写，成为《绣余草》中最精采的部分。

于今陶太夫人预言的"笑饮儿孙献寿觞"的六十寿辰果然到了。以她的文学才华，当此最快乐的时光，回想她六十年丰富美满的经验，倘能用易安居士写实的精神，用散文作一部自叙传，给中国文学界留一部破天荒的妇人自传,给将来的史家添一部家庭生活史料,这岂不是仲瑚、季璠弟兄和他们的朋友所更希望而不敢请求的吗?

中华民国十七年六月七日　胡适

（收入耿云志主编:《胡适遗稿及秘藏书信》第12册）

《短篇小说第二集》序

这几篇小说本来不预备收在一块的。契诃夫的两篇是十年前我想选一部契诃夫小说集时翻译的；三篇美国小说是我预备选译一部美国短篇小说集用的。后来这两个计划都不曾做到，这几篇就被收在一块，印作我译的《短篇小说第二集》。

《短篇小说第一集》销行之广，转载之多，都是我当日不曾梦见的。那十一篇小说，至今还可算是近年翻译的文学书之中流传最广的。这样长久的欢迎使我格外相信翻译外国文学的第一个条件是要使它化成明白流畅的本国文字。其实一切翻译都应该做到这个基本条件。但文学书是供人欣赏娱乐的，教训与宣传都是第二义，决没有叫人读不懂看不下去的文学书而能收教训与宣传的功效的。所以文学作品的翻译更应该努力做到明白流畅的基本条件。

这六篇小说的翻译，已稍稍受了时代的影响，比第一集的小说谨严多了，有些地方竟是严格的直译。但我自信，虽然我努力保存原文的真面目，这几篇小说还可算是明白晓畅的中国文字。在这一点上，第二集与第一集可说是一致的。

我深感觉近年翻译外国文学的人，多是间接从译本里重译，很少是直接翻译原文的。所以我前几年在上海寄居的时候，曾发愿直接翻译英国和美国的短篇小说。我又因为最喜欢 Harte 与 O. Henry 的小说，所以想多译他们的作品。这几篇试译，我盼望能引起国内爱好文学的人对于这两位美国短篇小说大家发生一点兴趣和注意。我也盼望我的第三集是他们两人的专集。

胡适 1933，6，27　太平洋船上

（收入胡适译：《短篇小说第二集》，1933 年
9 月上海亚东图书馆出版）

郭绍虞《中国文学批评史》序[①]

郭绍虞先生编著的《中国文学批评史》，其上卷起自古代，下至北宋，已近三十万字。此书有几种长处：第一，作者搜集材料最辛勤；这一千多年中关于文学批评的议论，都保存在这书里，可省去后来治此学者无穷的精力。读者的见解也许不一定和郭君完全一致，但无论何人都不能不宝贵这一巨册的文学批评史料。第二，郭君的论断未必处处都使读者满意，但他确能抓住几个大潮流的意义，使人明了这一千多年的中国文学理论演变的痕迹。他把中国文学批评史分作三个大时期：隋以前为文学观念演变期，隋唐至北宋为文学观念复古期，南宋以至现代为文学批评完成期。这三个阶段的名称，我个人感觉的不很满意，因为从历史家的眼光看来，从古至今，都只是一个不断的文学观念演变时期；所谓"复古"期，不过是演变的一种；至于"完成"，更无此日；南宋至今，何尝有个完成的文学观念？然而我们若撇开了这三个分期的名称，平心细读郭君的叙述，还可以承认他的错误不过是名词上的错误，他确已看出了中国文学观念到隋唐以后经过一个激烈的大变化，这个大变化在形式上是复古，在意义上其实是革新。从隋唐到北宋的文学运动是一种"文艺复兴"，是一个"再生"时代，是一个托古而革命的阶段。这时期的文学批评只是那个文学运动的自觉的理论，所以也不免显出一点复古的色彩。用这种眼光来看此书，我们还可以承认郭君的判断在实质上是有见地的。我们读此书的第五第

[①] 编者按：此文上有胡适批语"此序写成后，我写信与作者，能不用最好。他回信赞成不用，而将序末二段收入自序中。此文作废。适之　廿三，二，廿五"。

六两篇,可以明白那个时代的"古文运动"不是偶然的,不是韩愈、柳宗元等两三个人偶然倡出来的,乃是一个经过长期酝酿,并且有许多才智之士努力参加的大运动;不是盲目的;乃是有许多自觉的理论作基本的革新运动。所以此书的最大功用在于辅助文学史,在于使人格外明了文学变迁的理论的背景。

此书也有一些可议之处。如本书第二篇论古代文学观念,即使我们感觉不少的失望。最不能使人满意的是把"神""气"等等后起的观念牵入古代文学见解里去。如《孟子》说"浩然之气"一章与文学有何关系?如《系辞传》说"知几其神乎",与文章又有何关系?如《庄子》说庖丁解牛"以神遇而不以目视",这与文章又有何关系?千百年后尽管有人滥用"神""气"等字来论文章,那都是"后话",不可用来曲说古史;正如后世妄人也有用阴阳奇正来论文的,然而《老子》论奇正,古书论阴阳,岂是为论文而发的吗?

又如第二篇中引《礼记·表记》中孔子语"情欲信,辞欲巧",因说孔子"尚文之意固显然可见了"(页三)。孔子明明说"辞,达而已矣"。郭君不引此语,却引那不可深信的《表记》以助成孔子尚文之说,未免被主观的见解影响到材料的去取了。

又如"墨家的文学观"一章(页二八——三三),割裂三表的论证法,说前两表为"学术的散文之二种",而第三表为"尚用的文学观",也很牵强。墨家注重论辩方法,故古代议论辩证的文体起于《墨子·非攻》、《非命》、《明鬼》、《尚同》诸篇。三表法(《非命》与《明鬼》篇)与《小取》篇,多是讲辩证方法的;《大取》篇所谓"辞以类行"之说,在《小取》篇中发挥最详尽。凡"效、辟、侔、援、推"诸法,都只是"以类取,以类予",都只是"辞以类行"。论辩文重在推理,而推理方法的要旨都在此诸法之中。试看《墨子》书中最谨严又最痛快的一篇论辩文,《非攻上》,其层次条理都只是"辟"、"侔"、"援"诸法的应用而已。因此可知此种辩证之论正是古代哲人对文学理论的重要贡献,不应当忽视的。

郭君屡次要我写一篇序。我在假期中读完此书,勉强写了这篇短序,一半是要介绍这部很重要的材料书,一半是想指出一两点疑义,供作者与读者的参考。

廿三,二,十七夜

(收入耿云志主编:《胡适遗稿及秘藏书信》第12册)

《缀白裘》序

从元代的杂剧变到明朝的传奇,最大的不同是杂剧以四折为限,而传奇有五六十出之长。这个区别起于那两种戏曲的来源不同。元代的杂剧是勾栏里每天扮演的,扮演的时间有限,看客的时间有限,所以四折的限制就成了当时公认的需要。况且杂剧只有一个角色唱的,其余角色只有说白而不唱,因为唱的主角最吃力,所以每本戏不可过长。每一本戏必须有头有尾,可以自成一个片段。万一有太长的故事,可以分成几本,每本还是限于四折(例如《西厢记》是五本,《西游记》是六本,每本四折)。这个四折的限制,无形之中规定了元朝杂剧的形式和性质。现存的一百多部元曲之中,没有一部的题材是繁重复杂的。这样的单纯简要,不是元曲的短处,正是他们的长处。我们只看见那表面上的简单,不知道那背后正有绝大的剪裁手段;必须有一番大刀阔斧的删削,然后能有那单纯简要的四折的结构。所以四折的元曲在文学的技术上是很经济的。

明朝的传奇就不受这种折数的拘束了。传奇出于南戏,南戏的最早形式好像是一种鼓词,有唱而无做。十二世纪的诗人陆放翁曾有诗道:

斜阳古道赵家庄,负鼓盲翁正作场。
身后是非谁管得,满村听唱"蔡中郎"。(这就是古本《赵贞女》)

鼓词唱本可以很长,正如北方的"诸宫调"唱本可以很长一样,南戏最早是唱本,后来大概受了北方杂剧的影响,唱本加上扮演,成为南戏。南戏初行于乡村,故没有勾栏看客的时间上的限制。南戏中的角色人人可唱,不限于一个主角独唱到底,所以戏过长也不妨。因为这种种历史的背景不同,所以南戏最早的杰作——《琵琶记》——就是一部四十二出的长戏。后来明、清两朝的文人做的传奇都是完全打破了元曲的四折限制的长戏。我们试把元曲的《杀狗劝夫》来比较后起的《杀狗记》,或者把元曲的《赵氏孤儿》来比较后起的《八义图》,就可以明白这种后起的传奇在文学的技术上是最不讲究剪裁的经济的。

元曲每本只有四折,故很讲究组织结构;删去一折,就不成个东西了。南戏与传奇太冗长,太拖沓,太缺乏剪裁,所以有许多幕是可以完全删去而于戏剧的情节毫无妨碍的。就拿《琵琶记》第一卷来说罢。第一副末开场,第二《高堂称庆》,第三《牛氏规奴》,第四《逼试》,第五《嘱别》,第六《丞相教女》,第七《才俊登程》,第八《文场选士》,——这八出若在元朝杂剧作家的手里,完全可以删去,至多在一段说白里几句话就可以说完了。一部《琵琶记》,四十二出之中最精采的部分不过是《吃糠》、《祝发》、《描容》……四五幕而已。

岂但《琵琶记》如此?一切明、清传奇,无不如此。《牡丹亭》,《桃花扇》,《长生殿》,《一捧雪》,流传到今日的能有几幕呢?其余的部分,早已被时间的大手笔删削掉了,只留给专家去翻读,一般看戏的人们是从不感觉惋惜的。

明朝的大名士徐文长曾批评邵文明的《香囊记》,说他是"以时文为南曲"。其实这一句话可以用来批评一切传奇。明、清两代的传奇都是八股文人用八股文体做的。每一部的副末开场,用一只曲子总括全部故事,那是"破题"。第二出以下,把戏中人物一个一个都引出来,那是"承题"。下面戏情开始,那是"起讲"。从此下去,一男一女一忠一佞,面面都顾到,红的进,绿的出,那是八股正文。最后的大团圆,那是"大结"。

这些八股文人完全不懂得戏剧的艺术和舞台的需要(直到明朝晚年的阮大铖和清朝初年的李渔一派,才稍稍懂得戏台的艺术)。他们之中,最上等的人才不过能讲究音乐歌唱,其余只配作八股而已,不过他们在那个传奇的风气里,也熬不过,忍不住,也学填几句词,做几首四六的说白,用八股的老套来写戏曲,于是产生了那无数绝不能全演的传奇戏文！

因为这些传奇的绝大部分都是可删的,都是没有演唱的价值的,所以在明朝的晚期就有传奇摘选本起来,每部传奇只摘选最精采的一两出,至多不过四五出。我们知道的传奇选本,有《来凤馆精选古今传奇》,又名《最娱情》；又另有《醉怡情》,选的更多了。这种选本都是曲文和说白并存的,和那些单收曲谱的不同,都可以说是《缀白裘》的先例。《最娱情》辑于顺治四年(1647),所选不满四十种。《缀白裘》辑于乾隆中叶,积至十二集四十八卷之多,可算是传奇摘选本的最大结集了。

《缀白裘》在一百几十年之中,流行最广,翻刻最多,可见得这部摘选本确能适应社会上的某种需要。我们在上文已说过,有许多传奇实在不值得全读,只读那最精采的几出就够了。例如鲁智深《醉打山门》的一出戏,意思和文词都是很美的。我们没有看见过《虎囊弹》全本,但我们可以断言,《山门》是《虎囊弹》最精采的一出,这一出在《缀白裘》里保存到如今,就是《虎囊弹》全本永远佚失了也不足惜了。又如《思凡》一出,据说是《孽海记》的一部分；又有人说《孽海记》原来只有《思凡》和《下山》两出：证实《思凡》确是好文章,有了这一出独幕戏,《下山》已是狗尾续貂,那全本《孽海记》的有无,更不成问题了。

这种摘选本的大功用就等于替那些传奇作者删改文章。凡替人删改文章,总免不了带几分主观的偏见。摘选戏曲,有人会偏重歌曲的音乐,有人也许偏重词藻,有人也许偏重情节。但《缀白裘》的编者,似乎很有戏台的经验,他选的大概都是戏台上多年淘汰的结果,所以他的选择去取大体上都不错。例如《一捧雪》,他选了《送杯》、《搜杯》、《换监》、《代戮》、《审头》、《刺汤》、《边信》、《杯圆》,共八出,我们读了这八出——其实还可以删去《送杯》、《代戮》、《边信》,——就尽够知道全部《一捧雪》的最精采部分了。二百年来,戏台上扮演《一捧雪》的,总不出《审头》、《刺汤》两出,这也可见有戏台经验的人都能知道这一部传奇里,戏剧的意味最浓厚的不过这两出。莫怀古的故事,要是在元朝杂剧家的手里,大概可以写成一部四

折的杂剧,其结构大概如下:

楔子　略如《搜杯》
第一折　《换监》
第二折　《审头》
第三折　《刺汤》
第四折　《杯圆》

如此看来,李元玉的《一捧雪》传奇,被《缀白裘》的编者删去了那繁冗的部分,差不多成了一部很精采的四折杂剧了!

在这一百几十年之中,一般爱读曲子的人大概都从这部《缀白裘》里欣赏明、清两代的传奇名著的精华。赵万里先生曾对我说:"明、清戏曲之有《缀白裘》,正如明朝短篇小说之有《今古奇观》。有了《今古奇观》,'三言'、'二拍'的精华都被保存下来了。有了《缀白裘》,明、清两朝的戏曲的精华也都被保存下来了。"这话说的很平允。一部《六十种曲》,篇幅那么多,不是普通读者买得起的,也不是他们读了能感觉兴趣的。何况《六十种曲》所收的都是崇祯以前的传奇,明末清初的名著都没有像《六十种曲》那样大部的总集。《缀白裘》摘选的曲本,上自《琵琶》、《西厢》,下至明、清中叶,范围既广而选择又都大致有理,所以能流行至一百几十年之久,成为戏曲的一部最有势力的摘选本。

以上泛论《缀白裘》的性质。我现在要指出这部选本的几个特别长处。第一,《缀白裘》所收的戏曲,都是当时戏台上通行的本子,都是排演和演唱的内行修改过的本子。最大的改削是在科白的方面。《缀白裘》是苏州人编纂的,苏州是昆曲的中心,所以这里面的戏文是当时苏州戏班里通行的修改本,其中"科范"和"道白"都很有大胆的修改,有一大部分的说白都改成苏州话了,科范也往往更详细了。例如《六十种曲》的《水浒记》的说白全是官话,而《缀白裘》选《水浒记》的《前诱》、《后诱》两出里的张文远的说白全是苏州话,就生动的多了。又如《六十种曲》的《义侠记》的说白,也全是官话,而《缀白裘》选的《戏叔》、《别兄》、《挑帘》、《做衣》诸出里武大和西门庆说的都是苏州话,也就生动的多了。这些吴语说白里也有许多猥亵的话，但那些地方也可以表示当年戏台上的风气。大概说来，改说苏白的都是"丑"和"付"，都是戏里的坏人或可笑的人。《一捧雪》的汤北溪说苏白使人觉得他更可恶；《义侠记》的武大郎说苏白使人觉得他更可笑可怜。这样大胆的用苏州土话来改旧本的官话，是当时戏台风气的最值得注意的一件事。若没有《缀白裘》一样的选本这样细密的保存下来，我们若单读官话旧本，就不能知道当时戏台上的吴语说白的风趣了。这种修改过的科白（不限于苏州话）的风趣，在《缀白裘》里随处可以看见；若用旧本对校，这种修改本的妙处更可以显现出来。例如《牡丹亭》的《叫画》（第二十六出）的"尾声"曲后，旧本紧接四句下场诗，就完了。《牡丹亭》的下场诗都是唐诗集句，是最无风趣的笨玩意儿。《缀白裘》本的"尾声"之后，删去了下场诗，加上了这样的一段说白，——柳梦梅对那画上美人说：

<blockquote>
呀，这里有风，请小娘子里面去坐罢。小姐请，小生随后。——岂敢？——小娘子是客，小生岂敢有僭？——还是小姐请。——如此没，并行了罢。（下）
</blockquote>

这不是聪明的伶人根据他们扮演的经验，大胆的改窜汤若士的杰作了吗？

第二，《缀白裘》所收的曲本，虽然大部分是昆腔"雅"曲；其中也有不少是当时流行的"俗"曲，——所谓"梆子腔"之类。这三四百年中，士大夫都偏重昆腔，各地的俗曲都被人忽略轻视，所以俗曲的材料保存的最少，这是文学史上的一件绝大憾事。苏州的才子如冯犹龙一流人，独能赏识山歌，《桐城歌》、《挂枝儿》一类的俗曲，至今文学史家都得感谢他们保存俗曲史料的大功绩。《缀白裘》的编者也很赏识当时流行的俗戏，所以这十二集里居然有很多的弋阳腔、梆子腔、乱弹腔的戏文，使我们可以考见乾隆以前的民间俗戏是个什么样子。这是《缀白裘》的一个很大的贡献，我们不可不特别表彰他。在这部选本里，昆腔之外，梆子腔为最多；《缀白裘》的第十一集差不多全是梆子腔，此外各集也偶有梆腔、西秦腔、高腔、乱弹腔等。我们检点这些材料，才知道近世流行的俗戏，如《卖胭脂》、《打面缸》、《打花鼓》、《探亲相骂》、《时迁落店》、《游龙戏凤》，在当年都是"梆子腔"。

我们从这里又知道这些俗戏里也有比较郑重的戏文,例如乱弹腔的《李成龙借妻》四出。但大多数是打诨的热闹戏,最可读的是《看灯》、《闹灯》两出梆子腔。读《缀白裘》的人们不可不知道这些打诨的俗戏都是中国近世戏曲史上的重要史料。

汪协和女士标点《缀白裘》,很费了不少的工夫,我很惭愧不能用北平所能得到的各种好版本的戏曲来替她细细校勘这部书。我希望,在这个戏曲史料比较容易得见的时期,这一部风行了一百几十年的摘选本还是值得多数读者的欣赏的。

胡适　二十六,五,十五夜　北平

附　注

我完全不记得这篇序了。今天读了一遍,觉得这序还是用气力写的,其中的文学史见解也不错。这是值得保存的一篇文章。

适之　1949,2,23

那年五月后半,或六月中,我好像还南行一次,到六月二十几才回北平。七月九日又南行了。

(收入汪协和标点:《缀白裘》第 1 册,
1937 年中华书局出版)

为陶冷月的画所写的跋语

我是不懂画的,但我总觉得,中国画受点西洋画的影响只会有好处,不会有大害处的。今天见了陶冷月先生的几幅画,我更信我这个意见是不错的。陶君作画,参东西画家的方法,格局意境多用中国法,光影渲染则多用西法。有成见的人也许看不惯这种不中不西的作法。但我们平心观察都不能不认这是很正当的尝试。例如中国旧法绝不能画夜景;所谓夜景,其山水树木一一如昼间所见,不过桌子上画一盏灯,空中画一钩新月而已。这种幼稚作法,只能画月,而不能画月光月色,显然是一缺陷。陶君略用西法,所作月夜诸品,皆能写光写色,这便是一种成绩了。但我看陶君的作品时,也有一种感想:我觉得陶君似乎有意作这种调和事业。我以为这倒可以不必。中国画与西洋画皆可以独立成一东西,不必有意去调和他们。最好是学西洋画时,脑中笔下如无中国画;学中国画时,脑中笔下也就如无西洋画。先要各画其所长,然后能运用自如,什么境界,自然用什么方法,皆出于不得已,故不露一毫斧凿的痕迹,而能成调和的大功。陶君英年勤学,他日的成就不可限,故我为陶君进这一解。

(具体写作时间不详,暂系于此,收入耿云志主编:
《胡适遗稿及秘藏书信》第 11 册)

《绝句一百首》后记

"每天一首诗",是民国廿三(1934)年四月廿日开始的。当初本是每天写一首记熟了的诗。后来随时看见可喜的诗,也抄一首两首。当时每天记有年月日,——没有年份的,大概都是民国廿三年(1934),——但收的诗都没有依时代编次。

昨天偶然翻看一首绝句,颇感觉检查的不方便。所以我把这几本"每天一首诗"拆开,依照作者的年代重新分编,装成一厚册。重编之后,我又删去了几首,分时代作了一个小统计,共计唐人廿七首,北宋廿七首,南宋四十二首(内有金人一首),元以下十三首。总数止有一百零九首!我今天改题作"绝句三百首",因为我觉得这个选本可以继续下去,做成一部颇有意义的"绝句三百首"。

胡适　1952年2月24日

后又删了几首,只存一百五首了。

(收入《胡适手稿》第十集)

《句余土音》跋

〔《句余土音》〕三卷,不记开雕年月,但《甬上望族表》三卷,首叶有"嘉庆甲戌八月开雕"一行,两书行款相同,似是同时刻的。两书同一函,我在东京买得《句余土音》三卷共诗三百九十首,其中至少有一小半是表彰甬上遗民"丙戌以后"的壮烈,所谓"写哀吟于楚些,存轶事于夏殷"。现存凡有三本:抱经楼写本《鲒埼亭诗集》只存《句余唱和集》二十九首。刻本《句余唱和集》我没有见过,不知删存若干。此本是最完全的本子,毫无可疑,故最可贵。

胡适　1959,8,28

(收入胡颂平:《胡适之先生年谱长编初稿》第8册)

《豆棚闲话》笔记

豆棚闲话

圣水艾衲居士编

鸳湖紫髯狂客评

《中国文学珍本丛书》第一辑第十三种

民国廿四年十二月上海杂志公司出版

  校点者 戴望舒

  主编者 施蛰存

  发行人 张静庐

  今天从启明书局沈志明借得此书,略记其内容,寄给赵元任兄,作"老天爷"曲的参考资料。

  此书作者评者均不可考。鸳湖在嘉兴,圣水大概就是明圣湖即杭州西湖。作者评者当是一人,可能是杭州嘉兴一带的人。

  此书内容是十二篇短篇小说,其第七篇题为"首阳山叔齐变节",说叔齐在山上挨饿,"委实支撑不过",就趁伯夷后山采薇去了,他逃下山去,被一群"顽民"包围着,他"袖中脱落"一张自己写的投诚呈子稿儿,众人拾起从头一念,大家拳头巴掌雨点相似,打得头破脑开。但叔齐终于"自信此番出山却是不差,待有功名到手,再往西山收拾家兄枯骨,未为晚也"。这种写法是可以推知此书写作大概在明朝亡后不久,约在康熙的初年,即十七世纪的六七十年代。

  此中十二篇都不是好小说,见解不高,文字也不佳。其中第十篇题为"虎丘山贾清客联盟",有二十三首打油的苏州竹枝词,又写那些"老白赏"(一名蔑片,一名忽板,即是帮闲的"清客",与后来的"老白相"的意义不同),说话往往用苏州土白,可以说是很早的苏白小说。

《老天爷》曲子见于第十一篇,题为"党都司死枭生首"。此篇写崇祯时代"离乱之苦",其中叙述"流贼"的一长段里,有这一节:

> 那时偶然在路上行走,却听得一人唱着一只边调曲儿,也就晓得天下万民嗟怨,如毁如焚,恨不得一时就要天翻地覆,方遂那百姓的心愿哩。他歌道:
>
> 老天爷,
>
> 你年纪大,
>
> 耳又聋来眼又花,
>
> 你看不见人,
>
> 听不见话。
>
> 杀人放火的享着荣华①,
>
> 吃素看经的活活饿杀。
>
> 老天爷:
>
> 你不会作天,
>
> 你塌了罢!
>
> 你不会作天,
>
> 你塌了罢!

此下紧接着叙

> 四下起了营头,枝派虽记不清,那名字绰号也还省得。如
>
> 大傻子　刘通　　王老虎　王国权
>
> 老回回　马进孝　　过天星　徐世福
>
> 闯工　　高汝岳　　闯将　　李自成
>
> ……(此下还有三十一人的绰号姓名)

我看此名单与那只"边调曲儿"都是从当时流传的记载"流寇"的书里抄出的。下文又记"流贼"的组织,如"凡四十岁以上,不论男女,一概杀了。只留十二三岁到二十四五岁上下的,当作宝贝"。又如"始初破城,只房财帛婆姨。后来贼首有令,凡牲口上带银五十两,

---

① "着"字是原文,我记作"尽"字了。着字似胜。适之

两个婆姨者,即行枭示。残破的地方,抛弃的元宝不计其数"。这些记载好像也是根据旧记载。

《豆棚闲话》的文章很平凡。"老天爷"曲子必是当时流行的"边调",革命歌,必不是那位很平凡的作者写得出来的。

1961年2月4日半夜　适之

(收入艾礼居士编:《豆棚闲话》,1961年6月台北启明书局
出版的《世界文学大系》第10册,又收入胡颂平:
《胡适之先生年谱长编初稿》第10册)

《脂砚斋评本石头记》题记（三则）

1 现在的八十四回《石头记》，共有三本，一为有正书局石印的戚蓼生本，一为徐星署藏的八十四回钞本（我有长跋），一为我收藏的刘铨福家旧藏残本十六回（我也有长跋）。三本之中，我这本残本为最早写本，故最近于雪芹原稿，最可宝贵。今年周汝昌君（燕京大学学生）和他的哥哥借我此本钞了一个副本。我盼望这个残本将来能有影印流传的机会。

胡适　1948、12、1

2 我得此本在1927年，次年二月我写长跋，详考此本的重要性。1933年1月我写长跋，改定徐星署藏的八十回本（缺六四、六七回，又二十二回不全）脂砚斋四阅评本。

1948年7月，我偶然在《清进士题名录》发现德清戚蓼生是乾隆三十四年（1769）三甲廿三名进士，这就提高戚本的价值了。

胡适　1949年5月8夜（在纽约）

3 王际真先生指出，俞平伯在《红楼梦辨》里已引余姚《戚氏家谱》说蓼生是三十四年进士，与《题名录》相合。

胡适　1950,1,22

（收入胡颂平：《胡适之先生年谱长编初稿》第6册）

影印乾隆甲戌《脂砚斋重评石头记》的缘起

民国十六年夏天,我在上海买得大兴刘铨福旧藏的"脂砚斋甲戌钞阅再评"的《石头记》旧钞本四大册,共有十六回:第一到第八回,第十三到第十六回,第廿五到廿八回。甲戌是乾隆十九年,1754,这个钞本后来称为"甲戌本"。

民国十七年二月,我发表了一篇一万七八千字的报告,题作《考证〈红楼梦〉的新材料》。我指出这个甲戌本子是世间最古的《红楼梦》写本,前面有《凡例》四百字,有自题七言律诗,结句云"字字看来皆是血,十年辛苦不寻常",都是流行的钞本刻本所没有的。此本每回有朱笔眉评、夹评,小字密书,其中有极重要的资料,可以考知曹雪芹的家事和他死的年月日,可以考知《红楼梦》最初稿本的状态,如第十三回作者原题"秦可卿淫丧天香楼",后来"姑赦之",才删去天香楼事,少却四五叶。评语里还有不少资料,可以考知《红楼梦》后半部预定的结构,如云"琪官后回与袭人供奉玉兄宝卿,得同终始"(二十八回评),如云"红玉(小红)后有宝玉大得力处"(二十七回评),此可见高鹗续作后四十回,并没有雪芹残稿本作根据。

自从《考证〈红楼梦〉的新材料》发表之后,研究《红楼梦》的人才知道搜求《红楼梦》旧钞本的重要。

民国二十二年,王叔鲁先生替我借得他的亲戚徐星署先生藏的"庚辰(乾隆二十五,1760)秋定本"脂砚斋评本《石头记》八十回钞本,其实只有七十七回有零:六十四与六十七回全缺,二十二回不全,有批语说,"此回未成而芹逝矣"。我又发表了一篇《跋乾隆庚辰本脂砚斋重评〈石头记〉钞本》。我提出了一个假设的结论:"依甲戌本与庚辰本的款式看来,凡最初的钞本《红楼梦》必定都称为《脂砚斋重评石头记》。"

在这二十多年里,先后又出现了几部"脂砚斋评本",我的假设大致已得到证实了。我现在把我们知道的各种《脂砚斋重评石头记》本子作一张总表,如下:

(1)乾隆甲戌(1754)脂砚斋钞阅再评本,即此本,凡十六回,目见上。

(2)乾隆己卯(1759)冬月脂砚斋四阅评本,凡三十八回:一至二十回,三十一至四十回,六十一至七十回,内缺六十四、六十七回,是钞配的。此本我未见。

(3)乾隆庚辰(1760)秋脂砚斋四阅评本,凡七十七回有零,目见上。

以上钞本的年代皆在雪芹生前,以下钞本,皆在雪芹死后。

(4)有正书局石印的戚蓼生序本,此本也是脂砚斋评本,重钞付石印,妄题"国初钞本",底本年代不可知,戚蓼生是乾隆三十四年己丑(1769)的进士,暂定为己丑本,凡八十回。

(5)乾隆甲辰(1784)菊月梦觉主人序本,凡八十回。此本近年在山西出现,我未见。

直到今天为止,还没有出现一部钞本比甲戌本更古的,也还没有一部抄本上面评语有甲戌本那么多的。甲戌本虽只有十六回,而朱笔细评比其他任何本子多得多(庚辰本前十一回无一条评语),其中有雪芹死后十二年的"脂批",使我们确知他死在"壬午除夕",像这一类可宝贵的资料多不见于其他各本。

所以到今天为止,这个甲戌本还是世间最古又最可宝贵的《红楼梦》写本。

三十年来,许多朋友劝我把这个本子影印流传。我也顾虑到这个人间孤本在我手里,我有保存流传的责任。民国三十七年我在北平,曾让两位青年学人兄弟合作,用朱墨两色影钞了一本。三十七年十二月十六日,中央政府派飞机到北平接我南下,我只带出了先父遗稿的清钞本和这个甲戌本《红楼梦》。民国四十年哥伦比亚大学为此本做了显微影片：一套存在哥大图书馆，一套我送给翻译《红楼梦》的王际真先生，一套我自己留着，后来送给正在研究《红楼梦》的林语堂先生了。

今年蒙中央印制厂总经理时寿彰先生与技正罗福林先生的热心赞助，这个朱墨两色写本在中央印制厂试验影印很成功，我才决定影印五百部，使世间爱好《红楼梦》与研究《红楼梦》的人都可以欣赏这个最古写本的真面目。

曹雪芹死在乾隆二十七年壬午除夕，即西历1763年2月12日。再过二年的今天，就是他死后二百年的纪念了。我把这部最近于他的最初稿本的甲戌本影印行世，作为他逝世二百年纪念的一件献礼。

1961年2月12日在南港

（收入1961年5月10日胡适自印本《乾隆甲戌脂砚斋重评〈石头记〉》，又收入胡颂平：《胡适之先生年谱长编初稿》第10册）

胡天猎先生影印《乾隆壬子年活字版百廿回〈红楼梦〉》短序

胡天猎先生影印的这部百廿回《红楼梦》，确是乾隆五十七年壬子（1792）程伟元"详加校阅改订"的第二次木活字排印本，即是我所谓"程乙本"。证据很多，我只举一点。"程甲本"第二回说贾政的王夫人"第二胎生了一位小姐，生在大年初一，就奇了。不想次年又生了一位公子，说来更奇，一落胞胎，嘴里便衔下一块五彩晶莹的玉来"。后来南北雕刻本都是从"程甲本"出来的，故这一段的文字都与"程甲本"相同。我的"甲戌本"脂砚斋重评本此段文字与"程甲本"相同，可见雪芹原稿本是这样的。但《红楼梦》第十八回贾妃省亲一段里明说宝玉"三四岁时，已得贾妃口传授，教了几本书，识了几千字在腹中，虽为姊弟，有如母子"。这样一位长姊，何止大他一岁？所以改订的"程乙本"此句就成了"不想隔了十几年，又生了一位公子"。胡天猎先生此本正作"隔了十几年"，可证此本确是"程乙本"。

"程甲本"没有"引言"。此本有"引言"七条，尾题"壬子花朝后一日小泉兰墅又识"。小泉是程伟元，兰墅是续作后四十回的高鹗。"引言"说明"初印时不及细校，间有纰缪，今复聚集各原本，详加校阅，改订无讹"，这也是"程乙本"独有的标记。

1927年，上海亚东图书馆用我的一部"程乙本"做底本，出了一部《红楼梦》的重排印本，这是"程乙本"第一次的重排。1959年台北远东图书公司出版的《红楼梦》，就是用亚东图书馆的本子排印的。

1960年香港友联出版社的赵聪先生校点的《红楼梦》，也是用亚东本作底本的。据赵聪先生的《重印〈红楼梦〉序》说，上海"作家出版社"曾在1953年及1957年出了两个《红楼梦》排印本，也都是用"程乙本"做底本的，可能都是用亚东本重排的。

这就是说，"程乙本"在最近三十四年里，至少已有了五个重排印本了。可是"程乙本"本身，只有极少的几个人曾经见到。赵聪先生说："程乙本的原排本，现在差不多已成了世间的孤本，事实上我们已不可能见到。"

胡天猎先生收藏旧小说很多，可惜他止带了很少的一部分出来。其中居然有这一部原用木活字排印的"程乙本"《红楼梦》！现在他把这部"程乙本"影印流行，使世人可以看看一百七十年前程伟元、高鹗"详加校阅改订"的《红楼梦》是个什么样子。这是《红楼梦》版本史上一件很值得欢迎赞助的大好事，所以我很高兴的写这篇短序来欢迎这个影印本。

1961年2月12日，曹雪芹死后整一百九十八年的纪念日，胡适在南港。

(收入《影印乾隆壬子年木活字本百廿回〈红楼梦〉》，
1961年台北青云山庄出版社出版，
又收入《胡适手稿》第九集。)

跋《红楼梦书录》

《红楼梦书录》收录《红楼梦》的版本及其他有关的文字约九百种之多,"直到1954年10月以前为止"。这是因为1954年10月以后,中共开始清算俞平伯的《红楼梦简编》与《红楼梦研究》,不久就"枪口转向胡适",引起了几百万字的清算我的文字,实在"美不胜收"了!

此录把我的《乾隆甲戌(1754)脂砚斋重评本石头记》列在第一(三页),又明说"周汝昌有录副本"(五页),故我去年曾疑心此录的编者署名"一粟",可能就是周汝昌或是他的哥哥缉堂。

今天我重翻检此录,才知道此录不是周家兄弟编的。第一,此录记我的甲戌本,说:

> 此本刘铨福旧藏。……后归上海新月书店,已发出版广告,为胡适收买,致未印行。(五页)

这是无意的误解或有心的歪曲我说的"不久新月书店的广告出来了,藏书的人把此书送到店里来,转交给我看"一句话。汝昌弟兄何至于说这样荒谬的话?第二,汝昌弟兄有影钞的全部,而此录仅说汝昌有"录副本",似编者未见他们的影写本。第三,汝昌弟兄影写本,全抄刘铨福诸跋及濮氏兄弟合跋,又钞了俞平伯跋的全文。而此录(五页)载平伯此跋是从《燕郊集》转钞来的。若此录出于周氏兄弟,他们何必引《燕郊集》呢?

此录"古典文学出版社"印行,字数二十七万七千,1958年4月第一版。

此录分七类:(1)版本,译本;(2)续书(附仿作);(3)评论(附报刊);(4)图画,谱录;(5)诗词;(6)戏曲,电影;(7)小说,连环画。

1961,2,15,胡适

补 记

此录的"评论"部分,二三三页收有"曹雪芹家的籍贯"一目,"适之撰。载1948年2月14日上海《申报·文史》第十期"。这不是我的文字,不知是谁。可能是误记了作者题名?

同页收有"《红楼梦》作者曹雪芹生卒年之新推定"一目,"周汝昌撰,载1947年12月5日天津《民国日报·副刊》第七十一期"。又"致周汝昌函"一目,"胡适撰。载1948年2月20日天津《民国日报·副刊》第八十二期"。我此信可能是1947年12月写的。又下一页收"关于曹雪芹的生卒年,复胡适之先生"一目,"周汝昌撰。载1948年5月21日天津《民国日报·副刊》第九十二期"。这一次通信是因为周汝昌发现了敦敏的《懋斋诗钞》钞本里的一首题"癸未"的诗,其下第三首为"小诗代简寄曹雪芹",故他主张雪芹之死不在"壬午除夕",应是"癸未除夕"。我给他的信,说他的证据似可信。我当时也疑心我的"甲戌本"上"脂批"的"壬午除夕"可能是"癸未除夕"的误记。

近年(1955)这本《懋斋诗钞》影印本出来了。我看了这个抄本的原稿子,似不是严格依年月编次的;又不记叶数,装订时更容易倒乱。《小诗代简》一首的前三首的次第如下:

古刹小憩癸未

过贻谋东轩,同敬亭题壁,分得轩字。

典裘

小诗代简,寄曹雪芹。

这首《寄曹雪芹》诗如下:

　　东风吹杏雨,又早落花辰。好枉故人驾,来看小院春。诗才忆曹植,酒盏愧陈遵。上巳前三日,相劳醉碧茵。

这好像是癸未(乾隆廿八年)春天邀雪芹三月一日("上巳前三日")去小酌的"小诗代简"。发此"代简"时,去雪芹死(壬午除夕)止有一个半月的光景,可能他还不知道雪芹已死了。敦诚的挽雪芹诗,题下写"甲申"(乾隆廿九年),而敦敏有"河干集饮题壁,兼吊雪芹"

诗,无年月,编在"代简"诗之后第十六叶,诗中有"逝水不留诗客杳,登楼空忆酒徒非"之句。此诗与"代简"诗之间,有诗五十八首,未必都是一年内之作,也未必是依年月编次的。故我现在的看法是,敦敏的"代简"诗即使是"癸未"二月作的,也未必即能证实雪芹之死不在"壬午除夕"。

1961,2,17　胡适补记

(收入《胡适手稿》第九集)

跋子水藏的有正书局石印的戚蓼生序本《红楼梦》的小字本

狄平子（葆贤）加评石印的戚蓼生序本八十回《红楼梦》有大字本与小字本的分别。我用傅孟真原藏的大字本比勘毛子水的小字本，可以指出两本的同异有这几点：

（1）大字本每半叶九行，行二十字，小字本每半叶十五行，行三十字。

（2）小字本是用大字本剪黏石印的，故文字完全相同，断句的圈子也完全相同，只有一叶例外，就是六十八回凤姐初见尤二姐的谈话，狄平子似嫌原本太多文言，不像那位识字不多的王熙凤的口气，所以曾用程伟元、高鹗的改本来涂改原本。但只涂改了十四行（六十八回二叶上九行至二叶上四行），这涂改的部分不好剪黏重印，所以小字本的六十八回第二叶的下半叶是重钞了通行本的文字付石印的。改本的白话比原本的文字加多了，故此半叶的行款很不整齐，还是半叶十五行，但每行字数从三十字到三十五字不等。（参看《胡适文存》第四集卷三《跋庚辰本脂砚斋重评〈石头记〉》的最后部分。）

（3）大字本原分前后两集出版，前集四十回上方往往有狄平子的批评，往往指出此本与流行本文字上的不同。后集四十回则无一条评语。后集第一册的封面后页有"征求批评"的广告一页：

> 此书前集四十回，曾将与今本不同之点略为批出。此后集四十回中之优点，欲求阅者寄稿，无论顶批总批，只求精意妙论，一俟再版时即行加入。兹定酬例如下：
>
> 一等　每千字　十元
>
> 二等　每千字　六元

三等　　每千字　　三元
　　再前集四十回中批语过简,倘蒙赐批,一例欢迎。
　　　　　　　　　　　　　上海望平街有正书局启
这在当时是很高的报酬,所以小字本四十一回以后每回都有批语,大都是指出此本与通行本的文字的不同。这是小字本的特别长处,值得特别指出。

　　(4) 大陆上新出的《红楼梦书录》,其"版本"部分著录此本的大字本,说是"民国元年"(1912)石印的。这似是错的;若是民国元年印出的,书名不会题"国初钞本"了。孟真藏本没有初版年月。此书初印可能在宣统年间。

　　《书录》记小字本初印在民国九年(1920),再版在1927年。子水此本末叶题"中华民国十六年(1927)五月贰版"。

　　《书录》说小字本"系据大字本重新誊录上石",也是错的,说见上文。

　　　　　　　　　　　　　　1961年5月6日,适之

　　有几处(十一,十二回),我曾用庚辰本给此本校补脱文,略示此本虽然出于一个很早的钞本,但有不少的缺点。因为石印时经过重抄,我们不知道这些缺点是出于原钞本,还是由于重钞时的错误。

　　戚蓼生是乾隆卅四年己丑(1769)的进士,做到福建按察使。周汝昌有详考。

　　　　　　　　　　　　　　(收入《胡适手稿》第九集)

跋乾隆甲戌《脂砚斋重评石头记》影印本

我在民国十七年已有长文报告这个脂砚斋甲戌本是"海内最古的《石头记》钞本"了。今天我写这篇介绍脂砚甲戌影印本的跋文,我止想谈谈三个问题:第一,我要指出这个甲戌本在四十年来《红楼梦》的版本研究上曾有过划时代的贡献。第二,我要指出曹雪芹在乾隆甲戌年(1754)写定的《石头记》初稿本止有这十六回。第三,我要介绍原藏书人刘铨福,并附带介绍此本上用墨笔加批的孙桐生。

一、甲戌本在《红楼梦》版本史上的地位

我们现在回头检看这四十年来我们用新眼光、新方法,搜集史料来做"《红楼梦》的新研究"的总成绩,我不能不承认这个脂砚斋甲戌本《石头记》是近四十年内"新红学"的一件划时代的新发见。

这个脂砚斋甲戌本的重要性就是在此本发见之前,我们还不知道《红楼梦》的"原本"是个什么样子;自从此本发见之后,我们方才有一个认识《红楼梦》"原本"的标准,方才知道怎样访寻那种本子。

我可以举我自己做例子。我在四十年前发表的《红楼梦考证》里,就有这一大段很冒失的话:

> 上海有正书局石印的一部八十回本的《红楼梦》,前面有一篇德清戚蓼生的序,我们可叫他做"戚本"。……这部书的封面上题着"国初抄本红楼梦",……首页题着"原本红楼梦"。"国初抄本"四个字自然是大错。那"原本"两字也不妥当。这本已有总评、有夹评、有韵文的评赞,又往往有"题"诗,有时又将评语钞入正文(如第二回),可见已是很晚的抄本,决不是"原

本"了。……"戚本"大概是乾隆时无数展转传抄本之中幸而保存的一种，可以用来参校程本，故自有他的相当价值，正不必假托"国初钞本"。

我当时就没有想像到《红楼梦》的最早本子已都有总评、有夹评，又有眉评的！所以我看见"戚本"有总评、有夹评，我就推断他已是很晚的展转传钞本，决不是"原本"。（俞平伯先生在《红楼梦辨》里也曾说"戚本""决是展转传钞后的本子，不但不免错误，且也不免改窜"。）

因为我没有想到《红楼梦》原本就是已有评注的，所以我在民国十六年差一点点就错过了收买这部脂砚甲戌本的机会！我曾很坦白的叙说我当时是怎样冒失、怎样缺乏《红楼梦》本子的知识：

> 去年（民国十六年）我从海外归来，接着一封信，说有一部抄本《脂砚斋重评石头记》愿让给我。我以为"重评"的《石头记》大概是没有价值的，所以当时竟没有回信。不久，新月书店的广告出来了，藏书的人把此书送到店里来，转交给我看。我看了一遍，深信此本是海内最古的《石头记》抄本，就出了重价把此书买了。

近年上海中华书局出版的"一粟"编著的《红楼梦书录》新一版，记录我买得《乾隆甲戌脂砚斋重评石头记》的故事已曲解成了这个样子：

> 此本刘铨福旧藏，有同治二年、七年等跋；后归上海新月书店，已发出版广告，为胡适收买，致未印行。

大概三十多年后的青年人已看不懂我说的"新月书店的广告出来了"。这句话是说：当时报纸上登出了胡适之、徐志摩、邵洵美一班文艺朋友开办新月书店的新闻及广告。那位原藏书的朋友（可惜我把他的姓名地址都丢了）就亲自把这部脂砚甲戌本送到新开张的新月书店去，托书店转交给我。那位藏书家曾读过我的《红楼梦考证》，他打定了主意要把这部可宝贝的写本卖给我，所以他亲自寻到新月书店去留下这书给我看。如果报纸上没有登出胡适之的朋友们开书店的消息，如果他没有先送书给我看，我可能就不回他的信，或者回信说我对一切"重评"的《石头记》不感兴趣，——于是这部世间最古的《红楼梦》写本就永远不会到我手里,很可能就永远被埋没了!

我举了我自己两次的大错误,只是要说明我们三四十年前虽然提倡搜求《红楼梦》的"原本"或接近"原本"的早期写本,但我们实在不知道曹雪芹的稿本是个什么样子,所以我们见到了那种本子,未必就能"识货",可能还会像我那样差一点儿"失之交臂"哩。

所以这部"脂砚斋甲戌钞阅再评"的《石头记》的发现,可以说是给《红楼梦》研究划了一个新的阶段,因为从此我们有了一部"石头记真本"(这五个字是原藏书人刘铨福的话)做样子,有了认识《红楼梦》"原本"的标准,从此我们方才走上了搜集研究《红楼梦》的"原本""底本"的新时代了。

在报告脂砚甲戌本的长文里,我就指出了几个关于研究方法上的观察:

  ①我用脂砚甲戌本校勘戚本有评注的部分,我断定戚本是出于一部有评注的底本。

  ②程伟元、高鹗的活字排印本是全删评语与注语的,但我用甲戌本与戚本比勘程甲本与程乙本,我推断程、高排本的前八十回的序本也是有评注的钞本。

  ③我因此提出一个概括的结论:《红楼梦》的最初底本就是有评注的。那些评注至少有一部分是曹雪芹自己要说的话;其余可能是他的亲信朋友如脂砚斋之流要说的话。

这几条推断都只是要提出一个辨认曹雪芹的原本的标准。一方面,我要扫清"有总评,有夹评,决不是原本"的成见。一方面,我要大家注意像脂砚甲戌本的那样"有总评,有眉评,有夹评"的钞本。

果然,甲戌本发见后五六年,王克敏先生就把他的亲戚徐星署先生家藏的一部《脂砚斋重评石头记》钞本八大册借给我研究。这八大册,每册十回,每册首叶题"脂砚斋凡四阅评过";第五册以下,每册首叶题"庚辰秋月定本",庚辰是乾隆二十五年(1760),此本我叫做"乾隆庚辰本",我有《跋乾隆庚辰本脂砚斋重评石头记钞本》长文(收在《胡适论学近著》第一集,即台北版《胡适文存》第四集)讨论这部很重要的钞本。这八册抄本是徐星署先生的旧藏书,徐先生是俞平伯的姻丈,平伯就不知道徐家有这部书。后来因为我宣传了脂砚甲戌本如何重要,爱收小说杂书的董康、王克敏、陶湘诸位先生方才注意到向来没人注意的《脂砚斋重评本石头记》一类的钞本。大约在民国二十年,叔鲁就向我谈及他的一位亲戚家里有一部脂砚斋评本《红楼梦》。直到民国二十二年我才见到那八册书。

我细看了庚辰本,我更相信我在民国十七年提出的"红楼梦的最初底本是有评注的"一个结论。我在那篇跋文里就提出了一个更具体也更概括的标准,我说:

依甲戌本与庚辰本的款式看来,凡是最初的钞本《红楼梦》必定都称为"脂砚斋重评石头记"。

我们可以用这个辨认的标准去推断"戚本"的原本必定也是一部"脂砚斋重评本";我们也可以推断程伟元、高鹗用的前八十回"各原本"必定也都题着"脂砚斋重评本"。

近年武进陶洙家又出来了一部《乾隆己卯(二十四年,1759)冬月脂砚斋四阅评本石头记》,止残存三十八回:第一至第二十回,第三十一至第四十回,第六十一至第七十回,其中第十七、十八回还没有分开,又缺了第六十四、六十七回,是补钞的。这本己卯本我没有见过。俞平伯的《脂砚斋红楼梦辑评》说,己卯本三十八回,其中二十九回是有脂评的。据说此本原是董康的藏书,后来归陶洙。这个己卯本比庚辰本正早一年,形式也最近于庚辰本。

近年山西又出了一部乾隆四十九年甲辰(1748)菊月梦觉主人序的八十回本,没有标明"脂砚斋重评本"。但我看俞平伯辑出的一些评语,这个甲辰本的底本显然也是一个脂砚斋重评本。此本第十九回前面有总评,说:"原本评注过多……反扰正文。删去以俟观者凝思入妙,愈显作者之灵机耳。"

总计我们现在知道的红楼梦的"古本",我们可以依各年代的先后,作一张总表如下:

(1)乾隆十九年甲戌(1754)脂砚斋钞阅再评本,止有十六回。

有今年胡适影印本。

（2）乾隆二十四年己卯（1759）冬月脂砚斋四阅评本，存三十八回：第一至二十回（其中第十七、第十八两回未分开）。第三十一至四十回，第六十一至七十回（缺第六十四、六十七回）。

（3）乾隆二十五年庚辰（1760）秋月定本"脂砚斋凡四阅评过"，共八册，止有七十八回。其中第十七、第十八两回没有分开，第十七回首叶有批云："此回宜分二回方妥。"第十九回尚无回目，第八十回也尚无回目。第七册首叶有批云："内缺六十四、六十七两回。"又第二十二回未写完，末尾空叶有批云："此回未成而芹逝矣！叹叹！丁亥（乾隆三十二年，1767）夏，畸笏叟。"第七十五回的前叶有题记："乾隆二十一年（1765）五月初七日对清。缺中秋诗，俟雪芹。"此本有1955年"文学古籍刊行社"影印本，用己卯本补钞了第六十四、六十七回。1959年有台北文渊出版社翻影印本。

（4）上海有正书局石印的戚蓼生序的八十回本，即"戚本"。此本也是一部脂砚斋评本，石印时经过重钞。原底本的年代无可考。此本已有第六十四、六十七回了；第二十二回已补全了，故年代在庚辰本之后。因为戚蓼生是乾隆三十四年己丑（1769）的进士，我们可以暂定此本为己丑本。此本有宣统末年（1911）石印大字本，每半叶九行，每行二十字；又有民国九年（1920）及民国十六年（1927）石印小字本，半叶十五行，每行三十字。小字本是用大字本剪黏石印的。大字本前四十回有狄葆贤的眉批，指出此本与今本文字不同之处。小字本的后四十回也加了眉批，那是有正书局悬赏征文得来的校记。

（5）乾隆四十九年甲辰（1784）梦觉主人序的八十回本。此本虽然有意删削评注，但保留的评注使我们知道此本的底本也是一部脂砚斋重评本。

（6）乾隆五十六年辛亥（1791）北京萃文书屋木活字排印的《新镌全部绣像红楼梦》。这是程伟元、高鹗第一次排印的一百二十回本。我叫他做"程甲本"。"程甲本"的前八十回是依据一部或几部有脂砚斋评注的底本，后四十回是高鹗续作的。此本是后来南方各种雕刻本，铅印本，石印本的祖本。

(7)乾隆五十七年壬子(1792)北京萃文书屋木活字排印的《新镌全部绣像红楼梦》。这是程伟元、高鹗第二次排印的"详加校阅,改订无讹"的一百二十回本。我叫他"程乙本"。因为"程甲本"一到南方就有人雕板翻刻了,这个校阅改订过的"程乙本"向来没有人翻板,直到民国十六年(1927)上海亚东图书馆才用我的"乙本"去标点排印了一部。这部亚东排印的"程乙本"是近年一些新版的《红楼梦》的祖本,例如台北远东图书公司的排印本,香港友联出版社的排印本,台北启明书局的影印本,都是从亚东的"程乙本"出来的。

这一张《红楼梦》古本表可以使我们明白:从乾隆十九年(1754)曹雪芹还活着的时期,到乾隆五十七年(1792)——就是曹雪芹死后的第三十年,在这三十八九年之中,《红楼梦》的本子经过了好几次重大的变化:

第一,乾隆甲戌(1754)本:止写定了十六回,虽然此本里已说"曹雪芹披阅十载,增删五次";已有"十年辛苦不寻常"的诗句。

第二,乾隆己卯(二十四年,1759),庚辰(二十五年,1760)之间,前八十回大致写成了,故有"庚辰秋月定本"的检订。现存的"庚辰本"最可以代表雪芹死之前的前八十回稿本没有经过别人整理添补的状态。庚辰本仍旧有"披阅十载,增删五次"的话,但八十回还没有完全,还有几些残缺情形:

(1)第十七回还没有分作两回。

(2)第十九回还没有回目,还有未写定而留着空白之处(影印本二〇二叶上)。

(3)第二十二回还没有写完。

(4)第六十四回、六十七回,都还没有写。

(5)第七十五回还缺宝玉、贾环、贾兰的中秋诗。

(6)第八十回还没有定回目。

第三,曹雪芹死在乾隆二十七年壬午除夕。周汝昌先生曾发现敦敏的《懋斋诗钞》残本有"小诗代简,寄曹雪芹"的诗,其前面第三首诗题着"癸未"(乾隆二十八年)二字,故他相信雪芹死在癸未除夕。我曾接受汝昌的修正。但近年那本《懋斋诗钞》印出来了,我看那残本里的诗,不像是严格依年月编次的;况且那首"代简"止是约雪芹"上巳前三日"(三月初一)来喝酒的诗,很可能那时敦敏兄弟都还不知道雪芹已死了近两个月了。所以我现在回到甲戌本(影印本九叶至十叶)的记载,主张雪芹死在"壬午除夕"。

第四,从庚辰秋月到壬午除夕,止有两年半的光阴,在这一段时间里,雪芹(可能是因为儿子的病,可能是因为他的心思正用在试写八十回以后的书)好像没有在那大致写成的前八十回的稿本上用多大功夫,所以他死时,前八十回的稿本还是像现存的庚辰本的残缺状态。最可注意的是庚辰本第二十二回之后(影印本二五四叶)有这一条记录:

此回未成而芹逝矣!叹叹!丁亥(1767)夏。畸笏叟。

这就是说,在雪芹死后第五年的夏天,前八十回本的情形还大致像现存的庚辰本的样子。

第五,在雪芹死后的二十几年之中,——大约从乾隆三十二年丁亥(1767)以后,到五十六年辛亥(1791),——有两种大同而有小异的《红楼梦》八十回稿本在北京少数人的手里流传钞写:一种稿本流传在雪芹的亲属朋友之间,大致保存雪芹死时的残缺情形,没有人敢作修补的工作,此种稿本最近于现存的庚辰本。另一种稿本流传到书坊庙市去了,——"好事者每传钞一部,置庙市中,昂其值(可)得数十金",——就有人感觉到有修残补缺的需要了,于是先修补那些容易修补的部分(第十七回分作两回,加上回目;十九回也加上回目,抹去待补的空白;二十二回潦草补充;七十五回仍缺中秋诗三首;八十回补了回目);其次补作那些比较容易补的第六十四回。最后,那很难补作的第六十七回就发生问题了。高鹗在"程乙本"的引言里说,"六十七回,此有彼无,题同文异,燕石莫辨"。可见当时庙市流传的本子,有不补六十七回的,也有试补此回而文字不相同的,戚本的六十七回就和高鹗的本子大不相同,而高本远胜于戚本。

第六,据浙江海宁学人周春(1729—1815)的《阅红楼梦随笔》,他在乾隆庚戌(五十五年,1790)秋已听人说,有人"以重价购钞本两部,一为《石头记》八十回,一为《红楼梦》一百二十回,微有异同。……壬子(五十七年,1792)冬,知吴门坊间已开雕矣。……"周春在乾隆甲寅(五十九年,1794)七月记载这段话,应该可信。高鹗续作后四十回,合并前八十回,先抄成了百二十回的"全部《红楼梦》",可能在乾隆庚戌秋天已有一百二十回的钞本出卖了。到次年辛亥(五十六年,1791),才有程伟元出钱用木活字排印,是为"程甲本"。周春说的"壬子冬,知吴门坊间已开雕矣",那是苏州书坊得到了"程甲本"就赶紧雕版印行,他们等不及高兰墅先生"聚集各原本详加校阅,改订无讹"的"程乙本"了。

这是《红楼梦》小说从十六回的甲戌(1654)本变到一百二十回的辛亥(1791)本和壬子(1792)本的版本简史。如果没有三十多年前甲戌本的出现,如果我们没有认识《红楼梦》原本或最早写本的标准,如果没有这三十多年陆续发现的各种"脂砚斋重评本",我们也许不会知道《红楼梦》本子演变的真相这样清楚吧?

二、试论曹雪芹在乾隆甲戌年写定的稿本止有这十六回

我在三十四年前还不敢说曹雪芹在乾隆十九年甲戌(1754)——在他死之前九年多,——止写成了或写定了这十六回书。我在那时只敢说:

> 我曾疑心甲戌以前的本子没有八十回之多,也许止有二十八回,也许止有四十回。……如果甲戌以前雪芹已成八十回,那么,从甲戌到壬午(除夕),这九年之中雪芹做的是什么书?……

我在当时看到的《红楼梦》古本很少,但我注意到高鹗的乾隆壬子(1792)本——即"程乙本"的引言里说的"如六十七回,此有彼无,题同文异"。我就推论:"这一点使我疑心八十回本是陆续写定的。"

后来我看到了庚辰(1760)本,我仔细研究了那个"庚辰秋月定本"的残缺状态,——如六十四、六十七回的全缺,如第二十二回的未写完,——我更相信那所谓"八十回本"不是从头一气写下去的,实在是分几个段落,断断续续写成的;到了壬午除夕雪芹死时,八十

回以后止有一些无从整理的零碎残稿,就是那比较成个片段的前八十回也还没有完全写定。

最近半年里,因为我计划要影印这个甲戌本,我时常想到这个很工整的清钞本为什么止有十六回,为什么这十六回不是连续的,为什么中间缺少第九到第十二回,又缺少第十七到第二十四回。

在我进医院的前一天,我写了一封短信给香港友联出版社的赵聪先生,在那封信里我第一次很简单的指出我的新看法:就是说,曹雪芹在乾隆十九年甲戌写成的《红楼梦》初稿止有这十六回。我说:

> ……故我现在不但回到我在民十七的看法:"甲戌以前的本子没有八十回之多,也许止有二十八回,也许只有四十回。"我现在进一步说:甲戌本虽然已说"披阅十载,增删五次",其实止写成了十六回。……故我这个甲戌本真可以说是雪芹最初稿本的原样子。所以我决定影印此本流行于世。

这封短信的日子是"五十、二、二十四下午"。在二十六七小时之后,我就因心脏病被送进台湾大学医学院的附属医院了。

今天我要把那封信里的推论及证据稍稍扩充发挥,写在这里,请研究《红楼梦》本子沿革演变的朋友不客气的讨论教正。

甲戌本的十六回是这样的:

第一到第八回,缺第九到第十二回。

第十三到第十六回,缺第十七到第二十四回。

第二十五回到第二十八回。

我可以先证明第十七回到第二十四回是甲戌本没有的,是后来补写的,试看乾隆庚辰(二十五年,1760)秋月定本的状态:

(1)第十七回"大观园试才题对额,荣国府归省庆元宵"有二十七叶半之多,首叶题作"第十七至十八回"。前面空叶上有批语一行:"此回宜分二回方妥。"

(2)第十九回虽然另起一叶,但还没有回目,也还没有标明"第十九回"。

(3)庚辰本的第二十二回没有写完,只写到元春、迎春、探春、惜春的四个灯谜,下面就没有了。下面有一叶白纸,上面写着:

暂记宝钗制谜云：

"朝罢谁携两袖烟？琴边衾里总无缘。晓筹不用鸡人报，五夜无烦侍女添。焦首朝朝还暮暮，煎心日日复年年。光阴荏苒须当惜，风雨阴晴任变迁。"

此回未成而芹逝矣！叹叹！丁亥夏，畸笏叟。

这都可见第十七、十八、十九回是很晚才写成的，所以在庚辰秋月的"定本"里，那三回还止有一个回目。第二十二回写的更晚了，直到雪芹死后多年还在未完成的状态，所以后人有不同的补本，戚本补的第二十二回就和高鹗补的大不相同（戚本保存惜春的谜，也用了宝钗的谜，还接近庚辰本；高鹗本删了惜春的谜，把宝钗的谜送给黛玉，又另作了宝钗、宝玉两人的谜）。

这样看来，甲戌本原缺的第十七到第二十四回是甲戌以后才写的，其中最晚写的是第二十二回："此回未成而芹逝矣！"

其次，我要指出甲戌本原缺的第九到第十二回也是后来补写的，写的都很潦草，又有和甲戌本显然冲突的地方。

这四回的内容是这样的：

第九回写贾氏家塾里胡闹的情形，是八十回里很潦草的一回。

第十回写秦可卿忽然病了，写张太医诊脉开方，说"这病尚有三分治得"，又说，"今年一冬是不相干的，总是过了春分，就可望全愈了。"这就是说，秦氏不能活过春分了。

第十一回写秦氏病危了。"这正是十一月三十日冬至到交节的那几日，贾母、王夫人、凤姐儿，日日差人去看秦氏。"王夫人向贾母说，"这个症候遇着这样大节，不添病，就有好大的指望了"。过了冬至，十二月初二，凤姐奉命去看秦氏，"那脸上身上的肉全瘦干了"。凤姐儿从秦氏屋里出来，到尤氏上房坐下。

尤氏道，"你冷眼瞧媳妇是怎么样？"

凤姐儿低了半日头，说道，"这实在没法儿了。你也该将一应的后事用的东西料理料理，冲一冲也好"。尤氏道，"我也叫人暗暗的预备了。就是那件东西不得好木头，暂且慢慢的办罢"。

　　这是很明白清楚的说秦氏病危了,"实在没法儿了","一应的后事用的东西"都暗暗的预备好了。

　　这就到了第十一回的末尾了,忽然接上贾瑞"合该作死"的故事,于是第十二回整回写的是"贾瑞正照风月宝鉴"的故事,——这一回里,贾瑞受了凤姐儿两次欺骗,得了种种重病,"诸如此症,不上一年都添全了。……倏又腊尽春回",这分明又过了整一年。这整一年里,竟没有人提起秦可卿的病了!

　　我们试把这四回的内容和甲戌本第十三回关于秦氏之死的正文、总评、眉评,对照着看,我们就可以明白前面的四回是后来补加进去的,所以其中有讲不通的重要冲突。

　　甲戌本的第十三回是这本子里最有史料价值的一卷,此回有几条朱笔的总评、眉评、夹评,是一切古本《红楼梦》都没有保存的资料。此回末尾有一条总评,说:

　　　　"秦可卿淫丧天香楼",作者用史笔也。老朽因有魂托凤姐贾家后事二件,嫡是安富尊荣坐享人能(难?)想得到处:其事虽未漏,其言其意则令人悲切感服,姑赦之。因命芹溪删去。

同叶又有眉评一条:

　　　　此回只十叶。因删去天香楼事,少却四五叶也。

"秦可卿淫丧天香楼"的"史笔"是删去了,那八个字的旧回目也改成"秦可卿死封龙禁尉"了。但甲戌本此回的本文和脂砚评语都还保存一些"不写之写",都是其他古本《红楼梦》没有的。甲戌本写凤姐在梦里:

　　　　还欲问时,只听得二门传事云牌连叩四下,正是丧钟,将凤姐惊醒。人回东府蓉大奶奶没了。凤姐闻听,吓了一身冷汗。出了一回神,只得忙忙的穿衣服往王夫人处来。彼时合家皆知,无不纳罕,都有些疑心。

此本"无不纳罕,都有些疑心"之上有眉评说:

　　　　九个字写尽天香楼事,是不写之写。

那九个字,庚辰本与甲戌本完全相同。己卯本我未得见,但据俞平伯

"红楼梦八十回校本"的"校字记"九五叶,己卯本与庚辰本都作:
> 无不纳罕,都有些疑心。

戚本作了:
> 无不纳叹,都有些伤心。

程甲本原作:
> 无不纳闷,都有些疑心。

程乙本改作了:
> 无不纳闷,都有些伤心。

但因为南方的最早雕本都是依据程甲本作底本的,所以后来的刻本和铅印本,石印本,也还有作"都有些疑心"的(看俞平伯《红楼梦研究》"论秦可卿之死",一七七——一七八页)。但多数的流行本子都改成"无不纳闷,都有些伤心"。

我们现在看了甲戌,己卯,庚辰三个最古的脂砚斋评本,我们可以确知雪芹在甲戌年决心删去了"淫丧天香楼"四五叶原稿之后,还保留了"彼时合家皆知,无不纳罕,都有些疑心"十五个字的"不写之写"的史笔。

秦可卿是自缢死的,《红楼梦》的第五回画册上本来说的很清楚。画册的正册最后一幅:
> 画着高楼大厦,有一美人悬梁自缢(此句文字从甲戌、庚辰两本及戚本)。其判云:
> 情天情海幻情身。情既相逢必主淫。漫言不肖皆荣出,造衅开端实在宁。

曹雪芹在原稿里对于这位东府蓉大奶奶的种种罪过,原抱着一种很严厉的谴责态度。画册判词是一证。第五回写宝玉在秦氏屋里睡觉,是二证。第七回写焦大乱嚷乱叫:"我要往祠里哭太爷去。那里承望到如今生下这些畜生来,……爬灰的爬灰,养小叔子的养小叔子! 我什么不知道! 咱们胳膊折了往袖子藏。"是三证。第十三回原标"秦可卿淫丧天香楼"的回目,又直写天香楼事至四五叶之多,是四证。在甲戌本写定之前,雪芹听从了他最亲信的朋友(?)的劝告,决心"姑赦之",才删去了那四五叶直写天香楼的事，才改十三回目作"秦可卿死封龙禁尉"。四证之中，删去了一证。但其余三证，都保存在甲戌本及后来几个写本里。在第十三回里，雪芹还故意留着"无不纳罕，都有些疑心"九个字的史笔。

我们不必追问天香楼事的详细情形了。我现在只要指出第十三回写秦可卿突然死去，无论是甲戌以前最初稿本直写"淫丧天香楼"的史笔，或是甲戌、己卯、庚辰各本保存的"无不纳罕，都有些疑心"的委婉写法，都可以用作证据，证明甲戌写定的《石头记》稿本还没有第十回到第十一回那样详细描写秦可卿病重到垂危的几回文字。如果可卿早已病重了，早已病到"一应的后事用的东西"都已"暗暗的预备了"，这样病到垂危的一个女人死了，怎么会叫人"无不纳罕，都有些疑心"呢？

所以我们很可以推断：曹雪芹写"秦可卿淫丧天香楼"的原稿的时候，他压根儿就没有想写秦氏是病死的。后来他决定删去了"淫丧天香楼"的四五叶，他才感觉到不能不给秦氏捏造出"很大的一个症候"，在很短的一个冬天，就病到了要预备后事的地步。在那原空着的四回里，秦氏的病况就占了两回的地位。但因为写秦氏病状的许多文字不是雪芹原来的计划，所以越写越不像了！本来要写秦氏活过了冬至，活不过春分的，中间插进了"正照风月宝鉴"的雪芹旧稿，于是贾瑞病了一年，秦氏也就得以挨过整整一年，到贾琏送林黛玉回南去之后，凤姐儿才梦见秦氏，接着就是丧钟四下，人回东府蓉大奶奶没了。

试看第八回末尾写贾氏家塾"现今司塾的贾代儒乃当代之老儒"，是何等郑重的描写！再看第十三回凤姐儿梦里秦氏说贾氏家塾，又是何等郑重的想法！何以第九回写贾氏家塾竟是那样儿戏，那样潦草呢？何以第十一回写那位"当代之老儒"和他的长孙又是那样的不堪呢？

甲戌本第一回有一长段叙说《石头记》的来历，其中说：

……空空道人……遂易名为"情僧"，改《石头记》为《情僧录》。至吴玉峰题曰《红楼梦》。东鲁孔梅溪则题曰：《风月宝鉴》。
甲戌本这里有朱笔眉评一条,说:

> 雪芹旧有《风月宝鉴》之书,乃其弟棠村序也。今棠村已逝,余睹新怀旧,故仍因之。

这一条评语是各种脂砚斋评本都没有的。这句话好像是说,《风月宝鉴》是曹雪芹写的一本短篇旧稿,有他弟弟棠村作序;那本旧稿可能是一种小型的《红楼梦》;其中可能有"正照风月宝鉴"一类的戒淫劝善的故事,故可以说是一本幼稚的《石头记》。雪芹在甲戌年写成十六回的小说初稿的时候,他"睹新怀旧",就把《风月宝鉴》的旧名保留作《石头记》许多名字的一个。在甲戌年之后,他需要补作那原来缺了许久的第九回到第十二回,他不能全用那四回的地位来捏造秦氏的病情,于是他很潦草的采用了他的《风月宝鉴》旧稿来填满那缺卷的一部分。因为这个故事本是从前写的,勉强插在这里,所以就顾不到前面叙说秦氏那样垂死的病情,在时间上就不得不拖延了一整年了。

我提出这四回的内容和第十三回的种种冲突,来证明第九回到第十二回是甲戌初稿没有的,是后来填写的。

所以我近来的看法,是曹雪芹在甲戌年写定的稿本止有这十六回,——第一到第八回,第十三到第十六回,第二十五到第二十八回。中间的缺卷,第九到第十二回,第十七到第二十四回,都是雪芹晚年才补写的。

三、介绍原藏书人刘铨福,附记墨笔批书人孙桐生

我在民国十六年夏天得到这部世间最古的《红楼梦》写本的时候,我就注意到首叶前三行的下面撕去了一块纸:这是有意隐没这部抄本从谁家出来的踪迹,所以毁去了最后收藏人的印章。我当时太疏忽,没有记下卖书人的姓名住址,没有和他通信,所以我完全不知道这部书在那最近几十年里的历史。

我只知道这部十六回的写本《石头记》在九十多年前是北京藏书世家刘铨福的藏书。开卷首叶有"刘畐子重印","子重","髣眉"

三颗图章；第十三回首叶总评缺去大半叶，衬纸与原书接缝处印有"刘铨畐子重印"，又衬纸上印"专祖斋"方印。第二十八回之后，有刘铨福自己写的四条短跋，印有"铨"，"福"，"白云吟客"，"阿痴痖"四种图章。"髣眉"可能是一位女人的印章？"阿痴痖"不是别号，是苏州话表示大惊奇的叹词，见于唐寅题《白日升天图》的一首白话诗："只闻白日升天去，不见青天降下来。有朝一日天破了，大家齐喊'阿痴痖！'"刘铨福刻这个图章，可以表示他的风趣。

十三回首叶的"专祖斋"方印，是刘铨福家两代的书斋，"专祖"就是"砖祖"，因为他家收藏有汉朝河间献王宫里的"君子馆砖"，所以他家住宅称为"君子馆砖馆"，又称"砖祖斋"。叶昌炽《藏书纪事诗》卷六有一首记载刘铨福和他父亲刘位坦的诗，有"河间君子馆砖馆，厂肆孙公园后园"之句，叶氏自注说：

> 刘宽夫先生名位坦，（其子）子重名铨福，大兴人，藏弆极富。……先生……因得河间献王君子馆砖，名其居曰君子馆砖馆，又曰砖祖斋。所居在后孙公园。其门帖云"君子馆砖馆，孙公园后园"。今其孙尚守旧宅，而藏书星散矣。

"专祖"就是说那是砖的老祖宗。刘位坦是道光五年乙酉（1825）的拔贡，经过庭试后，"爰自比部，逮掌谏垣"，咸丰元年（1851）由御史出任湖南辰州府知府。咸丰七年（1857）他从辰州府告病回京，他死在咸丰十一年（1861）。他是一位博学的金石书画收藏家，能画花鸟，又善写篆隶。刘位坦至少有一个儿子，四个女儿。有一个女儿嫁给太原乔松年，一个女儿嫁给贵筑黄彭年，这两位刘小姐都能诗能画，他们的夫婿都是当时的名士。黄彭年《祭外舅刘宽夫先生文》（《陶楼文抄》十四）说他"博嗜广究，语必穷源，书惟求旧"。又说他"广坐论学，谓有直横，横浩以博，直一以精"，这就颇像章学诚的"横通"论了。

刘铨福字子重，号白云吟客，曾做到刑部主事。他大概生在嘉庆晚年，死在光绪初年（约当1818—1880）。在咸丰初年，他曾随他父亲到湖南辰州府任上。我在台北得见陶一珊先生家藏的刘子重短简墨迹两大册，其中就有他在辰州写的书札。一册在1954年影印《明清名贤百家书札真迹》两大册(也是中央印制厂承印的),其中(四四八页)收了刘铨福的短简一叶,是咸丰六年(1856)年底写的,也是辰州时期的书简。这些书简真迹的字都和他的《石头记》四条跋语的字相同,都是秀挺可喜的。《百家书札真迹》有丁念先先生所撰的小传,其中刘铨福小传偶然有些错误(一为说"刘畐字铨福";一为说"咸同时官刑部,转湖南辰州知府",是误把他家父子认作一个人了),但传中说他

> 博学多才艺;金石、书画、诗词,无不超尘拔俗;旁及谜子,联语,亦皆匠心独运。

这几句话最能写出刘铨福的为人。

刘铨福收得这部乾隆甲戌本《石头记》是在同治二年癸亥(1863),他有癸亥春日的一条跋,说:

> ……此本是《石头记》真本。批者事皆目击,故得其详也。
>
> 癸亥春日,白云吟客笔。

几个月之后,他又写了一跋:

> 脂砚与雪芹同时人,目击种种事,故批语不从臆度。原文与刊本有不同处,尚留真面。……
>
> 五月二十七日阅,又记。

这两条跋最可以表示刘铨福能够认识这本子有两种特点:第一,"此本是石头记真本"。"原文与刊本有不同处,尚留真面"。第二,"批者事皆目击,故得其详"。"脂砚与雪芹同时人,目击种种事,故批笔不从臆度"。这两点都是很正确的认识。一百年前的学人能够有这样透辟的见解,的确是十分难得的。

他所以能够这样认识这个十六回写本《红楼梦》,是因为他是一个不平凡的收藏家,收书的眼光放大了,他不但收藏了各种本子的《红楼梦》,并且能欣赏《红楼梦》的文学价值。甲戌本还有他的一条跋语:

> 《红楼梦》非但为小说别开生面,直是另一种笔墨。昔人文字有翻新法,学梵夹书。今则写西法轮齿,仿《考工记》。如《红楼梦》实出四大奇书之外,李贽、金圣叹皆未曾见也。

戊辰（同治七年，1868）秋记。

这是他得此本后第六年的跋语。他曾经细读《红楼梦》，又曾细读这个甲戌本，所以他能够欣赏《红楼梦》"直是另一种笔墨，……李贽、金圣叹皆未曾见"；所以他也能够认识这部十六回的《红楼梦》残本是"《石头记》真本"，又能承认"脂砚与雪芹同时人，目击种种事，故批笔不从臆度"。

甲戌本还有两条跋语，我要作一点说明。

此本有一条跋语，是刘铨福的两个朋友写的：

> 《红楼梦》虽小说，然曲而达，微而显，颇得史家法。余向读世所刊本，辄逆以己意，恨不得作者一谭。睹此册，私幸予言之不谬也。子重其宝之。
>
> 青士、椿余同观于半亩园，并识。乙丑（同治四年，1865）孟秋。

青士是濮文暹，同治四年三甲十二名进士；椿余是他的弟弟文昶，同治四年三甲五十九名进士。他们是江苏溧水人。半亩园是侍郎崇实家的园子。濮氏兄弟都是半亩园的教书先生。

还有一条跋语是刘铨福自己写的，因为这条跋提到在这个甲戌本上写了许多墨笔批语的一位四川绵州孙桐生，所以我留在最后作介绍。刘君跋云：

> 近日又得"妙复轩"手批十二巨册，语虽近凿，而于《红楼梦》味之亦深矣。
>
> 云客又记。

此跋题"云客又记"，大概写在癸亥两跋之后，此跋旁边有后记一条，说：

> 此批本丁卯（同治六年，1867）夏借与绵州孙小峰太守，刻于湖南。

我们先说那个"妙复轩"批本《红楼梦》十二巨册。"妙复轩"评本即"太平闲人"评本，果然有光绪七年（1881）湖南"卧云山馆"刻本，有同治十二年（1872）孙桐生的长序，序中说：

> 丙寅（同治五年，1866）寓都门，得友人刘子重贻以"妙复轩"《石头记》评本。逐句疏栉，细加排比，……如是者五年。

刻本又有光绪辛巳(七年,1881)孙桐生题诗二首,其诗有自注云:

> 忆自同治丁卯得评本于京邸,……而无正文;余为排比,添注刻本之上;又亲手合正文评语,编次抄录。……竭十年心力,始克成此完书。

这两条都可以印证刘铨福的跋语。

刻本有光绪二年(1876)孙桐生的跋文,他因为批书的"太平闲人"自题诗有"道光三十年秋八月在台湾府署评《石头记》成"的自记,就考定"太平闲人"是道光末年做台湾知府的全卜年。这是大错的。

近年新出的一粟的《红楼梦书录》新一版(页四八——五七)著录《妙复轩评石头记》抄本一百二十回,有五桂山人的道光三十年跋文,明说批书的人是张新之,道光二十一年(1841)和他同客莆田;二十四年(1844)评本成五十卷,新之回北京去了;四五年之后,"同游台湾,居郡署,……阅一载,百二十回竟脱稿。……"张新之的籍贯生平无可考,可能是汉军旗人,但他不是台湾府知府,只是知府衙门里的一位幕客,这一点可以改正孙桐生的错误。

孙桐生,字小峰,四川绵州人,咸丰二年(1852)三甲一百十八名进士,翰林散馆后出知酆县,后来做到湖南永州府知府。他辑有《国朝全蜀诗钞》。

这部甲戌本第三回二叶下贾政优待贾雨村一段,有墨笔眉评一条,说:

> 予闻之故老云,贾政指明珠而言,雨村指高江村(高士奇)。盖江村未遇时,因明珠之仆以进身,旋膺奇福,擢显秩。及纳兰执败,反推井而下石焉。玩此光景,则宝玉之为容若(纳兰成德)无疑。请以质之知人论世者。
>
> 同治丙寅(五年)季冬,左绵痴道人记,(此下有"情主人"小印)

这位批书人就是绵州孙桐生。(刻本"妙复轩"批《红楼梦》的孙桐生也说"访诸故老,或以为书为近代明相而作,宝玉为纳兰容若。……若贾雨村,即高江村也。……")我要请读者认清他这一条长批的笔迹，因为这位孙太守在这个甲戌本上批了三十多条眉批，笔迹都像第三回二叶这条签名盖章的长批（此君的批语，第五回有十七条，第六回有五条，第七回有四条，第八回有四条，第二十八回有两条）。他又喜欢校改字，如第二回九叶上改的"疑"字；第三回十四叶上九行至十行，原本有空白，都被他填满了；又如第二回上十一行，原作"偶因一着错，便为人上人"，墨笔妄改"着错"为"回顾"，也是他的笔迹（庚辰本此句正作"偶然一着错"）。孙桐生的批语虽然没有什么高明见解，我们既已认识了他的字体，应该指出这三十多条墨笔批语都是他写的。

1961 年 5 月 18 日

（收入《乾隆甲戌脂砚斋重评〈石头记〉影印本》，1961 年
5 月台北商务印书馆出版，又载 1961 年
6 月 1 日台北《作品》第 2 卷第 6 期）

题刘铨福家的《竹楼藏书图》

王霭云先生收藏的常州庄少甫画的《竹坳春雨楼藏书图》,有代州冯志沂的记,有贵筑黄彭年的后记,图与记都是刘宽夫和他的儿子子重两代的传记资料,我最爱冯君说子重藏书。

喜借人观,庋书连栋,蹑几榻取畀,无倦色,……又多巧思,时出己意教肆工潢治之,无金玉锦绣之侈,而精雅可爱玩。朋友游书肆,见异本,力不能致者,多乐以告君,谓书入他人家不若在君家为得所也,以故,君藏书日以富。

三十多年前,我初得子重原藏的《乾隆甲戌脂砚斋重评石头记》十六回,我就注意这四本书绝无装潢,而盖有刘子重的私人印章八颗之多,又有他的短跋四条,都很有见地,装潢无金玉锦绣之侈,而能细读所收的书,能指出其佳胜处,写了一跋又一跋,——这是真正爱书的刘铨福先生。

胡适敬记　1961,11,3
(收入《乾隆甲戌脂砚斋重评〈石头记〉》,1961年胡适
自印本,又收入《胡适手稿》第九集)

《乔答摩底死》序

我的朋友江绍原先生很爱研究佛家的书。他研究佛书的方法却和众人不同。现在许多爱读佛书的人，何尝是"研究"佛书？他们简直是"迷信"佛书！因为他们对于佛家的经论，从不敢用批评家的眼光来研究，只用信徒的态度来信仰。一部《大藏》里也不知有多少经是"佛说"的。稍有常识的人都该知道一个人终身决不能"说"那么多的经。但是现在这些"吞"佛教的人，都一一认为真是"佛说"的。他们说佛是万知万能的，自然能说人不能说的，能做人不能做的！这种态度自然无法可以驳回。他们既愿意囫囵吞，我们吞不下去的人只好在旁边望着妒羡。

有一些很有学问的佛学者，虽然不致这样迷信，却也不肯做批评的研究。他们说佛法是"圆融"的；因为圆融，故不屑学那不能圆融的人去做那考据批评的争论。即如我的朋友梁漱溟先生在他的《唯识述义》里说：

> 唯识家教你说一件东西不当一件东西，说一句不算一句话。你如果说了不算，这话便可说得；说了便要算，这便万要不得，这是大乘佛家的唯一要义。

如此说来，他们对于自己的话，尚且存一个"说了不算"的态度，何况古人的话，又何必要劳动我们去替他们做那考据评判的麻烦工夫呢？

我们对于这种广大圆融的态度，也无法驳他，也只好站在旁边妒羡！

我的朋友江先生不幸没有这种囫囵吞的口福。他又不懂得那"大乘佛家的唯一要义"。他想用批评考据的工夫来研究佛法。我从前看见他做的一篇《圆觉经的佛法》，用《圆觉经》里的证据，证明这部经不是"佛说"的，是佛灭度后第几世纪的人假托的，是大乘佛教发生以后的书。他用的方法很合史学家批评史料的方法。我看了非常喜欢，屡次催他发表。现在他又用这种分析的，批评的，考据的方法，做了这部书，证明《遗教经》在那许多说"涅槃"的经之中，要算是最早又最可靠的一部；证明这经的教训是原始佛教的一部分。《遗教经》的本身是很简单的，江先生做这部考证的书，比较的还容易做。但是我希望看这书的人要懂得江先生做书的用意。江先生的宗旨是要用《遗教经》来做佛学研究法的一个例。他希望有人能用这种分析，批评，考据的方法来研究佛家书籍。

现在有整理佛书的必要，这是关心学术的人都该承认的。印度人有两个大缺点：一是没有历史的观念，一是文字障太大。因为没有历史的观念（印度人至今没有本国史），故人人可以托古，可以造假书，可以把千百年后的书假托千百年前的人的书。因为文字障太大，故一句话要作千万句话说，故二百几十个字的《心经》能说完的话可演成六百卷的《大般若经》，故有时说了几千万句的话其实不曾说得什么！

我们现在生在这个时代，那能有这么多的精神来花费在那么多没有条理没有系统的佛书上？我们现在应该赶紧做一点整理佛书的工夫，从那些糟粕里面寻出一点精粹来，从那七乱八糟里面寻出一点条理头绪来，然后做成一部《佛家哲学史》或《印度哲学史》。但是要做到这个目的，非有分析，批评，考据的方法不可。故我对于江先生这样研究佛学的方法，不能不表示很诚恳的欢迎，不能不发生很乐观的希望。

中华民国九年四月　胡适

（收入江绍原著：《乔答摩底死》，1920年7月上海中华书局出版）

《上海小志》序

"贤者识其大者，不贤者识其小者"，这两句话真是中国史学的大仇敌。什么是大的？什么是小的？很少人能够正确回答这两个问题。朝代的兴亡，君主的废立，经年的战争，这些"大事"，在我们的眼里渐渐变成"小事"了。《史记》里偶然记着一句"奴婢与牛马同阑"，或者一句女子"躩利屣"，这种事实在我们眼里比楚汉战争重要的多了。因为从这些字句上可以引起许多有关时代生活的问题：究竟汉朝的奴隶生活是什么样子的？究竟"利屣"是不是女子缠脚的起原？这种问题关系无数人民的生活状态，关系整个时代的文明的性质，所以在人类文化史上是有重大意义的史料。然而古代文人往往不屑记载这种刮刮叫的大事，故一部二十四史的绝大部分只是废话而已。将来的史家还得靠那"识小"的不贤者一时高兴记下来的一点点材料。

方志是历史的一个重要门类；正史不屑"识其小者"，故方志也不屑记载小事。各地的志书往往有的是不正确的舆图，模糊的建置沿革，官样文章的田赋户口，连篇累牍的名宦列女。然而一地方的生活状态，经济来源，民族移徙，方音异态，风俗演变，教育状况，这些问题都不在寻常修志局的范围之中，也都不是修志先生的眼光能力所能及。故汗牛充栋的省府县志都不能供给我们一些真正可信的文化史料。

修史修志的先生们，若不能打破"不贤者识其小者"的谬见，他们的史乘方志是不值得看的。试看古来最有史料价值的活志乘，那一部不是发愿记载纤细琐屑的书？一部《洛阳伽蓝记》，所记只是一些佛寺的废兴，然而两个世纪的北朝文物，一个大宗教的规模与权势，一个时代的信仰与艺术，都借此留下一个极可信的记录了。《东京梦华录》，《都城纪胜》，《梦粱录》，《武林旧事》，所记都极细碎，然而两宋的两京文化,人民生活,艺术演变,都一一活现于这几部书之中。将来的史家重写宋史,必然把这几部书看作绝可宝贵的史料。杨衒之、孟之老诸人,他们自愿居于"识小"之流,甘心撷拾大方家所忽略抛弃的细小事实,他们敢于为"贤者"所不屑为,只这一点精神,便可使他们的书历久远而更贵重。

  我的族叔胡寄凡先生喜欢游览,留心掌故,曾作《西湖》、《金陵》两地的小志,读者称为利便。他现在又作了一部《上海小志》,因为我和他都是生在上海的,所以他要我写一篇小序。我在病榻上匆匆翻看他的书,觉得他的决心"识小",是很可佩服的。但他的初稿还不够"小",其中关于沿革,交通等之门类,皆是"贤者"所优为,大可不管我们自甘不贤的人的手笔。凡此种识小的书,题目越小越好,同时工夫也得越精越好。俞理初记缠足与乐籍两篇,最可供我们取法。寄凡先生既决心作"识小"的大事业,与其间接引用西人书籍来记租界沿革,不如择定一些米米小的问题,遍考百年来的载籍,作精密的历史研究。如上海妓院的沿革,如上海戏园百年史,如城隍会的小史,皆是绝好的小题目。试举戏园一题为例,若用六十年的《申报》所登每日戏目作底子,更广考同时人的记载,访问生存的老优伶与老看戏者,遍考各时代的戏园历史与戏子事实,更比较各时代最流行何种戏剧与何种戏子,如此做去,方可算是有意义的识小的著作。此种识小,其实真是识大也。即使不能如此,即使有人能钩出《申报》六十年的上海逐日戏目,也可成为一部有意义的史料书,其价值胜于虚谈建置沿革万万倍了。

  狂妄之见如此,寄凡先生以为何如?

十九,十一,十三 胡适

(收入耿云志主编:《胡适遗稿及秘藏书信》第12册)

跋《知非集》钞本

我初见《知非集》的重钞本,未见原钞本,曾写了一封短信给顾颉刚先生,对于洪煨莲、赵贞信二先生的跋语稍有讨论。我请他们注意七律末首的注文与改作的两句,我问:这是谁改的呢?若是东壁自己改的,这本子就很可宝贵了。

我又请他们注意此本中的诗少于东壁癸丑自序中所举百七十首之数,我疑此本是癸丑以后的删存本。

我这封信引起了洪、赵二君的兴趣,他们又各作了一篇跋。洪先生研究原钞本的几种字迹,认其中一部分(诗十九首,词十四首)是东壁的手书,并且假定《知非集》的历史有十六步的演变,又考定原钞本为"东壁诗集过渡稿本"。

赵先生不完全承认洪先生的假定,他疑心此本是"他人钞于东壁先生五十岁时初欲编为《知非集》而还没有编成功之稿本的本子"。他假定东壁最初的稿本是纪序一篇,赋三首,诗一百四十五首,词十四首。初钞的人照此本钞了一本。以后东壁加编了十九首在稿本里,钞者又借来补钞。自序的钞写当在此时之后。

赵先生不信此本中有东壁手书的部分。他大胆的说:

> 无论甲乙丙丁所抄,多是破体别字很多;或为帖体,或为俗写,或为写讹;但又有很多字体人人相同。信疑钞者多是一家人,或者是一村塾师教他的学徒所抄的也未可知。

我现在见了原钞本,又细细读了洪、赵二君的考定,觉得洪先生工夫细密,赵先生论断明晰,都使我十分佩服。我也有一点小意见,写出来请洪、赵、顾三先生指教。

洪先生认纪序与诗百四十五首为"甲"所钞,自序为"乙"所钞,赋三首为"丙"所钞,诗十九首与词十四首为"丁"(即东壁先生)所钞,七律末一首注文为"戊"所钞。赵先生疑心这些人都是一家的人,而"丁"决不是东壁。其实洪先生之说确难成立。他说抄《墓志铭》的字"颇类丁,而笔力远不逮,因姑定为早年所作"。《墓志铭》作于东壁先生三十三岁以后,若"丁"是东壁,岂有把"病废"写作"痕瘵"之理? 标题之下又误衍"河朔之地"四字,也不曾涂去。此等处皆可证明此篇是村塾师教学徒所钞,赵先生之说似大胆而实确切可信。

我以为此本必是塾中学徒所抄。但我们不要忘了崔东壁正是一个私塾教师。我以为此本是东壁塾中的两个学生抄的。抄赋的是一个人,抄诗词与两序的又是一个人。洪先生假定的甲,乙,丁,戊,只是一个人。此人似跟着东壁稍久,故字体逐年有进步。他抄此本的次序如下:

(1)他先钞的是

纪序　五言诗二十五首　七言诗十首　五言唐体诗三十一首　七言唐体诗三十七首　绝句四十二首

以上即是洪先生指出的百四十五首。

(2)他后来又续钞了

五言诗七首(自《观华山图》以下)　七言诗七首(自《题浮云图》以下)　五言唐体一首《夜明柴》　七言唐体末二首　绝句末二首

以上即洪先生指出的十九首。

词十四首　《知非集》自序一篇

洪先生指出百四十五首与十九首的字迹不同,是很精确的。但这两种字之中,有许多字是一样的,如"不"字,如"夢"字,如"艹"头,如"辶"旁,皆可证其出于一手,但时代有先后,故先钞的字都很拘谨而幼稚,后钞的字稍自由而较老练。词的钞写在稍后,而《自序》在最后。(试看《自序》中之"甞"字皆作"甞","竊"字皆作"竊","壁"字皆作"壁",与《纪序》正相同,其出于一人之手无疑。)《墓志铭》或另是一个更幼稚的学生钞的,或即是钞诗词者最初学钞书时钞的。(其中"辶"旁或作一点,或作两点,不一律。)

至于七律末首的注文与改字皆出于此一人之手，尤为明显。（试看注文与添题相同的字，又看改字中有"艸"头的字。）这一首诗最可以使我们推想这本子造成的步骤。钞诗的学生抄了原编续编的律诗之后，又偶然见着两首未收的诗，他便把《夜明柴》一首试帖诗钞在五律之后，把《晚秋清流道中》一首钞在七律之后。但他后来又见着一首七律，大概是写在单页纸上的草稿，不曾写明诗题，仅在纸尾注着"将至馆舍成句，归后易末一联"十二个字。此诗初钞时的末联已是"归后"所改的：

多恨且图今夕聚，岂知归后恨还加。

但这位钞诗学生不久又看见东壁未改的原稿，也是另纸写的，却有诗题"将至馆舍得句"，末一联为

多恨且图今夕醉，犹堪下酒菊丛花。

末句毫无意思，只是凑韵而已。钞者爱师心切，却不大懂得诗，他误认这是定稿，故又照钞上去，把原钞的异文和注文都点涂去了，又加上了诗题。

我这个假设最可以解释这首涂改的诗的哑谜。读者试想，"将至馆舍成句"在前，"归后易末一联"在后，有何为疑？他初得的句子是中间两联，

回首半生惟有泪，伤心四海更无家。
秋风满树鸣黄叶，落日长河带白沙。

落日一句真是好句，故他装上首尾，做成了一首诗。但首尾两联都配不上中间两联，故他自己也不满意。后来他回家去，见着老病的妻，想着膝下无儿无女，故把这点感伤来做原诗的结句，

多恨且图今夕聚，岂知归后恨还加！

这样的真感伤，才结得住全诗。但诗题却不容易定了。顾得"将至馆舍"，便顾不得"归后"。所以他只把做诗的两截历史注在诗尾，暂时不定诗题。却不料那位不懂诗的学生却偏要一首有题目的诗，便把初稿写作定稿了。

此外一些涂改，更不成问题。这个钞诗学生虽不大懂诗，却已通文理。凡通文理的人钞书最多"有理的错误"。如"一川红树"误作

"一川红叶"（七绝《游羊城山》）；如"回头"误作"回首"，"颠倒"误作"倾倒"（七古《题浮云图》）；如"满径"误作"满地"（七律《纱窗》）；"苍山满眼"误作"江山满眼"（七律《晚秋清流道中》），这都是通文理的人的错误。五古《登儒山》一题，登字涉下登字而误，绝字涉下纪字而误，皆为无心之误，与《观华山图》一题涉下文太华山而误衍太字同理。只有七古末首"黄华谷，名何噪"实胜于改本"黄华黄华名何噪"。此一处似是钞者妄改的。

初钞的百四十五首诗之中，有很早的诗，但也有最晚的《戊申除夕明晨五十》一诗，所以我们可以断定初钞已在己酉（1789）年东壁五十岁时。《知非集》之名已定，诗正在进行中，序也未作。他的学馆中一个学生见了一本旧诗稿，便借去钞了一本。这部旧稿是有纪序的《弱弄集》而加上了一些后来的近体诗的。近体诗每首至多不过几十个字，故东壁先生即在这旧本上随时添加进去。五七言古诗篇幅较长，故须别有抄本。东壁删订重钞之后，这个旧钞本已没有用处了，故留给这个学生去钞写练字。

后来钞者又见着一个零本上有七首五古，七首七古，他又补钞上去。他又见着一首五言六韵的试帖诗，——《夜明柴》，大概是东壁先生早年的作品。他不知道这诗应另列一类，也就钞在五言律诗之后。他又随时见着东壁先生的几首近体诗的零稿，也都钞在七律与绝句之后。这些共是十九首，钞写约在百四十五首之后一年之内。其时东壁先生的《知非集》已删成赋三首，诗二百首。但他自己还不很满意，《自序》也没有写成。（《自序》的前一大半，也许作于此时。）所以钞诗的人不曾得钞他的五十岁"重删而再录"的《知非集》。

不久他又见着《桂窗乐府选》，有词十四首，他也钞了一本，附在诗后。他又偶然寻着"将至馆舍得句"一首诗的未改稿，他误认为定稿，就照样涂改了先钞的改稿（说见上文）。

到了乾隆癸丑（1793）十一月，东壁先生把《知非集》又删定一次，分三类编次。他的《自序》也写成了。钞诗的学生这时候才知道《知非集》的定本是个什么样子。但他已钞成了的本子是不容易照样重编的了。他只好把新撰的序文钞了一篇，装在钞本之前，使人知道这本子不是《知非集》的定本。此序钞在最后,距己酉(1789)初钞诗的时候已有四年多了,故序的字迹最工整。

此人是否还另外钞有《知非集》三卷定本,我们不能推知了。以情理想来,他应该钞有定本。但定本的《知非集》至今还不曾出现,倒是他早年借钞书作馆课的时代钞的一部杂凑本首先出现,就使我们得见东壁先生的诗一百六十四首,词十四首,自序一篇,这也可算是"有意栽花花不发,无心插柳柳成阴"了。

顾颉刚先生指出此本中无东壁最得意的《雾树》诗(崔夫人《二余集》中有和作),可证此本决非《知非集》定本。《畿辅诗传》所收《知非集》的诗,有《西安》,《卜居》二首不在此本之内,这也可证此本决不和陶梁所得的《知非集》相同。洪先生指出陶梁引用书目中把《知非集》列在不分卷的集子里,可见他所得的《知非集》似是五十岁删定的二百首本子。赵先生也指出陶梁在崔述小传下引刘大绅《考信录序》,而不引《知非集自序》,这也可证陶梁所见本子是己酉二百首本,其时本没有癸丑自序。

我们现在可以确知东壁先生的诗集有三个本子:

(一)无名氏钞的杂凑本,即此本,有诗百六十四首,词十四首,赋三首。此本虽题为《知非集》,又有癸丑《自序》,其实是一部杂凑很不完全的本子。此本的钞写原来不过是一个学生的习字工课,正和敦煌僧寺的小和尚钞写韦庄《秦妇吟》及《王梵志诗集》一样。目的不在写《知非集》副本,故东壁先生不曾审查过,由他随时补凑涂抹。他那能料到韦庄、王梵志竟靠敦煌小和尚的习字本子保存到九百年后忽然流通于世呢?

(二)陶梁所见的《知非集》不分卷本,大概有赋三首,诗二百首,词若干首,无《自序》。

(三)陈履和带去的《知非集》三卷本,大概有赋三首,诗百七十首,附词若干首,有《自序》。

在那两个本子出现之前,这个杂凑本是很可宝贵的。凡作者自己删定诗文集,以严为贵;但后世史家搜集传记材料,却以多为贵。故未删的原料比删剩的作品更可宝贵。此本保存的诗词,必有许多不见于后来定本的。定本可以见东壁先生五十以后的文学见解,而这个学生习字本却可以表现他五十以前"忧乐之情,离合之变,居游之所",将来定本出现之后,此本仍是有传记资料的大价值的。

二十,二,廿二

(收入耿云志主编:《胡适遗稿及秘藏书信》第12册)

跋《销释真空宝卷》

《销释真空宝卷》抄本一卷,和宋、元刻的西夏文藏经同在宁夏发现,故当时有人据此定为元抄本。这个证据是不够的。敦煌石室的藏书,有五世纪的写经,也有十世纪的写经;正如我的案头不妨有敦煌唐写本,也不妨同时有民国二十年的日历。

我初见此卷,颇疑心此卷是明朝的写本,也许是晚明的本子。研究的结果更使我相信晚明之说。卷中称孔子为"大成至圣文宣王"。这个称号起于元大德十一年(1307)。到明嘉靖九年(1530)始改称"至圣先师"。但这样的一个封号,决不是一经公布便会到民众文字里去的,也不是一经政府改号便会消灭的。故这个尊号可以证明此卷不会写在元大德以前,却不足证明此卷不出于明嘉靖以后。

卷中有好几处说到一个真空祖师,如云:

  有真空,老祖师,大开方便。

又云:

  亏真空,老祖师,提开油面。
  劝今人,离四相,识得真空。

又云:

  遇着我,真空祖,说与来踪。

又云:

  亏我祖,老真空,大开方便,
  教贫儿,才识的,去路来踪。

此卷是演唱真空和尚的教理的,故名为《销释真空宝卷》。不幸我遍查元、明两代的佛教史传,总寻不着这位真空和尚的来踪去路。《中国人名大辞典》补遗(页一三)有个真空和尚:

号清泉,万历中京师慈仁寺僧,著《篇韵贯珠集》一卷,……所论反切,破碎支离,颇为清代讲音韵家所诟病。

不知道他是不是此卷中的真空。如果真是他,此卷应写在万历以后了。

此卷中写真空的宗派,如下:

把正法,隐藏了,年深日久。
从生下,老古拙,重整莲宗。
南大方,北无际,诸佛出世,
说印宗,和善财,又有真空。
亏我祖,老真空,大开方便,
教贫儿,才识的,去路来踪。

卷中别处又提到:

有古拙,传无济(际?),佛性圆通。
有明期,同清引,亲传祖意,
通僧官,说教典,显望(妄?)明真。
论无相,共无为,亲传三昧,
有无往,坐山林,自己真功。
隆(旁注"雷"字)恩寺,说善财,人缘广大,
宝金山,仿功(公?)案,接引迷人。
有印宗,度徒弟,进求如意。
说陕西,有万逢,烧火寻真。
论大方,老和尚,见闻之觉,
说蕴空,修净业,劝人修行。

这些和尚都不见于史传,无可考证。明初有个古拙禅师,号祖庭,是南方人,见于幻轮的《释氏稽古略续集》卷二(《大正藏经》四九卷九三七页)。无际则有两个,一个见于幻轮的《续集》卷三(同上,页九四四),一个见于近人的《新续高僧传》四集卷十九,却都是南方人,不能说是北"无际"。其余的和尚都不可考。如有人能细检北方几省的方志,也许能考出这几个和尚的时代。

但卷中有一大段"唐僧西天去取经"的故事,可以证明此卷大概

作于吴承恩的《西游记》流传之后,此段全文如下:

　　唐圣主,焚宝香,三参九转,
　　祝香停,排鸾驾,送离金门。
　　将领定,孙行者,齐天大圣,
　　猪八戒,沙和尚,四圣随根。
　　正遇着,火焰山,黑松林过,
　　见妖精,和鬼怪,魍魉成群。
　　罗刹女,铁扇子,降下甘露;
　　流沙河,红孩儿,地勇夫人;
　　牛魔王,蜘蛛精,设入洞去,
　　南海里,观世音,救出唐僧。
　　说师父,好佛法,神通广大,
　　谁敢去,佛国里,去取真经?
　　灭法国,显神通,僧道斗圣;
　　勇师力,降邪魔,披剃为僧。
　　兜率天,弥勒佛,愿听法旨。
　　极乐国,火龙驹,白马驼经。
　　从东土,到西天,十万余里。
　　戏世洞,女儿国,匿了唐僧。
　　到西天,望圣人,殷勤礼拜,
　　告我佛,发慈悲,开大沙门。
　　开宝藏,取真经,三乘教典,
　　暂时间,一刹那,离了雷音。
　　取真经,回东土,得见帝主,
　　告我佛,求忏悔,大放光明,
　　到东土,献真经,唐王大喜,
　　金神会,开宝藏,字字分明。

我们看这一大段,更试将此中的取经故事和《唐三藏取经诗话》(南宋?)、吴昌龄的《西游记》曲本(元朝。有日本印本)、吴承恩的《西游记》小说相比较,便可以看出此卷的取经故事决不是根据元朝流试举几个例证。(一)元人剧中称孙猴子为通天大圣,而此卷已称齐天大圣。(二)元剧中无黑松林。(三)元剧无罗刹女。(四)元剧无牛魔王。(五)元剧无地勇夫人(《西游》小说八三回作地涌夫人)。(六)元剧无蜘蛛精。(七)元剧无灭法国。(八)元剧无弥勒佛"愿听法旨"的事,只有吴承恩小说里有弥勒佛收小雷音妖王的故事。(九)元剧中无戏世洞,这就是吴承恩小说中的稀屎衕(六七回),因为名字不雅,故用同音的戏世洞。凡此诸例,都可证此卷作于《西游记》小说已流行之后,所以卷中的取经故事都是根据这小说的。

吴承恩死在万历八年(1580),他的《西游记》不知作于何年,大概是他早年的作品,出版当在十六世纪的中叶(约1560)。此书流行到西北,至少需要三四十年的传播。所以我的意思以为《真空宝卷》的著作至早不得在万历中期(约1600)以前,也许还要更晚一点。我还有个旁证。我买得一部嘉靖三十四年(1555),北京刻的《清源妙道显圣真君二郎宝卷》,其中也有很多的"三,三,四"的十字句子曲词,文体与《真空宝卷》颇接近;中间夹着许多散曲,有《清江引》、《一封书》等等曲调,又有五言和七言的句子。这里面也有唐僧取经的故事,却和吴承恩的《西游记》小说大不相同。他说,行者赴会,把二郎的母亲云花压在太山底下。二郎把母亲救出后,

> 母子得相逢,坐在宝莲宫。
> 想起心猿意,要拿孙悟空。

果然

> 移山倒海拿行者,翻江搅海捉悟空。……
> 撒下天罗合地网,拿住行者压山中。
> 悟空若得脱身去,单等东土取经僧。

二郎变化广大神通,因为救母亲,追赶金乌也为自身,收了三光,二意双行,压住行者,单等唐朝取经僧……

> 唐僧领旨辞圣主,出了长安往西行。
> 单身独自无护法,步步游行一个人。

登山迈岭多劳苦,沟沟涧涧最难行。……
到了山中无出路,要见活佛难上难。……
正是长老为难处,猛听人语叫连天。
叫声师父救救我,情愿为徒把经担。
唐僧一见忙念咒,太山崩裂在两边。
行者翻身拜师父,担经开路上西天。

[乐道歌]

老唐僧,去取经,丹墀领旨拜主公,谢圣主,出朝门,前行来到一山中。收行者,做先行,逢山开路无人阻,遇山叠桥鬼怪惊。老祖一见心欢喜,高叫徒弟孙悟空,望前走,有妖精,师徒俩,各用心。又收八戒猪悟能。两家山,遇白龙,流沙河里收沙僧。望前走,奔雷音,连人带马五众僧。唐僧随着意马走,心猿就是孙悟空。猪八戒,精气神。沙僧血脉遍身通。师徒们,不消停,竟奔雷音取真经。

我们看了这个取经故事,便知这时候的取经故事还在自由变化的状态,所以里面的节目,如二郎救母把行者压在山下,全不受向来传说的拘束,也和后来的吴承恩定本全不相同。这是嘉靖年间的作品,才有这样自由。到嘉靖以后,取经故事有了统一的结构,便不容易自由改造了。所以《二郎宝卷》的西游故事可以帮助我们证明《真空宝卷》的晚出。

二十,三,十五。

我既用吴承恩的《西游记》小说来证明《真空宝卷》出于万历中期以后,又想到近人误信《四游记》中的节本《西游记传》为吴承恩以前的古本,所以我把我的《西游记传跋》附在这里。

(原载 1931 年《国立北平图书馆馆刊》第 5 卷第 3 号)

《新锲孔圣宗师出身全传》跋

慈溪冯孟颛先生藏有《新锲孔圣宗师出身全传》四卷,传末记"圣代源流",止于六十二代孔闻韶,是弘治十六年(1503)袭封的,所以冯先生定为弘治间刻本。

我以为此书之刻,至早在正德时,也许更在正德以后。书中有李东阳的《诗礼堂铭》及《金丝堂铭》,我考《怀麓堂集》,此二文都是弘治十七年(1504)李东阳奉诏代祭阙里孔庙后作的。次年孝宗崩,明年便是正德元年了。所以我认此书之刻成,至早已在正德时了。

此书记衍圣公闻韶,以下皆阙,这是因为书中世系是根据于正德初年刻成的阙里志,阙里志止于第六十二代,故此书也止于六十二代,我们未必就可以断定此书成于第六十三代贞干袭封之前。

弘治十七年李东阳发起修阙里志,"逾年而成"。李东阳序中说:"此书阙于二千年,而成于一旦,不可谓不难矣。"大概因为此志是当时的创举,所以此志流传之后,稍稍引起社会上对于孔子故事的注意。后来有人用此志的材料,编成这部《孔圣出身全传》。编者意在通俗,故每页附图,又每章附加诗词。但编者是一位学究先生,文字不高明,仅仅能抄书,却不能做通俗文字,所以这部书实在不能算作一部平话小说。

民国二十年七月二十夜　胡适

(原载 1935 年 6 月 30 日《浙江图书馆馆刊》第 4 卷第 3 期)

《西洋现代史》序

卢逮曾先生的《西洋现代史》，我读过第一第二两卷，现在我匆匆出国了，等不到读完他的全稿了。现在我只好依据我读过的这两卷，写几句介绍的话。

卢先生这部书写的是这一百五六十年的史事，这个时代是西洋民族最得意，文化发展最快又推行最远的时代；也是人类史上最热闹最有光彩的时代。这个时代的历史需要一枝有断制而又有力量的笔锋，方才能使读者感觉到这时代的热闹与光彩。史家有两重责任：一面要搜求史料，审慎的评判史料的真伪，这是科学的工作；一面他又要能把整理过的材料用明白而有趣味的文笔写出来，使人感觉历史的真实，使人从他的书里可以想像往事与古人的实在状态，这是艺术的工作。现代西洋史学已发达到了一个很高的境界，史料的保存与整理都无大障碍了；即有少数秘密的文件，在欧洲大战之后，各国政府都曾经陆续公布出来。至少西洋现代通史的材料是很够用的了。中国人作《西洋现代史》，那收集考订的工作是不用我们去大费心的了。所以我们工作的困难可说是十分已去其七八：材料是现成的，是已整理过的，我们的责任是怎样把这些材料写成一部可读的，生动的，有趣味的历史。卢先生此书，材料也许是一般学者都能运用的，他的用力所在只是叙述的生动与有趣味。我们读他叙述法国大革命，看他把当时的一班领袖人物——写丹顿，写罗伯斯卑尔——都写的很有声有色；看他写那收拾革命，蹂躏全欧的拿破仑；看他写那专制魔鬼梅特涅；这都是可以给一班写历史的人取法的。

写历史要能使谨严的史实变化成灿烂的有光有热的文学。卢先生的这部书至少是抱着这种野心努力试做的。他用的西洋材料，都能化作明白流利的中国白话文,在这一方他的成功已是很可称颂的了。

1933,6,7

(收入耿云志主编:《胡适遗稿及秘藏书信》第12册)

跋余炳文先生的《官礼今辨》

余炳文先生《官礼今辨》的稿本在我家中留了十几年,中间我去国两次,南北迁徙几次,几乎把这稿子失去。今幸完璧奉还敬吾先生收藏,我觉得又高兴,又惭愧。

余先生此书作于五大臣出洋考察之年,他的见解有许多在今日看来已是很旧,很不能成立的了。但他认《周礼》是孔子修改周制之书,故与古书所记周代制度不同,这一点实在是一种新见解。换句话说,他是用今文家的眼光来观察一部多数今文家不相信的书。我们现在不承认《周礼》是孔子做的。但我们更不承认这书是周公制治之书。我们现在大概可以承认《周官》在汉武帝时已有了一种本子,因为《封禅书》已提到这书,并且已称引书中文字了。我们可以说《周礼》的定本大概出于西汉末年,也许王莽真有"发得《周礼》"的事,其事大概不过是修改写定,加以特别表章而已。《周礼》是一种托古改制之书,在今日已无大可疑。余先生在当时敢说《周礼》是"为改周制而作者也",也可以说是很大胆的了。

民国廿四年六月廿五日　胡适

(题目系原编者所拟。收入耿云志主编:
《胡适遗稿及秘藏书信》第 12 册)

跋北平图书馆藏《王韬手稿》七册

此系胡先生廿三年九月廿二日日记之一节,因本刊愆期补登于此。编者识

图书馆中借来王韬笔记七册,都是手稿,其中有一册是他《东游缟纻录》,起于光绪五年闰三月初八日,到四月二十四日。余六册皆笔记,多钞录世界各国消息,间记读旧书杂志。其中有一册草字笔记中间忽杂有一叶半的《蘅华馆日记》,乃是咸丰十一年元旦到五日的日记,字颇工整,此下十叶半皆用作草字笔记,其下忽又有半叶日记,记二月朔日"英国牧师艾君迪谨(约瑟)招余同作金陵之游,不获辞。金陵久为贼窟。丙午秋试曾一至,今届指十六年矣。……"此日所记约共一百五十字,使人知他当时曾到南京一次,这是很重要的事实。但我看此册,又得两事:

(1) 何以笔记中插入此三叶的日记呢?我的答案是此册是王韬早年的日记本子。他的日记大概时作时辍,但他有心追补,故在正月记了五日之后,留下十叶空白为补记之用。二月初一又记了一天,又停了。以下的金陵之游当然不敢详记。于是这一册子上只有一叶半和另半叶是有字的,全册是空白。过了若干年后,约在1872至1873年——因为卷尾记美总统克蓝 Grant 连任及法总统爹亚 Thiers 辞职(此是爹亚第二次辞职,在1873年)——他寻出了这本旧册子,用作笔记本子。

这两叶残余日记的字是咸丰十一年的字,最可以用来考证故宫的黄䋸上太平天国书。

(2) 此残存日记首行写:

蘅华馆日记

　　　　　　　　甫村里民　　王瀚　兰君

此又足证王韬原有"王畹，字兰君"之名与字。"畹"与"兰君"同出于"余既滋兰九畹"之句。他在自传中说他原名利宾，后改名瀚，字懒今。但他自讳曾名畹，又讳改兰君为懒今。今发见"兰君"之字，更可证他名"畹"之故了。（故宫所藏"黄畹"书尾有"苏福省黄畹兰卿印信"钤印。）

此诸册中，又有一册中间有《读书随记》首行写：

　　　新阳　王瀚　漫笔

新阳是从昆山分出的县，大概王韬是昆山人，他中秀才也是昆山籍。长洲县学云云，皆是故作疑阵也。故我令罗尔纲兄往查昆山《新阳县志》。

《读书随记》首记：

　　　余于伟烈处（英人，名亚力，精天算学。）购得《日光山志》五册。

其下记此书其详，凡十二叶。

其第十三叶上记云：

　　　同治壬戌，余为粤港之行，矮屋一椽，妻孥三口，悽惶相对。醒逋书来，谓犹胜于东坡之谪儋耳，亦可谓强为慰藉者也。癸亥十月作羊城之游，与西士湛君得《粤东笔记》，颇足资闻见。客窗无俚，聊志一二。

此一叶字迹最像故宫所藏黄畹书。

1934 年 9 月 22 日

（原载 1934 年《国立北平图书馆馆刊》第 8 卷第 3 号）

《汤晋遗著》序

前一个多月汤爱理先生来信,说他把他的爱儿汤晋的遗著十二篇收集起来,要我写一篇短序。爱理先生信上说:"他在世日,最佩服的有两位先生,一位是丁在君先生,一位就是先生。所以他的遗著内必须求你们两位各写一篇序文。"

丁在君先生的序是 11 月 18 日写的,不幸不久他就在衡阳中了煤气毒,转变成别种复症,在 1 月 5 日死在长沙。在君这篇叙文,恐怕是他最后的一篇文章了。

我生平为朋友的书作序,总要先读原著,若有意见值得说,才敢作序。只有两次我不曾先读所序之书,一次是为张孝若先生序他的先父传记,一次就是这回为汤君遗著写序了。前者是一个儿子为他生平最爱敬的父亲作详传;后者是一个父亲为他生平最钟爱的儿子编遗集;二者都是"爱的工作",故我不用先读其书了。

我的人生观是深信一切努力都是不朽的,都会发生影响;有时努力的人可以及身看见努力的结果,有时他自己看不见了,但他的工作,在他意想不到的时间与地域,居然开花结果了。一口含有病菌的痰,也许遗害到无穷的人;一句有力量的话,也许造福到千百世之久。这都是不朽:善亦不朽,恶亦不朽。

我的朋友丁在君死时,只有四十九岁,但他的一生的工作,他的为人,他的治学,都在无数人的身心里,留下绝大的影响。在君虽死了,他的影响是永永不朽的。

汤晋死时只有二十四岁,寿命更短了,他的一生只留下这十二篇中英文字。但我可以断言,这一个努力的少年,不会这样烟消云散了的,他也有他的不朽。他的好学,他的爱好,他的为人,能使他的父亲这样殷勤记念,足见他在那些爱他亲近他的人们的身心上早已留下了不可磨灭的影响了。他这些少年作品印出之后,也许这里那里有一个少年读者因他的遗著而发心作一个飞机制造家,——也许这里那里有一个少年因他的遗著而投身作公共卫生的事业。谁知道呢?在意想不到的地方,这个夭折的少年是死而不亡的。

我相信如此,我盼望一切悼亡伤逝的人们都能如此相信。我盼望一切人都能相信他们都可以死而不亡的。

廿五,一,廿八　胡适

(收入耿云志主编:《胡适遗稿及秘藏书信集》第 12 册)

《两千年中西日历对照表》跋

薛仲三、欧阳颐两君，因为生命统计学上的需要，感觉到现行的几部中西日历对照表，都不很适用，所以他们发愤改作，造成这一部《两千年中西日历对照表》。他们在自序里说：此书"较葛麟瑞氏所著之页数为少，而年代则八倍之；较陈垣氏所著之年数相若，而篇幅则少数倍"。我试检此稿，其检查中西日历的对照，确是比别的书便利的多；其检查某日为星期几，虽须推算，也很便利。纪载干支，诸书均无最便利之方法；此书"每逢甲子月及各年中之第一甲子日，各于其右上方缀以星"。此法似仍不甚便利，鄙意以为可如此改良：

（一）应采陈垣先生《二十史朔闰表》之长，于"日序"表之"月"栏下，增注每月朔日之干支。例如民国二十五年丙子之月栏，可改为

月	朔
1	己巳
2	己亥
3	戊辰

（二）月之干支，除推命之外，别无用处。似可全删。否则逢"甲"月加一符号，例如甲子月为 A，甲戌月为 B，甲申月为 C，甲午月为 D，甲辰月为 E，甲寅月为 F，如此则可不须推算了。

此外如"甲子纪元"一项，毫无用处，亦可删去。鄙见如此，不知编者以为何如？

二五，六，廿六　胡适

（收入薛仲三、欧阳颐合著：《两千年中西历对照表》，1940 年 5 月商务印书馆出版又收入耿云志主编：《胡适遗稿及秘藏书信集》第 12 册》）

北京大学新印程廷祚《青溪全集》序

我最初搜求程廷祚的著作,是因为我要搜集一切可以考证《儒林外史》的材料。我深信程廷祚是《儒林外史》里面的庄徵君,这虽然有了程晋芳的《绵庄先生墓志》可以作证据,但我还不满足,我要看看他的文集里有什么更切实的证据。

后来我读戴望的《颜氏学记》,他把程廷祚列为颜李学派的一个大师。但他也没有见着程廷祚的文集。戴望用他的《论语说》作主要材料,使我们明了他的思想确然是和颜李的思想最接近。因此,我更想寻访程廷祚的文集,我希望从这里得着一些新材料,使我们在他的说经文字之外能有更直接的或更综合的陈述他的思想的文字。

十几年前,我写《戴东原的哲学》时,我觉得戴震的思想也和颜李很接近。这话戴望早已说过,我自己的研究使我深信戴望之说不错。但戴震的著作里从不提到颜李,我疑心戴学与颜学的关系是间接的,其间的媒介是戴震的同乡前辈程廷祚。但我在当时没有证据,戴震的书里也从不提起程廷祚,我只能推想,因为戴震与程晋芳都是程廷祚的朋友,戴震有认识程廷祚的可能。因此,我更想寻访程廷祚的文集,希望从那里面得着程戴相知的证据。

这是我访求程廷祚的文集的三个动机。

我在十几年前,从李慈铭的《越缦堂日记》里知道程廷祚的《青溪文集》。后来才得见蒋国榜《金陵丛书》里的《青溪文集》十二卷。这个十二卷本使我高兴,也使我失望。使我高兴的是《原人》,《原心》,《原气》,《原性》,《原道》,《原教》,《原鬼神》七篇和《礼乐论》二篇果然是程廷祚的思想的综合的自述,和《论语说》的自序有同样的重要。其中《原气》,《原性》,《原道》诸篇更使我容易看出他的思想确然是上承颜学,下开戴学。这十二卷之中,竟有两处提及戴震:一处是他托程晋芳写信去问"里中戴东园"两个关于庙寝制度的问题(卷十一,《与家鱼门论充宗仪周二礼说书》),一处是他引用"近日新安戴东原"的转注说(卷三,《六书原起说》)。这都可以证明他和戴震果然相知相识。

但这个十二卷本也颇使我失望。在这十二卷里,我们只看见程廷祚淡淡的提及颜元一次(卷六,《明儒讲学考序》),此外没有它种材料可以使我们断定他和颜李学派的关系。他在好几篇文字里表示他很崇敬宋儒(卷三,《汉宋儒者异同论》;卷十,《上督学翠亭雷公论宋儒书》及《再上雷公论宋儒书》),这更使我们惊讶,因为这颇不像颜李学派排击宋儒的态度。此外,这十二卷里很少传记的材料(卷十二的《先考被斋府君行状》当然是重要的传记资料),也颇使我失望。

去年孙人和先生把他的《青溪文集》十二卷和《续编》八卷借给我,我细细读了,感觉十分高兴,因为在这《续编》八卷里,我发见了许多极重要的传记材料。《续编》的最重要资料,有这些:

(1)《外舅楚江陶公行状》(卷八),使我们知道他的岳丈陶窳是何等样的人。陶窳是很早接受颜李思想的人,他是李塨的《年谱》和《恕谷后集》里的陶甄夫,他是介绍程廷祚去读颜李著作的人。

(2)《与家鱼门论学书》(卷七)

(3)《与宣城袁蕙缵书》(卷七)

这两封信使我们知道程廷祚确是一个颜李学的信徒。《与袁蕙缵书》(袁蕙缵名穀芳,他曾作袁枚的《小仓山房文集》的后序,见于旧刻本《随园文集》;又有《答随园先生书》,见于袁枚的《续同人集》。袁枚有答他的书二通,一见于文集,一见于尺牍)使我们知道程廷祚中年以后"不以颜李之书示人",因为他怕得着"共诋程朱"的罪名。这固然是最重要的史料。但这两封信又使我们知道他到晚年还是一个颜李信徒,这是更重要的史料。

(4)《纪〈方舆纪要〉始末》(卷三),这篇纪事使我们明白《儒林外史》写的那个卢信侯就是颜李信徒刘著，那件私藏禁书的案子就是《方舆纪要》一案，兵围玄武湖庄徵君的住宅是确有其事。这是很有趣味的材料，使我们知道《儒林外史》写的庄徵君是有历史的根据的。

（5）续编里还有一些有趣味的材料，如卷八之《金孺人墓志》，写的是《儒林外史》作者吴敬梓的姊姊，志中的世系——曾祖国对，祖旦，父霖起，——都可以证实我在《吴敬梓年谱》里的世系表是不错的。又如卷六之《与吴敏轩书》，敏轩就是吴敬梓，书中的"葺城女士"就是《儒林外史》里的沈琼枝。又如卷四之《与友人樊某》两书，樊某即是《儒林外史》里的迟衡山。

我读了这个二十卷本的《青溪文集》，我所以搜寻这部书的三个动机差不多完全满足了。我知道了程廷祚和《儒林外史》的关系，和戴震的关系，和颜李学派的关系。从此，我们可以大胆的建立程廷祚为颜学的第三代，戴震为第四代。从此，我们也可以明白《儒林外史》是一部宣扬颜李学派的思想的小说。

现在北京大学出版组借得孙人和先生收藏的《青溪文集》二十卷全本，影印发行，我借这机会抄录了程廷祚的集外文四篇，师友论学书四篇，传记材料六篇，补印在文集的后面，作为附编三卷。附编之中，有程廷祚少年时和李塨往来的书札，有他晚年他的朋友程晋芳、袁枚的书札，都是有关颜李学派历史的材料。袁枚给程晋芳的两封信更是重要，因为这两封信可以证明那位聪明绝顶的随园主人虽然曾在别处嘲笑李塨"昨夜与老妻敦伦一次"的日记（见《新齐谐》卷二十一，又《小仓山房尺牍》卷七《答杨笠湖》），他却是很能了解颜李的思想，并且曾挺身出来帮程廷祚替颜李辩护。这也是治颜李学史的人不可不知道的。

民国二十五年五月二十六日

（原载 1936 年 6 月 4 日天津《益世报·读书周刊》第 51 期，又收入《青溪全集》，1937 年北京大学出版）

《敦煌石室写经题记》与《敦煌杂录》序

敦煌石室所藏写本,凡数万卷,三十余年来,分散各地:斯坦因氏取去的,现藏伦敦英国博物院;伯希和氏取去的,现藏巴黎法国国家图书馆;清末学部运回北京的一万件,现藏国立北平图书馆。此三组为最大宗,余则散在私家。私家所藏,李盛铎氏所收为最多,去年卖到日本去了。

这几大组的敦煌写本,巴黎的目录最先出,但很简略;伦敦的目录开始很早,到最近才有完成的消息。北平的目录,胡鸣盛先生主编,近年才编完,虽然没有印行,另有陈垣先生的《敦煌劫余录》流行于世,其考订之详,检查之便利,已远在巴黎伦敦诸目之上了。

湖南许国霖先生是胡鸣盛先生的助手,他曾用他的余暇,编成两部关于敦煌写本的书:一部是《敦煌石室写经题记》,一部是《敦煌杂录》。

《敦煌写经题记》共收四百多条,是一组最有趣味又最有历史价值的材料。伯希和先生曾对我说,他在敦煌挑选这些写本,曾定出几个标准:第一挑有外国文字的卷子,第二挑释藏以外的材料,第三平常佛经只挑那些有题记可供考订的卷子。北平所藏,是伯希和挑剩的卷子,居然还有这四百多条题记可录,这是出于我们意料之外的喜事。将来若有人能将巴黎伦敦以及私家所藏的敦煌卷子的题记全部记录出来,成为一部《敦煌写本题记全集》,一定有不少的重要材料或问题,可供史家的研究。

就许君钞录的《题记》看来,这里面已有许多很值得注意材料。第一,写经的年代可考的有四十五卷,最早的是北魏的太安四年七月三日(458),最晚的是宋太平兴国二年闰六月五日(977)中间相距五百十九年。(此限于《写经》的题记。《敦煌杂录》中有"至道元年(995)僧道猷往西天取经牒",年代更晚了。)第二,有些题记可以使我们知道当初写经的情形。有些经是和尚自己写的,有些是学童(学仕郎)写作习字课的,有些是施主出钱雇人写的。一部《大般涅槃经》(潜十五)的题记说请信女令狐阿咒出资财为亡夫敬写《大般涅槃经》一部,三吊;《法华经》一部,十吊。《大方广经》一部,三吊;《药师经》一部,一吊。这是很有趣的经济史料,不但表现宗教风气而已。又如六部《佛说阎罗王授记劝修七斋功德经》的题记,就有好几种不同的情形:一部是比丘道真自己受持的(咸七五),一部是一个患病的比丘尼发心敬写供养的(字四五),一部是一个"八十老人手书流传"的(列二六);三部是同一个人为"阿娘马氏"追福,在"五七""六七""收七"三个斋期写的(冈四四)。这都是有趣味的宗教社会史料。第三,有些题记使我们知道当时写经的校勘工作。写经本是宗教的工作,是应该十分郑重的。如《四分律删补随机羯磨》题记云:

> 午年五月八日全光明寺利济初夏之内,为本寺座主金耀写些羯磨一卷,莫不研精尽思,庶流教而用之也。至六月三日毕而复记焉。(辰四六)

这最可以表现写经人的宗教精神。所以我们时时看见"勘了","一校竟","校定无错"的题记。还有二校或三校的,如一部《金光明经》(有九十)记"校二遍",如一部《无量寿宗要经》(剑四二)题着三次校勘者的名字。写经重在校勘无误,而敦煌写经所以有无数错误,大概都由于不大识字的学童小和尚的依样涂鸦,或者由于不识字的女施主雇的商业化的写经人的潦草塞责,校勘工夫是不会用到这两类的写经上去的。

《敦煌杂录》是继续蒋斧、罗振玉、罗福葆、刘复、羽田亨诸先生的工作,专钞敦煌石室所藏非佛教经典的文件,蒋氏之书最早(宣统元年)。三十年来,这类佛教以外的敦煌文件陆续出现,最大的一批是刘复先生从巴黎钞回来的《敦煌掇琐》。但这些都是国外的敦煌文件。北平所藏的经典以外的文件,除了向达先生钞出的几件长卷之外,差不多全没有发表。所以外间的学者只知道北平所藏尽是佛经,而不知道这里面还有这许多绝可宝贵的非教典的史料!

许国霖先生钞的这些文件,大约可分为几类:第一是"藏外"的佛教文学,如变文,佛曲,劝善文,净土赞之类。第二是一些训诂及训蒙的残卷,如《礼记音义》,《论语音义》,《太公家教》之类。第三是一些俗世应酬文字的范式,如祭文程式之类。第四是许多民间经济往来的文契,如借麦种牒,雇作儿契,典儿契,卖地契之类。第五是杂件,如藏经点勘帐,如姓氏录之类。

第一类的佛教通俗文学,近年来早已得着学者的注意。许君所辑之中,最重要的是几卷《变文》,虽不如巴黎所藏《维摩变文》和我所藏《降魔变文》的完整,但我们因此可以知道当时"变文"种类之多,数量之大,所以是很可宝贵的。这里面的《佛曲》,如《辞娘赞》,如《涅槃赞》,如《散花乐》,如《归去来》,都属于同一种体制,使我们明白当时的佛曲是用一种极简单的流行曲调,来编佛教的俗曲。试举《辞娘赞》为例:

　　好住娘,娘娘努力守空房,好住娘。

这是民间的流行曲调。下面是用这曲调编的佛曲:

　　如欲入世修道去,好住娘
　　兄弟努力好看娘,好住娘
　　儿欲入山坐禅去,好住娘
　　回头顶礼五台山,好住娘
　　五台山上松柏树,好住娘
　　正见松柏共天连,好住娘

这种曲子是很恶劣不通的;但我们因此可以知道当时"俗讲"的和尚本来大都是没有学问没有文学天才的人,他们全靠借这种人人能唱的曲调来引动一般听众。《五更调》等,与此同理。

第二与第三类,残阙讹误太厉害了,没有多大用处。

第四类之中,有许多有趣味的经济史料。此中"借麦种牒"最多,可以推知当僧寺佃农的经济状况。最详细又动人的是"卢贝跛蹄雇作儿契"。我们读这文契,不能不回想到汉朝王褒的《僮约》。我们从前总想王褒的《僮约》是一篇游戏文字。现在读了这篇雇作儿契,我们才知道唐朝的雇工生活还是一种牛马式的奴隶生活,王褒在一千年前写的僮奴生活,虽是诙谐的作品,离实际的生活并不算很远的。

杂件之中,我且钞两首写书手的怨诗作此序的结束。一个写书人说:

> 写书不饮酒,恒日笔头干。
> 且作随宜过,即与后人看。

又一个写书的人说:

> 写书今日了,因何不送钱!
> 谁家无赖汉,回面不相看!

这是两个"人"的叹声。可怜我们在一千年后的同情心,已不能救济他们的口渴和贫穷了!

二五,七,三

(原载 1936 年 7 月 23 日天津《大公报·图书副刊》,又载 1936 年《国立北平图书馆馆刊》第 10 卷第 3 号)

《汪龙庄晚年手札》跋语

汪龙庄手札七件是陈援菴先生收藏的。援菴先生知道我敬重龙庄,所以他要我写几句题记。

这七札是写给一个人的,其人字敦山,又字敦甫,是龙庄的同乡,其时已在词垣。我从萧山王端履的《重论文斋笔录》里偶然发现"汤敦甫协揆"之称,因检《续碑传集》,知敦甫是汤文端金钊之字,文端是嘉庆四年(西历1799)进士,改庶吉士,授编修,其年代正相符。后检龙庄的《梦痕录余》,于嘉庆四年下有云:

> 汤敦甫(敦山更号)选庶吉士

敦山之字不见于鲁一同所撰《文端神道碑》,仅见于《龙庄自传》及此诸札中。《录余》又云:

> 六月初四日得敦甫书,问立身之本,为学之要。余雅重敦甫植品语多诫勉,敦甫不以为憖,书悄独见恳挚,因答以行己须认定路头,脚踏实地,事事存诚务本,……学必求其可用,凡朝廷大经大法,及古今事势异宜之故,皆须一一体究,勿以词章角胜。……手书数百言贻之。

龙庄所记即是七札中的第一札。此札是他很重看的,故自记其大意,但全文久已失传,岂料我们在百三十六年后居然得见这封恳挚的手札的原笔,可称一大快事,四十年后,汤文端因保举林文忠去位,可算是不曾辜负那位忘年老友的期望。

第一二札作于嘉庆四年。第三札作于次年正月,所称"阮公下车不及一月,大案立破",此案亦见于《梦痕录余》,雷塘菴主弟子记失载。第四五札均作于同一年(1100),第六札是汪继培带去的;考《录余》,继培于嘉庆七年(1802)三月八日离萧山,此札作于三月六日,在诸札中为最后一札。第七札无年月,应与前五札略同时。也许是给别人的,因为萧山那时还有两位翰林。

民国廿四年八月廿五夜　胡适敬记

右(上)嘉道间名人手迹,皆致汤文端之书札,陈援庵先生得之于汤氏后人。其中如王榖塍一札作于嘉庆六年(1801),其时文端尚不满三十岁,又如王伯申一札则作于道光十三年(1832),阮文达最后两札则作于道光十四五年(1833—34),其时文端已是六十岁的人了。寻常书翰,片纸短柬,都保留终身,其师友风谊最可令人思念,又不仅百年前大师学人之手迹足供赏玩而已。

胡适敬记　1935,8,30

(题目为原编者所拟。收入耿云志主编:《胡适遗稿及秘藏书信》第12册)

跋定远方氏所藏《岳忠武奏草卷子》

我上次在上海时,定远方毓麐先生把他家藏的《岳忠武奏草手卷》(商务印书馆有影印本)送给我看,要我题跋。我因为心里很怀疑,不敢题跋。

我当时怀疑的是,这些真迹,从十二世纪流传到清朝,何以没有收藏家的题记?何以只有梁兴的一颗图章?

最使我奇怪的是最后一篇的"不出三日,扫金必矣"的狂言。当时手头无书,不能决定此长卷的真伪,我只能把影印本带回北平来。

今天早起,取《金陀粹编》内的《岳飞文集》与此卷对勘,不到半点钟,我就断定此卷全是伪造的,全是清朝人伪造的。

试举最后一篇为例。此篇《文集》中题为"乞止班师诏奏略",分明是岳珂没有原文,只存节略。此卷也只有节略,从"契勘"以下到"惟陛下图之"。与《文集》相同。但后面加上了这些:

谨奏乞止班师,不出三日,扫金必矣。绍兴十年十月。

原来我最怀疑的那句狂言是原文没有的,是作伪的人加上去的。集中只有"奏略",此卷既是奏草,应该是全文了。何以止多十四个字呢?何以多出的十四字又恰恰是一句最可疑的狂言呢?

我校此最后一篇时,发见一个更可疑的现象,就是《文集》中的"虏"字,此卷中都改掉了!

"金虏重兵"此卷作"金人重兵"。

"虏欲弃其辎重"此卷"虏"作"敌"。

我因此细校其他各篇,全是这样的。例如:

第一件(南京上皇帝书略)

"已足以伐虏人之谋"此卷"虏"作"敌"。

"虏穴未固之际"此卷"虏穴"作"敌垒"。

第二件(措置曹成事宜奏)

"四向虏掠"此卷作"四下掳掠"。

第六件(画守襄阳等郡札子)。

"金贼刘豫"此卷作"金人刘豫"。

"金贼累年之间贪婪横逆"。此卷"贼"作"人";"横逆"作"侵陵"。

"虽番伪虏马势重,臣定竭力剿戮"。此卷"虏"作"敌","剿戮"作"御战"。

第七件(陈州颖昌捷奏)

"逢贼马军三千余骑"此卷"贼"作"敌"。

"差来贼马"此卷"贼"作"兵"。

"其贼败走"此卷"贼"作"众"。

"生擒到番贼王太保"此卷"番贼"作"金将"。

"番贼取长葛县路"此卷"番贼"作"金兵"。

"邪也孛堇贼马六千余骑"此卷"贼"作"兵"。

"径入贼阵"此卷"贼"作"敌"。

"其贼败走"此卷"贼"作"众"。

第八件(乞号令归一奏)

"掩杀贼人"此卷"贼"作"金"。

"捍敌金贼"此卷"贼"作"人"。

我们看了这些有意讳避"虏""贼"字样的证据,当然可以断定这卷子是据乾隆时代的《钦定岳忠武王文集》抄写的。作伪的人不知道这个本子是满洲统治下的讳避改本,所以留下作伪的痕迹来了。

我们现在可以明白为什么此卷没有道光以前收藏的题记,也可以明白倪元璐、黄道周的题字都是假的了。

此卷首尾两件,《文集》中皆题为略本,而此卷全抄《文集》,其"南京上皇帝书略"只在末尾多一"矣"字,其"乞止班师诏奏略"只多末尾十四字,此可证此卷决不是奏草。

此卷中第四件为"再乞褒赠张所申省札子"。而衔名称"臣岳飞",《金陀粹编》无"臣"字。此为"申省"的札子,末称"欲望更赐敷奏",又云"冒渎钧严",都是对宰臣说的话,岂可称"臣岳飞"? 又末段《文集》作:

    庶使天下忠义之士皆知所劝。

此卷作伪者不知"所"字不是指张所,误改为:

    庶使天下忠义之士皆知所之褒美,向风慕德,争先勇跃者多多矣。

这么一改,文义就不通了。此二误不但可以证此卷非岳飞真迹,又可证作伪的人不是通人,故作伪而不能自圆其伪,甚可笑也。

廿六,五,廿五

(原载 1937 年 6 月 27 日《中央日报·文史副刊》第 30 期)

跋《于文襄手札》影印本

《于文襄手札》五十六通，民国廿二年（1933）北平图书馆影印本，有陈垣先生的长跋。

这五十六札，有三十七札是有月日的，有七札是有日无月的，有七札是无月日的；另有五笺是附函，没有月日。各札都无年分。其日子最早为五月十八，最晚为九月初十。从前的人误认各札作于一年之中，故只依月日编排各札的先后。陈垣先生才依据各札内的事实，考定这五十六札是乾隆三十八年到四十一年，先后四年之中发的。在那几年之中，于敏中每年五月随从皇帝到热河行宫避暑，八月间到木兰围场进围，九月才回京（陈跋云，"盖扈从木兰时所发"。此语不甚确。木兰打围时期甚短，而行宫避暑时期甚长。各札中只有第㊻札题"十九，木兰第一程寄"，其下㊼㊽两札亦似是扈从木兰时所发。其余各札，绝大多数是热河行宫所发）。陈先生据《起居注》，考得这四年皇帝来往热河的日期如下：

年分　"启銮秋狝"　　回京

卅八年　五月初八　九月十二（依《实录》，应作十六日。此是从避暑山庄起程。二十二日到京。）

卅九年　五月十六　九月十二（《实录》作十六日）

四十年　五月廿六　九月十六

四十一年　五月十三　九月十六

所以这五十六札的月日总不出五月八日以前，九月十六日以后。

陈垣先生根据这些事实，分别各函的年分：

第④札问六月初一夜大雨"较廿一之雨如何？"

据《实录》，乾隆卅八年五月廿三日谕，廿一日怀柔、密云一带大雨。

第⑮札述"璞函从军死事"。璞函为赵文哲,死于卅八年六月金川之役。

第⑱札与第㉗札述及诸城,即刘统勋,死于卅八年十一月。

第㉘札述及黄副宪谢赏《佩文韵府》。黄登贤等赏《佩文韵府》见卅九年五月十四日谕。

第㉞札云:"接李少司空札,《水经注》尚有可商。……希与东园言之。"李友棠卅八年八月擢工部侍郎;《水经注》卅九年十月校上。

第㊳札云,"《旧五代史》进呈后已蒙题诗"。

《旧五代史》进呈于四十年七月三日。

第㊳札与第㊴札都称陆锡熊为学士。陆锡熊四十年七月后始授翰林院侍读学士。此二札作于五月与六月,当在四十一年。北平图书馆依据陈垣先生考定年分的大间架,把这五十六札重行编定次序,影印发行。

我因为考查戴震校的《水经注》的案子,注意到这一册手札,今年才得细细研究两三遍。我很佩服我的老朋友陈垣先生考订分年的方法精密。但我也看出了影印本的编次还有可以修正的地方。例如这里面提及《水经注》的,共有两札。前一札题"七月初六",此本排在第㉞,陈先生考定在卅九年七月。但后一札题"初九日",当是同年七月九日,或八月九日,何以排在第㊹,竟编入四十年八月去了!

因此,我把影本各札编了号码,依据各札的内容,重行编定这五十六札的年月日先后次序,大致如下:

札① 乾隆卅八年五月十八日。此札云,"顷奉还书谕旨,并议定印记章程"。此即卅八年五月十七日还书之谕,及刘统勋等所拟"刊刻木记,印于各书面页,填注某官送到某人家所藏某书,并押以翰林院印,仍分别造档存证"之章程。此皆可确定此札之年月日。

札② 卅八年五月廿四日。

札③ 卅八年,无月日。札中云,"前蒙询及馆中现办应刊应抄各种系何人专办。中因举李阁学以对。"李友棠卅八年五月擢内阁学士。此不但可考见此札年月,又可见李友棠在馆中的地位。

札④　卅八年六月初三日。（陈跋考定此札之年，引见上文。）

札⑤　初九日

札⑥　此是附函，其中论"《历代纪元》一书，……拟暂留录副寄还，希与自牧世兄言之。钟渊映是名是字？何地人？或仕或隐？并希询明寄知"。此与第④札借留《历代建元考》录副，"烦为先为致励公"同一事。《历代建元考》是钟渊映所著。自牧世兄即励守谦也。故⑥札排在此，似不误。

札⑩　此札无月日，但有云："今日召见时，询及历代访求遗书之事，何代最多，最为有益，可即详悉查明，于十七日随报发来。……又前日询催《热河志》。可即促来寅（曹仁虎号来寅，又号来殷）赞办，仍将现办情形如何，先行寄知。"此札约计应在六月十五之前，故排在此。

札⑪　此是上札的附函，云，"闻邵会元已到"，又托问前岁太后万寿诗册内"玉间"出处。邵晋涵是乾隆三十六年辛卯科会元，正是"前岁"。

札⑦　卅八年六月望日。

札⑧　卅八年六月望日。此札中云，"《热河志》屡奉询催，万难再缓。可切致习庵（曹仁虎），其'互相查证'，及'缮齐汇交'云云，乃历来推托耽延之故调，幸勿以此相诳也。"此札应在⑩札之后，⑫札之前。

札⑫　无月日。其中云："历代求书本末，迟日另录清单进呈"，可见十七日陆锡熊答札⑩函已到了；又提及"玉间"，则是附函⑪嘱问邵会元的回信已到了。此函月日当是六月十八日。说详下。

札⑨　此是⑫札的附函，无月日。影印本附在六月望日札⑧之下，是错的。此虽是附函，长至两纸，首云："昨奉办《日下旧闻考》，命仆总其成。……其局拟设于蒋大人宅。……此书凡例，茫无头绪，足下可为酌定款式一两样，略具大概。"卅八年六月十七日内阁奉上谕办《日下旧闻考》，"着福隆安，英廉，蒋赐棨，刘纯炜选派所属人员，……并著于敏中总其大成。……其如何厘定章程，发凡起例之处，著于敏中悉心酌议以闻。"故此附函作于六月十八日，无可疑。

蒋大人即蒋赐棨。前札⑩嘱陆锡熊查明历代访求遗书本末,"于十七日随报发来"。当时驿报,一昼夜可达,故十八日可得北京十七日陆函,于氏答书后因附一笺述《日下旧闻考》事。

　　札⑬　卅八年六月廿一日。札⑫附及"赡思(此指《大典》本《河防通议》的作者赡思)改作沙克什"问题,此札云,"沙克什既于《提要》内声明,自毋庸另注"。

　　札⑭　无月日。当在六月廿一日之后,其中云"所定凡例大致极佳,感佩之至",即是陆锡熊代拟的《日下旧闻考》凡例。

　　札⑮　卅八年七月朔日。陈垣先生据函中记"璞函(赵文哲)从军死事",考定为卅八年。

　　札⑯　卅八年七月七日

　　札⑰　卅八年七月十日

　　札⑱　卅八年七月十三日

　　札⑲　卅八年七月既望

　　札㉑　卅八年七月二十日。中云:"十八之报,为雨水阻滞八时,直至今早始到。"可见平时十八日之报,十九日下午可到热河行宫。

　　札㉒　卅八年七月廿三日。此札末云,"邵、周两君,并希致贺"。卅八年七月十一日有上谕,进士邵晋涵、周永年、余集,举人戴震、杨昌霖,……"着该总裁等留心试看年余。如果……实于办书有益,其进士出身者,准其与壬辰(三十七年)科庶吉士一体散馆;举人则准其与下科进士一体殿试,候朕酌夺降旨录用"。这时候,五人之中,邵、周已到馆,故札中致贺。(邵到馆,见札⑪。此谕是七月十一日下的,至廿三日札始致贺。大概周永年此时才到馆。戴震到馆在八月,见他十月卅日给段玉裁手札墨迹。)

　　札㉓　卅八年八月初二日

　　札㉔　卅八年八月初五日。此札首云,"叨荷渥恩,实惭非据",此指于敏中为文华殿大学士事。

　　札⑳　无月日。按上札㉒问《王子安集》(于氏自藏抄本《王子安集》,托陆氏用各省进到善本详校,见札⑥)约计何时可得?"又札

㉔问"《王子安集》所办如何？"而札⑳云："《王子安集》承费心，谢谢。"故排在此。又札㉔论"候补誊录，传令抄书"事，云"昨已有札致王大农矣。"而札⑳云，"顷接钱塘宫傅（王际华，户部尚书，太子少傅，钱塘人）字云，传誊录四十人，而札中又云六十人，何耶？"下札㉕仍论誊录事，故此札⑳应在㉔与㉕之间。

札㉕　卅八年八月初八日

札㉖　卅八年八月廿一日。此札又提"《王子安集》承费清心，谢谢"。

（此札中所论"南宋两朝纲目"一案，可参看《两朝纲目备要》的官本《提要》与邵晋涵《提要分纂稿》中的这篇《提要》原拟稿。）

乾隆三十八年八月十八日上谕："办理《四库全书》处将《永乐大典》内检出各书陆续进呈。朕亲加披阅，间予题评，见其考订分排，具有条理。而撰述提要，粲然可观，则成于纪昀、陆锡熊之手。二人学问本优，校书亦极勤勉。……著加恩均授为翰林侍读，遇缺即补。"此札云："又蒙询及各种遗书分别应刊，应抄，应存，撰叙提要，约计何时可完。愚覆奏以约计后年当有眉目。此即两公承恩之由。……"札尾称"耳山侍读"，均指此谕。

札㉗　卅八年九月八日。此为卅八年最末一札，札中两提"诸城"（刘统勋），陈垣先生定为此年。（陈先生说，七月十三日⑱九月八日㉗函，均提及诸城。其实七月望日⑲函也提及诸城。）

以上为乾隆卅八年的手札二十七通。

札㉘　卅九年五月廿三日。札云："今日黄副宪有谢赏《佩文韵府》之折。馆中纪侍读，励编修，汪学正三君似亦当呈谢。"陈垣先生考定此即指卅九年五月十四日赏黄登贤诸人《佩文韵府》之事。

札㉙　卅九年六月初五日。原有日而无月。札云，"遗书目录，六月底又可得千种，甚好"。影本排在此，是也。

札㉚　卅九年六月十一日。

札㉛　卅九年六月十七日。以上三札都提到办"灯联"事，又都提到《热河志》"应查条件"。

札㉜　卅九年六月廿三日。

札㉝　卅九年六月廿九日。

札㉞　卅九年七月初六日。此即有名的论《水经注》事第一札，陈垣先生因《水经注》校上在卅九年十月，故定此札在卅九年。此札首论《意林》事，与上札㉝衔接；而㉝札提及㉜札所问"回雁高飞太液池"诗句，故影本排诸札于此。

札㊹　卅九年七月（？）初九日。此札原有日无月。影本误编在乾隆四十年各札之后。误编之故，是因为自此以后各札均改用短笺，陈垣先生把短笺各札均编在四十年五月之后。（说详见下文札㊲条。）房兆楹、王重民两先生因此札有"《水经注》既已另办"等语，改定在卅九年八月初九日。我细考当时驿"报"的神速，于氏在初九日尽可得陆氏答复初六日的信了。所以我定此札为七月初九日。（此札主文论"检查有无干碍之书"，云："曾嘱大农转致〔两公〕，并札致舒中堂，知以上谕稿交阅。恭绎圣训，便可得办理之道也。"国会藏本上有铅笔写"三十九年八月五日上谕"一行，似是房兆楹君所记。此谕见《四库全书档案》叶三十至三十一，即是检查关碍之书，"尽行销毁，杜遏邪言，以正人心而厚风俗"之谕。房君想必是因此谕月日为八月初五，故定此札为八月初九。但此札明说是"上谕稿"，可见其时谕旨尚未下。此札又论"各书〔提要〕注藏书之家，莫若即注首行大字下，更觉眉目一清，且省提要内附书之繁。惟各家俱进者，若尽最初者，似未平允。若俱载，又觉太多。似须酌一妥式进呈，方可遵办耳。"此段全不提及卅九年七月二十五日上谕"于各书提要末"附载藏书家姓名或某人采访所得的钦定办法。此亦可证此札作于七月初九，在二十五日谕颁布办法之前。）

札㊺　卅九年中秋日。此札与上札㊹都提到董其昌的《容台集》（后来列为禁毁书之一），又都提及《元和郡县志》与《太平寰宇记》，故此札似在此年。

札㊻　卅九年八月十九日。此札原题"十九日，木兰第一程寄"。木兰是围场所在，八月是打围时候。札中论"应毁三书"，又泛论明人文集应毁禁或应删除有碍诸篇而存其目者，又论"南宋明初之书,如字迹有碍,分别另办"。皆与㊹㊺札相衔接。

札㊼　卅九年八月廿二日。

札㊽　卅九年八月廿八日。此两札原有日无月。廿二日札云:"阿圭图哨门外,地名有所为(谓)'石片子'者,每年进围时于此放给马匹。其地国语称依尔格本、哈达。依尔格本,谓诗;哈达,峰也。……不知《热河志》此地作何字?可向习庵询明。"廿八日札又论此依尔格本、哈达问题。此正在木兰第一程之后的地名,故我定为八月。廿八日札末又论到《大典》内辑出各书经御题"驳斥"者,应否抄存。所举书为《重明节馆伴录》,《都城纪胜录》,《中兴圣政草》,都是南宋人的书(此三书与井田谱都见卅九年正月八日重华宫策宴《四库全书联句》诗注之内),与㊻札所论相衔接。此上三札是扈从入围,途中所作,故字迹潦草,间有误字。

札㊾　卅九年九月初二日。问林和靖"疏影暗香"一联与王摩诘"漠漠水田"一联。

札㊿　无年月日。问杜诗"渔人网集澄潭下"可与杜诗或唐人诗何句作对。并嘱"若能于初十日随报寄来,尤感"。

札㊼　卅九年九月初十日。首云"前报接寄覆和诸诗句之信",故当与札㊾衔接。此札又云:

至《永乐大典》办已年余,当有就绪。若初次所分,至今未能办得,亦觉太迟。俱系何人所迟?光景若何?即查明开单寄知。

据此段,此札应排在三十九年九月。若依影本排在四十年九月,则办《永乐大典》不止年余了。(辑《永乐大典》内佚书之议,正式决定实行在乾隆三十八年二月。四库馆开始工作在三十八年三月。到卅九年九月,近一年又半了。)卅九年十月十八日谕:"《永乐大典》内由散篇辑成者,此次始行呈进(适按,此指用《四库全书》红格纸缮写之定本。其采辑清本则此一年半之中已陆续呈进几百种了。参看卅八年八月十八日谕,见第廿六札考)。办理已经年余,而自朕五月间临幸热河以后,又阅半年之久。何尚未能悉心校勘!……"可与此札互证。

以上为乾隆三十九年的手札十五通。

札㉟　四十年五月廿九日。此札暂依影本次第,编在此年。

札㊱　四十年六月十一日。此札编在此年,大概是依据两点:一为札中云:"散片中宋人各集内如有青词致语,抄存则可不删,刊刻即应删。《胡文恭集》已奉有御题指示,自不便两歧耳。胡集删去应刊,亦有旨矣。"乾隆四十年十一月十七日上谕论刘跂《学易集》与王质《灵山集》的"青词",曾提及"前因题胡宿集,见其有道院青词,教坊致语之类,命删去刊行,而抄本则仍其旧"。御题胡宿集必在十一月十七上谕之前,但刘跂、王质两集都已办进,不及改了。二为札尾云,"或先将《五代史》寄呈,……亦足供长夏几余披览也"。此是指薛氏《五代史》,其进呈在四十年七月。

札㊲　四十年六月望日。陈垣先生跋云:诸札之中"用笺二种。……六月望日三函,其二函笔式相同,且有另札另寄语,知为一日二书(即上札⑦⑧)。其一函用笺不同,亦非一年之书也"。影印本不能保存两种笺纸形式如何不同。我细看各札,始辨出札㉟以下都用短笺,不抬头的各行,每行平均约十三个字。以前(①至㉞)各札用长笺,不抬头处,每行平均十七八个字。此是两种笺式不同处。但短笺各札,影本都编在四十年五月以后,这是大错。如㊹札虽用短笺,应在卅九年。又如㊺札也用短笺,但也应在卅九年。大概说来,于氏在卅九年七月初六日㉞札之后,似乎就一律改用短笺了,故我改定的㊹㊺㊻㊼㊽㊾㊿㊺八札都用短笺,都在卅九年,但都在七月初六日之后。陈垣先生与北平图书馆诸公用两种笺式做分别年分的标准,确是一大贡献。经过这一点修正,这个标准就更正确,更有用了。

札㊳　四十年七夕。札云:"《旧五代史》进呈后,昨已蒙题诗。……今日召见,极奖办书人认真,并询系何人所办。因奏二云采辑之功。"

札㊴　四十年七月十一日。札云,"昨阅程功册。散篇一项,除山东周编修外,认真者极少"。周永年授编修在四十年四月。又云:"遗书卷帙甚多。每纂修所分,俱有一千三百余本。今此内有每月阅至一百六七十本者,告竣尚易。其一百本以外,亦可以岁月相期。乃有〔每月〕不及百本,甚至有不及五十本者。如此办法,告成无期。与足下及晓岚先生原定之期太觉悬远。原定上年可完,今已逾期矣,尚忆此言否？"此皆可见此札在四十年。

札㊵　四十年七月十三日。仍论"遗书"勿又沉搁。

此札后半云："昨得贵房师竹君先生札,火气太盛。办书要领并不在此。具札覆之。至其误认东皋,亦系纂修并未悉原奉谕旨令愚总其成之故。"陈垣先生论此事,说朱筠火气太盛,谅亦因当时馆中不重视《大典》本之故。我看此札所说朱筠发脾气,是为了《日下旧闻考》的事。朱筠是《日下旧闻考》总纂官,见章学诚所作《朱先生墓志》(原文脱"考"字)。东皋是窦光鼐,他奉旨随同校办《日下旧闻考》,见三十八年九月廿九日上谕。于敏中奉旨总其大成,见卅八年六月十七日上谕,又见上⑨札。故此事与《大典》本无关,无可疑也。

札㊶　无月日。札云,"昨面奉发下《五代史·华温琪传》",谕云："华温琪始终系唐臣,并未仕晋,何以列于《唐史》？"(援庵先生来札云："此唐字及下文唐臣之唐字,均应作晋。原札笔误。此传原辑即入《晋书》,盖《大典》本据《薛史》如此。")……希即询之二云太史,将因何列为唐臣之故,详晰寄知,以便覆奏。……"

札㊷　四十年八月廿八日。原无月分。札中仍提到"《五代史》传既悉愚意自不致相左"。下文云："二云复感,甚念之。嘱其加意调摄。……即《旧五代史》虽有奉旨指询之处,亦与彼无涉,不必虑也。"下一札㊾仍问"二云曾全愈否？"而题八月廿九日。故我定此札为八月廿八。

札㊸　此为附函,无月日。笔迹与㊷札最相仿,当为其附笺。

札㊾　四十年八月廿九日。此札问"二云曾全愈否？"与㊷札衔接。影印本误将此札与㊷㊸两札隔开。

以上为乾隆四十年手札十通。

札㊼　四十一年五月廿二日。陈垣先生因此札称"纪、陆两学士",又下札称"耳山学士",陆锡熊四十年七月后始授翰林院侍读学士,故定此两札为四十一年。

札(54)　四十一年六月廿四日。

札(55)　四十一年六月廿七日。上札(54)论《景文集》，此札论《二宋集》。

札(56)　　无月日。尾称“耳山学士”，故影本编在此年，但亦可系在四十年七月以后。

以上为乾隆四十一年的手札四通。

总计乾隆三十八年共二十七札。

三十九年共十五札。

四十年共十札。

四十一年共四札。

依这个新次序，这五十六札就很可读了。

卅四，七，二十三夜写成。

后　记

陈垣先生原跋中引《起居注》所记乾隆三十八年至四十一年皇帝“启銮秋狝木兰”及“回京”的日期，因此他考定这五十六札“盖扈从木兰时所发”。我曾指出他此语不尽确，因为皇帝五月出京，即住热河行宫（避暑山庄）避暑，到八月才去木兰打围。故这些手札大多数是从热河行宫发的。

王重民先生因此为我检查《高宗实录》，查得这四年皇帝来往热河的行程日期，我摘抄在这里：

三十八年五月初八日自圆明园启銮。

　　　　五月十四日驻跸避暑山庄。

　　　　八月十六日自避暑山庄启銮赴木兰。

　　　　九月八日回到避暑山庄。

　　　　九月十六日（陈跋误作十二日）自避暑山庄回銮。

　　　　九月廿六日回銮，幸圆明园。

三十九年五月十六日自圆明园启銮。

五月廿二日到避暑山庄。
八月十六日自避暑山庄启銮幸木兰。
　　十九日行围。
　　二十日行围。
　　廿一日行围。
　　廿二日行围。
以后或隔日行围,或逐日行围。
九月四日行围止,回銮。
　　八日驻跸避暑山庄。
　　十六日自避暑山庄回銮。
　　廿二日幸圆明园。

四十年五月廿六日自圆明园启銮。
　　六月二日驻跸避暑山庄。
　　八月十六日自避暑山庄启銮幸木兰。
　　九月十六日自避暑山庄回銮。
　　廿二日幸圆明园。

四十一年五月十三日自圆明园启銮。
　　五月十九日驻跸避暑山庄。
　　八月十六日自山庄幸木兰。
　　九月十六日自山庄回銮。
　　九月廿二日幸圆明园。
这个行程表可以帮助我们了解这五十六札的背景。重民又说:
　　驿报普通一昼夜走四百里,最快走八百里。皇帝在热河时,大约用六百里或八百里快递。
　　三十九年以前,幸木兰后,便不在秋狝时接一切驿报。四十年以后,驿报逐日直达木兰。

　　　　　　　　　　　　　卅四,八,廿夜

（收入耿云志主编:《胡适遗稿及秘藏书信》第12册）

跋《四明卢氏抱经楼书目》

中央研究院史语所的北平东厂胡同图书馆藏的抄本《抱经楼书目》四册,无序跋,无年月,无编者姓名。

此目依经史子集分四卷,但编制颇杂乱,似有几个不同时代陆续加入的项目。原底本大概不是定本,只是一种随时分类登记的草目,后来也没有经过专家的编辑,就流传出来了。

例如卷二(史部),正史列在第一叶,而第十二叶又有《元史》二百十卷(明南监顺治补修本)与《三国志》六十五卷(明陈仁锡评本)。又如第十到十二叶列有宋朝到明朝的方志(中间有"国朝李廷机等撰"的《宁波府志》佚存十一卷),但隔了十叶之后,从第廿二叶到卅三叶,又列方志二百十九种,多数是满清时代修的,但其中也有十种是明人修的。这第二组方志之中,首列各省通志十二种(第廿二叶到廿三叶),而末叶(卅三叶)又列浙江、贵州两省通志。这都可见这部书目原来是一本流水帐目,是随时登记的草簿。

我查这书目的动机是要查我从天津市立第二图书馆借来的全祖望五校本《水经注》如何记录。这部首尾完全的全氏五校本四十卷,分装八册,每册首叶有"四明卢氏抱经楼珍藏"篆文方印。但《抱经楼书目》里竟没有登记这部最可宝贵的全祖望稿本!

因为此目编制凌乱,所以我须要遍翻全目。在卷二第十二叶有

《水经》四十卷,《山海经》十八卷。明吴琯校刊,细白棉纸初印。

但在第二十一叶,在《江南经略》之后,《颜鲁公石柱记》之前,又有

《全校水经》四十卷,补遗附录三卷。全祖望校,薛氏新刊。

但我始终没有寻到那部真的《全氏五校水经注》稿本的记录。

四明抱经楼卢氏，是卢址，号青厓，与原籍绍兴余姚的抱经堂卢文弨(1717—1795)大致同时。钱大昕(1728—1804)曾为卢址作《抱经楼记》，说：

> 卢君青厓诗礼旧门，自少博学嗜古，尤善聚书，……搜罗三十年，得书数万卷，为楼以贮之，名之曰抱经。……兹楼之构，修广间架皆摹天一阁。而子孙又多能读者，日积而月益之，罔俾范氏专美于前，是所望也。

卢址的后人，在百余年后，大概还继续收集书籍，故此目有光绪十四年底(1889)薛福成刻的《全校水经注》。但在那个时候，卢家的藏书也许已有一部分散失了，故书目上没有真的全氏五校本，只有那部薛刻的全氏七校本。

关于四明卢氏抱经楼藏书何时先后散在人间的历史，我全不知道。所以我很盼望国内曾研究这个问题的学者能够告诉我们这段历史。

卅六，六，一，夜半

此目卷四(集部)有"《四明文献集》一百四十卷，国朝卢址编，原稿本"，这就是抱经楼的主人。

(收入耿云志主编:《胡适遗稿及秘藏书信》第 12 册)

跋《李木斋旧藏抱经楼书目》

北京大学藏李木斋旧藏《抱经楼书目》二册,精抄本。我今天看了,始知这也是一部随时登记的流水目录,其杂乱无条理比中央研究院东厂胡同藏本还更可笑。东厂本似经书估整理一次,注明版本与作者,北大本则但有书名与册数,不注作者与卷数版本。

例如史部,首列正史,《唐书》排在《陈书》之后,《梁书》之前。正史只列二十史,有《北齐》而无《北周》。《元史》之后,即列《四史勦说》,《通鉴本末纪要》,等书。第二叶又列《晋书》,《周书》;第三叶又有《明史》四十本,《周书》,《史记》等,皆不记版本。第四叶又有《晋书》,《明史》一百本;第五叶又有《明史》十二本,第五叶下又有《明史》八十本,第十一叶又有《明史》一百本,第廿五叶又有《明史》八十本。

在这部杂乱的书目里,我试寻《水经注》,只见第十七叶有

《水经注》　　　十八本

又第廿五叶有

《水经注》　十本　又十本

这都不是那部全谢山五校稿本,因为那部稿本原来就分装八册,每册面题有卷数,是无可疑的。

这书目里有三部《明儒学案》:

第十九叶有一部,十八本,

第廿二叶有一部,十六本,

第廿七叶有一部,二十本。

第卅四叶以下为地方志书,首列

《通志》　一百二十本　又二十本。

这大概是郑樵的《通志》与《清续通志》罢！此下列《盛京通志》等十八省通志，以下是府志，不分省，全是乱排。此下是州志，州志之下是县志，都是乱排。最可笑的是《新安县志》五本之下紧接着《新安文献志》十四本！这可见这书目的编者是一个没有知识的人。

此本有钱大昕《抱经楼藏书记》，题强圉协洽四月，是乾隆五十二年丁未；有象山倪象占记，同年同月；有乾隆四十二年丁酉甬上卢址青厓氏自己作的《抱经楼记》，"命三儿登焯书之以勒于壁"。

此目集部有《结埼亭诗集》二本，结字当是鲒字之误；隔了十叶，又有《鲒埼文外集》十本。北大本与东厂本都有《勿药文稿》一本，这是赵一清的文稿。

卅六，六，十二。

北大本此目集部之尾有《月船诗稿》二本，此是谢山弟子卢镐的诗稿；又有青厓公《和陶诗稿》一本（未刻），青厓公《四明文献集》三十三本（未刻），此是卢址自己的著作。

（收入耿云志主编：《胡适遗稿及秘藏书信》第12册）

六十年前洞庭山里一个故事

《林屋山民送米图卷子》序

河南滑县暴方子先生名式昭,在六十多年前到苏州洞庭山里做角头司巡检。巡检是最小的官,很少有读书人做的。这位暴巡检可有点特别,他的祖父暴大儒是道光三十年和俞樾同榜的进士,他自己也是个读书人。那时俞曲园先生正移家住在苏州,暴巡检常和他往来,因此得认识当时在苏州的一些名士,如易实甫、郑叔问诸先生。曲园集子里有他赠暴君的诗歌,又有《暴方子传》。暴家至今藏有曲园老人手札六十三件,可以想见当日两家往来之密。

曲园先生有一札说:

> 此番计典,足下颇蹈危机。大魁(苏州魁知府)已将"情性乖张,作事荒谬"八字奉赠矣。因筠翁(江苏易藩台,即易实甫的父亲)力解,幸而得免。然不获乎上,民不可得而治,深为足下虑之。

又一札说:

> 今日适大魁来,托其遇事保全,承渠一口答应。但其意总嫌足下好事,又好出主意,非下僚所宜。鄙意湖山一席最宜吏隐,从此竟可不事一事,以文墨自娱,乃可相安也。

又一札说:

> 弟年前见中丞,力言足下之善,且言不悦之者众,求其遇事保全。中丞允之。然终究上台远而府厅县相离甚近,远者之保全不能敌近者之毁伤,一切谨慎为宜。

一个顶小的官偏要事事又好出主见,偏要好事!在上台的心眼里,这当然是"情性乖张,作事荒谬"了。果然,光绪十六年十一月(公历

1890）暴巡检就被撤职了。

他卸任后，困在洞庭西山，没有钱搬家，甚至于没有米做饭。山里的老百姓听说暴老爷丢了官没有米下锅，纷纷传说，认为奇事，十二月初十日，陈巷村的乡民送了几担米、几担柴到他家中。别的村子知道了，都抢着送柴送米来，有些老百姓自己挑着柴米送来，也有和尚送栗子来，也有尼姑送蔬菜来。

据暴君自记，送米的事"蔓延至八十余村，为户约七八千家。一月之中，收米百四石八斗，柴约十倍于米，他若鱼肉鸡鸭、糕酒果蔬之类，不可纪数。"这种人民公意的表示，使暴君很感动。他对他的上司说："此等赃私，非愚者莫能致，亦非愚者莫能得也。"

光绪十七年二月，洞庭山的诗人秦散之先生（敏树）作洞庭山老百姓送米的长歌，又画成这幅《林屋山民送米图》。曲园先生也作长歌，并为这卷子作篆字题额。

五十七年之后，方子先生的孙子春霆先生来看我，抱着这个送米图卷子来给我看。这卷子里有许多名家的手迹，曲园先生与吴愙斋、吴昌硕、郑叔问诸先生的手迹当然很可宝贵。但更可宝贵的还有三件：一件是洞庭山各村民送柴米食物的清单，一件是上司训斥暴君的公文，一件是他亲自抄存他自己答复上司的禀稿。这三件是中国民治生活史料。我根据这些文件，又参考曲园先生的遗札，写成这篇简单叙述，作为这个卷子的引子。

中华民国三十七年一月九日，胡适

（原载1948年1月24日《申报·文史周刊》第7期）

《傅孟真先生遗著》序

傅孟真先生的《遗著》共分三编。上编是他做学生时代的文字，其中绝大部分是他在《新潮》杂志上发表的文字；其中最后一部分是他在欧洲留学时期写给顾颉刚先生讨论古史的通信。中编是他的学术论著，共分七组：从甲到戊，是他在中山大学、北京大学的讲义残稿，己组是他的专著《性命古训辩证》，庚组是他的学术论文集。下编是他最后十几年（民国二十一年到三十九年）发表的时事评论。

孟真曾说：

> 每一书保存的原料越多越好，修理的越整齐越糟（中编丁，页40）。

这一部遗集的编辑，特别注重原料的保存，从他做学生时期的文字，到他在台湾大学校长任内讨论教育问题的文字，凡此时能搜集到的，都保存在这里。这里最缺乏的是孟真一生同亲属朋友往来的通信。这一部《遗著》，加上将来必须搜集保存的通信，——他给亲属朋友的，亲属朋友给他的，——就是这个天才最高、最可敬爱的人的全部传记材料了。

孟真是人间一个最稀有的天才。他的记忆力最强，理解力也最强。他能做最细密的绣花针工夫，他又有最大胆的大刀阔斧本领。他是最能做学问的学人，同时他又是最能办事，最有组织才干的天生领袖人物。他的情感是最有热力，往往带有爆炸性的；同时他又是最温柔，最富于理智，最有条理的一个可爱可亲的人。这都是人世最难得合并在一个人身上的才性，而我们的孟真确能一身兼有这些最难兼有的品性与才能。

孟真离开我们已两年了，但我们在这部《遗集》里还可以深深的感觉到他的才气纵横,感觉到他的心思细密;感觉到他骂人的火气,也感觉到他爱朋友、了解朋友、鼓励朋友的真挚亲切。民国十五年,孟真同我在巴黎相聚了几天,有一天,他大骂丁在君,他说:"我若见了丁文江,一定要杀他!"后来我在北京介绍他认识在君,我笑着对他说:"这就是你当年要杀的丁文江!"不久他们成了互相爱敬的好朋友。我现在重读孟真的《我所认识的丁文江先生》同《丁文江一个人物的几片光彩》,我回想到那年在君在长沙病危,孟真从北平赶去看护他的情状。我想念这两位最可爱、最有光彩的亡友,真忍不住热泪落在这纸上了。

孟真这部《遗集》里,最有永久价值的学术论著是在中编的庚组。这二十多篇里,有许多继往开来的大文章。孟真在《历史语言研究所工作之旨趣》(中编庚,页169—182)里,给他一生精力专注的研究机构定下了三条宗旨:

(1)凡能直接研究材料,便进步。凡间接的研究前人所研究或前人所创造的系统,而不能丰富细密的参照所包含的事实,便退步。

(2)凡一种学问能扩张他研究的材料,便进步。不能的,便退步。

(3)凡一种学问能扩充他作研究时应用的工具的,便进步。不能的,便退步。

但他在《史学方法导论》(中编丁,页1—53)里,曾指出:

直接材料每每残缺,每每偏于小事。〔若〕不靠较为普遍,略具系统的间接材料先作说明,何从了解这一件直接材料?(页5)

若是我们不先对于间接材料有一番细工夫,这些直接材料之意义和位置,是不知道的。不知道,则无从使用(页5)。

我们要能得到前人所得不到的史料,然后可以超越前人。我们要能使用新得材料于遗传材料之上,然后可以超越同见这材料的同时人(页6)。

孟真的庚组里许多大文章都是真能做到他自己标举出来的理想

境界的。试看他的《新获卜辞写本后记跋》(中编庚,页192—235),他看了董彦堂先生新得的两块卜辞,两片一共只有五个字,他就能推想到两个古史大问题——楚之先世,殷周之关系——都可以从这两片五个残字上得到重要的证实。这种大文章,真是"能使用新的材料于遗传材料之上";真是能"先对于间接材料有一番细工夫",然后能确切了解新得的直接材料的"意义和位置"。所以我们承认这一类的文字是继往开来的大文章。

我们重读孟真这些最有光彩的学术论著,更不能不为国家、为学术,怀念痛惜这一位能继往开来的伟大学人!

胡适 1952年12月10日晨四时

(原载1952年12月20日《国立台湾大学校刊》第194期。又收入《傅孟真先生集》,1952年12月台湾大学出版)

《明清名贤百家书札真迹》序

陶君贞白收藏明清两代名人的手札很多,今年他请台北、台中的学人帮助他挑出一百多位名人的书札真迹,影印流传。我很赞成这件事,所以写几句话作个小序。

信札是传记的原料,传记是历史的来源。故保存古人信札的墨迹,其功用即是为史家保存最可靠的史料。

可惜中国文人学者写信往往不标明年、月、日,或但记日而不记年月,或但记月日而不记年。这种信札往往需要慎重考证,才可以决定作札的年、月、日。这种考证是很不容易做的,往往是不可能的,是不可完全信赖的。

陶君的远祖陶隐居(弘景)在一千四百年前,就曾在他的《周氏冥通记》里,特别指出:凡记月日,必须标明何年的月日。可惜一千四百年来很少人肯实行这种最明智的教训。试看陶君所收一百多家手札,除了张叔本一人之外,全是仅记月日而不记年的。

我曾借看陶君收藏的张叔本十六札,其中只有一纸短短三行的便条没有题年月日;其余十五札,从道光二十二年壬寅,到二十七年丁未,——从他七十五岁到八十岁,——每札都题道光某年某月某日。这种精神真可佩服!这种风范真可效法!

难道不记年、月、日的信札就全没有史料价值了吗?这也不尽如此。

有些信札的年月是容易考定的。如骆文忠札中详述石达开在大渡河被擒的事,就使人可以查考作札的年月。

有些信札虽不记年分,也可以表现作者的性情风格。例如我的太老师吴清卿先生:他写的信札,无论给家人朋友,无论给上司下属,总是一笔不苟且,字字工整秀挺。这不是表现性情风度的传记资料吗?

最后,我要指出,一切手札墨迹都有帮助考证史料的功用。我在二十多年前曾买得刘子重(铨福)收藏的《脂砚斋评〈红楼梦〉》十六回,有他的印章,又有他的三个短跋,现在我看了陶君收藏的两大册刘子重的短简真迹,看了他的许多印章,证实了他的字迹,我更相信我的《红楼梦》残钞本确是他手藏手跋的本子了。

旧日石刻木刻的古人尺牍真迹,也有帮助考证稿本钞本真伪的功用。今日有照相影印的新法,古人的墨迹可以永远保留真面目;后来的史家更可以利用真迹影本做考定史料的工具了!

1954 年 4 月 4 日　胡适

(原载 1954 年 6 月 16 日《自由中国》第 10 卷第 12 期,
又收入胡颂平:《胡适之先生年谱长编初稿》第 7 册)

跋《清代学人书札诗笺》十二册

第一跋

这十二册里保存的是清代一百四十七位学者、文人、书画家的信札一百零六件,诗笺一百件,杂帖十八件,总共二百二十四件。我在日本东京山本书店买得,计价日金七万五千圆。

这二百多件信札与诗笺,其中绝大多数是写给海宁拜经楼主人吴骞(槎客、兔床、葵里)和他第二个儿子吴寿旸(苏阁、虞臣、崦臣)的。有一小部分是嘉兴张廷济(叔未)家出来的,如五册蒋元龙手稿三件都有他的题记印章,又九册张谦诗,五册徐渭仁札,都是写给"叔未先生"的。

吴骞生在雍正十一年(1733),死在嘉庆十八年(1813),活了八十一岁。吴寿旸是写定《拜经楼藏书题跋记》的人,蒋生沐刻《题跋记》,有管庭芬道光二十七年的《跋》,说:"岁己亥(道光十九年,1839)余客别下斋,时苏阁明经没已数年。"寿旸死时约当道光十五年(1835)。张廷济也活了八十一岁,死在道光二十八年(1848)。从吴骞之生到张廷济之死,——这一百十多年正当乾隆、嘉庆、道光三个时期学术文艺最盛的时代。册中通信寄诗的人,大多数是吴家的朋友姻亲,地域以杭州、嘉兴两府为最多,其次是湖州、苏州,其次是扬州、徽州。

但册中所收作者并不限于这一百年,如查士标(1615—1698)、姜宸英(1628—1699)、朱彝尊(1629—1709),都是十七世纪的人。如史大成是顺治十二年状元,汪士铉是康熙三十六年会元,汪绎是康熙三十九年状元,王式丹是康熙四十二年状元,王世琛是康熙五十一年状元,金甡是乾隆七年状元,这些人都是十七世纪到十八世纪前期的人。

所以我们可以说,这十二册里的作者包括从明末到鸦片战争,前后两百年的学人、文士、画家、书家。最早的有生在万历晚年的查士标,最晚的有活到道光后期的张廷济、阮元(1760—1849),还有身经太平天国之乱的高寿学人宋翔凤(1776—1860)。

这十二册都有金尔珍(吉石)的印章。金尔珍字少之,号吉石,秀水人。《海上墨林》说他"向居上海,精鉴古,工行楷,五十后专学东坡,更号苏盦。偶写山水,仿麓台(王原祁)、墨井(吴历)两家"。

我猜想大概是金尔珍收到了拜经楼吴氏,清仪阁张氏两家旧藏的名人手迹稍稍加上编排考订的工夫,装裱成这十二册,前七册题作《国朝名人书翰》,后五册题作《国朝名人诗翰》。题签作隶字,也是金尔珍写的,八册有梁文泓小传,也是隶字,可互证。

这十二册每册首页有目录,各家书札诗签的旁边或上方,往往有金尔珍手写的小传,虽然很短简,大致都有依据,字迹很秀逸可爱。可惜有小传的止有六十人。

这十二册大概从金家散出,就流传到日本了。各册有"乐山堂文库"楷字长印,又第一册有篆字向黄邨珍藏印(贵池刘世珩在光绪二十八年刻的《景宋宝祐本五灯会元》卷一首叶也有"向黄邨珍藏印"篆文章,与此完全相同)。末册有光绪癸未(九年,1883)杨守敬的题记,说这十二册"近年为黄邨先生所得,甚珍惜之,属余为之记"。癸未到今年已七十一年了。

书店主人山本先生指示我,向黄邨是向山黄邨,本姓一色,名荣,通称荣五郎,是一色真净的儿子,是向山源太夫的养子,故改姓向山。他生在文政九年(1826),死在明治三十年(1897)。他是日本幕府时代的一个遗老,能作汉诗,有《游日光小草》。

去年一月我在山本敬太郎的书店里看见这十二册,曾抄出鲍廷博信里代卖戴震自刻的《水经注》的一段。今年四月七日,崔万秋先生陪我重到山本书店,买得这些很可爱又很可珍贵的名人手迹。带回纽约寓处之后,我把这里面的一百四十七人做了一个姓名标音引得,改正了原目的几个小错误,又改正了金尔珍的一个大错误。第二册的答东卿先生（叶志诜）信稿，金君的目录与小传都认作吴骞写的，我考定是吴寿旸写的。我很高兴我能给拜经楼的《藏书题跋记》的编定人发现这一叶信稿。

1954年5月22日，胡适

第二跋

前跋写成后，两三个月以来，我陆续发现了这十二册里有一些不可靠的文件，故写这第二跋。

这十二册里最可宝贵的是吴骞父子同时往来通讯、赠答、唱和的人的信札诗笺。其次是他们同时的名人，虽然未必往来，但因为时代接近，真迹流传很多，容易辨认，——如金农、刘墉、阮元、宋翔凤诸人，——他们的札笺也是可信的。但这里面有几件清代初期——十七世纪到十八世纪前期——的名人信札，是很可疑的，或是显然伪造的。

第一册里有汪士铉、汪绎、姜宸英、王式丹、王世琛五人各一札；第二册有李良年一札；第三册有查士标一札，梁佩兰一札；第六册有查昇一札，——以上九札都刻在吴修的《昭代名人尺牍》里，但我仔细比勘，不能不断定这九札不是吴刻的原本，乃是用吴刻作底本，用旧纸临摹来冒充真迹的。如汪绎札，吴刻署名作"制弟绎稽颡"，而此本作"制弟绎顿首叩上"。王式丹札"敬附谢"，吴刻敬字下有"领"字。王世琛札"实深惶悚"，吴刻作"实切"，又"一把晤"，吴刻作"一游"。吴刻都是钩摹上石，不会改动原本。故我们可以推断这九札都是临摹吴修石刻，临摹的人也许就是那位会写各家字体的金尔珍。

又第一册有"朱彝尊"家信两件，信里说他出门捐纳、候补，第二信说他已在江西都昌县做官了，这都不是朱竹垞的事，故此两札与他无干。第二札尾"竹垞"二字印章的钤印是作伪的人做的。

又第一册有"愚弟麟"一札，原目题作龚翔麟，第三册也有"愚弟麟"一札，原目题作汪懋麟。这两札都是寄给"同人三兄大人"的，字也是一个人写的。这都是有意假托清初的名人。"龚"札麟字左边原有小印章，被剪挖去了，更可见诈欺的痕迹。第一册里还有寄给"同人仁兄"的一札，"款署弟嵊"，原目题作吴嵊，小传说是常熟监生。又有寄"尊少老爷同人"一札，款署"愚兄诗庭"，原目题作陈诗庭，小传说是嘉定陈孝廉诗庭。陈诗庭是嘉庆四年（1799）进士。此札中说：《孟子》六本……足下需之，……将来还书，或致客槎，或仍交诗处。"客槎当即是吴槎客。这位"同人"先生是一个能校勘古本书的学人，而年辈稍晚，故陈诗庭称他"少老爷"，可能就是嘉定钱家的钱侗，字同人（1778—1815），他是钱大昭的儿子，钱大昕的侄儿。总之，这位"同人"是十八世纪晚年到十九世纪初年的人，决不会收到十七世纪的名士汪蛟门、龚蘅圃的信札。

又第三册有一札款署"锦"字，原目题作诸锦。札中说本人在山西办城工，又调任榆次，已年六十，这都不是诸锦的事迹。此札也是假托的。

以上共剔出了十四札，但集中所收其他清初人的手迹好像都是可信的。如第八册朱昆田《次韵奉答蘅老长兄》，此诗刻在《笛渔小稿》卷一，题作《次韵答蘅圃》，与手迹相校，异文有二十字之多，皆胜于手写本。这可见手迹是寄给龚蘅圃的初稿，刻本是改定本，这就有校勘学的价值了。

大概金尔珍当时收到了拜经楼出来的一大批信札与诗笺，他嫌这些札笺时代太晚，所以他加上了一些清初名士的诗笺杂帖，但尺牍还不够古，他就从吴修刻的尺牍临摹了九个清初大名手的短札，又假托了朱竹垞诸人的五札，——这样就可以整批作古董出卖了，因为这十二册里的材料绝大部分是真实可靠的，所以七八十年前向山黄邨、杨惺吾都受了金尔珍的小欺骗，毫不足奇怪。

胡适　1954,8,13夜
"八·一三"的第十四周年
（原载1960年7月31日台北《大陆杂志》
第21卷第1、2期合刊）

跋中央研究院历史语言研究所藏的《毅军函札》中的袁克定给冯国璋的手札

民国元年十二月五日,新从中国来到美国的旧同学任叔永(鸿隽)给我看我们的同学朋友朱苇煌的一本日记。我看了这本日记,就写了一条日记(《藏晖室札记》,后改名《胡适留学日记》,页一二九——一三〇)。我的日记说:

> 在叔永处读朱苇煌日记,知南北之统一,清廷之退位,孙之逊位,袁之被选,数十万生灵之得免于涂炭,其最大之功臣乃一无名之英雄朱苇煌也。朱君在东京闻革命军兴,乃东渡(当作"归国")冒险北上,往来彰德京津之间,三上书于项城(袁世凯),兼说其子克定。克定介绍之于唐少川(绍仪)、梁士诒诸人。许项城以总统之位。一面结客炸刺良弼、载泽。任刺良弼者彭君(家珍),功成而死。任刺载泽者三人,其一人为税绍圣,亦旧日同学也。时汪兆铭已在南京,函电往来,协商统一之策,卒成统一之功。朱君曾冒死至武昌报命,途中为北军所获,几死者数次。其所上袁项城书皆痛切洞中利害,宜其动人也。此事可资他日史料,不可不记。

这是我四十七年前的记载。

去年十一月十二日,吴相湘先生写信问我这本《朱苇煌日记》现在何处?他说:中央研究院历史语言研究所收藏的《毅军函札》中有一件是袁克定致冯国璋手函,解释朱君至武汉的使命。相湘要我给袁克定此函作一题跋。

十一月廿一日,相湘把袁克定的原函钞给我看,他又摘钞了廖少游的《新中国武装解决和平记》里提到朱芾煌的几条寄给我。

袁克定给冯国璋的信里说:"朱君芾煌系弟擅专派赴武昌。良以海军背叛,我军四面受敌,英人有意干涉,恐肇瓜分,是以不得不思权宜之计,以定大乱。……朱君生还,如弟之脱死也。"此函无年月日,但函中有"海军背叛"的话,海军的主力各舰离开汉口是在旧历辛亥九月廿一日,他们开到九江,加入革命军,是在九月廿三日(阳历11月13日)。袁函营救朱君,不得早于旧历九月之尾,可能竟在十月初旬。

九月十一日冯国璋的军队占领汉口,十月初七日又占领汉阳,革命军退守武昌,总司令官黄兴有放弃武昌而东下进攻南京的提议。可见当旧历十月之初,朱芾煌还没有到武昌,武昌的革命领袖还没有知道袁家父子的密谋。据廖少游记载朱芾煌自己的话:"吾曩在武昌与民军订推袁之约,过汉口往见冯国璋,几为所害,幸芸台(袁克定)力救获免。"以此推之,朱君到武昌可能在十月初七日以后[①],他过汉口见冯国璋,被拘禁,袁克定手书营救,证实朱君是他"擅专派赴武昌"的,那就更在后了——约在十月十五日前后。据廖君的记载,十月廿五日,冯国璋已交卸,即午回北京了。

袁克定的手书和廖少游的记载都证实了我在民国元年记的朱芾煌日记的内容。吴相湘先生用我的日记和廖君的记载来解释袁克定短札的意义,就使我在四十七年前记的"可资他日史料"的一条日记居然成为史料了。相湘搜集资料之勤慎,使我十分佩服。

最可惜的是我当时没有时间把朱君的日记钞存一个副本。这本日记后来仍由任叔永君带回国去还给朱君了。我是民国六年回国的,在北京时常见着朱君,常劝他把这一段很有重要历史意义的故事写出来。但朱君那时正研究佛教的经典,没有写个人传记的兴趣。况且因为袁世凯后来背叛了中华民国,背叛了民主政体,朱君自己很懊悔他当年冒大险劝说袁家父子的一番苦心竟成了一桩贻患于国家的罪状!所以他始终没有印行他的日记,也没有写他的自传。

朱君芾煌,是四川人,在中国公学时原名绂华,芾煌是他的表字。

---

① 相湘按:《新中国武装解决和平记》及《辛壬春秋》等书图片。

他和任叔永、朱经农和我都是甲班的同学,但他们的年纪都比我大好几岁。芾煌是一位能说话又有办事才干的人。戊申年(1908),中国公学闹出了一次大风潮,大多数学生退学出去,自己组织了一个新学校,叫做"中国新公学"。(详细情形记在我的《四十自述》的《我怎样到外国去》一章里。)这个新公学缺乏经费,我们在最困苦的情形之下支持了一年多,有几位年纪较大,经费较多的同学自告奋勇,到各省去募捐。我在《四十自述》里,曾说:"我们(新公学)派出去各省募捐的代表,如朱绂华、朱经农、薛传斌等,都有有力的介绍。……"(亚东原版,页一五八——一五九)如朱经农的姑夫熊秉三先生(希龄)对中国新公学就很有同情,所以他肯写介绍信,给募捐的同学带到各省去。芾煌和其他几个出去募捐的同学虽然没有募到多大的捐款,但他们因此认识了不少的人,也增多了不少的经验。芾煌认识袁克定大概是从他为中国新公学募捐时期开始的。后来中国新公学因为缺乏经费,负债太多,支持到第二年(1909)的十月,不能不接受了调停的条件,决议解散。愿回旧校的,自由回去。但有不少的同学不愿回旧校去。芾煌、经农和我都没有回去。芾煌到日本去了。后来武昌革命军起来了,他才从东京回国去干那一件冒生命的危险,游说袁世凯父子背叛清廷,赞成共和的大事。

据王云五先生的记忆,民国初年朱芾煌曾做临清关监督。袁世凯的帝制运动初起,他愤怒辞职。他开始研究佛教思想,是在他辞官退休之后。他特别注重"法相宗",即"瑜伽宗",又名"惟识宗"。他著有《法相词典》四大册,云五先生为他在商务印书馆出版。

1959 年 3 月 4 日胡适记
(收入吴相湘主编:《中国现代史丛刊》第一册,
1960 年 3 月台北正中书局版)

手批《碛砂藏经》序

《碛砂藏经》在民国二十年初发见时,已另有一部在北京大悲寺被美国人 I. V. Gillis 发见,代葛思德东方书库买得,民国十八年已运到加拿大境内。这一部现存美国普林斯敦大学,我曾作详细的检查,计存宋刻约七百册,元刻约一千六百册,余为配补明《南藏》本或天龙山刻本,约八百余册,又有明万历间白纸精钞补本约二千一百余册,总计五千三百四十八册。Gillis 曾受海军侦探技术训练,颇能鉴别版本。他知道这里面有宋元刻本两千多册,但他在当时实不知道这是平江府碛砂延圣院刻的《大藏》。后来朱庆澜将军在西安发见《碛砂藏》,他和他的同志朋友也都不知道海外另有一部《碛砂藏》残存几千册,可供参校借补。如影印例言中记出"无从访补"之十一卷,其中七卷,葛库本皆有之(宁三、四,更一、二、三、横七、八),其宁九、十,葛库亦有之,即影本之宁十一与十二也。故两本互校,其真"无从访补"者只有何字之八、九两卷耳。

胡适　1955 年 12 月 31 日
(收入周法高编:《近代学人手迹》二集)

陈伯庄《卅年存稿》序

我的老朋友陈伯庄先生从他最近三十年来发表的文字之中选出了半数，印成一部《卅年存稿》，要我写一篇序。我看了他的全部校样，很高兴的写这篇短序。

伯庄和我都是四十九年前（1910）考取了留美官费同船出国的。那时候他叫陈延寿，只有十七岁，我那时还不满十九岁。今年3月1日，我同当年同船出洋而现在都在台北的六个老朋友——杨锡仁、赵元任、周象贤、程远帆、伯庄和我——在锡仁家里聚餐一次，我们都觉得我们都还没有老，都还能够在自己选择的园地里工作。

伯庄在我们六人里，年纪最小，他的园地最大，工作也最辛苦。

他本是学工程的，渐渐转到经济学和管理方面，又扩大到社会经济的调查研究方面。他是"完成粤汉铁路委员会"的委员长；粤汉铁路的株韶段的完成，他是有功的。

他是孙中山先生的一个极热诚信徒，他从民国二十年起开始认真研究经济问题，到了民国三十年至三十二年之间，先后发表了他对于"创建民生主义的经济制度"问题的研究与思考的结果，共有五篇文章，题作"经建五论"，——现在收在《存稿》的乙集里。这五篇论文，理论而外，内容亦极充实，对于中国基本经济状况的检讨，所有论据，悉为作者多年调查研究的结晶，即在今日还是值得细读的。

从民国二十一年以后，他是国防设计委员会的委员及交通组长。他在那时期还在交通大学研究所主持社会经济的调查研究工作。民国廿八年他曾到苏俄作苏联经济制度的实地访问。卅二年发表的《苏联经济制度》就是他实地访问的报告。

抗战胜利之后，从卅四年十月到卅八年一月，他是京沪区铁路局长。当时他和他的堂兄弟陈地球(名延炯,历任各大铁路局长)是全国闻名的两个最好最有成绩的铁路局长,是大家公认的两个最可以作模范的公务员。

他们弟兄都深信:民生主义需要发达国家资本,发达国家资本需要国有国营事业能够办得好。他们做铁路局长,都曾尽最大的努力把国营事业办的好。

伯庄近来曾写一篇《京沪三年》,——也收在《存稿》里——这是一个理想的实验纪录,我读了曾很受感动。

伯庄的兴趣本来是很广泛的。他还爱写旧诗,爱读文艺美术的书。《存稿》里收有他谈文艺的文字(丁集),和他的诗草(戊集)。他的诗往往可以发挥他一生负责任苦干的人生观。他的朋友胡位炎寄诗有"辛苦穷年终是妄"一句,伯庄答诗说:

……万物各有性,甘带或胜蜜。
穷年辛苦人,栖栖颇自适。……
古有大禹者,其妄更莫敌。……
天地平成易,此恨究莫释。

我很欢喜这种见解。宋人朱希真有两句词:

谁闲如老子,不肯作神仙。

我曾套这两句,改作我自己深夜工作时的口号:

有谁忙似我,不肯作神仙。

我想伯庄不会反对这两句口号罢?

伯庄六十岁前后,忽然改行了。他在香港过了几年很苦的生活,但他每次写信给我,总是说他研究哲学的新兴趣。他从杜威的哲学入手,而以自然主义为宗。近年来他的园地更扩大了,他的兴趣包括各种"人的科学"。他费了大力,得了几个同志朋友,得到了亚洲基金会的一点资助,创办了一种《现代学术季刊》。最近他还想进一步做翻译现代学术名著的大计划。他的翻译计划包括现代的哲学、史学、行为科学、心理科学、人类文化学、社会学、政治学、经济学、方法论等等。伯庄现在是我们的哲学家了。

这部《存稿》的甲集收有他的一篇重要的哲学论文:《自然主义

的人道主义》。在这篇长文的第四节,他翻译了我们的老师杜威先生的一段"最足以代表这主义之感召力的文字",如下:

> 不论我们怎样微弱,我们要效忠于我们所属的自然,必须珍持我们的期望与理想,将其变为理智,并依据自然所可能的途径与手段加以修正。当我们尽了我们的心,把我们的力量无保留的投入世变漩涡之后,即使我们被牺牲,我们仍可相信我们是和世间的善同运共命的。我们知道这样的尽心尽力是使得更好更善可以实现的各条件中之一个条件。而且就我们本身而论,只有这一点点,只有这一个条件是我们能力所能及的。人们所以自任自期的,如超过此,便成稚妄;如不及此,则为有忝所生的懦怯,为自绝于天的逃兵。这样的自私,无异于要求一切皆能遂愿的妄诞。可是,笃实无妄地依此愿望来自任自期,便要发动我们想像能力之全部,而在行动上又要征调我们一切技能,和动员我们所有的勇气。

这是陈伯庄先生向我们介绍他自己信仰的"自然主义的人道主义"。

1959,5,31 胡适在南港

(收入陈伯庄著:《卅年存稿》,1959年8月香港出版,为陈伯庄自印本,收入胡颂平:《胡适之先生年谱长编初稿》第8册)

跋金门新发现《皇明监国鲁王圹志》

这篇《圹志》，可以考证许多旧史的错误。试举几个重要的例子如下：

① 《明史》百十六《鲁王檀传》下记监国鲁王的末路是：

> 以海遁入海，久之，居金门，郑成功礼待颇恭，既而懈。以海不能平，将往南澳，成功使人沉之海中。

《明史》百零一《诸王世表·鲁》下也说："（顺治）十一年，成功使人沉之海中"。《三藩纪事本末》及南明的几种野史，也有这种记载。《明史》可能是依据这些野史的。顺治十一年（甲午，1654）是永历九年。

全祖望《鲒埼亭集》三十一《明故太仆斯庵沈公诗集序》力辩《明史》此说之不可信。他引沈氏（名光文）"挽鲁王诗"的自序说鲁王薨于壬寅冬十一月，是死在郑成功之后。郑成功死在壬寅五月初八。壬寅是永历十六年，即康熙元年（1662）。郑成功死在五月，鲁王死在十一月，当然不是郑成功把他沉到海中了。

《金门志》（页二五——二七）与《新金门志》（页一七九——一八一）引的吕世宜《鲁王墓碑》阴文及周凯《鲁王墓碑》（原无题，我拟此题），都根据林子濩《续闽书》记的"王素有哮疾，壬寅十一月十三日中痰薨。生于万历戊午（四十六年，1618）五月十五日，年四十五"，来驳正"野史载成功沉王于海"的传说。周、吕两文都作于道光丙申（十六年，1836），都只敢驳正"野史"之说，而不敢指斥那钦定的《明史》。周凯此文中又引卢若腾（牧洲）《岛噫集》中"有辛丑仲夏寿鲁王诗、壬寅仲夏作《泰山高》寿鲁王诗，……其诗与《续闽书》（所记鲁王)诞日符合,岂有王薨而犹为之寿者"?这两诗都可以证明《续闽书》的记录是可信的史实。

今年新出土的《鲁王圹志》明说:

> 王有哮疾,壬寅十一月十三日中痰而薨。距生万历戊午五月十五日,方四十有五。

这就可以证明林子濩《续闽书》的记载是根据当时撰修的《鲁王圹志》一类的史料,故一个字不误。

全谢山《答陆聚侯论〈三藩纪事本末〉》(《鲒埼亭集》外编四十三)说:

> 辛丑,成功入台湾。壬寅,缅甸讣至(此指永历帝之死),成功亦卒。海上遗臣复奉鲁王监国。甲辰(康熙三年,一六六四),王薨。

这是谢山早年未定之论,说鲁王死在甲辰,是错的。谢山后来得见沈光文(斯庵)的诗集,才知道鲁王死在"壬寅冬十一月",是死在郑成功死后。这是和新出《圹志》相符合的。

但全谢山深信鲁王死在台湾,他的《张苍水神道碑》(集九,题"明故权兵部尚书鄞张公神道碑")说:

> 壬寅冬十一月,鲁王薨于台。

他的《斯庵沈公诗集序》也不信《阮夕阳诗集》说"鲁王薨于金门,岁在庚子"的话。谢山不信鲁王死在庚子(永历十四年,1650),是对的。但他在此序里力说鲁王死在东宁(即台湾),是错误的。他说:

> 盖王本与成功同入东宁,故即葬焉。

现在我们看这个《圹志》明说:

> (辛卯舟山破后),王集余众南来,闻永历皇上正位粤西,喜甚,遂疏谢监国,栖踪浯岛金门城。至丙申(永历十年,1656)徙南澳,居三年,己亥(永历十三年,1659)复至金门。……壬寅十一月十三……薨……卜地于金门城东□外之青山……其地前有巨湖,后有石峰,王徜徉游其地,题"汉影云根"四字于石。……以是月廿二日辛酉安厝。

此可见鲁王没有到过台湾,他先住金门六年,中间曾移居南澳三年,又回到金门住了三年多,就死在金门,葬在金门。全谢山的说法,得着新出土的史料的否证,是必须放弃的了。

② 新出《圹志》还可以订正查继佐《鲁春秋》的一些错误。《鲁春秋》(《适园丛书》刻本)说:

> 壬寅,监国踄金门。
>
> 夏五月,延平王……国姓成功薨于东宁。秋九月之十有七日,监国鲁王以海薨于金门。

这个日子——九月十七——是可以订正的了。

查氏记舟山之败,说:

> 监国继妃张氏赴井死,两王子北去。

查氏记两王子之名是"长弘柟,次弘楝"。新出的《圹志》也记着:

> 继妃张氏,亦宁波人,舟山破日,投井而死。
>
> 有子六,皆庶出。第一子、第三子在兖陷殇,存亡未卜。次子卒于南中。第四子弘橵、第五子弘朴、第六子弘栋,俱在北蒙难(三子名字可能有抄写的错误)。

好像最后记的三子是舟山蒙难的,不但数目不同,名字也不相同。

③ 全谢山又有《舟山宫井碑文》(《鲒埼亭集》廿四),记"辛卯之役"(永历五年,1651),在舟山投井而死的是"监国元妃陈氏"。而《圹志》明说"舟山破日,投井而死"是"继妃张氏,亦宁波人"。《圹志》下文又说鲁王"女子三,长为继妃张氏所生"。志文两次提及"继妃张氏",显然有所依据。谢山称她"元妃",是一误;说她姓陈,是二误。

《圹志》又明说:

> 元妃张氏,兖济宁州张有光女,原浙之宁波人。兖陷,殉节。

而谢山《舟山宫井碑》说:

> 监国次会稽,张妃主宫政。而(陈)妃以丙戌(唐王隆武二年,即清顺治三年,1646)春入宫。会西陵失守,监国自江入海。保定伯毛有伦扈宫眷自蛟关出,期会于舟山,道逢张国柱乱兵杀

掠,拥张妃去。

（陈）妃在副舟中,……伏荒岛数日,飘泊至舟山,监国已入闽,……吏部尚书张肯堂遣人护之,得达长垣。监国见之流涕,始进册为元妃。……辛卯,大兵三道入海。……（舟山）城陷,元妃……投井而死。……董户部守谕为作《宫井篇》哭之……。

《鲁王圹志》记他的"元妃张氏"死在兖州被满清兵攻破的时候,那是在崇祯十五年(1642,《明史·本纪》及《诸王世表》皆作十五年,《明史》百六十《鲁王传》误作崇祯十二年)。谢山此碑写鲁王的张妃在绍兴监国时主宫政,那是在唐王聿键的隆武元年(乙酉,1645),在兖州破城后三年了,又写那位张妃在隆武二年(丙戌,1646)在海上被乱兵拥去,下落不明。这个张妃在《圹志》里完全没有记载,而谢山完全没有提起《圹志》里的"兖陷殉节"的"元妃张氏"。我们似乎应该用新出土《圹志》来订正谢山先生的《舟山宫井碑》文罢？

1959,10,31 下午

《圹志》记"次妃陈氏遗腹八阅月",这是壬寅十一月尾的记载。查氏《鲁春秋》在鲁王死后补记:"'王年五十有四'(依《圹志》与《续闽书》,当作'四十有五')。继妃陈氏明年生遗腹子弘甲。周支长杨王术桂,今改宁靖王,收养,栖于东宁。"这是那个遗腹子的下落。"宁靖王术桂"即是《鲁王圹志》的作者。"周支"当作"辽支",即《圹志》署名之"辽藩"。《明史》百十六辽王下云:"辽国除,诸宗隶楚藩,以广元王术㙆为宗理"。又《明史·诸王世表·辽》下末代有术"垼、术㙆、术𤔡等。《鲁春秋》称"长杨王术桂,今改宁靖王"。谢山先生说:"读太仆(沈光文)集中,王在东宁(当作"金门",说见上),颇多唱和。宗藩则宁靖,遗臣则太仆"。辽藩宁靖王朱术桂的诗似乎没有流传下来,我们现在读这篇新出土的《圹志》,还可以想像那位末叶王孙的故国哀思,还应该对他"指日中兴"的梦想寄与无限的同情。

1959,10,31 夜补记

(原载 1959 年 10 月 2 日台北《中华日报》)

跋《宝林传》残本七卷

山西赵城县广胜寺藏的金代刻经四十六种,民国廿四年(1935)由上海"影印宋版藏经会"影印流通,题作"宋藏遗珍"。此四十六种是"孤存古籍",其中有

> 双峰山《曹侯溪宝林传》第一、二、三、四、八卷。

《影印藏经会》又用日本常盘大定发现的第六卷(原载昭和八年——民国廿二年,1933——《东方学报》第四期)补为第六卷。故共存七卷。

《宝林传》原编"秦"字,题为"新编入录"。其卷第二的首叶有原刻小字校记云:

> 失第二、第十两卷,而京师遍问皆无。遂取《圣胄集》,立章品,补此卷。由(犹)欠第十。("立章品"是分章分品。此卷共分七章七品。)

可见此卷第二不是宝林传原文,但可以因此考见《圣胄集》的内容是什么样子。

卷第二的末叶,又有原刻小字注文,杂乱不可读,其中有关《宝林传》的注文是:

> 长安、终南、太一山、丰德、开利寺译经沙门云胜游礼赍行,借忘(亡)第二、第十二卷。今取《圣胄集》补之。阙第十。

其实《宝林传》整部是一部杂凑的禅门伪史。杂凑来的资料很多,不但第二卷是用《圣胄集》补的。

第一卷是释迦文佛的传记,其中全收《四十二章经》,仅阙第一、二章及第三章的一部分。这可以说是《四十二章经》的一个古本,可

以备校勘之用。

第五卷里,"第二十四祖师子比丘章,辨珠品第三十"题下注"五明大集"四字。就是抄凑的原书一种。此章已记师子比丘被杀了。下一章"师子弟子章,横师统引品第三十一"题下注云:

> 此下一章,魏支疆梁楼三藏《续法记》。

师子比丘已死,法已"绝"了,故不得不捏造一部《续法记》,这又是杂抄来的伪书一种。

《续法记》杂乱荒谬的可笑,但伪造此书者已在神会的"传衣"大谎语流行之后多年,故书叙支疆梁楼至罽宾国,向达摩达曰:"某乙昔闻师子否违于此,特访其由。"达摩达答曰,"自调御灭后——法教流行。迦叶传持大乘心印,加是相付,至师子大尊,……其嗣者则南天竺国同学婆舍斯多,彼南天梵名曰婆罗多那也。自师子尊者在日,传付衣法,令速往南天。唯此同学,赈物利生,是传衣教"。这就是"续法"了。

日本发现的《宝林传》卷第六首章题为

> 三藏辨宗章,示化异香品第卅二

题下有注云:

> 此章亦名《光璨(璨)录》。

这又是杂抄来的一种伪书。《光璨录》说是"黄初三年壬寅之岁,有中天沙门昙摩迦罗来至许昌,……时有当土名僧光璨"记他叙述的话,"光璨命笔录之,编入僧史。

卷六的次章题为

> 第廿五〔祖〕婆舍斯多章,焚衣感应品第卅三。

有小注云:

> 亦名后魏、佛烟三藏《五明集》。

这就是第三十品引的"五明大集"了。

所谓"佛烟三藏《五明集》,其详见于《宝林传》卷八僧璨大师章之末:

> 自此集(指所谓昙曜付《法藏传》)后,又经一十三年,丙午之岁,〔文〕成帝敕国子监博士黄元真再穷佛典,……时有北天

〔竺〕三藏吉弗烟,译名佛陀扇多也,五天通明,并善神足,秦、梵俱契,……先翻释氏之经,次明菩萨之传,就此之中,辨得其前后,于彼教纲,甄别宗承,……先陈六叶,次述五明,楷定古今,共详佛事。……

卷八第一章题为

> 达摩行教游汉土章,布六叶品第三十九。

有小注云:

> 并梁武帝碑文,昭明祭文,并集於后。此一章亦名《东流小传》。

所谓《东流小传》,记达摩见梁武帝的事,作者号称"高座寺灵观"。(见此章中。)此书是当时出的一部荒谬书,但颇影响后来的禅宗史!此传记

> 达摩至广州实梁普通八年丁卯之岁九月二十一日。
> 十月一日而赴上元,
> 十月十九日渡江,
> 十一月二十三日至北,时当后魏第八主(明帝)太和十年。
> 达摩被毒死,"时后魏第八主孝明帝太和十九年"。即"梁大同二年"。

这种最荒谬的纪年,后来都被《景德传灯录》(影瞿氏藏宋刻本)采用了!(大正藏本同。)

梁普通八年丁未(527)当魏孝昌三年。魏太和十年(486)当萧梁武帝永明四年!相差四十一年!魏太和十九年(495)当齐明帝建成二年。梁大同二年(536)也在四十一年后!这种最荒谬的纪年最可以证明《传灯录》是采用《宝林传》引的《东流小传》的。

此章中有昭明太子祭"南天竺国圣胄大师之灵"的祭文,(《圣胄集》的书名起于此)又有梁武帝制的达摩碑文!都是最荒谬的文字。然而《传灯录》竟说:

> 初梁武帝欲自撰师碑,而未暇也。后闻宋云事,乃成之。

第卅九章之末,有这一句:

> 至唐大历年,代宗睿圣大文孝皇帝谥号〔达摩〕圆觉大师,敕空观之塔。

代宗死在大历十四年(779)五月。此处已称"代宗",可见《宝林传》之编成至早不得在唐德宗建中元年(780)之前。

《曹溪大师别传》的伪作,忽滑谷快天因为其中有"先天二年壬子……至唐建中二年计当七十一年"一句,猜测建中二年(781)为《别传》脱稿之年。我赞成此说。《宝林传》的伪作也在这个时期,可能是同一个人或同一派无知的和尚制造出来的。

《宝林传》的编造是在唐德宗的时代,约当八世纪的最后一二十年,大概是无可疑的。因为日本和尚圆仁的承和五年(开成三年,838)目录,和承和七年(开成五年,840)目录,和承和十四年(大中元年,847)目录,都有

> 韶州双峰山曹溪《宝林传》十卷,会稽沙门灵澈字明泳序。

可见这一大部禅宗伪史的总汇在九世纪的前期已很风行了。不过在那个时期,《宝林传》的编者还是会稽的有名诗僧灵澈,而不是后来署名的"朱陵沙门智炬"(常盘大定发现的《宝林传》第六卷题"朱陵沙门智炬集"。朱陵不知是何地)。依据《唐诗记事》卷七十二,灵澈生于会稽,本汤氏子,字澄源(圆仁录作"字明泳")。与吴兴诗僧皎然游。"贞元中(785—801)游京师,缁流嫉之,造飞语激动中贵人,浸诬得罪,徙汀州。后归会稽。元和十一年(816)终于宣州。"

灵澈的诗名很大,故这部伪史要假托灵澈的名字(《唐诗记事》七十二辑有刘禹锡、柳宗元、权德舆、刘长卿、张祜、吕温诸人与灵澈有关的诗,可见他诗名之大)。

卷八第二章题为
> 第二十九祖可大师章,断臂求法品第四十。

此章记惠可死于"非理损害",在隋开皇十三年癸丑之岁(593)"……春秋一百七岁"。《传灯录》全采此说,只加上"三月十六日"的日子。

此章又有法琳的可大师碑文,虽是伪作,但碑文中不言传衣事,与此章传记中达摩说的"内传法印以契证心,外受袈裟以定宗

旨,……吾灭度后二百年中此衣不传"的话不相符合。碑文又说达摩"思宝珠已明,智灯将曜,法化有人,西归示灭",也与前章所说达摩死于中毒,不相符合。我们可以推测是神秀、普寂一派的作伪,故与后来"南宗"的伪史不完全相符合。

卷八第三章题为

> 第三十祖僧璨大师章,却归示化品第四十一。

此章记僧璨于"后周第二主天平三年己卯之岁遇可大师"。《传灯录》改作"北齐天平二年"。其实高齐没有天平纪元,宇文周也没有天平纪元。天平是东魏孝静帝的年号,天平二年乙卯,三年丙辰,等于梁武帝的大同元年二年(535—536)。天平没有己卯。于是有人校正《传灯录》云:

> 当作天保二年,乃辛未岁(551)也。(宋刊《传灯录》有不知名的校记甚多,此其一条。校记中常提到嵩禅师的《正宗记》,又提到"广灯",即《天圣广灯录》,可见校记在宋仁宗后期,或在其后。)

相差十五六年,有什么关系?伪造的人只信口开河,校正的人也不须有根据。

此章又记"隋开皇十二年(592)壬子之岁","有沙弥年始十四,名曰道信"来礼僧璨。又记僧璨死在大叶二年丙寅(606)。《传灯录》也都照钞。

道宣的《续高僧传》里只在法仲传叙《楞伽经》的师承,有"可禅师后,粲禅师、慧禅师、……那老师、……"等八人,注云,"已上并口说玄理,不出文记"。《续僧传》卷十三(大正藏本卷十一)的《辩义传》里,说

> 仁寿四年(604)春末,〔辩义〕奉敕于庐州独山梁静寺起塔,初与官人案行置地,行至此地,……本有一泉,乃是僧粲禅师烧香求水,因即奔注。至粲亡后,泉涸积年。及将拟置〔塔寺〕,一夜之间,枯泉还涌。

这已可见僧粲之死远在仁寿四年(604)之前,可知《宝林传》说他死在大业二年(606)是信口编造的了。

八世纪前期东都沙门净觉作《楞伽师资记》,其中有"第四,隋朝舒州思空山粲禅师"的小传,也没有多少材料,只能记他

> 罔知姓位,不测所生。按《续高僧传》曰,可后粲禅师。隐思空山,萧然净坐,不出文记,秘不传法。唯僧道信奉事粲十二年,写器传灯,一一成就。粲印道信了了见性处,语信曰,"《法华经》云,'唯此一事实,无二亦无三。'故知圣道幽通,言诠之所不逮;法身空寂,见闻之所不及,即文字语言徒劳虚设也。
>
> 大师云,余人皆贵坐终,……余今立化,生死自由。言讫,遂以手攀树枝,奄然气尽。终于皖公山,寺中见有庙影。

这里还没有说起皖公山有薛通衡撰的《粲禅师碑》。《师资记》引"《续高僧传》曰"以下,止有"可后粲禅师""不出文记"九字是出于《法冲传》。道信奉事十二年,终于皖公山,几句似是根据《续僧传》的《道信传》。不过《道信传》只说

> 有二僧莫知何来,入舒州皖公山静修禅业。〔信〕闻而往赴,便蒙授法,随逐依学,遂经十年。师往罗浮,不许相逐,但〔云〕于后住,必大弘益。

此传不曾说那"二僧"(可能原作一僧)之中有僧粲,也没有说他从罗浮回到皖公山。但看《辩义传》,可知庐州独山有粲禅师的神话,在那传说里,他似是死在舒州的。思空山(司空山)与皖公山是紧相连的,独山在皖公山之东。僧粲往来于那几座山之间,是可能的。后来就让舒州皖公山的山谷寺独占"三祖粲禅师"的传说了。

皖公山山谷寺建立所谓隋薛道衡的《粲禅师碑》,大概是在楞伽宗的神秀门下普寂义福等人的势力最盛的时候,大概和上文提到的法琳的《可禅师碑》是同一个时期制造出来的假史料。

薛碑似已不可见了。独孤及的"舒州山谷寺隋故镜智禅师碑铭"(《毗陵集》九)明明提到

> 碑版之文,隋内史侍郎河东薛公道衡,唐相国刑部尚书赠太

尉河南房公琯继论撰之。

《毗陵集》此碑之后有两件附录：

  一是大历七年（772）4月22日中书门下牒准南观察史张延赏"奉敕宜赐谥号镜智禅师……"的牒文（碑阴正文）。

  一是独孤及碑的碑阴题记（无作者姓名）。

这两件碑阴都是可信的，因为那都是大历七年（772）立碑后的石刻。（《唐文粹》六十三也载独孤及此碑文，其后附有咸通二年〔861〕张延赏的曾孙张彦远的"碑阴记"，那是会昌毁法"塔与碑皆毁"之后咸通二年重刊碑文的题记，已在九十年后了。）碑阴题记中引了薛碑一段，房碑一段，参合讨论。其时三碑并存，故所引房碑一段六十二字可与《宝林传》载的房碑互相参校。

碑阴文说：

  薛碑曰，大师与同学定公南隐罗浮山，自后竟不知所终。

  其铭曰，留法眼兮长在，入罗浮兮不复还。

  据此，南游终不复此地也。

这可见薛道衡碑之作是很早的，其时楞伽宗（北宗）极盛，似有学者细细研究了道宣《续僧传》里关于达摩以下诸师的资料，请文人用薛道衡、法琳等人的名字作慧可、僧粲诸师的碑志，并且刻石建碑。如薛碑所记，即是用《道信传》的底子，其中无名的"二僧"，一个坐实了是僧粲，一个也有了名字，称为"定公"。但此碑还谨守《道信传》的结论，只说他们"南隐罗浮山，不知所终"。

此碑是楞伽宗的正统派建立的，故"南宗"的《宝林传》里不提他。《宝林传》此卷收有房琯做的《璨禅师碑文》。神会是房琯的朋友，故房琯此碑完全是用神会的见解，——神会的"菩提达摩南宗"的法统史的看法，——来发挥的。《宋高僧传》的《慧能传》说：

  弟子神会，若颜子之于孔门也。……会于洛阳荷泽寺崇树能之真堂，兵部侍郎宋鼎为碑焉（宋鼎的《能大师碑》，当时刻石建立的不止一处，大概洛阳荷泽寺，韶州曹溪山，邢州开元寺，各立此碑。会昌毁法时，诸碑皆毁，独中央政权达不到的邢州一碑尚存。欧阳修的《集古录》，赵明诚的《金石录》第一千二百九十八,皆著录此碑。可惜此碑文现已亡失了)。会序宗脉,从如来下西域诸祖外,震旦凡六祖,画图缋其影,太尉房琯作《六叶图序》。

房琯的《六叶图序》,我们已看不见了。但房琯的《璨禅师碑》的全文保存在《宝林传》里,凡有一千二字,还可以显示神会的见解用房琯的文字刻在石上。试引一段作例子:

> 如来以诸法付群龙,以一性付迦叶。〔迦叶〕付阿难,至菩提达摩东来付可,可付大师。传印继明,累性一体。自迦叶至大师,西国有七,中土三矣。至今号为三祖焉。

这里"自迦叶至大师,西国有七,中土三矣",这十四字一句话,若不读我近三十年中校印出来的神会的《菩提达摩南宗定是非论》的敦煌写本,谁都读不懂其中的意思。在《南宗定是非论》里,有这一段问答:

> 远法师问:唐国菩提达摩既称其始,菩提达摩复承谁后?又经几代?
>
> 〔神会〕和上答:菩提达摩西国承僧伽罗叉,僧伽罗叉承须婆蜜(当作"婆须密",下同),须婆密承优婆崛,优婆崛承舍那婆斯,舍那婆斯承末田地,末田地承阿难,阿难承迦叶。迦叶承如来付。唐国以菩提达摩而为首。西国以菩提达摩为第八代。……自如来付西国与唐国,总经有一十三代。
>
> 远法师问:据何得知菩提达摩在西国为第八代?
>
> 和上答:据《禅经序》中具明西国代数。又惠可禅师亲于嵩山少林寺问菩提达摩西国相承者,菩提达摩答一如《禅经序》所说。(看中央研究院《历史语言研究所集刊》第二十九本,胡适的新校完的敦煌写本神会和尚遗著两种,页八四九。参看胡适校敦煌唐写本"神会和尚遗集",卷三,页一七八——一七九。又参看胡适的"荷泽大师神会传",第三章"菩提达摩以前的传法世系"。)

神会误认了东晋晚年庐山译出的《达摩多罗禅经》的首段(序)里的"达摩多罗"就是"菩提达摩",这是一个根本错误。这个根本错误,经过了一千几百年,中国、韩国、日本的禅宗信徒到今天都不曾觉悟。庐山译的《禅经序》里略举了大迦叶以下"诸持法者",只举了九个人,其中第八位是达摩多罗。神会误认了这个名单就是菩提达摩在印度的传法世系,这是第二大错误。他没有印度佛教史的知识,就没有想从释迦如来到菩提达摩,这一千多年,怎么止有八代!所以八代之说,不久就被驳倒了,推翻了。天宝以后,佛教各派系纷争法统,纷纷提出"菩提达摩以前在西国共有几代"的问题,有提出二十四代的,有提出二十五代的,有提出五十一代的。八代太少了,五十一代又嫌太多了,故后来渐渐归到"西天二十八祖"的说法。

但《宝林传》里的房琯碑文居然有"自迦叶至〔璨〕大师,西国有七,中土三矣"的文字,恰与敦煌出土的两本神会《南宗定是非论》相印证。这一点就够证明此碑确是神会托房琯作的,也够证明此碑文是一件重要的史料。

试再引此碑的铭词云:

> 迦叶至我兮,圣者十人。
> 貌殊心一兮,相续一身。

我们若不知道神会《南宗定是非论》的西国传法自迦叶至达摩止有八人之说,也就不懂"圣者十人"的话了。

房碑是何时撰刻的呢?碑文中说:

> 洎皇唐天宝五载,有赵郡、李常,士林精爽,朝端向望,自河南少尹左迁同安郡别驾。怆经行之丘墟,慨茔垅之芜没。兴言改举,退迩一辞。于是启坟开棺,积薪发火,灰烬之内,其老耿然。胫骨牙齿,全为舍利,坚润玉色,鉴铛金振,细圆成珠,五彩相射者,不可胜数。四众争趋,叹未曾有。……宝塔肇兴,庄严云备。……非别驾李公,孰能权舆建立光若此者乎?

此卷在碑文之后,有叙事一长段,可与碑文参证:

> 天宝五载,乙酉之岁,(适按五载是丙戌,乙酉是四载。)有河南少尹李常特往荷泽寺问神会和尚:"三祖师墓在何所?弟子往往闻说入罗浮而不还,虚〔耶?〕实耶?"和尚答曰,"夫但取文佳合韵,赞大道而无遗。若据实由,墓在舒州山谷寺北。"
> 是时李尹虽知所止,心上(尚)怀疑。其年七月十三日奉玄

宗敕贬李尹为舒州（即同安郡）别驾。至任三日，僧道等参李尹，李尹问曰，此州有山谷寺不？三纲答，有。李尹问曰，寺后有三祖大师墓虚实？上座僧惠观答，实有。其年十一月十日，李尹与长史郑公及州县官僚等同至三祖墓所，焚香稽白，发棺而看，果有灵骨，便以阇维，光现数道。（阇维是火葬，即碑文说的"积薪发火"。）收得舍利三百余粒。李尹既见此瑞，遂舍俸禄，墓所起塔供养，一百余粒现在塔中。使人送一百粒与东都荷泽寺神会和尚。和尚于浴堂院前起塔供养。一百粒，李尹家中自请供养。

这两段记述是很有趣味的。看李常问的"入罗浮而不还"，明明是所谓薛道衡碑的文字。神会答"文佳合韵"，也明明是指薛碑不可靠。此传说李常与神会问答在先，而李常贬舒州在后。但我们读《旧唐书》《玄宗本纪》及房琯、韦坚、李林甫诸传，可以明白房琯与李常都是天宝五载（746）七月为了韦坚李适之两案被李林甫贬谪的。房琯从给事中贬为宜春太守，李常从河南少尹贬为舒州别驾。宜春在今江西宜春县，与舒州相去不很远。大概在李常离开洛阳之前，神会就授意给他，要他发掘所谓"三祖墓"了。把两百年的"灵骨"掘出来火葬，得着舍利三百余粒，这都是预定的计划。所以我们猜想房琯作塔碑，可能是他在宜春太守任内的事，约在天宝五六年之间，刻碑可能也在那时候。

《宝林传》记房琯的官衔为"吏部尚书同中书门下三品，清河郡开国公"。房琯作宰相是天宝十五年（756）七月的事，封清河郡公是至德二年（757）十二月的事。这都不是碑文上的官衔。独孤及在大历七年（772）作"三祖镜智禅师碑"，提到"唐相国刑部尚书赠太尉房公琯"，那是房琯死后追赠的官了。

1959，11月尾写成

（收入《胡适手稿》第七集）

跋裴休的《唐故圭峰定慧禅师传法碑》

(《金石萃编》百十四;《全唐文》七四三)

这是裴休作的《圭峰禅师宗密的传法碑》。宗密生于建中元年(780),死在会昌元年正月(841)。此碑作于大中七年(853)"今皇帝再阐真宗,追谥定慧禅师青莲之塔"之时,建碑于大中九年(855),故可以说是同时人的证见。作者裴休自说:

> 休与大师于法为昆仲,于义为交友,于恩为善知识,于教为内外护,故得详而叙之,他人则不详。

裴休曾作《黄檗山断际禅师(希运)传法心要序》(《全唐文》743),自称是希运的弟子。希运是洪州道一门下百丈怀海的弟子。裴休自己算是六祖慧能派下的第六代,故他说"与大师于法为昆仲"。他又曾为宗密的《圆觉经略疏》作序(《全唐文》743),序中说,"休尝游禅师(宗密)之阃域,受禅师之显诀",故他说"于义为交友,于恩为善知识"。裴休有这种种资格,所以他自信"故得详而叙之,他人则不详"。这篇《圭峰禅师传法碑》应该是最可信的同时人证见了。

我现在用这篇保存得最完整的唐碑作原料,试考裴休详记的宗密传法世系是否可信。

此碑开始说:

> 圭峰禅师号宗密,姓何氏,果州西充县人,释迦如来三十九代法孙也。

此下说如来在世八十年"为无量人天声闻菩萨"说的种种法(凡用一百多字),

> ……无遗事矣。最后独以法眼付大迦叶,令祖祖相传,别行

于世"。

这里说"最后独以法眼付大迦叶",已是九世纪中叶禅门流行的说法了。碑文继续说:

> 自迦叶至达摩,凡二十八世。达摩传可,可传璨(璨),璨传信,信传忍,为五祖。又传融,为牛头宗。
>
> 忍传能为六祖。又传秀,为北宗。
>
> 能传会为荷泽宗,荷泽于宗为七祖。
>
> (能)又传让,让传马。马于其法为江西宗。

此碑不提及所谓"青原行思"一派(宗密的《禅源诸诠集都序》等文字里提及石头希迁,但从不提及行思)。此下专叙荷泽神会到宗密的世系:

> 荷泽传磁州如,如传荆南张,张传遂州圆,又传东京照。圆传大师。大师于荷泽为五世,于达摩为十一世,于迦叶为三十八世。
>
> 其法宗之系也如此。

其实宗密这个传法世系是大有问题的。宗密的《圆觉略疏抄》卷四(《续藏》壹辑十五套二册,叶百三一)曾记荷泽神会门下的"一枝"如下:

> 且如第七祖(即荷泽神会)门下传法二十二人,且叙一枝者:磁州法观寺智如和尚,俗姓王①。
>
> 磁州门下成都府圣寿寺唯忠和尚,俗姓张,亦号南印。
>
> 圣寿门下遂州大云寺道圆和尚,俗姓程。长庆二年,成都道俗迎归圣寿寺,绍继先师,大昌法化,如今现在。……

这"一枝"原是出于成都净众寺无相门下的神会,并不是出于东京荷泽寺的神会。

《宋僧传》九,成都府净众寺《神会传》云:

> 释神会,俗姓石,本西域人也。祖父徙居,因家于岐,遂为凤

---

① 在原稿此处上端,胡先生用红笔批:"磁州在唐代曾改惠州。在清属广平府,今改磁县"。

翔人。会……年三十,方入蜀,谒无相大师。(胡适按,他生于开元八年,720;他三十岁正当天宝八年,749,正是那一位神会在东京荷泽寺最哄动一世的时期。他取名神会,似不是偶合,可能是表示景仰罢?)利根顿悟,冥契心印。无相叹曰,吾道今在汝矣。尔后德充慧广,郁为禅宗。其大略:寂照灭境,超证离念。即心是佛,不见有身。当其凝闭无象,则土木其质。及夫妙用默济,云行雨施,蛩蛩群氓,陶然知化;睹貌迁善,闻言革非。至于廓荡昭(照?),洗执缚,上中下性,随分令入。

以贞元十年(794)十一月十二日示疾,俨然加趺坐灭。春秋七十五,法腊三十六。……初会传法在坤维,四远禅徒臻萃于寺。时南康王韦公皋最归心于会,及卒,哀咽追仰,……为立碑,自撰文,并书,禅宗荣之(韦皋在蜀二十一年,死在永贞元年,805。《全唐文》四五三卷收的韦皋文中无此碑文)。

这是无相门下的第一代。宗密故意把成都净众寺的神会认作东京荷泽寺的神会,这也正是我常说的"攀龙附凤"的一个好例子。

第二代,据宗密说,是"磁州法观寺智如和尚,俗姓王"。此一代,现在没有资料,①我颇疑心此一代是无根据的,是宗密捏造出来的。

《宋僧传》十一,洛京伏牛山《自在传》后,附有《南印传》:

成都府元和圣寿寺释南印,姓张氏。明寤之性,受益无厌。得曹溪深旨,无以为证,见(成都府)净众寺会师。所谓落机之锦,濯以增妍(《大正本》作研);衔烛之龙,行而破暗。印自江陵入蜀,于蜀江之南墦,薙草结茆,众皆归仰,渐成佛宇。贞元(785—805)初年也。高司空崇文平刘闢(在元和元年,806)之后,改此寺为"元和圣寿",初名"宝应"也。印化缘将毕,于长庆

---

① "此一代现在没有资料"九字,胡先生以红笔勾去,并用蓝笔眉批:"宇井伯寿《禅宗史研究》239—240页引《宋僧传》廿九,'杂科声德篇'杭州天竺寺道齐传后,附有太行山法如传,'法如俗姓韩,慈州人也。少为商贾,心从平准。至今东京相国寺发心,依洪恩法师出家,隶业偕通,遂往嵩少间,游于洛邑,遇神会祖师,授其心诀。后登太行山,见马头峰下可以栖神,结茅而止。有褚塾戍将王文信,率众建精庐焉。……示寂,报龄八十九。元和六年(811)迁塔云'。他生在开元十一年(723),够得上见神会最盛时了。"

(821—824)初示疾入灭。……

南印俗姓张,从江陵入蜀,故裴休碑文称他为"荆南张"。此是宗密说的"成都府圣寿寺唯忠和尚,俗姓张,亦号南印",似无可疑。据《宋僧传》,南印是净众寺的神会和尚门下的第一代,并不是第二代。

《宋僧传》此传不说南印名惟忠。但《宋僧传》九另有"黄龙山惟忠传",说"惟忠姓童氏,成都府人,……游嵩岳,见神会禅师,析疑沉默。……观览圣迹,见黄龙山郁翠而奇异,乃营茅舍。……建中三年(782)入灭,报龄七十八"。这个俗姓童的惟忠显然不是那个"荆南张"的南印。这个唯忠曾"游嵩岳,见神会",应该算作荷泽神会的第一代弟子,但神会并不曾住过"嵩岳"?

关于"遂州大云寺道圆和尚"的资料,只有宗密自己的一点点记录。① 他说:

> 遂州大云寺道圆和尚,俗姓程。

这句就很可疑。"大云寺"是武则天时诏令天下建立的。开元二十六年(738)诏令大云寺改为"开元寺"(看赵明诚《金石录》卷廿六《大云寺禅院碑》跋尾)。怎么到元和(806—820)、长庆(821—824)的时代遂州还有"大云寺"呢?(《柳宗元文集》二十八有《柳州复大云寺记》,说"大云寺焚而不复且百年。三百室之人失其所依归,复立神而杀(牲)焉。元和十年(815)刺史柳宗元始至,逐神……而取其地,……其傍有小僧舍,僻之,……取寺之故名,作大门,以字揭之。"柳州之"复大云寺"似是很少见的事。)

宗密自己叙述他和遂州道圆的关系,不过如此:

> ……遂州在涪江西岸。宗密家贯果州,因遂州有义学院,大阐儒宗,遂投诣进业。经二年后,和尚(即道圆)从西川游化至此州,遂得相遇,问法契心,如针芥相投也。……(《圆觉经略疏钞》二)

他又说:

> 长庆二年(822),成都道俗迎(道圆和尚)归圣寿寺,绍继先

---

① 彰健按:胡先生以红笔删"一点点"三字。

师,大昌法化,如今现在。(《圆觉经略疏钞》四)
如此看来,道圆只能称为成都圣寿寺的和尚,他从前曾"从西川游化至此州(遂州)"。"遂州大云寺"的名称是不可靠的。裴休碑文说:

> 大师(宗密)本豪家,少通儒书,欲干世以活生灵。偶谒遂州,遂州未与语。退游徒中,见其俨然若思而无念,朗然若照而无觉,欣然慕之,遂削染受教("受教"《金石萃编》作"教受"。今从《全唐文》743)。道成乃谒荆南。

碑的后文又说:

> 大师以建中元年(780)生于世。元和二年(807,二十八岁)印心于圆和尚。又受具于拯律师。

合并《略疏钞》及裴碑的话,我们可以说,宗密原是在遂州读"儒书"的,他二十八岁时,遇着道圆和尚,"问法契心",他就"削染"做和尚了。后来他又去参谒成都元和圣寿寺的南印和尚。

据《圆觉经略疏钞》二:

> 和尚所得之法是岭南曹溪能和尚宗旨。

"和尚"是"遂州道圆"。但《宋僧传》的《神会传》,说的清楚明白,这个神会是成都净众寺的无相和尚的弟子,原不是曹溪的一派。无相的世系如下:

> 弘忍——智诜——处寂(唐和尚)——无相(金和尚,新罗王族)——神会、无住

《宋僧传》十九有成都净众寺《无相传》,附见智诜;又二十有资州山北兰若《处寂传》,都在"感通"篇,其材料都不高明。此派的历史及后来无相与无住的思想,都记载在《历代法宝记》里,有巴黎、伦敦的敦煌本,收在《大正藏》五十一册"史传部三",页一七九以下;又有金九经的整理分段分卷的排印三卷本。

以上略考宗密自己说的和裴休碑文里说的传法世系。我的结论是:宗密是出于成都府净众寺无相和尚门下的神会和尚的一支。他从蜀中出来,到了帝都长安,于元和十一年(816)在终南山智炬寺读经著作,长庆元年(821)又在终南山草堂寺著《圆觉经略疏》,他的才

气与学力渐渐受到帝王大臣的敬信,他要依附一个有地位的佛教宗派或禅门的派系,作为他自己的立足根据。在那个时期,——从长庆(821—824)到大和(827—835)、开成(836—840)的时期,——禅宗的"南宗"已得了"正统"的地位,慧能已在元和十年(815)有明诏赐谥"大鉴禅师"了;在当时大手笔柳宗元、刘禹锡的新碑版文字里,都公然承认慧能为"第六祖",也公然承认"其说具在,今布天下,凡言禅皆本曹溪"(柳碑中语)。其实当慧能死后百年之中"天下"流传的"曹溪"禅说都只是东京荷泽寺神会和尚的宣传文字。我们在一千几百年之后,看见神会和尚的传教文字在敦煌石室里的有四万字之多;又看见那时期里日本入唐求法和尚,圆仁、圆珍诸人,带回国去的神会著作的目录,——我们不能不承认神会在当时的宣传力量是很广大而深远的。——我们不能不承认柳宗元说他"其说具在,今布天下,凡言禅皆本曹溪",其实只是"皆本于荷泽神会"!

因为荷泽神会的思想是当时最风行的禅宗思想,所以宗密就说他自己是出于"荷泽宗"在蜀中传承下来的一支,自己说他"于荷泽为五世,于达摩为十一世,于迦叶为三十八世",是"释迦如来三十九代法孙也"!

这样高贵的世系的唯一的依据只是因为成都净众寺一派恰巧也有一位名叫神会的和尚。这位神会和尚俗姓石,故叫做"益州石"。那位东京荷泽寺的神会和尚俗姓高,是襄阳人。宗密当然知道这个成都净众寺的神会并不是东京荷泽寺的神会。宗密在他的许多著作里,显然表示他很熟悉蜀中的净众寺和保唐寺的一大系的两大支的禅宗的历史。我现在要举出他的两种著作:一是《中华传心地禅门师资承袭图》(《续藏经》贰,十五套五册,433—438页),一是《圆觉经大疏抄》卷三下(《续藏经》壹,十四套三册,277—280页)。

在"师资承袭图"里,宗密明明指出:弘忍门下有蜀中的一大系:

> 资州诜(智诜),资州处寂,益州金(无相是新罗王族,本姓金),益州石……

这个"益州石"就是净众寺的神会和尚,俗姓石,故称"益州石"。

在《圆觉经大疏钞》三下,宗密详说当时"七家"禅学,其中"第二家"是：

> "三句用心为戒定慧"者，第二家也。根元是五祖（弘忍）下分出，名为智诜，……本是资州人，后却归本州德纯寺开化。弟子处寂，俗姓唐，承后。
>
> 唐生四子，成都府净众寺金和尚，法名无相，是其一也。大弘此教。（原注："金弟子当寺石（原误作召），长松山马，遂（原作逐）州李（原作季），通泉县李（原作季，通泉县，唐属梓州），皆嗣之。"）
>
> 言"三句"者，无忆，无念，莫忘也。……"戒定慧"者，次配三句也。（胡适按，此句不详说，《历代法宝记》述金和尚说，"无忆是戒，无念是定，莫忘是慧"。故说"配三句"。）

此段宗密自注中的"金弟子当寺石"，即是净众寺的神会，即是本寺的"益州石"。

宗密明明知道这位"益州石"、"当寺石"就是净众寺无相（金和尚）门下的神会，然而他故意不承认这个神会是他的祖宗，他故意要承认那远在东京洛阳荷泽寺的神会是他的祖宗！这是毫无可疑的存心诈欺，存心"攀龙附凤"。

他在《中华传心地禅门师资承袭图》里，明白"画出"慧能是"第六"祖，荷泽神会是"第七"祖。他说：

> 德宗皇帝贞元十二年（796）敕皇太子集诸禅师楷定禅门宗旨，搜求传法傍正。遂有敕下，立荷泽大师为第七祖。内神龙寺见有铭记。又御制七代祖师赞文，见行于世。（《圆觉经大疏抄》三之下，二七七叶有神会的略传，也说"贞元十二年敕皇太子集诸禅师楷定禅门宗旨，遂立神会禅师为第七祖……"。我曾指出此事不见于他书，只有志磐的《佛祖统纪》四十二说"贞元十二年正月，敕皇太子于内殿集诸禅师详定传法旁正"。但志磐不记敕立神会为第七祖的事。）

宗密的《承袭图》上，这样画神会的"一枝"：

神会第七——磁州智如——益州南印——东京圆照
　　　　　　　　　　　　　　　　　　遂州道圆

这就是裴休碑文里说的"荷泽（神会）传磁州如，如传荆南张，张传遂州圆，又传东京照。圆传大师（宗密）"的根据了。

我们现在考定了宗密自己造出的传法世系是不可信的，我们可以重新考定他的真实世系如下：

弘忍→资州智诜→资州处寂→益州净众寺无相（无相即金和尚）→益州净众寺神会（即"益州石"，即"当寺石"）→益州元和圣寿寺南印（俗姓张，从江陵入蜀，故称"荆南张"）→遂州道圆（后住益州元和圣寿寺）→宗密

这个世系表是比较真实可信的。

宗密自己宣传的传法世系的主要用意是要攀附在"第七祖荷泽神会"派下，自认为荷泽神会的"五世"。其实他是成都净众寺神会门下的第四代。

我们既然不相信宗密自己宣传的世系，也不相信裴休碑文转述的宗密"传法"世系，所以我们也就不敢轻信裴休碑文里说的"能传会为荷泽宗，荷泽于宗为七祖"的一句话了。因为裴休的话大概只是根据宗密说的"贞元十二年……有敕下，立荷泽大师为第七祖"。宗密自己也怕人不相信，所以他说出两件"证物"：

（一）内神龙寺见有碑记。

（二）又御制七代祖师赞文，见行于世。

现在看来，这些话大概都不很可靠罢？

1961年8月16夜写成
9月28夜改稿①

后　记

宗密自己是从蜀中的净众寺无相——神会一支出来的，所以他

---

① 彰健按：胡先生九月二十八日改稿，胡颂平先生誊有清稿。今据清稿排印。原稿上胡先生有蓝笔红笔批改，其意见与后来改写稿相同，故知其批改盖在清稿誊清以后。这些批改已注明于上。

虽然伪造传法世系,虽然有心诈欺,把净众寺的神会认作东京荷泽寺的神会;虽然他自己把净众寺的一支否认是他的祖宗了,——但他确是熟悉成都的净众寺与保唐寺两派的历史和思想的。我已引了他的《圆觉经大疏抄》三下记的净众寺金和尚(无相)的传法源流,思想大略,及金和尚的弟子四人了。他在同书里,又曾叙述金和尚门下的一个含有革命性的支派,——就是成都保唐寺的无住和尚。宗密说:

"教行不拘而灭识"者,第三家也。其先亦五祖下分出,即老安和上也。……有四弟子,皆道高名著。中有一俗弟子陈楚章,时号陈七哥。有一僧名无住,遇陈开示领悟,亦志行孤劲,后游蜀中,遇金和上开禅,亦预其会。但更咨问,见非改前悟,将欲传之于未闻。意以禀示俗人,恐非宜便,遂认金和上为师。指示法意大同,其传授仪式与金门下全异。

异者,谓释门事相一切不行。剃发了便挂七条,不受禁戒。至于礼忏、转读、画佛、写经,一切毁之:皆为妄想。所住之院,不置佛事。故云"教行不拘"也。

言"灭识"者,即所修之道也。意谓生死轮转,都为起心。起心即妄。不论善恶,不起即真。亦不似事相之行,以分别为怨家,无分别为妙道。

亦传金和上三句,但改"忘"字为"妄"字,云诸同学错预(领?)先师言旨。意谓无忆无念即真,忆念即妄。不许忆念,故云"莫妄"。

毁诸教相者,且(其?)意在息灭分别而全真也。故所住持,不义衣食,任人供送。送即暖衣饱食,不送即任饥任寒,亦不求化,亦不乞饭。有人入院,不论贵贱,都不逢迎,亦不起动。赞叹、供养、怪责、损害,一切任他。良由宗旨说无分别,是以行门无非无是,但贵无心而为妙极。故云"灭识"也。

这是很详细的叙述。最近几十年中,敦煌写本《历代法宝记》出现了两本,一在伦敦,一在巴黎。其中叙述保唐寺的无住和尚的思想最详细,往往可以和宗密的叙述互相印证。(《历代法宝记》收在《大正藏》五十一册,一七九——一九五页)

在《师资承袭图》里,宗密画保唐寺一支的世系作这样子:

　　志安——陈楚章——保唐李了法

据《历代法宝记》,无住俗姓李,但无"了法"之名,多疑心"了法"可能是"无住"二字之误写,也可能是无住下一代的弟子。——这五个字可能应该写作

　　保唐李——了法。

宗密很了解那一百多年之中的"南宗""北宗"之争都不过是从神会开始的;神会以前,"但称达磨之宗,亦不出南北之号"。"天宝初,荷泽入洛,大播斯门,方显(神)秀门下'师承是傍,法门是渐'。既二宗双行,时人欲拣其异,故标南北之名,自此而始。"(以上均见《师资承袭图》)

宗密也知道,后来所谓"南宗"成为正统之后,于是有许多和尚纷纷抢着要做"曹溪"的后代,——正和宗密他自己一样的热心要承认是曹溪一脉。

在《师资承袭图》里,宗密明指出当时最盛行的所谓"洪州宗"马祖(道一)也是出于剑南金和上门下的。他说:

　　洪州宗者,先即六祖(慧能)下傍出,谓有禅师姓马,名道一,先是剑南金和尚弟子也,(原注:"金之宗源即智诜也,亦非南宗。"注文"南宗"误作"南北"。)高节至道。游方头陀,随处坐禅。乃至南岳,遇让禅师(即"怀让"),论量宗教,理不及让,方知传衣付法,曹溪为嫡,乃回心遵禀,便住虔州(误作"处州"),洪州,或山或郭,广开供养,接引道流。后于洪州(今南昌县)开元寺弘传让之言旨,故时人号为"洪州宗"也。

　　让即曹溪门下傍出之派徒(原注:曹溪此类,数可千余),是荷泽之同学,但自率身修行,本不开法。因马和尚大扬其教,故成一宗之源。

在《圆觉经大疏钞》三下,宗密叙述神法的"第四家"即道一,说:"触类是道而任心"者,第四家也。其先从六祖下分出,谓南岳观音台让和上,是六祖弟子,本不开法,但居山修道。因有剑南沙门道一,俗姓马,是金和上弟子,高节志道,随处坐禅,久住荆南明月山,后因巡礼圣迹,至让

和上处,论量宗运,征难至理,理不及让;又知传衣付法,曹溪为嫡,便依之修行。往乾州(唐置乾州羁縻州,在今四川茂县西,此似是道一未出西川时住的地方?)洪州,虔州,或山或郭,广开供养,接引道流,大弘此法。……

宗密的《师资承袭图》上,洪州宗一支是这样画的:

南岳让——洪州马(即道一)——章敬晖(误作"禅",即怀晖)
　　　　　　　　　　　　　　　百丈海(怀海)
　　　　　　　　　　　　　　　西堂藏(智藏)
　　　　　　　　　　　　　　　兴善宽(惟宽)

宗密明明指出道一原是成都净众寺金和尚的弟子,——"金之宗源即(资州德纯寺)智诜也,亦非南宗",——原是"游方头陀,随处坐禅";后来方知"传衣付法,曹溪为嫡",他方才自附于一个"但自率身修行,本不开法"的让禅师门下,于是那位本"非南宗"的金和尚弟子就成了南宗"六祖"的再传弟子了!

最老实的是宗密指出:像"让禅师"那样的"傍出之派徒","曹溪此类,数可千余!""曹溪此类,数可千余"八个字最可以描画出那几十年中"争法统"的大风潮里,许许多多的和尚们纷纷攘攘的抢着,挤着,要高攀上"南宗"门下的大热闹!

"南岳怀让"原是一个无人知晓的名字。敦煌古本《坛经》记慧能十弟子之中没有这个名字。现存的几个北宋古本《坛经》里也没有这个名字。

《唐文粹》六二有张正甫作的《衡州般若寺观音大师碑铭》(收在《全唐文》619)。所谓"观音大师"即是怀让。碑文开首说:

　　天宝三载(744),观音大师终于衡岳,春秋六十八,僧腊四十八。元和十八年,故大弟子道一之门人曰惟宽,怀晖,感尘劫遽迁,塔树已拱;惧绝故老之口,将贻后学之忧,……乃列景行,托于废文。

元和只有十五年,没有十八年。怀晖死在元和十年(815),惟宽死在元和十二年(817)。故此碑文"元和十八年"可能是"元和八年(813)"之误文。这就是说,此碑作于怀让死后六十九年,故铭中有

"一从委顺,六纪于兹"的话,故碑文有"惧绝故老之口"的话。这种碑版文字是没有多大的史料价值的。

1961,8,22夜,胡适

附:跋裴休的《唐故圭峰定慧禅师传法碑》(再改稿)①
试考宗密和尚自述的传法世系

圭峰宗密和尚生于建中元年(780),死在会昌元年(841)正月。裴休的《圭峰定慧禅师传法碑》(《金石萃编》114;《全唐文》743)作于大中七年(853)"今皇帝再阐真宗,追谥定慧禅师青莲之塔"之时,建立于大中九年(855),故可以说是同时人的证见。况且作者自己说:

> 休与大师,于法为昆仲,于义为交友,于恩为善知识,于教为内外护,故得详而叙之,他人则不详。

裴休曾作《黄檗山断际禅师(希运)传法心要序》(《全唐文》743),自称是希运的弟子。希运是洪州道一门下百丈山怀海的弟子,故裴休自己算是曹溪慧能派下的第六代,碑文说宗密也是慧能门下第六代,所以他说他和宗密"于法为昆仲"。他又曾为宗密的《圆觉经疏》作序(序中说到宗密为《圆觉经》作的"《大疏》三卷,《大钞》十三卷,《略疏》两卷,《小抄》六卷,《道场修证仪》一十八卷",故此序是总序这几部"疏"与"钞"的:"疏"是详注;"钞"是疏的疏),又曾为他的《华严原人论》作序,又曾为他的《禅源诸诠集》作序,又曾为他的《注华严法界观门》作序。在这些序文里,裴休曾说:

> 休尝游禅师之阃域,受禅师之显诀。(《圆觉经疏》序)

又说:

> 余高枕于吾师户牖之间久矣。(《华严原人论》序)

又说:

> ……诸宗门下,通少局多,故数十年来,师法益坏。……是非纷拿,莫能辨析。则向者世尊菩萨,诸方教宗,适足以起诤后

---

① 原编者按:九月二十八日的改稿,胡先生不满意,遂又改写。此即改写稿,惜未写完。

> 人,增烦恼病,何利益之有哉?圭峰大师……于是以如来三种教义,印禅宗三种法门;融瓶盘钗钏为一金,搅酪酥醍醐为一味:振纲领而举者皆顺,据会要而来者同趋。……又复直示宗源之本末,真妄之和合,空性之隐显,法义之差殊,顿渐之异同,……莫不提耳而告之,指掌而示之,……乳而药之,……腹而拥之。……若吾师者,捧佛日而委曲回照,疑瞳尽除;顺佛心而横亘大悲,穷劫蒙益。则世尊为阐教之主,吾师为会教之人,本末相扶,远近相照,可谓毕一代时教之能事矣。(《禅源诸诠集序》)

裴休这样崇敬宗密的著述,这样替他宣传辩护,所以可以说他和宗密"于义为交友,于恩为善知识,于教为内外护"。

裴休有这种种资格,所以他可以说他给宗密这篇碑传,"得详而叙之,他人则不详"。我们研究这篇《传法碑》,也可以承认裴休不但是一个最有资格的同时证人,并且确是根据宗密自己供给的传法世系与传记资料。可惜宗密自己供给的材料就不免有存心作伪的成分,所以裴休这一篇很可诵读的碑文也就不能算作可以信赖的碑宗史料或中国佛教史料了。

我们最感觉兴趣的是这篇《传法碑》里叙述的宗密的传法来源与世系。碑文第一句就说:

> 圭峰禅师号宗密,姓何氏,果州西充县人,释迦如来三十九代法孙也。

这篇碑文从头到尾都是这样十分肯定,十分有把握的口气。下文紧接着说:

> 释迦如来在世八十年,为无量人天声闻菩萨说五戒、八戒、大小乘戒、四谛、十二缘起、六波罗密、四无量心、三明、六通、三十七品、十力、四无畏、十八不共法、世谛、第一义谛、无量诸解脱、三昧总持门、菩萨涅槃、常住法性,——庄严佛土,成就众生,度天人教菩萨一切妙道:可谓广大周密,廓法界于无疆,彻性海于无际。权实、顿渐,无遗事矣。

然而还有"遗事":

>   最后独以法眼付大迦叶，令祖祖相传，别行于世。非私于迦叶，而外人天声闻菩萨也。顾此法，众生之本源，诸佛之所证，超一切理，离一切相，不可以言语智识有无隐显推求而得，——但心心相印，印印相契，使自证之，光明受用而已。

这里说释迦如来"最后独以法眼付大迦叶，令祖祖相传，别行于世"，就是所谓"教外别传"的神话。这个"教外别传"的"法眼"就是那"超一切理，离一切相，不可以言语智识有无隐显推求而得"的"禅"。

下文才是《传法》的正文：

>   自迦叶至达摩，凡二十八世。达摩传可，可传璨，璨（两字碑文皆作璨）传信，信传忍为五祖。（信）又传融为牛头宗。
>   忍传能为六祖。（忍）又传秀为北宗。
>   能传会为荷泽宗。荷泽于宗为七祖。
>   （能）又传让，让传马（道一姓马），马于其法为江西宗。

这里可注意的是裴休此碑完全接受了"自迦叶至达摩凡二十八世"的法统论，毫没有异议了。自从神会的《菩提达摩南宗定是非论》里提出"唐国菩提达摩既称其始，菩提达摩西国复承谁后"的问题，并且提出"西国以菩提达摩为第八代"的绝不可能的答案（参看胡适《神会和尚遗集》178—179 页；又胡适《新校定的敦煌写本神会和尚遗著两种》，《集刊》廿九本，849 页；又胡适《荷泽大师神会传》第三章《菩提达摩以前的传法世系》），到裴休写碑的时期，——大约从开元二十年（732）到大中七年（853），——在这一百多年里，出来了种种毫无根据的"西天祖师传法世系"：神会的八代说是依据庐山译出的《达摩多罗禅经》小序的；多数碑传里的二十三代或二十四代说是依据所谓《付法藏经》或《付法藏传》的；还有马祖道一门下的惟宽和尚主张的五十一代说是依据僧祐《出三藏记集》的《萨婆多部师宗相承目录》的（看白居易《白氏长庆集》廿四《传法堂碑》，及《胡适文存》第三集卷四《白居易时代的禅宗世系》）。八代太少了。五十一代又太多了。《付法藏传》的二十三四代说也有一个根本毛病，就是那部小说体的付法故事明白的记着末代师子比丘被罽宾国王用利剑斩了，"顶中无血，唯乳流出，相付法人于是便绝"。所以那一百年里就起了二十八代说,就是接受了《付法藏传》的二十三代,认师子比丘为第二十三代,还须捏造出四代祖师,把菩提达摩认作第二十八代。这就是宗密、裴休时代接受的二十八代说。我现在把宗密的《圆觉经大疏钞》卷三之下(《续藏经》壹辑十四套三册二七六叶)列举的师子比丘以下五代,和现存的两个最古本《六祖坛经》列举的师子比丘以下五代,表示如下:

	《圆觉大疏钞》	敦煌本《坛经》	兴圣寺本《坛经》
第廿三代	师子比丘	师子比丘	师子比丘
第廿四代	舍那婆斯	舍那婆斯	婆舍斯多
第廿五代	优婆掘	优婆堀	优婆掘多
第廿六代	婆须密	僧伽罗	婆须密多
第廿七代	僧伽罗义	须婆密多(注)	僧伽罗义
第廿八代	达磨多罗	菩提达摩	菩提达摩

(注)敦煌本《坛经》好像是把这两代误倒了,"僧伽罗义"误脱了"义"字,"婆须密多"(Vasumitra)又误作"须婆蜜多"了。

裴休碑文里说的"自迦叶至达摩凡二十八世"就是宗密《圆觉经大疏钞》里承认的二十八世。(这二十八世与道原的《景德传灯录》和契嵩的《传法正宗记》以后的二十八祖颇多不同,我们现在不能详说了。)

裴休这一段碑文里还有可以注意的一点,就是不但承认了韶州慧能为"六祖",还承认了东京荷泽寺神会"于宗为七祖"。这也是依据宗密自己的话。宗密在他的《圆觉经大疏钞》卷三之下(二七七叶),大书:

慧能第六　神会第七

他"神会第七"下有一篇神会略传,其中说:

……贞元十二年(796),敕皇太子集诸禅师楷定禅门宗旨,遂立神会禅师为第七祖。内神龙寺敕置碑记见在。又御制七祖赞文见行于世。

宗密又在他的《中华传心地禅门师资承袭图》(《续藏经》贰编十五卷五册433—438叶)说:

……德宗皇帝贞元十二年敕皇太子集诸禅师楷定禅门宗

旨,搜求传法傍正。遂有敕下,立荷泽大师为第七祖。内神龙寺见有铭记。又御制七代祖师赞文见行于世。

贞元十二年立神会为第七祖的敕文,至今没有流传下来;宗密说的内神龙寺的碑记和德宗皇帝御制的七祖赞文也都没有传本。现在我们只有宣宗皇帝的宰相裴休在大中七年(853)亲撰并亲写的《圭峰定慧禅师传法碑》里记的两句话:"能传会为荷泽宗,荷泽于宗为七祖。"裴休作宰相是从大中六年(852)到十年(856)。此碑作于大中七年,建立于大中九年,都正是他作宰相的时代。这两句石刻的碑文是不是足够证实宗密说的贞元十二年(796)有敕文立神会为第七祖的话了吗?

我们应该注意:裴休并没有提到贞元十二年的敕文,也没有说德宗皇帝曾有立神会为第七祖的敕文;裴休只说"能传会为荷泽宗,荷泽于宗为七祖"。这是颇有含蓄的话,这句话好像只是说,"依照荷泽宗的说法,神会是第七祖"。所以我们只可以说裴休这句话是依据宗密自己的说法,是依据那位自称荷泽宗的宗密和尚的说法。

裴休和宗密"于法为昆仲,……于教为内外护",然而这碑文始终不会提及贞元十二年有立神会为七祖的敕文,始终只有"荷泽于宗为七祖"一句很委婉的文字。单这一点就应暗示我们不可轻易相信贞元十二年的敕文是史实了。

碑文下文才说到宗密自己的传法世系了。碑文说:

  荷泽传磁州如,如传荆南张,张传遂州圆,又传东京照。圆传大师。

  大师于荷泽为五世,于达摩为十一世,于迦叶为三十八世。其宗法之系也如此。

这是明白清楚的说,宗密是东京荷泽寺神会的第五代。第二代是磁州如,第三代是荆南张。荆南张传遂州圆与东京照,是第四代。遂州圆传宗密,是第五代。

我们第一步要指出,裴休碑文详记的传法世系是依据宗密自己宣传的法统资料。第二步,我们要指出宗密自己传出的"法宗之系"

是大有问题的,是很可怀疑的。

第一步,我们要看出宗密自己的叙述。宗密关于这问题主要记述都在下列这几部著作里:

(一)《圆觉经略疏钞》卷四(《续藏经》壹辑十五套二册)。

(二)《中华传心地禅门师资承袭图》(《续藏经》贰编十五套五册)。此卷题"内供奉沙门宗密答裴相国问",开卷就是"裴相国问"一节,末题"休再拜"。原提出的问题是请他"略为条疏(误作流)分别三五纸示及,大抵列北宗,南宗;——南宗中,荷泽宗,洪州牛头等宗,具言其浅深顿渐得失之要"。这问题很可能是裴休提出的,但不应该题作"裴相国问"。宗密死在会昌元年(841);裴休作宰相是在大中六年至十年(852—856),宗密久已死了。

在《圆觉经略疏钞》里,宗密说:

第七祖门下,传法二十二人,且叙一枝者:

磁州(误作碳州)法观寺智如和尚,俗姓王。磁州门下,成都府圣寿寺唯忠和尚,俗姓张,亦号南印。

圣寿门下,遂州大云寺道圆和尚,俗姓程。长庆二年(822),成都道俗迎归圣寿寺,绍继先师,大昌法化,如今现在。……

在《中华传心地禅门师资承袭图》里,宗密列举了"神会第七"门下十八人(日本学者宇井伯寿的《禅宗史研究》,有《荷泽宗的盛衰》一篇,他曾考宗密举出的十八人,有十一人不可考。宇井先生又考出神会门下第二代有十八人可考。看上举书238—256页)。宗密在这十八人之中,把"磁州智如"特别写作大字,列在最中央。下面是第三代,只列了"益州南印"一人。下面是第四代,只列了南印门下的四人。我们抄《承袭图》的这一部分在下面:

宗密自称遂州道圆是他得法的师父①。

我们现在先寻求磁州智如,益州南印,东京神照,遂州道圆四个和尚的传记资料。如一和玄雅,我们可以不问了。

(1)磁州智如,我们就寻不到这个人。日本宇井伯寿先生在《禅宗史研究》(页239—240)里曾指出,宗密说的"磁州智如"就是《宋高僧传》卷廿九杭州天竺寺道齐传后面附的"太行山法如"。我赞同宇井先生的意见,因为《宋僧传》里的法如正是慈州(即磁州)人。《宋僧传》的法如传说:

> 唐太行山释法如,俗姓韩(宗密说他俗姓王),慈州人也。少为商贾,心从平准。至今东京相国寺发心,依洪恩法师出家。……遂往嵩少间,游于洛邑,遇神会祖师,授其心诀。后登太行山,见马头峰下可以栖神,结茅而止。有诸塾成将王文信率众建精庐焉。刺史李亚卿命入城,不赴。示寂,报龄八十九。元和六年(811)迁塔云。

假定他死在元和五年(810),他活了八十九岁,他生在开元十年(722)。神会在东京洛阳"定南宗是非"的时期(天宝四年到十一年,745—752)正是法如二十四五岁到三十岁,他受神会的感动是很自然的。宗密的记录有三点大不同:第一,法如不名智如。第二,法如是磁州人,在太行山的马头峰下结茅庐,不肯入城府;而宗密说住磁州法观寺。第三,他俗姓韩,不姓王。这都可见宗密并不大知道这个"磁州如"。

(2)益州南印。《宋高僧传》十一,洛京伏牛山自在传后,附有《南印传》,其全文如下:

> 成都府元和圣寿寺释南印,姓张氏。明寤之性,受益无厌。得曹溪深旨,无以为证。见(成都府)净众寺(神)会师。所谓落机之锦,濯以增妍(误作研),衔烛之龙,行而破暗。
>
> 印自江陵入蜀,于蜀江之南壖,薙草结茆。众皆归仰,渐成佛宇。贞元初年也(贞元元年当785)。高司空崇文平刘僻(事

---

① 原编者按:原稿此处上端,胡先生红笔批:"此下改作"。

在元和元年,806)之后,改此寺为元和圣寿,初名宝应也。

  印化缘将毕,于长庆(821—824)初示疾入灭。营塔葬于寺中。会昌中毁塔。大中(中),复于江北宝应旧基上创此寺,还名圣寿。印弟子传嗣有义俛,复兴禅法焉。

关于南印,宗密只说了很简单的几句话,很值得重引在这里做个比较。宗密说:

  磁州(智如)门下,成都府圣寿寺唯忠和尚,俗姓张,亦号南印。圣寿门下,遂州大云寺道圆和尚,俗姓程。长庆二年(822),成都道俗迎归圣寿寺,绍继先师,大昌法化,如今现在。

我们试用这几句话来比勘《宋僧传》里的南印传,我们就可以看出这些很重大的冲突之点:第一,宗密说南印就是唯忠,而《宋僧传》里无一字说到南印又叫做唯忠。《宋僧传》卷九另有《黄龙山唯忠传》(引见下文),宗密把两个和尚认做一个人了。第二,《宋僧传》里明说南印的师父是(成都府)净众寺的会师,那是净众寺金和尚无相禅师的弟子神会,《宋僧传》卷九有《成都府净众寺神会传》(引见下文)。《南印传》里没有一个字提到他曾到过河北道的磁州或太行山的马头峰下去做"磁州如"的弟子。磁州在长安东北一千四百八十五里,成都府在长安西南二千三百七十九里。何以《南印传》里竟不提及他曾走四千里路去寻师问道呢?何以宗密竟完全不提及南印的师父是成都府净众寺的神会和尚呢?

现在让我们先看看《宋僧传》里的《黄龙山唯忠传》:

  释唯忠,姓童氏,成都府人也。幼从业于大光山道愿禅师。……游嵩岳,见神会禅师,析疑沉默。处于大方,观览圣迹,见黄龙山郁翠而奇异,乃营茅舍,……独居禅寂,涧饮木食。……以建中三年(782)入灭,报龄七十八,其年九月迁塔云。

这个成都府的唯忠和尚到过嵩山,见过东京荷泽寺的神会和尚,后来就在黄龙山过他的"独居禅寂,涧饮木食"的头陀生活。这传里没有一个字提到唯忠又叫做"南印",也没有提到他是"磁州如"的门下("黄龙山"不止一处,唯忠住的黄龙山似在北方)。

这里分明有一个"人身错认"的问题,也许还不仅仅是一个"人身错认"的问题。唯忠是东京荷泽寺神会和尚的第一代弟子,南印是成都净众寺神会和尚的第一代弟子。说"唯忠亦号南印",就是把成都净众寺神会的一代弟子认作东京荷泽寺神会的一代弟子了。但是因为唯忠死在建中三年(782),南印死在长庆初(约822),相去四十年,所以那位"唯忠亦号南印"只好屈居东京荷泽寺神会的一代弟子磁州法如的弟子,就降为第二代了。这里面的"人身错认"的纠纷有两个层次:表面上是把南印,唯忠两个和尚认作一个和尚;骨子里是存心要把成都府净众寺的神会和尚冒认作东京荷泽寺的神会和尚。

所以我们应该看看《宋僧传》卷九保存的"成都府净众寺神会"的略传:

> 释神会,俗姓石,本西域人也。祖父徙居,因家于歧,遂为凤翔人矣。会至性县解,明智内发,大璞不耀,时未知之。年三十,方入蜀,谒(成都府净众寺)无相大师,利根顿悟,冥契心印。无相叹曰,"吾道今在汝矣"。
>
> 尔后德充慧广,郁为禅宗。其大略:寂照灭境,超证离念,即心是佛,不见有身。当其凝闭无象,则土木其质。及夫妙用默济,云行雨施,蛮蛮群氓,陶然知化;睹貌迁善,闻言革非。至于廓荡昭(疑当作照?),洗执缚,上中下性,随分令入。
>
> 以贞元十年(794)十一月十二日示疾,俨然如趺坐灭。春秋七十五,法腊三十六。沙门那提得师之道,传授将来。……初会传法在坤维(坤维指西南),四远禅徒臻萃于寺。时南康王韦公皋最归心于会,及卒,哀咽追仰。盖粗入会之门,得其禅要,为立碑,自撰文,并书,禅宗荣之。(韦皋与净众寺神会的关系,又见于《宋僧传》十九《西域亡名传》。)

这个神会和尚原是西域人,后为凤翔人,俗姓石;那个东京荷泽寺的神会和尚是襄阳人,俗姓高。荷泽神会死在肃宗废年号的"元年",即宝应元年(762),年九十三;净众神会死在贞元十年(794),年七十五。荷泽神会是韶州慧能大师的大弟子;净众神会是成都净众寺金和尚无相大师的大弟子。

成都的净众寺无相大师是东山弘忍大师（所谓"五祖忍"）的大弟子资州智诜和尚的再传大弟子。在当时的禅学运动里，成都净众寺的无相一派是一个大宗派；无相的另一个大弟子，名叫无住，在成都保唐寺建立一个更有革命性的宗派，就称为"保唐寺派"。大中七年（853，就是裴休作圭峰禅师碑的一年），剑南东川节度使柳仲郢在梓州的慧义精舍南禅院建立"四证堂"，请李商隐撰《四证堂碑铭》。"四证"就是"益州净众无相大师，益州保唐无住大师，洪州道一大师（即马祖），西堂智藏大师（道一弟子）"。这篇有名的《四证堂碑》（李商隐《樊南文集补编》卷十，有归安钱振伦、钱振常笺注本；可惜注者不知道这四位大和尚是谁！《全唐文》七百八十有此碑全文）可以表示净众寺无相一派在当时的崇高地位。《宋僧传》十九有《成都净众寺无相传》，附见《资州智诜传》；又《宋僧传》二十有《资州山北兰若处寂传》。处寂是无相之师，智诜又是处寂之师。可惜这三篇略传采用的材料都很不高明，都不够表出这个净众寺一派的禅学思想。直到最近几十年里，敦煌石室出来了两本《历代法宝记》（收在《大正大藏经》第五十一册；朝鲜金九经有校刊，分三卷本，民国廿四年北平出版，此本远胜《大正藏本》），我们方才有唐朝的原料可以供我们研究净众寺无相的思想，和那从净众寺出来的保唐寺无住的思想。

但是我们的圭峰大师宗密和尚是西川果州人，他是最熟悉成都府的净众寺和保唐寺两大宗派的思想与历史的。我们竟可以说，在敦煌写本《历代法宝记》出现之前，日本的禅宗史学家与中国的禅宗史学家都只倚赖宗密的《圆觉经大疏抄》卷三之下记述的禅宗"七家"，作为最重要的禅宗史料，——特别是关于成都净众寺与保唐寺两个宗派的唯一仅存的史料！

宗密叙述当时禅学有"七家"：

第一家，即"北宗"。

第二家，即成都净众寺无相一派。

第三家，即成都保唐寺无住一派。

第四家，即洪州道一，俗姓马，原是净众寺金和尚无相弟子，后依让和尚修行。

第五家,即牛头山一宗。

第六家,即南山念佛门禅宗。

第七家,即"南宗第七祖荷泽大师神会所传"(以上七家,详见《圆觉经大疏钞》卷三之下——《续藏经》壹辑十四套三册,277叶下至280叶上)。

我们现在只能引他说的第二家:

"有三句用心为戒定慧者",第二家也。根元是五祖(弘忍)下分出,名为智诜,……本是资州人,后却归本州德纯寺开化。弟子处寂,俗姓唐,承后。唐生四子,成都府净众寺金和尚,法名无相,是其一也,大弘此教。(此下原注:"金弟子当寺石,长松山马,遂州李,通泉县李,皆嗣之。"《续藏》本石误作召,遂误作逐,二李字误作季。)言"三句"者,无忆,无念,莫忘也。意令勿追忆已过之境,勿预念虑未来荣枯等事;常与此智相应,不昏不错,名莫忘也。……"戒定慧"者,次配三句。(胡适按,《历代法宝记》述金和尚说,"无忆是戒,无念是定,莫忘是慧",故云"次配三句"。)……

最可注意的就是这一段"大弘此教"一句下的宗密原注"金弟子当寺石",这就是净众寺的神会,俗姓石,故称"当寺石",又称"益州石"。宗密在《中华传心地禅门师资承袭图》里,也曾明白指出"弘忍第五"之下有蜀中的智诜一支:

资州诜——资州处寂——益州金——益州石

"益州金"就是净众寺的金和尚无相。"益州石"就是"当寺石",就是净众寺的石和尚神会。可是宗密总不称他的法名神会,只叫他做"益州石"或"当寺石"。

我们现在至少把成都府净众寺神会和尚的传法世系弄清楚了。这个世系是这样:

弘忍——智诜——处寂——净众寺无相——净众寺神会——
　　　　(资州) (资州) (成都)　　　　　(成都)

元和圣寿寺南印

　　（成都）

这一系与东京荷泽寺神会和尚的传法世系原来是不相干的：

　　弘忍——慧能——神会——磁州法如、黄龙山唯忠

　　　　　　（东京）

这两个神会和尚的两支不相干的传法世系怎么会混合作一支去了呢？是谁有意把两个神会混作一人呢？是谁开始造出"唯忠亦号南印"的"人身错认"的假世系呢？

我们①

白居易《唐东都奉国寺禅德大师照公塔铭》(《白氏集》七十)

　　大师号神照，姓张氏，蜀州青城人也。始出家于智凝法师，受具戒于惠萼律师，学心法于惟忠神师。忠一名南印，即第六祖之法曾孙也。

　　大师祖达摩，宗神会，而父事印。

　　其教之大旨以如然不动为体，以妙然不空为用，示真寂而不说断灭，破计著而不坏假名。

　　师既得之，揭以行化。出蜀入洛②，与洛人有缘，月开六坛，仅十三载，随根说法，言下多悟。……

　　以开成三年冬十二月（838—839）示灭于奉国寺禅院，以是月迁葬于龙门山。报年六十三，僧夏四十四。

　　明年（839）传教主院上首弟子沙门清闲纥门徒，合财施，与服勤弟子志行等营度襄事，卜兆于宝应寺荷泽祖师塔东若干步，窆而塔焉，示不忘其本也。

　　其诸升常入室，得心要口诀者，有宗宝在裹，……（列举共

---

① 胡先生改写稿至此止，在改写稿下面，胡先生另外用回形针夹了三张稿纸，抄录白居易所撰《唐东都奉国寺禅德大师照公塔铭》。此塔铭与改写稿讨论的"唯忠一名南印"有关，今附刊于改写稿后。

② 胡先生红笔眉批："贞元十一年（795）在蜀为僧，元和三年（808）入洛"。

十五人,分在十二地)

铭曰:

伊之北西,洛之南东,法祖法孙,归全于中。旧塔会公,新塔照公,亦如世礼,附于本宗。

(法曾孙)

能——会——□——惟忠——神照
　　　　　　　　　　　(南印)

附　记

去年9月底,适之先生出示这篇文章及其后记,彰健读后,遂请求其同意刊布于《集刊》三十三本。适之先生回信说,这只是"百忙中所写的两条笔记,如登《集刊》,需稍加整理,并作一篇文字。乞问槃庵兄卅三本何时须齐稿"。胡先生这封信是十月九号写的,没有好久,就心脏病作,入台湾大学医院疗治,这篇文章遂没有改写完。后来病稍好,由医院移居台北市福州街寓所,本年二月某日返南港,到本所图书馆等处巡视,遂面嘱《集刊》主编,这篇文章改好后,登《集刊》三十四本。现在胡先生已逝世,为纪念胡先生及尊重其生前所承诺,谨征得胡先生遗著整理人毛子水先生的同意,将胡先生这篇文章连同后记,与改写未完稿,一并发表于《集刊》三十四本内。

写《集刊》式论文,对老年人身体不大适宜。彰健曾劝胡先生仿宋人语录或清人札记,简单的记录读书心得,以供后人作进一步的研究。胡先生学问渊博,眼光锐敏,一定有很好的意见是我们不容易想得出的。胡先生在逝世前不久,为所著《淮南王书手稿影印本》作序,提到道家这一名词不见于先秦典籍,他这一意见在几年以前就曾与彰健谈过。像这一类精辟的意见一定还有许多没有写成文章,不知在他的日记中记录了没有。

胡先生考证圭峰宗密的传法世系,拟将后记合并于正文内,彰健为爱惜胡先生精力,曾劝其不必。现在由胡先生改写未完稿看来,胡先生未接纳这一意见,这也正是他治学的精益求精,审慎不苟。读者如以改写未完稿对校,即可看出改写稿的确改得好。这一改写稿没有写完,真是可惜。

胡先生遗著,现在在整理中,凡未完稿的,皆只能保持原状。要想续作完,这得对他所研究的问题,下过他那样深的工夫才可。

1962 年 11 月 23 日后学黄彰健校毕谨记。

(收入 1962 年 12 月台北《中央研究院史语所集刊》第三十四本
上册,又收入《胡适手稿》第 7 集)

《赫尔回忆录》序

这里收集的《赫尔回忆录》是赫尔先生的自传的一部分,专记他十二年的国务卿生活(从 1933—1944 年)。我在北方报纸上得读中央日报社的译本,今天很高兴的写这篇短序。

在美国的政治制度里,国务卿的重要只次于大总统,他是总统制之下的首席阁员,在最近几十年里他是世界最大强国的外交首领。当 1933 年 2 月 21 日罗斯福总统发表赫尔先生为国务卿的时候,全国报纸的社论差不多一致赞扬总统的知人善任。在国会里,反对党的老参议员波拉(Borah)先生也公开的赞美赫尔的任命。

这样一致的舆论拥护,是赫尔先生几十年的政治成绩得来的社会信任。

这位田纳西州来的参议员那时六十一岁半,已做过二十二年众议员,又做过两年参议员了。他的国会生活可分做前后两个时期:前一期从 1907 到 1921,是民主党从在野到当政的时代,是从塔虎脱到威尔逊的时代。后一期从 1923 到 1933,是民主党又从在野转到逐渐恢复政权的时代。

自从林肯总统就职(1861),直到威尔逊总统就职(1913),整整五十二年之中,民主党只有克里夫兰当选做总统(1885—1889;又 1893—1897),先后两次执政八年。其余四十四年,全是共和党当国的时期(林肯被暗杀之后,副总统祥生继任,他虽然号称民主党,但民主党人并不承认他。故祥生总统的一任不能算是民主党执政时期)。到了 1910 年的国会选举,民主党开始抬头,在众议院里得到了多数。这时候,总统还是共和党的塔虎脱。

在新国会召集之前几个月,民主党的众议员之中,有四个议员发

起了一个不动声色的议会革新运动。这四个人是

  吉青（Kitchin, N. C.）

  海（James Hay, Va.）

  休斯（William Hughes, N. J.）

  赫尔（Hull, Tenn.）

  这四个人决心要改革几十年来众议院里的议长专制的制度，他们秘密集会，拟定了"众议院规则"的修正案，商定了各分股委员会主席的人选，并决定了新国会里民主党的立法政策。

  等到民主党的议员到齐开会商议如何改组众议院的时候，只有这四个人袖子里有现成的方案，有准备好的理论，有满人意的人选名单，别人都没有准备，于是这四个人日夜辛苦努力的结果全被通过了，都成了民主党的全体主张。赫尔先生从这个经验里得着一个最有益的教训：在议会制度里，几个人的决心与苦干往往可以得着很多的收获。这时候，赫尔先生刚满了三十九岁。

  两年之后（1912），共和党内部分裂，老罗斯福（Theodore Roosevelt）创立了进步党。三党竞选的结果，一位大学教授叫做威尔逊的，被选出做了大总统。国会的两院都是民主党占多数。民主党革新政治的机会到了。

  在威尔逊的领导之下，民主党做到了很多的改革。其中最重要的一大组是赋税法的革新，包括关税的修正，所得税的实行，遗产税的建立。在这三个方面，赫尔先生都有很大的贡献。

  赫尔先生从少年时代就相信直接税是最合理的抽税方法。美国在南北战争时代曾暂行征收所得税，战争完了，所得税也取消了。十九世纪末期，麦米林（Benton McMillin）在一个民主党占多数的国会里提出一个所得税法案，通过国会，成为税法了。但最高法院在1895年，用五对四的判决，宣告所得税法与宪法抵触，故无效。那位制定所得税法的麦米林恰巧是赫尔幼年时代最崇拜的乡先辈，所以赫尔早年就成了直接税的信徒，平日搜集并研究各国关于所得税和遗产税的资料与方案，他在国会里早就被大家公认为"直接税专家"。每有机会，他总要攻击共和党的保护关税政策，提倡他的直接

税法。到了 1909 年，共和党忽然改变方针，塔虎脱总统提请国会提出宪法修正案，承认联邦政府可以征收所得税。这个修正案（所谓第十六个宪法修正案）通过国会之后，须送到各州议会去复决，须有全国四分之三的州的复决始可成为宪法。直到 1913 年 2 月底，这个宪法修正案才得到法定的复决。赫尔先生就提出他用心准备的所得税法，作为关税修正案的一章。关税减低的结果，政府每年要减少七千万美金的收入。赫尔的所得税第一年可得七千万元，正可以补足此数。他在议场上指出，若照英国当时的所得税率，美国每年可收四万万元。他的目标只要使政府与人民接受并了解所得税的原理与细则，所以他把所得税率定的特别低，单身男女每年收入在三千元以下，已婚男女每年收入在四千元以下，都免出所得税。这个法案在通过国会的历程中，赫尔先生出力最多。所以美国人至今称他做"中央所得税法之父"。

这样开始的所得税，不到几年，就成为美国最重要的一笔税收。所得税法颁布后一年（1914），欧洲战事就爆发了；再过三年（1917），美国也参加战争了。所得税法在 1916 年又由赫尔领导，经过一次重要修正，特别注重"过分利润"的征税。从此以后，所得税成为战时筹款的一个主要方法，在六年之中，给美国国库增加了一百五十亿金元！

威尔逊总统的八年，是赫尔先生的立法事业最得意的时期。那个时期的许多财政立法——如遗产税法，如战时发行"自由公债"条例，如 1918 年的战时筹款法，——都是他领导制定的。

威尔逊总统的世界和平理想失败后，共和党又取得政权了，民主党在 1920 年遭遇空前的惨败，许多民主党议员都落选了，赫尔先生在那暴风雨里也丢了他的众议院位子。民主党的全国总部穷到不能还欠债。从此以后，民主党又得坐十二年的冷板凳了。

民主党在那最失意的时期，想要推出一个新的领袖来收拾人心，重整旗鼓。那时候，党内各地领袖不免互相埋怨，互相责备。只有赫尔先生是大家没有异议的。所以"民主党全国委员会"选举他出来做主席，主持整顿全国党务的工作。赫尔先生做了三年多的民主党全国委员会主席。他还亲自主持一个民主党宣传机关,设在华盛顿,只在一条小街上租两间小房子,只雇用一个女书记,一个每星期薪俸廿五元的外勤新闻干事。赫尔每天到这里办公。这就是民主党的中央宣传部了。

两年之后,赫尔仍在他的原区当选作众议员了。国会里的民主党员也从上届的一百三十二个众议员增加到二百零七个了,从上届的三十七个参议员增加到四十三个了。

1924年的大选又快到了,田纳西州议会要提出赫尔先生做总统候选人。赫尔先生很坚决的谢绝了。那年七月中,民主党提名大会推出台维斯(John W. Davis)为总统候选人。候选人推出之后,赫尔先生才把全国委员会主席的事交与他的继任者。他交代时曾说:"我很高兴,我现在交出的组织是没有债负的,旧欠二十三万五千金元全还清了,居然还有几千元的盈余。这个组织现在是一个很进步的机构,从今以后在每个主要方面都能够工作了。"

但那一年大选的结果,民主党还是失败了。直等到八年之后(1932),罗斯福作总统候选人,民主党才得到向来没有的大胜利。

这是赫尔先生作国务卿以前的政治事业的小史。当威尔逊总统领导民主党中兴的时代,赫尔是威尔逊的"新自由"的革新运动的一员健将。当威尔逊以后的十二年民主党倒霉的时代,赫尔是坐镇大本营的元老,整顿党务的功臣。罗斯福总统曾做威尔逊政府的海军次长,他很认识那位在国会里替人民说话,为直接税奋斗,主张国际经济和平,反对关税壁垒的南方自由主义者赫尔先生(参看《回忆录》第六、八两章)。赫尔先生在国会两院有了二十多年的经验,最受两院议员的爱敬。罗斯福总统正需要一位能得国会信任的国务卿,所以他毫不迟疑的请求赫尔先生做他的首席阁员。

罗斯福是美国史上任职最久的总统,赫尔是美国史上任职最久的国务卿。1933以下十二年的大事,就是这部回忆录的内容,不用我多说了。

我读这些《回忆录》,常常使我怀念华盛顿的许多朋友,特别使我怀念赫尔先生。

在第三章里,他告诉我们,他反对传统的社交酬应,所以他在国务卿任内,从不出来参加午宴或晚宴。华盛顿的各国使节都尊重他这个决定,平时宴会总不请他。他自己说:"这种决定有很大的便利。我在晚上的时间可以比较自由,研究我带回家的文件;白天也可以有更多时间和各国大使公使以及国务院人员商谈。"我自己也是最怕社交酬应的,所以我很佩服赫尔先生在十二年中贯彻他的主张。

他是最勤劳又最谨慎的公仆。他在第三章里说的每天忙碌生活,都是华盛顿人人知道的事实。他自记他接见外国大使公使的态度与情形,也都是很确实的记载。他那间办公室,我至今记得。他对人的诚恳与和蔼,我也至今记得。我退休之后,曾有人问我对于赫尔与副国务卿威尔斯的评判,我说:"我们同威尔斯先生商谈,他最痛快,最有决断。他肯说:'这件事办得到。'或说:'这是办不到的。'我们退出来,可以直截了当报告我们的政府。但我们同赫尔先生商谈,他只肯说:'我一定同国务院的同事们商量商量。'他从不轻易说'可'或'否'。从外交官的立场说,我应该喜欢威尔斯。从我的大学教授立场,我佩服赫尔的小心谨慎。客观的看来,赫尔先生是一个伟大的国务卿,正因为他不轻易说可与否,而必须先请教国务院的专家。"

我现在读赫尔先生自己的话:"做事求快的人有时会说我太多考虑,其意即是说我做事太慢。对于这个批评的明白答复便是:罗斯福总统当政期间,我在处理公务上的错误,大部分由于匆忙和欠缺考虑,而我的政策却是多加考虑,并且及时加以考虑。结果许多消息最灵通的人士都说,我的公务纪录中并无重大错误。"这段自述使我回想到儿童时代读的朱子《小学》里那个"勤谨和缓"四字诀的故事,尤其是那个"缓"字的意味,担负天下第一强国的外交政策,而能以"多加考虑"的态度行之,这正是赫尔先生的勤谨和缓,这正是他的伟大。

中国读者读这部《回忆录》,当然特别注意第廿五章,第廿六章,第廿七章。《回忆录》里,只有这三章记的是对日本的外交,又只限于 1941 年 1 月 27 日到 12 月 7 日的事情。这未免太少了。这当然是因为这些在纽约南京上海报纸上发表的回忆录,不过是赫尔先生的长篇自传里摘出的一部分,我盼望他的自传里有更多的资料,可以使一般读者明白赫尔先生在 1933 年继史汀生(Henry L. Stimson)作国务卿,就继承了史汀生先生的"不承认"主义,不承认日本在中国用暴力造成的局面。我盼望他的自传里有充分的资料,可以使我们了解美国政府在 1933 以后,曾经在很困难的境地里,给中国种种可能的援助,给日本种种可能的打击。

这种补充的材料是很需要的。不然,一般中国读者就不懂得为什么日本要那样仇恨美国,就不懂得为什么日本要袭击珍珠港,毁灭美国海军了。

我所谓"很困难的境地",赫尔先生在《回忆录》里也略略说了几点。第一是当时美国的孤立主义的气焰高张。第二是 1935 年到 1940 年的中立法案如何束缚白宫与国务院的外交权力。这些《回忆录》摘本原是给美国人看的,故没有详细叙述那几年的中立法案的内容。但我盼望中国读者至少能细读第十章《孤立主义兴风作浪》与第十五章《孤立派鼓励了希特勒》。这两章里描写两个孤立主义的领袖;一个是参议员奈埃(Senator Nye),一个是参议员波拉(Senator Borah)。这两章虽然简略,很可以帮助我们了解美国在那个时代为什么完全没有力量制裁侵略国家,也完全没有法子帮助和平国家维持和平。

在第十章里,赫尔先生说:

> 奈埃委员会的审查给予孤立主义者一个跳板,引出了我们的第一个中立法。……这种中立法把行政机关束手缚脚,再告诉任何未来的侵略国家如德义或日本,教他们尽可以对他们心目中的侵略目标去宣战,我们将力求我们的人民不把军火卖给被侵略国家。……〔中立法〕预先告诉世界,如果一旦发生战争,那些事是我们所不为的。这样的中立法会阻碍我们运用力量防止战争。

在第十五章里,赫尔先生告诉我们,在欧洲大战爆发之前一个多月,罗斯福与赫尔用了全力,还劝不动参议院里的孤立派领袖,还没有法子改动中立法一个字!

其实依我看来,美国的孤立主义与中立法鼓励了一切侵略者。试看下列的对照表:

(1) 1935年8月31日,第一个中立法颁布。

同年10月,墨索里尼开始他的阿比西尼亚的侵略战。

(2) 1937年5月1日,第二个修正而更严密的中立法颁布。

同年7月7日,日本开始大规模的华北战争;8月13日,日本开始上海战争。

(3) 1939年7月18日,白宫讨论修正中立法的会议无结果而散。

同年9月1日,希特勒的军队进攻波兰;9月3日,英法对德宣战。

这都不是偶然的巧合。

在那样严重的孤立主义与中立法的层层束缚之下,罗斯福赫尔的政府还能够做到他们所曾做的;还能够使一切侵略国家都仇恨他们,怕他们:这就是这些回忆录要告诉我们的故事了。

胡适　1948,3,1 夜

附注:序里关于赫尔先生的事迹,主要参考书是 Harold B. Hinton 的赫尔传记(*Cordell Hull：a Biography*,1942. New York)。

(收入《赫尔回忆录》,1948年南京中央日报社出版。又载1960年3月16日《自由中国》第22卷第6期)

《师门五年记》序

我的朋友罗尔纲先生曾在我家里住过几年,帮助我做了许多事,其中最繁重的一件工作是抄写整理我父亲铁花先生的遗著。他绝对不肯收受报酬,每年还从他家中寄钱来供他零用。他是我的助手,又是孩子们的家庭教师,但他总觉得他是在我家做"徒弟",除吃饭住房之外,不应该再受报酬了。

这是他的狷介。狷介就是在行为上不苟且,就是古人说的"非其义也,非其道也,一介不以与人,一介不以取诸人"。(古人说"一介"的介是"芥"字借用,我猜想"一介"也许是指古代曾作货币用的贝壳?)我很早就看重尔纲这种狷介的品行。我深信凡在行为上能够"一介不苟取,一介不苟与"的人在学问上也必定可以养成一丝一毫不草率不苟且的工作习惯。所以我很早就对他说,他那种一点一画不肯苟且放过的习惯,就是他最大的工作资本。这不是别人可以给他的,这是他自己带来的本钱。我在民国二十年秋天答他留别的信,曾说:

> 你这种"谨慎勤敏"的行为,就是我所谓"不苟且"。古人所谓"执事敬",就是这个意思。你有美德,将来一定有成就。

第二年他在贵县中学教国文,寄了两条笔记给我看,——一条考定李清照《金石录后序》的"王播"是"王涯"之误;一条考定袁枚祭妹文的"诺已"二字出于《公羊传》,应当连读,——我回他的信,也说:

> 你的两段笔记都很好。读书作文如此矜慎,最可有进步。你能继续这种精神,——不苟且的精神,无论在什么地方,都可有大进步。古人所谓"于归而求之,有余师",真可以转赠给你。

我引这两封信,要说明尔纲做学问的成绩是由于他早年养成的不苟且的美德。如果我有什么帮助他的地方,我不过随时唤醒他特别注意:这种不苟且的习惯是需要自觉的监督的。偶然一点不留意,偶然松懈一点,就会出漏洞,就会闹笑话。我要他知道,所谓科学方法,不过是不苟且的工作习惯,加上自觉的批评与督责。良师益友的用处也不过是随时指点出这种松懈的地方,帮助我们做点批评指责的工作。

尔纲对于我批评他的话,不但不怪我,还特别感谢我。我的批评,无论是口头,是书面,尔纲都记录下来。有些话是颇严厉的,他也很虚心的接受。有他那样一点一画不敢苟且的精神,加上虚心,加上他那无比的勤劳,无论在什么地方,他都会有良好的学术成绩。

他现在写了这本自传,专记载他跟我做"徒弟"的几年的生活。我一口气读完了这本小书,很使我怀念那几年的朋友乐趣。我是提倡传记文学的,常常劝朋友写自传。尔纲这本自传,据我所知,好像是自传里没有见过的创体。从来没有人这样坦白详细的描写他做学问的经验,从来也没有人留下这样亲切的一幅师友切磋乐趣的图画。

胡适　三十七年八月三日在北平

(收入 1958 年 12 月胡适自印本《师门五年记》,又收入
罗尔纲著:《师门五年记、胡适琐记》,
1995 年 5 月北京三联书店出版)

附:《师门五年记》后记

尔纲这本自传是 1945 年修改了交给卢吉忱的。后来吉忱要我写一篇短序,我的序是 1948 年 8 月才写的。可能是我的序把这书的付印耽误了。1948 年 8 月以后,吉忱就没有印这书的机会了。1952 年我在台北,问吉忱取得此书的修改稿本。1953 年我去美国,就把这稿子带了去。

如今吉忱去世已好几年了。尔纲和我两人成了"隔世"的人已近十年了。

这几年里,朋友看见这稿子的,都劝我把他印出来。我今年回国,又把这稿子带回来了。我现在自己出钱把这个小册子印出来,不作卖品,只作赠送朋友之用。

1958年12月7日晨,胡适记于台北县南港中央研究院。

(收入1958年12月胡适自印本《师门五年记》)

介绍一本最值得读的自传
《克难苦学记》序

沈宗瀚先生的《克难苦学记》,是近二十年来出版的许多自传之中最有趣味,最能说老实话,最可以鼓励青年人立志向上的一本自传。我在海外收到他寄赠的一册,当日下午我一口气读完了,就写信去恭贺他这本自传的成功。果然这书的第一版很快的卖完了,现在就要修改再版,沈先生要我写一篇短序,我当然不敢推辞。

这本自传的最大长处是肯说老实话。说老实话是不容易的事;叙述自己的家庭、父母、兄弟、亲戚,说老实话是更不容易的事。

一千八百多年前,大思想家王充(他是汉朝会稽郡上虞县人,是沈先生的同乡)在他的《自纪篇》里,曾这样的叙述他的祖父与父亲两代:

> 祖父汎,举家担载,就安会稽,留钱唐县,以贾贩为业。生子二人,长曰蒙,少曰诵,诵即充父。祖世任气,至蒙、诵滋甚。故蒙、诵在钱唐,勇势凌人,末复与豪家丁伯等结怨,举家徙处上虞。

这是说老实话。当时人已嘲笑他"宗祖无淑懿之基,……无所禀阶,终不为高"。六百年后,刘知几在《史通》的《序传》篇里,更责怪他不应该"述其父祖不肖,为州闾所鄙","盛矜于己,而厚辱其先"。一千六百年后,惠栋、钱大昕、王鸣盛诸公也都为了这一段话大责备王充。王充说的话,在现在看来,并没有"厚辱其先",不过老老实实的说他的祖父、伯父、父亲都有点豪侠的气性,所以结怨于钱唐的"豪家"。然而这几句老实话就使王充挨了一千八百年的骂!

沈先生写他的家庭是一个农村绅士的大家庭。他的村子是一个聚族而居的沈湾村，全村二百户，七百人，都是沈族。村人贫富颇平均，最富的人家也不过有田二百多亩，最贫的也有七八亩。农家每日三餐饭，全村没有乞丐，百年来没有人打官司。这是一个典型的江南农村社会。沈先生自己的家庭就是这个农村社会里一个中上人家。他的祖父水香先生，伯父少香先生，父亲涤初先生都是读书人，都是秀才，又都能替人家排难解纷，所以他家是一个乡村绅士人家。

沈先生的祖父生有四男四女，他的伯父有五男二女，他的父亲有六个儿子。沈先生刚两岁（1896）时，这个大家庭已有二十多口人了。于是有第一次的"分家"。分家之后，"祖田除抵偿公家债款之外，尚留田十三亩，立为祖父祭产"。涤初先生自己出门到人家去教书，每年束修只有制钱四十千文。家中有租田十二亩，雇一个长工及牧童耕种，每隔一年可以收祖宗祭田约二十亩的租钱。每年的收入共计不过一百五十银元。不久这个小家庭已有四个男孩子了。长工是要吃饭的。这就是七口之家了。沈先生的母亲一个人要料理家务，要应付七口的饭食，要管办父子五人的衣服鞋袜。所以他家每日三餐之中要搭一餐泡饭，晚上点菜油灯，只用一根灯芯，并用打火石取火。

这是这个家庭的经济状态。

沈先生十五岁时（1908），他考进余姚县泗门镇私立诚意高等小学堂，因为家贫，取得"寒额"的待遇，可免学宿膳费。他在这学堂住了四年，民国元年（1912）冬季毕业。这四年之中，他父亲供给了他七十二元的学校费用（包括书籍杂费）。他说，"此为吾父给余一生之全部学费也"。

他十八岁才毕业高等小学。那时候，他家中的经济状况更困难了，他父亲不但无力供给他升学，并且还逼迫他毕业后就去做小学教员，要他分担养家的责任。这个"继续求学"与"就业养家"的冲突问题，是沈先生青年时代的最大困难，也是他的《克难苦学记》的中心问题。他父亲说的最明白：

> 如吾有田，可卖田为汝升学，如吾未负债足以自给，吾亦可借债送汝升学。乃今债务未了，利息加重，必须每年付清利息。

如无汝之收入,吾明年利息亦不能支给。奈何!(24页)
但他老人家究竟是爱儿子的明白人,他后来想明白了,不但不反对儿子借钱升学,还买了一只黄皮箱送给他!于是,他筹借了四十多块银元,到杭州笕桥甲种农业学校去开始他的农学教育了。

　　沈先生在这自传里写他父亲涤初先生屡次反对他升学,屡次逼他分担家用,屡次很严厉的责怪他,到头来还是很仁慈的谅解他,宽恕他。最尖锐的一次冲突是民国三年他老人家坚决的不许他儿子抛弃笕桥甲种农校而北去进北京农业专门学校。老人家掉下眼泪来,对儿子说:

　　　　……我将为经济逼死。你即能毕业北京农业学校,你心安乎?

这一次他老人家很生气,逼着儿子写悔过书给笕桥陈校长,逼着他回笕桥去。儿子没法子,只能用骗计离开父亲,先去寻着他那在余姚钱庄做事的二哥,求他借四十银元做北行的旅费,又向他转借得一件皮袍,就跟他的同学偷跑到上海,搭轮船北去了。

　　他进了北京农业专门学校做预科旁听生。过了半个月,父亲回信来了,虽然说母亲痛哭吃不下饭,但最后还答应将来"成全"儿子求学的志愿。又过了一个月,父亲听说借皮袍的人要讨还皮袍了,他老人家赶紧汇了四十银元来,叫儿子另买皮袍过冬!

　　经过很困难的四整年,作者在北京农业专门学校毕业了。那是民国七年六月,他二十四岁,已结婚三年了,他不能不寻个职业好分担那个大家庭的经济负担了。经过了几个月的奔走,他得了一个家庭教师的工作,每月可得四十银元,由学生家供给膳宿。

　　父亲要他每月自用十元,寄三十元供给家用并五弟的学费。他在北京做家庭教师的两年,是他一生最痛苦的时期(民国七年秋天到九年春)。他那时已受洗礼,成为一个很虔诚的基督徒了。但他有时候也忍不住要在日记里诉说他的痛苦。自传里(65页)有这一段最老实也最感动人的记载:

　　　　父常来谕责难。民八阴历年关,父病,指责更严厉,余极痛苦。(九年)一月二十日记云:"夜间写父禀,多自哀哀彼之语。

> 书至十一点钟,苦恼甚,跪祷良久,续禀。……我节衣缩食,辛苦万状,他还说我欠节省。我不请客,不借钱,朋友都说我吝啬,他还说我应酬太多。我月薪四十元,东借西挪,以偿宿债,以助五弟,他还要我事养每月三十元。唉,我的父亲是最爱我的,遇了债主的催逼,就要骂我,就要生病。他今年已六十四岁,从十六岁管家,负债到如今,自朝至暮,勤勤恳恳的教书,节衣缩食,事事俭省,没有一次专为自己买肉吃。我母买肉给他吃,他还要骂她不省钱。我去年暑假回去,他偏自己上城买鱼肉给我吃。这鱼这肉实在比鱼翅、燕窝好吃万万倍!他骂我欠节省,我有时不服,但看他自己含辛茹苦,勤奋教书的光景,我就佩服到万分。他爱我,我有时忘了。如今想起来,他到贫病交迫的光景,我为何不救!我囊中只剩几十个铜子,一二个月内须还的债几至百元,五弟又要我速寄十元,我此时尚想不着可借的人。……我实在有负我可爱的父,但我实在无法。求上帝赐福给我的父,祝我谋事快成功,我定要偿清我父的债。

我相信,在中国的古今传记文学里,从没有这样老实、亲切、感动人的文字。也从没有人肯这样,敢这样老实的叙述父子的关系,家庭的关系。

这样一个家庭,多年积下来的债务要青年儿孙担负,老年的父母要青年儿子"事养",儿子没有寻着职业就得定婚、结婚、生儿女了,更小的弟妹也还需要刚寻到职业的儿子担负教育费。——这样的一个家庭是真可以"逼死英雄汉"的!试读沈先生(55页)民国七年十一月一日的日记:

> 父谕命余月寄三十元。惟迄今二月之薪金已告罄。奈何!……苟无基督信仰,余将为钱逼死矣。

沈宗瀚先生的自传的最大贡献就是他肯用最老实的文字描写一个可以"逼死英雄汉"、可以磨折青年人志气的家庭制度。这里的罪过是一个不自觉的制度的罪过,不是人的罪过。沈先生的父母都是好人,都是最爱儿子的父母。不过他们继承了几千年传下来的集体经济的家庭制度,他们毫不觉得这个制度是可以逼死他们最心爱的青年儿子的,他们只觉得儿子长大了应该早早结婚生儿女,应该早早挣钱养家,应该担负上代人积下来的债务,应该从每月薪水四十元之中寄三十元回家;他们只觉得这都是应该的,都是当然的。描写一个最爱儿子的好父亲,在不知不觉之中,几乎造成了叫一个好儿子"为钱逼死"的大悲剧。这是这本自传在社会史料同社会学史料上的大贡献,也就是这本自传在传记文学上的大成功。

沈先生所谓"克难苦学",他所谓"难",不仅是借钱求学的困难,最大的困难,在于他敢于暂时抛弃那人人认为当然的挣钱养家的儿子天职。他在十七岁时(辛亥,1911),已受了梁任公的《新民丛报》的影响,激动了"做新民,爱国家"的志向;又受了曾文正、王阳明的影响,他立志要做一个有用的好人。他说(23页):

> 余生长农村,自幼帮助家中农事、牧牛、车水、除草、施粪、收获、晒谷、养蚕、养鸡等,颇为熟练,且深悉农民疾苦,遂毅然立志为最大多数辛勤之农民服务。

这样他决定了他终身求学的大方针:学习农业科学,为中国农民服务。

在他决定的这个求学方向上,那个农村社会同耕读家庭的生活经验就都成了他很重要也很有帮助的背景了。我们知道他父亲有租田十二亩。后来父亲历年培种兰花,母亲历年养蚕与孵小鸡,节省下的余钱又添置了租田三十二亩。父亲出门教书了,儿子们还没有长大,家中雇一个长工耕种,又雇牧童帮忙。他家兄弟六人,大哥终身教书,二哥在本县钱庄做事,三哥自幼在家耕种。自传(29页)说:

> 三哥自幼由吾父之命,曾在村中最优秀之二农家工作五年,尽得其经验。父常称彼辈为师傅,三哥为徒弟。五年后,三哥归家种田,对于栽培经验胜于常人。

又说:

> 余肄业农校,每于暑假回乡时,将一学期所得农业学理与吾父母大哥三哥等讨论,有时叔父、从兄等亦来加入。余常与三哥下田工作,兴趣甚浓。余教三哥蔬菜施肥方法,试以讲义上所述

方法在茄地上施肥,先将茄株周围挖小沟一圈,施入人粪尿,然后以土覆粪,谓可以防止氮气之蒸散。三哥深以为然。

一日,族兄仁源来问防止蔬菜叶虫方法,余告以施用石油乳剂。然彼施后,因浓度过高,致菜焦枯。

又一日,叔父咸良来问水稻白穗原因。余则在田中拔白穗之茎,剥茎,出茎内螟虫示之。彼大惊服,遂以稻瘟神作祟之说为迷信。

综计余所告各种方法,实施后有效者果有之,无效者亦不少。且对许多问题尚不能解答。余对彼辈栽培水稻豆麦等经验甚为佩服。

这种活的经验,在沈先生的农学教育上有无比的价值。因为他有了这种活的农场经验,他才可以评判当时农学校的教材与方法的适用或不适用,才可以估量每个教员的行不行。他说:

斯时(杭州笕桥)农校教师,除陈师宗一外,多译述日文笔记充教材,不切合实际情况。昆虫学常以日本《千虫图解》充当标本,从未领导学生至野外采集。余偶采虫问之,彼即以之与《千虫图解》对照,加以臆测,亦从未教余等饲虫研究。园艺教员授蔬菜,则亦多迻译日文讲义数册,而未尝实地认识蔬菜,亦不调查栽培留种等方法。作物教员因在日本学畜牧,乃译述《牧草》讲义,而于笕桥最著名之药用作物,从未提及。教室与环境完全隔绝。田间实习仅种萝卜白菜,或作整地、除草、施肥等工作。(余)常觉实习教员之经验远不及三哥也。

故自第二年级起,余对农校功课渐感不满,深恐将来只能纸上空谈,不切实际,于国何用?(29—30页)

不但中等农校不能满足这个来自田间的好学生的期望,当时的北京农业专门学校也逃不了他的冷眼批评。他说(38页):

北农预科之英文、理化、博物等课,较笕农为深,唯博物一科仍用书本及日本标本为教材,不免失望。

又说(41页):

国立北京农业专门学校本科一年级……功课为无机化学、植物、

> 地质、土壤、作物、昆虫、农场实习、英文、数学等。除英文、数学外,概用中文讲义。教员多以讲义及日本标本敷衍了事,殊感失望。

这个有农田经验的好学生到了农业本科三年级,才有力量从消极的失望作积极的改革活动,才提议改换三四个不良的教员,如英文、园艺、农场实习等课的教授。那时候,金仲藩(邦正)来做校长,添聘了邹树文、王德章等来教授农学;设朝会,金校长亲自主持,训勉为人道德;校长与诸师同来饭厅,与学生同桌共餐,"全校精神为之一振"。

但这个开始改良的农专,不久就起了风潮,金校长辞职,他请来的一班好教员也都走了。"半月之后,校长虽然回来收拾风潮,但那些教员从此辞职不复返矣。"(46—48页)

沈先生在国内学农科,到北农本科毕业为止,前后不过五年多(民国二年一月到七年六月)。他的记载,因为都是老实话,很可以作教育史料。他的评判并不偏向留美学农的教员,也并不限于消极的批评。例如他说(46页):

> 余在北农所得教益最多者,为许师叔玑(留日)之农政学、农业经济、畜产及肥料;吴师季卿(留日)之无机、有机及分析化学;章师子山(留美)之植物病理学;汪师德章(留美)之遗传学及金校长仲藩之朝会训话。……
>
> 汪师教遗传学极为清晰,余对曼德尔遗传定律自此明了。……

这也是教育史料。

沈先生学农有大成就,他的最大本钱并不是他东借西挪的学费,乃是他幼年在农田里动手动脚下田施粪的活经验与好习惯。所以,他在笕桥农校的第一年,

> 二月间即实习制造堆肥,先集牛粪与稻草,层叠堆上,然后用水及粪尿润湿之,以脚践踏,人以为苦,余独轻易完工。师生颇惊奇之(28页)。

所以他后来在常德种棉场服务,他就

> 决定日间与农友下田同工，并调查农事，一以监工，一以学习农民植棉方法，知其优劣。早夜读棉业及其他农学书籍，期以学理与实用贯通，手脑并用。故早饭后即赤脚戴笠荷锄与农夫同去工作（69页）。

所以他后来在南京第一农校教昆虫学，他遂一方先自采集附近昆虫，参照日本《千虫图解》以定其科属，……一方解剖主要昆虫，以认识其口器头胸腹诸部，然后随教随以实物相示……（73页）。

所以，民国十四年他在康奈尔大学跟着几位名教授研究遗传育种的时期，他自己记载：

> 余在田间工作，除论文材料外，随助教做小麦、蔬菜、牧草等实地育种工作，并随教授旅行实地检查改良品种之纯杂，由此得尽窥遗传育种与推广之底蕴。
>
> ……盖教室与实验室所得均为遗传原理，非经此实习，不知田间技术之诀窍，则回国后做实地育种工作必感困难。康大教授与助教常谓余曰："汝能实地苦干，诚与众不同也。"（83页）。

这种"手脑并用"的实地苦干，是沈先生做学问有大成就的秘诀，是他在金陵大学任教时能造就许多优良的农业人才的秘诀，是他后来担任农业实验所所长时能为国家奠定农业科学化及农业推广制度的秘诀。而这个成功秘诀的来源就在他"生长农村，自幼帮助家中农事、牧牛、车水、除草、施粪、收获、晒谷、养蚕、养鸡"的活经验与好习惯。

总而言之，这本自传的最大贡献在于肯说老实话。平平实实的老实话，写一个人，写一个农村家庭，写一个农村社会，写几个学堂，就都成了社会史料、社会学史料、经济史料、教育史料。

沈先生写他自己的宗教经验，也是很老实的记录，所以很能感动人。他描写一位徐宝谦先生，使我很感觉这个人可敬可爱。这本书里叙述的沈先生自己信仰基督教的经过，因为也都是一个老实人的老实话，所以也有宗教史料的价值。

我很郑重的介绍这本自传给全国的青年朋友。

胡适　1954年12月13日夜

（原载1955年1月台北《自由中国》第12卷第1期）

《中年自述》序

这是沈宗瀚先生的第二部自传,写的是他卅三岁到五十一岁的工作。承他的好意,老远的把稿子寄给我看。我是到处劝告朋友写自传的,所以对于他的第二本自传也感觉很大的兴趣。

我在前年,曾写信给沈先生,说:

> 一切自传,最特殊的部分必定是幼年与少年时代。写到入世做事成名的时期,就不能不有所顾忌,不能不"含蓄""委婉"了。

沈先生的第二本自传正是他入世做事的时期,他写信给我,说他很承认我前年说的话是"名言"。他说,在这一本稿子里,他写到"与他人有关系的事实,就往往难于取舍,苦于措词了"。

虽然如此,我觉得沈先生这本自传还是很有价值的,还是有历史价值的。因为他的卅三岁到五十一岁正当中华民国十六年到三十四年,正当公历1927年到1945年,——这十八年是我们国家和民族的历史上一个非常重要的时期,是值得一切做过一番事业的人们各各留下一点记录的。

这十八年的中国历史可以分作两段:前十年——民十六到民廿六——是国民政府建立后的第一个十年,是中国近代历史上最有建设成绩的十年。后八年——民廿六到民卅四——是中华民族对日抗战的八年。这两个阶段都应该有很详细确实的记录;都应该有从各个方面,从种种不同的角度,作详实描写的记录。

沈先生这本自传分两个部分,正是从他个人的角度分别的记录这两个历史阶段。第一部分只有两章,写的是民十六 到民廿六的十年之中的中国教育史的一页,和中国科学研究发达史的一页。第二部分共有九章,写的是中国抗战时期的农业增产,粮食政策,农学试验等方面的努力。

我们因为经过了最近十八九年的痛苦,往往忘记了民国十六年到廿六年的十年里的全国公私各个方面的建设成绩。又因为十年苦干的一点建设成绩好像很容易的就被毁灭了,我们就往往有一种错误的见解,往往把大毁坏以前的努力工作都看作没有多大价值了。因为这两种原因,近年写历史的朋友们往往不大注意那十年的公私各方面的建设工作。也因为这两种原因,我们应该特别欢迎沈宗瀚先生这个自传的前两章。这两章写的是他个人在金陵大学农学院的教学生活,和他在中央农业实验所的研究工作。但这两章的记录同时也使我们明了那十年里的中国农业教育和农业科学研究的进步情形。

民国三年以后的中国农业教学和研究的中心是在南京。南京的中心先在金陵大学的农林科,后来加上南京高等师范学校的农科。这就是后来金大农学院和东南大学(中央大学)的农学院。这两个农学院的初期领袖人物都是美国几个著名的农学院出身的现代农学者,他们都能实行他们的新式教学方法,用活的材料来教学生,用中国农业的当前困难问题来做研究。金大的农林科是民国三年创办的,南高的农科是民国七年成立的。沈先生告诉我们:

> ……民国三年,金大的美籍数学教授裴义理(Joseph Bailie)住在鼓楼宿舍,夜听江北难民啼哭,激动了慈悲心,遂设法取得华洋义赈会捐款,雇用难民,在紫金山造林,以工代赈。继感农林人才缺乏,乃创设农林科。民国三年秋,芮思娄(J. H. Reisner)自美国康奈尔大学农学院毕业,来金大教授农业功课。

> ……(自民国五年起)芮氏任科长十五年,努力造成一个研究中国农业与训练中国学生的农学院。……

从这样简陋的开始,——从"雇用江北难民在紫金山造林,以工代赈"开始,——在二十多年之内,发达到全中国农业科学的教育研究的一个最重要中心,——全中国作物品种改良的最重要中心:这一段历史是中国科学发达史的一页,是中华民国教育建设史的一页,是很值得记载的。

最可惋惜的是这二十多年里的许多农业科学工作者至今都还没有留下多少有系统的记载。沈宗瀚先生的两部自传里记录的许多农学家,——从已死的金仲藩、过探先,到青年一辈的蒋彦士、马保之——他们都太懒于执笔了,或太谦虚了,到今天还没有写出他们知道最多又认识最深的工作记录。

其中只有沈宗瀚先生,他一生苦干,从没有懒于执笔的毛病;写"自述"又是他的"宿愿",他从没有太谦虚的毛病。他自信他少年时代的刻苦求学是值得记录的;他自信他壮年时代的农业教学研究也是值得记录的。所以他不但很详细的记录了他自己在金大农学院教学的生活和他在中央农业实验所工作的生活,并且使我们透过他的自传,得着那十年(民十六到廿六)之中的中国农业科学猛进的大致情形。

从沈先生的自传里,我们可以看见那以南京为中心的中国现代农学研究,曾经过几个发展的步骤。那短短的十年,就可以分作三个时期:

> 第一时期(民国十一年已开始)是金大农学院与康奈尔大学农学院与纽约洛氏基金会三方合作,成立"中国作物改良合作事业"的时期。合作的中心在金大农学院。
>
> 第二时期(民二十到廿三)是浙江省政府发起的江苏浙江两省作物改良合作的时期,合作的事业已超出学校的范围了。
>
> 第三时期(民廿一到廿六)是中央政府设立中央农业实验所的时期,用科学研究为基础来改良全国的农业,——特别是成立全国稻麦改进所,计划全国的粮食自给。

这三个阶段的农学研究推广的历史,就是中国现代农业建设的历史,也就是中国民族的现代建设史的很重要的一页了。

沈先生写的只是他知道最亲切的一页。他的榜样是值得他的农学师友弟子们的仿效的,——特别是钱天鹤先生,谢家声先生,邹秉文先生,以及他们的徒弟们如蒋彦士先生,马保之先生,……。他们都有各各补写自己知道最亲切有味的一页的义务。此外,手创金大农学院的芮思娄（Reisner）先生，亲自来中国主持作物品种改良事业多年的洛夫（H. H. Love）先生，也都应该为中国农学史留下他们自己最感兴趣的一页。

那十年是中华民族在国家最危险的状态之下埋头苦干，努力建设的十年。不但农学工作者应该学学沈先生不太谦虚的好榜样，写出他们的工作记录。那十年之中，在一切方面埋头苦干的许许多多工作者，也都应该学学沈先生，不要太谦虚，都应该写出他们的自传。最好的一个例子就是沈先生的同事，我的老同事，老上司，蒋孟邻先生。他若肯用"不太谦虚"的态度来写他七十年的自述，那部自传一定可以给我们增添许许多多有趣味的史料。单说我自己记忆最清楚的六年（民二十年到廿六）里，孟邻先生受了政府的新任命，回到北京大学去做校长，那时他有中兴北大的决心，又得到中华教育文化基金的援助，他放手做改革的事业，向全国去挑选教授与研究的人才，在八个月的筹备时间里居然做到北大的中兴。我曾在《北大五十周年》一文里略述他在那六年里的作风：

……他是一个理想的校长，有魄力，有担当。他对我们三个院长说："辞退旧人，我去做。选聘新人，你们去做。"……

这样的一个理想的校长，他不应该学学我和沈宗瀚的不太谦虚的榜样，给那六年的北大留下他最关切，最了解的一页苦干史吗？

沈先生的自传的第二部分（第三章到第十一章）写的是中国抵抗日本侵略的八年苦战时期的一个农业学者在后方的工作。这八年当然是最值得回忆，最值得详细描写的一个悲壮时代。最可惜的是，——也许是因为那八年的生活太艰苦了，也许是因为"苦尽甘来"的时间太短了，——那个时代的传记资料实在太少，自传的资料也实在太少（至少我看见的已发表的史料与传记资料实在太少）。所以我很感谢沈先生，感谢他在这九章里给这个悲壮的八年留下了一些很可纪念的史料。

在这八年里（民廿六到卅四），他"专任中央农业实验所的职务，兼任有关战事的农业工作。"他的"有关战事的农业工作"就是军事委员会第四部的粮食组的副组长。他在第三章里指出当时急需解决的问题就是在战时海口封锁之下,如何在大后方"增产米麦与杂粮,以供给军粮与民食。"他的第一件任务就是协助贵州省政府改良农业。他的第二件任务就是改任中农所的副所长,要协助四川、云南、贵州、广西、湖南、湖北、陕西、河南诸省的农业改良。后来他也曾参预粮食管理的政策。

关于这些大问题,他的记载应该可以供给将来的史家不少的直接史料。我在这篇短序里,只能指出几件最使我感觉兴趣的事实。

一件是他和他的夫人沈骊英女士终身最注意的小麦良种。沈先生是"金大二九〇五"小麦的改良者。沈女士是"中农廿八"小麦的改良者,又曾费九年的功力主持小麦杂交育种的实验工作。民国三十一年五月一日,沈先生同农林部的沈部长从成都到金堂,沿途的农产品以小麦为主,农民种的"金大二九〇五"小麦很多。汽车开的很快,沈先生远远地就望见他自己改良的小麦了。他对沈部长说:

> 我自民国十五年起,培植此麦,年年播种,除草,观察,收获。好像亲生的儿子,异地相逢,倍感亲热……

他又说:

> 从南京到安徽南宿州,在抗战前已多种此麦。现自金堂到陕西汉中亦多种此麦。每亩产量较农家小麦多百分之十五左右。……这是我在工作上所得的最大安慰。

在沈女士去世之前,她改良的"中农廿八"小麦已表现了很好的成绩了,——产量比农家小麦多百分之二十左右。她的"杂交小麦九品种"比"中农廿八"的成绩更好。但她得了脑充血的病,突然死了,竟不能看到她的杂交小麦的最后成绩了。

一件是沈先生记载民国二十七年他在云南开远考察木棉的经验。那地方有位傅植先生,在民国八年,他看见关帝庙里有一株不知来历的木棉,他采下种子,种了四十多株。二十年后,关帝庙的老木棉早被人砍去了,傅植先生种的四十多株木棉就成了开远最老的木棉。从这些木棉的种子发生的木棉,遍地都是,有二十年生,八年生,三年生,二年生,一年生的。据沈先生的记载,开远的木棉自第三年开始丰产,一年两次开花,两次吐絮,棉地每亩一年可收子棉四百斤左右。

沈先生记载开远的木棉就写了三千字以上,这是这本自传里最有趣味的一大段文字。和他同到开远的农学家冯泽芳先生说:云南的回教徒往往到埃及亚拉伯去巡礼,关帝庙的那一株木棉可能是从埃及输入的。一株偶然输入的木棉,在二十多年后,发生了近万株的木棉,就成了战时中国大后方的"至宝"。沈先生的报告当时很引起许多人的注意。"开远,蒙自,元江等县的木棉经中农所改良后,长绒细白整齐,与埃及棉相同,为昆明纱厂高价收买。胜利后供应上海纱厂,棉农获利甚厚。"这种文字是最值得读的。

一件是沈先生记载民国二十八年八月他从重庆到荣昌,在荣昌境内发现黄麻的故事。从前各方的书面报告都说四川省不产黄麻。这一天沈先生远远望见农家有八市尺高的作物,还不敢自信,他走近前去看,果然是黄麻!他调查得荣昌与隆昌两县每年产黄麻就约有六千六百多市担!这个故事也有一千多字,也是很有趣味的材料。

总之,抗战的八年应该有许多值得回忆,值得详细写出的事实。沈先生给我们做了前导,教我们不要太谦虚,教我们各人放大胆子,各自写出那八年里我们认为值得回想的一些实事。这也就是我当年提倡写"自述""自传"的一点用意了。

1956 年 8 月 29 日晨　胡适

(收入沈宗瀚著:《中年自述》,1957 年 7 月台北
正中书局初版。1962 年 11 月再版,
再版加印此序的影印手迹)

《梁任公先生年谱长编初稿》序

梁任公先生死在民国十八年一月十九日。那天晚上我从上海到北平,很想见他一面,不料我刚下火车就听见说任公先生已死了八个钟头了。次日,任公先生的遗体在广慧寺大殓,我和丁在君先生,任叔永先生,陈寅恪先生,周寄梅先生,去送他入殓。任公先生的许多老朋友,如贵州蹇季常先生等,都是两眼噙着热泪。在君和我也都掉泪了。

二月初,在任公先生的追悼会上,大家都注意到丁在君的一副挽联:

生我者父母,知我者鲍子。
在地为河岳,在天为日星。

这副挽联最可以写出在君对于任公先生的崇敬,也最可以表示任公先生和在君的友谊。

梁先生死后,许多朋友都盼望丁在君担任写任公传记的事。在君自己也有决心写一部新式的《梁启超传记》。为了搜集这部大传记的资料,在君替梁氏家属计划向任公先生的朋友征求任公一生的书札。这个征求遗札的计划的大旨是请任公的朋友把他的书札真迹借给梁家抄副本,或照相片送给梁家。

当时征求到的任公先生遗札,加上他的家信,总计大概有近一万封之多。这样的大成功是由于几个原因:第一,任公先生早岁就享大名,他的信札多被朋友保存,是很自然的。第二,他的文笔可爱,他的字也很可爱,他的信札都是纸精,墨好,字迹秀逸,值得收藏。第三,当时国中没有经过大乱,名人的墨迹容易保存。

这近万封的信札,就是这部《梁任公先生年谱长编初稿》的最重要的一批原料。此外,这部年谱还充分采用了许多同时人的记录,如《南海先生自编年谱》,如任公的兄弟仲策(启勋)的《曼殊室戊辰笔记》等等。这些记录在当时只有稿本,到现在往往还没有印本流传,都是不易得的材料。(戊辰是民国十七年,梁仲策先生这部《戊辰笔记》作于任公先生死之前一年,是一部很可靠的传记材料。可惜这部稿本后来已失落了。我举仲策此书为例,要人知道在君编的这部年谱里保存了不少现在已很难得或已不可得的资料。)

在君开始聚集任公先生的传记材料的时候,他是一个很忙的人,不能用全力来写任公先生的传记。民国十八年到十九年之间,在君领导了一个大规模的"西南地质调查队",直到十九年夏天才从西南回到北平。民国二十年他做了北京大学的地质系研究教授。从二十年秋季开学起,到二十三年六月,他在北大教了三年书。从二十三年六月起,他接任中央研究院的总干事。二十四年十二月他在湖南衡阳得病,二十五年一月五日,他死在长沙。

梁任公先生的年谱是在君先生在北京大学做教授的时期开始编纂的。在君自己是主编人,他请了一位青年学者赵丰田先生做他的助手,帮助他整理编写他在那几年里搜集的资料。因为材料实在很多,又因为在君自己实在太忙,所以这部年谱有些地方还可以看出这是一部草稿,没有经过最后的整理写定。例如页五二引《李宣龚与丁在君书》,本文说是"李宣龚氏给编者的一封信"。这是很清楚的在君自称"编者",但页十二引梁思成《致在君先生书》,本文说是"梁思成先生给丁在君文江先生的一封信",页十六也说是"梁思成致丁在君先生书"。这两处都不称"编者"了。

在君死后,他的朋友翁咏霓把这部没有经过最后整理修改的初稿本油印了几十部,分送给任公先生的家属和朋友,请他们仔细审查一遍,附加评注,然后寄回——寄回给谁作综合的整理修改,我现在已记不清楚了。我当年也收到一部油印本,后来好像是寄还给梁家了。事隔多年,我仿佛记得是由梁令娴女士,思成,思永两先生,思庄女士,各位汇齐收到的油印本上签注的意见,然后由他们决定请一位老辈朋友担任修改这部初稿的巨大工作。丁月波先生(文渊)在此书的"前言"里曾提及林宰平先生"正在整理这部著作"。很可能的,林宰平先生就是梁家姊妹弟兄委托修改此稿的人。

油印本好像是题作《梁任公先生年谱长编初稿》,这个题名可能是翁咏霓改题的,也可能是在君的本意。在君最初的意思是要写一部现代式的《梁启超传记》,年谱不过是传记的"长编"而已;不过是传记的原料依照年月的先后编排着,准备为写传记之用。

油印本的底本就是中央研究院历史语言研究所保藏的这部初稿本。这部初稿本原藏地质调查所,后来归史语所收藏。

丁月波先生在他的"前言"里,曾称此本为"晒蓝本",那是不很正确的。这部"初稿"本是一部毛笔清抄本。但其中引用的信件,或任公先生的诗文,或他种文件,都是剪粘的晒蓝本。当初编纂的计划必定是把准备引用的传记资料,如信札及他种文件,一概都用晒蓝复写,以便剪下来分粘在各个稿本里。最早的草稿本的引文必定也是晒蓝剪粘的。后来这部清钞本的引文也就照样用晒蓝的资料剪粘了。

月波又说,"其中经(在君)二哥修改的笔迹,都历历可考"。我细看全部"初稿"清抄本,上面只有涂抹的笔迹,没有修改的文字,实在无法可以指定那毛笔的钩抹是在君的笔迹。大概这部初稿清钞本的底本必是在君先生和赵丰田先生的草稿本,上面必定有在君亲自修改的笔迹。据我的记忆,那部草稿本是送还给任公先生的家属了。

这部《长编初稿》的主编人是丁文江,编纂助理人是赵丰田,全部书有一致的编纂体例。除了最早几年之外,每年先有一段本年的大事纲领,然后依照各事的先后,分节叙述。凡引用文件,各注明原件的来源。因为文件是晒蓝剪粘的,故偶有模糊不能辨认的字。又因为原料实在太多,赵君句读标点也不免偶有小错误。

但这部《长编初稿》是大致完成了的一部大书。其中最后的一小部分可能是在君死后才赶完成的(这是我的追忆,我不能断定那一部分是在君死后才完成的。最后一年记任公先生之死,以及身后情形，都很潦草，显然不像是在君看过的）。这部《长编初稿》保存了许多没有经过最后删削的原料，所以任公先生的儿女们在当时都感觉，这一大批原料应该再经一遍删削，方才可以付印流传。

但我们在二十多年后，不能不承认，正因为这是一部没有经过删削的《长编初稿》，所以是最可宝贵的史料，最值得保存，最值得印行。

世界书局的杨家骆先生受了丁文渊先生生前的委托，费了大力量把这部清钞本重抄了一部，用抄本排印流传，这件大工作费了两年的时间，这是梁任公先生的朋友们和丁在君先生的朋友们都应该诚心感谢的！任公先生的儿女们在当时也许有种种的顾虑，不愿意把这部没有经过最后修改的原料长编印行出来。但在梁任公死后二十九年，丁在君死后二十二年，还没有一部根据这部《长编初稿》写出来的《梁任公年谱》定本，或《梁任公传记》，——我们不应该再等候了。我们感谢杨家骆先生把这一大部《梁任公先生年谱长编初稿》排印出来。我们相信这部大书的出版可以鼓励我们的史学者和传记学者去重新研究任公先生，去重新研究任公和他的朋友们所代表的那个曾经震荡中国知识分子至几十年之久的大运动。我们盼望，这部原料《长编》出版之后不久，就可以有新的、好的《梁启超传记》著作出来。

我们最感觉悲哀的是为这部稿本的流传曾出了大力的丁月波先生竟不能亲自看见这部大书的出版了！

胡适　1956 年 12 月 16 日

（收入丁文江主编：《梁任公先生年谱长编》，1958 年
台北世界书局出版。又载 1958 年 7 月 16 日
台北《自由中国》第 19 卷第 2 期）

《施植之先生早年回忆录》序

1927年我在华盛顿第一次劝施植之先生写自传。那时他快满五十岁了,他对我说,写自传还太早。以后二十多年之中,我曾屡次向他作同样的劝告。到了晚年,他居然与傅安明先生合作,写出他的《自定年谱》作自传的纲领。又口述他的早年生活经验,由安明记录下来。安明整理出来的记录,从施先生的儿童时期起,到1914年他第一次出任驻英国全权公使时为止,——就是这一本很有趣味而可惜不完全的自传。

为什么没有全部完成呢?安明说:"施先生开始口述的时候,精力已渐衰了。到1954年秋天他大病之后,他的记忆力更衰退了,他的脑力已抓不住较大的题目了。所以这部自述的记录只到1914年为止,没有法子完成了。"

但是这本小册子还是很可宝贵的。因为这是我们这一位很可爱敬的朋友最后留下来的一点点自述资料。如果没有安明的合作,连这一点点记录都不可得了。

植之先生活了八十岁,安明的记录只到他三十七岁为止。这本记录可以分为两大段落:前一段是他在国内国外受教育的时期,后一段是他从美国回来之后在国内服务的时期(1902—1914)。

植之先生叙述在上海圣约翰书院的经验,就是很有趣味的教育史料。"信教学生免费。非教徒缴纳学费,最初每年八元,后增至十元,至余离校之时增为十二元。校方除供给食宿而外,每年另给小帽一顶,鞋子两双,青布长衫二件,棉袄一件。放学时并给铜钱百文为车费。书籍及医药费用亦由学校供给"。这种追记,和"卜舫济先生留长辫,衣华服,矩步规行"一类的记载,都是史料。

植之先生十六岁时(1893)就跟随出使"美日秘国"钦差大臣杨儒到华盛顿做翻译学生。他在美国留学九年(1893—1902)。他追记这九年的生活,比较最详细。其中最有历史趣味的是他叙述杨儒时代的驻美使馆的内部情形。这种记载,现在已很难得了。

在这九年之中,他曾被驻俄的杨儒钦差邀去俄京圣彼得堡帮了一年(1899)的忙。并且曾随杨儒到海牙出席"弭兵会议"。可惜他没有把这一年的观察和经验讲给安明记录下来。前几天夏晋麟先生邀我午餐,我说起我正在看安明记录的施植之先生的早年自传,夏先生的第一句话就问:"有没有他在圣彼得堡和海牙的记录?"我说:"可惜没有。"夏先生和在座的几位朋友都很感觉失望。

植之先生1902年在康乃尔大学得文学硕士学位之后,他就回国了。那时他二十五岁。此后他的生活共有三个时代:从1902—1914年,这十二三年他在国内服务。从1914到1937年,这二十多年他在国外担负外交的重要任务。1937年以后是他退休的时期,虽然他还替国家做了不少的事。

我们现在所有的记录,除了他的教育历程之外,只有他在国内服务的十二三年的追忆。这十三年的记录里,最精采的只有三大段:第一段是他在武昌张之洞幕府里的经验。第二段是他做京汉铁道总办时期的改革。第三段是他在哈尔滨做滨江关道的二十六个月的改革。

在这三大段里,植之先生特别叙述一位毕光祖先生的为人,特别记载这位毕先生给了他很多的指导和帮助。植之先生说:

> 南皮……文案中有毕光祖先生,字枕梅,嘉定人,……与余交好。余每作说帖、皆托为修辞。毕先生改正之后,往往为余详加解说。尝谓余曰:"文章贵在理路清楚,不必作四六骈体。但求辞简意明。古人所谓辞达而已矣。"

他又说:

> 毕先生劝余处事要脚踏实地,其公牍圆到,其为人赤诚,其见解高超,皆为余生平所服膺。余以一出洋学生,对国内情形隔膜,而能服官州县(滨江关道系地方官),数年得无陨越者,多有

赖于毕先生匡助之力也。

这部自述里,屡次这样热诚的称许毕先生的助力。

植之先生在滨江关道任凡二十六个月,他的成绩是当时中外人士都很称赞的。他自己也说:

> 英国驻哈尔滨领事 SIY 尝告同僚云:此间交涉事项宜多迁就施道台,使其久于其任,施道台若离任,其规模办法必皆随之俱去。因其方法甚新,同时中国官吏不能行其法也。

我在许多年之后,也曾听美国朋友顾临先生(Roger S. Greene)说,当时他也在哈尔滨,亲自看见施先生的政治作风,他很佩服。顾临先生说:"那个时候(1908—1910年)离日俄战争才不过几年,中国官吏能在北满洲建树起一点好成绩,为中国争回不少的权利,是不容易的事,是值得留下一点永久的记录的。"我也曾把顾临先生的话转告植之先生,作为我劝他写自传的一个理由。

现在,他的哈尔滨时期的回忆录有了安明的笔记,我们只看见植之先生处处归功于那位毕光祖先生。他说:

> 余在(滨江关道)任二十六个月。……经办事务烦而且重,前任后任无一终局者。余以出洋学生久任此职得无陨越者,得力于毕先生者甚大。就任之始,毕先生告余曰:道署之人,不必多换,"就生不如就熟"。只要长官不贪,下属焉敢舞弊?……余到任后,未换旧人,而前弊俱去。盖因余本人于薪俸公费之外,不纳分文额外收入。此亦得力于毕先生"脚踏实地"之教也。

他记载张勋的兵士正法一案,又说:

> 此案乃毕先生所经办。其人思虑周详,文笔圆到。余任内重要公文皆出其手。时人多称道之,每谓余以出洋学生而公事熟悉如此,诚属难能可贵。实皆毕先生之功也。

我们读施先生称述毕先生"匡助之力"的几段文字,我们都觉得这位"为人赤诚而见解高超"的文案先生确是很可以佩服的,——但我们同时也不能不感觉这几段文字都可以表现出植之先生自己的伟大风度,他能认识这位毕先生,他肯虚心请他修改文字,肯虚心听他详加解说,肯虚心请他去帮他自己办公事,肯全权信任他至十多年之久,使他能够充分发展他的才能来做他最得力的助手:这都是植之先生一生最可爱的美德。我们看他四五十年之后还念念不忘的说:"我当年的一点点成绩实皆毕先生之功","实多有赖于毕先生匡助之力"。这样的终身不忘人之功,这样的终身把自己的成功归美于匡助他的朋友,——这种风度是足以使人死心塌地的帮他的忙了。

胡适　1958,10,22 夜,在将离开纽约的前七日

(收入《施植之先生早年回忆录》,1958 年台北
施肇基遗族印本。又载 1960 年 1 月
台北《自由谈》第 11 卷第 1 期)

《清末民初洋学学生
题名录初辑》序

我的朋友房兆楹先生和他的夫人杜联喆女士都是终身研究近代中国史的学人，他们随时随地留心搜集史料，整理史料，不光是为他们自己研究之用，往往还给无数学人添置了做学问的工具。他们合作的《增校清朝进士题名碑录，附引得》（哈佛燕京学社，1941年6月出版），就是他们嘉惠全国学人的一部最有用的工具书。

今年房先生从美洲来到台北，他带来的一些文件之中，有四种学生名录，他题作《清末民初洋学学生题名录初辑》，想在台北影印流通。他自己写了一篇短序，指出这一类"洋学"学生名录应该与科举时代的登科录，乡会试同年录等书有同样的史料作用。我很赞成房先生的看法，所以我愿意从这几种名录里指出三五个例子来说明这种资料的历史价值。

房先生的《初辑》收有这四种名录：

（1）光绪壬寅癸卯（1902—1903）之间在日本东京的中国学生题名录。

（2）光绪丙午（1906）京师大学堂同学录。

（3）光绪丁未（1907）京师大学堂旧班师范毕业生题名录。

（4）民国六年（1917）清华学校同学录。

我试检第一件，东京的中国学生题名录，在第六页上有"丁文江"，姓名，表字，籍贯，都不错。他的年岁是"十八"，"着京年月"是〔光绪〕二十八年八月。我在《丁文江的传记》里（页5）曾说：

在君（丁文江）跟胡子靖先生（元倓）到日本留学，大概是光绪廿八年（壬寅，1902），那时他十六岁。他在日本住了一年半左右,从他十六岁到十八岁,从光绪廿八年的下半年,到三十年(甲辰,1904)的三月。

我记的年月是推算出来的,现在我们有了东京的中国学生题名录的材料,就可以考定丁文江到东京是在光绪廿八年八月了。此录记他"十八岁",当是指编录那一年(廿九年癸卯),他当时可能虚报了一岁。当时少年人考学校,往往有虚报年岁的需要。

我再检第二件,光绪丙午的京师大学堂同学录,第二页有秉志,第七页有邹应宪,字树文,都是后来在康耐尔大学和我同学的。秉志的记录是:

> 秉志,字农山,行三,年二十岁,河南开封府驻防旗籍。癸卯(光绪29年,1903)科举人。预备科,习英文。前在本省高等学堂肄业。
>
> 曾祖集成,祖万顺,父海林。

这就是后来的动物学者秉志。

邹君在康耐尔时已改称邹树文。他的记录是:

> 邹应宪,字树文,年二十二岁,江苏苏州府吴县民籍。监生。师范馆第三类分科,习英文。
>
> 曾祖祖堂,祖钟俊,父嘉来。

这就是后来的昆虫学者邹树文。

又此录的二十七页有李协的记录:

> 李协,字宜之,行四,年二十四岁,陕西同州府蒲城县民籍。附生,预备科,习德文。前在宏道高等学堂肄业。曾祖万选,祖智盛,父良材。

这就是后来的水利工程学者李仪祉。

我又试检房先生此辑的第三件,《大学堂旧班师范毕业同学录》。这里面有邹应宪,有胡汝麟(石青),有伦明(哲如)诸人。这是京师大学堂第一次的《毕业同学录》,是北京大学校史的一件重要资料。我在民国三十七年筹备北大五十周年纪念的时候,曾请邹树文先生写一篇《北京大学最早期的回忆》。在那篇文字里,邹先生说:

> 第一班师范馆应届毕业生共有一百零八人,恰合《水浒传》

上的一百零八之数,但可惜其中有少数未能及格,我记不清楚,大约不过四、五名落第的而已。……毕业成绩分"最优等"及"优等"两种。最优等十八人,第一名廖道传,我是第十七名。

我查这本毕业生题名录,全数共有一百零四人,可证落第的不过四名;第一名果然是廖道传,字叔度,广东嘉应州人,可证树文先生记忆不误;树文自己说他的名次是第十七,此录上他是第十八。树文在四十多年后全凭记忆写那篇回忆,如今有这本毕业题名录证实了这几点的正确性,这就更提高了他那篇文字的史料价值了。

我随便举了这几个例来表示这些名录的历史参考作用。京师大学堂的同学录有光绪三十二年丙午(1906)长沙曹广权(庶务提调,代理总监督)的序文,其中说:

> 戊庚之间(1898—1900)同堂名册散佚不可求矣。今同学五百,感愤勤业……为志其姓氏里籍,赓续癸卯(1903)前录。后有览者欲考救时之彦,亦将于此乎征之。

我们很感谢房先生影印保存这四种名录。这里记录的有六十年前在日本东京留学的七百七十人,有五十多年前在京师大学堂的五百多人,有五十三年前京师大学堂第一班毕业的一百零四人,有四十三年前在清华学校肄业的五百五十五人,还有从宣统元年(1909)到民国五年(1916)之间由清华公费送到美国留学而尚未回国的二百四十五人。我们当然不会说六十年来的"救时之彦"都在这两千一百人里面。但我们相信,房先生的四录的流传可以叫大家明了陈年的同学录,职员录,通讯录,甚至于陈年的电话簿等等,都有史料作用,都值得搜集保存。这大概是房先生影印这些名录的一点用意罢?

1960,5,30 夜　胡适

(原载 1961 年 1 月 15 日《新时代》创刊号。又收入中央研究院近代史研究所史料丛刊之一《清末民初洋学学生题名录初辑》,1962 年 4 月中央研究院近史所出版)

《詹天佑先生年谱》序

我读了凌竹铭先生编著的《詹天佑先生年谱》,很佩服他搜集材料的勤谨,也很佩服他记载的细密,评论的正确。

詹天佑先生的老家是安徽徽州府婺源县,他的祖父才迁居广州。但他十一岁考取了留美官费生,十二岁(同治十一年,1872)放洋之前,他父亲为他"具结",还写着"童男詹天佑,……徽州府婺源县人"。竹铭说他是詹先生的广州"乡后进",我也可以说是他的徽州同乡后辈。竹铭和我都是崇敬詹先生的人。六年前,——1954年7月,——我被邀作"容闳先生在耶路大学毕业百年纪念"的讲演,那时我就注意到詹天佑先生的传记资料,因为容闳先生领带到美国留学的一百二十个幼童之中,詹先生是回国后能有机会充分运用所学的专门学术而建立伟大成绩的唯一的一个人;凡是叙述容闳先生的一生行事的,没有不注意到詹天佑先生的传记资料的。但我在那时候已知道詹先生留下的著作不多,关于他的传记资料是很不容易搜集的。

竹铭是铁路工程专家,他又有著作中国铁路史的兴趣,也有传记的兴趣。他的《四年从政回忆》就是一本可作范本的自传,给现代史学者留下了许多很重要的史料。竹铭编著这本《詹天佑年谱》,在搜集材料上的困难,他在"前言"里已说的很明白了。我们读这本年谱,最感兴趣的是叙述京张铁路的艰难伟大的工程。竹铭搜集的资料,从光绪三十年甲辰(1904)詹先生第一次踏勘京张路的报告(42—44页)起,到宣统年己酉(1909)八月十九日举行京张全路通车典礼(62—65页)为止,其中包括詹先生的修筑京张路办法及经费估计(47—50页),以及开工后依据实际困难必须随时修改的工程计划,——在今日大陆沦陷、史料散失的时候,这样详细的记载使我诚心的佩服作者搜集材料的勤劳,整理材料的仔细而详明。

因为作者是一生留意中国交通史的,因为他有中国铁路史的兴趣,又因为他在历史上是詹先生的铁路建设事业的继承人,所以他最有资格叙述詹先生的功绩,也最有资格论断詹先生的工作。我引《年谱》中最使我感动的一段:

> (光绪三十四年)四月十七日,居庸关山洞完工。
>
> 四月二十三日,夜间十点半钟,八达岭山洞全洞开通。五月初六日,(詹)先生将情形申报邮传部,略谓"此洞施工之初,因山形起伏,不能取平。仅就山面挂线测度,而上阻长城,中隔山岭,瞭望难周。屡屡踌躇,方克定线。洞内分段椎凿,又复精细测量,始有把握。迨开通后,测见南北直线及水平高低均幸未差秒黍"。足见当时工作之紧张与精细。……此洞完成后,京张全路之通车关键遂告解决。……(页56)

这是一位土木工程师给一位伟大的前辈土木工程师写的传记里的最得意的一段文字。

凌竹铭先生在记载京张路通车的盛大典礼之后,有一段总结的叙述:

> 京张路自光绪三十一年(1905)九月初四开工,宣统元年(1909)八月十九日行通车礼,先后尚未满四年。工款原预算为银七百二十九万一千八百六十两。实际四年共收到七百二十二万三千九百八十四两。而实际支用至工程初步结束止,为银六百九十三万五千零八十六两,尚余二十八万八千八百九十八两。较之原估预算则省三十五万六千七百七十四两(为原预备百分之四点八)……
>
> 京张铁路建筑工款,包括机车车辆及行车设备,平均为每英里五万六千两,约合每公里银三万五千两(约合银圆48600百元)。(页64—65)

竹铭在《年谱》的"编后"里,有更明白的说明。他说:

> 中国铁路多系借外款兴筑,路权之损失姑不具论,即就路工

本身而言,掌理工程之高级人员多属外籍,不但薪给特殊优厚,而且……常须假事权于翻译,不肖之徒遂不免从中作弊。而购料有折扣,包工有陋规,国家损失甚大,铁路之成本亦自然提高。京张铁路……由先生出任艰巨,先生……对于其所任人员,提高其待遇,鼓舞其志气,而尤致意于风气之改造,革除陋习,使国家不致蒙受损失。今试将京张路用款几项数字与同一时期之其他各路用款数字,比较如下:

甲,全路建筑工款平均每公里约用银圆数:

津浦铁路　　十一万九千元

京汉铁路　　九万五千六百元

京奉铁路　　九万四千六百元

京张铁路　　四万八千六百元

京张铁路深入内地,无其他各路交通运输之方便,而工程特别困难。所经南口至康庄一段,开山凿隧,其艰巨为他路所未有。……而其平均每里之建筑用款,仅为京汉、京奉等路之一半。……倘京张铁路仍用借款兴筑,则建筑费可能增加一倍。

乙,隧道工程用款:

粤汉南段隧道共长642公尺,平均每公尺用银元四百元。

平汉铁路隧道664公尺,平均每公尺用银元三百五十八元。

京张铁路隧道1645公尺,平均每公尺用银元三百十五元。

丙,工程时期总务费用:

津浦铁路平均每公里约一万元。

平汉铁路　　八千五百元。

沪宁铁路　　七千七百元。

京奉铁路　　六千三百元。

京张铁路　　三千一百元。

(以上均见该书页96—98)

这样的比较,是竹铭先生对于这位伟大工程师的最谨严的颂赞。

读这本《年谱》的人,都不能不敬爱这位毕生为国家尽力而自奉很俭朴的模范工程师。在《年谱》的63页上,凌先生讲一个故事:说宣统元年八月十九日京张铁路举行盛大的通车典礼,那天中外来宾从各地赶来的"数逾万人"。邮传部尚书徐世昌作主要的演说。詹天佑先生是主办京张铁路的人,他不能不作一篇报告的演说。凌先生说:

> 詹先生本拙于辞令。……(通车典礼)后,先生告其友人曰:"余主办京张路,汝知我经过最困难之事为何乎?"友人以开凿八达岭山洞对。先生笑曰:"非也。我顷报告致词,乃比开山洞更为困难也!"

这是詹先生的风趣。

绩溪胡适　1960年11月19日在台北县南港

(原载1960年12月1日台北《作品》第1卷第12期,又收入《詹天佑年谱》,1961年1月台北工程师学会出版)